本书系北京市教育科学"十二五"规划重点课题
"专家型教师原型观下课堂教学执行力的提升"
(课题批准号:AIA15226)的研究成果。

The Series of
Chinese Education
Research

中国教育研究丛书

学习者视角下的学习历程分析

张春莉 陈薇 张泽庆 著

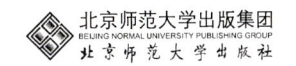

北京师范大学出版社

编委会

课题顾问: 吴正宪
课题组组长: 张春莉　朱宇辉
子课题负责人及书稿案例编委:
(以姓氏笔画排序)

马建军	马慧珍	王晶	王颖	王来田	叶丽敏
史丽静	刘卫红	刘东旭	孙谦	孙懿	杜海静
李冬红	杨艳红	吴存明	宋燕晖	张文军	张京娴
张泽庆	张晓辉	陈俊	陈薇	陈俊荣	陈晓光
武海深	武维民	林蕊馨	赵岩	赵东京	袁方
高丛林	鲁照斌	雍建皖	窦林	穆敏娟	

序

　　教学,是教师教与学生学统一的活动,通过教师的讲授,促进学生相应能力的发展。数学知识对学生未来的发展、人生的建构都具有教育价值。数学教学应能够发展学生相应的能力,提升学生的素养,协调好数学知识传授与素养提升间的关系。而要实现这一目标,不能仅仅靠教师的传授,还需要我们深入研究学生的学习过程,探究学生学习的轨迹。《义务教育数学课程标准(2011年版)》指出:"教师教学应该以学生的认知发展水平和已有的经验为基础……"这表明,好的数学教师应了解学生的学习心理,能够读懂学生的学习过程,找寻出学生学习的轨迹,发现学生学习的思维。以往的研究主要关注教师的教学手段、教学是否有效果,很少有研究者能同时从教师教和学生学两个方面来观察数学课堂,对数学课堂进行丰富的描绘,而只有站在学习者的视角,从学生的角度观察课堂活动,才能深入了解学生学习的过程,熟悉学生的学习动机。因为"如果我们想寻求有效的教学,我们就需要知道学生正在铺设的路径,并愿意与他们一起探索,并将自己融入他们的建构活动中"。为此,本书以学习者视角切入,探寻学生学习的历程。

一、目标

　　学习者视角下的学习历程分析,强调从学生的视角来了解学生,观察课堂情境,领悟数学思想,寻找学生在数学课堂中的精彩语言,实现儿童语言和数学语言的对接。为此,我们编写了《学习者视角下的学习历程分析》一书,并希望用这本书帮助中小学数学教师实现以下目标。

　　第一,明确学习者视角的内涵、特征与价值。
　　第二,知道学习历程的来源、要素与作用。
　　第三,形成以学习者为视角、关注学生学习历程的教学理念。

第四，掌握如何基于学习者视角、通过学习路径设计教学方案。

第五，启发教师如何尊重学生、了解学生，将尊重学生、关注课堂和领悟数学思想相结合。

二、内容

本书力图全面呈现如何基于学习者视角分析学习历程，本书共有十章，安排有其内部的逻辑性。基本思路如下。

理论篇：第一、二、三章，研究尊重学生的必要性及做法，主要从学生的语言、学生的起点和学生的思维三个角度展开。

践行篇：第四、五、六章，在数学教学实例中践行本书主旨，研究学习路径、学习进阶和教学对话，其中学习路径部分主要关注学习活动，学习进阶部分主要关注学习目标和思维的发展性，教学对话部分主要关注师生如何在课堂中进行对话交流。

目标篇：第七、八、九章，主要是寻找数学教学的"道"，主张数学教师要关注数学知识本质，领悟数学思想，学会用数学的眼光观察，用数学的思维思考，用数学的语言表达，实现数学教学的目标。

评价篇：第十章，思考如何评价一节数学课是不是好课，如何看待学生的课堂表现，反思数学知识的教育价值。

三、特色栏目

为增加本书的易用性和可读性，我们将第一章至第十章的内容都设计成了五个特色栏目，分别是每章主旨（说文解字）、理论基础、典型案例分析、话题讨论、教师行动研究。

每章主旨：从说文解字的角度，用一个字概括每一章的主题，进而引出本章的主旨，引起读者对本章主题的兴趣。

理论基础：介绍每一章的主旨思想，从内涵、要素、特征、价值等角度介绍本章主题，让读者对本章思想进行深入了解。

典型案例分析：结合具体的案例，从教材分析、学情分析、教学设计三个方面，明确每一章的学习目标，了解学生的学习路径，将学习路径与教学路径进行融合。

话题讨论：针对每一章的内容，从是什么、为什么、如何做等角度提出具有启发性的问题或话题，选取三至六个话题组织学习者进行讨论，在话题讨论后，力图为读者呈现对这些话题的思考总结。

教师行动研究：主要是从教材分析、学情分析、教学目标、学习历程简案、教师反思和点评六个方面进行行动研究与反思。

本书是北京市教育科学"十二五"规划重点课题"专家教师原型观下课堂教学执行力的提升"的研究成果。课题组负责人张春莉设计了本书的研究框架和书稿提纲，提供了每一章各部分的样章，组织了全书的讨论工作。案例主要来自北京、南京、重庆等地，北京方面由张春莉老师组织搜集案例和修改文稿，南京方面由朱宇辉老师组织搜集案例和修改文稿，重庆方面由张泽庆老师组织搜集案例和修改文稿。课题组成员朱宇辉、张泽庆、陈薇、余瑶、吴加奇和王雨露等人参与了本书的讨论工作。吴正宪老师作为课题的顾问多次亲临课题的研讨活动，为本书的撰写提出了许多宝贵意见。江苏第二师范学院的陈国庆老师从说文解字的角度为本书的每章主旨提供了哲学上的思考。本书提供了大量案例，案例整理工作的具体分工如下。绪论由北京师范大学博士生马晓丹、吴加奇负责整理；第一、二、三章的理论基础、典型案例分析由鞠立娜负责整理，话题讨论、教师行动研究由贺李负责整理；第四、五、六章的理论基础、典型案例分析由王雨露负责整理，话题讨论、教师行动研究由车佳仪负责整理；第七、八、九、十章的理论基础、典型案例分析由王艳芝负责整理，话题讨论、教师行动研究由胡巍淼负责整理；研究展望由余瑶撰写整理。另外，北京师范大学博士生余瑶、吴加奇分别负责本书的前五章、后五章的整体统稿。张春莉和朱宇辉负责全书统稿。

学生是独特的个体，课堂教学必须基于学生的独特性，教学需要发现、了解每一位学生的学习轨迹，帮助学生在原有认知基础上领悟数学知识本质，促进学生更好地成长。希望本书的出版对从事数学教育，特别是小学数学教育的广大教师和研究者能有一定的帮助。我们也希望广大读者，尤其是数学教育同行能够对本书的编写提出宝贵意见，大家共同探讨、交流如何让小学数学课堂更具有活力，如何促进小学生更好地成长。

北京师范大学　张春莉
南京市数学教研室　朱宇辉

目 录

绪 论 ·· 1

第一章 尊重学生的语言 ·· 63
    【每章主旨】 ··· 63
    【理论基础】 ··· 63
    【典型案例分析】 ··· 68
    【话题讨论】 ··· 78
    【教师行动研究】 ··· 92

第二章 尊重学生的起点 ·· 114
    【每章主旨】 ·· 114
    【理论基础】 ·· 114
    【典型案例分析】 ·· 118
    【话题讨论】 ·· 124
    【教师行动研究】 ·· 144

第三章 尊重学生的思维 ·· 173
    【每章主旨】 ·· 173
    【理论基础】 ·· 173
    【典型案例分析】 ·· 179
    【话题讨论】 ·· 188
    【教师行动研究】 ·· 211

第四章　学习路径 …… 234
　【每章主旨】…… 234
　【理论基础】…… 234
　【典型案例分析】…… 239
　【话题讨论】…… 248
　【教师行动研究】…… 273

第五章　学习进阶 …… 300
　【每章主旨】…… 300
　【理论基础】…… 300
　【典型案例分析】…… 304
　【话题讨论】…… 311
　【教师行动研究】…… 327

第六章　教学对话 …… 351
　【每章主旨】…… 351
　【理论基础】…… 351
　【典型案例分析】…… 355
　【话题讨论】…… 363
　【教师行动研究】…… 369

第七章　用数学的眼光观察 …… 389
　【每章主旨】…… 389
　【理论基础】…… 389
　【典型案例分析】…… 392
　【话题讨论】…… 400
　【教师行动研究】…… 416

第八章　用数学的思维思考 …… 433
【每章主旨】 …… 433
【理论基础】 …… 433
【典型案例分析】 …… 436
【话题讨论】 …… 445
【教师行动研究】 …… 454

第九章　用数学的语言表达 …… 477
【每章主旨】 …… 477
【理论基础】 …… 477
【典型案例分析】 …… 480
【话题讨论】 …… 489
【教师行动研究】 …… 500

第十章　让课堂成为精彩观念诞生的地方 …… 522
【每章主旨】 …… 522
【理论基础】 …… 522
【典型案例分析】 …… 525
【话题讨论】 …… 534
【教师行动研究】 …… 552

结　语 …… 571

绪 论

一、问题的提出

教师作为课堂教学的执行者，对课堂教学的质量和效果起着至关重要的作用。但在一线的教学实践中，我们看到虽然许多教师手中拥有不少可参考的优秀教案或教学视频，但落实到课堂教学中时，执行力却明显不足。具体表现为教师对学科知识的本质认识缺乏全面性和深刻性，不能对教学过程进行整体把握；学情分析与教学设计之间的联系不紧密，教师不能根据学生的学习起点、思维特点弹性预设课时计划；缺乏有效的师生互动模式，教师不能有效地促进与监控课堂生成，为学生营造积极思考和开放学习的环境；教师的课堂调控能力不足，不能及时根据课堂反馈洞察学生的实际情况，调整教学等。课堂是课程改革的主阵地。20 世纪末开始了新一轮基础教育课程改革，课程改革的基本理念、课程目标、具体内容都发生了巨大变化。但是这些思想理念，如果最终没有在教师的课堂教学中得以体现，也只能是美好的设想而已。教师作为课堂层面的重要主体，是课程的直接执行者，他们是否具有有效的课堂教学执行力是课程改革能否成功的关键。鉴于当前的现实需求以及教师课堂教学执行力对教学质量的重要意义，提升广大教师的课堂教学执行力已是时代赋予当前教师教育的重要责任和迫切任务。

一个原型体现了一类事物的典型范例。专家教师彼此之间在知识、技能、认知策略等层面上表现出的相似性构成了专家教师这一群体的原型。R.J. 斯腾伯格（R.J. Sternberg）在专家教师的原型观中确定了"专家"不同于"新手"的三个基本方面：专业知识、问题解决的效率、洞察力。根据专家教师的原型观，教师要通过学习专家的共性（而不是差异），抓住教学专长的核心。教师教学执行力是教师教学专长的行为表现，具体表现为创设促进学习的环境、研究并理解学生以及预设课时计划、促进与监控课堂生成等方面。在专家教师原型观中，"专业知识"的数量与组织形式构成了教师教学执行力的上位指导观念，"问题解决的效率"是教师控制教学执行力的根本保障，而"洞察力"体现的是教学执行的灵活性和应变性。但是目前教师教学执行力的研究却存在一定的局限性。其一，研究者对专家教师具有的知识结构和组织形式还缺乏研究，显然一个拥有大量零散的知识却不成结构的人是不可能成为专家的，专家在知识上的优势更在于其在组织方式上的整体观；其二，针对教学执行力的研究，研究者主要从教师教的角度开展了一些研究，而从学生学的角度，尤其在从学生的学习路径和课堂反馈来分析和改进教学过程方面做得不够。

为此，本书以专家教师原型观为研究视角，力图充分利用具有示范作用的专家教师的资源，探明专家教师的原型，挖掘教学执行力背后的理论基础和内在机制，实现理论与实践的"对话"，从中探索出一条科学取向的教学设计方法和教师培训的有效途径。这对于保证新课程改革的顺利进行，推进具有中国特色的课堂教学改革以及加快专家教师培养的步伐，都具有重要的现实意义和实践意义。

二、国内外相关研究

认知心理学家常常通过分析专家和新手之间的差异，对一些专门领域的专长进行研究，主要集中在国际象棋、物理、化学、数学、医学等领域。20世纪70年代后期，随着人们对教师成长研究的关注度的提高，这一方法开始被应用于教师研究领域，即进行专家教师与新手教师的比较研究。已有研究认为，由新手教师向专家教师转变的过程就是教师的成长过程。为了让大多数教师更好地、更快地实现这一转型，明确新手教师与专家教师间的差异就显得尤为重要。

（一）专家教师和新手教师的概念界定

自20世纪80年代起，已有人开始进行专家教师和新手教师的比较研究，近几年来，这方面的研究成果更是得到了极大的丰富。总体来讲，国内外关于专家教师教学专长的理论研究主要可以归结为三大类。

第一类研究是关于专家教师教学专长的构成的，主要代表理论有斯腾伯格提出的专家教师教学专长的原型观。他提出专家教师拥有丰富的知识，高效的问题解决效率和深刻的洞察力，专家教师教学专长发展的过程受到知识和经验的影响。[①]

第二类研究是关于专家教师教学专长的特点的，主要代表理论有D. C. 伯利纳（D. C. Berliner）总结的教学专长的问题解决特征以及专家教师与新手教师在教学技能上的差异。伯利纳从课堂教学问题解决的角度，提出了以下观点。第一，教学专长的形成需要一定的教学情境、时间与经验；第二，自动化水平高；第三，高任务要求与关注教学情境；第四，灵活应变能力；第五，创造性的问题处理方式；第六，合理的、一致的、有意义的课堂教学解释模式；第七，审慎的问题解决方式。

第三类研究是关于专家教师教学专长发展的阶段的，主要代表理论有富勒（Fuller）等人提出的教学专长发展的三阶段理论，伯利纳提出的教学专长发展的五阶段理论和C. 戴（C. Day）提出的教师教学专长发展与终生教育的观点。

专家教师和新手教师对比研究以专家教师教学专长构成的理论为基础。斯腾伯格确定了"专家"在教学专长上不同于"新手"的三个基本方面。[②]

一是关于专业知识。专业知识主要包括内容知识，即要教的学科内容的知识；教学法的知识，即如何教的知识；以及与具体内容有关的教学法的知识，即如何专门针对具体要教的内容施教的知识。总之，专家能将更多的知识运用于专业范围内的问题解决中，并且比新手更有效。

二是关于问题解决的效率。在专家专长的领域内，专家与新手相比，能在较短的时间内或在较少的努力下完成更多的工作，即专家解决问题

[①] R. J. 斯腾伯格、J. A. 霍瓦斯：《专家型教师教学的原型观》，高民、张春莉译，载《华东师范大学学报》（教育科学版），1997（1）。

[②] R. J. 斯腾伯格、J. A. 霍瓦斯：《专家型教师教学的原型观》，高民、张春莉译，载《华东师范大学学报》（教育科学版），1997（1）。

的效率要比新手高。具体表现在以下两方面：第一，专家在单位时间里能够比新手处理更多的信息；第二，专家能够在较低的认知努力水平上处理和新手一样多的信息。

三是关于洞察力。在专家专长的领域里，专家能够鉴别出有助于问题解决的信息并能够有效地将这些信息联系起来，能够对教学中的问题进行新颖而恰当的解答。总之，专家比新手更可能找到新颖和适当的解决问题的方法，他们在某种程度上更能创造性地解决问题。

斯腾伯格的这一关于专家教师的概念界定已得到了比较普遍的接受和认可，它构成了专家教师研究的理论基础和方法论基础。因为所有研究中不可回避的一个问题就是如何对新手教师和专家教师进行概念界定。

但是斯腾伯格的这种界定具有很多的抽象成分。在实际的研究中，研究者很难据此对专家教师和新手教师进行明确区分。为此，一些学者提出了关于专家教师和新手教师的操作性定义。这种操作性定义的界定方式主要有三种：通过学生成绩来确定、通过学校领导选定以及根据教龄和职称确定。

一是通过学生成绩来确定。研究者用标准化测验研究学生在一定时期（如5年）内的增长分数。如果某位教师所教学生的分数增长在一定地域范围内位居前15%，就将该教师定位为专家教师。二是通过学校领导选定。校长或者督学根据研究者列出的专家特征确定哪些教师为专家教师。新手教师主要是指刚刚走上工作岗位的或者仍处于实习阶段的教师。[①] 三是根据教龄和职称确定。研究者把教龄和职称作为反映教师教学水平发展变化的两个具体指标，将专家教师界定为职称为高级或教学表现突出，教龄在15年以上的教师，将新手教师界定为在校毕业生，或职称为三级，教龄在0~4年的教师。[②]

比较上述三种界定方法，第一种采用的是定量的方式，以学生的角度来评定教师。虽然评定的标准客观，但由于影响学生成绩的因素有很多，无法排除其他因素对学生成绩的影响，所以仅以成绩来评定教师的

[①] 皮连生：《学与教的心理学》，13页，上海，华东师范大学出版社，1997。

[②] 田江、李丽、周福盛：《师范生课堂教学行为的新手——专家法研究》，载《宁夏大学学报》（人文社会科学版），2003（6）。

专业性就可能会出现一些偏差。第二种采用的是定性的方式，以专家的角度来评定教师。由于研究者根据教师的特征来进行评价，其评价标准也可以参照斯腾伯格关于专家教师的描述性定义。这种评价的主观性较强。第三种属于定性与定量相结合的方式，研究者将教师的评价与我国教师的专业发展（职称）和教师经验（教龄）相联系，其评定结果与实际情况较为符合。通过对上述三种专家型教师的界定方式的分析，我们认为，如果单纯地采取定性或者定量的方式，就会存在一定的偏差，而定性与定量相结合的方式则会弥补某些不足，而且所得结果更加准确。此外，我们还可以扩大评价的范围，比如，通过现场的观课来评价教师的执教能力或教学效果，对教师进行更全面的评价，从而增加专家教师界定结果的效度和信度。

（二）关于专家教师和新手教师差异的主要研究结果

国外学者对专家教师和新手教师在教学专长特点上的差异研究始于20世纪80年代，这些研究主要集中在知识结构、问题解决、教学行为以及教学效能感几个方面的对比研究上。此后的20年中，国际上对专家教师与新手教师在教学专长上的比较进行了更为丰富的研究。胡安等人在专家教师和新手教师的个人构念的研究中运用个人构念积储格——"凯利方格法"，分析了不同经验水平的教师的个人构念。研究结果以西班牙教育改革为背景揭示出专家教师和新手教师在教育学和心理学方面的知识结构上有较大的相似之处，不同之处主要在于教学方法的不同。专家教师趋于融合多种教学方法，其中讲授法扮演着更为重要的角色，而新手教师使用的教学方法相对单一，并且认为发现法最适合。[1] 卡伊等人指出专家教师相较于新手教师有更好的课堂调控能力。[2] 艾米在研究专家教师特质时提出，专家教师和非专家教师的区别主要体现在三个维度：整

---

[1] Juan L. Castejón & Maria A. Martínez,"The personal constructs of expert and novice teachers concerning the teacher function in the Spanish educational reform," Learning & Instruction, 2001 (2).

[2] Kai S. Cortina, Miller Kevin F. & McKenzie Ryan. ,"Where Low and High Inference Data Converge: Validation of CLASS Assessment of Mathematics Instruction Using Mobile Eye Tracking with Expert and Novice Teachers," International Journal of Science and Mathematics Education, 2015 (2).

合各方面与教学行为相关的知识的能力，对教学情境做出的反应以及教学反思——形成实践知识的理论以及实践理论性的知识。[①] 我国最早的研究是北京师范大学俞国良教授对专家教师与新手教师在教学效能感和教学行为方面的差异研究。此后，许多研究者开始从教学行为、教学策略、教学效能感、教师认知特征和心理特征等方面对专家教师和新手教师的差异进行比较分析。下面我们具体来看看这些研究的一些主要发现和结果。

1. 教学行为

无论国内还是国外，在专家教师与新手教师的比较研究中，最多和最早的研究主要集中在教师的教学行为方面。关于二者教学行为的差异，大多数研究者都是从课前计划、课堂教学和课后反思三个方面进行研究的。具体来讲，在整个教学过程中，教师的教学行为主要包括教学计划、课堂教师语言、课堂教师关注度、课后教学反思四个方面。

（1）教学计划

研究者对课时计划分析时发现，相比于新手教师，专家教师的教学计划表现为一种粗线条的计划，更多的是框架性的、引领性的教学内容或教学步骤。而新手教师的教学计划则会涉及怎样呈现教学内容、怎样安排课堂活动等方方面面，计划非常具体、详细，但分析却不够深入。也就是说专家教师的课前教学计划更简洁、灵活，能够更多地考虑到学生的需求并具有一定的预见性。田甜通过对专家教师和新手教师的教学计划的比较分析，认为专家教师的教学计划之所以优于新手教师的教学计划，是因为专家教师在教案的设计上，除参考教材、教参外，还会充分地利用自己以往的经验，并能将自己的教学经验与教材、教参和学生的能力进行结合，在此基础上对教学设计做出一定的修改。因此专家教师的教案内容不可能过细，呈现简洁明了，随意性很强的特点。而新手教师在设计教案时则更多地依赖教材和教参上指定的教学内容，缺乏对教学目的、教学内容的深入分析。其教案编写也很具体、详细，甚至会

[①] Amy B. M. Tsui, "Distinctive qualities of expert teachers," Teachers & Teaching, 2009 (4).

把课堂上要说的每句话都编排好，缺乏一定的灵活性和应变能力。①

（2）课堂教师语言

教师语言的作用在于向学生传递信息以及调控学生的课堂行为。唐卫海等人通过研究发现，专家教师主要是通过交流情感、表扬或肯定学生的课堂表现产生影响。而新手教师更倾向于通过讲授、命令和批评来影响学生的态度和情绪，主要通过使用一种权威的手段来控制学生。② 田甜以数学教师为研究对象，从语速、课堂提问的语言、面对错误时的回应等几个方面对专家教师和新手教师的课堂语言的差异进行了分析，发现如下。第一，面对自己在课堂中出现的错误，专家教师更容易做到自我批评、自我反省并鼓励学生指出自己的错误。而新手教师通常不愿意或不敢正视自己的错误。第二，面对学生在课堂中出现的错误，专家教师往往让学生自己意识到错误并表示宽容和谅解。而新手教师往往直接指出学生的错误并自己给出正确答案，并批评学生的学习态度不够认真。第三，新手教师的语速要明显地快于专家教师的语速。第四，专家教师在课堂中提问的质量，要明显地优于新手教师提问的质量。新手教师往往会使用一些不需要思考时间的简单性提问，专家教师往往注意对学生引导性提问，让学生有较多的自主发挥的时间和空间。③

（3）课堂教师关注度

专家教师在注意选择性的各维度上与新手教师存在显著差异，且明显优于新手教师。胡志坚在研究中发现新手教师对自身教学活动的关注度要多于对学生的不同反应和需要的关注度。④

（4）课后教学反思

专家教师和新手教师在课后教学反思方面有不同的关注点。刘悦梅等人在研究中提出，专家教师主要对影响教学目标完成的事件进行反思，

---

① 田甜：《新手型数学教师与专家型数学教师教学过程的比较研究》，硕士学位论文，华中师范大学，2009。

② 唐卫海、韩维莹、仝文：《专家教师与新手教师教学行为的比较》，载《天津师范大学学报》（社会科学版），2010（1）。

③ 田甜：《新手型数学教师与专家型数学教师教学过程的比较研究》，硕士学位论文，华中师范大学，2009。

④ 胡志坚：《课堂教学中新手和专家教师注意选择性特点的比较研究》，载《中小学教师培训》，2001（9）。

如学生是否理解教材；而新手教师主要对课堂中的细节进行反思，如是否讲解清楚，所举例子是否恰当、具体，板书是否清晰、规范，学生的反应能力、参与情况是否理想等。此外，相对于新手教师，专家教师的优势还在于即兴反思以及运用多种相互作用的观点进行反思。①

2. 教学策略

已有研究表明，专家教师的教学策略通常会表现出一定的灵活性和创造性，专家教师具有有效的反思能力；而新手教师往往表现出不会用教学策略。具体来说，专家教师与新手教师在教学策略上的差异体现在课前策略（计划策略和准备策略），课中策略（管理策略、动机策略、教学方法及指导策略）及课后策略（评估策略、反思策略和补救策略）三个方面。

在课前策略方面，新手教师将课前准备简单理解为"课前的准备"；而专家教师则理解为"对课的准备"，即对教学目标、内容、学生状况的全面把握。在课中策略方面，专家教师的创新性和灵活性表现为能够根据学生的具体状况调整计划；新手教师通常只能完全按照教案进行教学，严格执行教学计划。不能随着课堂情境的变化修改指定的教学计划；在课后策略方面，专家教师关注教学成败的原因，对教学进行回顾与总结，善于通过教学反思来提高自己的教学能力；新手教师忙于熟悉教学，不善于进行课后反思。总之，无论是在课前、课中还是课后，专家教师的教学策略都表现出很强的变通性，而新手教师的教学策略的灵活性明显不够；专家教师关注课堂教学的整体性，而新手教师由于缺乏经验，往往关注教学策略中的某个具体方面，对全局的把握不够；专家教师将关注的重点放在学生身上，关注学生的变化等，而新手教师则更关注自己的授课内容，会忽略学生的反应。

3. 问题解决

教育心理学家认为教师发展的过程实际上就是一个解决问题的过程，教师就是一个问题解决者，要解决教学中的各种问题。而影响教师解决问题的因素包括：知识结构、问题的表征、制订的解决计划以及人格

---

① 刘悦梅、赵洁：《专家型教师和新教师教学行为的比较研究》，载《教学与管理》，2011（3）。

特征。

(1) 知识结构

教师要顺利完成教学必须有足够的知识积累，从教师专长的角度来看，这些知识可以分为：学科内容知识、教学法—内容知识、学习者与学习的知识、课程知识、一般教学法知识、教育情境知识、教育宗旨目的等。专家教师的学科知识比新手教师的学科知识丰富，丰富的教学经验使得专家教师对于教法知识的掌握比新手教师要灵活，专家教师更关注学生的一般知识、能力以及学习习惯，而新手教师则侧重于了解学生的兴趣。[1]

按照信息加工心理学家对知识的划分，已有研究表明，新手教师和专家教师在陈述性知识、程序性知识和策略性知识三类知识上存在显著差异。斯腾伯格认为："专家和新手的差异不仅在于他们所具有的知识量上的差异，更在于知识在他们记忆中组织方式上的差异。"[2] 这种结构上的差异表现为"专家型教师的陈述性知识是以命题结构和图式的形式出现，比新手型教师的知识组织得更完整"[3]。莱因哈特论证了专家教师和新手教师在程序性知识上的差异：专家教师的教学常规工作程序已高度熟练，达到自动化水平，很少或不需要意识控制，而这正是新手教师所缺乏的。[4] 利文斯顿（Livingston）和博科（Borko）于1989年的研究中发现，专家教师比新手教师具有更好的策略性知识。[5]

(2) 问题的表征

卡特等人在研究中发现，专家教师比新手教师更容易发现问题的存在，尤其是在新手教师不易发现问题的地方，专家教师可能很容易就发

---

[1] 杨翠蓉：《小学数学专家教师和新教师教学过程中的认知比较研究》，博士学位论文，华东师范大学，2006。

[2] R.J. 斯腾伯格、J.A. 霍瓦斯：《专家型教师教学的原型观》，高民、张春莉译，载《华东师范大学学报》(教育科学版)，1997 (1)。

[3] 王木水、孟迎芳：《专家—新手型教师研究综述》，载《教学研究》，2002 (1)。

[4] Leinhardt Gaea, "Expertise in Mathematics Teaching," Educational Leadership, 1986 (2).

[5] Livingston C. & Borko H., "Expert-Novice Differences in Teaching: A Cognitive Analysis and Implications for Teacher Education," Journal of Teacher Education, 1989 (4).

现问题的所在。[1] 莱因哈特等人又在研究中表明，在实际教学中，专家型教师能够对问题形成正确而且较深刻的表征，而新手教师则往往只能形成表面的、肤浅的问题表征。[2]

(3) 制订的解决计划

赖建辉在对国外专家教师与新手教师的研究中发现，专家教师主要运用程序性知识解决问题，新手教师主要依靠陈述性知识解决问题。[3] 在解决问题时，专家教师把这一问题与已有的个案进行比较、辨认，确定问题的性质，找到解决问题的方式方法，所以虽然专家教师解决问题较慢，但他们会提出更多的、更丰富的问题解决信息。而新手教师则通常选择直接尝试解决问题，忽视对问题进行表征和对可能的方法进行评价。

(4) 心理特征

在心理特征上，有研究者分别从目标定向与人格特征、主观幸福感与教学动机以及工作压力等方面对新手教师和专家教师的差异进行比较研究。廖美玲等人在目标定向与人格特征方面指出："新手型教师的任务目标水平显著低于熟手型教师；而在成绩目标上，二者不存在显著差异。"[4] 从主观幸福感与教学动机的角度讲，潘贤权通过研究发现，新手教师与专家型教师都具有较高的主观幸福感和教学动机，且在这两方面，二者均无显著差异。但从主观幸福感与教学动机之间的关系来讲，专家教师可通过提高内部动机和外部动机来提高主观幸福感，而新手教师更多地要通过提高外部动机来提高主观幸福感。[5] 从教师压力的角度讲，李霈在研究中指出，专家教师承受的压力最大。原因在于专家教师虽然能在工作上被认可而获得一定的自我成就感，职业倦怠感较低，但专家型教师却会因此面对更大的工作压力。[6]

---

[1] Kathy Carter, "Expert-Novice Differences in Perceiving and Processing Visual Classroom Information," Journal of Teacher Education, 1988 (3).

[2] Leinhardt Gaea, "Expertise in Mathematics Teaching," Educational Leadership, 1986 (2).

[3] 赖建辉：《国外"专家型与新手型教师"研究述评》，载《教学与管理》，2002 (18)。

[4] 廖美玲、连榕：《新手—熟手—专家型教师成就目标定向与人格特征的研究》，载《应用心理学》，2002 (4)。

[5] 潘贤权：《新手—熟手—专家型教师主观幸福感与教学动机的研究》，硕士学位论文，福建师范大学，2004。

[6] 李霈：《不同控制点专家—熟手—新手型教师的工作压力研究》，载《校园心理》，2011 (1)。

此外，也有学者结合具体的学科领域开展了相关研究。如莫希尼等人通过观察、访谈以及分析笔记，总结出了专家型数学教师在例题的选取、例题的使用和例题的完善方面表现出的特点。[①]

例题的选取：专家教师在例题的选取上会考虑到三个因素，即课程说明、重新安排学习结果的顺序以及先前的知识。例题的变式取决于对过去几年的测试题的分析以及对可能出现的学习困难的分析。

例题的使用：专家数学教师从以下四个方面考虑例题的使用。第一，教师和学生一起完成概念性、程序性以及应用性的例题；第二，学生完成巩固性的例题；第三，教师通过例题来调控学生的理解；第四，教师通过例题来解决学生的学习困难。

例题的完善：专家数学教师从以下两个方面衡量例题的效度。其一是学生在课堂上完成巩固性例题的能力；其二是学生在课后作业中完成练习的能力。

（三）专家教师专长发展的途径

关于专家教师教学专长发展的阶段理论，富勒等人提出了教学专长发展的三阶段理论，伯利纳提出了教学专长发展的五阶段理论。这些专家教师发展阶段的理论研究继而引发了一系列加快新手教师向专家教师转变的培训和行动研究，研究者旨在探索专家教师专长发展的途径。

1. 途径之一——为新手教师提供外部理论培训

新手教师向专家教师转变的一个有效途径是参加针对新手教师的知识结构、认知特点以及教学策略等几个方面开展的培训。有研究表明，专家教师应当拥有与学生学习有关的知识，既包括实践知识，又包括理论知识。为此，在新手教师的培训中，组织者应当充分结合教师的知识调整组织方式。有研究在训练新手的实验基础上提出了一套被称为"有效策略"的训练程序。尼利对新手教师备课时的认知控制进行的成功训

---

① Mohini Mohamed & Faridah Sulaiman, "Framework of Knowledge and Teaching Skills of Expert Mathematics Teachers in Using Mathematical Examples," Procedia-Social and Behavioral Sciences, 2010（8）.

练表明，将常规教学教给教师是可行的，教学策略的训练确实能对提高教师的教学水平产生积极的效应。① 由此可见，好的教学基本知识、教学策略等都是可以传递的，也就是说专家教师把所具有的知识、教学策略等教给新手教师是可行的，这一做法能在一定程度上促进新手教师的发展。但同时我们也要看到教师发展具有较强的阶段性。处于不同发展阶段的教师所需要的知识储备和教学策略的训练是不同的。

2. 途径之二——鼓励新手教师进行反思

前面的文献分析已多次让我们认识了教师反思的重要性。其实波斯纳早在1989年就曾提出过一个教师成长公式：经验＋反思＝成长。他指出，没有反思的经验是狭隘的经验，教师至多只能形成肤浅的知识。如果教师仅仅满足于获得经验而不对经验进行深入思考，那么其发展将大受限制。国内外的许多研究都强调教学经验反思的重要性，提出对新手教师的培养应注重让他们对自身教学经验进行反思。A. B. 科顿和G. M. 斯巴克斯-兰格（A. B. Colton & G. M. Sparks-Langer）于1993年也提出了一个教师反思的框架，描述了反思的过程：选择问题，收集资料；分析资料，问题表征；形成假设，考虑行动效果；实施行动计划。在这一反思框架中，当这种行动再被观察和分析时，教师就开始了新一轮的循环。之后，J. W. 布鲁巴奇（J. W. Brubacher）等人又提出了教师反思的四种方法：写反思日记、观摩与分析、职业发展、行动研究。②

3. 途径之三——为新手教师提供相应的外部支持

众所周知，教师的自我反思并不是靠个人的自觉和意愿就能轻易完成。我们认为，学校、社会团体等还需要对教师提供一定的外部支持。外界对教师反思的支持主要来自实践和理论两个层面。在实践层面，经验丰富又乐于指导的合作教师可以提供相应的外部支持，新手教师可以在与合作教师的交流中，收获知识、策略、经验方面的反馈、支持与指导。在理论层面，大学指导教师将发挥重要的作用，他们对教育理论的深刻认识可以帮助新手教师整合已有的教学知识，并使新手教师的教学知识在原有知识的基础之上达到新发展，最终实现教学经验到教学理论

---

① 皮连生：《学与教的心理学》，19页，上海，华东师范大学出版社，1997。
② 皮连生：《学与教的心理学》，22页，上海，华东师范大学出版社，1997。

的升华。这些与教学实践紧密结合的教育学知识和教育心理学知识将有助于新手教师结合教育教学实践开展自我反思。

三、实证研究

本书首先呈现逐层推进的三个实证研究，这三个研究从三个方面探索了提升教师课堂教学执行力的机制与途径。第一个方面，研究者通过开放式的问卷调查和访谈分析专家教师拥有的知识基础，探明专家教师的知识整体观及其组织方式。此处的知识是指具有网络层次结构的图式知识，既包括静态的陈述性知识，又包括专家解决问题时所采取的程序性知识和策略性知识。知识是教学执行力的上位指导观念。第二个方面，研究者选取专家教师不同类型知识和课型的成功课例，通过对课堂教学实录进行编码和文本分析，发现专家教师在表征处理方面的共性，探明专家教师执行和调控有效教学的科学依据，从中提炼出一套科学、弹性的教学处理方式。第三个方面，研究者通过开展同课异构活动与观察录像，对教学导入行为（选择性编码）、教学提问行为（选择性联合）和教学反馈行为（选择性比较）的特征展开研究，探寻教师洞察力创生的途径，提升教师课堂灵活调控的能力。研究者要总结教师课堂教学执行力的内在机制，提出提升教师执行力的有效途径，为教育决策机构提供政策参考意见和建设性意见。

（一）实证研究一：数学学科教学知识（MPCK）差异研究——专家教师原型观下的知识基础

1. 研究问题

新课程改革对数学教师的数学学科教学知识（Mathematical Pedagogical Content Knowledge）（以下简称 MPCK）提出了较高的要求。对于数学教师来说，只具备充足的数学知识是不够的，还需要具有针对特定数学内容的教学知识，即 MPCK。根据舒尔曼（Schulman）提出的知识转化理论，学科知识向学科教学知识的转化分为理解、表征和适应三个阶段。依据这三个阶段，教师可以理解特定的学科知识，明确呈现学科知识的表征形式，并依据学生的认知水平和个性特点进行调整，使得学科知识易于被学生理解和掌握，从而形成学科教学知识。因此，在本研究中，新手教师与专家教师在学科教学知识形成过程中的差异研究包括三个方面。首先是两类教师在知识理解方面的差异研究，其次是两类教师在教学表征方面的差异研究，最后是两类教师在教学适应方面的差异研究。

本研究把 MPCK 界定为数学教师基于对特定数学知识和学生的综合理解，选择最合适的教学策略和表征，在数学知识转化为学生理解的知识过程中所使用的知识。MPCK 主要包括以下三个维度。

任务维度：关于作为教学工具的数学知识，具体表现为教师对特定数学知识理解的深度、广度、贯通度等。

教学维度：关于特定数学内容的多种教学表征与策略的知识。

学生维度：关于学生理解的知识，具体表现为教师对学生的错误、困难以及思维水平的理解。

为了探寻新手教师与专家教师在 MPCK 形成过程中对数学知识的理解、表征、适应三个层面的差异，提出促进数学教师的 MPCK 形成的建议，本研究提出如下三个方面的研究问题。

第一，新手教师与专家教师在数学知识理解方面存在什么差异？

一是两类教师在知识理解的深度方面存在什么差异？

二是两类教师在知识理解的广度方面存在什么差异？

三是两类教师在知识理解的贯通度方面存在什么差异？

第二，新手教师与专家教师在教学表征方面存在什么差异？

一是两类教师在教学表征目的方面存在什么差异？

二是两类教师在教学表征形式方面存在什么差异？

第三，新手教师与专家教师在适应方面存在什么差异？

一是两类教师在关注情况方面存在什么差异？

二是两类教师在选取情况方面存在什么差异？

2. 研究内容、方法、工具

（1）研究内容与方法

本研究结合"分数的初步认识"这一具体的教学内容来探究两类教师在 MPCK 形成过程中的差异，分为三个子研究。

研究一：新手教师与专家教师在数学知识理解方面的差异研究。研究者主要采用制作概念图的研究方法，对 60 余名教师进行问卷调查，旨在分析两类教师在知识理解的深度、广度以及贯通度方面的差异。

研究二：新手教师与专家教师在数学教学表征方面的差异研究。研究者主要采用文本分析、课堂观察以及课后访谈的研究方法对 6 名教师进行个案研究，旨在分析两类教师在教学表征形式和教学表征目的方面的差异。

研究三：新手教师与专家教师在数学教学适应方面的差异研究。研究者主要采用课堂观察和课后访谈的研究方法对 6 名教师进行个案研究，旨在分析新手教师与专家教师在教学表征的关注情况和选取情况方面的差异。

最后，研究者基于两类教师在知识理解、教学表征以及适应方面的差异，提出促进数学教师的 MPCK 形成的建议。

本研究的思路如图 0-1 所示。

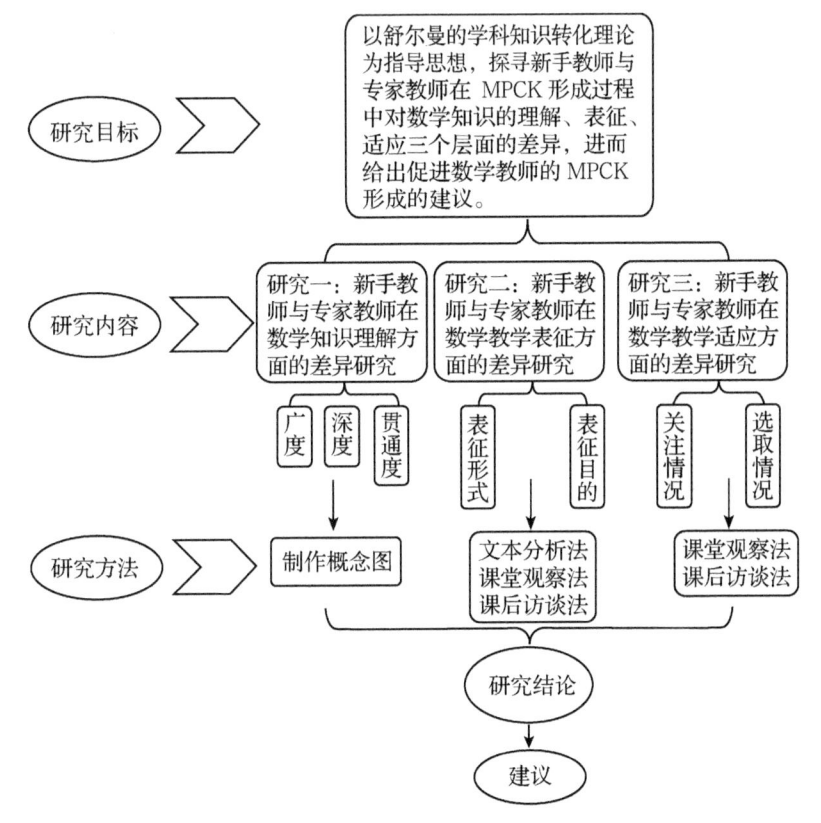

图 0-1 研究思路图

(2) 研究工具

①概念图的评价指标

本研究借鉴霍夫等人的概念图评价指标体系[1]，采用绘制分数知识概念图的方式，对两类教师的概念图进行结构分析和内容分析，以考查他们对数学知识理解的广度、深度和贯通度，如表 0-1 所示。

表 0-1　概念图的评价指标

概念图的术语	含义	注释
概念数（Concept Number）	某一概念图中所包含的概念的总数	评价教师对概念所知道的知识数量
广度数（Width）	在各个层次上概念数的最大值	评价对概念认识的广度
深度数（Depth）	在概念图中最长的一个分支上概念的个数	评价对概念理解的深度
HSS（Hierarchical Structure Score）	深度+广度	评价对概念理解的复杂度
组块数（Chunk Number）	在概念图中构成的组块的数量（其中组块是指联结两个或更多概念的结点）	评价对概念理解的组合程度
交叉连线数（Crosslink Number）	在概念图中联结任意两个组块之间的线条的数量	评价对概念理解的贯通度

②教师教学表征行为编码表

舒尔曼的知识转化理论认为表征情况的刻画包括表征形式、表征目的两个方面。为了更深入地反映教师在课堂教学中对知识表征的水平差异，研究者借鉴了学生学习结果的 SOLO 分类理论，将教师在课堂教学中对知识的表征按认知水平由低到高分为以下四种类型：单一表征水平、

---

[1] Sarah Hough, Nancy O'Rode & Nancy Terman, "Using concept maps to assess change in teachers' understandings of Algebra: A respectful approach," Journal of Mathematics Teacher Education, 2007 (1).

多元表征水平、关联表征水平、转化拓展表征水平。表征目的要求数学教师在数学课堂教学实践中使用表征方式进行数学知识的教学，应该是在一定的目的指引下进行的。通过观察日常数学课堂教学、访谈某些数学教师，研究者把表征目的分为解释、验证和防误。[①] 教师教学表征行为编码表如表 0-2 所示。

表 0-2　教师教学表征行为编码表[②]

表征维度	编码	注释
呈现方式	单一表征	指的是教师在对某一数学知识进行表达和呈现时，只采用四种表征方法中的某一种，就立即跳到这一数学知识上去了。这一水平的特点，一是快速地进入数学知识本身，二是对学生接受情况的忽视
	多元表征	指的是教师在对某一数学知识进行表达和呈现时，使用四种表征方法中的两种或两种以上的方式，却不能对这些表征方法进行联系
	关联表征	指的是教师能够使用所有可能的表征方法，并在各种不同表征间建立联系，将它们编入总体的联系框架中
	转化拓展表征	指的是在各种不同表征间进行转换与融合，各种表征方法整合成一个有机的表征体系，并在此基础上能概括一些抽象的数学特征
呈现目的	解释	为了数学概念、程序和本质含义的更好获得。这种表征目的是指通过运用某种或某些形式来表达数学知识，使得学生能更容易理解它
	验证	运用某种或某些表征形式进行数学知识的证明，或为了驳斥某一种数学推测，也就是为了验证数学知识的合理性
	防误	运用某种或某些表征形式来对抗或解决学生对这一数学知识会普遍出现的误解

---

① 童莉：《初中数学教师数学教学知识的发展研究——基于数学知识向数学教学知识的转化》，博士学位论文，西南大学，2008。

② 童莉：《初中数学教师数学教学知识的发展研究——基于数学知识向数学教学知识的转化》，博士学位论文，西南大学，2008。

③教师教学表征适应情况编码表

在数学教师的 MPCK 形成过程中，数学教师对数学知识进行表征之后，需要对表征进行遴选，选择适合学生的表征形式，体现知识的本质，即适应。适应情况的刻画包括关注情况和选取情况。关注情况包括关注学生与关注知识本质两个维度，两个维度可以同时得到满足，即某一种教学表征可以同时体现两个维度，也可以只体现其中某一个维度。选取情况包括无力选取、费力选取、顺畅选取以及自动化选取，某一种教学表征会体现其中一种选取情况。本研究采用童莉的编码方法①，如表 0-3 所示。

表 0-3　教师教学表征适应情况编码表

适应维度	编码	注释
关注情况	关注学生	该表征是否遵从学生的认知特点，是否能解决学生认知上的困难，是否给学生提供了一个熟悉的、可接受的环境，促进学生对知识的理解，教师在进行教学表征时，要根据不同的表征方式的适应性，对教学表征形式进行有效的选取
	关注知识本质	该表征能否反映该知识本质属性与特征，即表征对数学适应性。一种适当的教学表征能把知识的最有价值的重要成分和结构关系放到一个突出的集团，教师进行某一知识的教学时应考虑所选取的知识的表征形式能否突出反映该知识的本质属性和特征，淡化对知识非本质属性和特征的体现，如果这一标准把握不准，往往会导致学生对知识产生错误的理解
选取情况	无力选取	表现为教师无法对知识进行适当的教学表征，使表征对学生产生零效应或负效应
	费力选取	表现为教师花费大量的力气对知识进行适当的教学表征的选取，在选取上有一定的障碍
	顺畅选取	表现为教师能顺利地、无障碍地进行适当的教学表征的有意识的选取
	自动化选取	表现为无意识的、自动化的"顺手拈来"式地对适当的教学表征的选取

---

① 童莉：《初中数学教师数学教学知识的发展研究——基于数学知识向数学教学知识的转化》，博士学位论文，西南大学，2008。

3. 结果与分析

(1) 新手教师与专家教师在知识理解层面的差异研究

研究者通过对新手教师与专家教师制作的60份概念图按照概念图的评价指标进行分析，得到了他们在知识理解均值方面的差异，如表0-4所示。表0-4表明，专家教师的均值无论在概念数、知识的广度、深度，还是在知识的贯通度方面都要大于新手教师的均值，专家教师的概念图结构比新手教师的概念图结构更加复杂。

表0-4　新手教师与专家教师在知识理解均值方面的差异

	新手教师（$n=30$）		专家教师（$n=30$）	
	M	SD	M	SD
概念数	15.920	3.988	17.750	4.673
广度	8.000	2.256	9.750	2.137
深度	2.920	0.669	3.000	0.603
复杂度	10.920	2.151	12.750	2.050
组块数	5.580	1.564	8.250	4.159
贯通度	2.420	1.564	6.250	5.496

研究者利用SPSS 20.0对新手教师与专家教师的概念图中的概念数、广度、深度等数据进行均值比较，结果显示两类教师在知识理解的深度和广度方面不存在显著性差异，在贯通度方面存在显著性差异，具体数据分析结果如表0-5所示。

表0-5　新手教师与专家教师在知识理解层面的差异t检验

		方差方程的Levene检验		均值方程的t检验		
		F	Sig	t	df	Sig（双侧）
概念数	假设方差相等	0.000	0.989	−1.034	22.000	0.312
	假设方差不相等			−1.034	21.468	0.313
广度	假设方差相等	0.031	0.861	−1.951	22.000	0.064
	假设方差不相等			−1.951	21.936	0.064

续表

		方差方程的 Levene 检验		均值方程的 t 检验		
		F	Sig	t	df	Sig（双侧）
深度	假设方差相等	0.407	0.530	−0.321	22.000	0.752
	假设方差不相等			−0.321	21.770	0.752
组块数	假设方差相等	12.997	0.002	−2.079	22.000	0.049
	假设方差不相等			−2.079	14.051	0.004
贯通度	假设方差相等	18.391	0.000	−2.324	22.000	0.030
	假设方差不相等			−2.324	12.771	0.037

值得注意的是，虽然专家教师的概念图看起来较新手教师的概念图结构更加复杂，涉及的概念更多，知识结构表现得更加丰富，但是两类教师在概念数、知识理解的广度和深度方面并不存在显著性差异，这一点与之前研究者得出的结论不完全一致。如童莉指出，专家教师的概念图结构比新手教师的概念图结构更加复杂，专家教师的广度、深度和贯通度的数值都要明显大于新手教师的数值。[1] 为了更深入地分析两类教师在此三方面不存在显著性差异的原因，研究者不仅分析了概念图的结构，还比较了概念图的内容。结果发现（图 0-2），新手教师的概念图不仅关注了分数知识本身，还涉及了与分数相关的其他单元的知识，如小数、百分数、比等。这说明新手教师不仅很好地掌握了新知识，还可以将新知识与已有的其他知识进行关联，这可能与参与调查的新手教师的学历相关。问卷调查结果显示，有近85%的新手教师是研究生学历，而专家教师的学历大多为本科，甚至有一部分是专科。新手教师经历了研究生阶段更深层次的教育，拓宽了知识面，对数学知识也有了更深层次的理解，这可能是新手教师与专家教师在学科知识理解的深度和广度上不存在显著性差异的原因。

教师对数学知识理解的广度和深度，使得教师的数学知识体系形成了"T"形结构。教师对数学知识的理解还需要建立各种知识之间的相互

---

[1] 童莉：《初中数学教师数学教学知识的发展研究——基于数学知识向数学教学知识的转化》，博士学位论文，西南大学，2008。

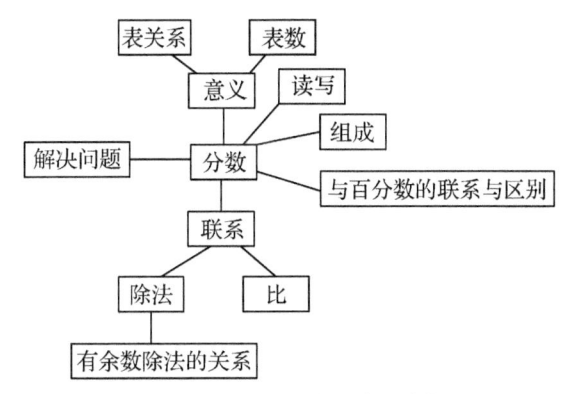

图 0-2　新手教师的概念图举例

关联，能够融会贯通，使得教师的数学知识体系形成"网状"结构，增加知识理解的贯通度。就知识组块数来看，新手教师和专家教师都习惯以组块的形式来组织知识，但是专家教师的知识组块数量明显多于新手教师的知识组块数量，而知识组块数量直接影响知识点之间的交叉连线数，因此专家教师的交叉连线数也明显多于新手教师的交叉连线数，与概念图中反映出来的结果是一致的，如图 0-3 所示。

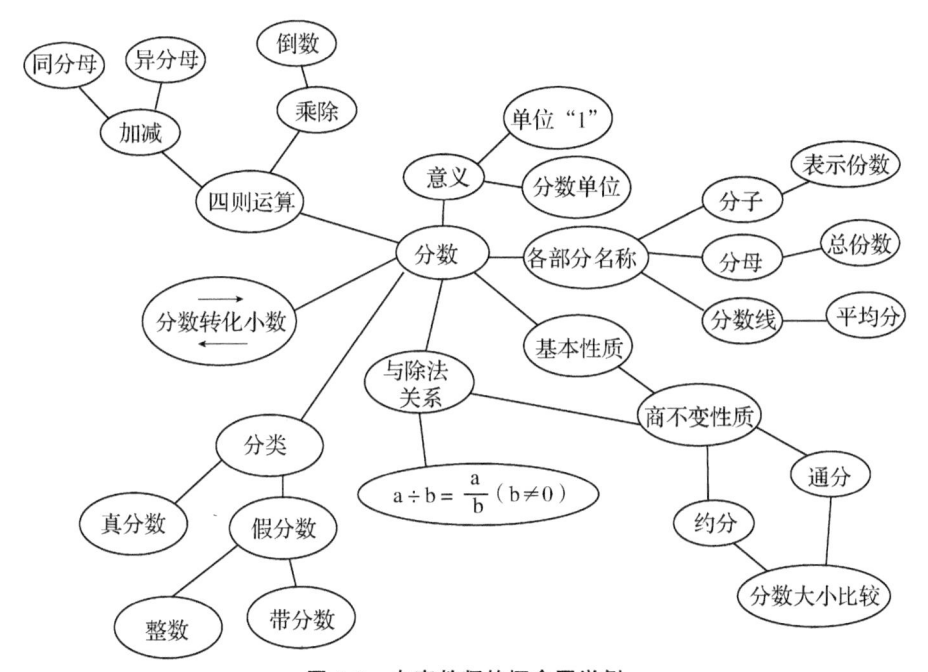

图 0-3　专家教师的概念图举例

这表明专家教师更善于组织知识，他们可以将各个知识点通过一条条的连线有机地联系在一起，形成联系更紧密的知识网络，他们头脑中各种知识的整合程度比新手教师要高很多，这一点与李琼的研究结果一致。[1] 这说明专家教师与新手教师的差异不在于他们所具有的知识数量，而在于知识在他们记忆中的组织结构。专家教师具有组织结构的知识基础，从而可以在新知识与旧知识之间迅速建立起联系，使知识结构得以发展。而有些新手教师学历较高，可能拥有更多的知识数量，但是因为缺乏组织知识的能力，往往只会孤立地存储新知识，难以找到新旧知识之间的联系，那么大部分的知识就变成了一些没有联系的零碎的知识点。也就是说，教师的学科知识与教师的知识转化之间并没有显著的相关性，丰富的学科知识并不是形成 MPCK 的唯一条件，在学科知识达到一定的水平后，知识之间的关联性以及对学科知识的本质理解成为影响教师的 MPCK 形成的关键因素。而新手教师与专家教师在知识理解的贯通度方面存在显著性差异，说明知识理解的贯通度对教师的知识转化有着极为重要的作用，因为只有教师清楚相关知识之间的内在联系，拥有知识间迅速转换的能力，才能实现数学知识向数学教学知识的有效转化。

（2）新手教师与专家教师在教学表征方面的差异研究

通过对两类教师的课堂教学实录进行表征编码分析，研究者可以发现，新手教师和专家教师在教学表征形式和教学表征目的上存在着较大的差异。新手教师主要采用单一表征或多元表征方式来呈现分数知识，不能突出各表征之间的有机联系，表征目的主要是解释概念，较少去验证和防误；专家教师更注重对多种教学表征的综合使用，不但可以在各种不同表征间建立联系，而且可以在各种不同表征之间很顺畅地进行转换和融合，在加深学生对概念理解的同时，还能抽象出一些数学特征。为了更细致地分析两类教师的教学表征形式和教学表征目的的差异，研究者对 6 位教师的课堂教学实录表征行为的频次进行了统计，如表 0-6 所示。

---

[1] 李琼：《教师专业发展的知识基础——教学专长研究》，89~91 页，北京，北京师范大学出版社，2009。

表 0-6 两类教师的教学表征行为频次统计表

	表征形式				表征目的		
	单一表征	多元表征	关联表征	转化拓展表征	解释	验证	防误
新手教师 AN	3	8	3	0	8	3	4
新手教师 BN	2	2	0	0	7	4	3
新手教师 CN	2	4	0	0	6	1	1
专家教师 AE	4	8	3	2	6	5	2
专家教师 BE	4	7	4	0	5	5	4
专家教师 CE	2	8	1	0	7	6	1

①教学表征形式方面

在教学表征形式方面，研究者对两类教师在"分数的初步认识"这一节课中所使用的各种表征形式进行了统计。如图 0-4 所示，新手教师在"分数的初步认识"这一节课中，使用最多的表征形式是多元表征，其次是单一表征（3 名新手教师共使用了 7 次单一表征形式、14 次多元表征形式），偶尔会使用关联表征（3 名新手教师共使用了 3 次关联表征形式），说明新手教师已经可以很熟练地运用多元表征的形式进行教学了，但是还不能很好地在各种表征之间进行关联和转化。专家教师同样也很熟练地使用了多元表征形式来呈现某一教学任务，并注重各种表征之间

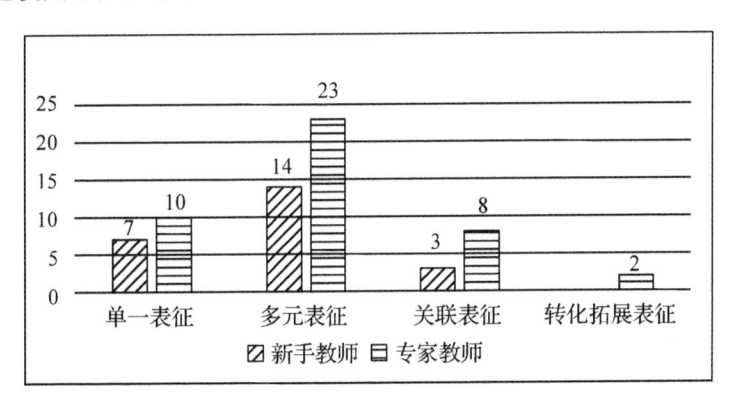

图 0-4 新手教师与专家教师的教学表征形式对比

的联系和转化（3名专家教师共使用了单一表征10次，多元表征23次，关联表征8次，转化拓展表征2次）。此外，两类教师都用了大量的图像表征进行教学，这和本节课的教学内容有很大关系。

②教学表征目的方面

在教学表征目的方面，研究者对两类教师在"分数的初步认识"这一节课中所使用的表征目的进行了统计。如图0-5所示，在新手教师的教学内容中，解释占了最大的比例，约为57%，验证和防误所占比例较小，说明新手教师更注重知识的讲解，以能通过对这些知识的解释使学生记忆和理解知识。如图0-6所示，在专家教师的教学中，解释和验证两方面所占比例均为40%左右，比较接近，这说明专家教师不仅关注知识的解释，同时关注知识的验证，即抽象出某些数学规律。在表征目的方面，两类教师最大的差异表现在验证这个方面，专家教师更倾向于运用表征进行相关数学知识的检验和证明，而新手教师更多的是将知识解释给学生。但是研究者发现，新手教师较多地关注了学生们常犯的错误，在防误方面要略优于专家教师。

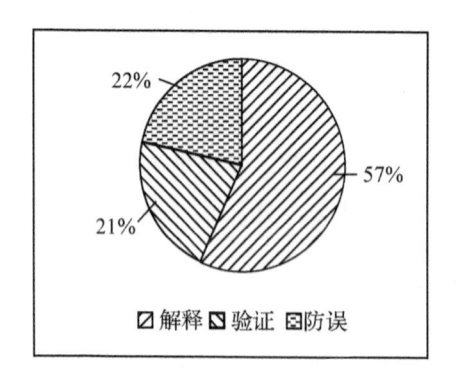

图 0-5　新手教师的教学表征目的

图 0-6　专家教师的教学表征目的

（3）新手教师与专家教师在适应方面的差异研究

研究者对两类教师的课堂教学实录进行适应编码分析后发现，新手教师和专家教师在教学表征关注情况以及选取情况上存在着较大差异。新手教师的表征更加关注学生，专家教师的表征更加关注知识本质。为了更细致地分析两类教师的教学表征关注情况的区别，研究者对6位教师的课堂教学实录的关注情况的频次进行了统计，如表0-7所示。

表 0-7 两类教师的教学表征关注情况频次统计表

	关注情况	
	关注学生	关注知识本质
新手教师 AN	8	4
新手教师 BN	4	4
新手教师 CN	3	1
专家教师 AE	5	8
专家教师 BE	5	6
专家教师 CE	4	4

在教学表征关注情况方面，两类教师在"分数的初步认识"这一节课中的关注情况如图 0-7 所示。新手教师的教学表征，更多的是在关注学生，而专家教师则更关注知识本质，帮助学生经历新知的发生、发展过程，不仅使学生能真正掌握具体的数学知识，还能使学生逐步掌握内在的思维方法。

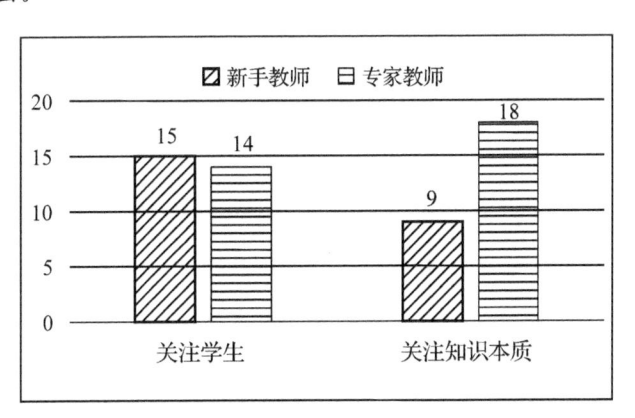

图 0-7 新手教师与专家教师的教学表征关注情况

在教学表征选取情况方面，研究者通过对两类教师的课堂实录的适应编码分析发现，专家教师往往很清楚各种表征方式的特点，以及使用它们会产生的效果，能有效地预见学生学习的困难，并且能比较顺畅或自动化地选取恰当的表征形式。而新手教师有时会出现费力选取的情况。当学生的方法与教师不一致时，新手教师尽管承认学生的答案正确，但为了保障课堂进展的流畅性，很少会对学生的想法进一步探索。

4. 结论与建议

本研究得到了如下结论。

(1) 两类教师在知识理解方面的差异

新手教师与专家教师在数学学科知识的数量上不存在较大的差异，甚至某些新手教师掌握的数学知识数量更多；新手教师与专家教师在对数学知识理解的深度和广度方面不存在显著性差异；而两类教师在对知识理解的贯通度方面存在显著性差异，专家教师能够在知识之间进行高度的组织联系，形成联系更紧密的知识网络，他们头脑中各种知识的整合程度更高。

(2) 两类教师在教学表征方面的差异

新手教师和专家教师在学科知识的传递过程中都倾向于利用多元表征，专家教师能够在更高层次上实现各表征之间的联系和转化；在语言表征方面，专家教师鼓励学生在互动交流过程中加深对知识本质的理解，新手教师主要通过直接的讲授让学生理解数学知识；在解释和防误方面，新手教师和专家教师的区别不大，主要区别在于专家教师更加注重探究知识的本质，即验证，并且专家教师关注学生的思考过程，善于了解学生的想法，能够让学生加深对知识的理解，从而实现防误。

(3) 两类教师在适应方面的差异

专家教师能够在教学情境中带领学生经历知识的发生、发展过程，从而让学生深入地理解知识的本质，而新手教师只关注了学生的易错点，看到的只是问题的表面，不能从知识本质的层面去解答学生的疑惑；新手教师基本可以做到顺畅地提取教学表征，偶有费力提取的现象，而专家教师可以做到顺畅地提取甚至自动化提取教学表征。

基于以上结论，研究者对当前新手教师的课堂教学实践和教师专业发展提出了以下建议。

第一，促进教师加深对数学知识的本质理解。

弗赖登塔尔说："我相信现在大多数人会同意，不应该将教的内容作为现成的产品强加给学生。今天大多数的教育工作者都将教学看作进入某种活动的开端。科学的顶峰总是创造性的发明，可是目前教学的水平居然还低于教师的水平。学习过程必须含有直接创造的侧面，即并非客观意义的创造而是主观意义上的创造，即从学生的观点看创造。通过再创造获得的知识与能力要比以被动方式获得者，理解得更好也更容易保持。"① 基于知识的"再创造"过程，研究者对数学教师提出了很高的要求。专家教师能够从本质上把握数学知识之间的共通之处，抓住该数学知识的本质，找到数学知识的来龙去脉，并能从本质的角度对数学知识进行解释，这样才能让数学知识真正地在课堂上发生，让学生真正地理解知识的本质。教师想要对知识有深刻本质的理解，需要阅读大量与学科知识相关的专业书籍，以巩固自己的学科专业知识，还要多关注数学史方面的书籍。作为数学文化的一部分，数学史对学生具有极大的德育、智育和美育价值，教师可以借助数学史让学生了解数学知识的发生过程，从而实现数学知识的"再创造"。与此同时，教师还要多涉猎教育学、心理学方面的书籍。

第二，发展教师对数学知识的多元表征体系。

教师将多元表征渗透到数学课堂教学中，一方面可以调动学生多感官的认知因素，促进学生理解知识，培养学生的数学思维，促进学生发展数学智慧；另一方面通过对问题进行多元化的表征，为学生解决数学问题提供新的平台，从而有助于提高学生对问题多角度的解释能力和创新能力。② 虽然教师的 MPCK 具有一定的缄默性，但我们仍然可以通过专家教师的课堂发现其对特定数学知识的表征形式。观摩专家教师的教学案例，分析学习专家教师的表征技巧，也是推动教师的 MPCK 形成的策略之一。但是这种学习并不只是模仿，教师在模仿的基础上，应该不断反思，达到内化的高度。针对专家教师课堂的教学表征的呈现特点，研究者可以发现，教师可以从善于创设情境、灵活运用恰当的多元表征、注重表征的关联性、突出数学知识的本质等方面提高自己。

第三，培养教师对学生多元表征的合理选取能力。

教师在知识的表征选取方面最好的状态就是无意识地、自动化地对适当的教学表征进行选取，这是教学表征的最高境界，也是教师课堂教

---

① ［荷兰］弗赖登塔尔：《作为教育任务的数学》，陈昌平、唐瑞芬等译，110 页，上海，上海教育出版社，1995。
② 吕程、周莹、唐剑岚：《多元表征：探寻数学智慧课堂的一把密钥》，载《教育与教学研究》，2012（6）。

学的艺术体现。在多元表征的选取过程中,教师要更多地关注学生的思维水平、学生的已有经验、学生的易错点等,这样才能真正实现从关注"如何教"到关注"如何学"的转变。与学生交流是提高教师的教学表征合理选取能力必不可少的环节,这样的交流不应只局限于课堂之上,还可以渗透在课后甚至生活之中。除此之外,教师需要在日常的课程中不断改进和优化教学行为,只有善于反思与总结,才能不断地进步与成长。必要的教学反思对教师来说是相当重要的,它直接影响教师的表征能力。教师只有坚持连续回顾反思,才能提升表征的水准,提高驾驭课堂的能力,加快成长的步伐。

(二)实证研究二:数学课堂教学表征的特征分析——专家教师原型观下的技能基础

1. 研究问题

自舒尔曼教授提出学科教学知识(以下简称 PCK)的概念后,教育界的专家开始意识到教师的学科教学知识在教学中的重要作用。尤其对专家教师学科教学知识结构的研究发现,形成学科教学知识结构是促进教师专业发展的捷径。专家教师在教育教学过程中的高水平行为,表现出一定的共性,研究他们的行为及行为表现出的共性,既可以丰富教育教学领域的实践研究,又可以为新手教师的培养规划提供借鉴,还能为师范教育发展提供有价值的参考。

心理学认为,表征是信息在头脑中的呈现方式。当有机体对外界信息进行加工(输入、编码、转换、存储和提取等)时,这些信息就是以表征的形式在头脑中出现的。表征既是客观事物的反映,又是被加工的客体。同一事物,其表征的方式不同,对它的加工也不相同。教师在教新概念时,通过对表征的处理,可以让学生更适切地习得新概念。

表征将被有效利用,以帮助学生习得数学概念。在我国现行的各版本小学数学教材中,表征的类型和呈现规律较为一致。教材内容一般分为新授和练习两个部分,新授中的例题教学是为了帮助学生理解必要的关键概念,让学生以此为基础解决新问题[1],练习是对新授例题的巩固、延伸和补

---

[1] Sweller J. & Cooper G. A., "The use of worked examples as a substitute for problem solving in learning algebra," Cognition & Instruction, 1985, 2 (1).

充。在实际教学中，很多教师只是带领学生将教材"复制一遍"，学生未能理解教材的内涵。尽管学校、教学研究机构、教师发展部门都希望能为教师解读教材提供支持，但实际提供给教师的更多是解读结果，未能从解读教材的技术层面给出具体指导与建议。

教材的例题教学"表征顺序"均为从具体到抽象，教师教学也是从具体表征如圆片、小棒等开始，逐步抽象到算式。以江苏教育出版社出版的《义务教育教科书·数学》（以下简称苏教版数学教材）为例，研究者按照呈现特点把表征分为三类，如表 0-8 所示：动作式、映象式和符号式。动作式表征一般是指用非常具体的图、文来呈现，如图文结合、文字描述和散装图的方式，条状图、线段图等则属于映象式表征，表格和算式属于符号式表征。

表 0-8 教材表征分类

表征分类	教材表征类型	例子
动作式	图文结合、文字描述、散装图等	每次可以坐6人，2次可以坐多少人？3次、4次、5次、6次呢？
映象式	前条状图、条状图（彩条图或带状图）、线段图等	把芳芳的彩珠拿走4个。拿出芳芳的2个彩珠给小军。
符号式	等式等	同学们制作了一批树叶贴画，选出142幅放进橱窗展览，还剩86幅。一共制作了多少幅？ 142 + 86 = ( )

研究者可以把这三种表征方式中的每一种按照具体或抽象程度进行分类。在动作式表征中，纯文字表征的抽象程度高于图文结合，但并不是说纯文字表征的难度就一定大于图文结合。研究发现，在实际教学中，

学生反而觉得有些图文结合的问题困难，这种情况在"第一学段"（小学一至三年级）尤其明显。研究者若按抽象程度可以把映象式表征分为三类：前条状图（Pre-tapes）、条状图（Tape Diagrams）和线段图（Number Lines），这三种类型的表征都属于"线性数量"表征。研究者在教材中常用圆片、小棒排成前条状图；条状图是类似直条呈现的图；线段图顾名思义就是用不同长度的线段进行表征的图。表征呈现不仅在学段之间具有规律性，在教材的单元或课时中也表现出一些共性。苏教版数学教材中的例题一般都会以图文结合或文字的表征呈现，常常以算式等较为抽象的形式作为例题的终结表征。在解决问题的教学内容中，算式是固定的终结表征。

教学是一个复杂的过程，表征是教师教学设计的关键要素之一，教师通过表征的运用，表征的转换，以及建立表征与表征之间的联系来促进学生对数学概念的理解。那么，专家教师对表征的处理有什么优势？这些优势在课堂教学中是如何体现的？本研究将从表征的深度处理与表征的细节处理两个角度，探寻专家教师的教学；用文本分析法，对专家教师的课堂教学实录进行编码分析，发现专家教师在表征处理方面的共性。数学教师常常对教材具有高度依赖性，这也为深入研究提供了路径——单纯看教学，不如着重看教学的转变，这样可以更加清晰地呈现专家教师专业的教学处理。

2. 研究方法

（1）专家教师的选择与教学内容的确定

研究者选择专家教师作为研究对象，需要认可两个基本前提：一是专家教师与新手教师存在不同。在教学中，相较于新手教师，专家教师能更加有效地运用学科知识，在解决课堂问题方面有更高的效率，更容易找到新的、恰当的解决问题方法。二是专家教师之间存在相似性。既然是专家教师，他们的专家特质就已然被默认了，研究者可以把专家物质称为专家的"原型"[①]。研究者对专家教师的选择参考了莱因哈特等人提出的界定方法。研究者把教龄作为主要选择条件，在某市选取了4位

[①] R.J. 斯腾伯格、J.A. 霍瓦斯：《专家型教师教学的原型观》，高民、张春莉译，载《华东师范大学学报》（教学科学版），1997（1）。

小学数学专家教师，这些专家教师还具备以下条件：从事小学数学教学工作的时间为 10 年及以上；获得过本区域或更大范围内的小学数学学科教学表彰，或在本区域或更大范围内的数学学科教学评比中获得过奖项；自愿参加本研究。参与本研究的每位专家教师要进行 4 节"新授课"教学，选择的教学内容需要包含一个核心数学概念。教学要在自然情境与状态下进行，教师的备课也以常态为准。

（2）编码与分析

研究者先录制每一节课的教学过程，再将教学录像转换成文字实录，为了保证文字实录的可信度，采取双重编码制度。研究者在编码过程中采用自下而上和自上而下并行的方法，根据研究的重点选择编码的维度，自上而下进行编码；根据课例概览和文献分析确定编码的各个维度，自下而上再次校验编码。为了保证编码信度，研究者在研究过程中进行了两轮编码，并采用专家编码校验的方法，以修正编码中出现的错误。

（3）理论框架

研究者分别从表征顺序、表征主体和表征呈现三个维度进行编码。在表征顺序方面，研究者按照表征出现的次序流程，分别从教材和教学两个方面进行序列编码，先按照表征的类型将教材和教学按序记录，在记录的过程中进行教材与教学的对应，从教材与教学的表征一致性看教师对教材的改动比例，为进一步分析如何改动奠定基础。在表征主体方面，研究者关注的是表征产生的主体，即表征是如何产生的，是学生独立提出的，或是教师提出的，或是师生共同提出的。在表征呈现方面，研究者主要分析在教学中教师是借助何种技术呈现表征的。

3. 结果与分析

研究者通过分析专家教师从教材到教学的转变，可以初步发现一些共性的策略，下面分别从表征顺序、表征主体和表征呈现三个方面进行具体阐述。

（1）表征顺序

从表征的类型看，专家教师对教材表征的使用是以尊重为基调，加以个性化解读。在专家教师选择的 16 节教学内容中，专家教师一般把图文结合式作为例题的初始表征，并以算式表征作为终结，练习部分的教材表征没有明显的规律性。图 0-8 显示，专家教师的教学表征与教材表征趋势相近，尽管如此，专家教师在教学中对表征还是做了适当改变，其中教师 C 对教材表征的改变较大。

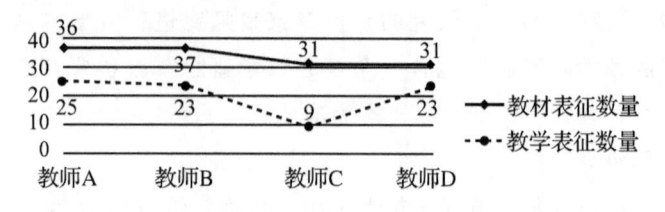

图 0-8 教材与教学表征的一致性

既然教师对教材的表征做了改变，那究竟是怎么变的？如图 0-9 所示，通过对不一致的表征进行分析，研究者可以发现四位专家教师对教材表征的改变可以分为三种类型：增加教材中没有的表征、不采用教材的部分表征类型、转变教材的表征。在三

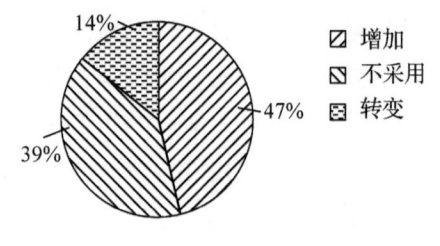

图 0-9 不一致表征结构比例

种类型的表征改变中，增加的表征类型的比例为 47%，不采用的表征比例为 39%，转变的表征总量占表征不一致总数的 14%。值得一提的是，尤其在概念课教学中，专家教师不仅改变了教材的表征设计，还自行设计了新的表征类型，比如，教师 A 在第 1 课教学中，将教材中图文结合式表征转变为前条状图式表征，设计更加具体化。在练习部分，专家教师还通过增加表征类型，改变教材的表征设计，例如，教师 C 在第 4 课教学中，在教材以算式表征为主的设计基础上，增加了表格、线段图等多种表征方式。

（2）表征主体

在教学中，表征有三种呈现方式。第一，由教师提出，教师提出的也可能是教材已有的表征；第二，由学生提出，就是在学习过程中，学生根据自己对知识的理解呈现个性化表征方式，这种表征方式也是课堂教学的资源；第三，由师生共同提出，教师先启发学生，然后学生提出表征，教师通常在学生出现困难时给予帮助，师生最终共同提出正确的表征。在 16 节课中，"表征主体"的不同方式统计如图 0-10 所示，三种

方式呈现的表征比例相当，教师提出表征占 36%，师生共同提出表征占 34%，学生提出表征占 30%，由学生参与的"表征主体"占总数的 64%。四位专家教师的课堂教学的"表征主体"比例有所差异，如图 0-11 所示，在教师 A 的数据中，"师生共同提出表征"的比例最高，达到了 72%；在教师 D 的数据中，"教师提出表征"的比例最高，达到了 59%。四位专家教师的"表征主体"比例，又表现出两种不同的类型，在教师 A 和教师 B 的课堂中，"教师提出表征"的比例相当，学生参与或独立提出表征的比例占了绝大部分。在教师 C 和教师 D 的课堂中，"教师提出表征"的比例相对较高，占了约一半。这两种不同的表征类型的形成可能与计算、解决问题等内容的差异性有关。

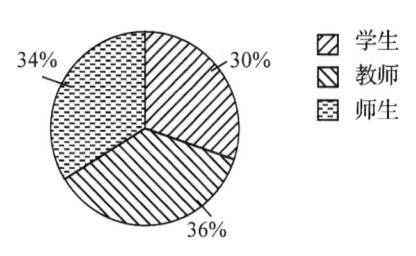

图 0-10 表征主体比例

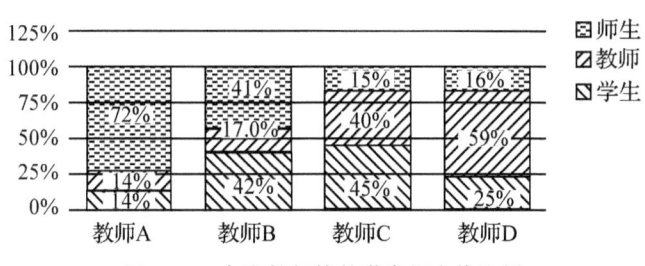

图 0-11 专家教师的教学表征主体比例

在教学中，专家教师往往不止步于用一个问题呈现单一表征方式，有时会同时或先后呈现不同的表征，帮助学生学习同一个数学概念。四位专家教师在教学中都使用了"多重表征"解释数学概念。如图 0-12 所示，教师 A、教师 B 和教师 D 对"多元表征"的使用表现出一致水平，对"单一表征"的使用比例占 $\frac{2}{3}$ 左右；教师 C 则更多地使用了"多元表征"进行教学，"多元表征"的使用比例占总数的 72%。从总体来看，四位专家教师在教学中都注重使用"多元表征"。有些表征源于教材内容，有些表征并非如此，如图 0-13 所示，在四位专家教师的教学中，教师 A 和教师 B 在使用教材表征上水平一致，约占总表征数的 $\frac{2}{3}$，教师 C 和教师 D 使用教材表征的比例较低，教师C使用教材表征的比例仅为8%，可以看出教师C对教材表征的改变比较大。从总体来看，四位专家教师对教材表征都有一定程度的改变，在利用"多元表征"教学时，他们又表现出对生成资源进行开发的能力。在这些非教材表征中，相当一部分来源于学生。如图0-14所示，教师B的非教材表征中的92%为学生提出表征，教师C和教师D的该比例超过了一半，教师A的该比例略低于50%。

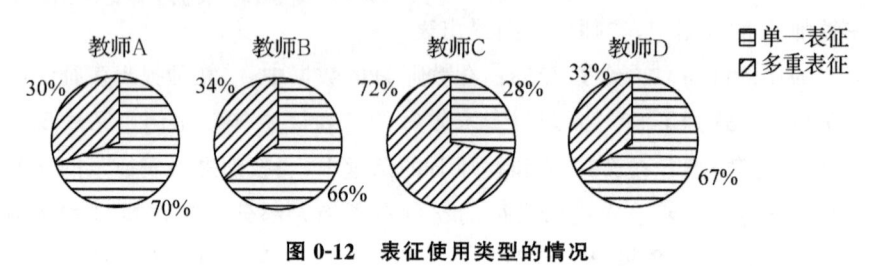

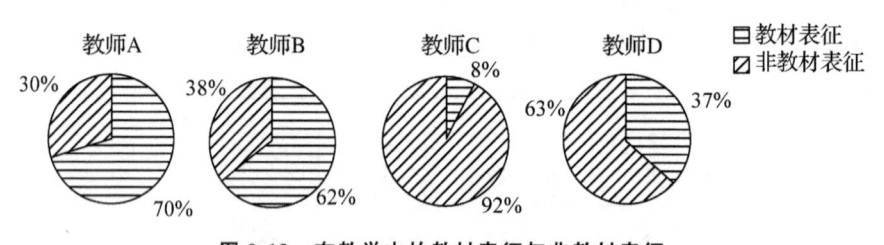

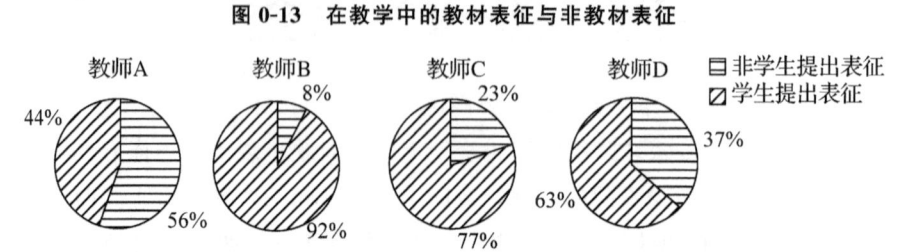

图0-12 表征使用类型的情况

图0-13 在教学中的教材表征与非教材表征

图0-14 在非教材表征中，学生提出表征的情况

（3）表征呈现

研究者需要通过外化的途径呈现表征。在课堂教学中，教师应该利用技术使表征具体化，而不能只用口头语言描述，在16节课堂教学中，所有的表征都被教师用具体化的方式呈现，不管表征来源于学生还是教师，不管表征是随机产生的还是课前预设的，可见专家教师的课堂教学已经将表征呈现可视化应用到位了。正如美国教师教学建议所倡导的，要将表征与图表相结合，而不能仅仅用口头表达，这样更有助于学生理解数学概念。

研究者从四位专家教师的课堂表征呈现技术情况（图 0-15）中可以看出，在表征的呈现技术中，课件（主要是 PPT）使用最为广泛，比例达到了 61%。板书依然有一定地位，平均使用率在 21% 左右。通过对比四位专家教师的技术使用情况，研究者还发现

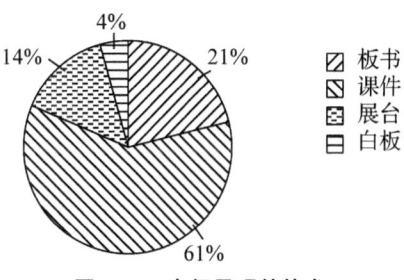

图 0-15　表征呈现的技术

展台（实物投影）只在教师 B 和教师 C 的课堂中被使用过，并且他们的教学内容分属不同领域，可见展台的使用与教师本身具有关联。只有教师 A 在某一课中使用过白板（交互性技术），其他几位教师并未使用白板。研究者经过访谈了解到使用白板技术与否，与技术条件是否具备有关，比如，教师 C 和教师 D 的课堂教学环境中就缺少此项技术的硬件支持。与此同时，研究者还可以换个角度去分析技术的使用，如果将使用板书、课件和展台作为常用技术，可以发现三者的不同之处。课件是教师课堂教学前预设的产物；板书虽然被教师当堂呈现，但不排除预设成分；教师用展台所呈现的学生作品，大多是课堂教学的随机产物。从呈现的内容来看，虽然这几项技术的应用功能区别较大，但专家教师对教学设计的掌控度很高。

4. 结论与建议

表征对学生学习数学概念具有重要作用。专家教师在课堂教学中充分展现了他们对表征的有效使用。本研究选择实践视角，从微观分析专家教师在教学中对教材的转变，进一步深入探讨有效教学的实践研究。

（1）表征的抽象化、多样与转换

专家教师注重表征的抽象化。有研究表明，专家教师使用具体的表征可以支持学生对数学概念的初始学习[1]，但一直使用动作式具体表征，并不能促进学生对数学概念进行迁移[2]，因此专家建议，促进学生学习的

---

[1] Cauzinille-Marmèche E., Mathieu J., Resnick L., "L'Intégration de Nouvelles Connaissances: Entre Arithmétique et Algèbre," European Journal of Psychology of Education, 1987 (1).

[2] Kaminski J. A., Sloutsky V. M. & Heckler A, F., "Learning theory. The advantage of abstract examples in learning math," Science, 2008 (5875).

最好方式是进行表征的抽象化①。表征的抽象化是学生深度理解数学概念的过程，表征的抽象化程度反映了学生的学习水平。研究者从专家教师提供的例题教学案例中可以看到学生对概念表征的抽象过程。教学时，专家教师并不急于在例题教学中提出抽象程度很高的算式，而是关注学生表现出来的表征抽象化过程，有时甚至为了满足部分高水平学生的学习需求，适度提升教材概念表征的抽象程度。

研究者发现，专家教师不仅具有从具体到抽象的"表征顺序"策略，并且善于利用多元表征帮助学生理解数学概念。在学习过程中，专家教师使用表征可以帮助学生理解数学概念，但不同水平的学生的表征的抽象化水平存在差异。在学习概念的初始阶段，专家教师使用不同抽象程度的表征，有助于不同认识水平的学生真正掌握概念。

研究者还发现，专家教师虽然特别注重表征的抽象化，但有时会降低表征的抽象程度，有时不满足于使用教材所设计的终极表征，教学时会自行提升抽象程度。如果教材所呈现的表征为图文结合情境时，教师甚至会增加前彩条图或彩条图表征，虽然看上去降低了难度，但这对学生理解数学概念的本质是十分有必要的。

专家教师也善于在不同表征之间，引导学生不仅关注表征的抽象化，也关注表征的具体化。学生一旦能够在表征的抽象化与具体化之间自由往来，更有助于对概念进行迁移。如果学生在理解过程中能把图文结合的表征转换成算式表征，又能以图文结合的表征方式对算式进行解释，就做到了对图文结合的表征和算式表征之间的转换。表征在教材中呈现的是一种线性的序，是从具体到抽象的过程，但是研究者从专家教师的课堂教学中却发现了表征的另一种呈现样态，表征设计跳脱了单纯的线性布局，表现出可以互逆、跳转的网状结构（图 0-16）。

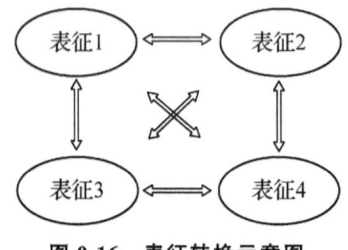

图 0-16　表征转换示意图

---

① Goldstone R. L., Son J. Y., "The Transfer of Scientific Principles Using Concrete and Idealized Simulations," Journal of the Learning Sciences, 2005（1）.

（2）表征主体的学生化倾向

专家教师善于鼓励学生用自有的方式表征数学概念。研究者发现，在课堂教学中，相当一部分的表征并未在教材中出现，甚至没有出现在教师的教学预设中，而是来源于学生个体的知识结构，这些表征充分体现了学生对数学概念的理解的多样性和深度。这些表征的出现与专家教师的教学设计紧密相关，专家教师除了能够发掘教材的概念表征方式以外，还能够帮助学生建立概念的表征，所以研究者在课堂学习中可以看到表征或源于教师，或来自师生合作，或完全出自学生。在数学课堂教学中，教师若能将新的概念表征融于学生已有的知识结构，那么学生就会和已有的概念表征自觉关联，成为表征主体，自主表征就成了学生"真学习"的发生标志。

（3）表征呈现的技术介入

在对表征的呈现技术分析时，研究者发现预置是主要技术介入的路径，但其弱点是缺乏灵活性。教师的技术使用功能最重要的特点是"即时呈现"，尽管这个功能在教学中扮演着重要的角色，但与学生"真学习"的发生关联性并不大。即时呈现功能带给教师最大的益处是效率高，即在 40 分钟教学过程中，教师能够较大程度实现既定的教学目标，尤其在中国的课堂教学中，教师视"40 分钟教学时间单位"为重要准则，一定要按照既定计划在规定时间内完成一节课的教学，不管出现什么情况，教师都不能把教学内容顺延到下一课。所以，专家教师还需打破"40 分钟教学时间单位"的观念，教学不是以时间来衡量的，而是把学习的"真发生"和学生的学习进阶作为课堂教学的终极目标。研究结果表明，专家教师在课堂中常常使用课件辅助教学，PPT 技术是课件的主导技术，研究者根据 PPT 技术的性能可以对专家教师的教学观念做出初步判断，对课堂的掌控欲仍然存在于专家教师的教学设计意识中。即使是专家教师，也十分在意教学进程在预设范围内，虽然这在一定程度上反映了专家教师的教学执行力，但专家教师也需要从另一个侧面反思教师教学的空间意识，当掌控欲强时，专家教师应保障学生的学习空间。

在教学中，专家教师对表征的微观分析有助于进行课堂教学的深度研究，有助于数学教师的专业成长。更重要的是，研究成果除了可以让新手教师从中获益之外，还可以从某种程度上推进专家教师的再发展。专家教师在微观的课堂教学研究中既能对新教师的课堂教学水平提升进行有效指导，也能对突破自身再提升的瓶颈有积极意义。本研究基于对四位小学数学专家教师的课堂教学深度分析，研究结果未必一定具有普遍性，因为教学原本就不可能被完全复制。案例研究与积累对提升教师的专业素养无疑是有益的。

（三）实证研究三：数学教师洞察力的特征研究——专家型教师原型观下的策略基础

1. 研究问题

就以往的研究而言，有关"专家型教师原型观"下的教师洞察力研究，大多停留在理论层面上的探讨，少有研究在操作层面上进行具体解读。本研究试图在操作层面上对专家型教师原型观下的教师洞察力进行分析。为进一步探讨教师洞察力在操作层面上的具体内涵，研究还需落实到具体的行为中。通过对课堂行为的相关文件进行梳理，研究者把课堂教学行为分为三类：课堂教学导入行为、课堂教学提问行为及课堂教学反馈行为。

斯滕伯格在专家型教师原型观下教师洞察力的相关论述中指出，教师洞察力就是教师在某种程度上更能创造性地解决问题的能力，同时这些解决问题的方法必须既新颖，又恰当。该教师洞察力的概念主要与三个方面相对应：选择性编码、选择性联合、选择性比较。

选择性编码，指的是教师能够区分与问题解决相关的或无关的信息的能力，即教师能够判断出别人认为重要的信息也许不重要，而别人认为不重要的信息事实上很重要。这点反映在教学上，往往指的是教师可以较快地辨别出学生所传递的信息是否重要，这些信息是否能够反映出学生的问题。这通常与我们在教学过程中所说的发现问题相联系。具备选择性编码能力的教师往往能够更快、更准确地发现学生在解决核心问题时所存在的问题。而在实际的教学情境中，教学导入环节往往是教师发现问题的主要环节，因此专家教师的教学导入行为能具体体现洞察力中的选择性编码能力。

选择性联合，主要是指教师能够将一些信息以有利于问题解决的方式联系起来的能力。即研究者把两种信息分开来考虑时发现它们是无关的，但联系在一起考虑时却发现它们是相关的，这样做甚至可以帮助研究者解决问题。这点反映在课堂教学中，往往指的是教师能从学生的一些行为或错误中，洞察学生产生此类行为或错误的根本原因的过程，这点与我们通常所说的教师分析问题很相似。具备选择性联合能力的教师往往能够更好地帮助学生分析问题，让他们在此基础上达到解决问题的目的。而在实际的教学情境中，教师往往会通过提问的方式分析学生产生错误的原因，因此专家教师的教学提问行为能具体体现洞察力中的选择性联合能力。

选择性比较，指的是教师能够将所有在另一个背景中获得的信息运用到手边的问题解决中来的能力。教师基于选择性比较的洞察力是通过注意、找出相似性、运用类推来解决问题的。这点反映在教学中，指的就是教师利用手边的一切资源，帮助学生解决问题的行为。所以，选择性比较在教学过程中往往与教师解决问题相联系。具有选择性比较能力的教师往往可以通过类推，利用新旧知识之间的联系帮助学生解决问题。而在实际的教学情境中，教师往往是在教学反馈环节中通过与学生共同探讨，进而解决问题的，因此专家教师的教学反馈行为能具体体现洞察力中的选择性比较能力。

研究者通过分析教师洞察力的具体内涵，结合研究者关于课堂导入环节、提问环节、反馈环节的描述，将教师洞察力的三个方面，即选择性编码、选择性联合和选择性比较分别与三个不同的课堂教学环节相对应。研究者认为教师选择性编码的能力主要在课堂导入环节中得以体现，选择性编码的目的主要是发现问题；教师选择性联合的能力主要在课堂提问环节中得以体现，选择性联合的目的主要是分析问题；而教师选择性比较的能力主要在课堂反馈环节中得以体现，选择性比较的目的主要是解决问题。在此基础上，研究者将通过分析教师洞察力的三个维度在具体教学行为上的相应特征，总结出教师洞察力的具体特征，为提升教师洞察力、完善专家教师培养机制提供理论依据。

基于此，本研究的研究问题如下。

问题一：在操作层面上，教师洞察力的具体内涵是什么？

问题二：探究专家型教师与新手教师的教师洞察力在具体课堂教学行为上的差异：在选择性编码方面，专家教师与新手教师在围绕核心问题做出的具体课堂教学行为上存在哪些差异？在选择性联合方面，专家教师与新手教师在围绕核心问题做出的具体课堂教学行为上存在哪些差异？在选择性比较方面，专家教师与新手教师在围绕核心问题做出的具体课堂教学行为上存在哪些差异？

问题三：在研究问题二的基础上，总结出专家型教师原型观下的教师洞察力在具体教学行为上的特征。并在此基础上，思考提升新手教师洞察力的建议。

2. 研究方法

(1) 研究内容与研究方法的确定

第一，通过检索、筛选、查阅相关文献，研究者梳理了国内外研究中有关专家型教师原型观下的教师洞察力、数学教学核心问题、课堂教学行为有效性的相关研究成果，确定了如下的研究内容。首先，进一步明确专家型教师原型观下的教师洞察力、数学教学核心问题、课堂教学行为有效性的内涵，对相关概念提出自己的看法。其次，要从操作层面上分析专家型教师原型观下教师洞察力的具体内涵。最后，要在明确课堂教学行为等相关概念的基础上，确定本研究中需要进行观察的主要教学行为：课堂导入行为、课堂提问行为及课堂反馈行为，同时对研究者有关这三类教学行为有效性的特征分析、提升策略等进行梳理、总结并加以概括。

第二，研究者以教学行为有效性研究为依据，分别从不同维度编制《教师洞察力下的教学行为有效性编码表》。维度划分如下。选择性编码维度下的具体教学行为——教学导入行为的编码；选择性联合维度下的具体教学行为——教学提问行为的编码；选择性比较维度下的具体教学行为——教学反馈行为的编码。

第三，研究者使用录像观察的方法，按照不同的教学环节，把录像中教师围绕核心问题所开展的一系列教学行为分为选择性编码、选择性联合和选择性比较三类，并根据事先制定的《教师洞察力下的教学行为有效性编码表》，进行相关数据的记录。

第四，研究者根据记录的数据，对比分析专家教师与新手教师在围绕核心问题做出的课堂教学行为上的差异，探究教师洞察力的具体表现（围绕核心问题做出的课堂教学行为）有效性的相关特征。

第五，研究者在总结教学行为有效性特征的基础上，结合案例分析，探究新手教师洞察力的培养途径。

研究者基于斯腾伯格对于专家型教师原型观下教师洞察力的相关论述以及前人的研究，确定了本研究的理论框架（图0-17）。

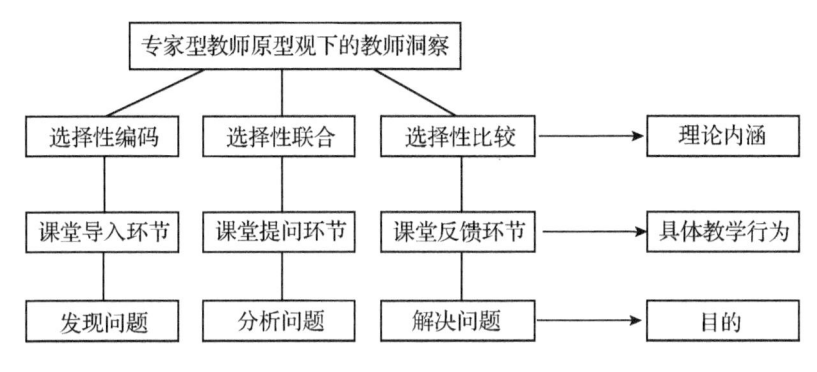

```
                专家型教师原型观下的教师洞察
        ┌───────────────┼───────────────┐
   选择性编码        选择性联合        选择性比较  →  理论内涵
        │               │               │
   课堂导入环节      课堂提问环节      课堂反馈环节  →  具体教学行为
        │               │               │
    发现问题         分析问题         解决问题    →    目的
```

图 0-17 理论框架

（2）研究工具

研究者采用的研究工具为《教师洞察力下的教学行为有效性编码表》，研究者根据编制的编码表，对专家教师和新手教师的相关课堂教学录像（表0-9）进行量化研究，并基于得出的结论进行质性分析，从而总结归纳出专家教师洞察力的有效特征。

表 0-9 专家与新手的录像课名称

教师类别		专家	新手
课名	数与代数	11～20 数的认识	11～20 数的认识
		认识小数	认识小数
		数与形	找规律
		图形中的规律	探索规律
	图形与几何	图形的运动	图形的旋转
		体积与容积	圆柱的体积
		平移旋转	平移和旋转
		分类	四边形分类
	概率与统计	平均数	统计与平均数
		数图形的学问	排列与组合

在编码表的制定过程中，为确保研究的科学性，研究者参考了前人对于相关课堂教学行为的编码表，同时邀请四名小学数学专家教师（两名低学段教师、两名高学段教师），高校教师以及在读研究生参与讨论，达成共识，制定了如下的编码表。

①教学导入行为编码表的制定

本研究认为教师围绕核心问题所开展的课堂导入行为，既包括传统意义上的课堂导入环节，即教师在提出核心问题之前，为激发学生的学习动机，创设问题情境的环节（表 0-10），又包括教师引导学生初步理解核心问题的环节，即教师在提出本节课的核心问题之后，选择性地搜集学生作品的环节（表 0-11）。

表 0-10 《小学数学教师提出核心问题之前的教学导入行为编码表》

核心问题	核心问题主要指教师在日常的教学实践中，结合学生现有认知水平，在整合教学内容与深度研读教学目标的基础上所指定的一系列能够提示所学知识本质的，具有一定深度的、可以引发学生思考的问题 本研究将参考《义务教育数学课程标准（2011 年版）》以及史宁中教授编写的《基本概念与运算法则：小学数学教学中的核心问题》对录像中的核心问题进行确定
核心问题提出前的导入	传统意义上的课堂导入环节
导入内容是否有助于核心问题的提出	教师能够通过该导入过程自然而然地、流畅地引入本节课的核心问题，而不是单纯为了设置情境，调动气氛，编排一些主题关联不大的内容
艺术性	通过设置情境，激发学生的学习兴趣。导入内容趣味新颖，导入方式较为科学，导入语言生动形象
主体性	重视学生的主体作用，强调学生的主体意识，能够引发学生进行自主探究
问题性	能够引发学生的认知冲突和探索欲望

表 0-11　《小学数学教师提出核心问题之后的教学导入行为编码表》

核心问题	核心问题主要指教师在日常的教学实践中，结合学生现有认知水平，在整合教学内容与深度研读教学目标的基础上所指定的一系列能够提示所学知识本质的、具有一定深度的、可以引发学生思考的问题。三个研究将参考《义务教育教学课程标准（2011 年版）》以及史宁中教授编写的《基本概念与运算法则：小学数学教学中的核心问题》对录像中的核心问题进行确定
核心问题提出后的导入	教师提出核心问题后，选择性收集不同学生的作品进行展示，或选择性安排不同学生操作演示的环节
导入内容是否围绕核心问题	作品是核心问题提出后有价值的生成，代表着一类学生的思维过程
导入内容是否具有层次	教师在选择导入材料，如选取学生作品或选择学生进行展示时，能够按照一定的顺序编排，使得导入内容循序渐进，符合学生的认知规律
问题性	选取的作品体现了学生的思维过程和特点，有助于暴露学生的思维障碍

②教学提问行为编码表的制定

《小学数学教师课堂提问行为编码表》包括问题类型、提问方式、提问是否具有目的性及指向性、理答方式及追问类型等维度，如表 0-12 所示。表 0-13、表 0-14 分别对问题类型和追问类型进行了编码。

表 0-12　《小学数学教师课堂提问行为编码表》

问题类型	根据学生思维水平的高低，参考布鲁姆的教学提问模式，将提问类型划分为低水平提问（识记型提问 A11、理解型提问 A12、应用型提问 A13）及高水平提问（分析型提问 A21、评价型提问 A22 和创造型提问 A23）六类
提问方式	根据形式的不同，回答分为提问前指定学生回答、提问后学生齐答、提问后举手的学生答和提问后改叫其他同学回答，分别用 B1，B2，B3，B4 进行标记

目的性	提问内容围绕核心问题，不偏离核心问题或过分纠缠不必要的错误
指向性	教师能够准确地表述问题，给学生以清晰的思考方向
理答方式	首先对教师是否追问进行判断。对于没有追问的问题，教师的理答方式主要分为消极批评或直接结束（不予评价），简单的重复总结，积极鼓励性评价三个类型，分别用 D1，D2，D3 进行标记。对于存在追问（D4）的情况，详见下一列
追问类型	根据追问的类型，分为问题聚焦、问题解释、问题验证和重复直接询问问题（可能会选择其他同学）四大类，分别用 E1，E2，E3，E4 进行标记

表 0-13 问题类型编码解读

	问题类型	具体解释
低水平提问	识记型提问	包括判断提问和回忆提问，考查学生的识记能力
	理解型提问	检查学生对已学的知识及技能的理解和掌握情况，多用于某个概念、原理讲解之后，或学期课程结束之后
	应用型提问	教师建立一个简单的问题情境，让学生运用新旧知识来解决新的问题，以达到强化记忆、透彻理解、灵活运用的目的
高水平提问	分析型提问	要求学生通过要素分析、关系分析和原理分析，对问题的原因和结果进行解释和阐述
	评价型提问	要求学生运用准则和标准对观念、作品、方法、资料等做出价值判断，或者进行比较和选择
	创造型提问	要求学生发现知识之间的内在联系，并在此基础上使学生学会把教材内容的概念、规则等重新组合的提问方式

表 0-14 追问类型编码解读

追问类型	具体解释
问题聚焦	教师通过追问，引导学生将回答一步步聚焦到核心问题
问题解释	教师通过追问，让学生结合具体事例举例，对问题给予说明
问题验证	教师通过追问，引导学生对自己或他人的观点进行反思，并证明自己的观点
重复直接询问问题	教师就同一问题直接重复询问，其间可能直接选择其他同学回答

③教学反馈行为编码表的制定

《小学数学教师课堂反馈行为编码表》（表 0-15）主要从反馈内容、反馈方式、反馈时机、反馈是否具有针对性及普遍性等维度进行考察，以期研究教师在围绕核心问题做出的教学反馈行为中的教师洞察力的相关特征。

表 0-15　《小学数学教师课堂反馈行为编码表》

核心问题	核心问题主要指教师在日常的教学实践中，结合学生现有认知水平，在整合教学内容与深度研读教学目标的基础上所指定的一系列能够揭示所学知识本质的、具有一定深度的、可以引发学生思考的问题。本研究将参考《义务教育数学课程标准（2011 年版）》以及史宁中教授编写的《基本概念与运算法则：小学数学中的核心问题》对录像中的核心问题进行确定
反馈内容	记录教师在课堂反馈中所采取的一系列言语行为或展示行为
反馈方式	根据教师的不同教学语言或教学动作，将反馈方式分为描述性反馈（其中包括要求数学语言的准确表达和解题规范 A11、重复重要的步骤或推理 A12、提示学生向前推进 A13、促进学生反思推理过程 A14、替代学生推理 A15），表扬反馈（语言赞扬 A21、行为表扬 A22、物质奖励 A23），对错反馈 A3，批评反馈 A4
反馈时机	就教师提出反馈的时间节点，分为在学生基础知识掌握较好时反馈、在学生出现问题时反馈、在学生间有争议时反馈以及在学生出现新思路或闪光点时反馈，分别用 B1，B2，B3，B4 进行编码
针对性	反馈内容围绕着核心问题，不偏离核心问题或过分纠缠不必要的错误（如计算错误）
普遍性	反馈内容针对绝大多数学生所出现的问题而制定

3. 结果与分析

（1）专家教师与新手教师在选择性编码上的差异比较

研究者利用制定出的《小学数学教师提出核心问题之前的教学导入行为编码表》以及《小学数学教师提出核心问题之后的教学导入行为编码表》，在对专家教师和新手教师的课堂录像进行记录和分析之后，统计出以下数据，其中编码 0 代表没有此类特征，编码 1 代表具备此类特征。

由表 0-16 可以看出，就提出核心问题之前的导入而言，专家教师较新手教师，所设定的导入内容更能自然而流畅地引入本节课的核心问题，有利于核心问题的提出；同时更加具有艺术性、主体性和问题性，但专家教师和新手教师之间的差别不大。

表 0-16 专家教师与新手教师提出核心问题之前的导入行为编码

课名	教师类别	导入内容是否有助于核心问题的提出	艺术性	主体性	问题性
11～20 数的认识	新手	1	1	1	1
11～20 数的认识	专家	1	1	1	1
认识小数	新手	1	1	1	1
认识小数	专家	1	1	1	1
找规律	新手	1	1	1	1
数与形	专家	1	1	1	1
探索规律	新手	1	1	1	1
图形中的规律	专家	1	1	1	1
图形的旋转	新手	1	1	0	1
图形的运动	专家	1	1	1	1
圆柱的体积	新手	1	1	1	1
体积与容积	专家	1	1	1	1
平移和旋转	新手	1	1	1	0
平移旋转	专家	1	1	1	1
四边形分类	新手	1	0	1	1
分类	专家	1	1	1	1
统计与平均数	新手	0	1	1	1
平均数	专家	1	1	1	1
排列与组合	新手	1	1	1	1
数图形的学问	专家	1	1	1	1

如表 0-17 所示，就提出核心问题之后的导入内容而言，专家与新手最显著的差别在于专家在选取材料时，能够通过发现学生的问题，有意识地进行选择和编排，从而使得导入内容循序渐进，更具有层次性，符合学生的认知规律，这些都是新手教师有所欠缺的。此外，专家与新手在选取围绕核心问题的导入材料这一能力上也有着一些差距。专家所选取的导入材料往往更有价值，能够反映一类学生的思维过程。进一步的质性分析表明，在提出核心问题之后的导入中，相较于新手教师，专家教师的导入能紧密围绕核心问题，具有层次性。专家所选取的导入材料都是专家发现学生存在的问题后，进行有意识编排后的产物。正如奥苏伯尔所说，有意义学习过程的实质乃是以符号代表的新观念与学生认知结构中原有的适当的观念所建立的实质性和非人为性的联系。[①] 同时宁连华也指出，有结构、有层次的教学是更加符合教学规律的[②]，因为学生的认识过程是由表及里、由浅入深的。由此可见，只有通过有意识地编排导入材料，设计更具有层次性的导入过程，教师才能更好地帮助学生一步步建立新旧知识的联系，并在此过程中，准确地判断出学生出现问题的具体环节，更好地发现学生存在的问题。

表 0-17　专家教师与新手教师提出核心问题之后的导入行为编码

课名	教师类别	提出核心问题之后的导入		
^	^	导入内容是否围绕核心问题	导入内容是否具有层次	问题性
11～20 数的认识	新手	1	1	1
11～20 数的认识	专家	1	1	1
认识小数	新手	1	1	1
认识小数	专家	1	1	1
找规律	新手	1	1	1
数与形	专家	1	1	1

---

① Ausubel David P., "Educational Psychology: A Cognitive View," American Journal of Psychology, 1968 (2).

② 宁连华：《数学探究教学设计研究》，载《数学教育学报》，2006 (4)。

续表

课名	教师类别	导入内容是否围绕核心问题	导入内容是否具有层次	问题性
探索规律	新手	1	1	1
图形中的规律	专家	1	1	1
图形的旋转	新手	1	1	1
图形的运动	专家	1	1	1
圆柱的体积	新手	0	0	1
体积与容积	专家	1	1	1
平移和旋转	新手	1	0	1
平移旋转	专家	1	1	1
四边形分类	新手	1	1	1
分类	专家	1	1	1
统计与平均数	新手	1	1	1
平均数	专家	1	1	1
排列与组合	新手	1	1	1
数图形的学问	专家	1	1	1

表头第3-5列合并表头为"提出核心问题之后的导入"。

（2）专家教师与新手教师在选择性联合上的差异比较

①专家教师与新手教师在提问目的性和指向性上的差异比较

研究者利用编制的《小学数学教师课堂提问行为编码表》，对专家教师和新手教师的课堂录像进行记录和分析。研究者利用SPSS的交叉表功能，对不同教师类别中的提问目的性与指向性进行频数分布统计，结果如表0-18所示。

表0-18　专家教师与新手教师在提问目的性与指向性上的数据比较　（单位：%）

教师类别	具有目的性的提问	具有指向性的提问
新手教师	91.84	85.03
专家教师	100	100

结果显示，较新手教师而言，专家教师的课堂提问始终能够围绕核心问题，专家教师几乎不会偏离核心问题或过分纠缠不必要的错误，也能够准确地表达问题，给学生以清晰的思考方向，因此更具有目的性以及指向性。进一步的质性分析表明：在之前的课堂导入环节中，专家教师已经通过选择性编码发现了学生认知的起点与关键点，并以此为出发点，分析学生的思维过程，提出具有较强目的性与指向性的课堂提问。这样的提问使学生把注意力保持在课堂的核心问题上，专家教师通过一步步引导学生思考，促使学生理解并解决核心问题。可见，这样的提问具有较强的引导性。教师可以在发现学生认知起点和关键点的基础上更好地帮助学生进行问题分析。

②专家教师与新手教师在提问类别上的差异比较

研究者利用编制的《小学数学教师课堂提问行为编码表》，对专家教师和新手教师的课堂录像进行记录和分析。研究者利用 SPSS 的交叉表功能，对不同教师类别下的问题类型进行频数分布统计，结果如表 0-19 所示。

表 0-19　专家教师与新手教师在提问类别上的数据比较　　（单位：%）

提问水平	低水平提问			高水平提问		
提问类别	A11 识记型提问	A12 理解型提问	A13 应用型提问	A21 分析型提问	A22 评价型提问	A23 创造型提问
新手教师	17.0	27.9	21.1	32.7	1.4	0.0
专家教师	10.2	25.0	19.4	38.9	3.7	2.8

通过对比可知，在进行课堂提问时，专家教师设计高水平提问的比例高于新手教师设计高水平提问的比例，其中分析型提问的差别最为明显。此外，专家教师还设计了具有挑战性的创造型提问，这种提问类型是新手教师在课堂设计时没有涉及的。教师设计较多高水平的提问方式能够帮助学生进一步理解概念，发展思维和创新能力。相对于新手教师而言，专家教师则较少设计简单的低水平提问类型，尤其是识记型提问。进一步的质性分析表明，专家教师在设计课堂教学时，较新手教师更加注重提问类别的多样性，力求涉及多种多样的提问类型，尤其是多设计

一些高水平的提问，借此分析学生在解决核心问题时所遇到的问题，帮助学生突破思维上的困难点和关键点，确保学生在掌握基础知识的情况下，能够区别核心概念的关键特征，进而对所学知识进行深层次的理解，提升思维能力与创新能力。

③专家教师与新手教师在理答方式上的差异比较

研究者利用制定出的《小学数学教师课堂提问行为编码表》，对专家教师和新手教师的课堂录像进行记录和分析。研究者利用 SPSS 的交叉表功能，对不同教师类别下的理答方式进行频数分布统计，并通过卡方检验进行差异性分析。结果发现，相伴概率为 0.017，小于显著性水平 0.050，这表明专家教师与新手教师在理答方式上存在显著性差异。

如图 0-18、图 0-19 所示，就理答方式而言，专家教师与新手教师采用最多的方式均为追问，这说明专家教师与新手教师在分析核心问题时，都会根据学生的思维水平与认知情况有意识地预设学生的回答，进而设计出层层递进的提问。专家教师较新手教师而言，较少采用消极批评或直接结束的理答方式，取而代之的是积极鼓励或追问的评价方式。进一步的质性分析表明，专家教师的理答方式更加科学灵活。其中，专家教师采用最多的理答方式为追问，其比例高于新手教师采用追问的理答方式的比例，并且专家教师在追问过程中往往可以对问题进行更深层次的挖掘。这体现出专家教师在备课过程中，更加善于分析学生的学情与现有认知水平，并通过追问的方式，设计出符合学生最近发展区的问题。正如汉金斯所说，提问的功能之一就是"深入探讨教材提升思维层次"，只有具备这样功能的提问才是有效的提问。[1] 专家教师通过追问，提升学生的思维层次，进而达到有效教学的目的，更好地分析问题。此外，质性分析的结果同样显示，专家教师更加倾向于采用积极鼓励性的评价方式。威伦曾指出，有效提问需要能够调动学生思考。[2] 专家教师采用积极鼓励的提问方式激发学生回答的积极性，根据学生的答案进一步分析出学生为什么这样回答，从而理解学生的思维过程。

---

[1] Hunkins F. P, *Questioning strategies and techniques*, Boston, Allyn and Bacon, 1972.

[2] William Wilen, Margaret Ishler & Janice Hutchison, *Dynamics of Effective Teaching*, New York, Longman, 2000.

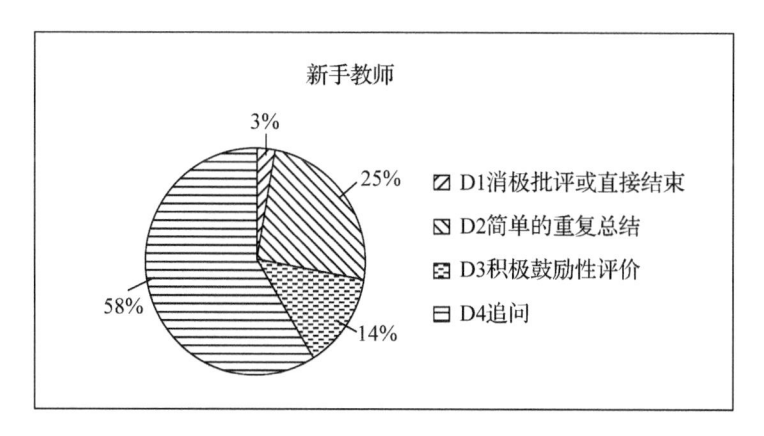

图 0-18　新手教师各类型理答方式占比

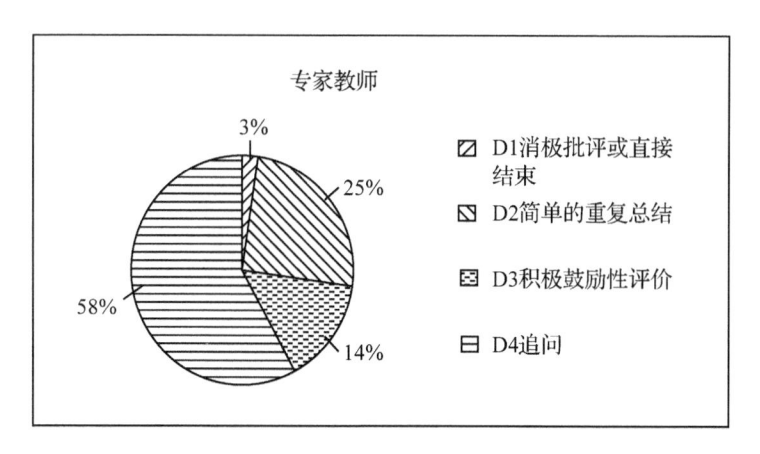

图 0-19　专家教师各类型理答方式占比

④新手教师与专家教师就不同提问类别所采取的追问方式的差异比较

研究者利用制定出的《小学数学教师课堂提问行为编码表》，对专家教师和新手教师的课堂录像进行记录和分析。研究者利用 SPSS 的交叉表功能，对不同提问类别下教师所采取的追问方式进行频数分布统计，结果如表 0-20 所示。

表 0-20　新手教师与专家教师就不同提问类别所采取的追问方式的数据比较（单位:%）

		E1 问题聚焦	E2 问题解释	E3 问题验证	E4 直接重复询问问题
低水平提问	新手教师	64.86	27.03	8.11	0.00
	专家教师	56.00	28.00	12.00	4.00
高水平提问	新手教师	40.00	51.43	2.86	5.71
	专家教师	39.47	36.84	18.43	5.26

数据显示，无论是高水平提问，还是低水平提问，专家教师在追问的过程中采取的方式都更加多样。对于低水平提问，专家教师和新手教师往往都倾向于采用问题聚焦和问题解释这类对于学生而言相对容易回答的提问方式，以加深学生对相关概念的理解。而对于高水平提问，与新手教师不同的是，有洞察力的专家教师更多地采用问题验证的追问方式，这类追问方式相较于问题聚集和问题解释而言，对学生的要求更高，可以帮助学生更好地展开思维过程，有助于学生理解知识本质。质性分析的结果是类似的。

可见，教师所采取的追问方式并不完全相同，专家教师更能够辨别出不同类型问题所适用的追问方式，适当设计较高难度的问题验证的追问方式，能够使问题串的设计更具有层次性。正如李丽所说，有层次性的问题设置是有效提问的显著特点之一，专家教师正是通过设计有层次性的提问，在展开学生思维的基础上，促使学生理解知识本质，进而更好地分析问题。[1]

(3) 专家教师与新手教师在课堂反馈部分教师洞察力的比较

①专家教师与新手教师在反馈时机上的差异比较

研究者利用制定出的《小学数学教师课堂反馈行为编码表》，对专家教师和新手教师的课堂录像进行记录和分析。研究者利用 SPSS 的交叉表功能，对不同提问类别下教师的反馈时机进行频数分布统计，并通过卡方检验进行差异性分析。结果发现，相伴概率为 0.018，小于显著性水平 0.05，这表明专家教师与新手教师在反馈时机上存在显著差异。

---

[1] 李丽：《提高小学数学课堂提问有效性的策略》，载《中国校外教育》，2014（25）。

如表 0-21 所示，在反馈时机上，新手教师较为擅长在学生基础知识掌握较好时进行反馈。而专家教师则擅长在学生出现新思路或闪光点时进行反馈。进一步的质性分析也得出了类似的结论。在选择性联合的课堂提问之下，教师已经分析出学生思维上的困难点与关键点，此时对于掌握较好的教学内容，教师并不需要进行过多的引导，学生就能够自己得出答案。教师针对这样的内容设置过多的反馈环节，反而会降低课堂教学的效率。不同的是，此时学生若出现新思路或闪光点，教师则需及时进行反馈，通过捕捉学生思维的突破点和增长点，推动课堂教学顺利进行，引导学生解决核心问题。此外，学生的新思路甚至可以启发教师提出解决核心问题的新办法。有时，学生出现的新思路或闪光点，是无法被提前预设的，需要教师具备敏锐的洞察力，这体现了教师反馈的动态性。正如蒋松林所说，有效的反馈需要具备动态性的特征，动态性的反馈可以帮助教师更好地解决问题。①

表 0-21　专家教师与新手教师在反馈时机上的数据比较　　（单位:%）

	B1 在学生基础知识掌握较好时反馈	B2 在学生出现问题时反馈	B3 在学生有争议时反馈	B4 在学生出现新思路或闪光点时反馈
新手教师	36.8	17.9	20.0	25.3
专家教师	30.8	10.3	11.5	47.4

②专家教师与新手教师在反馈方式上的差异比较

研究者利用制定出的《小学数学教师课堂反馈行为编码表》，对专家教师和新手教师的课堂录像进行记录和分析。研究者利用 SPSS 的交叉表功能，对不同提问类别下教师的反馈方式进行频数分布统计，并通过卡方检验进行差异性分析。结果发现，相伴概率小于显著性水平 0.05，这表明专家教师与新手教师在反馈方式上存在显著性差异。

---

① 蒋松林：《精心调控 探求最优——对小学数学课堂反馈控制的调查报告》，载《江西教育科研》，1988（4）。

表 0-22　专家教师与新手教师在反馈方式上的数据比较　（单位：%）

	A11 数学语言的准确表达和解题规范	A12 重复重要的步骤或推理	A13 提示学生向前推进	A14 促使学生反思推理过程	A15 替代学生推理	A2 表扬反馈	A3 对错反馈
新手教师	11.6	33.7	26.3	13.7	2.1	8.4	4.2
专家教师	0.0	23.1	42.3	17.9	0.0	1.3	15.4

如表 0-22 所示，新手教师使用最多的反馈方式为重复重要的步骤或推理，而专家教师的反馈方式则更多地集中在提示学生向前推进上。此外，专家教师使用促使学生反思推理过程的反馈方式的频率也比新手教师的使用频率更高。质性分析结果再次印证了上述结论。可见，专家教师在反馈的过程中，并不是单单按照自己的设计思路重复强调之前预设的核心问题解决方法，而是在课堂上通过观察学生的具体情况，灵活调整自己的反馈内容，进而不断引导学生反思自己的推理过程，这体现了专家教师在进行选择性比较时的引导性。教师使用具有引导性的反馈可以帮助学生更好地解决问题。

4. 结论与建议

研究者将教师围绕核心问题做出的一系列教学行为有机结合，通过量化和质性的分析，得出了如下的结论。

第一，专家教师的选择性编码能力往往表现为有意识地编排导入材料，这样使导入过程更具有层次性。专家教师能发现学生认知的起点和关键点，并在此过程中准确判断出学生出现问题的具体环节，发现学生存在的问题。

第二，专家教师的选择性联合能力通常能够使提问更具引导性、多样性、层次性，也使得他们的理答方式更加灵活。这样的提问可以帮助学生突破思维上的困难点和关键点，促使学生理解知识本质，帮助学生更好地分析问题。

第三，专家教师的选择性比较能力可以帮助自己生成更具有动态性和引导性的教学反馈行为。在这一过程中，专家教师通过捕捉学生的新思路或闪光点，更好地引导学生解决问题。

基于以上结论，研究者为提高新手教师的洞察力，促进新手教师向专家教师转化提出如下建议。

第一，就提升教师选择性编码能力而言，教师需要在课堂导入过程中有意识地编排导入材料，使得导入过程更具有层次性。

第二，为提升选择性联合的能力，教师需要在课堂提问的过程中做到以下几点。设置具有较强的目的性与指向性的课堂提问；注重提问类别的多样性；尽可能多地采用追问和积极鼓励性的评价方式；设置更具有层次的提问。

第三，教师应从两个方面着手提高选择性比较的能力：留意学生回答中的新思路或闪光点，并在此基础上进行反馈；在反馈过程中，更加注意引导学生。

四、研究结论与建议

本书呈现的三个实证研究对斯腾伯格指出的"专家"不同于"新手"的三个方面进行了回应。其中，数学学科教学知识是专家教师原型观下的知识基础，研究者刻画了专家教师的知识观与组织方式；数学课堂教学的表征方式是专家型教师原型观下的技能基础，是专家教师执行和调控有效教学的重要依据，也是教师高效应对教学问题的关键；数学教师洞察力是专家型教师原型观下的策略基础，是教学灵活性和应变性的有力保障。总的来说，作为知识基础的学科教学知识应当被结构化，知识之间更紧密的知识网络需要逐步建立起来；知识的多元表征应被予以高度的重视，学生在表征的抽象化与具体化之间自由往来，更有助于对概念进行迁移，促进符号表征、形象表征和动作表征之间的互补；从学习者的视角来看，发现有价值的学生作品是十分必要的，教师对典型作品的归类有助于提出有层次性的问题，更有助于引导学生在师生对话和反思过程中揭示知识的本质。

学生的学习活动实质是一种"尝试错误""解决认知冲突"的知识建构的过程。而教师的教学活动则是带领学生"由表及里""去伪存真"的过程。如何帮助学生更好地完成知识的建构呢？这就需要教师在分析学生学习路径的基础上，形成学习路径与教学路径之间的联系，教师应关注如下几个方面。第一，关注教学路径的呈现方式，根据学生不同的思维模式，教师应采取不同的教学路径的呈现方式。第二，关注问题支架的搭建，根据学生知识经验的基础和思维的困惑点，教师应在知识的关键处或思维的过渡处关注问题支架的搭建。第三，关注不同知识的表征方式对知识建构的作用，根据学生不同的知识表征的方式，教师应关注不同的知识表征在知识建构中的不同作用。总之，教师在课堂中，不管采用什么教学方式，都是在帮助学生进行个人建构和社会建构。学生的个人建构不仅是为了完成自身知识的建构，也是为全班的社会建构提供丰富的材料和奠基石。这就是学生的学习路径能够转化为教师教学路径的依据和原理。只要教师的教学始终基于学生的认知起点，教师遵循学生思维的规律和知识形成发展的过程，就能激发起学生学习的激情，点亮学生头脑中智慧的火焰。

五、我们的做法

在过去的听评课中，观察者都倾向于从教师的视角去建构课堂，关注教师在课堂中如何引导和互动来体现出教学设计的巧思，侧重对教学经验的梳理。而在课堂教学中，学与教是不可分割的，要设计出精彩的教学，学生的视角往往必不可少。教师一定是在了解学生原有认知的基础上循序渐进地引导学生、与学生互动的。这样的教学设计才能真正触动学生，促进学生思维的发展。也就是说，只有从学生的角度来观察课堂，教师才能激发学生的学习动机和理解学生的学习障碍，从而全面地分析教学活动，设计出精彩的教学内容。为了对以教师为研究对象的研究进行补充，丰富数学课堂，提高研究的精确性，澳大利亚墨尔本大学的 David Clarke 教授在 1999 年发起了关注学习者视角（Learners' Perspective Study，LPS）的研究。学习者视角的研究者通过分析课堂录像，多角度重构和解读数学课堂，将重点落在探索真正的学习是如何发生的，非常关注学习者的活动，从多个角度记录课堂上发生的事情。正是这样从学生视角去重构课堂教学的理念，为教师指出了一条了解学生学习过程的路径，为课堂精彩观念的诞生奠定了基础。

(一) 为什么要从学习者视角来进行研究

在很多课堂上,教师是课堂的主角,教师所理解的学生掌握知识的水平有时候并非学生真正的理解水平,这会影响到教学的有效性。所以教师经常会有疑问:明明已经讲过了这些内容,为什么学生还是不明白?问题就出在教师没有充分了解学生的认知水平,教和学并不在一个层次上。那到底什么样的课堂才称得上是高质量的课堂,让学习真正发生呢?只通过考试成绩来判定课堂质量是不全面的,高质量的教学是建立在了解教学活动,了解该活动中的学生的反应以及这背后的意义之上的。而有了学习者视角之后,教师会从多个角度重构和解释数学课堂,通过分析录像中学生的行为以及这些行为背后的意义来理解学生,探究"教"与"学"之间的关系。教师从学习者视角来进行研究,可以了解学生思维的发展过程,深入研究学生的学习过程,从而发现学生是如何达到既定目标的,如何通过教师的引导在教学活动中成长的。因此可以说,从学习者视角进行研究是了解学生学习路径的重要渠道或方法。教师从学习者视角去重构和解读课堂为教学研究指出了一个很有意义的研究方向,这对于一线的数学课堂教学提升具有重要的指导意义。

(二) 怎样关注学习者视角

1. 从学生的视角进行观察

一般的课堂录像都是由一台摄像机录制的,这样的录像多数呈现的是教师和全班的互动,无法聚焦到单个的学生。教师从学生的视角进行观察,不仅需要关注自身和全班,也要去观察几位焦点学生在课堂中的表现。教师从教师、全班、焦点学生三个角度关注课堂,不仅体现了教师的设计、全班同学的反应,更重要的是教师能够从学生的角度去理解自身的教学,长期追踪学生思维的变化。不仅如此,学习者视角还要求教师课后对焦点学生进行录像访谈,了解学生对知识内容的理解程度以及他们的学习困难点,帮助学生确定自己认为重要的课堂事件。教师只有将全面的录像体系和精细的分析相结合才能够更好地了解学生,从学习者的视角读懂课堂,设计出符合学生知识发展过程的教学活动。

2. 一种持续的关注

教师在单独的一堂课上观察学生,可以了解学生的表现以及其对知识点的掌握，但是一堂课涵盖的内容太少，并且学生在一堂课上的表现也有一定的随机性，不能代表整体情况。所以，为了获得稳定的学习者信息，教师需要录制连续的一系列数学课（至少 10 节），这些课最好包含一个完整的单元主题，这样教师能从完整的知识结构去考查学生的掌握程度，更能了解学生在建构整个知识体系时遇到了什么样的问题，了解哪些内容因素影响了学生对某一知识点的掌握。同时教师从对一系列课的研究中能够了解教学行为的一致性或可变性，从学生角度解读自身的行为变化产生的原因。教师在持续稳定的观察中可以探明教学双边关系的相互影响因素，促进双方共同受益。

3. 从学习者视角重构和剖析整个课堂实践

教师从学习者视角出发进行研究，尝试多角度重构和解释数学课堂，探究"教"与"学"之间的关系。教师不仅通过录像来记录课堂活动，如教师与学生之间的互动，还关注参与者对这些事件的解释，了解他们的记忆、感受、数学的意义以及导致这些结果的做法。教师课后通过访谈学生，对录像中的事件做出解释，从学习者的视角整理课堂教学的重难点。同时教师作为课堂教学的参与者也应受到重视。在视频回忆采访中，和学生一样，教师会被问到对他们有重要意义的教学步骤是哪些，并对这些内容进行评论。教师通过录像回溯来分析教师和学习者的实践在多大程度上是一致的，学习者和教师又是通过什么方式来支持和限制对方发展的，从而看出学习者实践和教师实践在哪些方面相互对立，在哪些方面相互支持。总之，教师通过分析课堂录像和课后录像访谈中参与者解读课堂事件的综合数据，从多角度重构和解读数学课堂，将会对课堂教学的理论产生显著影响。

（三）教师在教学中如何做——学习历程简案

在以往的教学中，研究者发现，一堂课的教学内容多且细碎，教师教得很辛苦，而学生的学习效果并不是很好。在整个课堂大多数时间里，教师和学生针对细碎的问题一问一答，虽然看起来课堂很热闹，但留给学生真正的思考时间并没有多少，学习也并没有真正发生。怎样让真正的学习发生？学生的学习过程有自己的路径，这个路径反映了学生在一堂课中的思维动态和思维层次，教师只有真正了解了学生的学习路径，才能在教学中设计出真正吸引学生并能够促进其认知发展的、让学习真正发生的教学活动。不同的学生具有不同的学习路径，为此研究者根据学习历程简案，从学习者的视角去研究学生的学习路径。

"学习历程简案"是于2016年由华东师范大学的崔允漷教授提出的，是一种研究有关学习经历的方案，编制有六个要素：学习主题、学习目标、学习过程、评价任务、检测与作业、学后反思。这六个要素体现了以一个主题为学习单位，以合理学会为中心，以形成性评价为导向，分解目标并达成的过程，为学生自主学习提供了"脚手架"。由于崔教授提出的"学习历程简案"以单元为单位，内容较多，而我们的研究对象是小学生，小学生不适合进行这样的大容量、大单元的主体化学习，所以我们进行了简化，将"学习历程简案"的六个要素调整为三个要素："驱动问题""锚基任务""诊断性评价"。我们的"学习历程简案"旨在以大问题为驱动，以锚基任务为载体，诊断性评价紧随其后。教师使用"学习历程简案"，可以促进学生反思，充分激发学习者的元认知，调动学习者的积极性，促使学习者深入思考。教师要让学生从问题出发，基于原有的知识和生活经验探索问题，同时教师在学生思维的关键处提供学生可以依赖的脚手架，环环相扣，递进式地促进学生解决问题并及时地点拨学生，揭示知识的本质。我们用五年级的"长正方体的认识"这一课来说明如何设计学习历程简案（如表0-23所示）。

表0-23　"长正方体的认识"的学习历程简案

驱动问题	锚基任务	诊断性评价
给你16根小棒，想象一下，你一定能搭成一个长方体吗？长方体有什么特征？	给学生4套小棒，包含12 cm、9 cm、6 cm三种小棒若干根，让学生自主选择并试着动手搭建。	提问与追问：在搭建过程中，你发现长方体有什么特征？ 反馈：长方体有6个面、12条棱、8个顶点。
如果将一条棱藏起来，你还能想象出长方体原来的样子吗？如果藏两条棱呢？……	不断隐去长方体的某条棱，思考能否想象长方体的结构，直到不能想象为止。	提问量追问：从一个顶点出发的棱有几条？ 反馈：从一个顶点出发的三条棱可以想象出三个面，进而想象出长方体。

续表

驱动问题	锚基任务	诊断性评价
你能根据这三条棱（同一顶点）想象出它是什么物体吗？	给出长、宽、高的数据，让学生想象具体的物体。	提问与追问：长方体与正方体有什么关系？ 反馈：正方体是特殊的长方体。

1. 驱动问题

教师设置驱动问题要基于教学目标，将知识点转变为探索性、挑战性的问题，引导学生主动思考。以往教师习惯从自己的角度出发拟定问题，但是学生有时根本看不懂这样的问题，也不易理解这样的问题。教师要学会从学习者视角考虑，依据学习提纲，提出学习者能看懂的、有学习着手点的"驱动问题"。于是我们将这节课的教学目标中认识长正方体12条棱的大小及位置关系这个知识点转化为一个挑战性的驱动问题：给你16根小棒，想象一下，你一定能搭成一个长方体吗？这是一个开放性的问题，它蕴含了棱之间的大小、位置关系这个知识点，同时有一定的挑战性，给予学生很大的思考空间。第一个驱动问题之后还有两个探索性的驱动问题，它们共同组成了问题串。问题串之间要有探索的连续性，这种连续性体现在问题串要层层深入，最后触及知识的本质。认识长、正方体的本质其实就是理解长方体是由从一个顶点出发的三条棱决定的。为了认识这个本质，教师提出逐渐隐藏棱长的建议，将其转化为第二个驱动问题：如果将一条棱藏起来，你还能想象出长方体原来的样子吗？如果隐去两条棱呢？……通过探讨这个问题，学生逐渐发现决定长方体形状的只有长、宽、高三条棱，将长方体从具体实物中抽象成了一个由三条棱决定的图形。在这个基础上，教师继续提出第三个驱动问题：你能根据这三条棱（同一顶点）想象出它是什么物体吗？教师引导学生从抽象回归具体，帮助学生形成空间观念。通过了解这三个驱动问题，学生头脑中就形成了长方体的概念。

2. 锚基任务

锚基任务是教师基于学生的认知基础，立足需要解决的驱动问题而设计的学习任务。比如，教师让学生观察物体，学生能说出长方体可以由12根小棒搭成，这12根小棒又可以分成3组，每一组是一样长的小棒。这正是学生学习长方体特征的原有认知基础。教师需要通过外显化的操作发展学生的思维。为此设计锚基任务时，教师要考虑三点：便于学生进行探究性的学习；便于学生自主解决问题；给学生留足空间，便于学生呈现个性化认知。在教学中，我们的第一个锚基任务（如表0-24所示）就是给学生4套小棒，让学生经历一个"悟"的过程。学生从最初认为只有第一套能搭成长方体到发现第二套可以搭成有两个面是正方形的长方体，第三套能搭成正方体。学生在选择套数时会发现成功搭建的关键在于找到三组棱，其中每组棱都包含4根同样长的棱。学生能够动手操作，来完成这样的任务，将思维外化，并且有较大的空间去自主探索。

表0-24 锚基任务1

小棒长度/小棒套数	第一套	第二套	第三套	第四套
12 cm	7	4	3	2
9 cm	5	9	12	11
6 cm	4	3	1	3

同时锚基任务的设计还要有一定的层次性和关联性，以此构成教学的序列，从而体现学习的进阶。比如，锚基任务2是在探索棱长关系的基础上让学生逐渐脱离具体实物，逐渐隐去长方体的棱，来抽象出长方体的结构。锚基任务3是让学生由一个顶点联系的三条棱去想象长方体。在多层次的活动中，学生由棱想象面，由面想象体，形成了棱与棱、棱与面、顶点与体之间的关联。学生通过平面图与立体图之间的转化，不断地在立体图与平面图间展开想象，培养了数学推理能力。

值得说明的是，锚基任务之间的层次并不完全是严格递进的，例如，进行高级的形式推理活动，这样学生才能达到可能包含识记、理解等低层次的活动。每个锚基任务要与学生的思维水平相对应，这样学生才能达到更高阶的思维水平。同时锚基任务的设计要能满足不同水平的学生，使不同学生在同一锚基任务下可以沿着不同的学习路径达到最终的学习目标。

3. 诊断性评价

学生在完成任务之后，教师需要对他们的掌握水平进行评估，这时就用到了诊断性评价。需要注意的是，教师无论采用何种学习评价，一定要注意边学边评，每完成一个驱动问题都要及时进行学习评价，以了解学生的学习情况。在评价过程中，教师可以把那些对学生发展最重要的知识和技能作为评价对象，来了解学生的学习进展情况，判断学生达到了哪一层次的理解水平。评价方式可以是一道题的检测，也可以是教师的提问和追问，教师针对学生的完成情况，根据学生的神态、动作、语言、作品来做出判断。比如，由长、宽、高的数据想象出生活中实际的物体的过程中，学生会发现生活中有长、宽、高的物体，既有一般的长方体，也有正方体。当高变得很小时，长方体就变成了一张纸，这时教师会追问：一张纸还是长方体吗？教师用这样的问题来引导学生辨析长方体和长方形之间的差异，使学生的知识螺旋上升。可见追问也是一种诊断性评价，教师能从中诊断学生是否掌握了长方体的本质。教师也可以根据学生的一些反馈来调整教学行为，使得教、学、评达到一致。原则上每个锚基任务下都要有对应的评价任务，能否及时对学生的思维进行评价和判断是教师决定是否去了解下一个锚基任务的重要依据。

教与学不可分割，教师要从学习者视角出发关注课堂，从学习者视角来观察课堂，从学习者视角设计课堂教学，打通教与学之间关系的着力点。通过这样的设计，教师更加尊重学生的认知需求和情感需求，更加充分地利用学生先前的知识基础和生活经验，更加关注学生的思维关键点。为了帮助学生一步一步地去伪存真、由表及里，教师在学习路径的每一步都要找到学习真正发生的证据，以一种尊重个性、关注发展的方式，让学生在不断地冲突、启发和思维碰撞中实现学习的进阶。

北京师范大学	张春莉
南京市数学教研室	朱宇辉
南京市秦淮区第一中心小学	陈 薇
重庆市北碚区教师进修学院	张泽庆
北京师范大学	张 雪
北京师范大学	王 倩

第一章 尊重学生的语言

【每章主旨】

语言，是用以表达情意的声音，是人类说出来的话，是人类最重要的交际工具。语上边是汉字五，古代指交叉，表示两个人对话；言表示自己与自己说话。关注语言就是关注儿童，我们应从关注学科本身转向关注对儿童行为的理解。

【理论基础】

尊重学生语言，促进思维发展

北京市通州区东方小学　马建军　马秀英

一、语言与思维

在《现代汉语词典》中，语言是指"人类所特有的用来表达意思、交流思想的工具，是一种特殊的社会现象，由语音、语汇和语法构成一定的系统"[1]。在广义上，语言是指采用一套具有共同处理规则来进行表达的沟通指令，人们一般以视觉、声音或者触觉方式来传递语言。在狭义上，语言则是人类沟通所使用的指令，即平常用的自然语言。由此可以看出，语言由语音、语汇和语法三个要素构成，是人与人交流的一种工具，具有社会性，对于个体发展起着不可忽视的作用。在个体发展进程中，语言作为最直接的表达方式，可以促进儿童情绪情感的表达，提

---

[1] 中国社会科学院语言研究所词典编辑室：《现代汉语词典》（第6版），159页，北京，商务印书馆，2014。

升儿童与人交往的基本技能，从而使儿童能够快速融入环境之中。除此之外，语言还有利于培养儿童的阅读习惯，提升儿童的思维品质。因此语言在儿童成长发展历程中各方面能力和素质提高上发挥着重要作用。

对于个体来说，语言是思维的外在表现，思维则是语言的内在反映，个体的语言表达能够反映出其思维。语言是从听、说、读、写四个方面来贯彻的，教师可以使儿童的形象思维训练与逻辑思维构建同步进行。形象思维与逻辑思维并非相互独立的存在，而是相互关联、相互作用的。苏联心理学家维果茨基提出，在个体发展的过程中，思维属于智力发展的范围，而语言的发展则是"情感意动的"。儿童的语言发展过程中存在着"前智力"发展阶段。思维的发展阶段包括"前语言"发展阶段。实际上，当儿童发展到一定阶段时，思维和语言开始交叉。由此可以看出，虽然思维和语言的来源不同，但两者并非像两条平行线一样保持互不干扰的状态。在两者交叉的过程中，语言逐渐成为个体思维发展的重要制约力量，儿童的语言结构成了思维的基本结构，也就是说，思维发展由思维的语言工具和特定的社会文化所决定。因此，语言对个体思维结构的发展有重要作用。

维果茨基的文化发展观认为，心理机能之所以能由低级向高级发展，是因为儿童在与成人交往的过程中通过掌握高级的心理机能的工具——语言、符号，在低级的心理机能的基础上形成了各种高级的心理机能。儿童的发展要实现从一个阶段向另一个阶段的飞跃，与词义的变化直接相关，因此，语言作为最重要的符号系统，能够帮助个体在头脑中思考问题，使个体具有激发思考力的功能，这对数学概念的理解具有重要的作用。[1]

二、小学生的数学语言对数学学习的影响

语言是思维的外在表现，数学是提升学生思维的代表学科，语言对于数学学习的作用更为明显。从本质而言，数学语言体现了数学自身的学科特点，是人类进行数学知识传播、表达数学思想、讲授数学方法的

---

[1] [美] Rosalind Charlesworth, Karen K. Lind：《幼儿数学与科学教育》，李雅静、龙洋、曾先运等译，15 页，北京，北京师范大学出版社，2011。

专业语言。因此，在语言体系中，数学语言是一种特殊形式，具有专业性、概括性和准确性，在数学学科发展进程中被广泛应用。

自然语言是人类沟通交流时使用的一种指令，它本身就是一种浓缩，具有一定的概括性。而数学语言在自然语言的基础上生成，同时结合了数学学科的特性，因此更加规范和精炼。

首先，在数学语言中，一根小棒、一个字母、一个符号都可以表达很多内容，这样表达既增加了知识的稠密度，又缩短了语言表达的长度，可以达到事半功倍的效果，这说明数学语言具有准确性。例如，在"用字母表示数"这一内容中，教师用 n 表示青蛙的只数，用 $4n$ 就可以清楚地概括出青蛙只数和青蛙腿数之间的关系，这种表达简单清楚、一目了然。其次，数学语言准确、清晰，能够用简洁的话语描述出事物的特征。最后，数学语言有专门的词汇、概念，如加、减、乘、除、和、差、积、商等，有较强的专业性。

在数学活动中，教师表达思想必须依托数学语言。许多学者认为，前语言和语言系统的结合与个体的数学学习直接相关。学生需要能够"通过口头和书面语言、手势、绘画、创造的和常规的符号来表征他们关于数学概念的思考与理解"[1]。由此可见，语言是学生解决数学问题的工具，教师尊重学生的语言对于学生理解数学概念、提高问题解决的能力都有很大的作用。

三、小学生的数学语言的困境及策略

总结一线数学课堂教学实践，我们发现目前小学生数学语言能力的现状并不理想，学生数学语言能力总体偏低，特别是低年级学生数学语言能力。具体说来，小学生的数学语言主要有以下困境。

首先，学生不会说。由于数学学科的概念、定理等比较抽象，学生很难理解，所以学生用数学语言表达自己的想法并不容易。其次，学生不能说。大部分学生最终都能够理解并掌握所学的数学知识，但是因为学生能掌握的词汇量不够大，转译技能不够发达，加之在教学中教师有

---

[1] [美] Rosalind Charlesworth，Karen K. Lind：《幼儿数学与科学教育》，李雅静、龙洋、曾先运等译，169页，北京，北京师范大学出版社，2011。

时候并未有意让学生增加词汇量，所以学生在使用数学语言的技能方面比较欠缺。最后，学生不愿说，主要表现为学生心里理解数学知识，但是不愿意主动表达出来，情感少，不爱说，缺乏使用数学语言进行表达的意愿。

从这三个问题中，我们可以发现，学生数学语言能力欠佳的根源还是在教师身上，也就是教师在课堂教学中缺少对小学生数学语言能力的关注，缺少对学生语言的尊重。那么到底应该如何尊重学生的语言呢？教师可以从以下策略进行改进。

（一）放低姿态与学生进行对话

在日常教学中，教师和学生从表面上看是平等的，但实际上，学生在知识储备、年龄阅历、身体素质等方面都处于弱势地位。如果教师不主动放低自己的姿态，学生的学习积极性就会不可避免地受到影响。因此，教师只有先尊重学生本人，才能尊重学生的语言。维克托·伯盖说过，微笑是两个人之间最短的距离。微笑可以无形中拉近师生之间的距离。教师和学生面对面交流时，可以主动微笑，使用"请你回答""请上台来说说你的看法吧"等语言；教师在课上和学生自由沟通交流时，可以主动蹲下或俯下身子和学生平等地、面对面地交流，教师这些做法会让学生感到很亲切，营造出舒服、不紧张的氛围，课堂教学效果自然会好。

（二）基于学生学情调整教学策略

教师不了解学生的实际水平，只是按照自己理想中的情况进行教学设计。教师在教学过程中需要重新审视教案，回到现实中，不急不躁，沉着应对。例如，吴正宪老师上了"相遇问题"一课，虽然之前已经做了充分的准备，但在实际上课过程中，她却遇到学生紧张、基础不牢等困难，学生连许多基本问题都回答不出来。吴老师迅速根据这些困难调整教学进程，坚决放弃了自己的设计，从学生的起点开始，耐心地指导，最终取得了很好的教学效果。

（三）倾听，引导学生进行表达

倾听强调的是师生之间平等开放的交流方式，体现出来的是对学生的尊重。教师作为课堂活动的主导者，必须认真、诚恳、耐心地听，不轻易打断学生的发言，让学生有时间和空间把自己的想法完全表达出来。美国教育心理学家布鲁纳提出了学习的三种表征方式——动作的表征、形象的表征和符号的表征，他认为这三者之间存在一种严格的递进关系。[①] 在交流展示的过程中，有时候学生的语言并不是非常简洁的，这时教师就需要充分尊重学生的语言，给予他们说话的机会，耐心倾听，生生之间要互相补充，深入思考，进而提炼出简练的数学语言。

教师积极地倾听有时需要一定的策略。小学生由于受年龄发展规律的限制，掌握的词汇比较少，不善于甚至不知如何用语言与教师沟通，特别是小学生情绪不稳时，往往会出现思维混乱、语无伦次的现象。在这种情况下，教师首先要稳定学生的情绪，帮助学生调整情绪，之后再通过接话茬等形式，引导学生把问题说清楚，说具体。比如，教师可以插问："你说的是这个意思吗？""别着急，慢慢说。""再好好想一想还有没说到的吗？"这些有益的提示可以帮助学生消除紧张的心理，把想说的内容表达清楚。

（四）分析学生的语言、表情的含义

朱蕙琳老师在《走进孩子的心灵，去感悟孩子的世界》这篇征文中，引用了这样一段话："倾听花开的声音，我们能读懂花儿的心思；倾听溪水的歌声，我们能读懂山林的呼吸；倾听孩子的心声，我们能走进学生的心灵。"由此可以看出，教师不仅要倾听学生的发言，还要仔细琢磨、读懂学生的语言，进而读懂学生的内心想法，走进学生的心灵。

在课堂教学中，教师最熟悉的是学生的发言、交流、争论等，学生的语言最容易被了解，也最具有了解价值。学生的语言最直接地体现了学生的思维与性格，直接反映了其思想与情感的需求。教师读懂学生的语言，并非只能明白语言表面的信息，更重要的是能认识到学生语言背后的含义，理解学生的真实感受，从学生表达的词汇中领会其中的特殊意义。

读懂学生除了要读懂学生的语言，教师还需要在此基础上读懂学生的表情。表情是学生的第二语言，学生的面部表情所表达的行为信息是

---

① 刘加霞：《利用学习的多元表征方式，促进学生对算理的"真理解"》，载《小学教学》（数学版），2010（3）。

非常丰富的，教师可以从学生丰富的面部表情中探索其内心世界，从而察觉一系列有意义的信息。此外，教师还需要学会"解读"学生的眼神，及时关注学生的眼神所传递的信息，适度调整自己的教学节奏和方法，进而激发出学生的学习兴趣，做到"以生为本"。

（五）适当地、适度地对学生进行激励

根据行为主义的强化理论，教师要适当地、适度地对学生进行激励，激发学生的兴趣，增强学生的信心。但教师也要注意以下两点。第一，激励要适量；第二，要看准激励时机。一方面，量是激励机制的重要因素之一，与激励效果有着极为密切的联系。过分、超量的激励，不仅不会增强学生的自信心，还会挫伤学生继续努力的积极性，有时还会增长学生的骄傲情绪，反作用于学生学习和发展。因此，教师能否恰当地控制激励程度，直接影响激励作用的发挥好坏。教师一定要做到恰如其分。另一方面，激励时机是激励机制的另一个重要因素。同样的激励内容在不同时间、不同场合出现，其作用与效果是有很大差别的。基于此，教师在激励学生时既要适度，又要掌握时机。

数学教学是一个师生互动的过程。教师尊重学生的语言作为尊重学生的重要内容，是建立良好师生关系的重要前提，是上好一节课的重要保障。在日常教学中，学生如果遇到了困难，教师不要急于告诉学生答案，可以请学生互相解答，进而帮助学生提高数学语言能力。

【典型案例分析】

"两位数加减整十数"教学案例

北京市通州区东方小学　马国琳　孙玉玲

一、教材分析

"两位数加减整十数"是北京出版社出版的《义务教育教科书·数学》（以下简称北京版数学教材）一年级下册第二单元第一课时的内容。纵观整个小学计算教学，本课时内容所处的位置如图 1-1 所示。

由图 1-1 可知，"两位数加减整十数"这一课时建立在 10 以内的数及其加减法、整十数加减法的基础上，也为二、四、五年级的加减法学习奠定了基础。"两位数加减整十数"这一教学内容作为整数加减法的一部

分，与小数加减法和分数加减法关系密切，整数加减法、小数加减法和分数加减法的本质都是计数单位相加减。同时，计算教学作为小学数学教学的重要内容，贯串小学数学的始终，学习时间最长，分量最重。《义务教育数学课程标准（2011年版）》对于这一知识的要求集中在第一学段，要求学生"能计算两位数和三位数的加减法""能运用数及数的运算解决生活中的简单问题，并能对结果的实际意义作出解释"。由此可见，学生算理能力的培养至关重要。低年级是教师培养学生良好的计算习惯，使学生掌握方法、发展思维、形成能力的重要阶段，教师更要精心设计计算教学，让学生打好基础。因此，"两位数加减整十数"一课是计算的起始课，教师必须要注重算理教学，凸显学生计算过程中的思维方式，引导学生明白其中的计算算理。

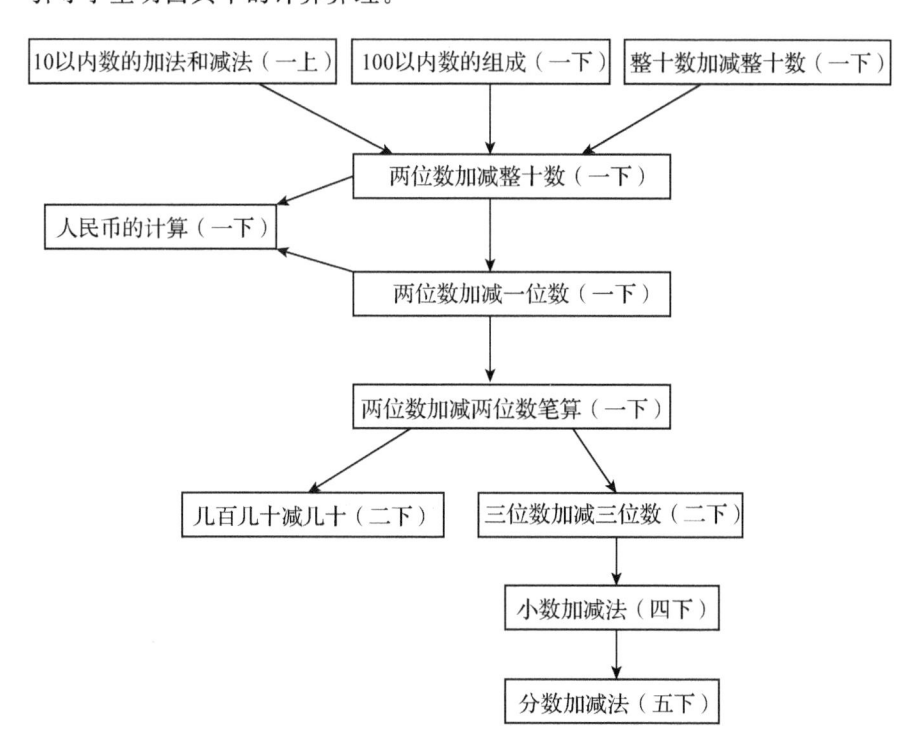

图1-1 本课内容所处位置

北京版数学教材从图书馆买书和借书的情境引入教学，学生需要在情境图中找到相关的数学信息和问题，分析并解决问题，根据加减法含义确定方法，列出算式。北京版数学教材中展示了学生不同的计算方法，体现了算法的多样性。为了帮助学生更好地理解算理，教材还呈现了使用袋子和小棒的两种操作方法，帮助学生更好地理解几个十加减几个十的算理，突出两位数加减整十数的计算方法是以"十"为计数单位进行计算的。

北京师范大学出版社出版的《义务教育教科书·数学》（以下简称北师大版数学教材）一年级下册第五单元第三课时从青蛙吃虫子的情境引入教学，学生也需要读图理解题意，根据加减法的含义列出算式。教材中也展示了学生不同的计算方法，呈现的是使用小棒和计数器两种操作方法，帮助学生理解算理。

通过对比两个版本的教材对"两位数加减整十数"这一内容的安排，我们发现两个版本的教材都从具体的生活情境引入教学，以激发学生的学习兴趣，让学生了解数学与生活的联系。接着是让学生读题理解题意，并根据信息列出加减法算式。两个版本的教材都让学生通过自主探索来了解算法的多样性。不同的是，在帮助学生理解算理时，北京版数学教材使用了小棒和袋子，北师大版数学教材则使用了小棒和计数器。其中，教师使用小棒、袋子能够很好地体现出几个十和几个十相加减的算理，教师使用计数器更能直观地体现十位数上的变化。

从教材的对比分析中，我们可以看出，无论教师使用哪版教材，学生都要在具体情境中学习计算。因此，本课的教学设计应从具体的生活情境出发，培养学生发现数学信息、提出数学问题的能力。在处理算理时，教师需要借助实物图片、计数器等，帮助学生理解相同数位上的数相加减的算理。

二、学情分析

教师要想走进学生的世界，可以根据学生的表情了解其内心世界与心理需求，从语言中了解他们的思考过程与潜在困难，从行为中了解他们的先前经验与真实表达。因此，要尊重学生的语言，教师首先需要将自己变成学生，以便了解学生的先前经验和真实表达。我们将以"两位数加减整十数"一课为例，具体分析教师应该如何全面地了解学生，充分尊重学生语言，了解学生的原有学习经验。

首先，教师对学生做了前测调查，具体调查内容及结果如下。

（一）课前调研内容

调研对象：一年级39名学生。

调研方式：填写答卷，访谈。

调研题目：你会计算36＋20＝（　　）和56－30＝（　　）这两道题吗？请你试着把你的思考过程在纸上画一画、写一写。

（二）统计结果

从表1-1可以看出，学生都会计算这两道题。其中，用小棒来解释自己算法的学生约为$\frac{1}{4}$，用计数器来解释自己算法的学生约为$\frac{1}{2}$，相比较而言，用计数器的学生较多。不过，这并不能说明会算的同学真正理解了算理以及计数器和小棒之间的联系。因此，我们对其中10名学生进行了深入访谈，了解了以下情况。学生认为，画计数器比较简单，画小棒图比较麻烦；通过接受课外培训或家长的教学，学生知道十位数与十位数相加减的道理，至于这样计算的原因却答不上来，不能清楚说出计数器上的珠子与小棒之间的联系。

表1-1　前测统计结果

	正确	接着数 倒着数	小棒	计数器	算式	算法不明确
36＋20＝	39	1	10	21	5	2
56－30＝	39	7	12	19	1	0

一节课的教学目标仅限于让学生掌握知识并不够，教师还需要多关注学生的能力提升和发展。因此在本节课中，教师需要关注学生对算理的理解，认真分析学生的学习路径。通过前测数据，我们可以看出，39名学生能够计算出结果，但仍然有2名学生的算法不明确，8名学生用了接着数的方法。教师在进行教学设计时可以考虑学生同伴互助学习的方法，请已经理解的学生为不理解的同伴详细讲解，让学生之间互相学习。同时，教师还可以在课上引导学生用学具操作，尝试用操作的方法帮助学生理解算法。

综合以上因素，本节课教师所设计的学生学习路径如下。在巧克力的情境中提出数学问题→借助直观模型探索算理→在分享中尝试解决问题→利用知识的迁移进一步理解算理→在解决具体问题中巩固算理，概括算法，体会算理探索的过程，借助直观模型理解抽象算理。下面我们将用教学过程中的几个教学片段来进行详细分析。

三、教学过程

（一）教学片段一：基于具体的生活情境提出数学问题

学生能够自主发现问题，提出问题，有利于学生发展数学思维。爱因斯坦说过："提出一个问题往往比解决一个问题更重要"，而拥有积极的学习态度，在很大程度上就意味着学生愿意提出问题，拥有良好的数学意识。因此，教师在教学中需要通过创设情境，使学生自己提出问题，激发其探究问题的欲望。

师：同学们，老师给大家带来了红巧克力，大家数一数有几块？

生：1，2，3，4，5，6，7，8，9，10。

师：一盒巧克力有几个十？

生：1个十。

师：老师这里还有红巧克力呢。有多少块？（出示课件）

生：36块。

师：蓝巧克力有多少块？（出示课件）

生：20块。

师：刚才我们一起发现了这些数学信息，你们能根据这些信息提出一个数学问题吗？

生1：一共有多少块巧克力？［36＋20＝（　　）］

生2：红巧克力比蓝巧克力多几块？

在本课中，教师创设出与学生联系紧密的生活情境，用巧克力这个生活中常见的物品引入，采用生动、形象、有趣的教学内容，请学生寻找巧克力里的数学信息，在教学活动中由浅入深地展开问题，不断激发学生学习与探究的兴趣，让他们能够提出数学问题并积极思考，激发了学生的求知欲望。

（二）教学片段二：基于具体的实物操作理解算理

布鲁纳认为，儿童的思维发展依次经历直觉动作思维、具体形象思维、抽象逻辑思维三个阶段。由此可见，学生在最初学习计算时要经历动手操作的过程，由动作感知过渡到表象的建立，再概括提升为理性认知。基于这一理论，教师设计出让学生先后摆实物图、画计数器、抽象出算式的学习路径。

在学习"两位数加整十数"时，教师为学生提供了实物图、计数器、纸等学具，请学生自主探索 36+20＝（　　）。具体教学过程如下。

师：你们好厉害，已经知道结果了。我们不但要知其然，还要知其所以然。请你们利用手中的学具把自己的算法展示出来，讲给同桌听。我们一起来看看你们的学具：实物图、计数器、纸。

师：咱们一起来听听这几位同学是怎么算的。

生1：（实物图）红巧克力有36块，学生摆上一盒蓝巧克力，共有46块，又摆上一盒蓝巧克力，共有56块。

生2：（实物图）红巧克力有3盒，就是30块，蓝巧克力有2盒，就是20块，30+20＝50，50+6＝56。

生3：（实物图）3盒加2盒是5盒，5盒就是50块，50块加6块是56块。

师：这三位同学都用实物图讲解了自己的算法，同学们认同他们的方法吗？有什么问题吗？

生4：（计数器）这表示36块红巧克力，再在十位上拨2颗珠子就是5颗珠子，也就是5个十，加上6个一，就是56。大家听懂了吗？有什么问题吗？

生5：那5个珠子为什么是5个十？

生4：它是十位上的5个珠子，表示5个十。

师：老师表扬你会思考，会提问。这位同学像小老师一样解答了别人的提问，大家送给他掌声。

生6：30+20＝50，50+6＝56。

师：你的方法更简洁，直接用算式就说明了自己的算法。下面我们回顾一下你们的方法。实物图，3个十加2个十是5个十；计数器，3个十加2个十是5个十；算式是30+20＝50，50是5个十。这三种方法有什么相同点？

生：都有5个十。

师：5个十是怎么来的？

生：3个十加2个十是5个十。

师：36＋20是不是就等于50？

生：还有6呢。

师：我们一定要记得把5个十和6个一合起来是56。

学生需要把手和脑结合起来，共同配合完成一个任务，这样有助于培养和发展数学思维。由于语言是思维的物质形式，能将思维表达出来，所以在学生动手操作时，教师还要引导学生多用数学语言叙述操作过程，说出获取知识的思维过程，把动手操作、动脑理解和动口表达三者结合起来。这样做能促使感知有效地转化为表象，再抽象成为算理。除了让学生回答问题外，教师也要特别注意让学生在分享汇报的过程中说出自己为何要这样操作，发展逻辑思维、语言思维。

教学带领学生继续探索"两位数减整十数"。

师：刚才我们一起用多种方法算出了一共有56块巧克力，我想送给大家一些巧克力，你们想要几盒？

生1：1盒。

生2：3盒。

生3：4盒。

……

师：送出1盒之后，我还剩多少块巧克力？谁能列出算式？

生1：56－1

师：大家同意吗？

生：56－10

师：送出了1盒，为什么你要减10呢？

生：1盒里有10块巧克力。

师：你们真会观察，发现了"块"和"盒"的单位不同，我们在列减法算式时要统一单位。

师：请你根据自己想要多少盒来计算还剩多少块巧克力，请你写出算式并算一算。把你计算的过程在纸上写一写，画一画。

生1：56－10＝46

生2：56－20＝36

生3：56－30＝26

……

师：你们的想法可真多，写出了56－10＝46，56－20＝36，56－30＝26等这么多算式，并且都能清晰地说明自己的思路，了不起。现在请大家观察，在这些减法算式中，你有什么发现？（小组讨论）

生1：十位上的数变了，它们都是用5个十减去几个十，个位上的数没变。

生2：当被减数不变时，减数越来越大，差越来越小。（图1-2）

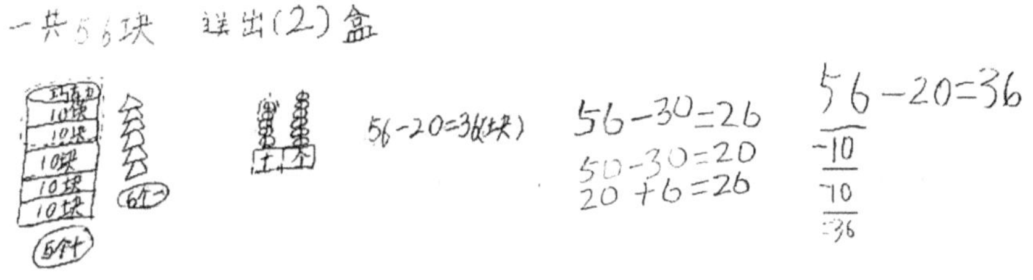

图1-2　学生作品1

从以上片段能看出，虽然学生回答时的语言有时并不十分准确流畅，但教师给了学生充分的空间和时间来表达，及时肯定了学生想出的各种解题方法，激发了学生用数学语言表达的热情以及探索欲望。德国教育学家第斯多惠说："教学的艺术本质不在于传授，而在于激励、唤醒、鼓舞。"低年级学生比较容易情绪化，教师的评价会直接影响到学生的情绪，因此学生需要教师的尊重、鼓励和表扬，这样才能激发学习兴趣。

《义务教育数学课程标准（2011年版）》明确提出，在数学教学中，教师必须充分发挥学生的主体能动性，增强学生的参与、交流、合作意识。学生的交流、合作都离不开语言，只有学生的语言得到了充分的尊重，学生才乐于表达自己。除此之外，因为在学习两位数减整十数时，学生已经具备了两位数加整十数的基础，所以教师给予了充足的空间让学生自主尝试解决问题。最后，师生在练习对比中，总结两位数加减整十数的计算方法。

师：我们今天一起学习了两位数加减整十数。孙悟空听说我们学习了新知识，想来考考我们，给我们出了下列算式，请大家给这些算式分分类。

24＋40＝（　　）

41－30＝（　　）

40＋24＝（　　）

74－40＝（　　）

生：加法一类，减法一类。

师：无论是采用加法运算，还是采用减法运算，它们都是哪里变了？哪里没变？

生：它们都是十位上的数变了，也就是几个十加减几个十，个位上的数没变。

总结是课堂教学的重要组成部分，教师这样做可以帮助学生清晰地回忆一节课的知识脉络，使其提高综合概括能力。低年级学生虽然表达能力有待提高，但经过教师适时的引导，他们也能正确地进行概括总结。因此，教师可以有目的地进行课堂总结，帮助学生提高分析、概括、分类等逻辑思维能力，促进学生数学语言的发展。

（三）教学片段三：基于启发式提问，引导学生用数学语言进行表达

师：唐三藏师徒四人来到了远古时代，远古时代没有我们现在使用的数字，远古时代的人们就这样记录着狩猎的情况。（课件演示：左边的小桶里有1颗石子，对应10只猎物；右边的小桶里有2颗石子，对应2只猎物。）

师：你知道他们打了多少只猎物吗？

生：12只。

师：一个月过后，他们打了多少只呢？（左边的小桶再放3颗石子。）你会列算式吗？

生1：12＋30＝42（只）

生2：12＋3＝15（只）

师：说说你们的想法。

生3：左边的小桶里的石子表示几个十，所以是12＋30＝42（只）。

师：有一天，他们的猎物遭到了破坏，从左边的小桶里拿出1颗小石头，你知道现在有多少只猎物吗？

生：42－10＝32（只）

师：又过了10天，要放2颗小石子，你知道有可能打了多少只猎物吗？请你来算一算。

生：32＋20＝52（只）

32＋2＝34（只）

32＋11＝43（只）

学生精彩的语言表达与教师制造的认知冲突、思维矛盾及适时引导密不可分。这一片段的问题设计遵循由浅入深、从易到难、循序渐进的原则，教师引导学生提出问题，让他们在不断质疑中提高自己的各项学习能力，让他们形成自主学习能力和创新意识的必要能力，使他们真正成为学习的主人。教师做到了尊重学生的语言，让学生充分表达和体会数学语言的魅力。

整体而言，本节课从学生喜欢的巧克力引入，教师巧妙创设情境，让学生发现巧克力中的数学信息并提出数学问题。接着教师为学生准备了实物图和计数器等直观模型，学生借助对直观模型的观察，探索"相同数位上的数相加"的算理，这样的设计符合学生的思维发展规律，体现了充分尊重学生的教育理念。

整节课的教学流程如图1-3所示。

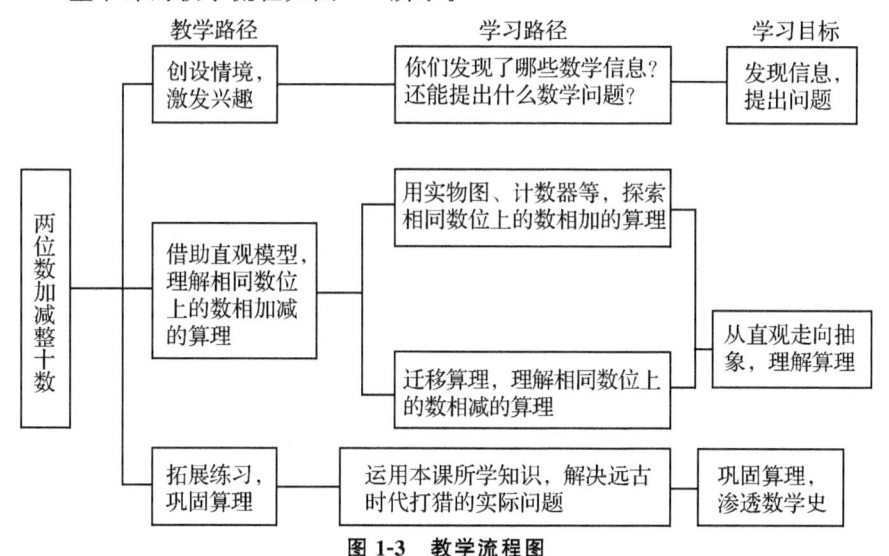

图1-3 教学流程图

现代认知论的代表人物，美国心理学家奥苏伯尔指出，迁移现象普遍地存在于人的活动中，有学习的地方就会有迁移。迁移就是一种学习对另一种学习的影响。就小学数学的学习而言，迁移主要指先前学习的知识、技能对后来学习新的知识、技能所施加的影响。[1] 由此可知，教师可以引导学生自主学习，使学生利用知识间的关联形成迁移能力，促使学生去解决问题，使学生借助实物图等直观模型进一步理解算理。学生精彩的语言表达与教师营造的宽松、融洽的课堂气氛密不可分，一般在轻松的课堂中，学生更不怕出错，会有心理的安全感，敢于说出自己心中的困惑，敢于质疑同学或者教师。因此教师在进行教学设计时不但要注重培养学生的数学运算能力，而且要充分尊重学生的语言。

【话题讨论】

下面四篇文章分别就"尊重学生语言"这一话题，先后讨论了为什么要尊重学生的语言与如何尊重学生的语言。

尊重学生的语言

北京市通州区东方小学　马建军　龚立红

著名数学教育家斯托利亚尔说过："数学教学也就是数学语言的教学。"数学语言包括文字语言、符号语言和图形语言。语言是思维的外衣，小学生由于年龄较小，语言表达能力有限，往往说不清或者说的和心里想的不一样，如果教师处理不当，就会打击学生的自尊心，影响新知的学习。在课堂教学中，教师只有尊重学生的语言，才能了解学生的想法，做出正确的判断，选取合适的策略，收到良好的教学效果。我想从以下几方面说说自己的一些尝试。

一、尊重学生的质疑之声

狄德罗说过："质疑是迈向哲理的第一步。"宋朝陆九渊同样强调："为学患无疑，疑则有进。"因此，教师在课堂教学中，要倾听学生的质疑之声，不要认为学生质疑是在为难教师，要鼓励学生敢于质疑，乐于质疑。

---

[1] 张兴华,《儿童学习心理与小学数学教学》，77页，南京，江苏教育出版社，2011。

例如，讲北京版数学教材二年级下册第四单元的"平移和旋转"一课时，新授讲完，要做练习，我出示了一张图（图1-4）。

师：请大家找一找图中的平移和旋转现象。

生1：图中前进的小火车体现了平移现象。

生2：图中的跷跷板体现了旋转现象。

生3：图中的滑梯体现了平移现象。

图 1-4　教材情境

生4：图中前进的缆车体现了平移现象。

生5：图中的大风车体现了旋转现象。

生6：图中摩天轮体现了旋转现象。

生7：图中旋转飞椅体现了旋转现象。

生8：图中的秋千体现了旋转现象。

师：还有平移和旋转现象吗？

生：（几乎异口同声）没有了！

从表面上看，学生确实说完了。我正沾沾自喜，准备进行下一个练习时，突然一个学生举手了，说："老师，这图中还有好些旋转现象呢。"我当时一愣，全班一下子静了下来，所有眼睛先齐刷刷地聚到我的身上，又落到了该学生身上，该学生有点紧张，脸都红了。"是吗？那你上前来，给大家仔细说一说吧。"我没有打断他的发言，反而鼓励他，拉着他的手走上讲台，让他对着图继续说。"老师，那火车的轮子就会旋转，还有那火车的方向盘也会旋转，火车上还有许多大螺丝都是被人们旋转拧上去的,还有火车司机戴的手表的表针在旋转……"他边指边说,一口气说出了六七种旋转物品,显然放松多了。"你观察得真是太细致了,你不仅看到了事物的表面现象,还清楚里面的内容,你的知识面真广,老师为你感到自豪!"此时全班掌声四起。

二、尊重学生的探索之意

探索真理比占有真理更为可贵,学生学习的过程就是一个不断探索的过程,这个过程是个双向的过程,既要有教师的教,更要有学生的学。所以教师要积极创设情境,搭建平台,尊重学生的符号语言和图形语言,鼓励学生发现问题和解决问题,让学生经历知识形成的全过程,使学生在探究中掌握知识技能,体验探索的乐趣,掌握探究的方法,提高思维能力。

例如,讲北京版数学教材二年级上册"4的乘法口诀"时,我先用动画创设情境,激发学生的兴趣。

一只青蛙一张嘴,两只眼睛四条腿,扑通一声跳下水。

两只青蛙( )张嘴,( )只眼睛( )条腿,扑通一声跳下水。

三只青蛙( )张嘴,( )只眼睛( )条腿,扑通一声跳下水。

……

学生兴致很高,通过计算几只青蛙有几只眼睛,既复习了2的乘法口诀,又通过计算几只青蛙有几条腿,引出了4的乘法口诀。口诀一共有九句,教师请学生选一句自己最喜欢的口诀,用自己最喜欢的形式表现出来,给大家讲讲(搭建平台)。学生有兴趣,喜欢做,爱探索,画出来的画的种类自然很多。下面这些学生作品(图1-5),大家一看就懂。

但有些画连我也看不懂或理解有偏差,如图1-6所示。

由于看不懂,我没有轻易发言,而是让学生去解释,结果出人意料。第一幅画中写的不是数字9,而是英文字母q;第二幅画画的也不是四只为一组的大雁在飞,而是一组四架炸弹飞机在飞;第三幅画画的分别是独嘴大炮、喷气飞机、航空炸弹,每种四个一列。我表扬他们画得精美,有特色,有创新点,讲得清楚,声音洪亮,我奖励了他们每人一颗星星。学生高高兴兴地回去了。(图1-7是学生的解释,不会写的字用拼音表示。)

第一章 尊重学生的语言 | 81

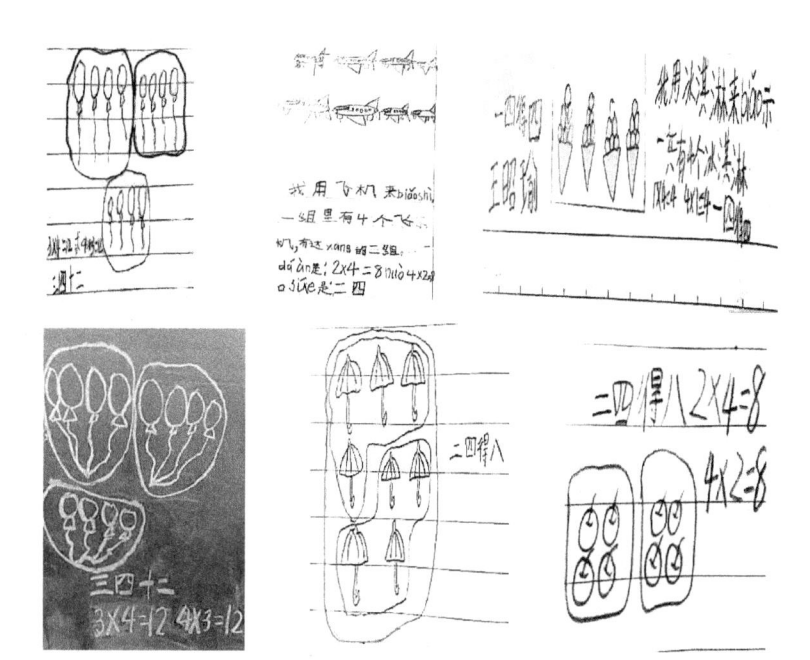

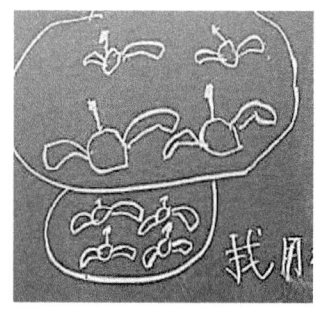

图 1-5 学生作品 1

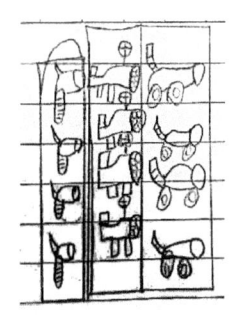

图 1-6 学生作品 2

图 1-7 学生作品 3

三、尊重学生的个性之言

但凡超世之才，必有遗俗之风。每个班都有有个性的学生，他们的观点与众不同，他们的想法千奇百怪，但这些奇思妙想往往有创新之处。对待这些学生，教师不要戴着有色眼镜去看他们，要耐心地倾听，让他们尽量把话说完，尊重他们的语言，积极地鼓励他们，挖掘他们的潜力，进行正面的引导。

例如，讲"轴对称图形"时，在讨论平行四边形时，班上有个小插曲，在全班46名学生中，1名学生认为平行四边形是轴对称图形，形成45：1的态势。这名学生平时就是比较淘气的，常想出怪点子，学习成绩也一般，其他学生七嘴八舌，把他的声音都淹没了，说得他满脸通红，一时语塞，不知如何是好。我一看不行，及时出来解围："我们比的不是谁声音大，我们比的是谁说得有理，这样吧，大家静一静，坐下来讲理。"我同意这名学生上台，他上台先画了一个正方形，然后把它压一下，形成了一个平行四边形（菱形），再给这个平行四边形画了一条对称轴。学生安静了。"你能不能给大家现场剪一剪，折一折呢？"我让这名学生当着其他同学的面剪一剪，折一折。他真的就剪了一个菱形，然后对折之后，菱形完全重合了。"哎，这是怎么回事呢？你们（指其他学生）也弄张纸像他一样弄个类似的平行四边形折折看，看看到底是怎么回事。"我及时抛出我的问题与要求。最后学生们得出结论：大部分平行四边形不是轴对称图形，只有一些特殊的平行四边形（如菱形）才是轴对称图形，这名男生话说的也有几分道理。（演示过程如图1-8。）

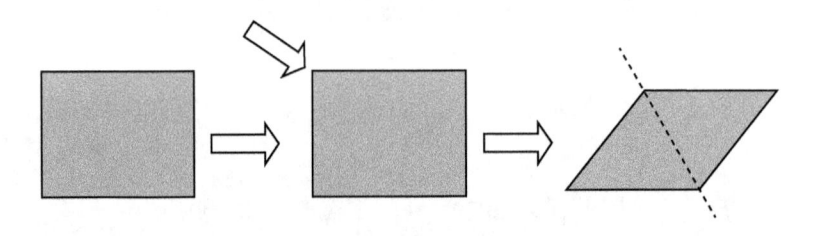

图1-8　演示过程图

四、尊重学生的反思之意

孔子曰："学而不思则罔，思而不学则殆。"弗赖登塔尔曾说："反思是数学思维活动的核心和动力。"在数学教学中，教师要尊重学生的反思之意，积极鼓励学生去反思，指导学生去反思，从而提高课堂教学效率。

例如，讲完"吨的认识"之后，在下课前我提了个问题请学生反思："今天你学习了吨，吨呀！吨呀！我真想对你说点什么……"，学生纷纷谈了自己的感想。有的学生说："吨呀！吨呀！你真是太胖了，你真应该好好减减肥了！"有的学生说："吨呀！吨呀！你真是太重了，你会把我睡觉的小床压趴下的！"最后一名学生更有意思，只说了一句话："吨呀！吨呀！你太重了。"他就用双手捂住了自己的嘴，眼睛向上看，不说话了。他想说什么呢？我灵机一动："你是不是想说，'吨呀！吨呀！你太重了，压到我的身上，我就说不出话来了，快憋死我了！'"这名学生听了会心地笑了，其他学生都笑了。

总之，教师在课堂上，首先要尊重学生的语言，然后让学生去讨论，如果学生讨论明白了更好，讨论不明白，教师再进行引导点拨，效果可能会更好。

"对话式教学"案例分析

云南省文山实验小学　戚丹

一、"对话式"教学的作用

著名教育家弗莱雷在长期的教学实践中，仔细地分析了学校不同层次的师生关系，他发现学校教学的一个基本特征就是"讲解"，讲解者教师是主体，听讲者学生是客体。作为主体，教师的主要任务是用讲解的内容来"填满"学生。作为客体，学生的主要任务是听讲，把教师所讲的内容储存起来。教师讲解的内容因为与学生的生活现实及经验相脱离，所以"往往都会变得死气沉沉，毫无生气可言"。"教师的话被抽去了具体的内核，变成了空洞的、令人厌弃的和让人避而远之的唠叨。"讲解式教学充分体现了一种传统的教育观——"储蓄教育观"。

在《被压迫者教育学》一书中，保罗·弗莱雷用银行储蓄生动地比喻传统模式的教育。他说这种教育是一种"储蓄"行为，学生就像银行里开的"户头"，教师则是"储户"。教师进行讲解，进行存款，学生则要耐心地接收，输入并存储知识。师生之间你存我储，没有交流。在这种"储存教育观"下，学生被视为是无知的，教师高高在上。"灌输教育通过以下各种态度和做法，维持甚至激化这种矛盾……教师教，学生被教；教师讲，学生听——温顺地听……教师做出选择并将选择强加于学生，学生唯命是从……"[①] 在这种教育观的影响下，学生学会的只能是适应现状，而不是去改造世界。因此，弗莱雷提出"用解放教育观"来代替"储蓄教育观"，用"对话式教学"来代替"讲解式教学"。

"对话式教学"倡导师生在课堂上互相砥砺与启迪，互相倾听与分享，共同学习，共同进步。教师应当以平常心面对学生，共同营造一种温馨的、和谐的学习环境。在这样的学习环境中，师生以生命构建和自主发展为目标，要形成幸福的、"诗意"般的师生生存方式。这样的对话理念下的师生关系才会达成真正的民主、平等、和谐，师生双方才能开诚布公，敞开心扉，彼此接纳，分享思想。

二、典型案例

下面是著名特级教师黄爱华老师所上的"异分母分数的加减法"的案例。

（一）教学片段一：以"聊数学"导入新课

师：孩子们好，今天我要和大家一起聊数学。有谁知道，为什么我不说教数学，而要说聊数学呢？

生1：教数学就是老师您在教，聊数学就是我们大家一起聊，这样我们会感到轻松。

生2：老师，您一定是怕我们在这么多老师面前上课感到紧张，让我们一起聊数学，我们就会放松了，就能更好地发挥了。

师：既然是聊数学，你们对我的称呼也可以改一改，就叫我华哥吧，来和我打声招呼。

生3：华哥，您好！

师：孩子们好！

……

（二）教学片段二：以同分母加减法的学习层层推进

师：整数和小数都是相同计数单位的个数相加减，我们学习的分数

[①] 保罗·弗莱雷：《被压迫者教育学》，顾建新等译，25~26页，上海，华东师范大学出版社，2001。

加减法也是这样吗？谁能带着你的想法到前面来聊聊呢？

一位女生自告奋勇走到讲台前，黄老师对着全班同学说："你们猜，她认为一样吗？你们猜，她会不会举个例子给我们看看？你们猜，她会不会画个图帮我们理解？"黄老师对该女生说："麻烦你用这样几句话串联你的分享，可以吗？一是请大家听我说；二是我要特别强调的是；三是你们有什么问题要问我吗；四是谢谢大家（表示结束）。"

该女生：请大家听我说，我认为分数加减法和整数加减法、小数加减法的计算方法是一回事。我给大家举个例子，$\frac{2}{5}+\frac{1}{5}$等于多少？

生（齐）：$\frac{3}{5}$。

该女生：大家来看$\frac{2}{5}$里面有几个$\frac{1}{5}$？

生（齐）：2个。

该女生：$\frac{1}{5}$里面有几个$\frac{1}{5}$？

生（齐）：1个。

该女生：那么我们计算$\frac{2}{5}+\frac{1}{5}$的时候实际上就是把2和1相加等于3，得数就是$\frac{3}{5}$。

师：我插问一句，这里就是用计数单位的什么相加的？

该女生：用计数单位的个数相加的。所以，我特别强调的是，分数加减法和整数加减法、小数加减法的计算方法是一样的，都是用计数单位的个数相加的，最后看有几个计数单位。大家有问题要问吗？

生1：你刚才举的例子是用同分母分数相加的，如果是异分母分数呢？

该女生：好吧，我们再来举个异分母分数的例子吧。用哪个算式呢？就算$\frac{2}{4}+\frac{3}{8}$吧，因为$\frac{2}{4}$和$\frac{3}{8}$的分母不相同，不好直接加减，我们先来通分吧。$\frac{2}{4}$等于$\frac{4}{8}$，因为$\frac{4}{8}+\frac{3}{8}$等于$\frac{7}{8}$，所以$\frac{2}{4}+\frac{3}{8}$等于$\frac{7}{8}$。我们可以画

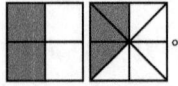

一个图来表示：▦。把左边的图也平均分成 8 份，就变成这样了：▦ ▦。把它们加起来就是：▦。还是计数单位的个数相加，只不过需要先通分。

（学生们自主鼓掌。）

该女生：还有问题吗？（稍停）没有了，谢谢大家！

师：大家鼓起了掌，看来这位同学和大家聊得不错，（对女生）请问你的名字是？

该女生：我姓卢，你可以叫我卢姐。

（在欢笑声中，场下爆发出热烈的掌声。）

三、教学反思

很多时候我们以为像黄爱华这样的特级教师的课上得好，是因为他们的课设计得好。可是为什么一些教师照搬名师的课，却上不出同样的效果？事实证明，名师的课上得好不仅仅是因为课设计得好，更重要的是名师能在课堂中与学生很快建立起融洽的师生关系。在这节课上，黄爱华老师一上课和学生谈的话题是今天不"教数学"，而是"聊数学"，一个"聊"字瞬间拉近了师生间的距离。"教"，意味着教师高高在上，意味着"我肯定比你强，今天我是来教你学数学的"，而"聊"凸显了师生间身份的平等，每名学生都是平等中的首席，只要愿意聊就行。另外，既然是"聊"，就没有非此即彼的唯一性，学生所学的知识就可以在互相"聊一聊"的过程中得到补充、完善，每名学生的心态自然是放松又积极的，这正是黄老师的高明之处。

当然教师在"聊"的课堂之上，并没有把教师的主导作用弃之不理，而是在关键处点到为止，三个"你们猜……"体现了教师对孩子的一种有效引导，教师不留痕迹地把孩子引向一种有序思维、有效分享。所以接下来作为学生代表到前面讲解的女生表达自己的观点后，运用举例子说明、画图帮助理解等方法，不但带动全班同学分析了同分母分数的加减法的计算本质，而且在同学间的互相"聊一聊"中，自然而然地追问

"异分母分数加减法也是这样的吗?",引出了新课所要研究的问题,并解决了问题。教师看似无意的"我插一句",没有打破课堂"聊"得恰到好处的氛围,实是有意点醒学生分数相加减和整数相加减、小数相加减的本质是一样的。

最后,女生大方又得体的一句"我姓卢,你可以叫我卢姐",引来了全场的掌声。大家把掌声送给了这位自信的自称"卢姐"的女生,更是送给了有着这样完美的师生关系的课堂,这也正如美国心理学家马斯洛所言:"真诚、理解的师生关系中,学生敢于和勇于发表见解、自由想象和创造,从而热情地汲取知识、发展能力、形成人格。"由此,我们不难明白:成功的教学必须从营造平等、和谐、融洽的教学氛围入手,从而建立新型的师生关系。

作为教师,我们只有从提升自身素质、改变教学方式、改变师生交往互动等方面做起,用"对话式教学"代替传统的"讲解式教学",才能让我们的课堂达到"梨花院落溶溶月"的安静与祥和的境界,这也正是"对话课堂"的艺术魅力之所在。

浅谈教学反思

北京市通州区东方小学　朱诗玉　王颖

教学反思,是指教师通过对具体教学现象的思考,寻找教学的成功与不足,积累教学经验,改进教学行为,更新教学理念,从而实现专业素养的提升。进行反思已经成为我的一种习惯。几年坚持下来,我尝到了甜头。下面我从两方面谈谈我进行教学反思的体会。

一、从"成功点"展开反思

错误资源是一个老生常谈的话题,我们站在新角度对其"价值"进行定位,对其进行新的研究,最终的受益者无疑是学生。教学时教师往往会准备好一份标准答案,可突然"半路杀出个程咬金",教师们常常措手不及。其实在课堂教学中,教师大可不必把学生的"错"当作"洪水猛兽",只要"错"得合理,"错"得其所,我们也不妨试一试"善待错误",让学生在辩论中明理,这样学生经历去伪存真、去粗取精后所习得的本领才是真正的本领。

我在执教北京版数学教材五年级上册第三单元的"三角形的内角和"一

课时，就有意识地灵活调控，将错就错，变错为宝，使课堂"转危为安"。

在探究出三角形内角和是180°以后，学生们顺利地完成了练习。接下来是一道拓展题：四边形的内角和是多少度？学生们先独立思考，再汇报交流。

生1：四边形的内角和是360°。因为长方形的四个角都是直角，合起来就是360°，所以我猜一般四边形的内角和也是360°。

师：他从特殊到一般，得出四边形的内角和是360°，你们能进一步说明原因吗？

生2：我在一个四边形里画一条线，把它分成两个三角形，每个三角形的内角和都是180°，两个三角形的内角和就是360°了。

师：你们同意他的做法吗？

生3：我不同意他的做法，我认为他的方法不对。刚才我用他的方法试了试，在四边形里画两条这样的线，就可以分成四个三角形，内角和应该是720°。

学生的一番反驳让我犯了难。我心想：能简单地说他的发现是错的吗？怎样让大家都理解错在哪里呢？思考之后，我又把问题抛给了学生。

师：你很细心，发现画两条线就多出了360°。那为什么会多出360°呢？请同学们和他一样，都在四边形里画出两条线，仔细思考，分成的四个三角形的内角和与原来四边形的内角和有什么关系？小组讨论讨论。

一个学生画了两条线，引出了错误的"发现"。这个错误本身具有研究价值。在讨论中，学生们发现：多出360°是因为在两条线的交点处，新增加了一个周角，周角恰好是360°。因为这个周角不属于四边形的内角，所以在计算四边形内角和时，要减去多出来的360°。学生思考、交流的过程，正是空间想象能力和逻辑思维能力得到发展的过程。针对学生的错误答案，我并没有急于解释，而是把课堂归还给学生，让他们去操作、分析和讨论，从而把这个错误转化为宝贵的资源，使学生的思维得到了进一步发展。

二、从"失误点"展开反思

由于教学具有开放性，学生经常会有一些出人意料的想法。面对这些预设外的内容，教师如果能充分发挥机智，突破最初教学预设的框框，捕捉临时生成的资源中有意义的成分，及时调整教学，往往会取得意想不到的效果。教师课后要对这些师生之间的智慧闪光点进行深刻反思，以使今后面临"意料之外"时，能够从容不迫地应对，尽可能取得"非预设生成"的良好结果。

例如，执教"认识面积"这节课时，我提出了下面这个问题："怎样比较两个平面图形的大小？"在学生探索之前，我为他们提供了充足的活动材料：长方形、正方形、方块和透明方格纸。这些材料使学生有了自由操作的空间，十分钟之后，学生们都有了各自的想法。

生：把这两个平面图形重叠在一起。（多媒体演示：）

师：看来用重叠的方法不能一眼看出谁的面积大，谁的面积小，怎么办呢？

生1：把这两个平面图形重叠以后，再把多出来的部分剪下来，放在一起比一比，就知道哪个平面图形更大了。

生2：我在这两个平面图形里都摆上了同样大小的方块，一个一个挨着摆放，发现长方形里一共可以摆10个方块，而正方形里可以摆12个方块，所以正方形的面积大。

生3：我们有更简单的方法，把透明的塑料方格纸直接放在这两个平面图形上，一眼就能看出正方形里一共有12个格，而长方形里面只有10个格，所以正方形的面积大。

生4：我是用尺子量的。

听了他的想法，我愣了一下，接连提出了两个问题，一个要求："用尺子测量的是长方形和正方形的什么？""现在老师要求比较的又是什么？""今后一定要认真听清要求，坐下。"

课后，我问这个学生怎么会想到用尺子量的。他的回答真的让我佩服。

他说："我知道用尺子量出来的是长方形和正方形的周长，我想如果周长长的话，面积肯定就大。"

课后当我回忆学生的回答时，发现该生的猜想很有价值，而我却用责怪的语气全盘否定了他的回答，不但扼杀了他的大胆猜想，也肯定让他感到非常的伤心和失望。难道这么聪明的学生连周长和面积的概念都分不清吗？在某些特定情况下，测量也不失为比较面积大小的有效方法。教师应该静下心来，耐心听完学生的回答，然后再进行适当的引导："你认为周长长的平面图形的面积肯定就大，是吗？这个猜想很有价值，但是否能成立，还必须通过验证才行，下课以后你可以想办法验证一下，然后把你的验证结果告诉老师，好吗？"

如果我能这样处理，这个学生肯定会很开心。因为这样不仅保护了他的自尊，还会激发起他积极探究的欲望，使他有严谨的科学态度。这些收获远比学生在这节课上学到的知识更有意义，这些收获对学生的影响也更深远。

教学反思是一种有益的思维活动和再学习的活动，是教师必备的素质，也是教师提高教学能力、促进专业发展的重要手段。美国著名教育家波斯纳曾提出了教师的成长公式：成长＝经验＋反思。这提示我们一个教师如果不经常反思，那只能停留在原来的水平上。面对纷繁复杂的新问题，教师要做到及时反思，对已经进行或正在进行的教学活动以及这些活动背后的理论假设，进行积极、持续、周密、深入的思考，通过思考，清晰地表征所遇到的教学问题，并积极寻求多种方法解决问题。

总之，反思是教师专业成长最有效的途径，通过反思，教师能改进教学手段，提高教学效率，增强教学的有效性。反思在教师追求高效教学中有着举足轻重的作用。善于反思的教师注定是一位不断向大师靠拢的教师，因此，我们应该重视教师的教学反思并培养自身的教学反思能力。

尊重学生的语言　培养思维品质

云南省文山实验小学　杨艳红

思维品质包括敏捷性、灵活性、创造性、批判性和深刻性等。语言是思维的工具，欲培养学生的思维品质，就要尊重学生的语言，多给学生创造表达语言的机会，鼓励多样化的表述。下面就以人教版数学教材六年级上册第七单元的"扇形统计图"一课为例，我来谈谈我的做法。

一、创造条件，让学生畅所欲言

教师在教授新课前，以旧知带新知，先呈现六（1）班同学最喜欢的运动项目情况统计表（表1-2）。

表 1-2　统计表 1

项目	乒乓球	足球	跳绳	踢毽	其他
人数（人）	12	8	5	6	9

师：课前，同学们已经根据要求，用自己认为最好的方式把"喜欢各种运动项目的人数占全班人数的百分比"表示了出来。请展示自己的作品，并说说你是怎样想的。

生1：我用统计表计算出了百分比，看起来很清楚（表1-3）。

表 1-3　统计表 2

运动项目	乒乓球	足球	跳绳	踢毽	其他
喜欢人数（人）	12	8	5	6	9
占全班人数的百分比（%）	30	20	12.5	15	22.5

师：有不同的表示方式吗？请上来展示自己的作品。

生2：我用条形统计图，把各项目占全班人数的百分比都标出来了。通过条形的高低，我能看出"喜欢各种运动项目的人数占全班人数的百分比"，还能看出喜欢每个项目的人数。

生3：我用长方形表示全班人数，再根据每部分占全班人数的百分比，将长方形划分成大小不等的几块，从而表示出"喜欢各种运动项目的人数占全班人数的百分比"。

生4：我用折线统计图，每段代表5%，根据每部分占全班人数的百分比，用高低不同的点表示出"喜欢各种运动项目的人数占全班人数的百分比"。

生5：我和大家不同，我画了一个圆，在圆中用大小不同的块表示出"喜欢各种运动项目的人数占全班人数的百分比"，这样能看出哪部分多，哪部分少，一目了然。

师：通过刚才的交流，同学们有的用到了统计表、条形统计图、长方形、折线统计图，还有的用到了圆。（随即贴出教具：扇形统计图）在数学中，我们把像这样用一个圆表示总量，用扇形表示部分的统计图叫作扇形统计图。（板书课题：扇形统计图）

教师通过创造条件，让学生交流不同的统计形式并说说自己的想法。

学生不仅回顾了已学过的统计图表，也在这个过程中发展了发散性思维品质。

二、设置问题，让学生大胆质疑

教师讲授课，设置情境和问题，引入扇形统计图（图1-9）。

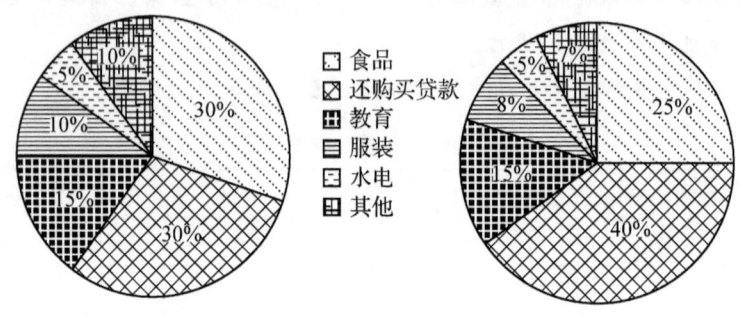

图 1-9　扇形统计图

师：请观察以上两幅图，陈东家和李丽家每月的教育支出金额一样吗？为什么？

生1：一样，因为陈东家和李丽家的教育支出都是15%。（此时大多数学生都表示赞同。）

师：谁有不同意见？

生2：我不同意，因为不知道陈东家和李丽家这月的支出是否相同，会有两种可能。一是如果两家每月支出一样，那么教育支出就一样；二是如果两家每月支出不同，那么教育支出就不一样。

通过设置可质疑的问题情境，教师让学生大胆质疑，敢于提出不同的意见，发展了批判性思维品质。

【教师行动研究】

"分数的意义"案例分析

北京市北京小学长阳分校　高亚娟　张慧

一、教材分析

"分数的意义"是北京版数学教材五年级下册第四单元"分数的意义

和基本性质"中的内容，属于数与代数领域中数的认识部分。

学生在三年级已经借助平均分一个物体初步认识了分数，了解了分数的要素、写法等。本节课要引导学生在此基础上进一步认识分数，探索出分数的意义，从分数的产生、分数单位、分数与除法的关系等方面加深对分数意义的理解，进而理解并掌握与分数有关的基本概念，掌握约分、通分以及分数与小数互化的技能。

二、学情分析

学生已经积累了丰富的对于整数和小数的研究经验，对于用分数表示数量的理解比较深刻，然而对用分数表示部分与整体之间的关系较为陌生，而且容易把用分数表示数量和表示关系混淆在一起，尤其是当平均分的整体由一个物体扩充为多个物体时，部分与整体的关系更加隐蔽，所以本节课的重点应该放在对于单位"1"的理解上，难点是理解分数表示部分与整体之间的关系。

分数在生活中出现的频率比较低，学生没有足够的生活经验做支撑，这对于学生理解分数也构成了一定的认知困难。

三、教学目标

第一，学生通过进行操作、观察、比较、交流、概括等活动，了解分数产生的必要性，探索并理解分数的意义。

第二，在探究的过程中，理解单位"1"可以表示一个物体，也可以表示多个物体，理解并能用分数正确表示部分与整体的关系。

第三，在探索分数意义的过程中，发展数感、抽象概括能力。

四、学习历程简案

驱动问题	锚基任务	诊断性评价
你能用自己喜欢的方式表示出 $\frac{1}{4}$ 吗？	学生从正方形、长方形、圆形、等边三角形、线段等学习材料中自由选择其一，表示出 $\frac{1}{4}$ 。	提问与追问：你是怎么表示 $\frac{1}{4}$ 的？为什么要对折？ 反馈：平均分，分数表示部分与整体之间的关系。

续表

驱动问题	锚基任务	诊断性评价
你能在一组图形中表示出$\frac{1}{4}$吗?	教师提供两组图形（8个小圆圈、12个小圆圈），学生通过圈画，表示$\frac{1}{4}$。	提问与追问：你这幅图是如何表示$\frac{1}{4}$的? 反馈：把这8个小圆圈平均分成四份，其中一份就是$\frac{1}{4}$。
以前表示$\frac{1}{4}$分的东西和现在表示$\frac{1}{4}$分的东西有什么不同?	教师提供学生创作的一个物体中的$\frac{1}{4}$，一组图形中的$\frac{1}{4}$，让学生体会单位"1"可以是一个物体，也可以是多个物体。	提问与追问：以前表示$\frac{1}{4}$分的东西和现在表示$\frac{1}{4}$分的东西有什么不同? 反馈：单位"1"可以是一个物体，也可以是多个物体。

五、教学实录

（一）教学片段一：复习一个物体中的$\frac{1}{4}$

驱动问题1：你能用自己喜欢的方式表示出$\frac{1}{4}$吗?

师：关于分数，你都知道些什么？

生1：分数单位。

生2：分数表示平均分。

（板书：平均分）

师：前期同学们已经做了准备工作，能用自己的方式表示$\frac{1}{4}$这个分数，快来给大家介绍介绍吧。

锚基任务1：学生从正方形、长方形、圆形、等边三角形、线段等学习材料中自由选择其一，表示出$\frac{1}{4}$。

学生边说，边往黑板上贴（正方形、长方形、圆形、等边三角形、线段等），每贴一个图形，教师便追问学生：怎么平均分成四份？教师同时把折痕用红笔描出来，让学生直观看到"平均分"。教师说到表示其中的1份就是$\frac{1}{4}$时，用手指着图形中的1份和整个图形，展示完几个图形之后（选择不同图形和相同图形中的不同分法），强调分数表示部分与整体之间的关系。

【点评】学生展示自己创作的$\frac{1}{4}$时，教师通过追问"你是怎么表示$\frac{1}{4}$的?"，让学生结合图形说出"平均分""分数表示部分与整体之间的关系"。学生不能脱离图形空说，对于学生来说，直观看到图形后更容易理解。这是分数中最关键和核心的内容，学生必须借助原有经验加以理解，为后面的学习奠定基础。

(二) 教学片段二：体会多个物体中的$\frac{1}{4}$

驱动问题2：你能在一组图形中表示出$\frac{1}{4}$吗?

锚基任务2：教师提供两组图形（8个小圆圈、12个小圆圈），学生通过圈画，表示$\frac{1}{4}$。

师：大家真是太厉害了，用这么多方式表示了$\frac{1}{4}$。那现在挑战升级，刚才我们在1个图形中找到了$\frac{1}{4}$，现在你能在一组图形中找到$\frac{1}{4}$吗?

(首先，教师出示8个小圆圈。)

师：你是如何表示$\frac{1}{4}$的呢?

生：把这8个小圆圈分成4份，1份是2个，这1份就表示$\frac{1}{4}$。

生2：把这8个小圆圈分成4份，1份是2个，这1份就表示$\frac{2}{8}$。

师：$\frac{2}{8}$是什么意思? 谁能在图中表示出$\frac{2}{8}$? (出示图1-10)

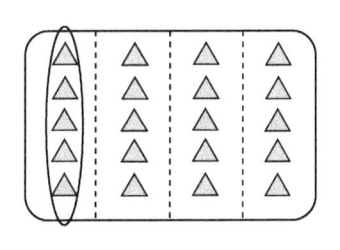

图 1-10 示意图

(其次，教师出示12个小圆圈。)

师：在一堆图形中，你能找到 $\frac{1}{4}$ 吗？快动手试一试吧。

最后，教师用课件动态展示，图形始终被平均分成 4 份，但是每份的数量在不断增加，教师边增加边问：每份的数量是 1 个，2 个，3 个，4 个……为什么都是 $\frac{1}{4}$ 呢？

生：因为图形都被平均分成了 4 份，其中 1 份就是 $\frac{1}{4}$。

师：没错，它和每份有几个以及一共有多少个没有关系。

【点评】通过"不断增加图形的个数，但是平均分的份数、取的份数不变"这样的呈现方式，教师让学生体会到分数表示的是部分与整体的关系，与整体的个数、每份个数没有关系。

（三）教学片段三：教师让学生认识单位"1"

驱动问题 3：以前表示 $\frac{1}{4}$ 分的东西和现在表示 $\frac{1}{4}$ 分的东西有什么不同？

锚基任务 3：教师提供学生创作的一个物体中的 $\frac{1}{4}$，一组图形中的 $\frac{1}{4}$，让学生体会单位"1"可以是一个物体，也可以是多个物体。

师：以前表示 $\frac{1}{4}$ 分的东西和现在表示 $\frac{1}{4}$ 分的东西有什么不同？

生：以前我们分一个物体，现在分多个物体。

师：以前我们分一个物体，现在分多个物体，不管是一个物体还是多个物体，我们都把它们看成一个整体，在数学中用"1"表示，叫作单位"1"。

【点评】通过总结归纳单位"1"，教师发展了学生的抽象概括能力和数学表达能力。

六、教师反思

（一）教师通过精准追问，让学生准确理解概念

这节课让人感受最深的就是教师追问时的精准性非常重要，尤其是对于这种抽象性比较强的概念学习。例如，当追问在一组图形中如何表

示 $\frac{1}{4}$ 时及抽象概括单位"1"时，由于教师的问题不够精准，有部分学生不知道教师想问什么，失去了思考的方向，不能准确理解概念。所以教师不仅需要对所教学的内容本质有准确把握，还要有扎实的基本功，如准确的教学语言运用能力等。这样的问题不仅出现在这节课堂上，而且实际上存在于日常教学中，我们需要不断地锤炼自己的教学基本功。

（二）深度研读文本，读懂教材意图

领悟教材编排者的意图是分析教材的重要基础，分析教材一定不是只看表面文字，而是要对比多个版本的教材，并思考为什么有些内容会出现在每个版本的教材中，它好在哪里；有的内容只会在个别版本的教材中出现，又是为什么。教师在研究所教知识基础上思考哪些内容、教学情境对学生成长作用更大，如何将这些内容进行整合等。

七、点评

（一）规范语言表述，准确理解概念

学生在三年级学习分数时，只需要对分数有感性认识，能在具体情境中用分数表示部分与整体的关系，知道平均分的整体是一个物体。这个阶段的学生能用自己的语言表述分数的含义，表述正确即可。在本节课中，学生要在三年级的基础上，通过进行操作、观察、交流、概括等活动，对分数的意义有更加深入的理解，如平均分的整体由一个扩充为多个，平均分的整体在数学中被叫作单位"1"。

到了五年级，学生应该可以用规范、准确的数学语言表述分数的概念，这样的语言规范可以帮助学生准确理解分数的含义，因此，教师在课堂学习中要通过采用数形结合、教师示范等方式，帮助学生规范地表达数学语言。

（二）通过打通不同形式的语言，感受数学表达的精炼

在帮助学生理解、抽象出分数意义的过程中，教师要坚持引导学生对照图说分数意义，设计根据分数画出对应的图形等活动，打通不同表达形式之间的联系，帮助学生在不同表达形式之间进行自由、准确的切换。这样学生才能不断感悟数学表达的简练、精准，体会数学的简洁之美，提升数学素养。

"扇形统计图"案例分析

北京市通州区于家务乡中心小学　吴梦宇

北京市通州区教师研修中心　刘东旭

一、教材分析

"扇形统计图"是北京版数学教材六年级上册第六单元"扇形统计图"的第一课时，它属于"统计与概率"领域中的内容。学生之前已经掌握了基本的统计知识，初步建立了数据分析观念。本单元的教学就是要在此基础上让学生基于需要去认识一种新的统计图——扇形统计图，以进一步发展学生的数据分析观念。

扇形统计图与条形统计图、折线统计图的主要区别是它表现出了整体数量，反映的是数据之间的关系，关联了百分数的相关知识。这对于学生来说是个难点，学生需要对数据有更进一步的分析和理解。因此扇形统计图的教学重点更要放在对学生数据分析观念的培养上。那么什么是数据分析观念呢？《义务教育数学课程标准（2011年版）》中明确指出统计的核心词是"数据分析"："了解在现实生活中有许多问题应当先做调查研究，收集数据，通过分析做出判断，体会数据中蕴含着信息；了解对于同样的数据可以有多种分析的方法，需要根据问题的背景选择合适的方法；通过数据分析体验随机性……"

本节课要培养学生的数据分析观念，重点落在哪里呢？教师需要提供有价值的学习素材，鼓励学生在观察和分析数据的过程中发现数据的特征，应用数据去解决问题。同时学生要在分析数据的过程中去突破难点，理解扇形统计图的特点。

二、学情分析

学生已经有了学习条形统计图和折线统计图的经验，了解统计图的作用，经历过统计的全过程。学生完全可以依据已有的学习经验独立完成扇形统计图的学习，那么这节课区别于其他课的地方在哪里呢？学生的困惑点是什么呢？教师初次尝试上这节课，发现了学生的困惑。

师：关于扇形统计图，你想了解什么？或者你有什么问题？

生1：为什么扇形统计图能表示部分与整体的关系？

生2：怎么制作扇形统计图？要画一个扇形吗？

生 3：为什么用一个圆来表示？用别的图形可以吗？

生 4：用条形统计图能不能表示一些百分数？

……

教师分析学生的问题后，发现学生没有真正理解扇形统计图的特点。这就需要教师在上课时更关注学生对数据的理解和分析，使其认识到以往知识的局限性，使其发现扇形统计图的特点。

因此本节课的学习路径如下。一是在问题情境中，教师让学生独立完成数据的收集和整理；二是在分析数据过程中，学生要体会数据是有用的，用表示数据多到什么"程度"的问题来引入百分数的应用进而解决问题；三是通过对比没有数据的条形统计图和有数据的条形统计图，学生要体会条形统计图不能反映出部分与整体之间的关系的特点，教师引入学习扇形统计图。

三、教学目标

第一，使学生结合实例了解扇形统计图，并对扇形统计图提供的信息进行简单的分析，能够提出或解决简单的实际问题。

第二，使学生在认识扇形统计图的过程中，经历分析数据、描述数据的过程，发展数据分析观念。

第三，进一步体会统计在实际生活中的作用，感受数学与生活的密切联系，发展数学应用意识。

四、学习历程简案

驱动问题	锚基任务	诊断性评价
学校要为每个班级的"读书角"购置新书，准备给六（1）班购置200本新书，你能为班级设计购书方案吗？	让学生分小组完成方案的制订、数据的收集和整理，并在课上进行汇报，谈一谈体会。	提问与追问：为什么我们要收集班级里喜欢每种书各有多少人？ 反馈：喜欢某种书的人多就多买一些。

续表

驱动问题	锚基任务	诊断性评价
怎么利用这些数据呢？如何购买200本书呢？	合作交流解决问题的办法；思考如何用数据来表示多到什么"程度"。	提问与追问：喜欢文学类的人最多？多到什么程度？你是怎么想的？ 反馈：一半可以用$\frac{1}{2}$表示，可以用分数来表示程度。
什么统计图能更直观地表示我们得到的百分数呢？	给出有数据和没有数据的条形统计图对比，让学生体会扇形统计图的必要性。	提问与追问：条形统计图能表示出喜欢文学书的人数占总人数的50%吗？ 反馈：没有表示整体，所以不能看出占整体的50%。

五、教学实录

（一）教学片段一：引入课前任务，让学生经历完整的统计过程

驱动问题1：学校要为每个班级的"读书角"购置新书，准备给六（1）班购置200本新书，你能为班级设计购书方案吗？

高年级学生已经具备了丰富的统计学习的知识和能力，所以在课前，教师安排了这样一个问题情境，让学生独立完成数据的收集和整理，为课堂提供真实的、贴合学生实际的数据。

教师创设问题情境，如图1-11所示。

学校准备为六年级（1）班"图书角"添置新书。购买哪些图片要根据同学们喜欢读什么书来定。怎么安排好呢？

六年级（1）班同学喜欢读的图书情况统计表　　2012年4月

图书种类	科普读物	中外名著	童话故事	动漫故事	其他
喜欢读的人数	12	6	15	5	2

图1-11　问题情境

锚基任务1：让学生分小组完成方案的制订、数据的收集和整理，并

在课上进行汇报，谈一谈体会。

通过汇报交流，师生回顾条形统计图和折线统计图的特点。

师：为什么我们要了解班级里喜欢每种书的各有多少人呢？

生：因为知道喜欢某种书的人数就可以确定书买多少了，喜欢的人数多，就多买一些，喜欢的人数少，就少买一些。

【点评】学生通过小组合作，经历了统计的全过程，这对培养学生能力有很大的帮助。在实际问题的驱动下，教师激发了学生自主探究的兴趣，让学生意识到统计对解决生活中的一些问题具有重要的作用，教师突出了统计的价值，培养了学生的统计意识。课上学生交流自己的调查成果时，非常的自信，有成就感。在交流体会中，学生能更真实地了解统计的价值和统计图的特点。同时教师为课堂提供了贴合学生实际的数据资料。

（二）教学片段二：引导学生对数据关系进行分析

驱动问题2：怎么利用这些数据呢？如何购买200本书呢？

师：怎么利用这些数据呢？如何购买200本书呢？我们可以先在小组内交流一下自己的想法。

锚基任务2：合作交流解决问题的办法；思考如何用数据来表示多到什么"程度"。

生生交流想法，得出大概的思路，但不能说明道理。

师：是什么让我们一眼看出喜欢哪种书的人最多，喜欢哪种书的人最少呢？

生1：是这些数据。

师：很好，数据能告诉我们喜欢文学类的书的人数最多，是吗？多到什么程度呢？仔细观察数据后，你有什么发现？你是怎么想的？

学生思考，观察数据，发现喜欢文学类的书的人数占全班人数的一半，可以用 $\frac{1}{2}$ 表示。学生进一步交流后得出如下结论。

生2：我们可以求出喜欢每一种书的人数占全班人数的几分之几。

【点评】由于这类问题模糊、方向性不强，学生可能会束手无措，对此教师设计了一个关键性问题，启发学生有方向地去思考。"程度"其实就是对部分与整体关系的体现，学生自然地发现一半可以用 $\frac{1}{2}$ 来表示，那么同时还可以用 $\frac{1}{3}$ 等分数来表示这些数据与整体的关系。这样学生就可以知道每一类书在总数里的百分比，教师为学生解决购书问题指明了方向，师生解决了本节课的难点问题。

（三）教学片段三：对比三种条形统计图，发现扇形统计图的独特性

驱动问题3：什么统计图能更直观地表示我们得到的百分数呢？

生：条形统计图可不可以表示这些百分数呢？

师：那么就让我们对比观察一下，看看条形统计图适用于现在的情况吗？

锚基任务3：给出有数据和没有数据的条形统计图对比，让学生体会扇形统计图的必要性。

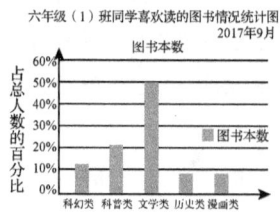

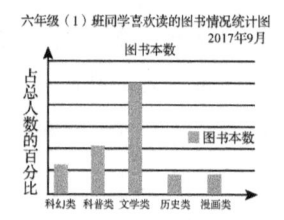

图1-12　条形统计图

教师逐一出示有数据和去掉数据的条形统计图（图1-12），学生进行判断。

师：（追问）没有数据了，为什么不能直接看出喜欢文学类的书的人数占总人数的50%了？

生1：没有数据了，而且没有总人数，还得算总人数。

生2：条形统计图里没有整体。

师：那什么样的统计图既可以表示整体，又可以表示部分，可以清楚表示部分与整体之间的关系呢？

生：（齐说）扇形统计图。

【点评】如何基于需要让学生学习扇形统计图？教师要让学生明确扇形统计图与条形统计图的区别。这里教师通过呈现图像，利用对比的方式让学生体会条形统计图在表示关系时的局限，进而突出扇形统计图的特点。

六、教师反思

本节课是小学阶段统计学习的最后一课，如何在学生已经具备丰富的学习统计图的经验的前提下，让学生有新的收获呢？在以往的教学中，我重视让学生经历过程，认识统计图的特点，但是忽视了对数据的分析，学生的数据分析观念的培养计划就落空了。同时扇形统计图的教学勾连了百分数的认识和应用，学生跨领域的理解和嫁接非常困难，这是本节课的一个难点。因此在本节课的教学中，我以数据为突破口，让学生通过分析数据来体会数据的作用，发现数据是蕴含着丰富的信息的。这样做不仅解决了学生的问题，使其学习了扇形统计图，更发展了学生的数据分析观念。同时在分析数据的过程中，我设置了关键性问题"喜欢文学类的书的人数多，多到了什么程度？"，以此启发学生的思维，让他们了解收集到的整数数据和百分数之间的关系，突破了难点。

七、点评

基于对教材的分析和学生情况的调研，本节课丰富了学生的统计经验，解决了学生的困惑。学生关注对数据的分析，了解了数据的作用，教师达到了培养学生的数据分析观念的目的。同时在实际的问题情境中，学生发现了统计在解决实际问题中的作用，体会到了统计的价值。通过教学实践，本节课收到了较好的效果，我反思本课有如下特色。

首先，从学生的表达中发现学生的困惑点，针对难点设计问题。其次，问题引领学习，启发学生思维，尊重学生自己的语言表达、真实的知识生成。最后，聚焦数据分析，发展核心素养。统计与概率这一领域的核心素养就是数据分析观念。数据分析观念的核心就是"数据分析"。在课堂上，教师要不断地让学生去感受数据的价值，切实发展学生的数据分析观念，让一节统计课上得更有深度，更有价值。

"多边形的内角和"案例分析

南京市西善花苑小学　罗有斌　杨秀芳

一、教材分析

"多边形的内角和"是苏教版数学教材四年级下册"综合与实践"的

内容。在此之前，学生已经学习了三角形的内角和，初步认识了平行四边形、梯形等特殊的四边形，了解了多边形的基本特征，但对于多边形的内角和未展开深入的探索。本节课将引导学生通过观察、操作等活动，探索多边形的内角和公式。学生要经历从特殊到一般的学习过程，了解分割法的优势并及时完善，发现多边形的内角和与其边数的关系，积累合情推理的经验，提高数学思维。

二、学情分析

学生已经知道了三角形的内角和，了解了多边形的基本特征。他们思维活跃，模仿能力强，对周围事物的感知和理解能力在不断增强，但实践方法和知识迁移等方面需要进一步增强。因此本节课的学习路径如下。一是利用三角形的内角和是一个定值，探索四边形的内角和，体验分割法的优势；二是在探索五边形内角和的过程中完善分割法；三是将分割法应用到探索其他多边形内角和的过程中，发现规律，归纳总结。

三、教学目标

第一，掌握多边形内角和与边数间的关系，用自己能理解的方式表示所发现的规律，并能熟练应用规律。

第二，通过把多边形转化为三角形，体会分割、转化思想在几何中的运用，了解从特殊到一般的认识问题的方法。

第三，学生在积极参与活动的过程中获得成功的体验，并积累一定的数学活动经验。

四、学习历程简案

驱动问题	锚基任务	诊断性评价
对于任意一个四边形，你打算用什么方法求出它的内角和？	选择任意一个四边形，小组合作，自主尝试用不同的方法探究四边形的内角和。	提问与追问：你们组用的什么方法？你发现四边形的内角和是多少？ 反馈：通过量、拼、分的方法发现四边形的内角和是360°。

续表

驱动问题	锚基任务	诊断性评价
对于任意一个五边形，你打算用什么方法来研究？	从材料筐中拿出任意一个五边形来研究，并把研究结果贴到黑板上。	提问与追问：大家都是用的分割法，为什么会分得不一样呢？反馈：分割时从多边形的一个顶点开始向其他顶点连线，完善分割法。
能不能用最简便的方法探究出六边形、七边形、八边形……的内角和呢？	利用框里的材料研究出各多边形的内角和，小组合作完成表格，并总结规律。	提问与追问：如果告诉你一个多边形，你能求出它内角和吗？反馈：n 边形的内角和 $=(n-2) \times 180°$。

五、教学实录

（一）教学片段一：尝试用不同方法研究四边形的内角和

驱动问题1：对于任意一个四边形，你打算用什么方法求出它的内角和？

师：对于任意一个四边形，请分小组合作，自主尝试用不同的方法探究四边形的内角和。

师：这是哪个组的，用的什么方法？

生1：我们组是用量角器把每一个角的度数都量出来，两个直角，一个角 $140°$，一个角 $40°$，然后把4个内角加起来。

师：这一小组借助了量角器量四边形的内角和。（板书：量）

师：第二个是哪个小组的，用了什么方法？

生2：我们将两把三角尺拼在一起，拼成了图上的四边形。

生3：一个三角形的内角和是 $180°$，那两个三角形拼成的四边形的内角和就是 $360°$。

师：这个小组运用了拼的方法。（板书：拼）

师：接下来呢，哪个小组可以跟大家分享呢？

生3：我们小组把四边形分成了2个三角形，每个三角形的内角和是 $180°$，就能算出这个四边形的内角和了。

师：(追问)分了哪里？

生4：里面的两个内角。

师：也就是从这个顶点向另一个顶点画一条虚线，连接起来就行了。(板书：分)

师：通过"拼""分"，我们一致得出这个四边形的内角和是360°的结论。我们来看看第一种分法，我手上有3个小组量的结果，有360°的，也有365°的……你想告诉他们什么？

生5：量的时候有误差。

师：量也是一种方法，只是不精确。

师：能不能说所有四边形的内角和都是360°？

生6：我们认为可以，因为将一个四边形分成2个三角形，三角形的内角和不变，所以四边形的内角和也是不变的。(图1-13)

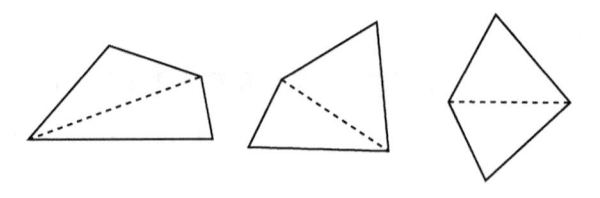

图1-13 示意图

锚基任务1：选择任意一个四边形，小组合作，自主尝试用不同的方法探究四边形的内角和。

师：你们面前的信封里放了多种不同的四边形，请你们每个人都动手分一分。

(学生动手操作3分钟。)

师：有什么发现？

生1：每一个四边形都能分成两个三角形。

生2：我把信封里的四边形都分过了，它们的内角和是360°。

师：你想怎样表示这个360°？

生2：180°×2。

师：现在你觉得哪种研究方法比较好？

生2：分的方法。

【点评】学生采用小组合作的形式进行研究，继而汇报展示成果，使用了不同的研究方法。学生既能获得研究经验，又能分享他人的研究成果。然后每一组学生尝试用不同的方法验证四边形的内角和，通过动手操作，学生了解了分割法的优势，为接下来的研究做好了铺垫。

（二）教学片段二：在探索五边形内角和的过程中完善分割方法

驱动问题2：对于任意一个五边形，你打算用什么方法来进行研究？

锚基任务2：从材料筐中拿出任意一个五边形来研究，并把研究结果贴到黑板上。

师：我们接着研究五边形，你准备用什么方法进行研究？

生：分成三角形。

师：请从材料筐中拿出五边形，小组合作，把研究结果贴到黑板上。

师：黑板上有3组同学分的结果，大家都是分的，怎么结果还不一样呢？第一组在五边形的内部出发分割三角形，第二组在五边形的边上出发分割三角形，第三组从顶点出发向其他顶点连线分割。

（通过对比强调：分割时从多边形的一个顶点开始向其他顶点连线。）

师：你觉得还需要再用其他的五边形试吗？

生：不需要。

师：那可以说任意一个五边形都能分成3个三角形，任意五边形的内角和都是540°。

（师补充板书：180°×3）

【点评】对于用分割法来探究五边形的内角和，教师在课前预设了多种分割的方法：在内部、在边上和从顶点分割。到底哪种方法好？教师通过对比强调：分割时从多边形的一个顶点向其他顶点连线，从而确定分割的具体操作方法，并留下课后思考：为什么从顶点分割比较好？让知识与方法从课堂延续至课外，同时突出三角形的内角和在多边形内角和问题研究中的特殊地位。

（三）教学片段三：在探索其他多边形的内角和的过程中发现规律

驱动问题3：能不能用最简便的方法探究出六边形、七边形、八边形……的内角和呢？

锚基任务3：利用框里的材料研究出各多边形的内角和，小组合作完成表格，并总结规律。

师：你们接下来还要研究什么？你们还打算去研究一个一个图形吗？能不能合作研究？

师：请看探究活动的具体要求。

学生完成探究活动之后交流发现。

生：我们发现分成的三角形的个数比边数少2，内角和＝180°×三角形的个数。

师：如果用 n 表示图形的边数，那么内角和可以怎么表示？

生：n 边形的内角和＝$(n-2)×180°$。

师：如果告诉你一个多边形是十边形，你知道它的内角和吗？

生：$(10-2)×180°=1440°$。

师：二十二边形呢？

生：1800°。

【点评】学生经历从特殊到一般的过程，将五边形内角和的研究方法迅速应用到研究六边形、七边形、八边形……的内角和中，探索出多边形内角和的一般规律，发展了归纳推理能力，经历了多边形内角和的建模过程。

六、教师反思

在五边形内角和的探究活动中，每一个学生用分割法动手分一分，我发现有学生将5个顶点都进行了连接，对内角和进行了重复的分割。造成这一现象的原因是虽然学生经历了观察、操作的实践，但这种实践较直观，学生不能完全体会分成三角形的意义。通过引导学生将分割好的三角形进行裁剪并讨论，最后我让学生明白将五边形分成几个独立的三角形，是为了借助三角形的内角和获得五边形的内角和。

对于多边形内角和公式，我鼓励学生用自己能理解的方式表示，可以是文字，也可以是字母等。这样做能够使学生加深对整个探究活动的推理认识，进一步提高推理能力和归纳总结的能力。

七、点评

本节课主要引导学生通过进行观察、操作、推理、归纳等实践活动，探索出多边形的内角和，感受数学在日常生活中的应用，特色如下。

首先，从三角形内角和的旧知出发，一步一步层层递进，最终归纳出多边形内角和的表达方式，建构初步的知识模型。

其次，在探索过程中，教师鼓励学生寻找多种方法，关注学生对量、拼、分等方法的理解，使学生在各种方法的比较中发现分割法的优势。教师在接下来的环节中让每个学生对任意五边形进行分割体验，使学生提高认知。

再次，生生对话，提升感悟。教师只是引路人："有什么发现？""现在你觉得哪种研究方法比较好？"……生生通过深度对话，提炼出较好的研究四边形内角和的方法，提升对数学方法的感悟，体会到数学的严谨性，也为后面五边形的研究埋下种子。

最后，猜想贯串整个课堂。教师真正做到了以学生为本，将课堂真正还给学生，在"猜想—验证—得出结论—继续猜想"的过程中，让学习在课堂上真正发生。

"神奇的黄金比"案例分析

南京市金陵汇文学校小学部　刘家宏

一、教材分析

"神奇的黄金比"是苏教版数学教材六年级上册第三单元"你知道吗"的内容，是对比的认识的进一步拓展和延伸。

二、学情分析

学生已掌握了比的初步知识，会求出比值，对生活中构造匀称、比例适当的物体或者图形也有初步的感知。学生初步感受到生活中的一些图形比较匀称、美观与物体的长度或者宽度有关，但还不能从比的角度解释物体或者图形美观与长宽之比的内在联系。因此本节课的学习路径如下。一是通过测量与计算身高比，了解黄金比；二是根据黄金比知识，分析生活中的黄金比现象；三是观看视频，感受黄金比的神奇之美。

三、教学目标

第一，在测量和计算活动中了解黄金比。

第二，通过分类研究生活中的黄金比现象，理解黄金比的应用。

第三，感受黄金比的数学美。

四、学习历程简案

驱动问题	锚基任务	诊断性评价
你知道黄金比吗？你是从哪儿了解到的？知道为什么叫"黄金比"吗？	交流关于黄金比的知识。	提问与追问：什么是黄金比？为什么叫黄金比？黄金比有哪些应用？
你知道身高比吗？	先测量和计算自己的身高比，再与同桌比较。	提问与追问：哪些是黄金身材？
你能解释生活中的黄金比现象吗？	分类型选择任务，小组研究生活中的黄金比现象。	提问与追问：为什么摄影图片构图要用到黄金比？报幕员最佳位置为什么在黄金点？海螺外形为什么那么美？

五、教学实录

(一) 教学片段一：初步认识黄金比

驱动问题1：你知道黄金比吗？你是从哪儿了解到的？知道为什么叫"黄金比"吗？

师：同学们，我们今天学什么？（读课题：神奇的黄金比）你知道黄金比吗？你是从哪儿了解到的？

生1：我在课外书上看过。

生2：我听说过黄金身材，电视广告里说过。

生3：我在了解古希腊历史的时候，知道古希腊神庙好像是按照黄金分割来建造的。

师：那你知道为什么叫"黄金比"吗？

（学生解释不清。）

师：因为这个比非常重要，所以叫黄金比。这个比的比值是一个近似数0.618，它被称为黄金数。至于为什么重要，今天上完课，你就能体会到了。你们想继续了解吗？

锚基任务1：交流关于黄金比的知识。

师：课前，老师请同学们搜集了相关资料，请先在小组内交流。

(全班交流。)

(学生汇报类型：黄金矩形实验、动植物中的黄金比、绘画中的黄金比、人体中的黄金比。)

师：的确，黄金比在生活中的应用非常广泛。我们人体中也存在着许多黄金比，我们继续来研究。

【点评】通过充分交流关于黄金比的现象，教师尊重学生的生活语言，调动了学生参与的积极性。

(二)教学片段二：在测量和计算活动中加深对黄金比的认识

驱动问题2：你知道身高比吗？

师：(出示PPT)欣赏三幅照片(潘长江、张俊才、杨幂)，你认为谁的身材最美？说说你的想法。

生1：杨幂看上去最美。

生2：我觉得杨幂的身材最好。

师：那潘长江和张俊才的身材好看吗？

生1：张俊才很高，但是他的身材不匀称。

生2：潘长江很矮，而且身材也不匀称。

生3：我觉得身材好不好和一个人上半身与下半身的比有关。

师：这位同学说得很好。身材好不好和身高比有着重要关系。你能说说什么是身高比吗？

(教师根据学生说的内容板书：上半身：下半身＝身高比。)

师：说得真好，上半身和下半身的分界点，通常是指肚脐眼。肚脐眼的位置很重要，被称为黄金分割点(板书)。一起来看数据，算一算大明星的身高比。(板书：上半身：下半身≈0.618)

师：从结果来看，果然和我们的感觉吻合。

师：想不想自己也体验一下？一起来找找同学身高中的黄金比。

锚基任务2：先测量和计算自己的身高比，再与同桌比较。

各小组组长统计组员身高数据。

身高比比值记录单如表1-4所示。

表 1-4　记录单

第（　）组	优胜者名单	身高比比值

（教师巡视，指导，在巡视中确定汇报人选。）

师：下面请各组公布优胜者名单和比值。（优胜者依次上台亮相。）下面掌声有请优胜者登场展示，祝贺他们。

师：我来采访一下优胜者。此刻你想说些什么？

生 1：我个子不太高，没想到我的身高比竟然接近黄金比，看来我身材不错。

生 2：我的身材不错，主要是我的腿长一些。人的上半身是不会长太长的，我觉得有一双长腿很重要。

生 3：我觉得要考虑上下半身的身高比比值才可以判断身材好不好。不能只看一个数据。

师：（选一组学生报一报身高比数据。）其实，你们的身高比已经很接近黄金比了，课前老师也做了一项调查（出示调查数据）。恭喜大家！即使不在范围之内的同学，也不要灰心。因为你们的身材还没有定型，不像老师没法改变了。孩子们，只要坚持锻炼，合理饮食，一定会拥有最美身材。努力吧！

（掌声有请优胜者回座位。）

师：刚才全班一起研究了身高的黄金比，大家想不想到自选活动超市中逛一逛，找一找生活中有趣的黄金比现象？

【点评】学生通过研究身高的黄金比，并交流对黄金比的认识，从而加深了对黄金比的认识。

（三）教学片段三：解释生活中的黄金比现象

驱动问题 3：你能解释生活中的黄金比现象吗？

锚基任务 3：分类型选择任务，小组研究生活中的黄金比现象。

师：每组派一名代表抽一个信封，然后根据要求完成任务，并准备汇报你们组的研究结果。

生 1：我们组认为，如果进行艺术摄影，被拍者要在背景画面的 $\frac{2}{3}$

处，因为 $\frac{2}{3}$ 接近黄金比，这样拍摄的效果最佳。

师：说得真好。你一定会成为一名出色的摄影师。

生2：我们组认为，如果把舞台靠前的位置看成一条线段，主持人最佳的站立位置应该在这条线段长度的 $\frac{2}{3}$ 处。大家平时看过晚会、音乐会，主持人站的位置的确就在这里。

师：是的。主持人的这个位置不仅视觉效果好，而且声音效果也是最佳的。将来做了主持人，你们可要注意自己的站位哦。你们注意到刘老师平时上课的站位了吗？老师很注意黄金位置的哦。

生3：我们组根据老师的学习单的提示，按照规定数据画圆弧，画着画着就画出一条美妙的螺旋线了。（边汇报边演示）

师：如果你们继续画下去，就会看到一幅美妙的螺旋图。想不想看看这个图形的动画视频？

【点评】教师通过让学生用自己的语言解释生活中的黄金比现象，使学生深刻感受到了黄金比的广泛应用。

六、教师反思

在本节课中，教师首先让学生认识和了解了大量存在于生活中的"黄金比"知识，然后让学生体验"黄金比"与图形构造美感的紧密联系。最后，在丰富有趣的数学活动中，学生得到了数学文化、理性精神和人文情感。

七、点评

首先，教师让学生汇报之前搜集的各种黄金比案例。虽然他们的说法可能不完整，对"黄金"二字的理解还不深刻，但教师极大地激发了学生的学习兴趣，调动了他们进一步进行探究的热情。

其次，教师通过让学生探究紧密贴近学生实际的身高比，让每一名学生都能投入有意思的测量、计算、对比、解释这一系列的数学活动中去，使得数学知识和生活经验的衔接十分到位，从而使学生加深了对黄金比的理解。

最后，教师让学生去研究和体验，在测量、计算、讲解、欣赏的过程中，全体学生都能够深刻了解黄金比在生活中的重要应用。

第二章　尊重学生的起点

【每章主旨】

"起",左边是止,指脚,上边的子指小孩,"起"指小孩初学走路的状态。古人云"蒙以养正",这告诉我们要抓住孩子的起点,认真对待起始课,如果没有把握好起点的话,会影响后续发展,因此要把握好教育的开头。知识对于个体而言具有重要意义,知识是主体基于自身需要而做出的价值判断,因此教学要抓住每个个体的学习需求。

【理论基础】

尊重学习起点　实施有效教学

北京市东城区灯市口小学　林跃庆　赵志梅　宋燕晖

一、学习起点概念的界定

在教学中,学习起点实际上贯穿于各个阶段,而教师对学生学习起点深刻内涵的认识是其正确分析学习起点的前提和行动依据。教师只有理解准确的学习起点概念,才可以切实提高课堂教学效率,减轻学生的学习负担。而教师对学习起点内涵理解的偏差必然会导致其分析的偏差,这会造成学习起点分析的表面化和窄化。[①] 那么,学习起点到底指什么?

在建构主义理论中,学习起点主要包括逻辑起点和现实起点两个部分。其中,逻辑起点是指学生按照教材学习的进度应该具有的知识和技

[①] 曹秋芹:《小学数学低年级学生学习起点的研究》,硕士学位论文,苏州大学,2015。

能基础。学习的现实起点是指学生在多种学习资源的共同作用下已有的知识基础,应该涵盖逻辑起点。基于此,我们认为,学生的学习起点是指学生在学习新知之前原有的知识储备、技能基础和情感、态度、价值观,它是一种学生本身所掌握的潜在学习资源。

二、学习起点对教学实施的意义

新的知识需要与学生原有的旧的经验结合,因此教师要善于将学生的学习起点作为教学的起点,这也是教学的基本原则之一。《义务教育数学课程标准(2011年版)》提出,数学教学活动必须建立在学生认知发展和已有的知识经验基础上。由此可知,了解学生的学习起点,对于教师的教与学生的学起着非常重要的作用。受教学时间、学生个性差异等因素的影响,教师往往很难抓住学生的认知起点,无法让课堂教学真正达到高效的效果,让学生真正成为学习的主人,体现"以生为本"。因此,教师必须了解学生的学习起点以及学生真正需要怎样的课堂。

(一)有利于教师具体了解学生的知识基础

认知心理学代表人物、心理学家奥苏伯尔认为,影响学习最重要的一个因素是学习者已经知道了什么。与语文、英语等学科相比,小学数学具有逻辑性和系统性等特性,因此教师只有充分认识学生的学习起点,尊重学生的生活经验和知识基础,把握学生的学习起点,才能有效运用学生学习起点进行教学,在此基础上采取循序渐进的教学原则,促使讲课速度与学生的接受能力紧密结合,使学生的学习更有效,更有针对性。因此,在小学数学课堂上,教师有效地把握好学生的学习起点,可以促进师生之间的良好互动,最大化地激发学生的学习热情,从而激发学生的创造力和想象力。

(二)有利于教师改变教学模式

如今很多教师已经形成了经验型备课的模式,不管学生、教材如何变化,仍然只依据自己的经验而教,最终形成了固定不变的思维模式。这种教学模式虽然看起来会帮助学生取得较好的成绩,但最终只会导致学生形成机械的记忆方式和学习方式,学生对数学本质的认识及其数学素养的提升便无从谈起。因此,只有了解学生的学习起点、认知起点,因学生的需求、学生的困惑而定教,给学生足够的学习时间和空间,才能使课堂教学变得生动而精彩。

三、把握学生起点的误区与策略

(一) 误区

教师在备课过程中，如果缺乏对学生已有知识的正确认识，那么在进行教学设计时便会偏离学生的学习路径。一方面，如果教师低估了学生现有知识水平的表现，那么在教学中不仅会浪费大量的课堂时间，还会使学生丧失学习热情，影响教学效果。另一方面，如果教师高估了学生的现有知识水平，则会导致所讲的内容不能被学生理解和掌握。例如，在学习"小数乘除法"时，教师认为这与学习整数的乘除法是一样的道理，因此没有给学生细细地讲解解答方法，只是简单地告诉学生，可以先忽略小数点的存在，把它当成整除的乘除法，最后再把小数点加上即可。然而，小学生的理解能力有限，他们一时难以理解，而且在解答过程中容易受到"小数加减法"解答思维的影响，从而影响答题的正确率。

(二) 策略

1. 熟悉知识，了解学生的逻辑起点

从本质上来说，学生学习的逻辑起点就是教材的逻辑起点，因此教师要想找准学生学习的逻辑起点，就必须熟悉教材，了解知识间的内在联系及教材的编排特点，知道这一内容在这一册教材中处于什么地位。比如，人民教育出版社出版的《义务教育教科书·数学》（以下简称人教版数学教材）四年级下册"复式条形统计图"一课的主要内容是复式条形图的认识和数据分析，即在一个统计图内同时对两项内容进行统计，以便于分析比较不同项目的同类数据。学习这一内容的逻辑起点是三年级下册学习的复式统计表和四年级上册学习的单式条形统计图，在此基础上让学生经历操作、收集、整理、绘制图表、数据分析等活动。因此在教学时，教师应该在已学绘制单式统计图表和对数据进行简单分析的基础上设计稍复杂的学习内容，进一步培养学生整理数据、分析数据的能力。

2. 注重课堂调查，认识学生的现实起点

在教学中，教师要考虑学生所呈现的"现实状态"。现实中很多教师往往只在备课时去"备学生"，这样得到的结果在很大程度上只是教师的一种主观臆测，但实际上学生的认知基础参差不齐，其真实水平也无法被准确估计，因此采用课前调查来寻找学生的学习起点是一种非常有效的方法。具体来说，课前调查可以采用谈话调查法、问卷调查法、观察法等。

其中，谈话调查法是指教师在课前提一些与本节课教学内容相关的问题，根据学生的回答来确定学生的学习起点。例如，在教学"三角形分类"前，教师可以进行谈话教学法，通过谈话来了解全班整体的知识起点，以便进行教学过程的设计。问卷调查法是由教师设计一份调查问卷，在课前让全班学生进行填写，之后结合学生的逻辑起点收集、整理问卷结果，并完成相应的数据分析。根据最后分析得到的信息结果，教师可以确定学生的学习起点，再进行相应的教学设计。观察法是教师随时观察学生课堂的面部表情、情绪反应等外部特征，进而了解学生的学习情况。提问法是在课堂教学中对各类学生随时提问，掌握各自的情况，了解他们掌握知识的程度。

总体而言，教师需要结合教学内容、学生个性等具体情况，从上述方法中选出合适的方法，有针对性地了解学生的知识基础，及时关注学生的现实情况。

3. 了解学情，解决真"问题"

教师不仅要在教学过程中关注学生，更要在进行教学设计之前充分了解并分析学生学情，否则只会大大降低教学效率。因此，教师需要在教学中找准并尊重学生的认知起点，并以此为基础展开教学，帮助学生创建新旧知识之间的联系，进而实现有效教学。

首先，教师要提前了解学生学习新知的支撑点，知道学生要想掌握新知需要有哪些知识经验，了解学生的认知水平，这样才能清楚教授新知前需要为帮助和引导学生做哪些准备。

其次，对于同一学习内容来说，有时大多数学生学习的认知起点要高于学习的逻辑起点，而小部分学生学习的认知起点则会低于学习的逻辑起点。因此，为了准确掌握每个学生的认知起点，教师可以在每次学习新知识之前布置一些前置性作业，布置一些与新课联系紧密的题目让学生完成，或者以问卷调查的形式询问学生是否知道这一部分讲的知识、已经解决了什么问题、还有什么问题要在课堂上与大家共同解决等，准确把握学生学习的现实起点。根据前置性作业的回答情况，教师可以了解已经达到教学目标的学生数量，知道学生的知识掌握程度、学生间的差异，了解哪些是学生自己独立学习的知识，哪些是需要教师详细讲授的知识等。通过对学情的了解，教师可以准确把握学生的现实起点，将学生感到困惑的问题作为"真问题"来加以"真研究"，从而依学情适时调整自己的教学设计和方案，实现真正的有效课堂。

最后，课堂教学应关注学生在自身学习过程中由内而外产生的需要解决的问题。学生的内心如果没有问题的需要，也就没有了教学活动的必要。因此，教师可以通过谈话、问卷、课前测等手段了解学生的学习需求与困惑，真正在课堂上解决学生的"真问题"，引导学生围绕"真问题"展开学习、讨论、调查、研究等工作。因此，作为课堂组织者的教师要善于挑起学生新旧知识间的认知冲突，以学生已有的认知、生活经验为基础提出问题，关注学生内在心理困惑的诱导和生成，及时解决学生内心中的"真问题"。

总之，读懂学生是有效设计的关键，教师在进行教学设计时要"读懂学生、读懂教材、读懂课堂"。如今学生获取知识与信息的渠道变得广泛而便捷，视野与生活阅历变得拓展而丰富，个性与学习需求变得更加自我而强烈，因此读懂学生也变得越来越重要。教师的"教"是为了学生的"学"，任何教学活动都要以满足学习者的学习需要为出发点和落脚点，都要为学习者服务。教学必须把学习者和学习起点作为焦点，以帮助每一个学习者有效地进行学习。

【典型案例分析】

"分物"中的分数再认识——"分数的意义"案例

北京市东城区前门小学　吴蕊

一、教材分析

分数作为一种数学概念，有六种不同表征形式：图形中整体的一部分、子集—集合关系、除法中等分除的商、小数、数轴上的一点、比（比值）。在整个小学阶段，分数的六种表征学习由浅入深，有利于学生建立对分数概念的完整认知。

学习本节课之前，学生在三年级已经初步接触过和分数有关的知识，但是由于三年级学生的思维水平仍处于发展阶段，六种表征方式并不能全部理解，因此在三年级时，学生只进行了第一类表征的认识，即"整体—部分关系"。而本节课是对分数的再学习，是对有理数认识的再次补充，同时也是对学生知识结构的进一步完善，因此本节课知识的学习可以作为今后学习其他相关知识的起点，故而重点放在对三年级分数认识的进一步完善上，让学生理解分数意义中的第二层含义，即"子集—集合关系"。因此，本节课实际上是学生学习分数的再认识，所学内容将会使学生对分数有更加深刻的认识。

学生理解分数作为"子集—集合关系"的路径有三步。第一步是从整体为"一个物体"开始认识，如整体是一个苹果或一个图形等；第二步是学生认识整体与均分份数之间呈一倍关系的均分，如把 3 个苹果（整体）平均分成三份；第三步是整体与均分份数之间呈几倍关系（除 1 以外）的均分，如把 8 张饼（整体）平均分成 4 份；第四步是认识整体数量大于均分份数且不是整倍关系的均分，如把 6 个梨（整体）均分给 5 个人；第五步是认识整体数量小于均分份数且不是整倍关系的均分，如把 3 个圆（整体）平均分成 4 份。由此可以看出，在整个认知过程中，除了第一步（整体是一个物体）是三年级学习的知识，其他几步都需要学生学习分数时着重再认识。基于此，本节课为了让学生充分感悟分数意义，设计出不同的关于"分物"的数学活动，让学生在"分""悟"中掌握分数的意义。

二、学情分析

为了进一步了解学生的已有经验，我们对 48 名学生进行了前测。

第一题（图 2-1）主要考查学生在遇到整体是均分份数整倍数时对分数的理解，发现学生的正确率很高，基本在 95% 以上，说明此题并非学生理解的难点。

第一题：

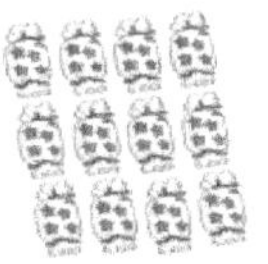

(1) 把这些糖平均分成 3 份，每份是这堆糖的 （　　）/（　　），有（　　）块。

(2) 把这些糖平均分成 4 份，2 份是这堆糖的 （　　）/（　　），有（　　）块。

(3) 把这些糖平均分成 6 份，3 份是这堆糖的 （　　）/（　　），有（　　）块。

图 2-1　前测题 1

在第二题（图 2-2）中，我们发现学生第（2）问的正确率降到 87.5%，主要存在的问题是不清楚分母表示份数还是数量。第（3）问的问题尤为突出，这一问给出了多余条件"总量 10 块"，导致学生对于此题的理解直接受到影响，因此学生犯错的原因主要是"总量 10 块"与平均分成的"4 份"并没有直接的整倍数关系，学生在理解上遇到障碍。

第二题：
(1) 把这些糖平均分成 2 份，每份是这堆糖的 $\frac{(\quad)}{(\quad)}$（正确率 100%），有（　）块。（正确率 100%）
(2) 把这些糖平均分成 5 份，3 份是这堆糖的 $\frac{(\quad)}{(\quad)}$（正确率 87.5%），有（　）块。（正确率 100%）
(3) 把这 10 块糖，平均分给 4 个人，每人得到这 10 块糖的 $\frac{(\quad)}{(\quad)}$（正确率 35.42%）。

图 2-2　前测题 2

学生在回答第三题（图 2-3）时，总是在尽量寻找一堆糖的数量，认为看不到具体数量就没有答案。究其原因，学生可能在分数意义从低层次到高层次的过渡上出现了问题。学生在三年级时能理解并熟练运用"把一个物体平均分成 4 份，表示其中的 3 份，就是 $\frac{3}{4}$"的表达，所以他们对于分数表示数量比的认识较为深刻。实际上，学生在潜意识层面比较熟悉分数的数量比含义，即平均分 3 份就是 3 个，平均分 5 份就是 5 个。而对于五年级学生来说，虽然已经初步形成分数概念，但并未从深层次上理解分数，所以出现了"看不清""不能分"等问题。

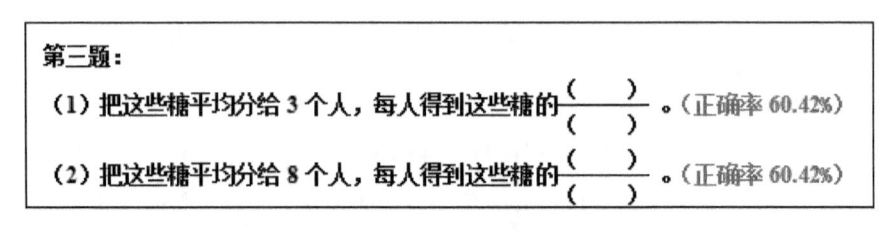

第三题：
(1) 把这些糖平均分给 3 个人，每人得到这些糖的 $\frac{(\quad)}{(\quad)}$。（正确率 60.42%）
(2) 把这些糖平均分给 8 个人，每人得到这些糖的 $\frac{(\quad)}{(\quad)}$。（正确率 60.42%）

图 2-3　前测题 3

学生从三年级发展到五年级，对分数的认识不断加深，如对份数比认识的发展经历了从"数量比"到"份数比"的过渡。为了帮助学生清晰地认识份数比的重要性，教师需要在教学过程中引导学生从"分数的初步概念"逐渐深化为"分数概念"，因此在教学设计时需要着力让学生动手操作、交流合作，经历从"好分"到"不好分"，从"好像不能分"到"一定能分"的思维过程，最终形成分数概念。

三、教学过程

（一）教学目标

第一，通过举例，使学生理解分数的意义，即分数既可以通过将一个物体等分得到，也可以通过均分一个整体得到。

第二，帮助学生直观认识部分与整体的关系，感受分数意义的丰富性。

第三，引导学生在分割多种不同实物模型的基础上，进一步体会作为分数的意义。

（二）教学重难点

第一，通过举例，使学生理解分数的意义，即分数既可以通过将一个物体等分得到，也可以通过均分一个整体得到。

第二，进一步体会作为"测量"的分数意义。

（三）教学环节

1. 环节一：初步感受从"数量比"过渡到"份数比"的分数含义

此环节主要以复习引入，让学生回忆当整体为一个图形或物品时分数如何形成，即从数量比的角度解释分数，由此引出作为份数比的分数。同时，还让学生找出手中图案的 $\frac{1}{4}$，并探讨一份中的两朵花是 $\frac{1}{4}$ 还是 $\frac{2}{8}$ 的问题。

师：我们来看看大家分的情况……当总数是所分份数的整倍数时，大家理解起来没有什么难度，但问题是这一份中的两朵花是 $\frac{1}{4}$ 呢，还是 $\frac{2}{8}$ 呢？

（学生们有了不同意见。）

师：你们最初是要均分成几份来着？

生：是4份，要取1份。

师：对呀，如果单单看 $\frac{2}{8}$，还可以怎么理解？

生：平均分 8 份取 2 份。

师：这就和我们最初的想法不太相同了，对吗？

生：对呀，如果是均分 8 份取 2 份也不是这个分法呀！

通过思辨讨论，教师引导学生体会了数量和份数不同时的分数意义。同时，还引导学生在此环节进一步理解何为"整体"以及"整体"与"等分"的关系。这一环节通过"分物"帮助学生从分数表示"数量比"到分数表示"份数比"进行过渡。由于"分"对学生来说比较容易理解，因此在本环节中教师引导学生认识"整体""分数单位"及"分数单位的累积"等概念，作为学习第二环节的"脚手架"。

2. 环节二：在分割的过程中进一步体会分数的意义

本环节有两个小活动，分别是小组合作分物、质疑解惑以及归纳总结，提升学生对分数意义的理解。

(1) 小组合作分物、质疑解惑

在这一活动中，教师为学生提供不同的学习材料，如 1 米长的纸条、5 个圆片、3 个圆片，让学生进行小组合作分材料的操作活动。由于分的材料性质和数量不同，所以在操作过程中，学生对分数的理解将会由"数量比"逐渐过渡到"份数比"，同时多样的材料也能让学生感悟到"整体"概念的丰富性。

之后教师要求每个小组能够尽量充分地讨论和操作，高阶小组可以挑战难的任务，低阶小组可以从容易的任务开始，每完成一个任务即可挑战其他任务，所以每个小组至少可完成两个不同水平的任务。在让学生找出这些物品的 $\frac{1}{4}$ 的过程中，教师还引导学生关注是否能够得到 $\frac{1}{4}$。

最终每个小组通过讨论、交流，都能得到物品的 $\frac{1}{4}$。

在这一环节中，教师通过让学生找出 1 米纸条的 $\frac{1}{4}$、5 个圆的 $\frac{1}{4}$、3 个圆的 $\frac{1}{4}$ 几个活动，让学生经历从"好像不能分"到"一定能分"，经历"好分"到"不好分"的思维变化，整个过程贯穿"分物"实践活动，给学生提供了更多合作交流的机会，促进学生深入理解分数的意义。

（2）归纳总结，提升对分数意义的理解

在以上环节的基础之上，进一步引导学生理解分数中的"整体"，明确分数的深层含义，即把一个整体平均分成若干份，表示其中的一份或几份可以用分数来表示。

这一环节依然贯串"分物"。在分物过程中，学生除了要体会数量是份数的整倍数，还要体会当数量不是份数整倍数时应如何均分。学生以小组为单位进行交流，如果有组内解决不了的问题，可以全班进行交流。这种"生生交流""师生交流"作为解决问题的"拐杖"更有助于发挥学生的自主性。

3. 环节三：拓展提升，理解分数的无量纲性

在这个环节中，教师呈现了问题和情景图：如果将苹果平均分给4个人，每人得到这些苹果的 $\frac{(\qquad)}{(\qquad)}$。

教师询问"你发现了什么"，此时学生用自己的语言理解：无论整体数量是多少，只要平均分成了几份，每份就是几分之一。此处进一步解决了均分5个圆和3个圆时学生出现的困惑，促使学生逐步接近分数概念本质，让学生真正成为学习的主体。

这一段的教学过程层层递进，引导学生体会当被分整体为"一堆""一筐"时分数的无量纲性。"分物"对学生体会分数的意义是十分有帮助的，可分什么、怎么分是教师需要不断思考和准确把握的，因此，本节课还将所分物品（整体的概念）从书中的一个物体、一些物体、一个计量单位，扩充到了一个或几个图形，使学生对整体的认识更加完善。

整节课的教学流程如图2-4所示。

整体来说，了解学生的学习起点有助于教师熟悉其认知结构，并基于学生的认知基础进行有针对性的教学设计，选择合适的教学方法来教学。布鲁纳的认知结构理论认为学生的认知结构是继续学习的起点和归宿，而学习过程是人们利用已有的认知结构，对新的知识经验进行加工和改造并形成新的认知结构的过程，因此，引导学生建立良好的认知结构对学生的数学学习和运用十分重要。就本节课而言，动手"分物"的过程贯串整节课，从以每个学生为单位的"画一画"认识整体数量与份

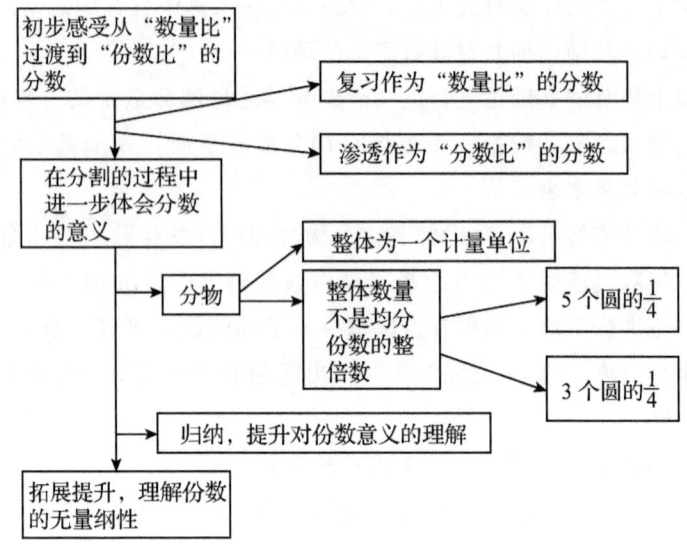

```
初步感受从"数量比"  ──→  复习作为"数量比"的分数
过渡到"份数比"的
分数          ──→  渗透作为"分数比"的分数

在分割的过程中
进一步体会分数          ┌─ 整体为一个计量单位
的意义     ─→ 分物 ─┤                    ┌─ 5个圆的 1/4
                   └─ 整体数量不是均分 ─┤
                      份数的整倍数        └─ 3个圆的 1/4

          归纳，提升对份数意义的理解

拓展提升，理解份数
的无量纲性
```

图 2-4　教学流程图

数是整倍数关系，到以小组为单位的"剪一剪"认识整体数量与份数没有整倍关系，所有活动都建立在学生原有认知的基础上，逐步深挖分数概念，让学生在动手实践、合作交流的过程中深入理解分数的形成过程，在旧知之上体悟新知，促进学生有效学习，激发学生探究新知的热情。

【话题讨论】

下面五篇文章分别就"尊重学生起点"这一话题，先后讨论了为什么要尊重学生的起点与如何尊重学生的起点。

关注起点 有效教学

北京小学通州分校　王希臣

《义务教育数学课程标准（2011年版）》指出，"人人都能获得良好的数学教育，不同的人在数学上得到不同的发展"。同时也指出，"教师教学应该以学生的认知发展水平和已有的经验为基础"。一系列新的要求向我们指明，在教学中要从学生原有认知发展水平出发，去设计和开展自己的教学，这样才能落实教育的初衷——面向全体学生和促进学生的全面发展。

在我的课堂上就曾发生过这样一个乌龙事件，而这个小插曲也让我不得不重新审视自己的教学起点以及学生的学习起点这些问题。

课前，我考虑最多的就是如何很好地落实"变教为学"的课堂模式，在适当的引导过程中，培养学生自主探究的能力。课上，我先提供了两个生活实例：

第一个：一盒乒乓球有 6 个，买了 12 盒。

第二个：学校给每个班发跳绳，每个班 45 人，一共 8 个班。

任务要求是根据所给信息提出乘法问题，鼓励方法多样性。根据之前所学的数量关系，学生们很快就提出了求总量的问题，并利用乘法交换律得到了两个算式：$6 \times 12 = 72$（元）或 $12 \times 6 = 72$（元）；$45 \times 8 = 360$（套）或 $8 \times 45 = 360$（套）。按照预设，接下来教师就可以顺着教案流程组织学生观察并发现规律。在这里，我忽视了学生原有的认知，本可以利用原有的知识基础——加法运算定律，很快地总结出乘法有类似的乘法交换律，我却为了完成教案上的流程，让学生按照事先设计的教学思路，先独立思考，再同桌交流，最后一起说说等，反反复复说了好几次。接着，我又按照教学设计让学生尝试多找找是不是其他的乘法算式也符合这个规律，进一步验证规律。最后才总结出乘法交换律。揭示字母公式时，依然是让学生按小组活动模式反复说。此时，课堂上已经出现了小声说话的现象，个别学生开始走神。

教学的基本过程已经结束了，我自认为很顺利地开始了练习阶段。我边巡视边看学生对新知是否已经掌握。当我走到角落里的第四组时，组长却和同桌传着小纸条！气愤的我一把就将小纸条扔到了垃圾桶里。生气的情绪一直忍到了下课，我狠狠地批评了这个学生。但奇怪的是，这个学生却是一副委屈的模样。我追问为什么，他却闭口不言，既不愿说明事情的经过，也不愿承认错误。此时，我才感觉到这件事的蹊跷之处，这全然不像一个对数学十分喜爱的孩子所应该做的事情。为了解事情的缘由，我让这个孩子用反思的形式把经过写了下来："老师，其实我课上并不是像您想的那样，做与数学无关的事。虽然我今天没有按照您的要求做事，但也没有玩和聊天，我们俩写纸条是在研究后面的乘法分配律。其实，您今天讲的这些运算定律，我觉得真的挺简单的，这个知识点和前面加法的运算定律是一样的，只不过换了个符号而已。后面我们还要学习乘法分配律和简算。比如，$25×47+25×53=25×（47+53）=25×100=2500$，这道题就是您后面要讲的简算类的习题……"

原来如此，要不是这次反思交流，我还不知道自己的教学在孩子们眼中是这么低效。事后，我又重新审视了一遍自己的教学设计，发现新知的起点设计确实太低。看了孩子今天写给我的"反思"，我才体会到这次小误会背后问题的严重性。为了进一步证实教学起点过低，我又专门找了几个潜能生进行询问，大家的反馈都差不多，那就是"挺简单的"。没想到，我精心准备的课在学生眼中竟是这么简单，甚至"无意义"，但学生的反馈也正反映了我在设计教学过程中存在的问题——一味寻求完成教案中的教学过程，而没有尊重学生已有的认知基础。仔细想想，一个班级中，理解和接受能力差的学生毕竟屈指可数。那么这节课的设计也只是面向这几个学生而已，无形中只关注了个体教学而忽视了全体教学，那么教学的有效性就太低了。

经过了这个小插曲，我重新审视了自己的教学，并在教学中做了改变。

第一，课前精读教材，灵活把握学生逻辑起点。逻辑起点就是指逻辑推理的最基础的东西。就像跑100米，从开始跑到终点要好几百步，但起点就是大家迈出的第一步，差异性不会很大；数学知识上的逻辑起点是教材编写者根据大多数学生的情况而定的。教师在设计教学过程中应该明白编者的意图，以及知识编排体系的特点，对新授知识点涉及的知识脉络要有很清晰的认知，并从整体上准确地把握教材内容的难易深浅，这才是准确寻找教学起点的最基本前提。教师只有自己对知识整体有了清晰的认识，才能更好地掌握学生的逻辑起点，进而在设计教学过程中准确地制定教学的重难点，找准教学的切入点。例如，在"三角形面积公式推导"一课中，学生应该具有的知识基础是平行四边形和梯形的面积公式，而之前的面积推导过程时间已经比较长，学生遗忘的概率较大，所以教学前我进行了适当的了解——学生是否还记得平行四边形和梯形的面积推导过程，是否能够灵活地应用所学解决问题，根据这些了解，再来确定教学设计中复习环节的内容安排。

第二，重视前测，把握学生现实起点。所谓现实起点，就是指学生通过各种方式的学习已经具备的知识经验。例如，认识长方体和正方体的特征之前，学生对平面图形的基本特征已经有了初步的感知，能很快地区分不同的形体；学习24时计时法之前，学生已经有上午、下午等认知经验；学习小数乘法前，学生已经对整数乘法的算理——计数单位个数相乘有很好的把握等，学生的这些简单的常识和知识基础，直接影响着接下来的学习。因此，我设计了相应的前测小卷，力争能够准确地掌握学生本节新授前的知识基础以及经验储备，再根据前测结果进行有效的教学设计，最后在课堂中让学生在原有认知基础上有所提升和发展，实现从粗浅的生活经验向深入的数学理解的过渡。

维果茨基在"最近发展区"思想中提到，在知识的建构过程中，学生已有知识经验与新知识的距离就是"最近发展区"。根据这个理论，我们在设计教学的过程中应该多关注学生的学习起点，从学生的"最近发展区"入手，设计符合学生自身需求的难度适当的内容，这样才能充分地调动学生的学习积极性，有效地发挥学生的潜能，从而提高课堂实效性。

尊重学生起点 开展有效教学

北京市朝阳区呼家楼中心小学　刘晶

一、做适当的前测，找准学生的学习起点，进行合理的教学设计

《义务教育数学课程标准（2011年版）》指出，数学教学应该以学生的认知发展水平和已有的经验为基础。基于这一理念，任何数学教学活动都要首先了解学生的学习起点，而了解学生起点的方式多样，具体有问卷、访谈等形式。在进行人教版数学教材五年级上册第四单元"可能性"这一单元教学时，我对一个班进行了前测（图2-5）。

1. 你能从图中看到什么？
2. 你能从盒子中摸出什么球？为什么？
3. 如果用语言来描述摸球的结果，你能想到哪些词？
4. 你能用"一定"说一句话吗？

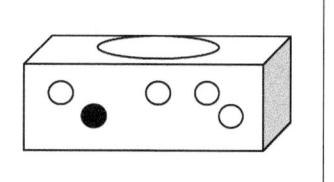

图2-5　前测题

结果显示：1人不能看懂图；30人能够用自己的语言来描述摸球的结果；7人能够想到用可能、一定、不可能来描述；2人用"一定"来描述了确定性的事件，如"一天一定有24小时""太阳一定从东边升起，从西边落下"。

结果说明：学生通过已有数学经验能够判断摸出什么球，但是只有极少数能用数学语言来准确描述。当用"一定"来说话的时候，学生所理解的"一定"是"坚决，必定"的意思，说明虽然小部分学生能够用适当的数学语言描述摸球的结果，但是对随机事件中确定性事件的概念还是有些模糊的。

因此本课的教学重点定为通过操作体验，了解什么是随机事件，随机事件中有些事件发生是确定的，有些事件的发生是不确定的。确定了学生的学习起点，就为教学设计提供了有力的支撑。

二、以学生已有的活动经验为起点，让学生在数学教学活动中得到提升

学生生活中已有的数学经验是学生获得数学活动经验的基础，也是学生学习的起点，更是激发学生学习兴趣的手段之一，因此用生活中习得的数学经验引入新课对有效教学有着很大的作用。在教学"可能性"时，创设情境引入新课。

例如，"可能性"第二课时的引入如下。

师：同学们逛过商场吗？不知道你们有没有注意过，一些商场、超市为了吸引顾客，经常举行有奖促销活动。（课件出示图2-6）在一个超市的活动方式是这样的：在一个盒子里放一些球，有黄色和红色两种，凡是一次购物满100元的顾客，就可以抽一次奖。摸到黄球有奖，摸到红球则没奖。如果你是老板，你会怎样往盒子里放球让顾客来摸呢？

当抽奖场景出现的一刹那，学生的学习热情自然而然地被激发了。已有的生活经验对后续的学习起到了很好的作用，对问题的思考也起到了积极的促进作用，学生也就获得数学活动经验。

图 2-6　问题情境

三、基于学生的学习起点设计操作活动，有效地体验感悟

苏霍姆林斯基曾说过，儿童的智慧在他的手指尖上。数学是做出来的，学生只有亲历知识的发现过程，才能真正理解和掌握。因此，基于学生的学习起点进行有效的数学教学活动尤为重要。在"可能性"教学时，我就设计了一些活动，在体验活动中学生感悟可能性的确定现象与不确定现象，验证可能性是有大小的。

例如，在"可能性"第一课时教学中设计了摸棋子的活动，体验随机事件。

游戏准备：教师给每组准备了两个盒子，分别是一号和二号。请同学们按要求放棋子，先请每个小组 1 号同学拿 5 个红棋子放到一号盒子里；再请每个小组 2 号同学拿 2 个绿棋子，3 号同学拿 2 个黄棋子，4 号同学拿 2 个红棋子，同时放到二号盒子内；教师再给每个小组的二号盒内放入 2 个蓝棋子。

师：先想一想，从哪个盒子里一定能摸出红棋子？

师：大家都认为从一号盒子里一定能摸出红棋子，那我们来动手摸摸看！

师：摸前摇一摇，摸后放进去，记住球颜色，传给下一个。

师：摸到球的颜色和你刚才猜想的一样吗？

师：如果再摸，会是什么颜色的？摸 10 次呢？100 次？1000 次呢？

师：是不是我运气太好了？说摸红棋子就一定能摸出红棋子？

师：二号盒子内不是也有红棋子吗？为什么不能说一定能摸出红棋子呢？

师：摸二号盒子的棋子时能不能摸出红棋子？

师：那么少怎么还能摸出来呢？

师：哪个盒子里不可能摸出红棋子呢？先想一想，再把你的想法和小组的同学说一说，然后小组摸一摸验证一下。

通过摸红棋子感受确定性事件，又通过"如果再摸，会是什么颜色的？摸 10 次呢？100 次？1000 次呢？"让学生感受确定性事件，并体会确定性事件跟谁摸没关系，跟摸的次数多少没关系，跟运气也没关系。通过追问"二号盒子内不是也有红棋子吗？为什么不能说一定能摸出红棋子呢？摸二号盒子的棋子时能不能摸出红棋子？那么少怎么还能摸出来呢？"让学生感受到，这是两个不同的随机事件，第二个盒子里的红棋子虽少但不是摸不到，又不是一定能摸到，体会确定性事件和不确定事件的区别。

又如，在第二课时中设计了摸球实验（见图 2-7）。

师：按要求做这个实验，把实验过程结果记录在统计表上。

师：根据你们的过程记录算出每种球一共摸出多少次，并填在总次数那里。

师：在摸球的总次数中，摸到红球的次数一定多于粉球的次数吗？为什么？

学生通过操作验证感受可能性是有

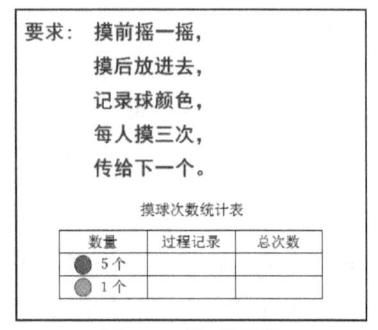

图 2-7 活动要求

大小的，又通过追问"在摸球的总次数中，摸到红球的次数一定多于粉球的次数吗？为什么？"使学生体会到在随机事件中会有偶然的事件发生，只不过发生的可能性小，但不是不发生。在学生的起点处设计操作活动，学生能够了解随机事件，体会随机事件发生也具备偶然性，让学生在认知的生长处发芽。

尊重学生的起点，基于学生的学习起点出发设计教学活动，进行有效的数学学习活动，学生才能在课堂上有效地理解知识，积累数学学习活动经验，学生认知和思维的生长处才能发芽开花。

把握学习起点 促进学生发展

北京市通州区潞河中学附属学校　田志华

课堂教学的设计应依据《义务教育数学课程标准（2011年版）》所倡导的"教师教学应该以学生的认知发展水平和已有的经验为基础，面向全体学生，注重启发式和因材施教。教师要发挥主导作用，处理好讲授与学生自主学习的关系，引导学生独立思考、主动探索、合作交流，使学生理解和掌握基本的数学知识与技能，体会和运用数学思想与方法，获得基本的数学活动经验"。在教学前，只有充分了解学生的已有知识和问题所在，才能更好地进行课堂设计，突破教学重难点。下面就以"角的度量"一课为例，说一说如何把握学生起点，促进学生发展。

一、通过前测发现问题

"角的度量"是北京版数学教材四年级上册第四单元第二部分的内容，是在学生已经认识了角，知道角的大小与两边叉开的程度有关，会辨认直角、锐角和钝角的基础上进行教学的。学生知道量角器是用来量角的，但对于实际测量没有经验，关于角的大小概念还没有建立。在这一课前，我进行了前测（图2-8），一是看学生能否在量角器上找到角，二是看他们能否用量角器正确量角。

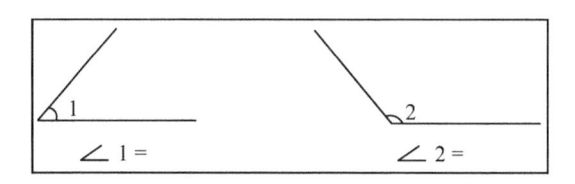

图 2-8　前测题

在前测的39人当中，有12人完全测量正确，有4人完全不会测量，11人测量方法不够准确，12人测量后读度数存在问题（5人读反度数，7人读得不够准确），正确率只有30.8%。通过前测，我发现学生存在以下问题。

第一，有的学生不会使用量角器，在量角器上找不到角。有的拿着量角器却不知往哪里放，有的在自己的手中摆弄了一会儿，有的上来就用量角器的曲边去量角。通过访谈这几位学生得知，他们认为量角器的形状与角的形状不一样：角是尖的，两条边是直直的；而量角器没有"尖"，其中的一条边是弯曲的，因此不能测量。

第二，在度量过程中，角的顶点和中心点、零刻度线与角的一条边都很难同时达到重合的要求，因此度量出的角度不准确。

第三，摆好了量角器不会读刻度，内圈和外圈分不清，如把 60°读成 120°。

针对学生存在的以上三个问题，在深入理解教材的基础上，我确定了如下教学目标。

第一，通过观察交流，认识量角器，能正确使用量角器量出各种角的度数。

第二，知道角的单位"度"，体会其重要作用。

第三，通过观察、操作、比较等数学活动，培养学生的操作技能和解决问题的能力。

本节课的重难点是能正确使用量角器量出各种角的度数，并且正确读出角的度数。

二、针对问题进行教学设计

(一) 利用已有生活经验找到突破口

基于以往教学经验，学生对量角器中的 1°的标准角缺少经验，认识起来有一定的困难，但直角是学生最容易感知的。所以，在教学一开始，我将 90°的角定为标准角。利用学生已有经验，让学生体会用量角器量角的本质。这个教学活动是针对学生不会使用量角器，在量角器上找不到角的问题，目的是让学生能够正确地在量角器上找到角，认识角的单位。

1. 从特殊的直角开始，找到学习使用量角器量角的突破口

师：（出示长方形纸）这张纸上有直角吗？请你指出来。

生：有。（指出 4 个直角。）

师：量角器上有直角吗？找找看。（教师递给学生量角器。）

生：有。（将量角器拿了过去，指了指。）

师：你会用量角器测量直角吗？

（用量角器上的直角准确地量出 4 个直角。）

师：虽然量角器的一边是曲边，但是量角器上有角，曲边表示形成的角。

2. 产生单位，感知角度

(1) 1°角的产生

师：同学们，我们将一个圆平均分成 360 份，每一份都是一个小角，它的大小就是 1°，记作"1°"。（课件演示角的单位产生的过程，见图 2-9。）

生（读）：1°。

(2) 让学生感知角的大小的本质

师：这样的 1 份是 1°，那 2 份呢？3 份呢……角中含有 10 个 1°角，它有多大？

生：1°、2°、3°……10°。

师：在 360°等分圆上任意找出几个 10°角，观察这些 10°角的顶点都在哪里。

生：顶点都在圆的中心。

师：对。在这个圆中，每个角都是以圆心为顶点的。每个角的大小，就是指这个角中含有多少个 1°角。

图 2-9　1°角的产生

（二）在认识量角器的过程中体会度量

这个活动是针对学生在度量过程中，角的顶点和中心点、零刻度线与角的一条边都很难同时达到重合的要求，度量出的角度不准确而设计的。

师：（出示量角器，见图 2-10）你有什么发现？

生：（观察量角器）量角器上有内、外两圈刻度。

师：里面这圈刻度是内圈刻度，外

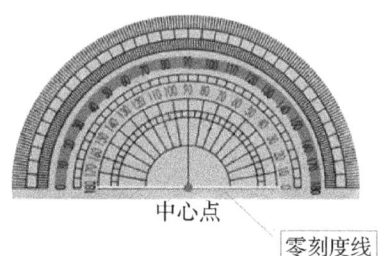

图 2-10　量角器

面这圈刻度就是外圈刻度。

生：两圈刻度都是0～180。

生：量角器中间有个小圆点，向左右和上面引出了线。

师：量角器中间的这个小圆点叫中心点。中心点两边各有一条零刻度线，两条零刻度线组成的角是180°。

师：（小结）量角器上有中心点、零刻度线、内刻度线和外刻度线。

师：每一个角的顶点都是中心点。每一个角都是由无数个1°角组成的。所以，在量角过程中要注意什么？

生：要找准角的顶点与量角器的中心点。

师：对，（板书：点对点）还要注意什么？

生：角的两条边要与量角器的两条边重合。

师：哪两条边重合？

生：角一条边与零刻度线重合，它的另一条边与量角器上的一条边重合。

（板书：线对线）

师：读角的度数时应该注意什么？

生：分清内、外圈刻度。

师：（小结）我们可以把量角的过程概括为三步。第一步，"点对点"，是指量角器的中心点与角的顶点重合；第二步，"线对线"，是指这个角的一条边与量角器的零刻度线重合，另一条边与量角器上的另一条边重合；第三步，"读角度"，角的一条边与量角器的哪条零刻度线重合，就看哪圈上的刻度，另一条边与量角器上的多少刻度重合，就读多少度。

针对学生在读角的过程中分不清内圈和外圈的情况，我设计了上述活动，目的是让学生在能正确量好角的情况下，正确读出角的度数。

（三）多方位认读内、外刻度

1. 制作"读角器"，练习读角

师：这个角是多少度（图2-11）？

生：60°。

师：你是怎样判断的？

生：角的一条边与内圈零刻度线重合，另一条边与量角器内圈的60°

重合，所以是60°。

师：这个角是多少度（图2-12）？

图 2-11　读角练习 1　　　　　图 2-12　读角练习 2

生：125°。

师：你是怎样判断的？

生：角的一条边与外圈零刻度线重合，另一条边与量角器外圈的125°重合，所以是125°。

师：要想正确读出量角器测量一个角的度数，关键是什么？

生：关键是看清楚测量时是使用量角器的内圈度数，还是外圈度数。

师：对，关键是要找准是内圈度数，还是外圈度数。

2. 加强估算，估测结合

我们还可以先根据锐角、钝角的定义来初步判断一个角的度数，提高读角的准确率。通过读出角度的练习，组织学生多方位认读刻度后，再进行估测，发现学生在读的过程中能够很好地区分内、外刻度，为角的度量打下了良好的基础。

三、我的反思

"角的度量"这一内容是小学数学测量教学的一个难点。传统的教法一般按照先认识量角器，再揭示量角方法，最后进行量角练习的顺序组织教学活动。在教学过程中，教师只是简单介绍量角的单位"度"，认识量角器的各个部分名称，然后就进行量角，引导学生总结"点对点、线对线、读刻度"的量角方法和步骤，最后组织学生进行大量的练习，往往效果不佳。通过对学生的学情进行前测和分析，又考虑到四年级学生的认识、理解水平，我根据学生的知识起点进行教学设计，使课堂教学更加流畅。学生先从量角器上找到容易感知的直角，知道量角器上有角，然后理解角的大小度量的本质，再利用学具，从一度一度数，到看刻度数，估测结合测量角度，最后潜移默化地渗透顶点对中心点、角的边对零刻度线的量角步骤，迁移、类推，从而发现使用量角器量角的正确方法，有效地突破了教学重难点。这样围绕角的大小的本质，层层深入地推进，使学生在操作中自然而然地学会使用量角器，正确读出所度量的各种角度。

依据教学前测 精心设计教学环节

北京小学通州分校　孙晓英

计算教学是小学一至六年级重要的教学内容，是学习小学数学的基础。要想提高小学生的计算能力，需要教师在读懂学生需要的基础上，依据前测的情况，深入分析教材内容，结合学生已有的知识精心设计教学环节，使学生形成良好的计算能力。

在教学北京版数学教材二年级下册第五单元的"万以内的进位加法"时，我首先对本班学生做了前测：

$$\begin{array}{r}56\\+\ 56\end{array}\quad\begin{array}{r}72\\+\ 26\end{array}\quad\begin{array}{r}216\\+362\end{array}\quad\begin{array}{r}318\\+293\end{array}\quad\begin{array}{r}596\\+406\end{array}$$

在前测中我发现前三道题学生没有什么问题，只有一名学生算错，而后两道题的错误率极高，主要表现在以下三个方面。

错误1：学生在计算个位的"8+3"时知道等于11，但计算十位上的"1+9=10"时却忘了加进位的1，百位也没有加进位的1（图2-13）。

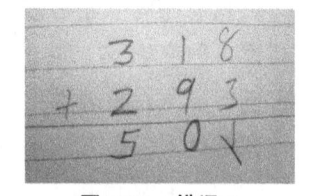

图2-13　错误1

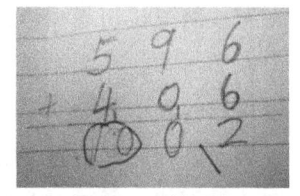

错误2：学生在计算个位和十位上的数字相加时都很准确，并且知道在相应数位上标上进位的小"1"，而在百位满十而千位上又没有数时，不知道进位的"1"写在什么位置（图2-14）。

图2-14　错误2

错误3：学生在计算个位的"8+3"时知道等于11，但没有向十位进1，而十位上的数字相加满十也没有向百位进1。

看到前测中学生表现出的错误我陷入了深思:要想避免学生出现这些错误,提高学生计算的正确率,一定要抓住课堂教学的"主战场"。为了打好这场"仗",向 40 分钟要质量,我精心设计好每个教学环节。

一、精心设计导入,做好迁移的准备

在数学教学中,新课的导入在整个教学过程中具有不可忽视的作用。万以内的进位加法是在学习百以内数的进位加法的基础上学习的,因此我在教学中首先利用旧知导入新知,并设计了问题。

羊村里的小羊为了迎接"五一"的到来,都主动去做一件自己认为最有意义的事,只有懒羊羊不愿意去,于是村长给它出了两道数学题:

$$\begin{array}{r} 2\ 6 \\ +3\ 8 \\ \hline \end{array} \qquad \begin{array}{r} 3\ 6 \\ +3\ 2 \\ \hline \end{array}$$

学生一见到喜爱的懒羊羊,都纷纷举起小手帮助它做题,此时我不仅让学生说出答案,还让学生口述做题方法。尤其在做第二题时,当学生说完计算过程,我马上追问:"十位上的小'1'表示什么?个位'6+8'满 10 为什么向十位进'1'?"学生很快回答:"十位上的小'1'表示 1 个 10,个位'6+8=14'已经够 1 个 10 了,所以要向十位进'1'。"同时我又让学生及时总结这两道题的计算方法。

通过导入,学生在复习旧知的基础上,为下面要学习的万以内数的进位加法做好了准备。

二、精心设计新授过程,掌握计算技巧

众所周知,低年级儿童的思维仍以具体思维为主,因此,我在新授过程中采取多种教学手段,让学生掌握计算技巧。

(一)设计情境

为了激发学生的学习兴趣,我设计了羊村第一勇士沸羊羊来到了图书馆帮助管理员整理图书的情景。学生一看到羊村第一勇士沸羊羊就都坐好了,聚精会神地听教师讲课,从而达到了以境激趣的效果。

(二)设计同伴互助过程

教师出示幻灯片。

沸羊羊来到图书馆看到三类书,本数如表 2-1 所示。

表 2-1　问题情境

图书类别	故事书	科技书	连环画
本数（本）	786	388	193

沸羊羊想考一考大家，于是它给我们提了一个问题："你能根据所给的条件提一个用加法计算的一步问题吗？"学生马上举起了自己的小手。我先找一个学生提一个问题："故事书和连环画一共有多少本？"再对这个学生说："你可以找一个小伙伴来帮你列算式，好吗？"这个学生马上找到自己的小伙伴来帮自己列算式，同时我把算式板书在黑板上。接着我再叫其他学生提问、列式。学生参与课堂教学的面扩大了，同时也激起了他们求知的欲望。

（三）设计探讨交流的过程

要想使学生真正理解和掌握万以内数的进位加法的计算方法，我引导学生大胆探索，使他们品尝到通过探索获得成功的喜悦。

第一，集体交流探索"十位相加满 10 向百位进 1"。当我把三个算式按照"786＋193""388＋193""786＋388"的顺序依次写在黑板上后，我首先让学生自己独立在小卷上做"786＋193"，然后找学生说一说做题方法，并且追问："百位上的小'1'表示什么？十位'8＋9'满 10 为什么向百位进'1'？"学生积极回答："百位上的小'1'表示一个 100。十位'8＋9'满 10，10 个 10 是 100，所以向百位进'1'。"我接着说："也就是说十位相加满 10 要向百位进 1，或者说十位相加满 10 向它的前一位进 1。"接着叫学生反复说一说，使他们明确十位相加满 10 向它的前一位进 1。

第二，独立探索"哪一位上的数相加满十，都要向它的前一位进一"。在学生明白"十位相加满 10 向它的前一位进 1"的基础上，我接着让学生独立在小卷上做"388＋193""786＋388"两道题，然后让学生口述计算方法，最后让学生比较这两道题都是连续几次向前一位进 1。学生很快发现"388＋193"是连续两次进位，"786＋388"是连续三次进位。我继续追问："通过做这三道题，我们发现当某一位计算满 10 时怎么办？"学生答道："哪一位上的数相加满 10，就要向它的前一位进 1。"在这个教学过程中，学生通过自己的探索，总结出了计算方法，无形中提高了计算能力。

三、精心设计练习形式，品尝学习的乐趣

学习的最大乐趣在于通过自己的不断探索、不断研究而获得成功，从而获得乐趣。苏霍姆林斯基认为，只有当学习有了成绩而受到鼓舞时，学生才会对学习产生兴趣。在教学中尤其要保护学生的自尊心，让学生在成功的体验中，享受成功的乐趣。于是我"趁热打铁"，设计了如下练习。

（一）巩固练习

我在本课教授完新知后，马上用投影出示了三道万以内数进位加法的竖式计算，让学生独立做题，集体交流做题方法，并追问："在做题的过程中，要注意什么？"学生答："哪一位上的数相加满10，就要向它的前一位进1。计算时千万不要忘了加进位的'1'。"学生在不知不觉中巩固了计算方法。

（二）反馈练习

接着出示两道有错误的竖式计算，学生一下子就找到了错误，还充分阐述了错误的原因并改正过来。我及时给予肯定，进行有针对性的表扬，学生的学习兴趣一下子被调动起来了。

（三）灵活运用练习

我邀请学生和我一起用0~9几个数字做游戏：每人用这些卡片中的任意数字组成两个三位数，再用这两个三位数组成一个加法算式交给同桌解答。同学们都积极出题并解答同桌出的题，而且每一个学生对于别人做的题都能给予正确的判断。学生在互动中感受到了学习的快乐，也使我看到了良好的教学效果。

通过对教学环节的精心设计，学生的错误大幅度减少了，计算正确率提高了。但是计算教学是一个漫长的教学过程，它需要教师在教学中长期坚持上好每一节计算课，学生不断努力才能取得良好效果。

尊重学生起点 开启问题之旅

北京市海淀区中关村第四小学　郝珊珊　惠颖

心理学研究表明，在进行数学学习时，儿童是以自己独特的思维方式，站在自身经验的基础上，以自我为起点进行数学意义构建的。基于

这种观点，就需要以尊重儿童的起点为前提去设计教学，给儿童以有营养的课堂。

一、尊重学生起点，合理设置教学目标

"古人计数"是北师大版数学教材一年级上册第七单元的第一课时，实际上是理解数的意义的起始课。为了解学生的问题解决能力，我们进行了课前前测。针对前测题目"用 6 根小棒表示 11 只羊"，能够摆出的学生占 55.3%，能够说明摆的过程的学生占 76.2%。根据前测，并结合学生认知水平，可以知道学生的问题解决能力有待提高。结合教材及教参，我们确立了如下的教学目标、教学重点、教学难点。

（一）教学目标

第一，学生通过摆小棒的数数活动，创造"用 1 个代表多个"，为理解数位代表的值奠定基础。

第二，学生通过"猜一猜""比一比"等活动，理解个位和十位上数字的含义。

第三，在摆小棒的数数活动中，能够发现问题、提出问题、分析问题和解决问题。

（二）教学重点

第一，学生通过摆小棒的数数活动，创造"用 1 个代表多个"。

第二，学生能够理解个位和十位数字的含义。

（三）教学难点

学生经历创造"用 1 个代表多个"的过程。

二、尊重学生起点，巧妙设计教学环节

在课堂上设置以下三个环节。

（一）环节一：创设情境，引入课题

师：开学后，我们认识了很多数字宝宝，可是生活在很久很久以前的古人，可没我们这么幸运，那时还没有数字宝宝，那他们怎样计数呢？让我们穿越时空，一起去看看古人计数。

（板书：古人计数）

师：我们来到了古人的羊圈，古时候的牧羊人是怎么记录羊的数量的呢？仔细观察，你发现了什么？

生：我发现从羊圈中每出来1只羊，古人就在地上摆上1块小石头……

师：你们想不想像古人那样摆一摆呀？

生：想。

师：请用小棒代替羊来摆一摆，开始。

学生只有6根小棒，表示11只羊。当用1根小棒表示1只羊，学生发现小棒不够了。这时，产生了冲突，小棒的数量无法表示出羊的只数，于是学生自己就发现问题，1根小棒表示1只羊不够了，学生通过小组合作，分析问题，想出解决办法（图2-15）。

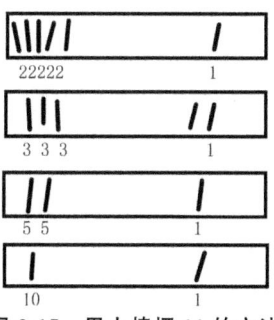

图2-15　用小棒摆11的方法

师：1根小棒可以代表2只、3只、5只、10只、11只……原来，1根小棒可以代表多只羊。有了大家的这种创造，老师相信，不管羊圈里面有几只羊，你们都能用小棒表示。

(二) 环节二：猜一猜

1. 猜一猜阿宝家的羊的只数

师：我们来阿宝家的羊圈看看（图2-16）。

师：阿宝出去放羊了，临走前，他在左边摆了1根小棒，右边摆了3根小棒，表示了羊圈里羊的只数，你来猜一猜阿宝家羊圈里有多少只羊，然后说一说每根小棒表示几只羊。

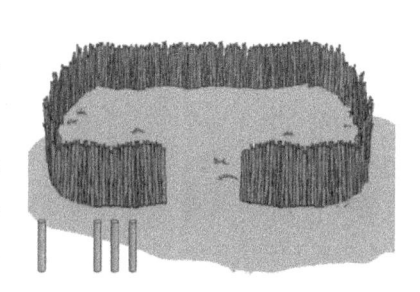

图2-16　阿宝家的羊圈

生1：我猜羊圈里有13只羊，左边的小棒表示10只羊，右边是3只羊。

生2：我猜羊圈里有14只羊，左边的小棒表示11只羊，右边是3只羊。

生3：我猜羊圈里有31只羊，左边的小棒表示1只羊，右边是30只羊。

师：到底阿宝家有多少只羊呢？下面就是见证奇迹的时刻。

（出示答案——阿宝家只有8只羊。）

(制造冲突，明确"以1当10"。)

师：阿宝家的羊就这么多，为什么猜的羊的只数却不一样呢？

师：阿宝用1根小棒表示5只羊，小明用1根小棒表示10只羊，你用1根小棒表示3只羊，他用1根小棒表示6只羊，1根小棒到底表示几只羊呀？我又不是孙悟空，我怎么能一眼就看出来呢？你们想个好办法，不用猜，一眼就能看出羊圈里有几只羊。小组商量一下，该怎么办？

生4：我们组商量的是要约定好，1根小棒代表几，这样就不会猜错。

师：古人当时也遇到了同样的问题，为了交流方便，古人就规定这1根小棒除了可以代表1只羊还可以代表10只羊（板书：10只羊）。其实呀，古人之所以选择用1根小棒代替10，跟每个人有10根手指有很大关系，手指是人类最早也是最方便的计数工具。

猜阿宝家羊的只数，有人猜是13只，有人猜是14只，还有人猜是31只，等等。阿宝家羊的只数一定，为什么有这么多猜测？这就产生了第二个冲突，一根小棒到底表示几？最终全班共同"约定"：一根小棒表示1或10，其他数都不可以。

2. 猜一猜阿布家的羊的只数

师：经过大家的共同努力，我们知道一根小棒可以表示1或10。我们又来到阿布家。阿布是这样记录的（图2-17），你来猜一猜，阿布家羊圈里有多少只羊？每根小棒表示几只羊？

生1：我猜是12只。

生2：我觉得是21只。

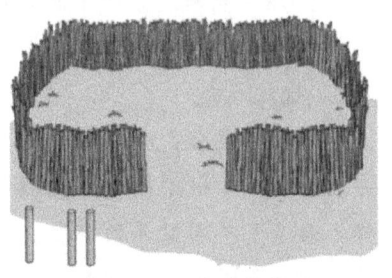

图2-17 阿布家的羊圈

师：怎么又有问题了？有了刚才的规定，我们怎么又猜错了呢？你能想个好办法吗？先自己想，再和搭档说一说，让大家只要看见小棒，一眼就能看出羊圈里有几只羊。

生3：还需要约定，左边表示1，右边表示10，还是左边表示10，右边表示1。

师：古人当时也遇到了同样的问题，为了便于交流，于是他们规定左边的1根小棒表示10只羊，右边的1根小棒表示1只羊。

师：你们记住了这个规定了吗？

生：记住了。

猜阿布家羊的只数，这时又有学生产生了疑问，阿布家的羊到底有多少？是 12 只还是 21 只？这时第二个"约定"产生：左边表示 10，右边表示 1。

(三) 环节三：进一步认识个位和十位

师：现在你能按照古人的规定，用橡皮泥捏成小球来表示最初的这 11 只羊吗？

师：请动手捏小球，表示 11。（找 1 名学生到投影仪下展示。）

师：捏的这两个球一样大可以吗？（教师投影展示捏的一样大的两个球）这两个球也表示 11。（教师提前准备相同大小的两个球，这两个球表示 11 与球的大小无关，只与球的位置有关系。）

师：老师把你们捏的球贴在黑板上，这个就是计数器。从右边起第一位是个位，第二位是十位。个位上的一个珠子表示一个一，十位上的一个珠子表示一个十，这就是 11。

以上三个环节都是学生自己在操作和交流中发现问题、提出问题、分析问题、解决问题，自主探索问题，将思维可视化，从而对数的意义和数位有了深刻的印象与理解。

三、尊重学生起点，解决问题可视化

在讲完三个环节后，我们带着学生回顾了学习的整个流程（图 2-18），并借助小棒和小羊图片，同时呈现 PPT，把整个过程可视化，让学生整体把握学习过程，体会发现问题、提出问题、解决问题的过程。

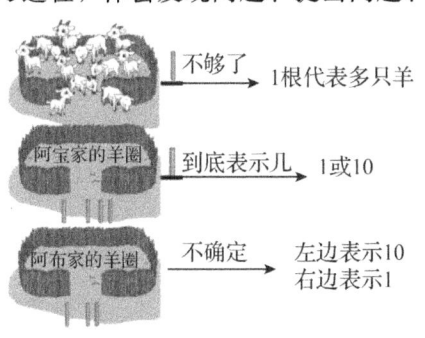

图 2-18　学习流程

师：这节课我们一起经历了古人计数的过程。刚开始很容易地用小棒表示了6只羊，在表示11只羊的时候，遇到了问题——1根小棒表示1只羊，小棒不够了，我们用1根小棒表示多只羊。用1根小棒想表示几只羊就表示几只羊，发现只有自己明白，别人猜不对、看不懂。于是我们规定：1根小棒可以表示1只羊，还可以表示10只羊。虽然有了这个规定，可是我们还不能一眼就看出来，不知道哪边表示1哪边表示10。我们又规定：左边的1根小棒表示10只羊，右边的1根小棒表示1只羊。这样我们一眼就能看出羊圈里有多少只羊了。最后我们一起制作了计数器。生活就像这样，会不断遇到问题，我们要像今天这样想办法解决问题，办法总比问题多，做一个爱思考的孩子。

总之，《义务教育数学课程标准（2011年版）》指出，数学学习要以学生发展为本，让学生生动活泼、积极主动地参与数学学习活动，使学生具有学习数学的兴趣，树立学好数学的信心。所以，教师要充分考虑学生的身心发展特点，结合学生的生活经验和已有知识，创设富有情趣的情境，吸引学生。伴随着情感的参与，学生会对数学学习产生浓厚的兴趣，积极主动思考，不断地发现问题、提出问题、分析问题、解决问题，开启美好的问题之旅。

【教师行动研究】

"分类"案例分析

北京市大兴区采育镇第一中心小学　万海娇　杜春霞等

一、教材分析

"分类"是北京版数学教材一年级上册第六单元的内容。本单元教学通过用"分一分、排一排、涂一涂、画一画、数一数"的方法整理数据，初步认识简单的象形统计图和象形统计表。教材安排了天气情况的分类、整理、统计、分析以及对经过某路口的车辆进行分类两个分类统计内容，突出分类统计活动的全过程。

一年级上册第二单元学习了把已有的信息（大客车、裤子、水果、动物等）通过"分一分、排一排、比一比、数一数"等活动进行整理，从中获得一些数据。本单元教材的编排注意贯彻数学课程标准的精神，即统计内容的选择要注意激发学生学习的兴趣，并联系学生的生活实际。教学时可以采用符号分类记录，获得有意义的数据。内容的编排注意让学生经历数据的收集、加工、分类、统计、整理、分析和描述的过程，使学生在这个过程中学习一些简单的统计知识，初步了解统计的方法，初步认识统计的意义和作用。让学生知道要根据存在于同一件事里的不同问题，选用不同的分类标准和计数方法，体会分类、统计活动的作用是为了解决生活中的实际问题。

二、学情分析

一年级学生的抽象概括能力较差，让他们按物体的用途、性质分类较难，学生容易接受的是按物体的颜色、形状、大小这些明显的外部特征对物体进行分类。在教学中，我们在选择学具时要注意这一问题，避免给教学带来不必要的麻烦。由于学生已有的知识经验不同，他们对问题的理解和看法也千差万别。学生在对物体进行分类时，往往会有很多标准。选择的标准不同，分类的结果也不同。教师应充分肯定学生的想法，保护学生的积极性，以引导者的身份，鼓励学生多说、多思考。在关注学生整体掌握程度的同时，也要注重对自主探究、合作交流进行引导。由于学生年龄偏小，在合作交流环节容易出现班级秩序混乱的现象，因此合理地运用评价来掌握课堂尤为重要。教师要结合生活实际来提高学生的求知欲，让学生主动参与到学习中来，保证每位学生都能学有所获。

三、教学目标

第一，经历数据的分类、收集、整理和分析的过程，并会用简单的象形统计图来表示数据整理的结果。

第二，初步体会数学的基本分类的思想，初步感受统计方法的意义，初步培养数据分析的观念，初步体会运用数据进行表达与交流的作用。

第三，通过对数据的简单分析，引导学生能用学到的知识解决生活中简单的实际问题，能从统计的角度提出、解决与数据信息有关的问题，并做出合理的决策。

第四，在数学活动中培养学生合作交流的意识，善于表达和倾听他人意见。让学生体会到生活中处处有数学，数学就在我们身边。

四、学习历程简案

驱动问题	锚基任务	诊断性评价
根据天气记录,用分类的方法整理数据。	给每组一套天气记录的学具,让学生自己动手摆一摆。	提问与追问:你是如何整理的? 反馈:按照晴天、多云、雨天分成三类,一列一列地摆出来。
有了统计图和统计表,能不能从中找到一些信息?能不能提出一些问题?	学生读统计图和统计表,找到其中直观反馈出来的信息,提出问题。	提问与追问:根据这些数据分析,能提出哪些合理化建议? 反馈:晴天较多,外出需防晒,有8天下雨,需提前准备雨具。

五、教学实录

(一)教学片段一:用分类的方法整理数据

驱动问题1:根据天气记录,用分类的方法整理数据。

教师巡视,找出有代表性的两种结果(一堆、一列)展示到屏幕。(展示用实物投影)

锚基任务1:给每组一套天气记录的学具,让学生自己动手摆一摆。

师:我看到大多数同学都已经完成了,老师找了两组同学分出来的结果,咱们一起看一下。你先来说说,你是怎么整理的?

(学生呈现不同方法)

师:看到刚刚那组同学的方法,有什么想说的?大家说说,对比一下两种方法。你们有什么想法?

师:我们在这里画一条直线,以这条直线为起点,从下往上画。我想请一名同学上来跟我一起完成,谁愿意来?

(学生参与完成)

师:谁来说说,我为什么要在横线的下边单独贴上一个晴天呀?它表示什么呢?

生:单独贴上一个晴天是为了表示分类。

师:我们把这种用图画来表示统计结果的方法,叫作统计图(图2-19)。

图 2-19 统计图

师：我们再打上几条线，大家看一下，这像什么呀？

生：表格。

师：同学们真棒！我们把这种用表格来表示统计结果的方式，叫作统计表（表2-2）。

表 2-2　统计表

☀	⛅	🌧️
15 天	7 天	8 天

（二）教学片段二：根据统计图和统计表提炼信息

驱动问题 2：有了统计图和统计表，能不能从中找到一些信息？能不能提出一些问题？

锚基任务 2：学生读统计图和统计表，找到其中反馈出来的信息，提出问题。

师：你还能不能看出其他的信息，或者提出其他的问题？

生：晴天比多云多 8 天，比雨天多 7 天。

师：他观察得真仔细，连多了多少天都算出来了！还有人愿意说说吗？

（学生积极探究回答。）

师：我们除了能看出谁比谁多多少天，是不是还能知道它们合在一起共有多少天啊？同学们观察信息的能力真强，其实我们还能从中获取更多的信息，时间关系我们先说到这里。

六、教学反思

"分类"这部分知识在一年级的整体教学内容中难度并不高。学生在思考和总结的过程中，就会有相应的收获。本节课采取以自主探究为前提的教学方法和策略，有助于低年级段学生掌握好的学习方法。本节课，教师真正做到了放手去做，给学生时间和机会，让教学行为留白，使学生收放自如地进行学习，而不是一味地主导课堂的各个阶段，帮助学生完整地经历了分类的过程。教师充分融入课堂中去，和孩子们"玩"好，是一年级教学中的一个比较关键的部分。在玩中学、乐学好学是本课的亮点。教师合理运用教学语言、动作和评价与学生进行有效的沟通，在保证了课堂进度的同时，掌控课堂中学生的活跃度，使整堂课井然有序，并且活动充分。

在数学课堂中，师生关系应该在一种理智的教学氛围中建立。当然，因为授课对象是一年级的学生，所以本节课使用的图片等都符合低年级学生特点，让学生小组动手操作，在提升学生自主性的同时，让学生在问题的引领下进行探究，促进有效学习。

七、点评

在进行"分类"这一课时，执教教师有意识地创设一个完整的现实情境，引导学生在活动中不断地感受收集数据、整理数据、描述数据、分析数据的方法，使他们在知识的拓展中不断地经历与完善，从而加深对统计数据的认识与理解。

在收集数据的过程中，执教教师通过对比让学生感受到"择优"的重要性，同时让学生感受采用不同方法分析数据可以呈现不同的信息；学生经历了收集数据、整理数据后，教师提出问题："了解到这些数据信息后，你能为人们出行提出什么建议呢？"从而让学生分析数据，并且在分析数据的过程中，让学生感受数据的准确性、真理性，了解用统计的数据说话才更有说服力，才能合理地解决问题。

分类思想是学习统计的基础，但更重要的是学生能够根据数据特点以及解决问题的需要选择合适的图来描述数据，进而分析数据，做出合理的预测和决策。这也是培养学生数据分析观念的目的。

"什么是面积"案例分析

北京市建华实验学校　敖静

一、教材分析

"面积"是北师大版数学教材三年级下册第五单元第一课的内容。"什么是面积"是在学生已经掌握了长方形、正方形的特征及其计算的基础上，为学习图形的面积计算打下基础。从长度到面积，是图形认识的一次飞跃，促使学生思维从一维空间转化为二维空间。"图形测量"，无论长度、面积还是体积，都要遵循先认识度量的量，再认识度量的单位，最后用单位进行测量的学习脉络。

二、学情分析

通过前测和访谈发现，学生的困难在于，认为面积的大小也像量线段的长短一样，将量得的长度相加，"周长越长，面积越大"，周长与面积容易混淆。其实，面积的大小要测量，它的本质已不再是首尾相接，而是密铺。积累活动经验，沟通以往长度测量的学习经验，建立一维的线和二维的面之间的联系是教学重点。

本节课的学习路径如下。一是让学生比较物品的大小，建立面积的概念；二是探索比较图形大小的方法，积累直接经验，完成由一维到二维的转化；三是通过画出面积等于相同方格数的不同图形，体会到图形的面积是一个数量概念，加深面积量感。

三、教学目标

第一，结合具体实例，理解面积的含义。

第二，经历比较图形大小的过程，探索比较图形大小的方法（割补法、摆方块等），积累比较图形面积的直接经验，完成由一维到二维的转化。

第三，在比较图形面积大小的过程中培养观察和推理能力，发展空间观念，养成独立思考、勇于探索的能力和习惯。

四、学习历程简案

驱动问题	锚基任务	诊断性评价
请认真观察，数学读本的封面与数学练习册的封面，哪个更大？在教室里找一组来比一比。	比较手中的数学读本与数学练习册，并尝试在教室里找一组其他实例来进行比较。	提问与追问：在比较的过程中，你比较的是两本书的哪里呢，请你指一指？ 反馈：学生比画出比较的是两本书的封面。

续表

驱动问题	锚基任务	诊断性评价
比较两块空砖的面积，你是怎样比较的？测量物体的面积要"减少空隙"，也就是尽可能"量尽"，怎样能做到呢？	提供1元硬币、1角硬币、大圆片、尺子、边长1厘米的方格纸，学生自主选择并探索比较方法。	提问与追问：把两个图形的面积都用相同的小方块来衡量。你是怎么想到的呢？ 反馈：我发现用大方片不好说清楚两种空地的大小，就用更小的方格去衡量。
你能画出面积等于相同方格数的不同图形吗？	在方格纸上画3个面积都等于7个方格的不同图形。	提问与追问：大家画出不同的图形，面积都是7吗？ 反馈：都是7个方格，面积就是7。

五、教学实录

（一）教学片段一：通过比较，理解面积的含义

驱动问题1：请认真观察，数学读本的封面与数学练习册的封面，哪个更大？在教室里找一组来比一比。

师：这是（图2-20）我们在学校很熟悉的场景，这个同学在干什么？她擦的是黑板的哪里呢？

生：黑板的表面。

锚基任务1：比较手中的数学读本与数学练习册，并尝试在教室里找一组其他实例来进行比较。

图2-20 擦黑板

师：仔细看一看，比一比，数学读本的封面比数学练习册的封面，哪个更大？

生1：数学练习册的封面更大。

师：1元硬币和1角硬币的面呢？

生2：1元的大于1角的。

师：请你认真观察，在教室里找一组来比一比。

生3：黑板面比桌面大。

师：在比较线段时说它是有长有短的，而在比较物体的表面时，我们刚才说它是有大有小的。在数学世界中，我们就把物体表面的大小叫作面积。

【点评】从学生身边熟悉的生活中选取学习素材，激发学习兴趣，使他们感受到数学就在身边的日常生活中。通过观察物体表面的大小来体会面积的概念，为测量积累了经验。

（二）教学片段二：比较面积大小，探索比较方法，发展面积量感

驱动问题 2：比较两块空砖的面积（图 2-21），你是怎样比较的？测量物体的面积要"减少空隙"，也就是尽可能"量尽"，怎样能做到呢？

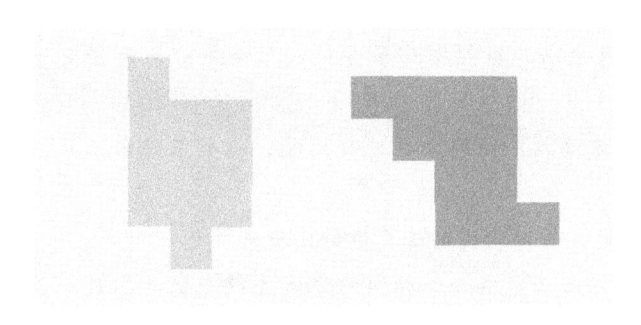

图 2-21　问题情境

锚基任务 2：提供 1 元硬币、1 角硬币、大圆片、尺子、边长 1 厘米的方格纸，学生自主选择并探索比较方法。

师：用方砖铺满空地，哪块空地用的方砖多？哪块空地用的方砖少？（提供活动材料：1 元硬币、1 角硬币、大圆片、尺子和边长 1 厘米的方格纸）

（出示活动要求）

议一议，怎样比较，需要哪些工具？

做一做，选择恰当的工具和比较的方法，比一比。

说一说你的比较方法。

师：按照活动要求，和你的同伴一起操作，选取合适的工具，你想用哪些方法进行比较呢？

（学生交流、汇报）

四种方法，第一种直接比较，还有三种利用工具进行的间接比较

(图 2-22、图 2-23、图 2-24)：

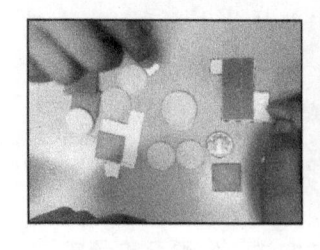

图 2-22　方法二　　　图 2-23　方法三　　　图 2-24　方法四

生 1：（方法一）把两个纸叠在一起，看能不能把剩余的部分进行比较。

师：思路清晰，虽然图形被分开成了两部分，形状变了，但是面积有没有变。

生 2：（方法二）借助方片进行比较，一个正好占三片，另一个不到三片。

师：真好，借助相同的工具进行比较。

生 3：（方法三）用大小相同的方块进行密铺开，数一数分别用了多少个小方块。

师：老师欣赏你的思路，把两个图形的面积都用相同的小方块来衡量。你是怎么想到用小方格纸进行比较的呢？

生 3：因为我发现用大方片不好说清楚两种空地的大小，所以用更小的方格去衡量。

生 4：（方法四）画出很多 1 厘米的小格进行比较。

师：你为什么画这些小格去比较？在方法上，这与哪个方法是一致的？

生 4：与方法三是一致的，但小格总是动，不好摆。

（积累选择合适的测量工具的经验。通过交流让学生感受，人们往往考虑到可操作性、准确性等因素，来选择合适的测量工具。）

师：纸片若是不允许被移动或者剪开的话，很多同学想到了找一个小的单位去度量大的纸。我们都知道测量物体的面积要"减少空隙"，尽可能"量尽"，怎样能做到呢？

【点评】在比较图形大小的过程中，让孩子们感受到面积的大小也是需要测量的,但不是用长度单位去量,而是用单位面积进行密铺测量。学生在借助硬币、贴纸进行间接比较时,会关注媒介物数量的多少与面积大小之间的关系,这样的思维历程有助于"面积单位"概念和面积量感的培养。

(三)教学片段三:画出面积等于相同方格数的不同图形

驱动问题3:你能画出面积等于相同方格数的不同图形吗?

锚基任务3:在方格纸上画3个面积都等于7个方格的不同图形。

师:请你在方格纸上画3个面积都等于7个方格的不同图形。看看它们画出的不同图形,面积都是7吗?说一说,你有什么发现?

生1:我发现面积相等,周长不一样长。

生2:我发现面积相等,形状不一样,有可能是任何形状的图形。

【点评】一方面,体会到图形的面积是一个数量概念,体验一个数学事实:面积相同的图形,可以有不同的形状。另一方面,让学生认识到方格纸是比较或度量面积的重要工具。

六、教师反思

形成面积的概念并会比较、测量面积的大小,是一个难点。怎么才能让学生理解面积与长度的区别和联系呢?必须为学生提供恰当而充分的学习材料,设计操作活动,让学生产生强烈的学习动机,积累经验,并打通以往关于长度测量的学习经验。

在本节课中,学生进行直接(重叠等)比较、间接比较(借助硬币、贴纸等)时,拉长操作过程,组织学生重点展示与交流,结合信息技术等手段,既能清晰展示、保存方法,方便类比、分类等,又能使学生积累了活动经验,更直观、形象地感受并理解面积的含义。而且,在进行间接比较时,学生感受到面积的测量过程,要用单位面积的大小进行密铺,有助于形成"面积单位"概念和培养面积量感。

七、点评

基于对教材的分析和学生调研,结合学生的认知特点和知识的脉络体系,在教学中,教师着力让学生在操作中体验,明晰面积的概念建立及测量方法,发展空间观念。通过教学实践与反思,本课有如下特色。

首先,在充分调研和分析的基础上,把握学生的起点,设计恰当的操作活动。学生已有周长的基础，直接影响着学生对面积的理解，两者易混淆，这是学生学习面积的原有认知基础。

其次，在操作中感悟面积概念。教学中有三个活动，经历并拉长操作过程，重视体验，通过思考与讨论，加深对面积和面积量感的认识。

最后，在思辨中升华思维水平。学生的四种比较方法层层递进，重视动手操作，为操作提供了充分的材料支撑，学生的思维被激活，在交流与思辨中厘清思维链，由直接比较到间接比较，由直观到抽象，水到渠成，使数学知识的学习带动思维的延伸，提高了学生的数学素养以及分析和解决问题的能力。

"两步计算的加减法实际问题"案例分析

南京市五老村小学　　陈玲

一、教材分析

"两步计算的加减法实际问题"是苏教版数学教材二年级下册第六单元中的一个重要知识点，是两步计算的实际问题起始课，之前是连续两问的实际问题，之后则是稍复杂的涉及二级运算的两步计算实际问题。

与连续两问的实际问题相比，本课所学的两步计算的实际问题"高级"在哪里？隐去了第一问，条件和问题之间的关系变得复杂，应该如何整理三个条件的数量关系？如何确定先求什么再求什么？如何确认解答正确？这些问题的解决需要教师充分利用学生已有的生活经验和知识储备，在实际动手操作、交流和讨论中，找到条件与条件之间、条件与问题之间的联系，经历问题解决的全过程。

二、学情分析

在一年级时，学生已经学会根据两个已知条件解决一步的实际问题，在二年级上学期时学会了解决连续两问的实际问题，知道先选择两个相关联的条件求出第一问，再根据第一问答案与第三个条件之间的数量关系求出第二问。由此可见，本课是在学生基本掌握简单的加减法实际问题的数量关系的基础上进一步学习如何解决两步计算的实际问题。

目前学生接触的两步计算实际问题是比较简单的，因为基本数量呈现的次序与学生选择条件确定思路的次序基本一致，学生能够基于生活经验解答，例如，例题中的乘车问题"车上原来有34人，到某站下车15

人，又上车 18 人，现在车上有多少人？"每个学生都有乘车的经历，清楚上车表示人数增加，下车表示人数减少，因此学生可以基于生活经验尝试解决。但并不是所有的学生都能找到并清楚地表达三种不同解题思路，对思路的梳理和对数量关系的理解是旧经验所缺少的，也是本节课教师通过教学帮助他们构建新经验的重点所在。

因此本节课的学习路径如下。第一，学会用箭头整理条件和问题的方法；第二，学会用分步或综合算式解答；第三，学会检查的方法。

三、教学目标

第一，在探索和交流中学会根据事情发展的顺序，联系加、减法的含义，理解加减法两步计算实际问题的数量关系，能用规范的数学语言表述解题思路，初步获得一些分析数量关系的常用策略，提高解决实际问题的能力。

第二，经历"整理条件和问题—确定解题思路—列式解答—检验"的解决问题的过程。

第三，在回顾解题过程中，初步学会检验解决问题过程和结果的方法，培养自觉检验的习惯。

四、学习历程简案

驱动问题	锚基任务	学习评价
你是怎样解决"还剩几张"这个问题的？	观察与讨论：自测题和以前遇的题目有何不同？	提问与追问：在条件和问题之间加上箭头，有什么作用？ 反馈：借助箭头可以更方便地对条件和问题进行整理和分析。
怎样求离站时车上有多少人？	①把条件和问题理一理，并借助箭头和符号把解题思路表示出来。 ②还有什么解法？	提问与追问：你是怎样整理条件和问题的？ 反馈：摆一摆、说一说三种不同的解题思路。

续表

驱动问题	锚基任务	学习评价
做得对不对，怎么检查？	想办法验证你的解答是正确的。	提问与追问：你有什么好办法？反馈：找到三种方法：①再算一遍；②不同解法；③倒推。

五、教学实录

（一）教学片段一：初步理解利用箭头整理条件和问题找到解题思路的方法

驱动问题 1：你是怎样解决"还剩几张"这个问题的？

（教师用 PPT 出示自学部分题目——"想想做做"的第一题）

师：本题全班同学都做对了，老师选了一位同学的作业，请他来说说是怎样解决"还剩几张"这个问题的。

生 1：我先算 37+13＝50 张，求的是原有的 37 张加上又买来的 13 张等于 50 张，再算 50－15＝35 张，用一共有的 50 张减去送给小芳的 15 张，等于还剩的 35 张。

（根据生 1 的回答，师在箭头上标注"＋""－"和"＝"。）

师：这道题和我们以前遇到的题目有什么不同？

生 2：这题有两道算式，要算两步。

生 3：题目上有箭头。

师：加了箭头，有什么作用呢？

生 4：题目这样看起来很清楚。

生 5：我可以知道先算什么，再算什么。

师：（小结）原来我们可以借助箭头对条件和问题进行整理与分析。

【点评】本课是学生第一次接触用加减法解决两步计算实际问题，根据三个条件找到关联从而解决问题，对学生来说有一定难度，因此如何整理条件和问题就显得尤为重要。本课中想想做做第一题就是以箭头连接的方式呈现题目，给学生例题的学习提供了一个很好的范例。因此本课教师把这道题目前置于例题之前，让学生感受到，加了箭头可以让题目看起来更清楚，条件和条件之间、条件和问题之间的联系看得更清晰。

(二) 教学片段二：利用箭头整理条件和问题找到三种不同的解法

驱动问题2：怎样求离站时车上有多少人？

锚基任务2：①把条件和问题理一理，并借助箭头和符号把解题思路表示出来。

师生交流第一种解法，教师出示例题，指名读题。

师：你知道了什么，要求什么？

生1：车上原来有34人，到站后有15人下车，又有18人上车。求的是离站时车上有多少人。

（教师在黑板上随意摆板贴。）

师：那么应该怎样求离站时车上有多少人呢？

生2：先用车上原来的34人减下车的15人再加上车的18人。

师：他的解题思路，谁听懂了？谁能把这些条件和问题理一理，再像刚才一样借助一些箭头和符号把他的解题思路表示出来？

（生3上台摆和画解题思路。）

生3：车上原有34人 — 15人下车 + 18人上车 = 离站时车上有( )人

师：根据他的思路，如何解答？

生4：用车上原来的34人减下车的15人，求出现在车上还剩多少人，再用车上剩的人数加上又上车的18人，求出离站时车上有多少人。

生5：34－15＝19（人）

19＋18＝37（人）

生6：34－15＋18＝37（人）

（教师板书算式。）

锚基任务2：②还有什么解法？

师生交流第二、三种解法。

师：刚才我们用原有的34人先减下车的15人再加上车的18人求出离站时车上的人数。这道题还有其他解法吗？

生：（齐答）有。

师：这次老师要提一个非常高的要求，需要大家小组合作完成。咱们先一起看看小组活动要求。

（PPT 出示活动要求，指名读要求）

（小组活动，教师巡视）

（小组汇报，拿着活动记录单上台）

生1：先用车上原有的34人加上上车的18人，再减去下车的15人，就能求出离站时车上的人数。

生2：车上原有34人 + 18人上车 − 15人下车 = 离站时车上有（　）人

生2：34＋18＝52（人）

52−15＝37（人）

（教师板书算式）

师：和他们想法一样的请举手！

师：他们组还有一种解法。这次我想请4号同学只出算式，看看谁能根据他的算式摆出解题思路。

生3：18−15＋34＝37（人）

生4：18人上车 − 15人下车 + 车上原有34人 = 离站时车上有（　）人

师：解释一下你的思路。

生4：先用上车的18人减去下车的15人，再加上车上原来的34人，就能求出离站时车上有多少人。

师：你们有什么困惑吗？可以请这组同学来解答。

生5："先用上车的18人减去下车的15人"求的是什么？

生2：求的是车上人数比原来增加了3人。

师：（小结）刚才我们找到了三种不同的解法，既可以先算出下车后的人数，再加上上车的人数，也可以先算出上车后的人数，再减去下车的人数，还可以先算出上下车后人数的变化。方法不同，得数却是相同的。

师：（小结解题步骤）刚才我们通过理一理、摆一摆、画一画找到了不同的解题思路，你有什么想说的？

生1：可以帮助我们把条件和问题整理好。

（教师板书：整理）

生2：条件和问题整理好了以后我们就进行分析，找到解题思路。

（教师板书：分析）

生3：这道题有三种解法。

师：是的，不同的思路就会产生不同的解题方法。

（教师板书：解答）

师：到底做得到底对不对呢？我们需要检查。

（教师板书：检查）

【点评】通过驱动问题1，学生初步理解了利用箭头整理条件和问题从而找到解题思路的方法。在解决驱动问题2时，教师很好地把握了学生的思维起点。例题的解法一是先减下车再加上车的方法，这个解法班上所有学生都会，在做题时全班大部分同学选择了这种解法，因此教师的教学重点在于帮助学生进一步掌握利用箭头整理条件和问题的方法，并能清楚根据箭头图表述解题思路，这是思维发展的第一个层次。另外两种方法，尤其是先求相差人数的方法，全班只有个别同学会用。因此对于解决二和解法三，教师组织四人小组开展活动，并用刚刚学到的整理条件和问题的新方法，让学生动手摆一摆、动口说一说，从而更新和丰富每个人已有的解法库存，让每个同学都有不同的收获，这就是思维发展的第二个层次。教师提供给学生学习的时间和空间，鼓励思考，再在交流中形成统一认识，优化方法，从而促进学生的思维活动，提高数学思维能力。

(三) 教学片段三：在交流中找到不同的检验方法

驱动问题3：做得对不对，怎么检查？

锚基任务3：想办法验证你的解答是正确的。

师：你是如何检查的？先在小组内说一说，如果之前你没有找到检查的方法，可要认真倾听，学学同学们的好方法哦。

（小组交流）

师：在你们的学历案中陈老师看到这样几种检查方法。我们一起来欣赏一下。

（全班交流）

生1：我用的检查方法是再算一遍。用车上原有的34人减去下车的15人再加上上车的18人，计算答案还是37人，所以离站时车上有37人。

生2：我用另一种解法进行检查。

34＋18－15＝37（人）两种方法不一样，但我的答案是一样的，就说明我做对了。

生3：我是算离站时车上有的37人减去下车的15人再减去上车的18人，算出来等于原来车上的34人，我就知道我算对了。

师：谁听懂了？能给大家解释一下吗？

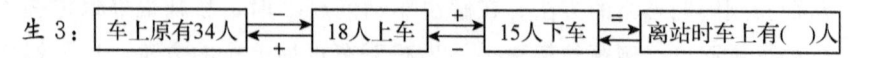

生3：车上原有34人 → 18人上车 → 15人下车 → 离站时车上有（ ）人

师：再算一遍，不但是算式，连思路也要重新再来一遍。不同的方法算同一题，得出的结果相同就说明算对了，这两种检查的方法同学们可以应用于做题中。用倒推来检查，今天这一次的学习我们可能今天并不能掌握，以后我们会继续学习。同学们可以从这三种方法中找到最适合自己的方法应用在今后的做题中。

【点评】在之前的例题学习中，学生已经经历了"整理—分析—解答"三个步骤，那么接下来就需要进入"检查"这一环节，使学生经历解决问题完整的闭环学习。如何检查呢？同学们想出了不同的解法，有的想到再算一遍，有的想到用其他解法检验，还有一些比较超前的孩子想到了倒推法。通过不同检查方法的交流，学生找到最适合自己的方法，并想办法落实在自己的学习中。

六、教师反思

本课是两步计算的实际问题起始课，是问题解决领域中一个重要的内容，是后续学习关于乘除法或两级运算混合的两步实际问题的基础。例题是通过乘客上下车这一生活中的实际情境引入的，是学生熟悉的生活场景，而类似的情境也曾出现在一年级上学期"加减混合"中，因此全班学生都会列式解答。那么本节课的教学重点就是对解题思路的梳理和对三种不同解法的理解。没有了"桥梁问题"的帮助，应该如何在三个条件中找到它们之间的关联？三个条件与问题之间又存在着怎样的关联？只有找到数量关系，才能找到解题思路。但学生在解题时更多的是凭经验，想不到可以借助箭头串联条件和问题找到思路，所以教学时教师把"想想做做"的第一题前置，使学生理解箭头图并能说出解题思路，感受箭头有整理的作用，从而为例题的思路梳理做了很好的铺垫。四人小组活动时学生也很自然地想起可以把条件和问题改变顺序摆一摆，再用箭头连接，从而找到了三种不同的思路。

七、点评

基于对教材的分析和学生情况的调研，本课在教学时充分利用学生已有知识和经验储备，通过在课堂中的充分操作和交流，让学生经历解决两步计算的加减法实际问题的全过程：整理条件—分析问题—列式解答—检验结果。通过教学实践，收到了较好的效果，反思本课有如下特色。

（一）更新旧经验，构建新经验

学习是人与生俱来的能力。教师要善于通过教学帮助学生把旧经验更新升级成新经验，发生更好的学习，让学生更想学、更会学。在学习本课之前，学生已经基本掌握简单的加减法实际问题的数量关系，会解决连续两问的实际问题，虽然像自测题中箭头串联条件和问题的形式学生第一次遇见，但所有学生都能看得懂，都能找到数量关系并正确解答，这是学生通过已有的旧经验自主建构了新经验。教师需要引导学生观察题中箭头的作用，让学生意识到箭头不但能使条件和问题直观呈现，还可以表示事情发生的顺序，有利于对题意的分析和解决。学习是对旧经验的升级更新，通过这个环节的学习，学生可以建构新经验，初步学会用箭头整理和分析条件问题。

（二）充分的实践活动，理解不同的解题思路

作为学习主体，学生是可以自主发生学习的。充分经历学习实践的过程，有利于学生更好地理解学习材料，从而获得有意义的学习过程。本课教师组织了一次四人小组活动，活动前提出明确的合作要求：摆或画解题思路—说解题思路—能摆几种就摆几种。把不同的解题思路摆在记录单上，再用规范的数学语言表达出来。在活动和交流中，学生可以和同伴一起学会有条理地表达，获取对各种不同的解法的理解。其中第三种先求车上人数变化的解法，只有极少数的学生能想到，但通过动手实践和交流，思想的火花被传递给了同伴，原来只会一种或两种解法的学生找到了更多的解法，原来"知其然而不知其所以然"的学生则真正理解了解法的含义。通过这样的实践活动，真

正落实基于理解的学习。

(三) 多样练习，实现个性化学习

每一个学生都是独一无二的个体，发生在他们身上的学习也必然各不相同。处理好学生的个性差异问题，创设丰富多样的学习方式，提供层次丰富的作业设计可以适合不同类型的学生，让不同的学生有不同的数学学习收获。本课的练习设计分为基础题、提高题和拓展题三种类型。两道和例题难度相似的基础题面向全班同学，为本课的学习夯实基础，补一个条件并解答是提高题。而拓展题则给予学生更大的思维空间，从五个不同条件中选择两个合适的条件进行解答，选择的条件不同，解答的思路和结果也各不相同。在这样的多层次练习中，不同的学生根据自己的实际情况有了不同的收获，实现了个性化学习。

数学教学立足于学生，根据学生的知识背景、生活经验，把握学生的学习起点，找准学生的思维起点，真正做到"以学生的发展为本"，让学生收获有意义的数学知识。

"三角形的三边关系"案例分析

南京晓庄学院附属小学 吉阳艳

一、教材分析

《义务教育数学课程标准（2011年版）》将"三角形的三边关系"这一内容放在了第二学段，并且明确要求"通过观察、操作，了解三角形两边之和大于第三边"，这可以视为本课的学习目标。而目前几套的主流小学数学教材都将这一内容安排在了四年级，在学生明确了"三角形的概念"之后，由此可以发现学生对"三角形的概念"的理解和掌握是本课的学习起点。根据四年级学生的认知水平和已有知识经验，结合知识掌握的三阶段理论，即增生、重建和融会贯通理论[1]，我为"三角形的三边关系"构建了如下学习路径。路径一：学生在观察、操作中，产生疑问。把16厘米长的线段任意剪成三段，围成三角形。从熟悉的材料和活动入手，引发学生自然产生疑问"什么时候三角线段能围成三角形？"促使学生走向下一个阶段。路径二：学生能借助具体材料，思考不能围成

---

[1] 曹才翰、章建跃：《数学教育心理学》，158页，北京，北京师范大学出版社，2006。

三角形的原因。引导学生从两边之和与第三边比较的新视角思考问题，为什么三角形两边之和小于或者等于第三条边的时候不能围成三角形。路径三：学生能借助直观，初步发现围成三角形的三条边的关系。延续达到节点二时的研究方法，从两边之和与第三边比较的视角，来思考围成三角形的三条边始终满足两条短边之和大于第三边。路径四：学生能理解、归纳和概括出"三角形两边之和大于第三边"这一结论。能对具体实例进行分析，通过理性思考，理解三角形的三边关系的一般表达，知道这个结论对任意三角形都适用。路径五：学生能灵活运用这个原理解决问题。比如，能用三角形两边之差小于第三边来解决问题。

在上面的路径分析中，路径一属于知识的增生阶段，完成路径一所需的"三角形的概念"是本节课的学习起点；路径二到路径四属于知识的重建阶段；路径五属于知识的融会贯通阶段。

二、学情分析

陶行知先生说过："如果让教的法子自然根据学的法子，那时先生就费力少而成功多，学生一方面也就能够乐学了。所以怎样学就须怎样教；学得多教得多，学得少教得少；学得快教得快，学得慢教得慢。"[1]因此，关注学生的学习过程，明确"学什么""怎么学""何以学会"是教学得以有效展开、促进学生发展的基础。而学生的发展具有进阶性，这正是学习进阶提出的基础。

课前，我对我班的48名学生进行了问卷调查，发现有20个学生知道三边关系，但多数表述不清或表述错误，有4个学生真正理解。在此基础上，我从班中选取了6名学生（2名优秀、2名中等、2名学困生）做进一步的访谈，发现以下三点。第一，优秀的学过奥数的学生已经知道结论，也知道结论是怎么来的，通过动手操作，进一步发现了只要两条短边之和相加比第三边长就可以了；第二，中等学生不知道结论，但是通过不断的尝试、思考，最终得到结论；第三，学困生发现边的长短与角度有关。以上调研充分说明了学生是可以自己进行研究的，而且研究会使不同层次的学生有不同的发展。

---

[1] 陶行知：《陶行知文集》（修订本），38～39页，南京，江苏教育出版社，1997。

另外，在学习"三角形的三边关系"之前，四年级学生在生活中已经积累了一些关于三角形三边关系的感性经验（图 2-25、图 2-26），然而从生活经验抽象为数学定理，对学生而言是有一定难度的。教师在进行教学设计时，需要找到学生的最近发展区，即学生虽然知道了三角形是由三条线段围成的图形，但是对于"三条线段是不是一定能围成三角形"这一问题没有系统地思考过。那么对该问题的思考便可以作为学生的最近发展区。

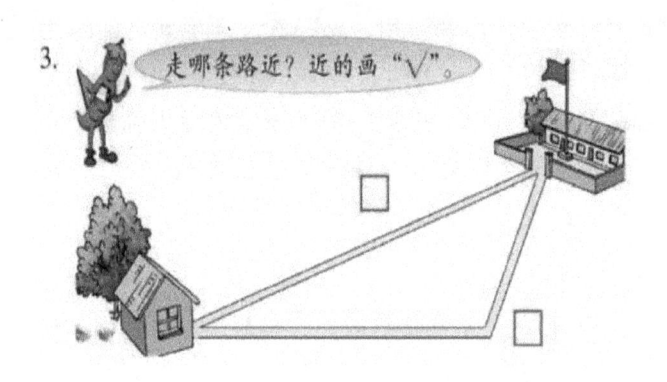

图 2-25　苏教版数学教材

一年级上册：p. 6

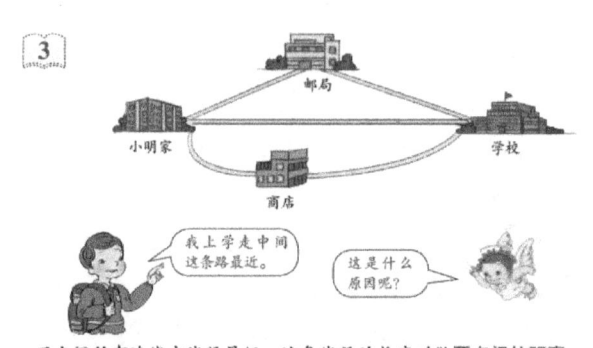

图 2-26　人教版数学教材

四年级上册：p. 63

基于此，分析"三角形的三边关系"的学习路径："根据要求，动手操作围三角形"——"观察不能围成三角形的三条线段的类似之处，分析原因"—"发现能围成三角形的三条线段的类似之处"—"排除非实质性差异,归纳概括任意三角形的三边都存在此关系"—"抽象形成此数学原理的图式"。

三、教学目标

第一,探索发现三角形三边的关系,能判定给定的三条线段能否围成一个三角形。

第二,在探究的过程中,培养操作能力和空间想象能力,以及严谨求实的科学态度。

四、学习历程简案

驱动问题	锚基任务	学习评价
你知道三角形的三边存在怎样的关系吗?	把 16 cm 的线段任意剪成三段(可以取整厘米数),再围一围看能不能围成三角形,把操作的结果填在表格中。 | 第一段 | 第二段 | 第三段 | 是否能围成 | | --- | --- | --- | --- | | ( ) cm | ( ) cm | ( ) cm | 能( ) 不能( ) | 思考: 问题1:为什么有的三条线段不能围成三角形? 问题2:三角形的三条线段之间有什么关系?	从 5 cm、6 cm、10 cm 和 11 cm 的线段中,任意选三条线段,能围成几个不同的三角形?把你想到的结果写下来。 ☆☆☆☆ (说明:写对一个涂一颗星,写对两个涂两颗星,全对涂四颗星。)
是不是所有三角形的任意两边之和都大于第三边?	任意画一个三角形,量出三条边的长度(以毫米为单位),算一算任意两边长度的和是否都大于第三边。	

五、教学实录

学习进阶与教学实践密不可分。学习进阶研究的目的不是简单地将一些实践活动复制到自己的课堂上,它要求这些实践活动对学生的学习必须具有可操作性和富有成效,因此有效的教学策略支撑的学习进阶才可能真正服务教学。[①] 下面以"三角形的三边关系"为例,谈谈这节课是如何构建学习进阶的。

(一)教学片段一:自主探究

1. 根据进阶起点,设置驱动问题

驱动问题1:你知道三角形的三边存在怎样的关系吗?

课件出示要求(图2-27),学生动手操作,教师巡视,帮助有困难的学生。

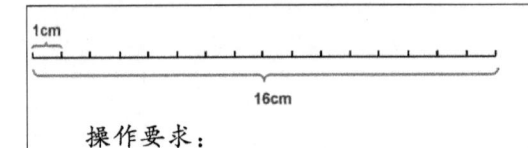

操作要求:

(1) 任意剪成三段;

(2) 围一围,看能否围成三角形;

(3) 把操作的结果填在学历案的表格中。

第一段	第二段	第三段	能或者不能
( ) cm	( ) cm	( ) cm	能( ) 不能( )

图 2-27 操作要求

师:刚才同学们在围的时候老师选了几个同学的作品,请他们来给大家展示一下。(学生汇报时要结合自己拼的三角形来说)

生1:我剪的三条线段的长度分别是 4 cm、5 cm、7 cm,它们能围成三角形。

生2:我剪的三条线段的长度分别是 5 cm、5 cm 和 6 cm,它们也能围成三角形。

生3:我剪的三条线段不能围成三角形,它们的长度分别是 3 cm、4 cm 和 9 cm。

生4:我的三条线段长度分别是 2 cm、4 cm 和 10 cm,不能围成三角形。

[①] 翟小铭、郭玉英、李敏:《构建学习进阶:本质问题与教学实践策略》,载《教育科学》,2015(4)。

(教师根据学生的发言板书见表2-3。)

表2-3 教师板书

第一段	第二段	第三段	能否围成三角形
4	5	7	√
5	5	6	√
3	4	9	×
2	4	10	×

师：刚才的几个作品有的能围成三角形，有的围不成三角形，这是什么原因呢？咱们一起来找找答案。

【点评】这个环节中出现的所有例子都从学生中来，这样的例子更真实，学生感觉更真切，也更具说服力。

2. 把握进阶节点，完成锚基任务

①锚基任务1：把16 cm的线段任意剪成三段（可以取整厘米数），再围一围看能不能围成三角形，把操作的结果填在表格中。

问题1：为什么有的三条线段不能围成三角形？

师：看，这两个是围不成的情况（指着黑板上3、4、9和2、4、10两种情况），我们先从中选择一个作品来研究。你们想选哪个？请作者来给大家做介绍。

生1：我想选2、4、10这种情况。

师：就听你的。这三条线段为什么不能围成三角形呢？这是谁的作品，上来再来给大家介绍一下。

生1：上面两条线段太短了，连不起来。

师：问问其他同学的想法。

生2：你看2+4小于10，所以就围不成三角形啊！

师：你们都认为上面这两条线段太短了，短了怎么就连不起来呢？能不能再试试看？（此处学生一个劲儿地要把上面两条线段的端点凑到一起去。）

生：（七嘴八舌）怎么凑都不能凑到一起去。

师：凑不到一起怎么就不是三角形了呢？

生：没有角、没有顶点……

师：真是这样，两边之和小于第三边就围不成三角形。

（板书：2+4<10）

师：你能用刚才学到的知识说说为什么3、4、9这种情况也围不成三角形吗？

师：（追问）那两边之和等于第三边（板书：4+4=8）能围成吗？先想一想，然后把你的想法和同桌说一说。

师：有结果了吗？（有的说能围成，有的认为围不成。）你能说说为什么围不成吗？（找一个说围不成的学生。）

生3：4 cm和4 cm合起来等于8 cm，上面那两根短的就和下面的这一根长的重合了。

师：是这样吗？老师这也有一种相等的情况，仔细看。（课件演示，如图2-28所示）

图2-28 课件演示

师：（追问）重合了，凑到一起去啦，怎么也围不成三角形呢？

生4：这样就拱不起来了，三角形就没有三个角了。

师：两边之和小于或者等于都围不成三角形，那什么情况才能围成呢？

问题2：三角形的三条边之间存在怎样的关系？

师：再看这边能围成的情况（指着4、5、7和5、5、6两种情况），它们的三条边之间存在什么样的关系呢？先独立思考，然后在四人小组内说说自己的想法。

（小组交流，教师巡视）

师：谁来说说你的发现？（请学生上来说自己的想法。）

生1：（指着4、5、7这种情况）我发现在这个三角形中5+4大于7。

师：（追问）这两条边的和大于第三条边，那其他两条边的和呢？

生2：其他两条边的和也大于第三边，4+7大于5，5+7大于4。

师：你们觉得怎样的三条线段才能围成三角形呢？

生3：随便哪两条边的和加起来要大于第三边。

生4：也就是任意两边之和要大于第三边。

师："任意"这个词用得非常好。

生5：其实只要两条短边的和大于第三条长边，就能围成三角形了。

师：谁听懂了他的想法？给我们解释一下。

生6：两条最短边的和都大于长边了，其他两边之和当然大于第三边了。

师：同学们太厉害了，你能用刚才的知识说一说为什么2 cm、4 cm、10 cm三条线段不能围成三角形吗？

生7：因为2+4小于10，所以这三条线段不能围成三角形。

(二) 教学片段二：溯源，论证

驱动问题2：是不是所有三角形的任意两边之和都大于第三边？

锚基任务2：任意画一个三角形，量出三条边的长度（以毫米为单位），算一算任意两边长度的和是否都大于第三边。

师：是否所有三角形的三条边都有这样的关系呢？请同学们在学历案上任意画一个三角形，量一量三条边的长度，算一算任意两边长度的和是否都大于第三边。

（学生操作，教师巡视。）

（请两生来展示自己的作品，并说出在这个三角形中任意两边之和大于第三边。）

师：你们画的三角形任意两边之和都大于第三边吗？有没有反例或不符合要求的？

师：（小结）三角形中任意两边之和大于第三边，这是所有三角形都具有的边的特点。

【点评】教学过程要围绕核心活动展开，寻找最优化路径。进阶节点是教学的重要组成部分，它的确立不是一成不变的，而是一个不断迭代的过程，实测数据为重要依据。所以，学习进阶不同于以往的研究的本质区别之一就是，它是一个动态建构知识的过程，是在学习者与知识之间主客体共同决定的结果。对具体的实践者（如学习者）而言，学习进阶的价值所在不仅是指明路径在哪里，更重要的是指明如何实现进阶。

（三）教学片段三：巧设评价任务，达成进阶目标

师：（出示）从 5 cm，6 cm，10 cm 和 11 cm 的线段中，任意选三条线段，能围成几个不同的三角形？把你想到的结果写下来。

☆☆☆☆

（说明：写对一个涂一颗星，写对两个涂两颗星，全对涂四颗星。）

【点评】众所周知，我们平时对学生学业水平的评价方式基本上是考试，这样的评价方式很难了解到学生学习的过程，它是终结性评价而不是形成性评价，在这种评价方式下很难对学生的思维过程进行评价。执教者如果巧设评价任务，可以很清楚地了解学生处在起点与最终要到达的目标之间的哪个位置，追踪学生的发展水平，进而达成进阶目标。

五、教师反思

《义务教育数学课程标准（2011年版）》提出：数学教学活动必须建立在学生的认知发展水平和已有的生活经验基础之上，教师应帮助他们在自主探索的过程中真正理解和掌握基本的数学知识与技能、数学思想和方法，获得广泛的数学活动经验；学生是数学学习的主人，教师是数学学习的组织者、引导者与合作者。因此，本节课中我给学生充足的时间去操作，让他们在自主实验、探索中发现规律，得出结论，同时，整个教学活动让我和我的学生从中感受到成功的喜悦和学习数学的乐趣。

"三角形的三边关系"整节课的教学流程如图 2-29 所示，教学反思有如下三点。

第一，课堂教学是"教"与"学"的统一，随着课改的不断深化，教师越来越偏重于"学"的研究。这就要求教师把学习的主动权交给学生，让学生成为学习的主人。如何把学习主动权交给学生？在片段一中，尝试让学生进行自主学习，让学生自己把 16 cm 长的小棒任意剪成三段后围一围，并引发学生的疑问：三角形的三条边究竟藏着什么秘密呢？从而激发学生学习和探究的兴趣。

第二，"纸上得来终觉浅，绝知此事要躬行。"学生在动手操作中带着问题进行思考与观察，由特殊到一般，从不能围成三角形的三根小棒

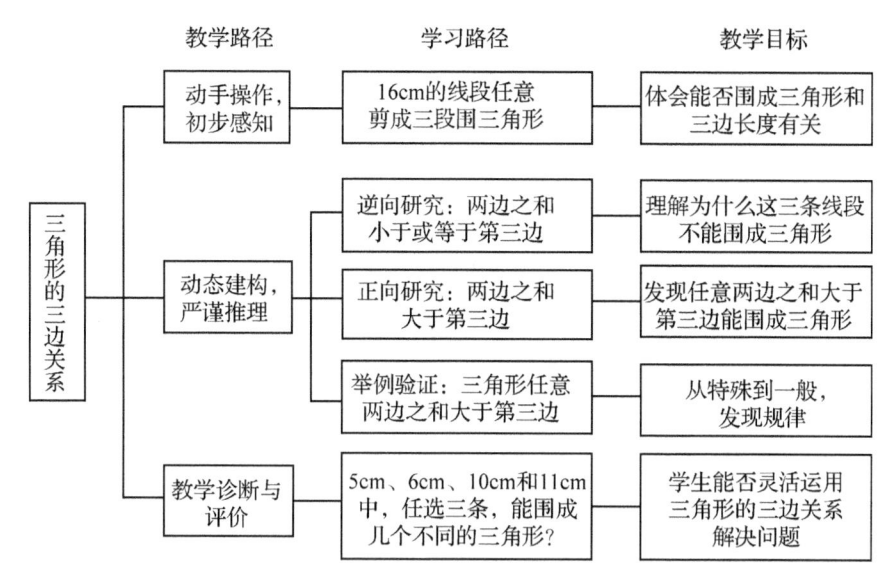

```
教学路径          学习路径              教学目标

        ┌─动手操作,──16cm的线段任意──体会能否围成三角形和
        │  初步感知    剪成三段围三角形   三边长度有关
        │
三       │           ┌─逆向研究:两边之和──理解为什么这三条线段
角       │           │  小于或等于第三边    不能围成三角形
形       │           │
的──────┼─动态建构,─┼─正向研究:两边之和──发现任意两边之和大于
三       │  严谨推理  │  大于第三边         第三边能围成三角形
边       │           │
关       │           └─举例验证:三角形任意──从特殊到一般,
系       │              两边之和大于第三边    发现规律
        │
        └─教学诊断与──5cm、6cm、10cm和11cm──学生能否灵活运用
           评价         中,任选三条,能围成    三角形的三边关系
                       几个不同的三角形?     解决问题
```

图 2-29 教学流程

出发,借助于操作让学生意识到,当两条较短线段的和小于最长的线段时,三条线段不能首尾相接,所以不能围成三角形。接着,通过猜想和演示验证让学生明确,当两条较短线段的和等于最长的线段时,三条线段可以首尾相接,但是它们在一条直线上,所以也不能围成三角形。紧接着,通过观察、比较让学生清晰地获得了"当两条较短线段的和大于最长的线段时能围成三角形"的结论,最后通过举例验证得出三角形的三边有什么特点。从问题的产生,到实验收集数据,到处理数据,初步发现规律,最后升华为数学规律,学生在教师的引导下独立完成了对数规律的探索,不仅掌握了数学知识,而且掌握了一种科学的研究方法,为学生的终身学习奠定了基础。

第三,将"阶"及其表现期望嵌入教学设计,以形成有效的形成性评价。教师在教学过程中,通过嵌入的"阶"及其表现期望来检测教学的进展,将有利于形成性评价及教师的教学决策,课堂生成性资源将更丰富、合理。

我们的教学正处在由注重教学结果到注重学习过程的转变期,其中不乏热热闹闹的课堂。但是,是不是学生参与到了课堂中就达到了目的?学生参与的过程是否符合学生的认知水平?是否提高了学生的认知水平?

是否促进了学生认知的有序提高（进阶）？这些问题都直指认知进阶过程。因此，从根本上关注教学实践的认知转变，将有利于推进教学实践的发展。

六、点评

本节课从课标出发，在学习目标的基础之上，对学习路径进行了分析。本节课的学习路径经历了知识的增生阶段、知识的重建阶段，以及知识的融会贯通阶段。本节课的特色主要体现在以下两个方面。

首先，"三角形的概念"是本节课的学习起点，是学生学习本节课的认知基础。学习起点与教学设计密不可分。分析学习起点不只是完善这节课的教学设计，还将一些实践活动在尊重学生学习起点的前提下复制到课堂上，这些实践活动是具有可操作性并富有成效的。

其次，本节课选择学习者视角，辩证地对不能围成三角形和能够围成三角形两种情况进行探究，填补了学习者的认知空白。教学过程围绕核心活动展开，找到了最优化的路径。学习路径研究不同于以往研究的本质区别之一，就是它是一个动态建构知识的过程，是在学习者与知识之间主客体共同决定的结果。

最后，本节课的知识建构遵循了从特殊化到一般化的规律。从对正例、反例的探究到任意三角形的推广，每一个环节都是教学的重要组成部分，它的确立是一个不断迭代的过程。对具体的实践者（学习者和教学者）而言，本节课的价值所在不仅在于探明了学习路径，更在于明确了教学流程。

第三章　尊重学生的思维

【每章主旨】

《说文解字》所谓"思，容也"。一种解释，"容"从宀从谷，指人在屋中笑容可掬，表示胸襟宽和，引申为包容，可以解释为思想包容万物之意，亦可理解为把人或者事情放在心、脑里。这告诉我们，儿童自己如果没有想明白的话就不可能做出正确的选择。学生学习是一种需要深思的智慧，深思熟虑后方能想明白，儿童只有自己想清楚了才能真正理解知识、运用知识。

【理论基础】

尊重学生思维，促进数学学习

西安市雁塔区明德门小学　穆敏娟　骆红岗

一、什么是思维？

国内外关于思维的定义有很多种，而中国学者朱智贤认为，思维是在人的实践活动中、在感性认识（感觉、知觉、表象）的基础上，借助于词、语言和过去经验而实现的一种高级的心理过程或高级的心理机能。[①] 这是从实现的基础、途径等微观角度对思维进行的定义。作为人类认识过程的高级阶段，思维是人脑借助语言对客观事物所做的概括和间

---

① 朱智贤：《儿童思维的发生与发展》，载《北京师范大学学报》，1986（1）。

接的反应过程，旨在探索事物内部本质联系和规律。这是从人类认识、事物规律等宏观角度对思维进行的定义。由此可以看出，对思维的定义虽然在关注重点、具体内容等方面有所差异，但对这一概念本质的把握相差并不大，都认为是一种借助一定手段而实现的一种高级心理活动，因此我们将思维概括为认知发展的高级阶段，是人类借助语言对经验进行概括的一种心理机制。

在儿童思维发展过程中，思维随年龄增长而有所不同。儿童青少年思维结构发展阶段的划分，目前国内外基本上是大同小异的。一般要经历三个阶段：①直观（感知）行动思维；②具体形象思维；③抽象逻辑思维，这个阶段又可以分为初步逻辑思维、经验型逻辑思维和理论型逻辑思维（包括辩证思维）。[1] 其次，儿童思维发展的关键期需合理把握。我国学者朱智贤等人认为，儿童在入学前会有8～9个月、2～3岁、5～6岁三个飞跃期；进入小学后，会在小学四年级进入第四个飞跃期；初中则是在八年级进入思维发展飞跃期；在16～17岁时思维基本初步发展成熟。这些研究结果表明，要促进学生思维的发展，教师既需要根据思维发展的一般特征实施教与学，又需要充分把握思维发展的关键期，促进教与学的最优化。

综上可知，思维是学生认识世界的重要工具，并随年龄增长而呈现不同特征。因此，数学教育需要遵循学生思维发展的规律，有效促进学生的思维发展。

二、学生思维与数学的关系

在第一章中，我们曾提到人类的思维与语言辩证互促。思维是语言的内部机制，语言是思维的外部表达。由此可知，学生思维的发展与语言的发展互促共进，两者都会随经验的增长和实践活动的积累而日益丰富。借助思维高效的运作活动，学生才得以掌握知识，形成能力。因此，要促进学生的发展，需从尊重学生的思维开始，这是学习路径设计的前提。

在数学教学中，其中一个重要目标就是发展学生的思维。一方面，

---

[1] 朱智贤、林崇德：《思维发展心理学》，53页，北京，北京师范大学出版社，1986。

宇宙间数与形、数与量之间存在着各种关系，仅依靠视觉表象观察难以认识其中的本质，只有通过思维才能深刻理解、牢固掌握，因此数学学习需要思维的辅助才能顺利完成。另一方面，数学学科本身所具有的特点使其成为训练学生思维的最佳工具。因此，培养学生的思维能力需要学习数学，反过来，数学学习又需要学生思维的辅助，两者之间相互制约，是辩证又互促的关系。具体而言，数学学习与思维之间的互促作用体现在以下几点。

（一）数学学习有利于促进学生思维的发展

其一，数学学习有利于学生逻辑思维的培养。逻辑思维属于人类思维发展的高级阶段，是人脑借助概念、判断、推理及其他逻辑方法反映现实生活的认识过程，是一种有条理、有根据的思维。[①]

其二，数学学习有利于学生思维深度的提升和思维广度的扩大。一方面，在数学学习过程中，学生能够在对事物观察、比较、分析、综合、抽象和概括的过程中"去粗取精，去伪存真，由此及彼，由表及里"，逐步提升思维深度。另一方面，数学学习过程往往根据已知条件求出未知结论，举一反三、触类旁通等都是解决问题的有效途径，有利于逐步扩大思维的广度。

（二）思维的发展有助于将学生的潜在能力转为现实

美国教育心理学家布鲁纳认为，在发展的每个阶段，学生都有自己观察世界和解释世界的独特方式。[②] 由此可知，如果数学学习提出的要求超越了学生思维可接受的程度，那么数学学习就会受制于思维的发展，学习效果将无法得到保证。因此，教师不能让学生的数学学习消极地适应思维的发展水平，而应积极地寻找学生思维的最近发展区，精心设计学生思考、探索后才能达到的目标，将学生潜在的能力激发出来，使得潜在可能转变为发展的现实。

例如，在学习"比和比例"内容之前，教师布置了家庭作业："一年级的小朋友要参加吹泡泡活动，需要准备泡泡液，请问如何配置泡泡溶

[①] 郝乐、马乾凯、郝一凡等，《数学教育与逻辑思维能力的培养》，载《数学教育学报》，2013（6）。

[②] 张立红：《皮亚杰与布鲁纳儿童智力发展学说之比较》，载《外国教育资料》，1992（3）。

液，可以使得泡泡吹得最大？"学生进行了各种不同的尝试，不但对泡泡液里面的成分进行了仔细的研究，而且对配置多少溶液也进行了尝试，激发了学生学习的兴趣，同时也为比例的学习奠定了先备经验和基础。因此，对学生而言，这一要求必须经过实际操作和深入探索才能够达到，在学生的最近发展区内，可以提高其独立思考与探索的能力。

三、尊重学生思维的策略

当前数学学习的目标主要有两方面：一是实践性目标，即为了解决日常生活和科学发展中的问题而提供数学工具与数学方法；二是智力性目标，即以发展思维能力为目标，如各种数学结论的推导以及利用数学规则解决问题等。教师在设计教学活动时应当考虑学生数学思维的两种水平，以现实发展为出发点，以可能发展为定向，使学生通过学习把新数学知识内化为自己的经验，从而实现学习对数学思维发展的促进作用。

尊重学生的思维，才会促进思维的绽放。对于同一个问题或事物，不同的学生看法可能并不相同，即使是同一年龄段的群体，也会从不同视角去看同一问题，也会众说纷纭。因此，教师应该基于学生心理和思维发展的实际情况，对学生的不同观点给予肯定，激发学生质疑、求证的欲望，创设活跃的氛围。下面，我们将结合教学设计片段来说明尊重学生思维的几点策略。

（一）尊重学生思维的起点

在学生寻找不到解决问题的途径时，如果教师任由学生进行所谓猜想、估计和探究，并按照学生自己的期望去发展，那么不仅不利于有效教学的进行，也不利于学生思维品质的提升。因此，尊重学生思维的起点，就是要尊重学生已有的认知基础，从学生熟知的知识经验开始，为实现数学学习目标而进行系列活动的学习路径设计。

例如，一名数学教师在执教"平行四边形的面积"时这样导入：

师：前面我们学习了面积和面积单位，现在老师手里有一个平行四边形，大家能想办法求出它的面积吗？大家能寻找到平行四边形面积的计算方法吗？

如此引入，看似简洁明了、直奔主题，但是对小学生来说，脱离了他们原有的经验和事物间的联系和构造，很难"启动"他们的思维。因此，教师应考虑从学生思维的起点开始，即从学生已有的经验和熟悉的问题导入。例如：

师：我们已经学习了长方形、正方形的面积计算，请同学们回想一下，它们的面积怎么得来的？

生：数方格。

师：看来用数方格的方法可以得到长方形、正方形的面积计算方法，那么我们还能用这种办法得到其他图形的面积吗？（出示方格纸上的平行四边形、三角形、圆、梯形、不规则的直线型图形和曲线型图形等。）

这一设计可以让学生明确如何推导面积，帮助学生建立问题表征，为学生思考问题搭建学习支架。实际上，这一环节旨在让学生感知到数方格的经验并不适用于所有情境，长方形和正方形内的方格较为完整，可以直接数出来，但平行四边形内的方格总有一部分是不完整的，很难准确地数出方格的个数，学生在认知上会产生矛盾冲突，从而激发探究欲望。

小学生思维的特点是从具体形象思维逐步过渡到抽象逻辑思维，但学生所形成的抽象逻辑思维在很大程度上仍然直接与感性经验相联系，所以在教学中教师不要将数学问题设置得过于抽象和笼统，而是要考虑到学生具体形象思维的特点，巧妙地引导学生发表自己的不同见解，提倡学生学会自主辨析，发表不同观点，鼓励学生向教师的"权威"挑战。由此才可以基于思维起点，促进思维发展。

（二）尊重学生思维的过程

1. 充分利用学生的错误或漏洞

在课堂教学中，错误是一种课堂动态生成的资源，是学生思维变化的具体体现，更是一笔宝贵的教学财富。因此，教师既要抓住学生思维中的错误，又要冷静分析和思考学生的错误，挖掘错误的成因，转化为拓展学生思维的教学资源。那么教师应该如何把错误资源转化为发展学生思维的有效资源呢？

例如，学生在混合运算时常常容易犯一些想当然的错误：①$2400 \div 20 \times 5 = 24$；②$8 \times 7 \div 8 \times 7 = 1$；③$25 \times 4 \div 25 \times 4 = 100 \div 100 = 1$。

学生在口算和一些其他的简便计算中，常用的方法便是"凑整"，这三道题无一例外都有明显的"凑整"条件，所以学生首选的方法就是先找整数再计算，于是便出现了如下常犯的错误：在计算 $2400 \div 20 \times 5$ 时先把 20×5 凑 100，在计算 $8 \times 7 \div 8 \times 7$ 时将前后两个 8×7 相抵消，在计算 $25 \times 4 \div 25 \times 4$ 时将前后两个 25×4 相抵消。学生出现这些错误的原因主要是并没有很好地掌握混合运算的法则。学生如果清楚掌握了混合运算的法则，就不会为了简便计算而忽视了运算顺序。针对这些错误，教师应该加强学生在计算时对运算符号及运算顺序的重视程度，使学生勤加练习，帮助学生扎实掌握混合运算的定义，从而准确进行计算。

人非圣贤，孰能无过。学生对未知世界还处于探索阶段，唯有在一遍遍试误中才能获得思考、解决问题的体验。因此，教师要允许学生犯错，让学生体验试误的过程，并善于利用学生的错误，对其进行分析，引导学生思考并纠正，防止学生偏离目标，从而促进学生更优秀地成长。

2. 尊重学生思维发展过程的先天特征

课堂不是生产相同产品的工厂，学生更不应是一个模子刻出来的产品。因此，教师需要考虑到学生思维的发展特点，尊重学生思维方式的多样性，避免出现"一刀切"的武断现象。

教师除了要尊重学生多样的思维方式之外，还需要注意学生好问的特点。纵观中小学课堂，我们很难看到学生积极主动地提出问题。其中一个很重要的原因是多数数学教师没有意识到小学生发现问题和提出问题的重要性。

在教学中，教师要有意识地根据学生个体的差异，有针对性地引导学生提问题，鼓励学生敢于提出任何问题，并分析、思考问题的价值，让学生明白如何提出高质量的问题。其次，是让学生学会在比较中发现问题，提出问题。与此同时，教师可以设置提问题的环节，给学生提问的时间。这个环节可以在刚上课检查预习情况时进行，也可以让学生在教学过程中随时发问，还可以在讲完新课后让学生发问。另外，对于口头能力较差的学生，可以指导他们先把问题写出来再口头提问。对于课堂上一时还没有提问勇气的学生，教师可个别指导交谈鼓励他们，也可以让他们先在课后谈，使其最终能在课堂上提问题。总之，在小学数学课堂教学中，教师需要精心设计发现和提出问题的环境，鼓励学生提出自己的问题。①

整体而言,在实际教学中,教师需要根据学生的思维发展特征为学生创设适合的问题情境,挖掘学生思维的潜力,寻找学生思维冲突的关键点,持续对学生进行方法点拨,引导学生不断发问,不断产生新的问题,同时让学生认识问题的价值,从而善于提问并能够自我质疑,最终解决疑惑,这样学生才能学到新知识,才有可能进行创新。

【典型案例分析】

"进位加法计算教学"案例分析

北京市东城区前门小学 李静

在整个小学数学学习进程中,计算这一部分知识占有很大的比例,是小学生数学学习最基础的内容,同时也是人们在日常生活中应用最多的数学知识,因此培养学生的计算能力一直是小学数学教学的主要目标之一。

《义务教育数学课程标准(2011年版)》中的计算教学一改以往计算教学的枯燥乏味,赋予计算教学新的内涵,使学生打好计算基础,进而提高整个数学素养。因此,对于小学数学教师而言,不但要关注学生的计算能力,还要关注学生自主探究的创新精神,更要培养学生与人合作的意识,丰富积极的情感体验等。由此可知,教师应该克服计算教学重结果轻过程的弊端,提高计算教学的有效性,设计出扎实而不失灵活的计算教学。基于这些思考,我们将以20以内的进位加法——9加几为例,从学习者视角出发,研究教师如何在分析学习路径的基础上帮助学生掌握算法理解算理,让每个孩子都能获得所需,提高学习能力和学习效率。

一、教材分析

计算不仅是一种技能或能力,更是一种基本的数学方法和数学意识,同时也是人们应具备的数学素养之一。《义务教育数学课程标准(2011年版)》中对学生的运算要求主要集中在第一学段,具体要求学生"能熟练地口算20以内的加减法""经历与他人交流各自算法的过程"。由此可

---

① 徐金花:《浅谈如何培养小学生的数学质疑能力》,载《中国校外教育》,2013(4)。

知，20 以内加减法是学生学习计算的开始，教师应该由此起步，注意培养学生遇到问题能够从数量上进行观察和思考的能力，逐步形成计算意识。

20 以内的进位加法是 20 以内退位减法和多位数计算的基础，这一内容的学习将对今后学生计算的正确率和速度产生直接的影响。用加法和减法解决简单的问题，既有利于学生在用数学中领会加法减法的含义，又可以为以后发现和解决稍复杂的问题打下基础。

在教材中，由例题到"做一做"的编排顺序遵循了由具体到抽象的原则，这一安排既为学生创设了计算 9 加几的问题情境，又体现了知识的形成过程。教材的设计有利于在 9 加几教学中培养学生的抽象思维能力，对以后的学习也会很有帮助。

我们通过分析教材发现，20 以内的进位加法的核心是"凑十法"。这种方法是计算进位加法常用的方法，它规律性强、易于理解、过程简捷，因此掌握好"凑十法"对学生进一步学习其他计算都有好处。但是，对于学生来说，"凑十法"是新接触的一种方法，掌握起来有一定的难度，因此教材专门安排例题进行教学。"凑十法"本身包括多种方法，如"拆小数，凑大数"和"拆大数，凑小数"等。其中"拆小数，凑大数"的方法比较简单，因此教材先安排学生学习这种方法，以此为基础再教其他的方法。这种编排顺序可以让学生了解 20 以内进位加法的多种计算方法，同时也能让学生意识到根据题目的具体情况选择自己喜欢或掌握得比较好的方法来进行计算，从而更好地发挥学生主动学习的积极性。

计算是一种必备技能，但是数学并不是枯燥的写和算，而应该和生活紧密联系，因此教师应让学生体会到数学来源于生活，应用于生活。教师要从学生的需求出发，把计算教学放置在各种活动情境中，让学生结合实际提出问题并进行计算，让学生在学习计算中体验事物之间的数量关系，逐步养成从数量上观察、思考问题的习惯和意识。比如，本节课教师借助了教材设计的运动会场景图这一资源，让学生提出 9 加几的计算问题，组织学生讨论、交流，探讨计算方法，把 9 加几的计算置入有事物情境、有活动情节的探索活动中，使计算含有丰富的具体内容，调动学生的学习热情。

二、学情分析

本学期学生已经学习了加法和减法的含义，理解了什么时候用加法、什么时候用减法，并且掌握了 10 以内不进位的加减法，能够口算 10 以内的加减法，能够用加减法解决简单的实际问题。有了这些基础，学生在计算时都会用数数这一基本技能来解决问题，即使碰到数目太难的题目，学生也会用数数的方法解决问题，但是之后学习的数越来越大，数起来会越来越慢且麻烦，很容易数错，所以掌握计算的简便方法尤为重要。在学习本节课之前，学生已经能够计算简单的加减法，知道 10 的组成，能够点数、接着数，这些都能帮助学生计算出得数。

基于此，我们对一年级的 60 名同学做了前测，前测题如下。

练习 1：圈一圈、算一算。

| | | | | | | | | | | |

$9+3=$

练习 2：说一说你是怎么算"$9+3=?$"的。

_____

练习 3：$9+6=$　　　$9+7=$
　　　　$8+4=$　　　$7+5=$

（一）计算正确率

$9+3$　　$9+6$　　$9+7$　　$8+4$　　$7+5$

在上面 5 道进位加法练习题中，60 名同学一共错了 44 题，正确率是 85.33%。由前测结果可知，在没学习本课之前，很多同学都会算进位加法，所以能写出得数并不是本节课的重点，但同时也发现，大多数同学都不会"凑十法"的计算方法，不能表达自己的计算过程，因此教师仍需要精心设计"凑十法"的算理教学。

（二）算理算法剖析

1. 会算并会用"凑十法"进行计算

说出"凑十法"计算过程的一共有 8 人，占总人数的 13.33%，会用"凑十法"计算的学生更是极少数（学生作品见图 3-1）。所以本节课的重难点是"凑十法"的教学，让学生能够用"拆小数，凑大数"的方法计

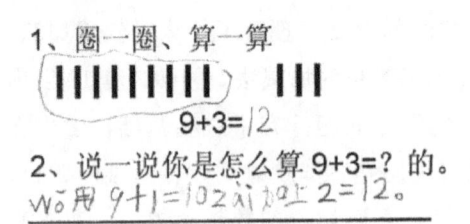

算进位加法。

图 3-1　学生作品

2. 用数数的方法计算

回答"我从 9 往后数 3 个，从 9 往上数 3 个，10、11、12"的同学有 9 个，占总人数的 15%；回答"我是用上面的小棒算的，我用手指数的，1、2、3、4……"的同学有 4 个，占总人数的 6.67%；用数数的方法计算的同学超过了 20%。（学生作品见图 3-2）由此可看出，数数是学生解决计算问题的一个策略，其中接着数的同学更多，说明学生已经发现接着数比一个一个数更快速简单，学生已经初步感受到算法择优。

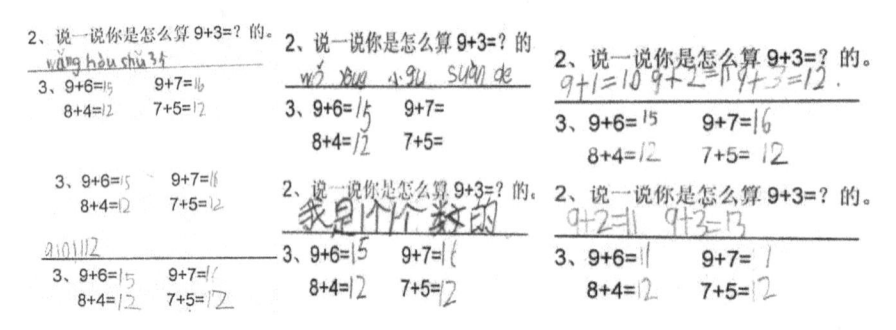

图 3-2　学生作品

3. 用 9＋1＝10 接着算

回答"用 9＋1＝10 所以 9＋2＝11、9＋3＝12"的同学有 3 人，占总人数的 5%。这种方法和接着数数的方法有相似之处，不过换成了加法算式，有些推理的含义。

4. 用 12 的分解组成算

用 12 的分解组成计算的人有 11 人，占总人数的 18.33%。这些学生受之前 10 以内的加减法知识的影响，用 10 以内的加减法组成计算，说明这些学生并不能说出计算进位加法的过程，思维和具体算法都不够清楚。

5. 写不出算法和写的不是算法

没有作答的有 18 人，乱写的有 7 人，共 25 人，占总人数的 41.67%。这部分人数最多，暴露的问题最大，说明学生对于计算进位加法的算理算法并不十分明确，所以计算进位加法 9 加几的"凑十法"是本节课教学的重点。

通过上面的前测分析，我们发现学生学习该内容的困难在于理解并掌握计算方法——"凑十法"，因此"凑十法"既是本节课的教学重点也是教学难点，本节课着重强调"拆小数，凑大数"这种方法。

三、教学设计

一年级学生以具体形象思维为主，年龄小、爱说爱动，所以教师在教学中应注意让学生通过动手操作、动口说、动脑想等学习活动掌握计算方法。同时，由于认识是一个循环的过程，所以教师需要安排不同的学习活动，使学生对所学的 20 以内的进位加法有多维度认识的机会。比如，用"凑十法"算 9 加几的内容，先用"放进 1 盒凑成 10"的活动揭示凑 10 的过程，再让学生亲自动手摆一摆或画一画，在实际操作的同时对照算式进行计算，将具体形象的操作过程与抽象的计算过程有机结合、对应起来，便于学生更容易地理解和掌握算法。

（一）提取信息和问题，多种方法解答

培养学生提出问题、解决问题的能力是一个重要的教学目标，因此本节课教师应充分利用教材所提供的丰富资源，初步培养学生提出问题、解决问题的能力。由于一年级学生年龄尚小，自己提出问题有一定难度，因此，教师应引导学生学会观察，帮助学生提取教材中的信息，使学生能够提出简单的数学问题，并加以抽象，列出算式，计算出结果，这样更有利于培养学生解决问题的能力。

师：从图中你们获取了哪些信息？根据这些信息你能提出什么问题？

生1：箱子里有 9 盒饮料，外面还有 4 盒饮料。

生1：（补充）一共有多少盒酸奶？

师：那你们会列式计算吗？

生：9+4=

生2：（抢答）等于13。

师：你们怎么算的？真快呀！

生1：9加4等于13，我是看图数出来的。

师：你能给我们数数吗？

生1：1、2、3……12、13。

生2：9加4等于13，我是从9接着数4个，10、11、12、13。

生3：9加4等于13，我是把9想成10，10加4等于14，多加了1个，14减1等于13。

生4：我想9和1能组成10，把4拆成1和3，9和1组成10，10加3等于13。

师：这么多方法都可以解决9加4等于几的问题。你听懂了几种？可以和同桌说一说。

（二）对比分析，算法优化，直观演示

计算教学不仅应该体现算法多样化，还需要体现算法的优化。算法多样化是课程标准中的一个重要思想，是指尊重学生的独立思考，鼓励学生探索不同的方法，而非让学生掌握多种方法。因为每个学生的知识背景和思考角度都各自不同，所以教师应开放自己的思想，开放学生的思维，提倡算法多样化。但是，学生自己思考得到的方法往往并不简便，有时速度很慢，因此教师在提倡算法多样化的同时，可以适时强调"凑十法"简便快速的好处。

师：刚才我发现你们用了那么多种方法都能计算出结果，那么以后我们学习的数会越来越大，如果总用数数来计算，会怎么样？

生1：很慢，容易数错。

师：对比一下这些方法，你们有什么想说的。

生2：计算的方法更好，算起来简单。

师：这种方法叫"凑十法"，接下来我们来看看你们觉得好的"凑十法"究竟好在哪里。

师："凑十法"就是刚才那位同学说的把4分成1和3，9加1等于10，10加3等于13。

师：你们能理解为什么要这样算吗？

(用实物直观演示"凑十法"。)

师：老师给你们带来了他们给运动员的慰问品（图3-3）。箱子里有几盒？我又拿来几盒？快数数。

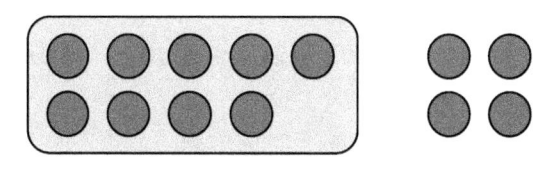

图3-3 教具1

生3：箱子里有9盒，您手里拿着4盒。

师：这一箱还差几个就满10个了？体会一下凑成10计算有什么优点。

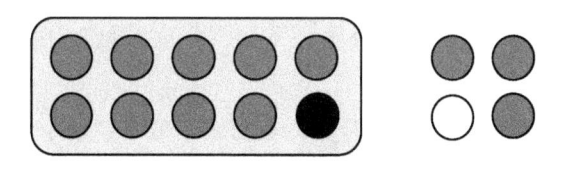

图3-4 教具2

生4：9再凑上1个就满10了，10加几就是十几好算（图3-4）。所以算式如下。

$9+1=10$

$10+3=13$

(三) 摆一摆，说一说，从直观到抽象

这一环节，教师通过让学生看真正的实物初步教学"凑十法"，让学生自己用学具三角片摆一摆、算一算9加4，巩固"凑十法"。之后，在此基础上让学生不用实物来说出计算步骤，算出得数。再让学生默声想出计算步骤，算出得数。通过"揭示—操作—说—想"的系列学习活动，给学生充分的观察、探讨、动手、动口、动脑的时间和空间。这种从具体到抽象一步一步深入的学习过程，可以使学生较好地掌握20以内进位加法的计算方法和算理，实现使学生理解和掌握计算方法的教学目的，有效地培养学生学习数学的兴趣和初步的计算意识，把操作表象转化为图式，巩固内化"凑十法"。通过"看实物—摆学具—说算法—写图式"

的教学过程，让学生理解内化"凑十法"的过程，突破教学重难点。

师：你们能用你手中的小棒算一算9加4等于几吗？

（学生用学具摆，内化"凑十法"。）

（教师巡视，听学生的计算过程。）

生1：我把4根里的1根拿过来和9凑成10，10再加3就是13。

师：（总结）看9想几？

生1：想1，因为9加1等于10。

师：好，我教你们一个小口诀，看9想1，4可以分成1和3，9加1等于10，10再加3等于13。

（同桌互相一边摆一边说。）

师：我把数再变大一些，9加7，你们能摆一摆、算一算吗？

（学生独立用小棒边摆边说巩固"凑十法"。）

生2：看9想1，7可以分成1和6，9和1组成10，10再加6等于16。

师：如果没有学具帮我们计算，我们就不能用"凑十法"算了吗？

生2：不是，可以算，可以心里想。

师：你们看老师会把"凑十法"用笔记录下来。

$$\left(\text{板书}\ 9 + 7 = 16 \atop \underset{10}{\overset{1\ \ 6}{\diagdown\diagup}}\right)$$

师：你们会这样写出"凑十法"计算吗？请你们试试计算9加6。

（学生独立计算9加6，写一写，说一说。）

生2：看9想1，6可以分成1和5，9加1等于10，10再加5等于15。

$$\left(\text{学生写：}\ 9 + 6 = 15 \atop \underset{10}{\overset{1\ \ 5}{\diagdown\diagup}}\right)$$

师：以后计算熟练了，这个过程我们可以通过在脑中想来完成，就可以直接写出得数了。

（四）探索规律，归纳类推，理解运用"凑十法"

这一环节，教师把"凑十法"的算法规律运用到8加几上，拓展下节课的知识，引导学生发现"凑十法"的规律性。

师：刚才我们是把几凑成 10 的？

生：把 9 凑成 10。

师：那如果是 8 加 4 你们会算吗？

生：会，把 8 凑成 10，看 8 想 2，4 可以分成 2 和 2，8 加 2 等于 10，10 加 2 等于 12。

师：如果把 8 再换成 7 你们还会算吗？

生：看 7 就想 3。

师：看来"凑十法"可以帮我们解决这一类的计算题，这些都是有进位的加法，我们一般都用"凑十法"来计算。

师：这些留到下节课我们继续探究。

整节课的教学流程如图 3-5 所示。

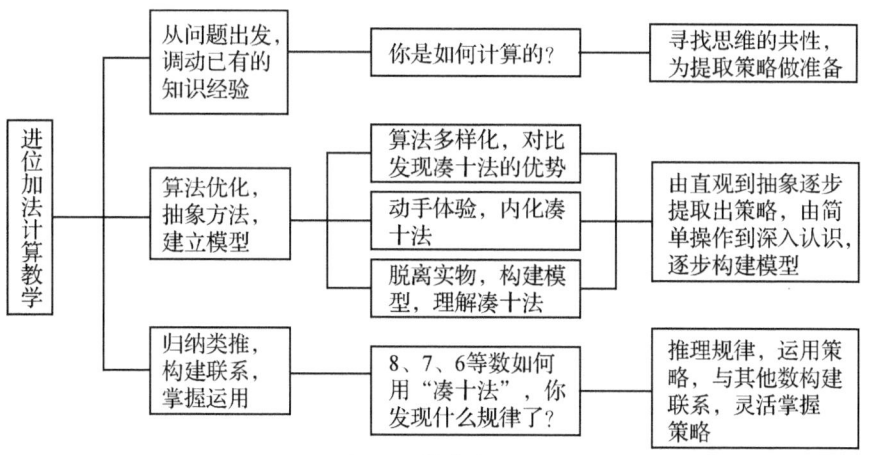

图 3-5　教学流程图

实际上学生在学习新知识时，是有原有认知结构和自身的思维潜能作基础的，所以教师需要放手让学生自己去想、去做，发现问题并寻求解决问题的方法，给学生更多独立思考的机会。教师要尊重学生思维，就要舍得放手，让每个学生在面对数学问题时都能独立思考，尽可能自己找出解决问题的方法。当计算遇阻时，再让学生相互交流、相互启发，教师尽量做问题的共同研究者和引导者，参与到学生的探讨交流中，最终让学生自己归纳尝试所得，这样才是真正推崇扎实有效、尊重学生个性发展的理性计算教学。

【话题讨论】

下面六篇文章分别就"尊重学生思维"这一话题，先后讨论了为什么要尊重学生的思维与如何尊重学生的思维。

尊重学生思维 课堂将超乎你想象

北京小学通州分校　魏超

在数学课堂上，教师为了赶教学进度，节约时间，避免麻烦，习惯让学生按照预设好的方式思考，用既定的方式解题，尽量不在课堂上与学生有过多的"纠缠"。但随着《义务教育数学课程标准（2011年版）》的颁布以及新的教学理念的冲击，我们意识到这种做法禁锢了学生的思维。为此我们在课堂上需要尊重学生的思维，让他们的思维在课堂上充分展现出来，如果能这样做，课堂效果将超乎我们的想象。

下面就以北京版教学教材六年级上册第五单元"圆"为例，具体谈一谈在教学过程中尊重学生的思维，设计相应的环节，把学生的思维过程都展现出来，我们可以看到学生的思维是多么精彩。

【教学片段一】

问题1：两个人为一组，利用手中的圆想一想你们组打算怎么研究圆的面积？

问题2：有哪些困难？

经过一段时间的讨论，学生们有了如下的思维碰撞。

生1：我们组的办法是在圆里面画一个正方形，而正方形的面积我们是学过的，但有一个问题就是圆的面积不是正方形的面积，剩下部分的面积我们求不出来。

生2：我们也是差不多的方法和问题。我们是在圆的外面画一个正方形，但是我们的正方形要比圆的面积大，多余部分的面积我们也求不出来。

师：他们两个组的方法差不多，虽然不能求出圆的面积，但是有什么可取的地方吗？

生3：我觉得你们的办法根本不能研究圆的面积，不是研究圆的面积的好方法，但是可以得出圆的面积的范围。你们看第一组是在里面画正方形，第二组是在外面画正方形，圆的面积比里面的正方形的面积大，比外面的正方形的面积小，所以圆的面积应该在两个正方形的面积之间。

生4：我想到一个办法，就是别在圆里画正方形了，在里面画正多边形，画的边数越多，就越像圆，但是也有一个问题，就是边数多的正多边形我们也没学过。

师：还有没有其他方法？看看后面同学的发言能不能带来新的启发。

【教学片段二】

生1：我们组是把圆变成了4个大小一样的扇形，但是我们不会求4个扇形的面积。

生2：我们组把4个扇形上下拼在一起，如果边再平一点，就是平行四边形了。

师：还有其他小组使用了类似的方法吗？

生3：我们组是把圆分割成8个扇形，然后拼成平行四边形的。

生4：我们组是把圆分割成16个扇形，然后拼成平行四边形的。

生5：我们组也是分割成16个小扇形，但是拼成的不是平行四边形，而是梯形。

生6：我们组是三角形。

【教学片段三】

生1：我们组打算把圆剪成宽度为1厘米的圆环，把每一个圆环撕开变成长方形，然后按照长方形的方法算出圆的面积。

生2：你们组的方法根本没有办法实施。把圆剪成一个个圆环是可以做到的，但是没有办法把圆环变成长方形。长方形应该一样才行，你的都不一样。

生3：他没有说明白，我再给他补充。长方形的上边长和下边长应该是一样的，但是你把圆环变成长方形的时候，圆环里面和外面分别是长方形的上边和下边，你的圆环的里面和外面根本不一样长。

生4：我也想到了办法，就是别把圆按宽度1厘米剪成圆环，可以剪得特别窄，这样圆环的上面和下面就差不多一样长了。

通过对以上教学过程的反思，我进行了思考，做出了如下总结。

第一，尊重学生的思维，提炼学生的思维，提升学生的认识。无论在圆里面画正方形还是在圆外面画正方形，或是试图把圆变成圆环继而变成长方形求圆的面积的方法，都是存在问题的，但是学生的思路又是很清晰的。学生们都在试图转化图形，把没有学过的图形想办法转化成已学过的图形，进而使问题得到解决。只不过在这个过程中，有些问题还需要进一步解决。这样对学生的思维进行提炼，让学生认识到探究新的图形的面积可以通过把新图形转化成旧图形的方式得到，为学生以后探究图形的面积提供了清晰的认识。

第二，尊重学生的思维，发散学生的思维，开拓学生的视野。还有其他小组用类似方法的吗？"我们组是把圆分割成8个扇形，然后拼成平行四边形的。""我们组是把圆分割成16个扇形，然后拼成平行四边形的。""我们组也是分割成16个小扇形，但是拼成的不是平行四边形，而是梯形。""我们组是三角形。"这几种方法都是把圆分割成扇形，思维方法相同，都是把圆转化成已学过的图形，但分割的扇形个数不同，把扇形组成的新的图形也不同。这样做，在尊重学生思维的基础上发散学生的思维，丰富了我们印象中计算圆的面积的传统方法，使得通过把圆切割成小扇形将其转化成已学图形的方法更加饱满。

第三，尊重学生的思维，应用学生的思维，激发学生的兴趣。无论在圆里面画正方形还是在圆外面画正方形，或是把圆分割成许多小扇形，或是试图把圆变成圆环继而变成长方形的想法，都是存在漏洞的。有什么方法能够帮助解决这一问题呢？利用这一年龄段学生的思维特点，抛出这一未解决的问题，吸引更多的同学深入思考，思维交流、碰撞，对刚刚提出的初级思路进行修正，为有缺陷的思维找到了新的出路。

第四，尊重学生的思维，总结学生的思维，提炼解决问题的方法。无论哪种计算圆的面积的思维方式，都经历了转化图形、建立联系、总结公式的环节，即把圆转化成已经学过的图形，寻找转化的图形与圆的联系，总结出圆的面积公式。这样做既尊重了学生的思维，又总结了几种思维方式的共通之处，为以后解决图形面积公式的推导提供了模板。

数学教育的目的，不是单纯地学会数学知识本身，而是通过知识的授予，引导学生积极参与数学活动，使学生体验数学知识产生、发展的过程，获得知识的深刻理解，培养学生对数学学习的兴趣，让学生的潜能尽情发挥。在教学中，教师必须尊重学生的思维过程，当学生的思维得到教师的尊重和理解,这样的课堂效果将超乎你的想象。

尊重学生的思维

北京市东城区灯市口小学　李天雪　尹怡

数学教育家斯托利亚尔指出:数学教学是数学思维活动的教学,而不仅仅是数学活动的结果。思维是智力的核心,也是素质教育的基础。[1]

在日常的教学活动中,经常是教师讲了很多遍,觉得已经讲得很清楚了,学生还是不会;课堂上有的学生已经会了,可是有的学生还是不明白。要解决这些问题,就要尊重学生的思维,了解学生数学思维的特点,在教学中及时引导学生的数学思维,培养学生的思维品质,把思维训练落到实处,提高学生的数学思维能力。

一、尊重学生思维,设计课堂活动,促进知识理解

《义务教育数学课程标准(2011年版)》指出:"数学教学活动,特别是课堂教学应激发学生兴趣,调动学生积极性,引发学生的数学思考,鼓励学生的创造性思维。"低年级学生喜欢具体形象的实物,而对抽象的、概括的知识难以理解,因此对于数学的抽象概念,学生总是学得似是而非,有些概念说起来,学生好像都知道,但是对于概念的本质并不理解,所以在应用概念时就会出现问题。因此在教学过程中,首先要真正了解学生思维发展的水平、思维方式和思维能力,从学生的思维起点出发,设计学习活动。例如,针对人教版数学教材三年级上册"分数的初步认识",我设计了不同层次的活动,从折二分之一开始,到分辨三分之一和画五分之一,最后折出不同的四分之一。学生经历折、画等操作,逐渐对几分之一的概念有了清晰的认识。

二、尊重学生思维,顺应个性想法,感悟知识本质

培养学生的思维能力是数学教学的一项重要任务。因此在数学教学中,教师要充分应用各种手段和方法,对学生进行数学思维训练,启发引导学生积极主动地参与、探究知识的形成过程,让学生在动手操作的过程中进行心灵碰撞,从而培养学生的数学能力,尊重学生的思维特点,

---

[1] 刘艳明:《小学生数学思维特点的研究》,载《教育研究》,2007(9)。

促进学生思维的和谐发展。①

条形统计图是"统计与概率"领域的一个非常重要的知识点。"统计与概率"领域研究的是数据，通过对数据的分析得到信息。因此，在统计与概率的教学过程中一定要强调数据，强调数据分析观念，教学设计要紧紧围绕数据分析观念和应用意识而展开。数据分析是统计的核心，要使学生形成数据分析的观念，最有效的方法就是让学生真正参与到统计的全过程中。

教学活动应该建立在学生的认知发展水平和已有的知识经验基础之上。进行教学设计前我对学生进行了前测。学生多种多样的呈现方式，为自主探究新知提供了丰富的素材。我以此为连接点，设计教学环节。在对比交流中引起矛盾冲突，促进知识的逐步构建和思维的螺旋上升。

我在课堂上利用学生的前测，抓住学生资源，在教学环节中展开了三次对比活动，尊重学生的思维，并在认知冲突中一步步完善条形统计图的"细部特征"，突出了本节课的教学重点。

三、尊重学生思维，鼓励自主学习，培养创新意识

新课改以来，小学数学教学发生了翻天覆地的变化，学生的主体地位有了显著的提高。教师要学会从学生的实际出发，学会遵循学生的思维规律，开展真正的课堂教学，以开发学生智力，更好地促进学生各方面能力的发展②。

作业是学生学习过程中对知识再认识的过程，是学生学习过程中不可缺少的一部分，是学习过程中的一个重要环节。在以学生为主体的引领下，我设计了开放性的复习作业，每一单元或每一模块学习完之后，由学生自主进行学习和复习，让他们自己进行每个单元的小结。

我尊重每一位学生的思维，课上会让这些同学讲述他们的总结，并做适时的点评，让每一个学生的思维都能够得到发展，并培养学生的创新意识。

四、尊重学生思维，合作交流体验，提高学习能力

《义务教育数学课程标准（2011年版）》指出："学生学习应当是一个

---

① 王冲、梁龙：《尊重学生特点 启迪学生思维》，载《新课程》（中），2016（12）。
② 徐玉：《尊重学生思维 促进能力发展》，载《数学教学通讯》，2016（17）。

生动活泼的、主动的和富有个性的过程。认真听讲、积极思考、动手实践、自主探索、合作交流都是学习数学的重要方式。"在现在的数学课堂上，小组合作学习已经成为一种应用广泛的学习方式。小组合作能够让学生在学习数学的过程中感受彼此不同的思维方式和思维过程，教师也可以在小组活动中了解学生的思维水平，及时调整教学过程。同时培养学生与他人合作的意识和能力，产生学习数学的兴趣，提高学习效率。

教材中设计了"综合与实践"的学习内容，这是以问题为载体、以学生自主参与为主的学习活动。它有别于学习具体知识的探索活动，更有别于课堂上教师的直接讲授。它是教师通过问题引领、学生全程参与、实践过程相对完整的学习活动。

针对人教版数学教材三年级下册的"制作活动日历"（图3-6），我们在研究中认识到，这个内容的教学活动不能只达到会制作一个活动日历的目的，还要在问题的引领下，在动手操作活动中，尝试解决问题、发现新问题、再实践解决……

图 3-6　活动日历

学生在小组中对如何用两个正方体表示 31 天进行研究。学生开始只能想到在一个面写几个日期。

我适时地组织学生进行质疑和讨论，学生逐渐明白这样的写法不符合要求，同时也不能快速、准确地表示某一天的日期。于是学生进一步实践，想到用两个小正方体分别表示十位和个位，这样就可以方便地表示出 31 天。但是学生又发现了新问题，十位只需要 1、2、3 几个数，而个位需要 0~9，可是一个小正方体只有 6 个面，而且还有十位和个位相同的日期。带着这样的问题，又开始了新一轮实践。

我把课堂交给学生，在课堂教学中鼓励学生提出问题，并且鼓励学生一起分析、研究、解决问题。在不断地质疑、实践和反思过程中，师生和生生之间进行思想交流与碰撞。

在活动中，教师会更多、更深入地了解学生的想法，了解学生的思维方式和思维水平。正是因为尊重了学生的思维，学生的小组合作交流才有了惊人的发现，学生的很多想法是我没有想到的。因此在教学设计活动中一定要尊重学生的思维水平，这样才能提高学生的思维水平，在体验活动中逐步提高学生的学习能力。

五、尊重学生思维，联系生活实际，发展应用意识

"生本"的理念，是从学生需求角度考虑问题，尊重学生的思维，使学生的能力得到最大化发挥。一切为了学生，高度尊重学生，全面依靠学生。比"基本知识和基本技能"更为基础的是发展人的思维和应用意识。

学校开设了综合实践课程，充分结合了学生的实际生活。比如，四年级结合传统文化的主题，开展了走进颐和园的课程，让学生走进颐和园，在课堂上学习颐和园，在纸上绘出颐和园，在心中感悟颐和园。在综合实践课程中，教师充分尊重学生的思维，让他们去寻找颐和园中的数学、语文、英语……自主进行知识的积累与分享。

通过学生自主积累和感悟，让学生在课堂中真正成为主人，自己去体验和感悟知识在实际生活中的应用，就可以最大限度地培养学生的应用意识。

给思维一个"支架"撑起一片思考的天空

北京市大兴区第五小学　薛晓霞

《义务教育数学课程标准（2011年版）》描述了义务教育阶段数学课程的两个基本理念：面向全体学生，适应学生个性发展的需要，使得人人都能获得良好的数学教育，不同的人在数学上得到不同的发展。

良好的数学教育既应该体现数学的本质，让学生学会运用数学思维进行思考，体悟数学的内在价值，又应客观对待人的差异性，使所有学生在获得共同的数学教育的同时，最大限度地满足每一个学生的发展需要。那么，教师作为教学活动的组织者、引导者与合作者，如何在共同的数学教学活动中，既能尊重学生不同的思维起点，又能寻求每个学生的"共同"发展呢？下面我以北京版数学教材一年级上册第二单元的"两位数加整十数"一课为例，谈谈我的具体做法。

一、课前做足，了解儿童思维的发展特点

既然是尊重学生不同的思维起点，那就先从了解儿童的思维发展特点入手。儿童思维的发展，一般会经历直观动作思维、具体形象思维和抽象逻辑思维三个阶段。

直观动作思维，又称实践思维，是凭借直接感知，伴随实际动作进行的思维活动。实际动作是这类思维的"支柱"。例如，借助数手指、摆小棒、拨计数器等活动而产生的结论都是直观动作思维的结果。不足之处在于，实际活动一停止，思维便立即停下来了。

具体形象思维，是运用已有表象进行的思维活动。表象便是这类思维的"支柱"。例如，计算"2＋3＝5"时，不是对数字的分析、综合，而是在头脑中想象2个棒棒糖、3个棒棒糖，把这些头脑中的实物表象放在一起得到5个棒棒糖，或是用画图的方式表示出来。这种思维方式在小学低年段的学生身上表现得比较突出。学生需要形象思维来帮助他们理解知识，也为发展抽象思维奠定了基础。

抽象逻辑思维，是以概念、判断、推理的形式达到对事物的本质特性和内外联系认识的思维。概念是这类思维的"支柱"。例如，"表示把两部分合起来，用加法""从总数中去掉一部分，求另外一部分，用减法"。在数学的学习及日常生活中，分析问题、解决问题都离不开抽象逻辑思维，所以说，抽象逻辑思维是人类思维的核心形态。这种思维在小学高年级会得到迅速发展。

虽然思维发展有三个不同阶段，但在解决问题的过程中，它们又互相联系、互相补充、不可分割。

二、课中做实，外显思维，"点""点"相交，构建思维"支架"

思维起点是指在学习和认知新的知识时已有的相关知识与能力。我通过对70名学生进行问卷调查，了解到95%的学生能正确计算出两位数加整十数的结果，而只有72%的学生能准确合理地描述算理。

"45加20等于65没错，那65是怎样算出来的呢？""大家可以从数数、摆小棒、拨计数器、画图或是其他方法中选一个你最拿手的方法，自己一边摆一边说，一边想一边说，把你刚才计算45加20的过程说一说。"这样就把学生的思维引导到了算理的厘清上。

(一) 直观动作思维

1. 方法一：数一数

生 1：从 45 往后数 20 个数，46、47、48、49……65。

生 2：从 45 往后十个十个地数，45、55、65。

2. 方法二：摆小棒

生 3：我先摆 4 捆小棒，表示 4 个 10，再摆 5 根小棒，表示 5 个 1，合起来是 45。然后再拿 2 捆小棒，把它和 4 捆小棒合在一起。4 个 10 和 2 个 10 合起来就是 6 个 10，再和 5 个 1 合起来就是 65（图 3-7）。

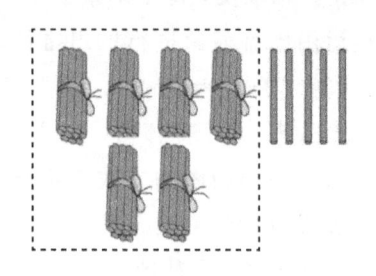

图 3-7　摆小棒

3. 方法三：拨计数器

生 4：先在十位上拨 4 颗珠子，接着在个位上拨 5 颗珠子，4 个 10 和 5 个 1 合起来就是 45。然后，在十位上拨 2 颗珠子，表示 2 个 10。4 个 10 和 2 个 10 合起来就是 6 个 10，最后再加上 5 个 1，就是 65（图 3-8）。

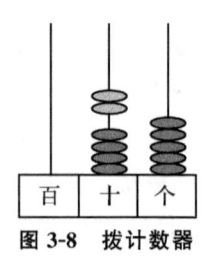

图 3-8　拨计数器

(二) 具体形象思维

生 5：画的图见图 3-9。

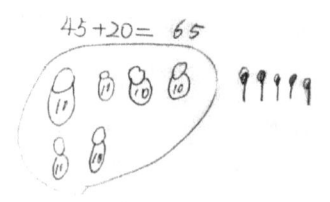

图 3-9　画图法

(三) 抽象逻辑思维

生 6：我是用数的组成来想的。

$$45 + 20 = 65$$
5 40
     60

动手实践、自主探索、合作交流是数学学习的重要方式。但是在观察、操作、画图、推理、描述等独立思考的过程中，学生的思维往往是"点式"或"线性"的，点、线思维容易使我们囿于一隅，思考问题僵化、片面。虽然通过充分的交流，每一个学生都可以体验到多样化的算法，丰富数学活动经验，提高数学的思维水平，但思维方式依然局限于"点"或"线"。

于是，在多样化算法呈现出来后，我追问："无论摆小棒、拨计数器还是画图，这些方法都有一个共同的特点，是什么呢？"学生会快速地回答："都是把几个十加起来"，甚至还有学生想到了"十位上的数和十位上的数相加"。

教学活动既要努力使全体学生达到课堂目标的基本要求，又要关注学生的个体差异。在尊重每个学生不同的思维起点的前提下，教师要引导学生为孤立的点、线思维寻求共同的"交点"，从而在学生的思维中构建解决问题策略多样化的思维"支架"。

三、课后做稳，内在升华，撑起一片思考的天空

如何让这个思维"支架"发挥作用，并作用最大化呢？对课后练习我提了这样的要求，"大家计算时请选择与刚才不同的思考方法，说一说，算一算"。学生分别对"支架"上的多种策略进行实验、验证，在数学活动中把外显的思维"支架"内化升华，把独立存在的各个"点"连成"网"状"天空"，让数学的思考在这里遨游。

学生研究指的是以学生为主体，尊重学生的认知、思维、心理等特点，设计符合学生的数学活动。让学生在独立思考、自主探索的数学活动中积累活动经验，发展核心素养。

通过对后续"两位数减整十数""两位数加、减一位数（不进位、不退位）"以及"两位数加、减一位数（进位、退位）"的追踪和访谈发现：第一，解决问题时思维呈现多样化，"支架"中的每一个部分都有所体现；第二，鉴于小棒、计数器等学具的局限性，运用具体形象思维和抽

象逻辑思维的人数有所增加。

由此可见，共同构建思维"支架"的数学活动，不仅达到了全体学生对原有思维进行加深、提升的目的，还满足了学生个体收获多种活动经验的需求。

品味数学作业 读懂学生思维

北京市大兴区第五小学　郝建双

《义务教育数学课程标准（2011年版）》指出："数学是人类文化的重要组成部分，数学素养是现代社会每一个公民应该具备的基本素养。"数学教育"要发挥数学在培养人的思维能力和创新能力方面的不可替代的作用。"教师要培养学生的思维能力，首先就要读懂学生的思维。

一、数学作业是教师与学生交流的重要方式，是读懂学生思维的重要阵地

在《现代汉语词典》中，"读"有看、阅读之意，"懂"是知道、了解之意，"思维"有名词和动词两种词性，作名词时指在表象、概念的基础上进行分析、综合、判断、推理等认识活动的过程，作动词时指进行思维活动。简言之，在数学活动中，要读懂学生数学学习的过程，既要关注学生数学活动的结果，又要关注学生在数学活动中的思维和想法。

在以往的教学中，教师和学生往往注重课堂教学的过程与质量，深入研究提高课堂教学质量和课堂教学实效性的方法。在课上教师读懂学生的思维通过关注师生的交流、生生的互动和学生的表情来实现。但受限于时间和学生人数，课上读懂每个学生的思维活动很困难。因此，作业就成为教师检验学生课上学习效果必不可少的手段。但很多教师在批阅作业时，往往把关注焦点放在作业的"对"与"错"上，作业中只有"√"和"×"。其实学生作业无论对错，都反映了他在学习过程中的思维活动。

教师批阅作业的过程是教师与学生一对一的交流过程。学生作业中存在着大量信息，仔细品读，它会向教师讲述学生对数学知识和数学问题的理解。比如，学生的知识、能力以及思维方式、思维习惯等大量信息都可以从学生作业中流露出来。如果教师能够注意到这些，就可以更全面地了解学生的学习过程和思维状况。

二、品味学生数学作业，读懂学生思维活动

在实际教学中，教师不但要积极备课、讲课，同时还要参与学生全面的学习过程，重视对学生数学作业的批阅过程，从中读懂学生对数学的理解。那么，批阅学生的数学作业，教师可以读出哪些内容呢？

（一）品读学生作业，能够读懂学生对数学知识是否理解

教师批作业，很重要的一方面就是检测学生对知识的理解程度以及运用知识解决问题的能力。一般情况下，在作业中可以直接看出学生是否已经掌握相关数学问题，是否能灵活运用数学知识解决问题。仔细分析学生作业的每个步骤，还可以体会到学生思维是否清晰，思路是否简洁。即便是学生没有做对的作业，错题中也蕴含着大量的解题信息。

（二）品读错题资源，分析学生思维活动及对知识的掌握程度

仔细阅读学生作业中的错误，我们会发现错误有很多种类型，这些都是我们分析学生掌握和理解情况的教学资源，也是我们分析了解学生学习习惯、思维方式的重要资源，它们不单单是计算错误、列式错误、单位错误。站在学生的角度分析学生的作业，仔细品读，就会挖掘到学生作业中的"道理"，会有很大收获。下面就通过北京版数学教材六年级上册第五单元"圆"这一单元中学生的作业问题品读学生思维。

1. 解决问题时方法思路都正确，但数据用错，导致错误

有这样一个典型的例子（图3-10），反映了学生在解题过程中的思维活动正确，却在提取信息时出现问题。

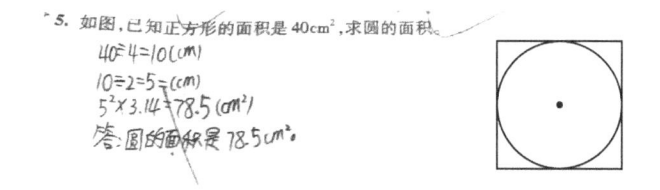

> 5. 如图，已知正方形的面积是40cm²，求圆的面积。
> 40÷4=10(cm)
> 10÷2=5(cm)
> 5²×3.14=78.5(cm²)
> 答：圆的面积是78.5cm²。

图3-10　错例1

分析图中学生的作业，学生分步计算圆的面积，从第二步可以看出学生已求出圆的半径5（cm）。自上而下分析可以推出学生的思维活动：要求圆的面积就要知道半径是多少，所以关键是求出圆的半径。第一步先通过40求出正方形的边长（也就是圆的直径）40÷4＝10（cm），进而

求出半径是 5 (cm)，最后求面积。纵观学生的解题过程，思路清晰，书写也规范工整，却出现了一个很大的错误：把题中的面积 40 (cm²) 看成了周长是 40 (cm)！第一步中的单位名称"cm"足以证明这一点。

由此分析原因：该生对"方中圆"的特点认识深刻，"正方形边长即圆的直径"，所以更多关注的是图形中长度的数据，再加之读题不仔细，就误把"40"认为是 40 (cm)。

下面这个学生的作业，也同样说明了这个问题，见图 3-11。

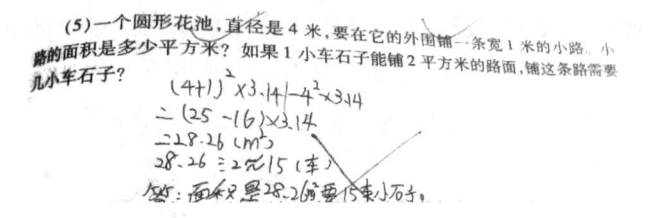

图 3-11　错例 2

首先，在这个例子中，学生所列算式是两个 πr^2 相减的模型，也就是用大圆面积减小圆面积解决，可以看出学生从问题入手，求小路的面积就是求环形的面积，这个解题的思路是正确的。但大圆的半径却是 5 (m)，即 (4 m+1 m)，小圆半径是 4 (m)，可见学生审题后提取数学信息出现了问题——4 (m) 是花池的直径，并非半径。由此可见，学生解决问题时，准确理解题意、制定解决问题的方案固然重要，但准确理解数学信息的含义也很重要。

2. 解题时，受认知水平或过往活动经验的干扰，导致错误

图 3-12 是一道求阴影部分周长的题目。最基本的方法是分别求出三个半圆弧的长度，然后求和；还可以通过平移转化等方法灵活解决。观察学生的做法我们会发现，算式表示的含义是半圆弧的长度与两个半径长度的总和。可见学生是通过剪拼把右下部分的小半圆移到左边空白处的，这样就形成了一个完整的半圆，图中算式求的正是这个半圆的周长。

分析这种解法背后的道理，就发现了学生思维上的问题：学生有用剪拼法把图形转化成已知图形的经验，转化后变成了简单图形再求它的周长。但这里忽略一个问题，剪拼后面积没变，但周长变了，因为原有的两个小半圆弧被"藏"起来，2 个 5 (cm) 却被"露"在外面，图形周

> 先描一描阴影部分的轮廓线，再计算出它的周长。
>
> 2×5×3.14÷2 + 2×5
> =10×3.14÷2+10
> =31.4÷2+10
> =15.7+10
> =25.7(cm)
> 答：它的周长是25.7cm。

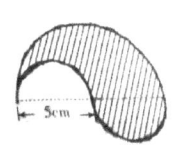

图 3-12　错例 3

长当然就变化了，所以不能这样剪拼。

3. 学生作业受书写问题的干扰出现错误

这是一道已知半径是 5（m），求圆的周长的实际问题（图 3-13）。这个错误很明显——方法正确，计算结果正确，但数字书写不规范，答题错误。书写时，31.4（m）数字"1"与"3"连在一起，造成"37.5"的假象，答题时顺带就写成 37.5（m）了。同时这种错误也暴露了这样的问题：学生的思维连续性不强，缺少检验作业的意识，刚刚算出的数据，答题时就忘记了是多少，不做基本的检查工作。

> （2）一个圆形喷水池的半径是5米，它的周长是多少米？
> 5×2×3.14=37.4（m）
> 答：它的周长为37.4m。

图 3-13　错例 4

三、读懂后怎样改进教学，提高学生的思维能力

读懂学生作业真实的想法，有助于教师知道学生错题背后的问题到底出现在哪里，有助于教师有的放矢地改进教学，提高教学实效性。在今后的教学中，教师要注意做到如下几点。

第一，加强培养分析数学信息的能力，提高审题能力。

第二，鼓励学生读懂自己的思维，自查思维漏洞。

第三，鼓励学生写作业态度认真，书写工整，计算认真。

第四，注重培养"回头看"的意识和习惯。

另外，为了方便和学生的交流，教师批阅作业时不仅要留下"√"和"×"，还要和学生做笔墨交流，留下启发的、鼓励的和质疑的词句，如方法好、想得妙、加油等，或教师直接与学生面谈，直接交流作业内容。

总之，从作业中教师可以读懂学生的思维，通过批阅作业教师可以改进教学方法，培养学生的学习兴趣，发展学生的思维能力。

在操作活动中发展学生动作性思维
——以"平行四边形"一课教学实践为例
北京市建华实验学校　石慧

一、动作性思维的概念和意义

人类的任何一项操作实践过程，其实都包含两个基本要素：操作实践活动和思维活动。它们之间有什么关系呢？缺少思维活动的操作，是机械的操作劳动；缺少操作实践的思维，是空洞的思维。动作性思维是在操作过程中产生的思维活动，它离不开操作的对象与工具，如图形、工具、实物等，并伴随操作活动的全过程。动作性思维是操作实践活动的灵魂，它使得学生把外显的动作过程和内隐的思维活动紧密结合起来，使之成为"思维的动作"和"动作的思维"。为此，教师要精心设计数学操作实践活动，使学生在对比反思中完善认识，发展动作性思维，培养数学素养。

二、动作性思维在几何图形学习中的作用

以北师大版数学教材四年级下册第四单元的"认识物体"一课为例。课前仅仅准备好长方体、正方体、圆柱和球等实物，在课堂上让学生摸一摸、看一看，看似学生在动手操作、认识物体，但是这四种立体图形的不同之处以及长方体和正方体的不同之处与相同之处等相关问题，却未能引起学生的思考，因为这是一种缺少思维活动的操作。在操作中让学生摸一摸、比一比，说一说几种立体图形有哪些不同之处，启发学生思考长方体和正方体有哪些不同之处……这样边思考边操作，学生的学习会更"深入"。

几何图形的学习，不仅要运用视觉、听觉、触觉等多种感官，引导学生进行操作实践活动，还要让他们在操作实践活动中进一步总结、思

考相同点、不同点，使得学生从具体形象思维顺利地过渡到抽象思维，促进学生在知识、能力和情感方面的和谐发展。这就要求课堂教学以促进学生的动作性思维为核心目标，有意识地进行动作性思维的教学设计。

三、以"认识平行四边形"一课为例，浅谈发展动作性思维的策略

（一）在操作活动中引导学生把动手与动脑结合起来，培养学生动作性思维的习惯

在学生的操作实践活动中，通过创设教学情境，引发问题意识，引导学生把动手与动脑结合起来，激发学生的数学思维，进而促进学生对数学概念、法则、公式、定理的理解。例如，在执教北师大版数学教材二年级下册中"认识平行四边形"一课的时候，首先出示一组图形（图3-14）导入新课。

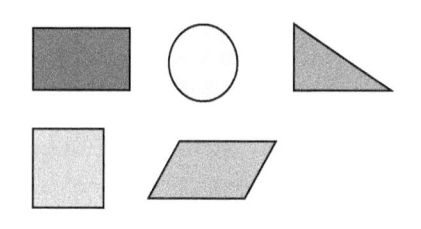

图 3-14　问题情境

再次设计三次游戏，请学生参与并验证（图3-15）。第一次游戏：请你找出一个跟其他图形不一样的图形，说说你的理由。第二次游戏：请你找两个有点像的图形，说说你的理由。第三次游戏：请你找三个有点像的图形，说说你的理由。

在三次游戏结束后猜一猜：长方形、正方形、平行四边形有什么样的特点？想办法验证你的想法，并完成表格。

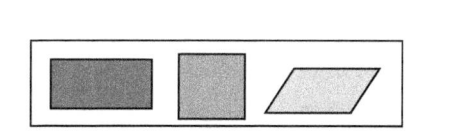

仔细观察，长方形、正方形和平行四边形分别有什么特点？在下面的表格里写出你的发现：

	长方形	正方形	平行四边形
角的特点			
边的特点			

图 3-15　问题与表格

教师设计三次游戏，一次一次地将五个图形进行分类，让学生的思维逐步"逼近"四边形。第一次游戏，学生选择不同图形，能够说明它的与众不同。第二次游戏找出两个图形有点像，排除了圆形和三角形，说明学生"模模糊糊"地既有对角的认识，又有对边的数量和长度的认识。第三次游戏找出三个图形有点像，让学生聚焦问题，逐渐逼近四边形的过程，隐含感觉"像"代表有联系，"不像"代表有区别。三次游戏的经历，让学生似有非有、似懂非懂地接触图形，所以我们大胆引用了猜想验证的学习方法。在"你想从哪个角度猜想平行四边形的特征？"问题的引导下，学生从边、角以及对角线进行观察与猜想。接着让学生动手验证，提供平行四边形让学生的验证。带着思考去操作，学生的操作有明确的目标，把教学内容物化成有结构的材料。让学生知道做什么、怎样做、为什么这样做。学生把动手和动脑有机结合，经历从形象到表象，由表象到认识，逐步内化的过程。

（二）精选学习材料，拓展动作性思维发展空间

动作性思维的视角比较新颖，操作活动容易触动新思维，发现新问题，并在选择学习材料中，使思维活动向未涉猎领域或深层次发展。给学生提供有精确刻度的透明胶条（图3-16）。这样的工具为学生成功"做"出平行四边形提供了用数据表达的条件。这也是动作性思维发展的一个根本性标志，即在语言交流中发展学生的动作性思维。

图3-16 透明胶条

学生要想成功地"做"出平行四边形，就要经历由头脑中已有实物模型到直观图形、由整体到部分的过程，也就是说学生的思维要从一维到二维发展，是思维上的一次挑战，更是一次思维上的飞跃。我们一起来欣赏一下学生的作品（图3-17、图3-18）。

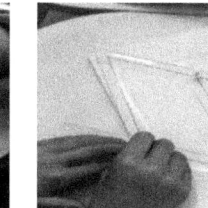

图 3-17　学生作品 1　　　　　　图 3-18　学生作品 2

通过学生作品可以发现以下三点。第一，学生能够利用四条边实现从一维到二维的发展。第二，学生不仅实现了从一维到二维的发展，而且搭出符合要求的平行四边形。第三，尽管有学生选取的胶条长度不同，但在拼的过程中，运用等值截取相同数据的方法也能拼成平行四边形。这是学生带有思维动作的学习成果，我们还通过提问和追问探讨学生的思维。作品追问：你选了哪些胶条？你是怎样围的？在这样的引导下，我们探讨他们的思维，学生的思维发展又有一次更大的飞跃。

（三）从运动变化中认识平行四边形，促进动作性思维的生成

从静止状态认识事物，往往是缺少变化的、相互孤立的，因而是不深刻、不完整的。从运动变化的角度让学生感受到图形间的关系，能有效地促进学生动作性思维的发展，更深入地"触碰"平行四边形的本质。例如，我在"认识平行四边形"一课中，在大胆验证猜想操作活动之后，设计推一推、拉一拉的活动还发现了图形间的"秘密"（图 3-19）。

图 3-19　学生活动

当长方形一拉变成平行四边形，正方形一拉也变成平行四边形，学生就建立了图形间的联系，也发现了正方形和菱形的"秘密"。学生真正在"做"的过程中自主建构图形间的关系。学生心中有思考，才有思维上的飞跃。将四个图形的新认识、体会与原有的表象认识"连接"，促进

学生的思考。这样的操作活动告诉我们：学生从运动变化的角度来认识事物，有助于把思维活动引向深入，也有助于促进动作性思维向抽象思维发展。

综上所述，动作性思维在数学教学中具有广泛应用空间。只有充分认识动作性思维的意义，才能使学生的动手操作与动脑思维有机结合，才能让学生的思考更加深入。

扬图像表征之帆 行数学理解之路

北京市顺义区石园小学　解建影

同样的空间形式，同样的数量关系，可以用不同的数学命题、数学结构、数学体系来表示。多元化表征的数学教学是指在解决数学问题时，教师向学生呈现同一问题的多种表征方式，学生要对各种表征方式加入自己的理解，在观察、分析问题的基础上解决问题，并深化对不同表征之间联系的认识。在对数学语言的多样化表征的研究中，比较权威的观点是蔡金法等人在21世纪初所做的研究，他们认为：高水平的学生可以识别符号化或较抽象的表征，可以熟练地在自己的语言、数学语言、符号语言、公式表征之间进行转换；低水平的学生在问题解决的语言转换和表征上常常遇到困难。[1] 学生的思维水平不同，在解决问题时，学生使用的策略也不相同，教师应该采用有效的、不同的策略促进不同程度的学生对于数学的理解，提升学生的核心素养。

一、图像表征的含义

图像语言是用形象和颜色来直观地表现信息、思想、观念的视觉化符号。借助图像语言，将学生难以理解的抽象知识变得直观化、具体化。图像、文字、符号、图形等多种语言的使用，可以使学生对数学抽象形式的认识更加清晰与深刻，也对概念的建立与形成起到促进作用。

表征是认知心理学的核心概念之一，指信息或知识在心理活动中的表现和记载的方式，是外部事物在心理活动中的内部再现。图像表征是指学生运用已有的经验，将自己独特的思考过程用示意图、草图、图示

---

[1] 王瑞霖、马婷婷、张惠英：《在多样化表征讨论交流中促进学生的数学理解》，载《教育实践与研究》，2012 (10)。

等形式表现出来，是对动手操作过程的进一步纠正、补充和深化，是对数学理解有意义的心智活动。

二、图像表征在小学数学理解学习过程中的作用

（一）借助图像表征理解本质，建构概念

在小学数学概念的教学过程中，教师需要将抽象的数学概念与具体的形象和图形之间建立起一定的联系，并挖掘数学概念中最本质的内容属性，通过恰当的形象表示出来，最后再用数学语言进行表达，使学生经历从动作思维层次过渡到形象思维层次，最后向符号逻辑思维层次转变的过程，这样学生就能很好地积累感性的认识材料，丰富自己对于数学概念的理解与掌握。

（二）借助图像表征深化算理，掌握算法

学习除法时，学生对于"除以"这个抽象的概念理解困难，如何进行"分解"的过程对于学生来说也比较抽象。数学教育在于启发学生的动手操作、学会学习、探索发现的能力，最终形成学生的学科素养。借助图像表征，学生可以很好地明白抽象的数学演绎过程。在学习"120÷3＝40"的口算除法教学过程中，学生对于如何分、40末尾的"0"有一定的困惑。借助画图，他们可以看到分的过程，并总结出"将120看作12个10，然后平均分成3份，每份是4个10，所以结果等于40"的算理（图3-20）。

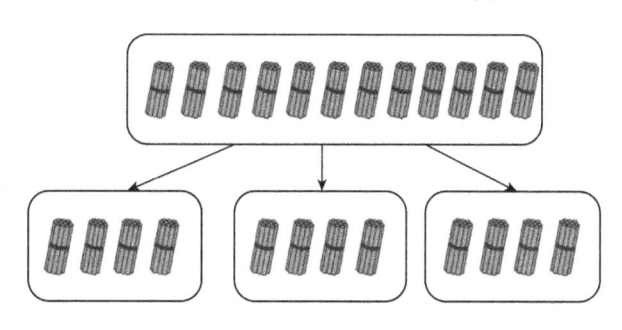

图 3-20　图像表征

教学过程中学生在初步口算之后，将动脑思考这一单一模式转化成为手脑共用，能够调动多种感官参与数学活动。表征使学生对算理的理解更加深刻，学生可以更好地理解"分"的原理，体验由直观图到抽象算法的过渡和演变的过程。

(三) 借助图像表征发现规律,观察数学

在北京版小学数学教材的"探索规律"教学过程中,学生年龄较小,对于数学规律的认识比较薄弱,教师应借助图像表征,引导学生发现规律,帮助学生建立形和数的关系。先由圈画开始,让学生体会事物的重复出现性。学生在观察、操作、猜测、分析、推理等活动中,发现数学规律。借助表征,将隐藏的数学关系显性化,为学生探索规律、发现数学的本质属性提供了情境支撑。

1. 圈一圈,分小组(图 3-21)

图 3-21 圈一圈

2. 标一标,再感知(图 3-22)

图 3-22 标一标

(四) 借助图像表征获得解决问题的策略

画图是解决问题时学生们经常使用的策略。通过画图,学生在解决问题的过程中能够梳理题目,直观地表达自己对于题目的理解,有条理地呈现数学信息,便于发现数量之间的关系,最后达到解决问题的目的。

例如,在北京版小学数学四年级上学习重叠问题时:四(1)班参加文艺小组和体育小组的学生一共多少人?(表 3-1)

表 3-1 问题情境

文艺组	王冲	庄严	杜丽	高天	张乐	黄平
体育组	李政	马辉	庄严	王冲	杨鑫	

借助表格,学生发现重叠的现象。集合图的呈现,使数学问题更加

一目了然（图 3-23）。学生将姓名抽象成点子图（图 3-24），建构模型，丰富集合图内涵，对集合图形成再认识，形成自己解决问题的策略。

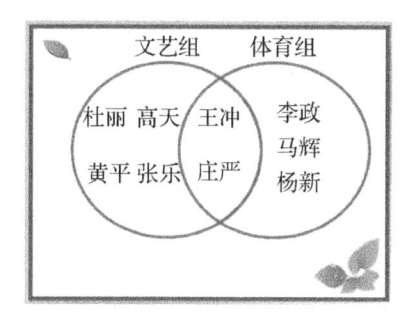

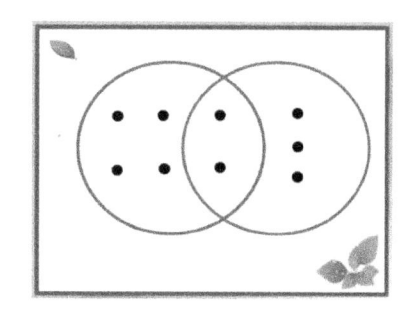

图 3-23　集合图 1　　　　　　图 3-24　集合图 2

三、数学理解的活动设计要基于学生的实际认知经验

图像表征的应用要着眼于学生的实际情况。学生通过观察图像，动笔画思考过程，表达问题情境，动手解决问题，慢慢地形成自己的数学理解，形成应用表征解决问题的关键能力。图像表征与数学理解之间的过程呈现方式如下（图 3-25）。

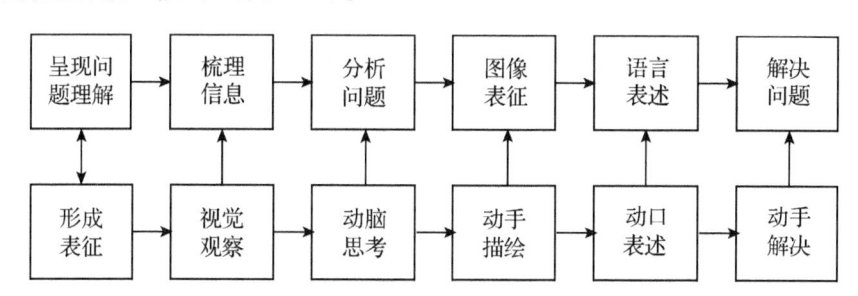

图 3-25　图像表征与数学理解之间的过程呈现图

（一）解读图本，形成感知

读图使学生初步感知数学，形成自己的理解。教师引导学生结合文字读懂图本，发现数学问题，使问题信息的选择有序、有选择，形成基本的读图策略。

数形结合和动手操作解决问题的过程是学生形成基本思想、积累活动经验的基础过程。借助图像表征，学生在绘图、读图、述图的实施中凸显了数学学科的特点，将抽象的数学知识常态化、显性化、儿童化。

（二）借助活动，展示过程

学生应用图示的意识比较薄弱，在读图之后，会画图，画好图，才是学生的难点。通过学生的不同层次图的展示交流，学生会加深对于图像表征的认识。

例如，在学习北京版数学教材三年级下册第十单元"比较"这一内容时，教师出示问题：一只小猫和一只小狗分别有多重？（图3-26）

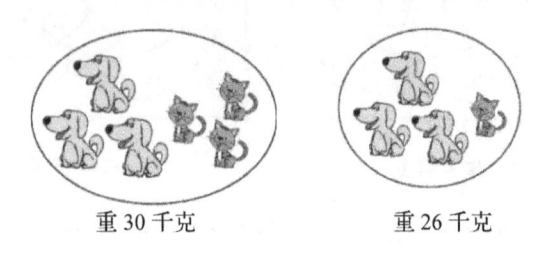

重30千克　　　　　　重26千克

图 3-26　问题情境

学生通过读图，发现问题本质，结合自己的理解给出如图3-27所示的图像表征，表明自己对于问题的理解。

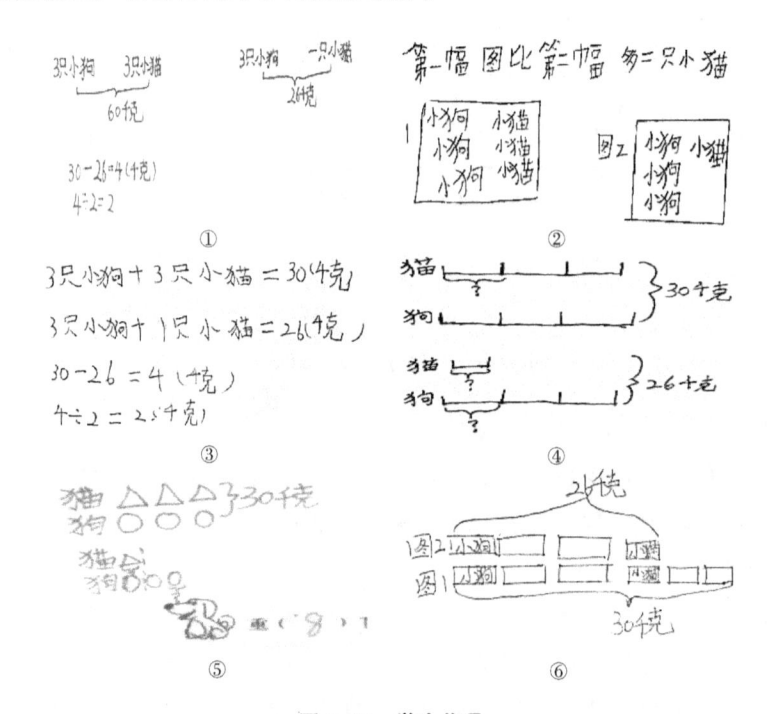

图 3-27　学生作品

每个学生的表征呈现方式不同，但是指向的问题情境是相同的，都能从不同的图中找到对应的数量关系，解决问题。

四、图像表征旨在促进学生的数学理解

通过对教材中出现的实际情况进行分析，可以看到图像的作用非常巨大。教师利用表征引导学生进行教学有利于课程的开展，对学生的数学理解也具有非常大的实用性和价值性。因此，教师要借助现代信息技术手段促进图像在教学中的应用。这样，在以后的教学中，就可以降低计算难度，节约宝贵时间，呈现数学本质，促进学生核心素养的形成。

【教师行动研究】

"方阵问题"案例分析

北京市丰台区东高地第二小学　刘海红　张靖

一、教材分析

"方阵问题"是北京版数学教材四年级上册第十单元"数学百花园"的第二个内容，主要是让学生通过生活中的实例，在观察、对比、探究活动中，初步体会方阵问题的特点。这个内容的活动性和操作性比较强，教学中采取直观演示、观察、动手实践、小组合作的方式教学，使学生深刻体会解决问题方法的多样性，并在比较和应用的过程中对众多方法进行优化，感受到具体问题具体分析，依据实际情况灵活地选择方法。

二、学情分析

课前对学生进行了问卷调查，通过统计分析，看出学生能够独立地进行尝试，多数同学能够通过圈一圈、画一画，发现方阵最外层的数量与最外层总数之间的关系，方法还是比较多样化的。因此确定本节课着重体现"知识在做数学中自主建构，思维在交流互动中提升拓展"。通过学生在练习纸上把自己的想法圈一圈、画一画的学习方式，使每一个学生都能经历数学学习的全过程，让他们结合自己独特的学习体验感受数学知识，建构对数学知识的认识，从而将知识内化为自己的能力。同时适时引导学生通过比较各种算法，学习、吸收更好的解决问题的方法、思路和策略，逐步提高学生的思维水平，即"自由发挥、解法多种、做好优化"。

因此，本节课的学习路径如下。一是理解方阵的含义；二是通过摆方阵，理解每个方阵重复数四个的规律；三是画方阵，计算最外层一共有多少个圆片，并且优化算法，找到方阵的一些规律。

三、教学目标

第一，了解方阵特点，掌握解决方阵问题的基本方法。

第二，让学生在活动中探索解决问题的不同方法，并结合直观图沟通不同方法间的联系，培养学生初步的模型思想。

第三，让学生在探究不同的解决问题的方法中，提高学生解决实际问题的能力，体会数学的价值。

四、学习历程简案

驱动问题	锚基任务	诊断性评价
看到"方阵"二字，你想到了什么？	学生在头脑中搜索见到的方阵，再读方阵的含义，想一想一样吗？	提问和追问：你能说说方阵是什么样子的吗？ 反馈：方阵的行数和列数相等。
请你来数一数，每边是几个？一共有几个圆片？	每边是2个，有4边，应该有8个圆片，怎么是4个呢？	提问和追问：刚才我们一起数的时候，你发现了什么？ 反馈：每个方阵每边的最后一个是下一边的第1个。
最外层一共有几个圆片？请你在纸上圈一圈，能让人一眼就看出你是怎么想的。把你的想法用算式表示出来。	学生画一个每边有6个圆片的方阵，再圈一圈最外层一共有多少个圆片。	提问和追问：请你到前面展示自己的画法，说说你是怎样想的？ 反馈：学生用多种方法计算方阵最外层圆片的个数。

五、教学实录

（一）教学片段一：理解方阵的含义

驱动问题1：看到"方阵"二字，你想到了什么？

锚基任务1：学生在头脑中搜索见到的方阵，再读方阵的含义，想一想一样吗？

师：看到"方阵"二字，你想到了什么？

生：我想到了学校开运动会时，我们年级的仪仗队是方阵。

师：这些是我们生活中常见的队形。请你们读一读下面这些句子，想一想，与你想象的方阵一样吗？

> 在排队时，横排叫行，竖排叫列。当行数和列数相等时，正好排成一个正方形，这样的方队就叫作方阵。

师：方阵是什么样子的？

生：方阵的行数和列数相等。

师：真棒！你们抓住了这句话的关键词，就明白了什么是方阵，今天我们就来研究方阵。

【点评】以学生已有知识为基础，开门见山，直入主题，迅速进入本节课的学习内容，理解方阵的基本特点，为后面的学习做好铺垫。

(二) 教学片段二：通过摆方阵，理解重复数的规律

驱动问题2：请你来数一数，每边是几个？一共有几个圆片？

锚基任务2：每边是2个，有4边，应该有8个圆片，怎么是4个呢？

师：(贴图) 4个圆片组成的方阵。

师：现在请同学们来数一数，每边是几个？一共有几个圆片？

(教师指着，学生数)

(板书：每边2个，最外层共4个)

师：每边是2个，有4边，应该有8个圆片啊，怎么是4个呢？刚才我们一起数的时候，你发现了什么？

生1：我发现每边的最后一个是下一边的第1个。

生2：我发现，每个圆片都数了2次。所以是4个圆片。

师：也就是说每个圆片都数了2次，是吗？那么一共重复数了几个圆片？

生：重复数了4个。

(板书：重复数了4个)

师：刚才，你们观察得非常仔细！现在我们要在这个方阵的外围再

增加一层，每边摆几个圆片呢？请你在桌面上用圆片摆一摆这个方阵。

（学生动手摆一摆）

师：谁来说说你是怎样摆的？

生3：每边是4个，最外层一共有12个。

（贴图、板书：每边4个，最外层共12个）

师：不对啊，每边4个，有4边，应该是16个，怎么是12个呢？

生4：有4个圆片重复数了。

师：（追问）哪4个重复数了？你们能指一指吗？

（学生指出4个角上圆片变成黄色的）

师：你们找得真准，你们能根据前面的学习经验很快找到这个方阵的规律，这是一种很好的学习方法。

【点评】学生随着教师的手指边指边数，强化认识：每边的最后一个是下一边的第一个，四个角上的圆片都数了2次，这4个角上的圆片非常重要。同时，也在潜移默化地渗透方阵最外层每边圆片的数量与最外层总数之间的关系。

（三）教学片段三：优化算法，找到方阵的一些规律

驱动问题3：最外层一共有几个圆片？请你在纸上圈一圈，能让人一眼就看出你是怎么想的。把你的想法用算式表示出来。

锚基任务3：学生画一个每边有6个圆片的方阵，再圈一圈最外层一共有多少个圆片。

（贴图、板书：每边6个）

师：最外一层一共有多少个圆片呢？请你在纸上圈一圈，能让别人一眼就看出你是怎么想的。把你的想法用算式表示出来。

（学生圈画，教师巡视）

师：同桌两人互相交流一下，说说自己是怎么想的。

师：谁来说说自己的想法？（实投展示学生想法）

生1：我是这样想的，每边是6个圆片，但是4个角上的圆片都重复数了，我就只圈一次（图3-28），算式是5×4=20，所以最外层一共有20个。

（板书：最外层共20个）

师：（追问）5是怎么来的？

生1：6减1得来的。

师：（追问）哪位同学知道，他为什么减1？为什么乘4？

生2：因为每边是6个，他只圈了5个，所以减去1，因为有4边，所以乘4。

师：看来他的方法同学们都看懂了，谁还有不一样的想法？

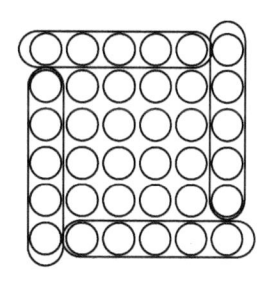

图 3-28　方法 1

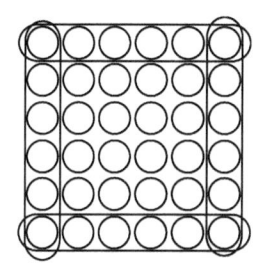

生3：我是这样想的，每边有6个圆片，有4边，一共24个，再去掉重复数的4个就行了（图3-29），算式是6×4－4＝20。

师：（追问）为什么乘4？为什么减4？

生4：因为有4边，所以乘4，有4个圆片重复数了，所以减4。

图 3-29　方法 2

师：这也是一种好方法，还有其他想法吗？

生7：我是这样算的，4乘4加4等于20（4×4＋4＝20），每边都算4个，最后再加上4个角上的圆片（图3-30）。

师：刚才同学们动脑筋想到了许多算法，真了不起！下面就用你喜欢的方法解决下面这道题。

师：在这个方阵的最外层再增加一层，每边是几个圆片？最外层一共有多少个？

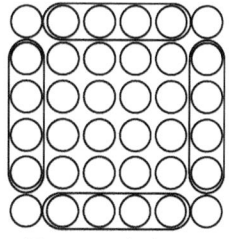

图 3-30　方法 3

生：每边是8个，最外层一共有8乘4减4等于28个（8×4－4＝28）。

（贴图、板书：每边8个，最外层共28个）

师：如果每边是10个圆片，最外圈一共有多少个？你能迅速说出算式吗？

生：10×4－4。

生：（10－1）×4。

生：8×4＋4。

（学生边说，教师边记录）

师：如果每边是 50 个呢？100 个呢？

生：50×4－4。

生：(50－1)×4。

生：100×4－4。

生：(100－1)×4。

师：同学们观察一下，大家用的哪种方法比较多？

生：每边的个数乘 4 减 4 或者每边的个数减 1 后，再乘 4。

师：真棒，已经总结出公式了，看来，这两种方法确实比较简便，所以你们喜欢用它们，看来，你们也是会学习的孩子。

师：现在咱们来观察板书，你发现什么规律了吗？

生：每增加一层，最外层的总个数就增加 8 个。

生：每增加一层，每边就增加 2 个。

师：回顾刚才的学习过程，同学们通过摆方阵、画方阵、比较等方法找到了方阵的一些规律，以后，我们也要运用这些方法学习其他的新知识。

【点评】通过圈画写算式的形式经历探索规律的过程，全班学生互动，学生的思维发生碰撞和融合，各取所长，每位学生既收获了自己的方法，又能理解他人的做法，并结合直观图感受不同方法的联系，深刻体会到解决问题方法的多样性。

六、教师反思

课堂中，在自主探究如何求一层中空方阵总数时，学生的参与度非常高，他们独立思考，各抒己见，一共出现了五种解法，实现了算法的多样化。然后，在尊重学生个性的同时，采取引导的方法，调动学生积极思维的内部动因对这些算法进行优化。学生在观察、实践中发现规律，由易到难地学会了一招又一招，达成了一个又一个目标。

不足之处在于，在学生自主探究、对这些算法进行优化的过程中，没能留给学生足够的思考空间，学生对最佳方法的体验还不够充分。

七、点评

本堂课着重体现了"知识在数学活动中自主建构，思维在交流互动中提升拓展"。

首先，通过学生摆方阵，在练习纸上把自己的想法圈一圈、画一画的学习方式，使每一个学生都能经历数学学习的全过程，让他们结合自己独特的学习体验感受数学知识，建构对数学知识的认识，从而将知识内化为自己的能力。

其次，通过小组同桌交流、全班学生互动，学生的思维发生碰撞和融合，各取所长，每位学生既收获了自己的方法，又能理解他人的做法。学生深刻体会到解决问题方法的多样性，并在比较和应用的过程中对众多方法进行优化，感受到具体问题具体分析，依据实际情况灵活地选择方法。

"分数的再认识"案例分析

北京市顺义区石园小学　张宇朋

一、教材分析

"分数的意义"是在三年级已经学过分数的初步认识的基础上进行学习的，是本单元的起始课，也是学习分数的分类、分数的基本性质的基础，还是五年级学习分数四则运算和解决有关分数问题的基石。"分数的意义"一课在小学数学学习中起着重要的作用，是学生对数的认识的一次扩展。本节课的教学，将引导学生在已有的基础上，由感性认识上升到理性认识，概括出分数的意义，经历整个概念的形成过程，帮助他们从中获得感悟，促使其主动参与知识的建构。本节课理解分数的意义是教学重点，也是学生学习的重点，理解单位"1"是这节课的难点。

二、学情分析

学生在三年级上学期的学习中，已借助操作，初步认识了分数（基本上是真分数），知道把一个物体、一个计量单位平均分成若干份，取这样的一份或几份，可以用分数来表示；掌握了分数各部分的名称，会读写简单的分数。大部分学生对于生活中出现的一些分数，也能够进行简单的分析，大致理解它的含义。

三、教学目标

第一，在具体的情境中抽象出分数的意义，理解分数的意义，会用分数表示生活中的事物。

第二，让学生经历探究的过程，经历素材积累—抽象概念—沟通联系—理解应用这样一个构建数学模型的过程。

第三，培养学生的抽象思维能力，发展学生的数感。体验分数与生活的密切联系，使学生明白数学源于生活，让学生对数学产生浓厚的兴趣，并培养学生的应用意识。

四、学习历程简案

驱动问题	锚基任务	诊断性评价
请你判断哪幅图的涂色部分可以用分数$\frac{3}{4}$表示。	给出6幅图，根据以前对分数的认识，找出正确的涂色部分的$\frac{3}{4}$。	提问与追问：刚才同学们在表示$\frac{3}{4}$的过程中，你发现有什么相同和不同吗？ 反馈：相同的是把一个物体平均分成4份，其中的3份就可以用分数$\frac{3}{4}$表示。不同的是一个物体、一些物体都可以看成一个整体。
同学们，给你们一个整体，你们能够找到分数，那给你们一部分，你们能想象它的整体是什么样子吗？	每堆圆片都被纸挡住了一部分，猜猜哪堆圆片的个数多？	提问与追问：露出来的表示什么？藏起来的圆片有多少个？ 反馈：露出来的都表示一份，第一幅图藏起来的有6个，第二幅图藏起来的有12个。
既然是数，它就和整数一样，能在数轴上找到它的位置。你能试一试吗？	给出数轴，找到分数$\frac{3}{4}$的位置。	提问与追问：$\frac{3}{4}$是在0～1找，还是在0～2找？为什么？ 反馈：数轴上的一个点就是一个数。

五、教学实录

（一）教学片段一：认识单位"1"

驱动问题1：请你判断哪幅图的涂色部分可以用分数$\frac{3}{4}$表示。

锚基任务 1：给出 6 幅图，根据以前对分数的认识，找出正确的涂色部分的 $\frac{3}{4}$。

师：你们能利用以往学习的分数知识，说一说对分数 $\frac{3}{4}$ 有哪些认识吗？

生 1：分数各部分的名称。

生 2：分数 $\frac{3}{4}$ 的意义。

师：请你们判断哪幅图的涂色部分可以用分数 $\frac{3}{4}$ 表示。

师：刚才同学们在表示 $\frac{3}{4}$ 的过程中，你们发现有什么相同和不同吗？

生 3：相同的是把物体平均分成 4 份，其中的 3 份就可以用分数 $\frac{3}{4}$ 表示。

生 4：不同的是一个物体，一些物体都可以看成整体。

师：我们把一个物体、一个计量单位、一些物体都看成一个整体，这个整体它还有一个新的名字呢，叫单位"1"，你能说一说这时候的"1"与以前学习的 1 有什么不一样吗？

生 5：以前学的"1"表示的是一个物体；今天学的单位"1"既可以表示一个物体，也可以表示把多个物体看成一个整体。

师：下面你们能用上这个新名词，再来说一说 $\frac{3}{4}$ 是怎么来的吗？

师：除了这些你还能找到 $\frac{3}{4}$ 吗？举例说明。

生 6：这个整体还可以是一个蛋糕、一条线段、一个班级的学生人数、全校学生数、一条河流等。

【点评】在把一个物体到多个物体看成一个整体进行均分从而得到 $\frac{3}{4}$ 的过程中，夯实了学生对单位"1"的理解。

（二）教学片段二：丰富单位"1"，深化认识

驱动问题 2：同学们，给你们一个整体，你们能够找到分数，那给你们一部分,你们能想象它的整体是什么样子吗?

锚基任务 2:每堆圆片都被纸挡住了一部分,猜猜哪堆圆片的个数多?

下面每堆圆片都被纸挡住了一部分,猜猜哪堆圆片的个数多?(图3-31)

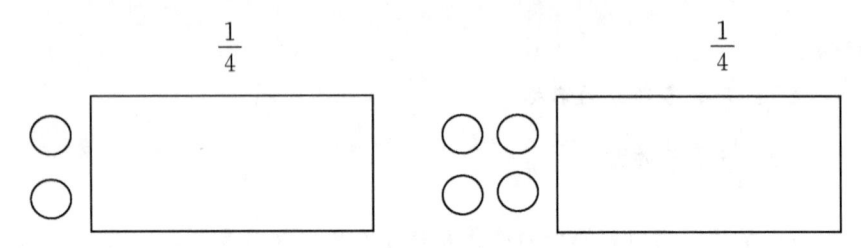

图 3-31 问题情境

【点评】根据部分的数量,猜测整体的数量,有助于培养学生的逆向思维能力,加深对单位"1"的认识。

(三)教学片段三:从关系到"数",拓展理解

驱动问题 3:既然是数,它就和整数一样,能在数轴上找到它的位置。你能试一试吗?

锚基任务 3:给出数轴,找到分数 $\frac{3}{4}$ 的位置。

师:刚才我们借助单位"1"对分数 $\frac{3}{4}$ 有了更深的了解,其实分数 $\frac{3}{4}$ 不仅表示部分与整体之间的关系,还表示一个实实在在的数。就比如这是一个饼,涂色的部分是 $\frac{3}{4}$ 个饼;如果这条线段长1米,那么涂色的部分是 $\frac{3}{4}$ 米;如果这是一盘苹果,那么涂色的部分是 $\frac{3}{4}$ 盘苹果。既然是数,就和整数一样,能在数轴上找到它的位置。你能试一试吗?

(教师出示数轴,学生交流并说自己的想法。)

【点评】前面学生只了解了分数表示部分与整体的关系,在这个环节,引导学生从关系过渡到"数",从而拓展了学生对分数的理解。

六、教学反思

学生在三年级已经对分数有了初步的认识,五年级分数的意义不同于三年级,是因为单位"1"的变化。在这个夯实单位"1"的过程里,

我设计了三个环节：一是充分让学生判断哪些图可以用 $\frac{3}{4}$ 表示；二是学生再一次深化对单位"1"的认识，学生能够知道分数在这里表示部分与整体的一种关系，并利用这种关系，找到整体；三是让学生知道分数不仅可以表示关系，还可以表示具体的数，为了进一步加深学生从关系到"数"的理解，设计了数轴的题目，然后让学生进行汇报。

在表示 $\frac{3}{4}$ 环节，学生的认识只停留在一个物体能够用分数 $\frac{3}{4}$ 来表示的浅层次理解上。教师追问：为什么都能用分数 $\frac{3}{4}$ 来表示？让学生在观察、比较的过程中，透过不同找出相同，认识到实际上 $\frac{3}{4}$ 的是表示部分与整体的关系，也感受到部分与整体的相对性，从中体会分数的本质含义，感悟分数所具有的抽象性的特点。都是 $\frac{3}{4}$，为什么每一份的个数又都不一样？促使学生去关注单位"1"的变化，感受部分与整体的密切联系，从而深化对 $\frac{3}{4}$ 意义的理解。

七、点评

《义务教育数学课程标准（2011年版）》提出，教师应激发学生的学习积极性，向学生提供充分从事数学活动的机会，帮助他们在动手实践、自主探究与合作交流的过程中真正理解和掌握基本的数学知识与技能、数学思想和方法。突出学生、突出学习、突出探究、突出合作，以学生发展为立足点，以自我探究为主线，以求异创新为宗旨，低入口、大感受、深探究。引导学生动手操作、观察辨析、自主探究，让学生全面、全程、全心地参与到每一个教学环节中，让每个学生都有话说，让每个学生都有收获。教师在认真倾听学生讨论、发言的基础上"点火"，让学生的思维进行碰撞，让智慧之火熊熊燃烧，让学生的潜能得到发掘与释放。

《长方形和正方形的认识》案例分析

重庆市北碚区人民路小学　江晓琼
重庆市北碚区教师进修学院　张泽庆

一、教材分析

"认识长方形和正方形"是西南师范大学出版社出版的《义务教育教科书·数学》（以下简称西师大版数学教材）二年级下册第四单元的内容，属于第一学段"图形与几何"领域的知识。学习这个内容之前，学生在一年级已经初步认识了长方形、正方形，又具有二年级上、下册的"认识厘米和米"及"认识角"的知识经验，在本课探究边与角的特征时就有了方法的基础，例如，通过量一量边的长度来验证边的长度关系，用三角尺上的直角去量图形中的角以判断是不是直角，或学生做手工时常用的折一折的方法。诸如此类都为探究长方形、正方形的特征积累了一些可迁移的方法或活动经验。

二、学情分析

第一，通过这节课的学习，学生对于长方形、正方形的认识与以前相比应该有什么发展？本课是"图形与几何"领域的概念教学课，也是小学阶段首次较为全面完整地研究图形的特征，是平面图形特征探究的起步阶段。基于这些认识，本课让学生经历"提出猜想—进行验证—得出结论"的自主探究过程，引导学生在交流时经历"无序—有序""零散—完整"的过程。不管是知识内容的要求，还是过程与方法的要求，都要有所提高。

第二，学生语言清晰表达有所欠缺。由于二年级的学生语言发展不足，学生在阐述自己的研究思路时可能会出现含糊的表达，因此在本课中需要合理引导学生有根据、有条理地把验证方法与推理思路说清楚。

第三，空间想象力的缺失。对于长方形对边相等的特点，学生操作难度不是很大，能通过对折证明对边相等。但正方形四边都相等的特点，学生有直观地看一看或量一量证明相等的感性认识，而通过对折来验证四边都相等却有一定难度。即使有个别学生想到沿着对角线对折证明邻边相等，但又表述不清楚。

三、教学目标

第一，通过观察、操作，初步认识长方形和正方形的特征，能结合特征辨认长方形和正方形，体会长方形和正方形的区别与联系。

第二，引导学生经历猜想、验证、形成结论的学习过程，感悟对基本图形的研究方法，积累数学操作、数学推理等活动经验，发展空间想象能力和数学思考能力。

第三，通过自主探究与合作交流，培养学生良好的学习习惯和大胆质疑的学习精神。

四、学习历程简案

驱动问题	锚基任务	诊断性评价
猜一猜长方形、正方形的边和角有哪些特征？	观察、比较、猜想长方形和正方形的特征。	提问与追问：这些猜想都是你们通过眼睛观察得到的，那究竟是不是它们的特征呢？ 反馈：采取一定的方法进行验证。
你们打算用什么方法去验证这些猜想呢？	学生根据手中的材料自主选择方法对这些猜想进行验证。	提问与追问：关于长方形、正方形边与角的猜想验证的结果怎么样？ 反馈：这些猜想经过验证都是对的。
长方形和正方形之间可以互相变化吗？	在几何画板中进行变化，学生观察、思考、汇报变化的过程。	提问与追问：长方形与正方形是怎么互相变化的？ 反馈：改变边的长度，它们之间就可以互相变化。

五、教学实录

(一) 教学片段一：猜想长方形和正方形的特征

驱动问题1：猜一猜长方形、正方形的边和角有哪些特征？

锚基任务1：观察、比较、猜想长方形和正方形的特征。

师：请同学们仔细观察（图3-32），大胆猜一猜，长方形的边和角有哪些特征？正方形的边和角又有哪些特征？

生1：长方形和正方形都有四个直角。

生2：长方形长长的，扁扁的，正方形方方正正的，它们都有四条直直的边。

生3：长方形上、下两条边是对齐的，左、右两条边是对齐的。

师：对齐是什么意思？

生3：就是上、下两条边一样长，左、右两条边一样短。

师：像这样上、下相对的两条边，我们可以把它们叫作一组对边，左、右相对，也可以叫一组对边，其实你想表达的意思就是对边相等。

生4：我觉得正方形的四条边相等。

师：同学们很厉害，敢于大胆发表自己的想法。可是这些猜想都是你们通过眼睛观察得到的，那究竟对不对呢？接下来，我们就去选择一些方法进行验证。

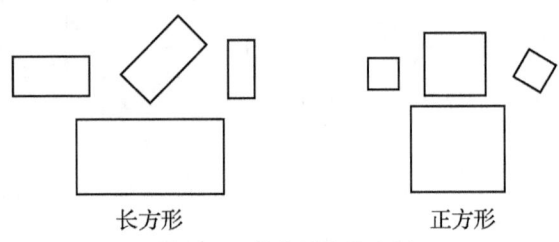

图 3-32 长方形和正方形

【点评】鼓励学生大胆地说出对长方形和正方形的直观感受，既有效激活了学生对长方形和正方形经验层面的认识，又在学生对认识事物方法层面起到了潜移默化的影响。

（二）教学片段二：选取恰当的方法进行验证

驱动问题2：你们打算用什么方法去验证长方形对边相等？

锚基任务2：学生根据手中的材料自主选择方法对这些猜想进行验证。

（每个信封中有长方形和正方形各一个，同学们得到的图形可能大小不一样，如图3-33所示。）

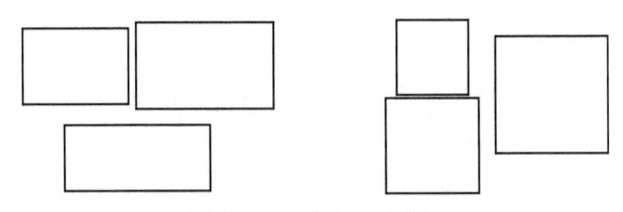

图 3-33 长方形和正方形

师：请你跟同学们汇报一下，你是怎么去验证的呢？

生1：我用直尺去量了长方形的四条边，上下两条边都是 10 cm，左右两条边都是 7 cm，也就是上、下对边相等，左、右对边相等。再用三角尺比了它的 4 个角，发现都是直角。

生 2：我量出长方形的上下两条边都是 13 cm，左右两条边都是 8 cm，也说明对边相等。

生 3：我量出长方形的上下两条边都是 14 cm，左右两条边都是 6 cm，也说明对边相等。

师：请同学们仔细观察这三个长方形，它们的大小不一样，但它们的边都具有什么特征？

生：对边相等。

生 4：我把长方形分别对折两次，发现两组对边完全重合，也可以说明对边相等。

师：刚才我们用比、量、折（板书：折）的方法验证长方形对边的确相等，四个角真的是直角。关于长方形边和角的猜想都是对的。

师：关于正方形边和角的猜想验证结果是怎么样的？

生 5：正方形的四个角都是直角，它的四条边都是 9 cm，说明四条边相等。

师：通过量，我们发现正方形四条边相等。可以用折的方法来验证吗？谁愿意来试一试。

生 6：我像这样对折两次后，就能说明正方形的四条边相等。

师：你们有什么疑问或补充吗？

生 7：你这样折，只能说明对边相等，还不能说明邻边相等。

师：你觉得还应该怎么办？

生 6：我觉得还应该沿着对角线对折一次，这样相邻的两条边完全重合，邻边就相等了。加上之前的两次对折，就能说明正方形的四条边相等了。

师：通过验证，我们发现关于正方形的这两个猜想也是对的。来，我们一起读一读长方形和正方形的特征。

【点评】在验证过程中一共有两次折的活动：一是认识长方形的对边相等，二是认识正方形的四条边相等。学生可以看出来，可以量出来。看，是一种估测；量，是一种验证；折，也是一种验证。不过，有部分学生一折就判断"两边相等"。我以为,折是一种方法,是一个过程。折,并不一定两边就相等。折之后,两条线段完全重合,才可以判定长度相等。"完全重合""长度相等",是学生在折的活动中获得的体验。

(三)教学片段三:探究长方形和正方形之间是怎样互相变化的

驱动问题3:长方形和正方形之间可以相互转化吗?

锚基任务3:在几何画板中进行变化,学生观察、思考、汇报变化的过程。

师:图中每个方格的边长表示1 cm,一个长是8 cm、宽是3 cm的长方形(图3-34①),它哪点发生了变化,就成了正方形?

生:把长方形的宽变得和长相等。

师:如果继续向右拉,还能变成正方形吗?为什么?

生:不能,因为四条边不会变得一样长了。

师:图3-34②中的长方形想要变成正方形,可以怎么变?

生:可以把宽拉成13 cm,和长一样了,就变成一个正方形了。

师:那我们来验证一下。确实是一个正方形了。

师:看来,只要改变边的长度,长方形和正方形之间还可以互相变化。

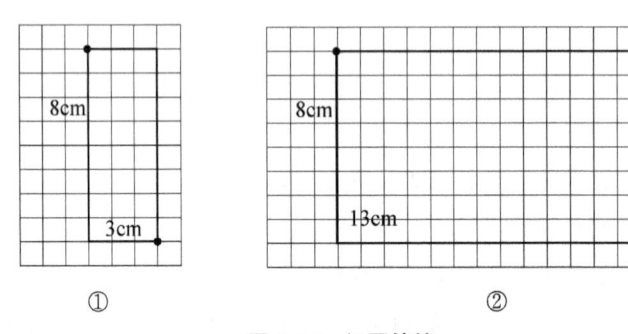

图 3-34 问题情境

【点评】让学生在动态中识别长方形和正方形,让学生观察、描述图形的变化,在看、说的过程中学生自然就能感悟到正方形就"隐藏"在长方形中,无形中渗透了正方形是特殊的长方形的思想。在"变"和"不变"的思辨中,巧妙地蕴含了两种图形的内在联系,可以体会长方形、正方形互相变化的特点。

六、教师反思

本节课是平面图形特征认识的起始课，也是认识其他平面图形特征的基础。学生借助已有的生活经验和知识经验，对长方形和正方形的特征有一些各自的认识，学生通常会把他们的这些认识当作特征，但这些认识只是他们通过观察得到的，还有待进一步验证。基于此，本课中基于这样的一条主线开展教学：提出猜想—进行验证—得出结论的自主探究过程。

七、点评

荷兰数学教育家弗赖登塔尔说："数学学习是一种活动，这种活动与游泳、骑自行车一样，不经过亲自体验，仅仅看书本，听讲解，观察他人的演示是学不会的。"这就需要学生全身心地投入数学的学习活动中。在教师主导创设的一系列数学活动中，学生自主探究、合作交流，学会观察、猜想、验证、得出结论。在交流过程中，教师引导学生"说方法""说验证过程""说结论"。语言是思维的外壳，清晰的表达促进逻辑思维能力的发展。

"折线统计图"案例分析

北京市通州区芙蓉小学　林朝雪
北京市通州区教师研修中心　刘东旭

一、教材分析

"折线统计图"是北京版数学教材五年级下册"统计与可能性"的起始课，是学生在掌握收集、整理、描述、分析数据，会用统计表和条形统计图统计结果，并根据统计图表解决简单的实际问题，了解统计在现实生活中的意义和作用，建立数据分析观念的基础上认识的一种新的统计图。

《义务教育数学课程标准（2011年版）》指出统计的核心词是"数据分析观念"。折线统计图的教学就是让学生能根据折线的起伏变化对数据进行简单的分析、提出数学问题、合理预测，进一步培养学生的数据分析观念。

二、学情分析

对于统计图学生已经学习了一些相关知识，教学前我对学生进行随机调研，发现学生关注的话题是："有条形统计图就行了，为什么还要有折线统计图？""折线统计图有什么用？""在报纸上见过折线统计图，不如条形统计图好理解。折线统计图和条形统计图说的是一回事。"……

通过对学生调研发现：少数学生在生活中见过折线统计图，但对它一知半解，对于数据的分析仍是学生学习的难点。如何在尊重学生思维的基础上帮助学生构建数据分析观念，是我教学中思考的问题。

三、教学目标

第一，在具体情境中认识折线统计图，在对比中认识折线统计图的特点，体会折线统计图在数据分析中的价值。

第二，能根据折线统计图描述和分析数据、解决问题，并根据数据变化进行合理预测。

第三，发展学生的数据分析观念，体会数学为生活服务。

四、学习历程简案

驱动问题	锚基任务	诊断性评价
仔细观察统计图，把你发现的、读懂的数学信息和大家进行分享。	交流折线统计图中的点、线表示什么，体会其特点。	提问与追问：折线统计图是怎样呈现数据的，有什么特点？ 反馈：折线统计图用点和线呈现数据，表示数据的变化。
根据数据说一说选择哪个统计图更好。	对比分析哪个图更适合统计阳阳0～10岁的身高情况。讨论、交流折线统计图的特点。	提问与追问：根据数据辨析两种统计图的特点，哪个图更适合统计阳阳0～10岁的身高情况？ 反馈：折线统计图不但可以表示数量多少，也可以看出数量的变化。

续表

驱动问题	锚基任务	诊断性评价
根据数据和样本预测阳阳 12 岁和 18 岁的身高。	根据阳阳 0~10 岁的身高数据预测 12 岁时的身高，根据不同样本预测阳阳 18 岁时的身高。	提问与追问：根据阳阳 0~10 岁的身高数据变化预测她 12 岁时的身高。预测阳阳 18 岁时的身高，说明理由。 反馈：根据样本数据合理预测阳阳的身高情况。

五、教学实录

（一）教学片段一：在交流辨析中认识折线统计图

驱动问题 1：仔细观察统计图，把你发现的、读懂的数学信息和大家进行分享。

师：（出示阳阳 0~10 岁时的身高数据。）

师：这么多数据怎样整理才能看起来更清楚呢？

生：可以制成统计表、条形统计图、折线统计图。

师：今天我们来研究折线统计图。仔细观察折线统计图，把你发现的、读懂的数学信息和大家进行分享。

锚基任务 1：交流折线统计图中的点、线表示什么，体会其特点。

师：（关于点）0 岁等这些点是怎么确定的？告诉了我们什么？

生：找到 0 岁和 50 cm 两个点所在直线的交点，就是 0 岁身高的点。每个点都表示阳阳的身高数据是多少。

师：（关于线）对于这条线你们有什么发现？

生：增长的快慢、线段的长短、线段的陡缓等。

师：（关于图）用语言描述阳阳 0~10 岁身高的变化情况。

生：阳阳 0~10 岁的身高是一直增长的。

【点评】真实的情境引入激发了学生的学习兴趣，鼓励学生发现问题、提出问题，尊重了学生意愿，启发了思维，创设了宽松的学习空间。

（二）教学片段二：通过对比，理解折线统计图的特征，凸显折线统计图的特点

驱动问题 2：根据数据说一说选择哪个统计图更好。

锚基任务2：对比分析哪个图更适合统计阳阳0～10岁的身高情况。讨论、交流折线统计图的特点

师：根据数据辨析两种统计图的特点，哪个图更适合统计阳阳的身高情况。

生：条形统计图表示数量多少，适合统计一个时间点不同事物的数量多少；折线统计图反映数量多少和变化情况，适合统计某时间段内一种事物的整体发展变化趋势。

师：统计阳阳0～10岁的身高变化情况，选择哪个统计图更好？

生：选择折线统计图，因为统计的数据具有连续性，更关注数量的变化情况。

【点评】在对比辨析中厘清思维，透过数据深入理解折线统计图中数量增减变化的特点，感悟折线统计图在生活中的应用，体会学习统计的价值所在。

（三）教学片段三：根据数据和样本进行合理分析预测

驱动问题3：根据数据和样本预测阳阳12岁和18岁时的身高。

锚基任务3：根据阳阳0岁的身高数据预测12岁时的身高，根据不同样本预测阳阳18岁时的身高。

师：阳阳今年12岁，能根据她0～10岁的身高数据预测她现在大约有多高吗？

生：根据阳阳0～10岁的身高数据进行预测。

师：阳阳从小的愿望是当模特，模特对身高要求要到170厘米，根据之前的数据预测一下她18岁能不能长到170厘米呢？

第一次预测：根据阳阳0～12岁的身高数据（图3-35）进行预测，显然不是很科学，怎么才能比较科学合理呢？

学生根据一个人的数据，说想法和理由。

师：根据她一个人的身高数据预测，缺少科学依据，怎么能比较合理地进行预测呢？

第二次预测：给出三位女生0～18岁的数据（图3-36），小组一起进行第二次预测，并记录下预测的结果。

学生根据这三位女生12～18岁的身高变化情况，说理由和想法。

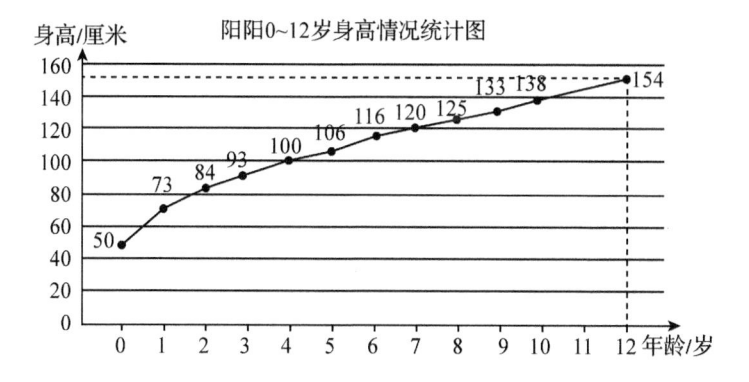

图 3-35 阳阳 0～12 岁身高情况统计图

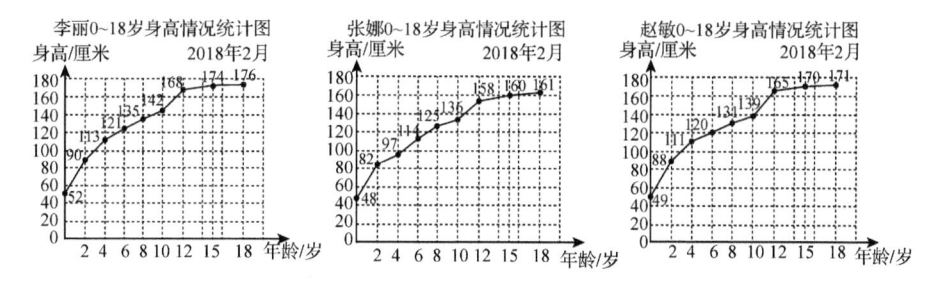

图 3-36 三名女生身高情况统计图

生：我还是觉得要有更多女生的数据作为参考，可能预测起来就更合理了。

师：的确，三个人的数据太少，不足以说明什么，如果有更多人的数据作为参考，我们的预测就会更加合理、科学。

第三次预测：给出北京市女生的统计图（图 3-37），进行第三次预测。

学生根据北京市女生 0～18 岁的平均身高情况，进行合理的阐述。

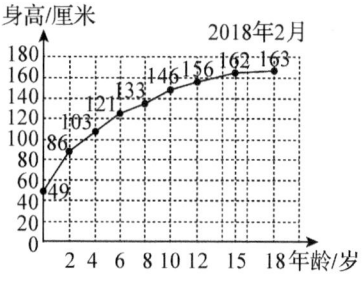

图 3-37 北京市女生 0～18 岁平均身高情况统计图

师：（小结）根据大样本预测起来更加科学合理了，你们不但会根据数据进行预测，还能给出合理的建议，很好。

【点评】学生根据折线统计图的上升趋势和数据的变化进行预测。在分析的过程中教师充分尊重、顺应学生思维，培养学生"用数据说话"的意识。

六、教师反思

本节课是在尊重学生思维，让学生了解折线统计图特点的基础上展开的，希望学生能够根据折线统计图中线的变化趋势，对数据的变化做出合理的推测。但我在第一次教学中存在一些误区。我鼓励学生根据阳阳从出生到12岁的身高来预测她18岁时的身高。结果，有的学生脱离了数据去进行预测："我觉得她应该能长到180厘米，因为我希望她去打篮球。"就是基于数据，学生的答案也是五花八门的，比如，"10岁到12岁长了16厘米，照这个趋势每两年长15 cm左右，我估计她到18岁要长到2米多了"。

通过反思我明白了要顺应儿童认知规律，尊重儿童思维，让学生有依据地讨论、交流。于是，我进行第二次尝试。当学生再出现那些情况时，我顺应学生的思维来引导他们思考，比如，可以收集曾经和她差不多情况的女生18岁时的身高变化情况来帮助预测。当然，无论哪种预测，都不能肯定是正确的，但会比单纯依靠这个学生以前的情况进行预测要合理。

于是我又做了如下的尝试，以不同样本为参考，进行三次预测。第一次，我呈现阳阳0~10岁的身高数据，鼓励学生预测她12岁时的身高。和第一次试讲一样，学生基于这个数据给出了不同答案。我没有就此结束，而是给出了阳阳12岁时的身高数据，引起学生的反思："其实阳阳今年已经12岁了，她的身高是154厘米"。在此基础上再鼓励学生预测阳阳18岁时的身高。学生发现阳阳10~12岁身高增长的幅度较大，由此推断12~18岁增长的幅度也会很大。是这样吗？有的学生提出可以找一些和阳阳情况差不多的女孩的身高来对比。根据学生的想法，我呈现了三个女生的身高，鼓励学生进行第二次预测。

在进行第二次预测的时候，他们就会发现只有这三个女生的数据太少了，不能说明一般情况，还可以收集更多的数据。于是，我给出了北京市女生0~18岁平均身高统计图，鼓励学生进行第三次预测。

三次预测就是鼓励学生从数据中获取合理信息，进行合理预测的有益尝试。在实践中，正因为我顺应学生思维，充分尊重学生思维的发展，让学生通过读图来对数据进行有效分析，做出合理预测或判断，才凸显了统计教育的核心目标。

七、点评

"统计与概率"教学核心是帮助学生逐渐建立数据分析观念，发展数学素养。因此，课堂教学要让学生对数据产生亲切感，愿意从数据分析中获取信息，学会用数据统计、分析来解决现实问题，尊重学生的认知特点和思维发展规律就显得尤为重要。

首先，教师关注学生多角度地对比与分析数据，体会数据所反映的趋势，思考从这些数据中能得到什么结论，而这些结论能预测或判断什么。学生在经历多维度的数据分析过程中，体会学习折线统计图的必要性。

其次，教师设计有效的问题，启发学生的思考。在教学过程中教师提出有效问题，调动学生的积极性，来启发学生的思考，让学生根据折线统计图的上升趋势和数据的变化进行预测，在分析的过程中培养学生"用数据说话"的意识。这样既培养了学生用发展的眼光看待数学问题的能力，也发展了学生的思维。

最后，整个教学设计力求以学生为中心，把发展学生思维放在首位。运用各种策略，激发学生"爱学"；创设学习情境，培养学生"能学"；关注学习方法指导，促使学生"会学"。重视学生自主学习的全过程，让一个个问题动态生成一个个"引子"，力求数学课堂既有深度又有广度。

第四章　学习路径

【每章主旨】

路，左边是足字旁，有行走的意思，右边是"各"，有每个人的意思。"路"字表示每个人自己行走的路，所有人都有权利选择自己的路，就是道。道字的甲骨文字形，是一个人走在四通八达的大路上，强调脚。道字的金文字形，增加了"目"和"止"，可以理解为在十字路口，睁大眼睛选择道路，强调眼睛。因此，道既有道路的意思，又有选择的意思，道的本身就是当我们在岔路口，睁开眼睛选择路的方式。用眼睛选择路意味着路是自由的，这启示我们，每个人的学习方式、学习轨迹是不同的，将个人路径集合起来就是集体路径。

【理论基础】

学习路径描述了学生在某一数学主题下的学习轨迹，反映出学生理解数学概念的顺序和层次。分析学习路径，有利于教师准确把握学生的学习起点和理解学生的思维发展，为教师认识数学知识本质、选择教学任务、开展教学对话和进行课堂评价提供方向。本章围绕学习路径的组成、特征、作用展开，具体介绍了教师在备课中如何设计预设学习路径，在教学实施中如何体现和利用学习路径。

备课中如何设计预设学习路径

南京市瑞金路小学　谢志珺

数学备课是上课前教师以课标为基准，依据学生的现有数学水平及认知发展规律，结合数学教学内容，制定出最适合学生的任务表达方法和顺序的过程。怎样的表达方法和顺序才是最合适的呢？这必须符合学生的学习路径。因此，设计预设学习路径是备课的一个重要的环节。

那么，备课中应如何设计预设学习路径？

西蒙最先在数学教育领域提出预设学习路径（hypothetical learning trajectory），他认为预设学习路径描述了数学教育者（教师、研究人员、课程开发人员），用建构主义视角，面向特定的学生数学学习目标，考虑数学任务的设计和使用，从而促进数学概念学习的过程。西蒙认为预设学习路径由学习目标、数学任务和学习过程三个部分组成，数学任务的设计依赖于教师对学生思维和学习的理解，而学生对概念的进一步发展又取决于预先设计的任务。在西蒙看来，在一定的数学学习目标下，学习任务促成了学习过程的发生。[1] 我们都知道，学习起点是设计学习目标和学习任务的前提，所以，教师在备课时应着重从学习路径起点的界定、学习目标的设计、锚基任务的设计三个板块设计预设学习路径。

一、学习路径起点的界定

建构主义学习观认为：学习是引导学生从原有经验出发，生长（建构）起新的经验。学生的已有经验则是学习的起点，学习路径的起点包含学生已有的数学活动经验、数学能力水平。学习路径的起点可以分教师角度和学生角度两部分：教师角度是指教师从之前的教学内容入手，分析学生可能达到的水平；学生角度是指让学生直接阐述将要学习的某一概念或者问题，即课堂前测。只有同时考虑教师角度和学生角度的起点，才能准确定位学习路径的起点。

例如，苏教版数学教材三年级下册第六单元的"认识面积"一课，学生的学习路径起点界定如表 4-1 所示。

---

[1] Simon M. A., "Reconstructing mathematics pedagogy from a constructivist perspective," Journal for Research in Mathematics Education, 1995, 26 (2).

表 4-1 "认识面积"学习路径起点界定表

教师界定	知识技能	1. 能在实际物体中抽象出简单几何体和平面图形，了解一些几何体和常见的平面图形 2. 掌握初步的识图和画图技能	
	数学思考	在从物体中抽象出几何图形的过程中，发展了一定的空间观念	
	问题解决	具有与他人合作交流解决问题的经历	
	情感态度	了解数学可以描述生活中的一些现象，感受数学与生活的密切联系	
学生前测	问题：说说什么是面积	不知道	分析：对面积无前概念
		面积应该和面有关	分析：感受到与已有经验的联系
		面积是 1 m^2	分析：有一定认知，但认知有偏差
		长乘宽是长方形的面积	分析：有一定认知，但认知有偏差

教师在界定学习路径起点时，需要站在更高的角度，对学生的学习历程进行分析，将所要学习的内容放在数学课程的整个螺旋上升的体系中寻找前后联系，而不是局限在某一课时和某一单元。总之，分析和把握学生已有数学活动经验、数学能力水平是教学新知识的前提，定位学习路径的起点尤为重要。

二、学习目标的设计

学习目标一般是依据教学内容和学生现有水平，预设学生学习后所达到的效果，它为学生的发展指明了方向。设计有效的学习目标，需要着眼于学生的最近发展区，充分调动学生的积极性，发挥学生的潜能，使学生达到潜在的水平。而学生现有水平的不同导致学生可能的发展水平也不同，如在图 4-1 中，Sa、Sb、Sc 分别表示三类不同水平的学生，图中的目标水平可能适应 Sb 的最近发展区，但对 Sa 而言难度太大，对 Sc 则显得要求过低，可见这样的目标并不能满足不同人群的需要。所以学习目标应呈现出多样性，教师既要根据学生整体的现有水平确立基础目标，又要对目标进行多水平的划分，这样才能真正落实新课标所提出的"不同的人在数学上得到不同的发展"（图 4-2）。

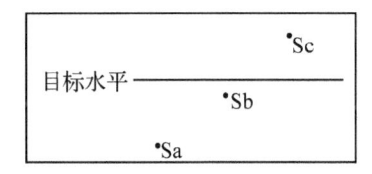

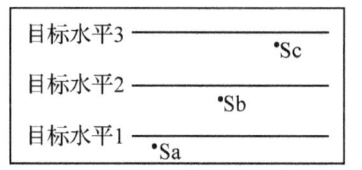

图 4-1　教学辅助图　　　　图 4-2　教学辅助图

例如，二年级的"认识乘法"，如果仅将"理解乘法含义"这一目标设计为"知道求几个相同加数的和可以用乘法表示，乘法使得计算更加简便"，就过于简单了，因为大部分学生容易达成，且部分学生可能已经达成。为了适应学生的不同水平，也为了使学生对乘法含义的理解更为立体，我在这一基础目标上进行了目标的分解（表 4-2）。

表 4-2　"认识乘法"分解后的教学目标

基础目标	分解后目标	表征
在认识几个几相加的基础上初步认识乘法的含义	水平 1：知道求几个加数的和用乘法计算比较简便	知道"2＋2＋2＋2"可以写成"2×4"
	水平 2：能将加数相同的连加算式和乘法算式进行相互转换	4＋4＋4＝3×4＝4×3 5×3＝5＋5＋5＝3＋3＋3＋3＋3
	水平 3：能说出加法算式和乘法算式的联系与区别	"2＋2＋2＋2"和"2×4"都可以表示 4 个 2 相加，此时乘数 2 表示相同加数是 2，乘数 4 表示有这样的 4 个加数。不同点是"2×4"还可以表示 2 个 4 相加

从表 4-2 可以看出，分解后的目标呈现出三种水平，其难度逐步增大，可以为不同水平的学生指引出最合适的发展水平。

三、锚基任务的设计

锚基任务是围绕学习目标展开的一系列促进学生学习的活动，活动的对象是全体学生。如图 4-3 所示，不同水平的学生参与相同的学习任务，达到的学习目标的层次也不相同。因此设计锚基任务时必须考虑怎样调和它们，以保证不同学生在活动中均能有所发展。

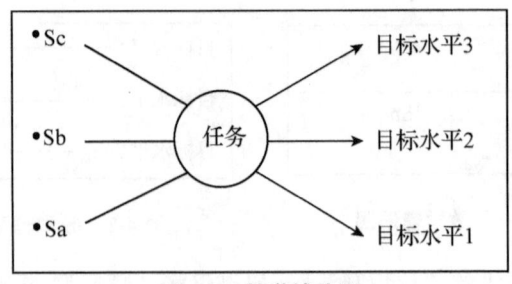

图 4-3　教学辅助图

一般来说，锚基任务是围绕着一个核心问题（驱动问题）开展的，所以驱动问题在锚基任务的设计中尤为重要。

一方面，在学习知识的关键处或思维的进阶处需要关注问题支架的搭建。在设计问题时尽量为学生提供足够的空间，使得不同水平的学生在解决问题时能有事可做，成为活动的参与者而不是被动接受者。例如，在三年级"认识面积"课上学生比较两个长方形的面积。此时学生不能用已有的观察法和重叠法直接比较出面积的大小，部分学生无从下手。所以我为学生提供了丰富的工具袋（图 4-4），这样不同水平的学生便有了"抓手"。

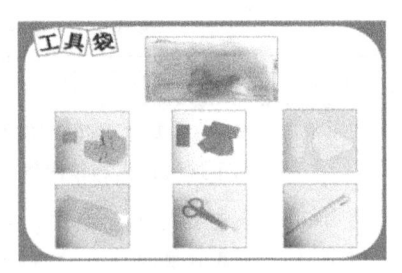

图 4-4　教学辅助图

另一方面，在锚基任务的设计中还需要注重个体建构和社会建构的结合。学习不仅是学生个人的建构活动，也是学习共同体合作建构的过程。学生个体的学习路径是个人建构，而不同学习路径之间的碰撞促成了一种社会建构。一个学生在经历自己学习路径的同时，又在别人的学习路径中得到启发，从而不断补充自身的知识建构，同时也促进了全班的社会建构。例如，对三年级"认识面积"一课，我设计了如下的锚基任务（表 4-3）。

表 4-3　"认识面积"锚基任务

驱动问题	锚基任务
"工具袋"中的两个长方形，哪个面积大？	①选择工具，动手比一比。 ②比较出的结果是什么，分别用了什么方法去比较？在四人小组里说一说。 ③这些方法里，有没有哪几个是相似的呢？

锚基任务中的问题①是针对个体建构的，因为工具的多样性适应了学生的不同水平，人人都可以在独立思考和独立操作中发展思维与能力。问题②有利于社会建构，学生经过小组讨论、全班讨论，不断提高原有的认知水平。问题③利用测量方法多样化，暗示了测量与面积的关系，让学生感受数方格的方法对面积计量的意义。

综上所述，在学习路径的设计中，教师要综合考虑学习起点、学习目标和锚基任务。具体来说，教师要广泛收集相关资料，从教师角度和学生角度界定学习起点；深入了解学生的现状和需求，设计不同层次的学习目标；借助锚基问题，设计满足不同学生需求、契合学生建构知识过程的锚基任务。总之，还原学生最真实的学习路径，才是最适合学生的教学方式。

【典型案例分析】

百分数的认识

南京市高淳区漆桥中心小学　张晓辉

一、教材分析

"百分数"是小学数学教学中重要的概念之一。理解与掌握百分数的概念，可以沟通百分数与分数、比之间的关系，为学生分析、解决生活中的实际问题打下基础。根据《义务教育数学课程标准（2001年版）》要求，"百分数的认识"这节课的学习目标是理解百分数的意义。关于百分数是什么，相关的文献记载以及现行的不同版本教材，在概念的表述上大致相同。

例如，1987年江苏教育出版社出版的《小学数学基础理论》这样定义和表述分数和百分数：形如 $\frac{m}{n}$（m、n 都是自然数，且 $m \geqslant 1$）的数叫作分数。分母是 10^n（$n \in N$）的分数叫作十进分数。n 等于 2 时的十进分数，当它表示个数是另一个数的百分之几时，通常写成 $R\%$ 的形式，这就叫作百分数，又叫作百分比或百分率。[①] 苏教版小学数学教材编辑部在

[①] 江苏省中等师范学校教材编写组：《小学数学基础理论》，110~112页，南京，江苏教育出版社，1987。

"小学数学教学网"（2014年）中对"百分数"是这样定义和表述的：百分数是一种特定形式的分数，表示两个数或者两个同类数量之间的倍比关系。正是这种形式，使百分数能够很方便地进行表达和比较，在生活和生产中有极广泛的应用，尤其在统计时用得很多。苏教版小学数学教材六年级上册教材里给出了"像上面这样表示一个数是另一个数的百分之几的数，叫作百分数"的描述性定义。人教版小学数学教材六年级上册教材中是这样描述的：像上面这样的数，如14％、65.5％、120％等叫作百分数。类似的，北师大版小学数学教材六年级上册教材中给出的概念是这样的：像84％、28％、90％、117.5％这样的数叫作百分数。在这几个不同版本的教材中，百分数都表示一个数是另一个数的百分之几。由此可见，百分数是由"分数"衍生而出的，两者之间有着紧密的联系。

那么，分数的意义又是什么？在实际生活中，为了描述小于1的整数从而产生了分数。分数既可以表示数量，又可以表示两个量之间的关系：一个是表达部分与整体的关系，另一个是两个数量之间的整数比关系。由此可见，百分数是对分数表示"两个数或两个同类量的倍比关系"的补充与延伸。也有教材在定义百分数时直接赋予其"比"的含义，例如，美国加州版数学教材将百分数定义为"百分数是把一个数字与100进行比较所得到的一个比（A percent is a ratio that compares a number to 100）"。台湾地区小学数学教材第十册中给出的是"像20％和50％都称为百分率，是生活上常用的比率表示法"。

那么，百分数有什么用途呢？史宁中教授在《基本概念与运算法则——小学数学教学中的核心问题》一书中写道："而现实生活中一些无法比较的事情用百分数就可以进行比较了。"[①] 同时举例说明："一个大国与一个小国的GDP（国内生产总值）是不能行比较的，但这两个国家GDP的增长率是可以进行比较的，通常用百分数来表示这种增长率：增长率＝〔（今年GDP－去年GDP）/去年GDP〕×100％。"

综上所述，全面深入地了解了百分数的实质和内涵，有利于在教学中结合具体情境，从"数"和"比"的意义去帮助学生认识百分数、把

[①] 史宁中：《基本概念与运算法则——小学数学教学中的核心问题》，15～16页，北京，高等教育出版社，2013。

握百分数的本质特征。

二、学情分析

学生对百分数的原始认知有两种。一是来自生活经验。百分数在日常生活中接触得比较多，教师可以设计前测任务，通过前测分析学生对这类问题的理解水平等。具体可以让学生收集生活中的百分数，并用自己的方式表示对这个百分数意义的理解。调查发现，95％以上的学生会读写百分数，80％以上的学生能结合具体情境比较准确地说出百分数表示的意义。对学生收集的百分数进行分类，发现收集到的98.2％的百分数是小于100％的百分数，表示"部分与整体之间的关系"；只有个别学生收集到大于100％的百分数，但学生对其意义的理解比较困难，如"某共享单车的月活跃用户规模达3134.77万，同比增长率为487.6％"。

二是对分数认知的经验迁移。不同版本小学数学教材中在学习百分数之前就已经在不同年级段安排了分数内容的学习，单从名称上学生就在百分数和分数之间建立起了联系。这些经验作为学生研究百分数的基础，为理解百分数的意义提供了知识迁移的可能。学生通过数形结合或者借助分数的意义能够理解具体情境中百分数的意义。

了解学生的认知起点，即对百分数不同的表征方式，可以帮助教师顺利地找到促使学生达成学习目标的教学路径。通过前测，我们可以知道学生在生活中收集到的大多是小于1的百分数，其意义基本局限于部分与整体的倍比关系，这样的百分数学生较容易接受与理解，也为建构百分数的概念做好了知识的准备。学生也有可能是刻意避开了大于1的百分数，因为就学生已有的知识经验无法解释这样的百分数，如"今年二月份产值同比增长146.8％"。这也造成学生对百分数中"比"这一属性理解的困扰。教师要对学生的认知经验和认知冲突有一个清晰的认识，根据学生的最近发展区设定教学，在知识的关键处搭建支架，帮助学生在自我构建的同时进行深度学习。

"百分数的认识"这节课的设计从学生的学习路径出发，即引入百分数的前概念—利用前概念打通"分数—比—百分数"的联系—认识百分数是描述两个量之间的数量关系—纠正学生的错误认知，形成对百分数的深度认识。在此基础上设计相应的教学路径，促进学生学习目标的达成。

三、教学设计

教学的实体是学生的"学习"与教师的"教导"。"教学"是指"教师引起、维持或促进学生学习的所有行为"。学习是一个过程,教师要准确抓住学生学习的起点,把握知识的本质属性,结合学生的思维方式,引导学生在活动情境中经历、体验和感悟知识发生与发展的过程,以此促进学生逐步深入地理解与掌握知识。

"百分数的认识"一课的设计就遵循学生循序渐进、螺旋上升的学习过程,使教学经历了"认识—了解—理解—应用—创造"一系列过程。

(一)尝试中"感知"

结合前测,随机请一位同学展示,让学生用自己的方式表示对百分数意义的理解。六年级学生的认知结构里已积累了"分数""倍""比"等抽象概念,不同层次的学生通过假设法、分数的迁移法或者画线段图、扇形图以及百格图认识百分数。教师根据学生不同的知识表征方式,有序地展示学生的作品,让学生初步感知到百分数是用来表示"一个数占另一个数的百分之几的数"。

师:今天这节课我们一起来研究百分数(板书课题)。课前同学们都收集了一些自己感兴趣的百分数,请拿出来和同桌交流一下。

师:谁愿意展示一下自己收集的百分数?

(学生展示如图 4-5 所示。)

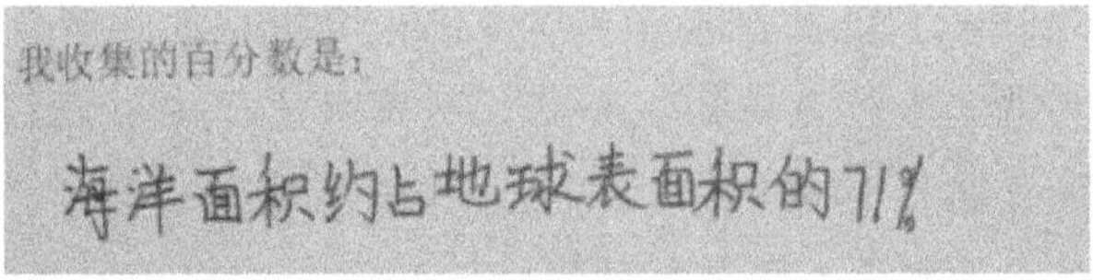

> 我收集的百分数是:
> 海洋面积约占地球表面积的71%

图 4-5 教学辅助图

师:我们一起读一读这个百分数。

(学生齐读。)

师:伸出你的手指,跟老师一起来写一写这个百分数。

(教师示范,学生跟着写。)

师:海洋面积占地球表面积的71%,这个71%表示什么意思呢?能把你的想法表示出来吗？

（学生自主完成，教师对有困难的学生提供相应的学习材料，如百格图、圆片等帮助完成，同时选择相应学生的作品标注序号。）

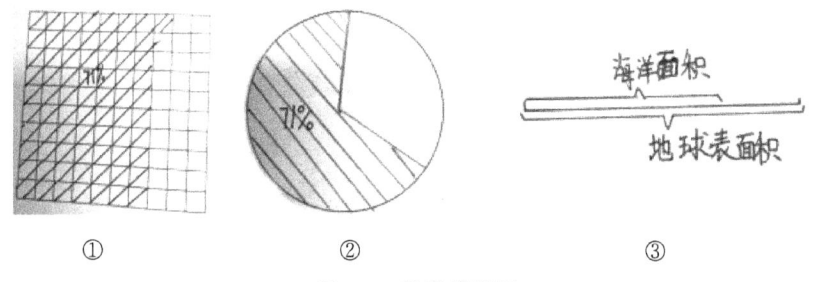

① ② ③

图 4-6 教学辅助图

师：下面从 1 号同学开始展示交流自己的作品。

生 1：我是用涂方格的方法表示的。这 100 个方格表示地球的表面积，其中 71 个表示海洋的面积，涂色的部分就表示 71%（图 4-6①）。

生 2：我的想法差不多，用圆表示地球的面积，涂了其中一多半表示海洋面积占地球表面积的 71%（图 4-6②）。

生 3：我是用线段图表示的（图 4-6③）。

师：还有谁有不一样的想法？

生 4：可以把地球表面积看成一个整体，把它平均分成 100 份，其中海洋面积就是这样的 71 份，所以我认为是海洋面积占地球表面积的 $\frac{71}{100}$。

师：对四位同学的发言，你们怎样评价？

生 5：我也认为这里的 71% 就表示海洋面积占地球表面积的 $\frac{71}{100}$。

生 6：我认为百分数和以前学过的分数一样，表示一个数是另一个数的几分之几。

师：和同学们想的一样，海洋面积占地球表面积的 71%，表示海洋面积占地球表面积的 $\frac{71}{100}$。

（板书：海洋面积占地球表面积的 71%——海洋面积占地球表面积的 $\frac{71}{100}$。）

(二) 应用中"认识"

在学生建构百分数意义的过程中，对百分数又叫作百分比存在疑惑，百分比到底是一个什么样的"比"？怎样由百分数转化成比？学生对这些困惑还是难以理解和接受的。因此教师要在这些关键点上给学生提供典型的百分数例子，借助丰富、具体、熟悉的例证，在一个个设问中引导学生交流、辨析，把自己对百分数的生活思考转化成数学思考，形成清晰的认识。在教师的讲解和引导下，学生自主建构百分数的意义，通过对百分数本质属性的把握，明确百分数这一概念的内涵和外延，沟通百分数和比之间的联系。

（教师出示图4-7。）

师：这瓶白酒的"酒精度43%"表示的是什么呢？

生1：酒精的质量占酒的43%。

生2：把一瓶酒看成100份，酒精是其中的43份。

师：同学们说的都有道理，这瓶白酒的酒精度43%指的是"酒精体积占白酒体积的43%"。

图4-7 教学辅助图

（演示：从酒瓶中倒出一杯白酒。）

师：现在这杯酒的酒精度是多少？

生3：大概是10%。

生4：酒精度应该还是43%。

生5：我认为酒精度只有4.3%，因为杯子中的酒只有瓶子里的十分之一。

师：同学们想象一下，按这位同学的分析，那如果倒出一滴酒的话，应该基本闻不到酒味了，老师就从瓶子中倒出一滴酒，谁来闻闻这一滴酒有没有酒味。

（操作：倒出一滴，学生闻。）

生6：还有酒味。

师：再闻闻杯子里的酒味，是不是一样的？

生7：闻起来差不多，就是有点熏人。

（全班哄笑。）

师：通过试验，你有什么结论？

生8：酒精度应该不会变。

生9：不做试验我也知道酒精度不会变。如果酒精度变低了的话，那以后喝酒用的杯子越小就越不会醉了。

师：有谁能从数学的角度解释一下呢？

生10：我认为酒瓶中的酒精是这瓶酒的43%，杯子中的酒精也是杯子中白酒的43%，一滴酒的酒精还是占着一滴白酒的43%，所以酒精度不会变。

师：这位同学的解释大家满意吗？

（全班鼓掌。）

师：酒精体积随着白酒体积的变化而变化，不管怎样变化，酒精体积和白酒体积的比始终是43∶100，所以百分数可以看成一个数和100的比，叫作百分比。

（板书：百分比。）

（三）辨析中"完善"

学习路径体现的是学生自主建构或社会建构的真实过程，关注学习的进阶（从不知到知、从少知到多知、从懵懂到顿悟），因此要根据学生的思维特征设计最合适的学习轨迹，从而获得最佳的学习结果。

学生通过意义建构，对百分数与分数的内在联系有了较清晰的认识，但还不能区别百分数与分数。尽管分数与百分数的外在形式区别明显，如百分数的分子可以是小数、有百分号等，但在表示分率和数量时，我们不能直接告诉学生分数既可以是数量也可以是分率，而百分数只能表示数量之间的关系。只有让学生在充分理解百分数意义的基础上，结合具体情境让学生自己去选择，在辨析中逐渐感悟，学生才能分清两者的本质属性，认识百分数的本质。

看图选择合适的数填空（100%　50%　0%　$\frac{1}{2}$）

师：看图选择合适的数填空，还要说说自己选择的理由是什么（图4-8）。

电量（　　）

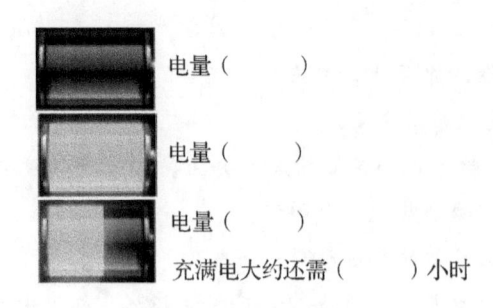

电量（　　）

电量（　　）

充满电大约还需（　　）小时

图 4-8　教学辅助图

生 1：第一个选 0%，因为电量已经没有了。

生 2：第二个选 100%，因为充电已经完成了。

生 3：第三个第一个空填 50%，因为电量大概是电池的一半。第二个空填 $\frac{1}{2}$。

师：有不同意见的同学可以补充。

生 4：我认为第三幅图中的第一个空也可以填 $\frac{1}{2}$，因为 $\frac{1}{2}$ 也表示一半。

师：既然 50% 和 $\frac{1}{2}$ 都表示一半，那这两个空都可以有两种选择吗？

生 5：我认为第二个空不能填 50% 小时，百分数不能带单位。

师：看来百分数和分数有着密切的联系，又有着不一样的地方。结合你对百分数的理解，你认为百分数和分数最本质的区别是什么？

生 6：分数后面可以加单位，百分数不能加单位。

生 7：百分数只可以用来表示两个数量之间的倍比关系，是一个比率，所以不能加单位名称。分数可以是分率，也可以就是数量。

师：你们的回答太棒了，请给掌声。

（全班鼓掌。）

师：所以在表示具体的时间时，我们只能选择 $\frac{1}{2}$ 小时，表示还需要半小时。

百分数有两个不同的比较类型，一个是分数的"部分与整体的关系"模型，另一个是比的"两个独立数量之间的关系"模型。基于学生在生活中广泛接触到的以及教材上的素材基本属于第一类"部分与整体关系"的类型，因此学生产生了"没有大于100%的百分数"的错误认识。针对这种误解，教师要引导学生从实例中看到真相，在解决问题的过程中层层深入、去伪存真，直达知识的本质。

师：如果给第二幅图中的电池继续充电，电量能超过100%吗？

生：不可以。

师：电池的电量不可能超过100%，那有没有大于100%的百分数呢？

生：没有。

生：没见过。

生：我收集到了123.6%。但是我不懂它的意思，所以没带来。

师：老师带来了一段视频，请同学们认真欣赏，看看找到了哪些百分数。

图 4-9　教学辅助图

（播放《新闻联播》视频片段：汽车生产同比增长126%。引导学生认识大于100%的百分数。）

生：看到了126%。

师：是的，看来大于100%的百分数的确存在，你能结合百分数的意义说出图中百分数的意义吗？

从学生的认知冲突出发，尊重学生的思考，通过《新闻联播》视频片段中的信息，让学生实实在在地看到大于100%的分数。再结合具体的情境，使学生理解大于100%的百分数的意义，完善了对百分数认识的同时，也真正体会到了百分数"比"的属性。

"百分数的认识"一课的教学流程如图4-10所示。

数学教学的过程由学生、教师和数学知识三个基本要素构成。基于学生话语、作品等读懂学生的学习路径，有利于教师构建教学路径。首先，分析教材和学情，找到适合学生自我构建、深度学习的路径。接着，为学生的学习搭建支架，由"教"变"导"，提供学生展示、交流、纠错、感悟的机会。最后，转变教师的角色，让学生在知识建构过程中获得进一步的发展。

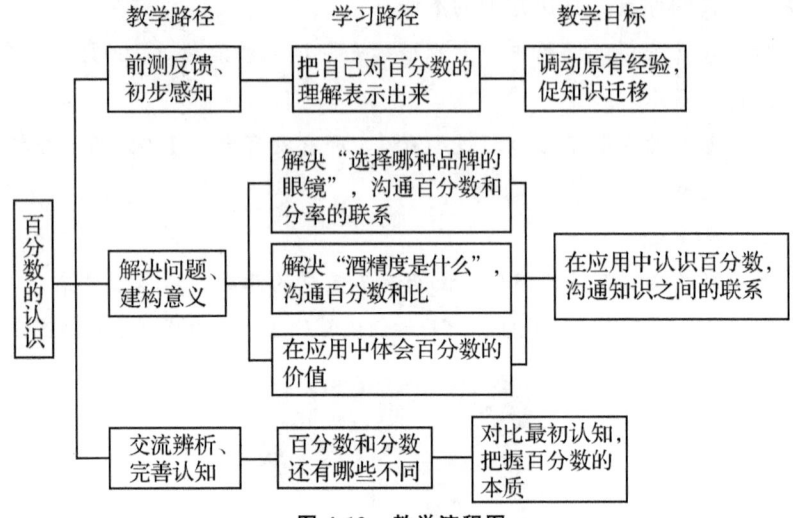

```
百分数的认识
├─ 教学路径：前测反馈、初步感知
│   学习路径：把自己对百分数的理解表示出来
│   教学目标：调动原有经验，促知识迁移
├─ 教学路径：解决问题、建构意义
│   学习路径：
│     ├ 解决"选择哪种品牌的眼镜"，沟通百分数和分率的联系
│     ├ 解决"酒精度是什么"，沟通百分数和比
│     └ 在应用中体会百分数的价值
│   教学目标：在应用中认识百分数，沟通知识之间的联系
└─ 教学路径：交流辨析、完善认知
    学习路径：百分数和分数还有哪些不同
    教学目标：对比最初认知，把握百分数的本质
```

图 4-10　教学流程图

【话题讨论】

学习路径为学生建构了一条理解的道路，能够帮助教师打通课堂中教师教与学生学的关系。在理论分析与大案例分析后，笔者选择了几篇围绕话题讨论的文章帮助我们更深层次地理解学习路径。首先介绍了学习路径的基本环节，其次讲解了学习路径的设计策略，以及基于学习路径的教学评价，最后是有关实际课堂学习路径的教学分析案例。

学习路径有哪些基本环节

南京市西善花苑小学　罗有斌　蔡琦　刘宸　杨秀芳

教师在教学过程中预先制定了合理的学习内容，但有时候不一定能收到预期的效果。换句话说，也就是为实现不同的目标、效果应采取不同的学习路径。我们结合自身的教学经验归纳出了数学课需要涉及的几条路径，我们认为每一条路径既独立又与其他路径相辅相成，每一条路径包含了多个基本环节。

一、感悟：数学化过程

弗赖登塔尔认为：数学化是人们在观察、认识和改造客观世界的过程中，运用数学的思想方法来分析和研究客观世界的种种现象并加以整理与组织的过程。在概念课中，教师常用到数学化的学习路径。数学概念对于小学生来说比较抽象，他们既不知道为什么要学习这一数学知识，又不知道这一知识是从哪里来的。通过这一学习路径，学生找到数学知识与实际生活之间的联系，学生的认知结构得到同化和顺应。

（一）在生活经验中形成认知冲突，发现问题

数学知识都是对以往生活实践中数学问题的抽象与概括。因此，如果知识与生活割裂开，学生在数学学习中就不易找到一个立足点。在学习中，学生通过观察、思考教师展现的问题情境，产生认知冲突，感悟这一数学知识产生的必要性。

（二）经历知识发生、发展的过程

数学中的概念对于学生来说往往陌生，学生在教师引领下，追寻数学家的探索历程，经历知识发生、发展的过程是数学化学习路径的第二个环节。例如，在"比例尺的认识"这节课中，教师抛弃了教材设计好的教学过程，带领学生一起绘制自己学校主要建筑物分布情况示意图。在绘制示意图的过程中，学生体会到实际建筑物的距离要与图上的距离保持一致，便自然产生了标准的需要，也就是需要知道图上距离等于实际距离的多少。在教师出示的图中，规定"1 cm 相当于实际距离的 10 m"，由此产生了比例尺。在教师带领下，学生经历了知识发生和发展的过程，明白了图上距离和实际距离的关系就是比例尺。

（三）创造性运用

学生能将所学的知识运用于生活，尤其是创造性地运用到生活中是小学阶段的教学所追求的目标。在知识应用环节，学生把之前学到的知识和方法运用到同类型的题目中，巩固所学知识；把所学知识举一反三地运用到变式练习中，活跃数学思维。

（四）拓展应用，带着问题走出课堂

数学知识都是一脉相承的，但每个课时的知识点又相对独立。在拓展应用中，学生了解本节课知识点的运用具有局限性，带着问题走出课

堂。比如，在"平均数"这节课中，拓展应用是唱歌评分题，学生了解到平均数受极端值影响，不是所有的数据都能用平均数表示的。教师卖关子：以后我们还会学习其他数来表示一组数据的情况。学生在教师点拨下带着问题走出课堂，既激发了学生自主学习的意识，又让学生明白平均数的运用要有一定条件。

数学化的学习路径，与其说是学生学习数学，不如说是让学生用数学的眼光看待生活实际中的问题。

二、由内及外：经历学习全程

关注学生活动，尤其是更多地关注学生探究活动，成为数学课程发展的主要趋势。长期的接受性学习使学生的学习过程在一定程度上异化为只是对知识记忆—重现的过程。相比较学生的学习过程，记忆—重现更注重学生的学习结果。学生的学习路径应当符合认识论和学习规律，包含"猜想—验证—完善—运用"全程。

（一）提出猜想，激发思维

《义务教育数学课程标准（2011年版）》指出："引导学生通过观察、尝试、估算、归纳、类比、画图等活动发现一些规律，猜测某些结论，发展合情推理能力。"因此，猜想并不是毫无依据、毫无目的的，而是基于对已有知识、活动经验的合理推断。

譬如，在苏教版小学数学教材中的"分数的基本性质"一课，除法中"商不变的规律"、分数与除法的关系是学生已有的知识经验。学生基于商不变的规律，根据分数与除法的关系，可以合理提出这一猜想——"分数的分子和分母同时乘或除以一个相同的数（0除外），分数的大小不变"。

（二）自主探究，验证猜想

猜想离不开验证。对猜想进行验证的过程也是学生进行思考与探究的过程。在"分数的基本性质"这节课中，学生提出猜想后，通过折一折、画一画、算一算几种不同的方法进行验证。

（三）完善归纳，内化知识

学生完整地经历提出猜想和验证猜想的过程后，还需要对结论进行必要的完善和归纳。例如，在"分数的基本性质"这节课中需要完善以下几点。第一，分数的分子和分母必须乘或除以同一个数，而不是加或减同一个数；第二，分子和分母必须同时乘或者除以一个相同的数；第三，这个相同的数不能为零。

（四）运用猜想，巩固知识

学生在经历猜想—验证—完善的过程后，已基本建构自身的认知结构，并将知识内化。除此之外，数学学习还需要培养学生运用所学知识解决问题的能力。因此，学生需要运用猜想，巩固所学知识，进行延伸拓展。

"猜想—验证—完善—运用"这一学习路径与《义务教育数学课程标准（2011年版）》提倡的自主探究学习精神相契合。基于这一学习路径，学生会有更广阔的空间去猜想、探索、研究，有利于培养良好的思维品质。

三、升华：练习与检测

书面测验是考查学生课程目标达成状况的重要方式，合理设计和实施书面测验有助于全面考查学生的数学学习成就，及时反馈教学成效，不断提高教学质量。我们认为练习与检测也是学生学习路径的一个重要环节。有效的练习与检测，不仅有助于学生掌握知识和形成技能，还对培养学生的思维能力、情感态度和价值观起着十分重要的作用，学生能沿着这条学习路径进行有效的进阶。

（一）明确目标，突出重点

练习的设计首先要从目标入手进行整体构思，要能突破学生在学习中遇到的难点。例如，在"千米的认识"学习中，学生对1千米的感知并不能很快突破，有的孩子甚至把"千米"当作大楼高度的单位。教师可以先通过适当的介绍，让学生感受到千米是一个大单位。再让学生走一走、算一算走1千米用了多长时间，体会千米是一个较长的单位。

（二）精心选择，体悟本质

选择练习要把握五个度：练习的角度、练习的广度、练习的深度、练习的梯度、练习的灵活度。注意到这几个方面有助于学生充分体会知识的本质。例如，在六年级分数问题中，把"行$\frac{3}{2}$千米路需要$\frac{1}{7}$小时，这样行$\frac{15}{4}$千米的路程需要多少小时？"和"榨$\frac{2}{3}$千克油需要$\frac{7}{2}$千克花生，榨$\frac{3}{2}$千克油需要多少千克花生？"两种情况放在一起对比，不仅让学生理解用后单位除以前单位，还可以让学生体会到用问题中后一种量除以前一种量，也就是先算出一分量即可。

（三）分层设计，适合需要

教师要遵循因材施教、分层要求的原则，从学生实际出发，安排适合不同层次学生的练习，让学生自由选择。不同层次、不同水平的学生都能体会到成功的乐趣，体现"人人学有价值的数学，人人都能获得必需的数学，不同的人在数学上有不同的发展"的理念。例如，用乘法分配律进行简便计算的运用中：

水平一：45×37＋55×37

水平二：99×98＋99

水平三：145×26－45×26

（四）拓展开放，形成能力

开放的练习可以是内容上的开放，也可以是形式上的开放，甚至还可以对环境进行适度的开放。例如，在低年级学生学习了"100以内的加减法"和"认识人民币"后就可以把班级布置成一个小小的商店，给每一位学生准备若干人民币进行模拟购物。这样的设计不仅有助于学生对知识的运用，还使学生在运用的过程中有了更多的选择和开放，不知不觉就形成了能力。

四、特例：学习路径在低年段学习

在小学阶段，两个年段的数学学习有着明显的不同。下面将结合"10的认识"进行简单的说明。

（一）初步感知

心理学上认为，"感觉"是人脑对作用于感觉器官的客观现实的"表面现象个别特性的反映"，"知觉"是人脑对作用于感觉器官的客观现实的"多个特性的综合反映"。因此，感知就是通过视、听、嗅、触摸等方式，对事物的综合特性有一个基本的了解。例如，教学"10的认识"，低年级学生有意注意时间短、爱说爱动，教师就需要设计一些操作感知的教学活动，如数 10 颗糖果、数计数器上的 10 颗珠子、数 10 根小棒等，通过一系列从 1 数到 10 的感知活动，学生慢慢体会 10 的数量特征和顺序特征，以及 9 再添上 1 就是 10。

（二）具体抽象

小学数学的概念大都是描述式的，没有给出严密的定义，想要把握概念最核心、最本质的特征，就必须抽象出事物综合特性的本质。学生感知 10 的数量特征，体会 10 颗糖果、10 颗珠子和 10 根小棒的对等关系，理解 10 在生活中可以表示 10 朵花、10 只小鸟、10 扇门等数量是 10 的一切事物的集合，舍去了糖果、珠子、花等的具体特点，抽象出数量关系的结果，即 10 的基数特征。

（三）完成内化

内化是个体的内在学习活动，将人类已有的认识储存到个体自身的知识结构中，进而转化成自身的认识。学生完成内化，能更有效地理解概念的本质特征，在以后的实际应用中，充分自如地运用相应的知识解决问题。因此，内化在整个学习活动中占有很重要的地位。将 10 的基数特征与学生原有知识结构中 9、8、7 等的基数特征进行比较和融合，经过"同化"和"顺应"的过程，建构新的认识，从而数出生活中的 10 棵树、10 本书等。在数到 10 的过程中，学生能体会数量的顺序关系，8 添上 1 是 9，9 的后面是 10。

（四）正向迁移

知识的获得并不仅仅是为了知识本身，还需要对以后的学习产生促进作用，这就是知识的正向迁移。内化了 10 的基数本质，就可以对 20 以内数的认识、100 以内数的认识，甚至认识百、千、万位都有一个正向迁移的效果；还可以将 10 的基数和 10 的序数进行比较，进一步体会其中的区别和联系。

在整个学习路径中，学生掌握了学习的主动权，教师将课堂真正变成学生的课堂，从学生的感知出发，引导学生抽象出本质的特征。学生将知识内化到自身原有的知识结构中，在实际生活和以后的学习中得到正向迁移，最终实现相应的学习目标。

当然，数学学习的路径不只这些，教师可以根据不同类型的课程、不同内容的学习要求，灵活调整各种方式、方法；学生学习的路径也不能仅仅局限于这样的几个环节，但目的只有一个，那就是使学生的学习路径通畅，保证学生的学习能力不断进阶。

儿童数学学习路径的设计策略

南京市五老村小学 孙谦

学习是有意义的知识建构过程，是表层学习、深层学习和建构学习的统一。我们的教学要想产生较好的效果，"不仅要把直接教学与合作学习、个体学习平衡与整合起来，还需要搭建支架，以走向深度学习"[①]。而要将教与学结合起来，就需要学习路径的作用。如何在数学学习的过程中设计好学习路径，让学生在学习中产生更高效能呢？我认为在对学习路径进行设计时，可以运用如下策略。

一、关注知识本质，建立知识图谱

一个阶段的数学学习，大致有这样三个过程，它们之间的关系可以用图 4-11 来表示。

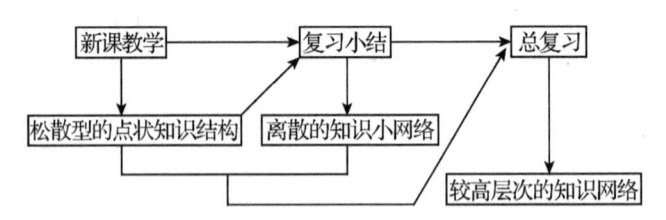

图 4-11　数学学习过程关系图

由此可以看出，除了要学习零散的知识点，还需要将各个知识点建立连接，形成知识网络。学习的路径设计可以建立和完善知识图谱，完成知识网络化过程，有意识引导学生有序开展整理与复习工作。例如，苏教版数学教材六年级下册第七单元的"平面图形面积复习"一课，这样设计：

第一步：找出小学阶段学习过的所有平面图形，将每个图形分别画在一张小纸片上。

---

① ［新西兰］约翰·哈蒂：《可见的学习——对 800 多项关于学业成就的元分析的综合报告》，彭正梅等译，7 页，北京，教育科学出版社，2015。

第二步：思考这些图形之间面积推导的关系，利用小纸片摆一摆。

第三步：摆好后将它们按位置贴在一张白纸上，用笔连一连、写一写，反映它们之间的关系。

三个相关联的步骤，展现出一条将零碎的知识点网络化的学习路径：回忆—关联—网络。学习的一个重要方面就是提高和改变自身信息的组织水平，在每学期最后的复习阶段，运用这样的学习路径可以有效地将知识点进行串联和整理，最终形成知识网络，经常这样训练对信息组织能力的提升不无裨益。

二、分析学生已有经验，促使知识结构化

建构主义理论强调学习是学习者基于原有的知识经验生成意义、建构理解的过程，不论儿童还是成人，要让一个学习者掌握一项知识，就必须对他的先有概念进行真正的解构。[①] 了解学生的先前概念，我们才能有的放矢，设计出适合学习对象的个性化学习路径。例如，在学习五年级下册"分数的加减法"第一课时，在课前这样设计。

第一，选择自己喜欢的两个分数，用画图、文字等方法表示出它的意义。

第二，用这两个分数编一道自己喜欢的加法实际问题和一道减法实际问题。

第三，自己想办法解决这两个问题，并将自己解决问题的过程表示出来。

通过这三个问题充分分析学习者的学习基础：对分数意义的理解程度；能否将加法的认知扩充到分数范围；能否自己解决分数加减法的简单问题以及通过什么方法解决这样的问题。教师设计出以下问题，帮助学生知识结构化。

问题1：对比不同的解决问题的方法，你更欣赏哪一种？阐述理由。

问题2：计算分数加减法的方法是什么？要注意什么？

问题3：对比以往学过的加法（整数、小数）和今天学习的分数加减

---

① ［法］安德烈·焦尔当：《学习的本质》，杭零译，88页，上海，华东师范大学出版社，2015。

法，它们有联系吗？有什么联系？

这是在小学阶段最后一次学习有关加法的知识，所以除知识点的掌握外，将所有学习过的整数、小数和分数加减法做比较，沟通联系，达到知识"结构化"是非常必要的一部分，可以分析学生经验、促使结构化、帮助形成学习路径。

三、巧妙设计问题，促使学生思维的发展

学习的产生是一个非常复杂的过程，掌握知识固然很重要，但是更重要的是运用知识解决问题。设计的解决问题，不仅要运用到刚学习到的知识和方法，更要创造性地加入个人的思考和理解，使其对其他学习者更有借鉴和参考的价值。例如，在学习完人教版数学教材五年级上册第五单元"用字母表示数"之后，学生遇到了这样一道题目：观察图4-12中小圆圈的摆放规律，并按照这样的规律继续摆放，第15个图形中的小圆圈有多少个？

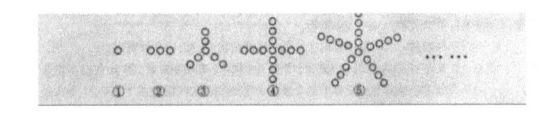

图 4-12　学生习题题目

有两个学生提供的做法更胜一筹（图4-13、图4-14）。

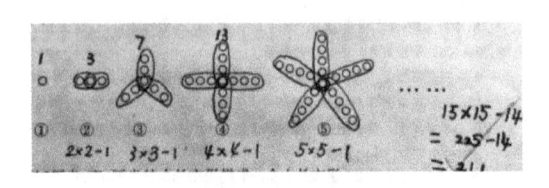

图 4-13　学生作品1

图 4-14　学生作品2

为了让其余的学生更好地思考这个问题（学习路径），而不仅仅知道问题的答案（学习结果），我让两位学生分别阐述了他们的学习路径，并简要记录在黑板上。在厘清两种不同的学习路径之后，组织全体讨论。

他们解决问题的过程有什么相同之处？

解决过程中有什么不同之处？

运用了哪些方法促进了问题的解决？

对解决问题的过程有什么意见和建议？

对你有怎样的启发？

讨论之后，学生发现这类题目都可以通过找内在规律的方法解决，具体的路径如下。从特殊的图示出发—和其他图示比较—发现其中的相同之处—初步预测规律—举例验证规律是否正确—确认正确后运用其解决问题。同时有一个学生还提出了第二种方法的不足，"最好还能自己再继续画一个看看是不是这个规律"。学生一致认为用做标记、画图示的方法可以促进问题的解决，并声明"下次我遇到这种复杂的题目也会这样去做"。虽然用了近半节课的时间讨论这个问题，但是，留给学生的是一条清晰的研究路径，那就是特例—比较—趋同—发现—验证—运用。通过设计这些问题，层层推入学习的路径，促使学生思维走向深处。

四、根据元认知特征，设计教学环节

元认知是学习的一个重要方面，它是"对学习的学习"，"最有效的元认知策略是对文本不一致之处的意识和自我提问"。[①] 在数学学习过程中，可以有意识围绕元认知策略设计学习路径，帮助学生学习"怎么学习"。例如，在学习苏教版数学教材三年级上册第三单元的实践活动"周长是多少"时，在课中设计了这样一个教学环节：

问题1：对比几种求不规则图形周长的方法（图4-15），有什么相同之处？

问题2：用六个不规则正方形拼成的不规则图形，是否都可以用这样的方法求出周长？

---

① ［新西兰］约翰·哈蒂：《可见的学习——对800多项关于学业成就的元分析的综合报告》，彭正梅等译，189页，北京，教育科学出版社，2015。

问题3：你还想到了什么问题？

问题4：对刚才的研究你有什么感受？

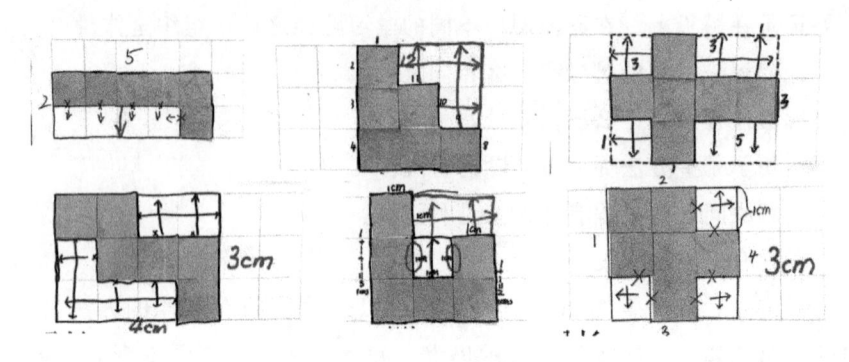

图 4-15 教学辅助图

在发现—质疑—提问—（互解）—自省的学习过程中，学生依托已经建立的丰富表象（拼成不同的形状的图示，不规则图形转化为长方形再计算周长的过程），对自己学习的过程进行反思和诘问（这种方法是否适用于所有情况），通过提出的反例，修正自己的观点，提出学习中需要注意的地方，调节自我认识（丰富举例、找出特例）。以往的研究表明，我们"惯性思维"中的特例会引导我们的学习走向更加深入的程度，甚至有可能发现在此领域的其他分支，或者创造一个新的学科领域。

总之，在学习路径的教学设计过程中，要从知识、学生经验、问题和元认知四个方面，对学生学习过程进行预设，据此设计相应的教学环节，促使学生深度学习。我国著名的教育家叶圣陶倡导"教是为了不教"，知识只有"通过学生的自主学习和应用，融入了他们的思维和经验，才具有真实的意义，成为学生生命有机组成部分的'真知识'。这样的'真知识'和获得'真知识'的过程，不仅是让学生学会做事、学会求知，更是他们整个成长成人和做人的基础"[1]。获得知识的过程，也就是学习的路径，对于学生来说是受益终身的。在数学学习中有意识地勾勒出学习路径，对所有学习者清晰可见，可以促进方法的模仿、学习和积累，最终有力推动个体智力的发展。

---

[1] 任苏民：《叶圣陶"教是为了不教"的理论意蕴和现实意义》，载《教育研究》，2017 (11)。

从结果倒逼的方法做学习路径分析，反观教师教学执行力

北京市建华实验学校　赵颖

学习路径是指学习者在学习过程中留下的真实的状态和表现的连续性记录。对学习路径进行有效分析，可以帮助教师找到相应的教学路径，从而有效地组织和实施教学。[1] 同时基于课堂观察倒逼学生学习路径的生成条件，可以反观教师的教学执行力。

一、对学习路径进行分析，反观教师对数学本质的把握程度

把握数学实质是有效教学的根本。实际教学时，若从形式开始，学生就容易出现形式上的理解，为了避免这种形式的发生，教师需要关注数学概念、知识发展的历史本源，关注其形成、发展的原始动力与过程。课堂上学生的学习路径受到来自学生和教师的双重影响。通过分析，我们可以了解在哪些结点教师起到怎样的作用，进而可以看出教师对数学概念的把握是否深刻，是否触及了本质。

"比"是小学数学阶段一个重要的数学概念，与除法、分数有着密切的联系，也是认识、研究正反比例函数的基础。一些学者还提出比源于度量，甚至说就是一种度量。可见，比本身有着丰富的意义，同时在知识体系内也有着承前启后的重要作用。杨重生老师对比有着个人的独特视角：比是比较的一种方式，是刻画事物属性的一种数学模型。他设计并执教的北师大版数学教材六年级上册第四单元的"比的认识（二）"一课紧紧抓住了比的度量意义以及模型思想开展教学，让学生在比较的活动中体会比的意义，感受比作为一个数学模型的价值，而且能够从意义的层面帮助学生理解为什么要进行不同类量的比。图4-16是整节课的教学流程图。

在第一个环节中，（课件出示蜂蜜和水1∶3）教师提出问题："这个是蜂蜜和水，要混合成蜂蜜水。有一个比是1∶3，你能按照这个比配出蜂蜜水吗？"学生展开了讨论。

---

[1] 张春莉、刘怡：《基于学生学习路径分析的教学路径分析》，载《中小学教师培训》，2015（9）。

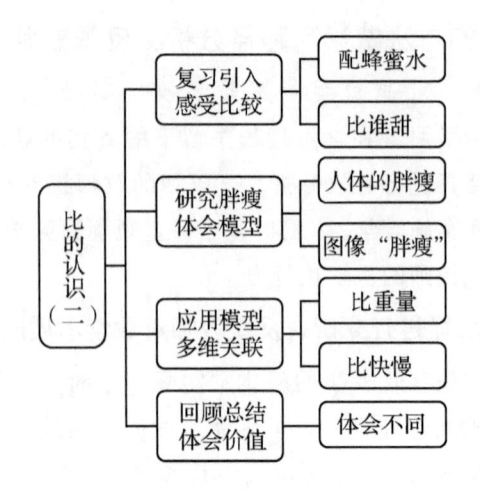

图 4-16 教学流程图

生1：我觉得1∶3，后面的水应该取出3份，1∶3的前项1，蜂蜜取1份。1∶3，蜂蜜的1份和水的3份合起来就是1∶3的蜂蜜水。

生1：比如1勺蜂蜜配3勺水，这样就可以配成蜂蜜水。

（教师板书：1勺，3勺）

师：谁还想再配一配？

生2：100 mL的蜂蜜和300 mL的水也可以配成。

（教师板书：100 mL，300 mL）

生3：1000 mL的蜂蜜和3000 mL的水。

（教师板书：1000 mL，3000 mL）

生4：我觉得20 mL的蜂蜜和60 mL的水。（教师板书：20 mL，60 mL）

师：1∶3配蜂蜜水，有用1勺和3勺的……这些都行吗？

师：为什么都行啊？

生：因为它们都同增，所以它们的关系是不变的。

生：倍数不变。

师：只要保证这个关系不变，我们就能够配出这样的一杯蜂蜜水。

在这个环节中，学生配出来的各种蜂蜜水从数量和单位上看各不相同，表现出不同学生在学习路径上的差异性，具有并行式思维模式特点。教师通过一个简单的问题"为什么都行啊？"把不同的表征与比的本质建立联系，引导学生通过不同的数据、不同的表达方式看到1份蜂蜜与3份水这一本质，用比可以表示蜂蜜水中蜂蜜和水的份数关系，同时通过比较两种不同的配比方式，感受比可以刻画蜂蜜水甜不甜。这既丰富了学生的认识角度，又拓展了学生对比的认识深度，很好地构建了比的概念。这段看似轻松的教学片段，实则蕴含了对比的意义的深刻理解。

二、对学习路径进行分析，反观教师对学生的认识程度以及应变能力

适合学生发展需要的教学才是有效的教学，因此学生的原有认识应该是教师一切教育教学行为和过程的依据。我们需要关注学生的朴素问题与思维过程，真正激发学生探究的愿望，发展理智的好奇；需要关注学生的生活概念、经验与数学概念之间的本质联系与区别，自然地实现由生活概念向学科概念的过渡，关注现实问题向数学问题的转化过程，真正让学生经历建模的过程，体验到数学之于解决实际问题的重要意义。在教学过程中，教师也需要保持对学生进行研究和关注的状态，随时诊断学生的学习需要，并根据这种需要对自己的工作及时进行调整，这是教学执行力的一个很重要的表现。

以杨重生老师"比的认识（二）"第三个环节为例，来说明如何通过对学生学习路径进行分析，反观教师对学生的认识程度和随机应变能力。

（课件出示羚羊、猎豹图片。）

师：羚羊、猎豹，比一比，它们谁快？这个又和什么有关呢？

生1：我认为不太确定。比如一只特别小的猎豹幼崽和一只成年的羚羊，这样比起来，肯定是羚羊快，但是如果是一只成年猎豹和一只成年羚羊的话，那肯定是猎豹快。

生2：假如它们都是成年的，那猎豹断了一条腿可怎么办啊？所以得是特别健康的。

生3：年龄也是一样。

生4：我认为猎豹和羚羊就是图上的两只动物，都是很健康的，年龄也是一样的。

生5：猎豹快。

师：没说谁快谁慢，怎么比？

生6：不一定。

师：不一定这个问题，怎么比也不一定是吗？

生7：万一猎豹在追杀一头羚羊，羚羊为了逃生肯定会跑得快一些。

（很多学生举手）

生8：我认为在动物园比，这样就能比了。

师：我们共同讨论同一个问题，我们想知道猎豹和羚羊，或者不说猎豹和羚羊，说两个物体，谁快谁慢，能比吗？

生9：我们可以让它们站在同样的路线上，谁先跑完谁就跑得快。

生10：我认为呢，如果它俩的体重一样，我们就能比较它俩的速度。

生11：假如说10米，那猎豹一定赢，假如说一万米，那羚羊一定赢。

生12：为什么？

师：不管你们想到了多少种情况，其实你们都关注到了一个事情，一定要关注到它。

生：跑的路程。

师：一定是路程吗？还会关注到什么？时间是吗？

生：嗯。

师：我听到刚才还有同学说速度是吗？实际上路程和时间的这个比的关系是不是就是它们的速度啊？

生：嗯。

师：其实就像刚才我们经历的这个过程，比快慢这件事真的不是那么简单的。真正把速度写成路程比时间这件事是距今600多年才发生的，不像石头和棉花这种事，2000年前的古希腊就讨论过了，速度是个很难理解的东西。

这节课杨老师也曾在他所在的学校执教过，当时学生直接关注路程和时间的比，教学过程十分顺利，但这节课从学生的回答中我们很明显地发现学生的思维极其发散，考虑到了很多因素，如是否健康、年龄、体重等动物自身条件与外部条件是否相同，有的甚至从常识角度分析……这段教学场景是出乎教师意料之外的。

是什么原因导致了这种局面的发生呢？回顾整节课的设计，教师紧紧围绕两个量之间的关系来刻画事物的属性：用蜂蜜的量和水的量的比来刻画蜂蜜水甜不甜，用体重和身高的比来刻画胖瘦，用质量与体积的比来刻画轻重（密度），再到这个环节用路程与时间的比来刻画快慢，整个过程中，教师都让学生自主探索、决定属性的相关的量，学生的思维一直处于一种非常开放的状态。在这种开放的状态下，问题又具有很大的开放度"和什么有关？"学生容易联想各种"有关"的因素，再加上教师的干预较少，学生的思维很容易被互相点燃、启发，愈加发散。

但同时，我们又看到了教师的智慧引导与灵活应对，在第 8 个学生和第 12 个学生回答之后，教师的引导恰到好处，既没有着急点破，又给予讨论方向上的引导，使得学生又关注到路程与时间的比，即速度，学生经历了一场真实的建模过程。

由此可见，对学生学习路径的有效分析可以反观教师的教学设计与执教者的教学执行力，而基于学习路径分析的教学设计再改进则可以提升教师教学执行力。

如何基于学生的学习路径设计和实施数学课堂教学
——以"鸡兔同笼问题"为例
北京教育科学研究院通州区第一实验小学　李云华

学习路径，通俗而言是指学习者在学习中留下的真实轨迹和连续性记录。教师应研究学生如何思考问题，关注学生学习的轨迹，从而在适当的时机给学生提供适当的教育。史宁中教授曾说："知识是什么？是思考的结果、经验的结果。仅仅结果的教育是不能教智慧的，智慧往往表现在过程中。有关过程的东西只有通过过程来教。过程的教育能够培养我们的孩子正确的思考方法，最终培养孩子数学的直观。因此我们要强调过程的教育，在过程中判断他的思维是不是对的。"[1] 可见，学习的过程与学习结果的重要性都需要我们关注。对学生学习路径的研究，有助于"帮助教师基于学生的学习路径找到相应的教学路径，从而实施有效的教学"[2]，并帮助打通课堂中教师教学与学生学习的关系。

---
[1] 余慧娟：《聚焦：思维的深度与理解的宽度》，载《人民教育》，2010（24）。
[2] 张春莉、刘怡：《基于学生学习路径分析的教学路径研究》，载《中小学教师培训》，2015（9）。

一、根据前测，发现学习的认知起点

现代认知心理学明确指出，有意义的学习过程是学生根据旧知同化或顺应新知的过程。学生原有知识状况，直接影响新知识的学习，影响新技能的迁移。[①] 由此可见，学生已有的知识经验直接影响学生对新知识的学习，影响学生迁移的能力，它是学生学习活动的起点。教学应基于学生的认知起点，遵循学生思维的特征规律和知识形成发展的过程。而我们可以通过前测、访谈等形式了解学生的认知，知道学生已经学到哪里。

例如，在学习"鸡兔同笼问题"前，我做了这样的前测：鸡和兔一共有8个头，有26条腿，鸡和兔分别有多少只？让学生将自己的思考过程记录下来。有42名学生参加前测，其中有20人做对，22人做错或不会做。统计结果后发现有12人完全没有思路，12人画图解答，4人列表，其余学生均采用列算式的方法，这说明学生们思考问题的路径存在差异。但相同的是，无论用哪种方法，很多做对的学生都不是立刻就能得到正确结果，而是经历了一个调整的过程。通过调查得知，很多学生在校外辅导机构学习过鸡兔同笼问题，所以解答此题时照着教师教的方法依样画葫芦，虽然做对了但缺乏自己的思考。做错的学生中有一部分人有想法，提出了自己的尝试方案，但不会正确调整。

二、设计学习单，针对不同学习路径进行合理引导

由于认识活动与个体建构有关，而人是具有差异的个体，因此每个人建构的数学活动就必然不同。即使是同样的数学问题，学生也可能有不同的学习方法，不同的个体也完全可能由于知识背景和思维方法等方面的差异而具有不同的思维过程，在各自的学习路径上留下不一样的轨迹。有研究表明，个体在学习过程中的认知方式并不相同，对知识的表征方式也不同。为学生提供不同的学习单，了解学生采用怎样的认知方式及知识表征方式，进而有针对性地进行引导，可以帮助学生寻找知识的突破口。

[①] 毕竟、王虎：《关注教学前测找准学习起点》，载《小学教学参考》，2011（3）。

（一）学习单的设计

学习单的设计要以前测为重要依据，根据学生知识经验的基础和思维的困惑点，在知识的关键处或思维的过渡处搭建支架。针对不同学生的表征方式，进行有针对性的指导。

在"鸡兔同笼问题"一课中，由前测得知学生解决鸡兔同笼问题的表征方式可以分为三类：画图法、列表法和列算式法。研究学生作品后我们可以看出，大部分列算式法都可以合并到画图法和列表法中。在了解不同学生的认知方式和表征方式后，针对不同学生的问题，我设计了如下两种学习单。

例如，鸡和兔一共有10个头，有28条腿，鸡和兔分别有多少只？

1. 列表法

猜测鸡和兔的只数，计算腿数，如果腿数不符合题意，请进行调整（表4-4）。

表4-4 鸡兔数量统计表

鸡的只数							
兔的只数							
共有腿数							

2. 画图法

每个圆圈代表一只动物，试着把28条腿画上去，并记录你画腿的过程（图4-17）。

○○○○○○○○○○

图4-17 统计圆圈

（二）学习单的使用

美国著名心理学家布鲁纳认为，学习者作为学习的主体，在知识获取的过程中应该积极主动参与，而不应该仅仅是被动地接收信息。作为教学活动的组织者、引领者，教师要尊重学生的主体地位，让学生自主探究、解决问题。同时告知学生，如果感到困难可以选择适合自己的学习单，而对已经解决完问题的学生，则鼓励他们尝试其他方法。通过这一过程发挥学生的主观能动性，发展其数学思维。

三、借助汇报交流，提高学生的建构能力

交流是学生对自己学习思路的汇报、修正、完善的过程。为了提高汇报的时效性，教师要根据学生不同的思维模式，采取不同的呈现方式，并梳理出汇报的呈现顺序或讨论提问的顺序、处理每种思维的重点详略、再次归类的方式等。

学生在知识表征的方式上并不相同，但它们对知识的建构非常有意义。那么如何协调每一种知识表征方式之间的关系呢？这就要求教师在分析学生不同的知识表征方式时，把不同的知识表征与该知识点的本质建立联系，引导学生发现不同表征之间的共性与个性，从而既能让学生抓住知识的本质，又能逐渐让学生体会到哪种方法最优。

表 4-5　鸡兔数量统计表

鸡的只数	7	5	2	1	3	8	6
兔的只数	3	5	8	9	7	2	4
共有腿数	26	30	36	38	34	20	28
鸡的只数	9	8	7	6	…		
兔的只数	1	2	3	4	…		
共有腿数	22	24	26	28	…		

在"鸡兔同笼问题"一课中，在学生作品（列表）展示环节，我采用同时出示无序列表和有序列表的方法，通过无序和有序的对比，让学生感受到后者的优势。接着通过提问"仔细观察表格，你能发现什么规律吗？"引导学生通过观察表格，发现表格背后隐藏的规律。

最后，建立起假设法与列表法、画图法的联系，让学生认识到三种方法虽然表达不同，但是本质上都是对猜测结果进行调整。相比之下，用假设法列式解答是最优化的方法。通过对展示顺序的精心设计以及对学生学习路径恰到好处的引导，学生的学习热情逐渐被点燃，思维不断纵深发展，在生生互动、师生互动中完成知识的个人建构和全班的社会建构。由此可见，只有把握住学生的思维动向、思考方式，充分了解学生的学习路径，教师才能够因材施教、因势利导、以学定教，提高课堂教学效果。

学习路径下"从条件出发思考的策略"的教学策略

南京市瑞金路小学　谢志珺

建构主义认为学习是学习者基于原有的知识经验生成意义、建构理解的过程。也就是说知识不是通过教师传授得到的，而是学习者在一定的情境下，借助教师和学习伙伴的帮助，利用必要的学习资料，通过意义建构的方式而获得的。而在这一过程中，教师的角色是学生建构知识的忠实支持者，为学生提供真实的问题，激发学习兴趣，引发和保持学习动机的同时还需在教学活动中促成学生在知识、思维、经验上的提升。教师通过对学生原有知识水平、学习经验的分析预设生成设想进而设计出更切合学生的学习路径，是达到数学课程的基本理念"人人都能获得良好的数学教育，不同的人在数学上得到不同的发展"的基础。

从条件出发思考的策略（下文中简称策略），是学生在不断解决问题的过程中，以抽象和推理为基础，逐渐抽取从条件出发思考的一般方法并构建基本模型的过程。学生的学习路径大致为：联系已有的分析经验—归纳不同分析过程的共性—通过画图等表征从条件出发分析问题的过程—使用抽象策略的一般方法并构建模型—综合运用策略。在此路径中，教师需要为学生提供必要的学习资料、宽松的数学活动时间和空间，引导学生在学习过程中积极发挥抽象和推理能力，帮助学生在经历学习路径的过程中逐步提高自身的数学学习能力并最终达成学习目标。具体说来分为以下几个方面。

一、对比表征，归纳共性，抽取方法

教师首先对学生的学习路径进行前测，发现学生没有形成一致的分析策略，但已有解决分析问题的数学活动经验，并能独立分析一些较为简单的问题。那么呈现学生的分析过程，并建立起这些看似不同的过程之间的联系是教师首要考虑的，打通学生分析形式上的阻隔，聚焦分析问题的关键点，才有利于方法的抽取。

师：小猴帮妈妈摘桃，第一天摘了 30 个桃，以后每天都比前一天多摘 5 个。第三天摘了多少个桃？第五天摘了多少个桃？请把分析的过程画在练习纸上，画清楚，让别人也能看得懂。

（学生作品见图 4-18。）

图 4-18　教学辅助图

师：看这三幅作品，他们这样分析能解决这个问题吗？挑一幅你一眼就能看明白的给大家说一说，你看懂了什么？

（学生根据图画分别描述。）

师：想一想，这三位同学的分析过程有什么相同的地方？

生：他们每天都是多加了 5 个。

师：你们所说的加 5 的过程其实抓住了题目中的哪一句话？

生：抓住了"以后每天都比前一天多摘 5 个"。

师：对，这是一个重要的信息。根据第一天摘了 30 个和以后每天都比前一天多摘 5 个，我们最先求出了什么？

生：我们最先求出了第二天的个数。

师：然后呢？

生：根据第二天的个数和每天都比前一天多摘 5 个，能求出第三天摘的个数。

（教师根据学生回答板书完成树形图，见图 4-19）

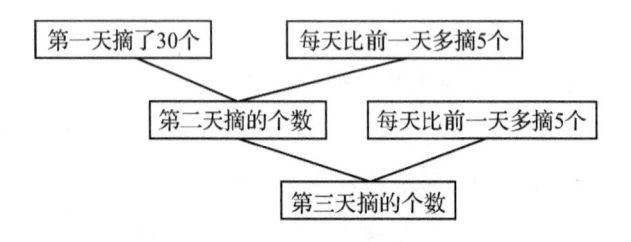

图 4-19　教学辅助图

师：我用这样一幅图，表示出我分析的过程。谁来说说看，我是怎么分析的？

生：根据第一天摘了 30 个和每天都比前一天多摘 5 个，就能求出第二天摘的，又根据第二天和每天都比前一天多摘 5 个就能求出第三天摘的个数。

师：我就是这样分析的，看来我们很有默契哦。画一个像这样有小斜线的图也能表达出我的分析过程，如果再接着往下画呢？

（学生继续分析出第四天、第五天……学生意识到继续分析能分析出之后任意一天摘桃的个数。）

师：我们通过第一天摘了 30 个桃和每天都比前一天多摘 5 个能求出第二天的，继续像这样分析还能分析出第三天、第四天……可以算出之后任意一天摘桃的个数。看来这两个条件真是太重要了，像这样从条件出发来分析的方法就叫作从条件出发思考的策略。这就是我们今天要学习的解决问题的分析方法。

二、尝试运用，两度对比，深化认知

抽象和推理能力是学习数学知识、解决数学问题的思维基础。抽象和推理能力的运用是引导学生在数学活动中对策略有更立体、更深入的认识的关键。我首先通过对比解决不同问题时相似的分析过程，将策略初步泛化，并二次抽象出策略的一般方法——通过题目中的两个条件，层层分析，一直到问题解决。再通过对比分析同一问题时不同的分析结果，深化学生对策略的认知，发现可以将已经解决的问题转化为已知条件，在已知条件不断丰富的过程中，新问题也可能也不断增多。这一认识打破了学生对策略认识的局限性。纵向和横向两次对比在促使学生的认知更加饱满的同时提高了学生抽象和推理的意识与能力，也提高了学生的数学核心素养。

师：一个皮球从 16 米的高处落下，如果每次弹起的高度总是它下落的一半，第三次弹起多少米？能从条件出发来分析吗？把你分析的过程在练习纸上画一画或者写一写。

（学生作品见图 4-20）。

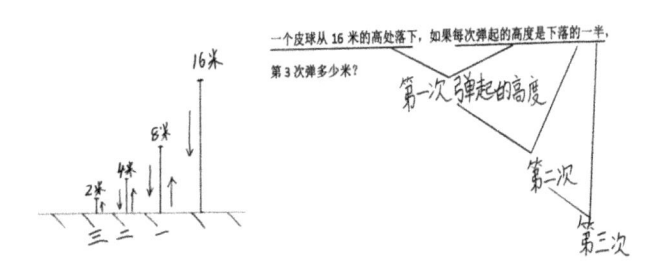

图 4-20　教学辅助图

(学生看图分别介绍分析过程。)

师：听得懂吗？好，看看她画的，再看看我刚才画的，有什么话要说？

生1：你们两都是通过题目中的两个条件，然后一层一层画下来的，一直到分析出答案。

生2：这样画把分析过程画得很清楚，一下子就能看明白是通过什么分析出什么的。

(教师继续引导学生一层一层分析解决问题。)

师：用地砖铺成一块长方形的活动场地，其中白地砖有8行，每行15块。花地砖比白地砖少70块。

师：通过这三个条件，你能解决哪些问题？请你画一幅像这样的图，一边画一边分析出能解决的问题。

(学生作品见图4-21。)

图4-21 学生作品

(大部分学生作品如图4-21所示，学生根据图介绍分析过程。)

师：刚才我还看见一幅和你们不一样的（图4-22）。

图4-22 教学辅助图

师：为什么他比咱们多解决了一个问题？

生：他把白地砖和花地砖的块数当作了条件，用这个新条件又能解决新问题。

三、纵向对比，提取核心，建立模型

史宁中教授指出：在数学教学活动中，让学生了解数学模型，特别是了解数学模型的构建过程是非常重要的。在低学段教学中，教师也必须有意识地将模型思想嵌入日常教学中。"从条件出发思考的策略"一课正是一个很好的载体，学生之前较为充分地利用对比、归纳和抽象对策略进行了较为完整和立体的认识与运用，为模型的建立打下基础。此时模型的建立要点在于将策略的一般方法做更核心且简洁的提炼并刻画成数学模型，这也是对全课的一次梳理、总结和提升。

师：我们分析了三个问题，比较分析过程，有什么相同的地方（图 4-23）？

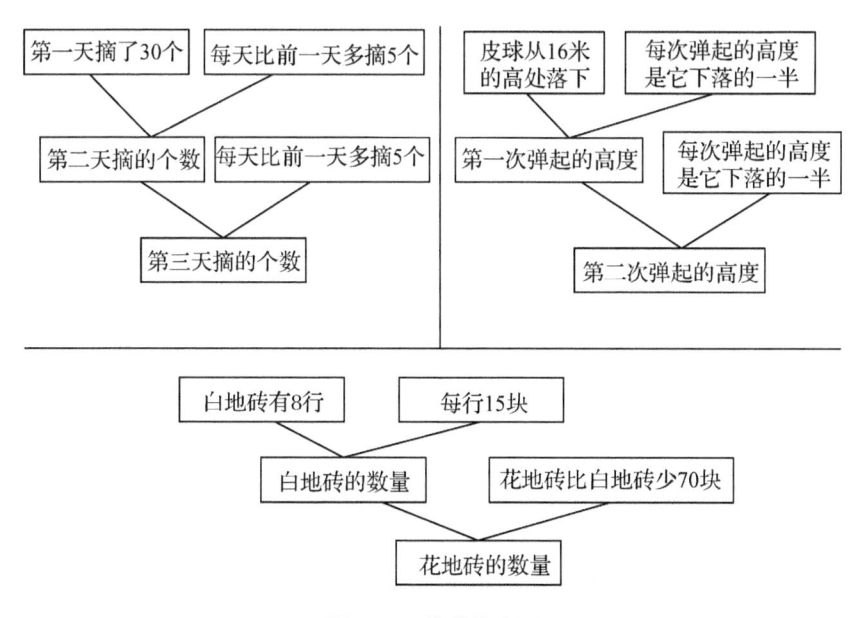

图 4-23 教学辅助图

生1：都是从条件出发的，先解决一个问题，再解决一个问题。

生3：每次都是抓住两个重要的条件，解决一个问题，解决的问题当作条件，再抓住两个条件，解决一个问题。看图，都是 2—1—2—1……的形式。

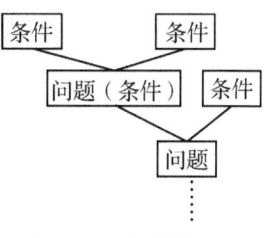

图 4-24 教学辅助图

四、综合应用，建立联系

数学模型属于数学应用的范畴，主要指用数学所创造出来的概念、原理和方法，来理解、描述和解决现实世界中的一类问题，在建构数学模型的同时还需兼顾对数学模型的应用意识。这种应用需要注意以下两方面。一是不局限在同类问题中，应拓展到生活中的现实情境中；二是不局限于一种模型或一种能力的运用，应提倡综合性的运用，在运用过程中积极建立起与其他模型或其他能力的联系。鉴于策略在现实生活中的运用情境较为复杂而低学段学生解决复杂问题的能力较弱，所以笔者以游戏的形式实现对这一策略的应用实践。

师：先制定出合适的规则 2。

学生作品见图 4-25。

画到第几格就满了？
游戏规则：
1. 第一个正方形里画了两个圆。
2. 以后每个正方形的圆都比前一个多2个。
3. 每个正方形里的圆都和第一个正方形里的圆同样大。

画到第几格就满了？
游戏规则：
1. 第一个正方形里面画了两个圆。
2. 每次画圆的个数是前面圆的2倍。
3. 每个正方形里的圆都和第一个正方形里的圆同样大。

图 4-25　教学辅助图

师：他们制定的规则 2 合适吗，为什么？

生 1：合适的，无论每次比前一个多 2 个还是前面圆的 2 倍，正方形格子里的圆都会越来越多，那么就一定会有画满的时候。

师：按这个规则来看，估计一下，画到第几格就满了？

生 2：第四格，我是这样想的，两个圆是这个正方形边长的一半，然后 4 个圆就正好是正方形的一条边，正方形的四条边是一样长的，所以这个正方形能画 16 个圆，也就是画到第四格就满了。

师：这个游戏和我们今天学习的知识有什么关系？

生 3：我们填的规则其实是一个条件，这个条件要和其他的条件有联系，才能解决问题，我们的游戏才玩起来。

从学生的学习路径起点着手，顺应学生的认识发展规律及自主学习方式，依据学生的学习路径预设学习目标、学习任务是每个教师作为组织者、合作者和引导者所必备的。只有尊重学生学习路径的教学路径设计才是有效的，才能为学生学习的真发生及发展助力。

【教师行动研究】

解决问题的策略——画图

南京市金陵汇文学校（小学部）　吴其林

一、教材分析

"解决问题的策略——画图"是苏教版数学教材四年级下册第五单元的内容。画图策略是用图形来描述、分析和解决问题，可以帮助发展学生的几何直观。利用画图描述问题，可以形象地表示出抽象的数学问题，清晰地呈现出条件与问题间的联系。

二、学情分析

本课前，学生已经学习了从条件和问题出发分析数量关系，画线段图表示倍数关系，用列表的方法整理条件和问题等策略，进一步用画线段图的方法形象地表示出题意，并借助线段图分析数量关系，从而解决实际问题。

在试课中发现以下几个需要关注的问题。一些学生虽然有画线段图的意识，但还不是十分明确线段图的规范画法；画线段图前需要让学生对题目中的条件信息理解清楚，只有从条件信息中读懂两个数量的大小关系，才能准确地画出两个量的长度；要让学生学会自己读懂图意，感受线段图与题目条件、问题之间的联系。

针对以上发现的问题，教师设计的本节课的学习路径如下。产生画图整理的需要—讨论完善线段图的画法—借助线段图分析问题、解决问题。

三、教学目标

第一，学会使用画线段图整理题目中的条件和问题信息。

第二，学会借助绘制出的线段图，分析题目中的数量关系，确定解决问题的方法并能够正确地解答。

第三，经历画图表示题意和借图分析数量关系的过程，感受画图描述和分析问题对于解决问题的价值，培养几何直观，提高分析和解决问题的能力。

四、学习历程简案

驱动问题	锚基任务	诊断性评价
你能用喜欢的方式整理题目中的信息吗？	把你整理的结果记录下来。	你喜欢哪种整理方式？为什么？
你能用画线段图的方式整理题目中的信息吗？	请你根据题意画出线段图。	从图上能知道哪些信息？
线段图整理题目的优点是什么？	借助线段图说一说可以先算什么。	这样的策略还适用于哪些题型？

五、教学实录

（一）教学片段一：产生用线段图整理的需求

驱动问题1：你能用喜欢的方式整理题目中的信息吗？

学生在三年级时学习过用摘录和列表的方式整理题目中的条件与问题。利用学生对于整理条件和问题信息的已知经验，会出现几种不同的整理方式，为进一步凸显用线段图整理这道题目的条件和问题信息的优越性做了很好的铺垫。

师：小宁和小春共有72枚邮票，小春比小宁多12枚，两人各有多少枚邮票？

师：你能用喜欢的方式来整理这题中的信息吗？把整理的结果记录下来。

锚基任务1：把你整理的结果记录下来。

生1：小宁和小春一共有72枚邮票，小宁比小春多12枚邮票。两人各有多少枚？

生2：我这样整理（表4-6）。

表4-6 学生作品

	一共	相差
小宁	72枚	12枚
小春		

生3：我整理的是这样（图4-26）。

```
小宁  ├──────────┤         ┐
小春  ├──────────────┤多12枚 ├72枚
                              ┘
```

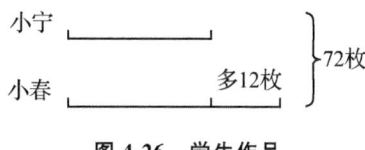

图4-26　学生作品

师：你最喜欢哪一种整理结果，理由是什么？

（学生讨论交流。）

【点评】 学生在完成锚基任务的过程中会暴露其不同的思维方式，此时，准确把握学生的思维方式有助于教师理解学生的学习路径。学生独立完成条件和问题信息的整理后，教师理解了学生的不同思维，因此有意地按照此顺序展示了学生的作品，让学生比较文字摘录整理、列表整理和线段图整理三种不同的整理方式。通过对比，学生充分感受到画线段图描述问题能把抽象、不明显的数量关系用形象的方式表示出来，进而使条件与问题之间的联系形象、生动地呈现出来。

（二）教学片段二：画线段图整理题目中的信息

驱动问题2：你能用画线段图的方式整理题目中的信息吗？

锚基任务2：请你根据题意画出线段图。

师：能表示题意的线段图是怎样画出来的？你能试着画一画吗？

师：仔细观察他画的线段图（图4-27），有什么疑问？

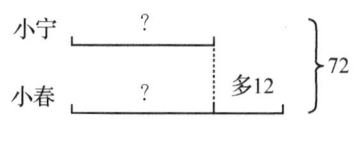

```
小宁  ├────?────┤              ┐
小春  ├────?────────┤多12      ├72
                                ┘
```

图4-27　学生作品

生1：12表示什么？72呢？

生2："12枚"表示是题目中"小春比小宁多12枚"，"72枚"是根据"小宁和小春一共12枚"表示的。

师：有什么建议？

生1：还应该有单位。

师：上来补一补。

生2：他的问题应该有大括号。

师：你来改一改。

师：在同学们的合作下，我们绘出了这幅线段图（图4-28）。

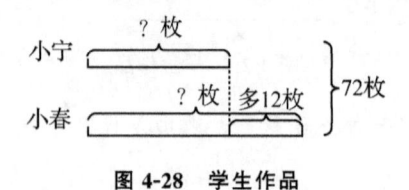

图4-28　学生作品

师：想一想，从线段图上能看出哪些信息？

【点评】学生在画线段图的过程中总会有一些不足，通过交流可以弥补部分学习路径的不足。让学生观察线段图并提出建议和意见，通过思辨和交流，解决大部分学生在画线段图中容易出现的问题。学生也通过补图这一活动经历了绘图的完整过程，进一步认识了题目中的两个数量间的关系。

（三）教学片段三：借助线段图，分析数量关系

驱动问题3：线段图整理题目的优点是什么？

锚基任务3：借助线段图，说一说可以先算出什么。

生1：总数是72枚，小春多12枚，可以先把多的12枚减掉。这时小宁和小春相同，共60枚（图4-29）。用60除以2，得到小宁是30枚。

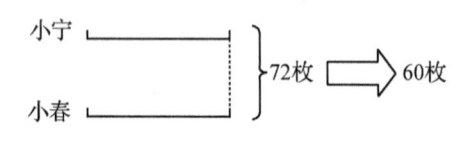

图4-29　学生作品

生1：同学们有什么疑问？

生甲：请问60枚表示什么意思？

生1：我觉得60枚是2个小宁的邮票枚数。

师：有没有不同的方法？

生2：我可以把小宁加上12枚，让他和小春同样多，就可以先求出小春的。不过总数变成了72加12等于84，用84除以2求的是小春的邮票数（图4-30）。大家有什么疑问？

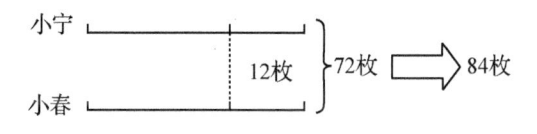

图 4-30 学生作品

生1：84表示什么？

生2：84表示两个小春的邮票，除以2就求出一个小春的邮票数。

师：这是第二种方法，还有吗？

生3：还有一种方法可以求出小宁和小春一样多，用72除以2，其实就是把小春多的12枚分成6枚和6枚，给小宁6枚，这时两个人的邮票数都同样多，是72除以2等于36（图4-31）。36减6是小宁的，36加6是小春的。

图 4-31 学生作品

师：为什么同学们介绍三种分析思路，都借助了线段图？

生1：线段图能清楚地表示每一个数量的多少。

生2：线段图还能看清楚两个数量之间的关系。

生3：线段图既能清楚地看出数量，又能体现两个数量之间的关系，帮我们更好地分析思路。

师：想一想，还有哪些题型也适合用画线段图的策略？

【点评】通过展现解题这一教学过程，引导学生在图上画画改改，清楚地表示自己的思路。这一环节不仅体现了不同学生的不同思路，更凸显了画线段图在分析数量关系、确定解题思路过程中的重要作用。

六、教师反思

本课要研究的是画线段图的策略。为什么要画线段图？怎样画好线段图？线段图有什么作用？这三个问题都是本课要解决的问题。为什么要画线段图？本课的例题以纯文字的形式出现，学生一时难以弄清题中条件与问题之间的关系，不容易很快确定正确的解题思路，因此我让学生展示了不同的作品，代表了不同的方法。学生产生了画图简洁又直观的感受后，就会产生画图的学习需求。怎样画好线段图？这是本节课的难点。课堂上学生独立画图、全班修补图的互动过程，让每个学生都经历了把一幅线段图画出来、修补好、画准确的过程。画线段图有什么作用？不仅仅是为了把条件和问题呈现出来，更是为了通过图，直观、形象地呈现出抽象的数量关系。我让学生借助直观的线段图，弄清条件和问题间的联系，并分析其中的数量关系。这节课取得了较好的效果，真实地体现了线段图在问题分析中的优势，帮助学生的思维实现由浅入深的发展。

七、点评

在"解决问题的策略"一课的教学中，教师从以下三个方面体现了学生的学习路径。

（一）寻找适合每个学生学习的方法

教师基于对学生学情的了解，让学生用自己的方式整理例题中的条件和问题信息。当学生展示了摘录文字、列表整理和画线段图三种不同的整理方式后，教师引导学生对比三种方法，让学生感受到画线段图具有形象、直观的优点。

（二）在交流中让学生的思维迸发

课堂上，教师从学生最初画出的简易线段图入手，抓住学生间的认知差异，让学生不断地上台修正、补充直至完善。这个环节把传统的师生互动变成了生生互动，让学生的思维得以发散，循序渐进地获得了绘制一幅完整线段图的知识和技能，充分体现了学习生学习的进阶。

（三）因材施教地进行教学

在借助线段图分析题目数量关系的过程中，教师考虑到每个学生的思维层次不同，思考问题的方法不同，体现的学习路径也不完全一样。有些孩子展示的学习路径是"去多法"，有些孩子展示的是"补少法"，还有孩子能想到"移多补少法"，都是把原来两个不同的未知量变成两个相同的量。教师让学生借助线段图充分地展示了自己思考的过程，让不同层次的学生能找到适合自己的学习路径。

总之，在这节课中，教师首先激发了学生画图整理的需要，然后引导学生完善线段图的画法，最后带领学生借助线段图分析问题、解决问题。本节课的教学活动符合学生的学习路径，真正体现了学习者视角的教学观。

和的奇偶性

南京市秦淮区第一中心小学　黄洁

一、教材分析

"和的奇偶性"是苏教版数学教材五年级下册"探索计算规律"的专题活动，是在学生已经认识奇数、偶数、质数、合数等数概念的基础上安排的。教材从学生已有知识经验出发，用举例、猜想和验证的方式探究两个（多个）加数和的奇偶性。数学教学应从学生已有的生活经验出发，让学生通过不同形式的自主学习、探究活动，体验数学发现创造的历程。基于这样的理解，小学数学中的探究学习不应局限于举例、猜想和验证的探究方式，而应该是基于数学问题解决、探索和发现问题，并通过分析、归纳、猜想、验证或者通过调查研究、动手操作等探究活动，寻找适当的数学规律和结论。

二、学情分析

在教材中，学生要探究两个加数和的奇偶性与多个加数和的奇偶性。根据以往教学效果判断，学生容易探究得到两个加数和的奇偶性规律，但是在探究多个加数奇偶性规律时，学生就会遇到困难。这是因为和的奇偶性与奇数个数有关，通过举例的方式发现结论比较困难，学生很难理解"奇数个奇数相加，和是奇数"。可以看出，探究规律并不只是要得到规律，更要理解规律。

因此，本节课的学习路径如下。第一，从奇数、偶数的本质入手，解释奇数和偶数；第二，理解两个加数和的奇偶性规律；第三，理解多个加数和的奇偶性规律。

三、教学目标

第一，从不同角度理解、重构对奇数和偶数的认识。

第二，在解决问题的过程中通过自主探究，发现和的奇偶性蕴含的规律。

第三，经历探究的过程，通过观察，分析，讨论研究出和的奇偶性规律，感受由特殊到一般、直观到抽象的探索发现方法。

四、学习历程简案

驱动问题	锚基任务	诊断性评价
你对奇数和偶数有哪些了解？	借助图，你能解释什么是奇数，什么是偶数吗？	你能用字母表达式表示奇数和偶数吗？
和的奇偶性有什么规律？	用自己的方法解释，两袋球的总个数是奇数，还是偶数？	举例说明多个数相加和的奇偶性。
多个数相加的和有什么规律呢？	假如不止两个袋子（即多个数相加），你还会研究奇偶性吗？	利用和的奇偶性还能解决什么问题？

五、教学实录

（一）教学片段一：从不同角度帮助学生进一步构建对奇数、偶数的认识

驱动问题1：你对奇数和偶数有哪些了解？

师：你对奇数和偶数有哪些了解？

生1：偶数都是2的倍数，奇数不是2的倍数。

生2：偶数能被2整除。

生3：奇数是1、3、5、7等，偶数是2、4、6、8等。

师：根据你对奇数、偶数的理解，你能判断哪个袋子里球的个数是奇数，哪个袋子里球的个数是偶数吗？

锚基任务1：借助图，你能解释什么是奇数，什么是偶数吗？

师：借助教学辅助图（图 4-32）你能解释什么是奇数，什么是偶数吗？

图 4-32　教学辅助图

生：左边是偶数，因为正好两个两个一组，是 2 的倍数。右边是奇数，最后余一个球，比 2 的倍数多 1。

【点评】通过回忆，引导学生从奇数、偶数的定义和特点进一步理解奇数、偶数；借助图示让学生辨析奇数和偶数，是从直观的角度再次认识奇数和偶数，为学生后面的分析、解决问题做铺垫。

（二）教学片段二：探索两个加数和的奇偶性规律

驱动问题 2：和的奇偶性有什么规律？

锚基任务 2：用自己的方法解释，两袋球的总个数是奇数，还是偶数？

师：现在有两个袋子（图 4-33），你能判断球的总个数是奇数还是偶数吗？

图 4-33　教学辅助图

生：可能是奇数，也可能是偶数。

师：结果是奇数还是偶数，有几种可能的情况？将你的想法与过程写下来。

（学生独立思考，记录想法。）

生 1：（举例，见图 4-34。）2＋4＝6，4＋6＝10，

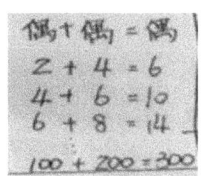

图 4-34　学生作品

6+8=14，100+200=300，加数都是偶数，和也是偶数，所以"偶数+偶数=偶数"。

生2：（画图，见图4-35。）

师：你能不能看懂他在表示什么？

生：他想告诉我们，奇数+偶数=奇数。

师：你是怎么看出来的？

生：第一个图表示奇数，第二个图表示偶数，得到的结果是奇数。

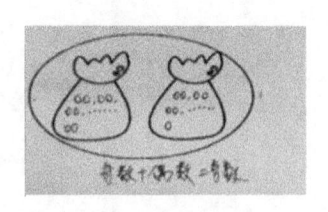

图4-35 学生作品

师：谁能借助他的图解释奇数加奇数的情况？

生：（画）先把前面两个部分的偶数加了起来，再把后面两个单独的球加了起来。

师：他说把后面两个单独的球加了起来，在哪里？

生：前面奇数的1个球，后面奇数的1个球，合在一起变成了2个。

师：通过刚才的发现，我们得到了哪些结论？

【点评】学生想到了从不同角度解释规律，跟举例相比，图示的方法更加直观，满足了不同学生对数学理解的需要。学生在经历发现规律的过程中，提升了合情推理能力，增强了探索意识。

（三）教学片段三：研究多个加数和的奇偶性问题

多个数相加的和有什么规律吗？

锚基任务3：假如不止两个袋子（即多个数相加），你还会研究奇偶性吗？

师：假如不止2个袋子（图4-36），你还会研究和的奇偶性吗？选择合适的加数进行研究。

图4-36 教学辅助图

生：（举例）3+7+9=19

（奇数+奇数+奇数=奇数）

师：还有谁能从不同的角度解释一下吗？

生：奇数是2的倍数多1，3个奇数就多3个，3个可以2个为1组，还剩1个。

生：奇数要余1个球，3个奇数相加会余3个球，3个球里面2个球可以是一个偶数，最后还多1个球，还是奇数。

生：还可以用黑板上的规律来解释，奇数＋奇数＝偶数，偶数再加一个奇数等于奇数。

师：那你们觉得奇数的个数是几个的时候，和也是奇数？

生：奇数的个数是3个，5个，7个，9个……奇数个奇数的时候，和是奇数。

【点评】学生研究完两个加数和的奇偶性后，不仅能用举例、画图的方法去探索多个加数和的奇偶性，还能用两个加数和的奇偶性规律去解释多个加数奇偶性的情况，说明学生的抽象推理能力得到了进一步的提升。

六、教学反思

探究数的规律的方式就等同于举例验证吗？在教材中，数与式运算的推导、法则的形成一般是利用归纳法概括得到的结果，虽然教材"教学化"地处理了数学规律的探索过程，给予教师一条教学捷径，但也会让教师误认为探索规律的方法只有举例—猜想—归纳这种方法。学生用归纳方式学习时，知其然而不知其所以然，他们很容易记住结论，却不理解结论。基于对以往教学的反思，本节课首先复习旧知，发现学生知道奇数、偶数的定义，还能举例概括奇数、偶数，甚至能用图示的方法表示奇数和偶数。基于学生已有经验，本课在教学时既考虑了教材的路径，又尊重了学生的认知起点和学习路径，让学生用自己的方式探究奇偶性规律。

七、点评

第一，学生的学习方法多样，学生思维分为不同层级。学生的学习路径清楚地反映出了学生理解数学概念的顺序和层次。不同水平的学生理解"几个加数的和的规律"存在不同的表征方式。学生想到了从不同角度解释规律，经历发现规律的过程。在很多情况下，数学的结果是基于直观的判断"看"出来的。教学中，教师注重帮助学生理解规律背后的知识逻辑，在学生展示和评价的环节逐步让学生经历"悟"的过程。从举例、画图到抽象出结论，逐渐由具象到抽象去理解规律。

第二，知识目标存在层次性，学习路径要与知识目标层级相互关联。本节课的内容有两个加数和的奇偶性与多个加数和的奇偶性两个知识点。学习理解多个加数和的奇偶性情况，首先要深刻地理解两个加数的情况。教学中教师注意到了让学生体验规律之间的内在联系。本节课中，教师设计学习路径帮助学生沟通了知识的内在与外在联系，形成了良好的认知结构，也帮助教师打通了教与学的关系。

"圆的认识"案例分析

南京市高淳区漆桥中心小学　陈天福

一、教材分析

"圆的认识"是苏教版数学教材五年级下册第六单元的起始课，是小学阶段"空间与图形"部分的重要内容之一，为学生后续学习圆的知识、圆柱、圆锥的知识奠定基础。此前学生已经学习了多边形的特征及面积，具备了一些的平面图形的知识、探究新图形的方法和一定的空间观念，本单元在此基础上系统学习圆的有关知识，虽然同为平面图形，但却是由线段围成的图形向曲线图形的一次跨越，借助学生的生活场景设计操作活动，从实际场景中的圆抽象出数学定义上的圆，体会圆的本质特征及各部分特征。同时要培养学生的空间观念，重点在于由直到曲，而切入点在于"一中同长"。从圆的形成、半径的定义到画圆的方法、生活中的圆，"一中同长"的作用贯串始终。教师提供素材、创设现实场景、组织学生操作、想象、表达等活动，让学生在看、摸、滚、折等活动中体会圆及圆中各部分的特征，促使学生在观察中形成圆的表象，在操作中体会圆与之前所学多边形的区别。

二、学情分析

有教师在教"圆的认识"时都会要求学生用圆的知识来解释生活中的一些现象，如车轮为什么做成圆形？而学生的回答大多是"圆形车轮好滚""方胎会一跳一跳的"等，最终教师无奈地指出从轴到地面就是圆的半径，因为半径相等，所以滚得平稳。是学生不会表达，还是学生并没有明白半径为什么都相等？而本节课"一中同长"的思想贯穿始终，学生在操作中充分体会画出无数个与圆心距离相等的点形成圆形。到教师要求用所学圆的知识来解释车轮时，学生陆陆续续提到了"半径"字样，学生的表述不一定十分完善，需要在教师的协助下完成对实际问题的描述，但从数学应用的角度来看，无疑是成功的。

因此本节课的学习路径如下。一是多个点逐渐形成圆，体会并表达圆的特征；二是在操作中建立圆的模型，动手画半径、直径并感受其定义；三是画圆，方法不限，但方法取舍在于是否运用了"一中同长"的思想；四是用圆的知识来解释身边的现象。

三、教学目标

第一，在操作、观察、想象中建构圆的特征。

第二，借助操作理解半径、直径的定义，感受并求证直径与半径的关系；能结合半径的定义来画圆。

第三，观察实际生活中的圆形物体，应用所学数学知识来解释身边的现象。

四、学习历程简案

驱动问题	锚基任务	诊断性评价
小明家距离学校2千米，请你画出小明家的位置。这些位置的点有什么共同特点？	给出学校的位置，以2千米对应的图上距离2厘米图例，让学生画出学校的位置并观察多个点所形成的形状以及这些点的共同特征。	提问：你能画出多少个这样的点？反馈：这样的点有无数个，而且这些点一直画下去会形成一个圆，在这个圆上任意找一个点，都有可能是小明家的位置。
什么是半径？什么是直径？	让学生结合实际场景讨论并画出半径、直径，体会其特征以及数量。	提问：圆的知识有很多，你们可以对着自己事先准备的圆形物体，看一看、摸一摸、折一折，记录下你的发现。反馈：1. 圆有无数条半径，都相等。2. 圆的两条直径的交点就是圆心。3. 圆是轴对称图形。……

续表

驱动问题	锚基任务	诊断性评价
你会画圆吗？	不限制道具，让学生画圆，并结合圆的特征说说为什么认为自己画出的是圆。	要求：请你用自己的方式画一个圆。 反馈：（方法不限）我这样都能表示圆心到画的这条曲线的距离是不变的，所以我画的肯定是圆。
为什么生活中和自然界中有这么多东西都是圆形的？	让学生用圆心以及半径等知识点来解释身边的现象。	你能想象，车轮不是圆形会是什么场景吗？

五、教学实录：

（一）教学片段一：通过动手画、想象、讨论形成圆，研究圆的特征

驱动问题 1：小明家距离学校 2 千米，请你画出小明家的位置（图 4-37）。这些位置的点有什么共同特点？

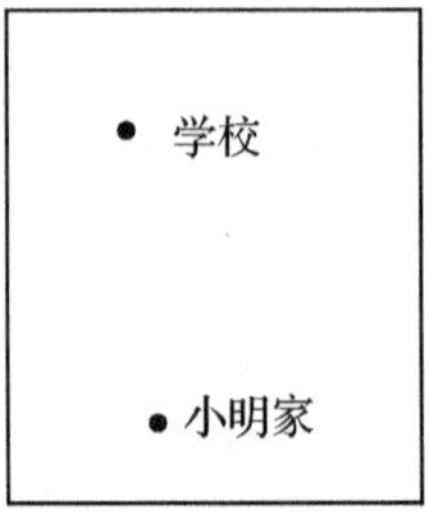

图 4-37　学生动手操作结果

锚基任务 1：给出学校的位置，以 2 千米对应的图上距离 2 厘米图例，让学生画出学校的位置并观察多个点所形成的形状以及这些点的共同特征。

师：你画出小明家的位置了吗？

生：（独立画图，如图 4-38。）

师：（展示两个不同的答案）你有什么想说的？

生1：我发现图上用 2 厘米表示 2 千米，所以我向右边画了 2 厘米，

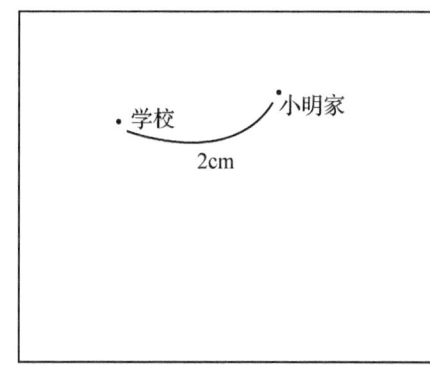

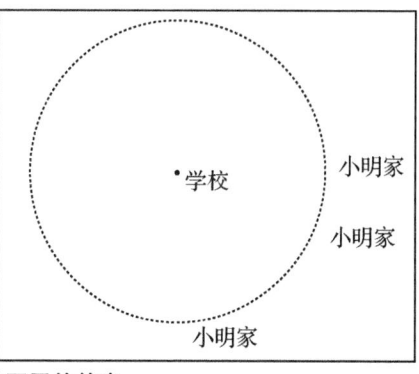

图 4-38　两种不同的答案

然后标上"小明家"。

生2：题目没有说小明家在哪边，所以我画了任何方向，只要距离学校2厘米都可以。

师：那这样的点你能画出多少个？

生1：无数个。

生2：会形成一个圆形。

【点评】要求五年级学生画出距离学校2千米的小明家是一件很容易的事情，而且也能想到符合条件的位置不止一个，当教师提示（或学生自发）画出过多个具有共同特性的点之后，学生都能迅速想到圆。从一个点到无数个点，从无数个点进而想到圆，此时学生眼中的圆已不再是粗浅的认识，不只是"圆圆的"而已，而是开始意识到，它不同于前面学过的多边形，不能用直尺画出来，但它也有一个特征，那就是与中心点之间的距离是一样，导入的同时也渗透了一种思想——"一中同长"。

（二）教学片段二：联系小明家到学校的距离，认识半径、直径

驱动问题2：什么是半径？什么是直径？

锚基任务2：让学生结合实际场景讨论并画出半径、直径，体会其特征以及数量。

师：也就是说现在老师在圆上随意点一个点都有可能是小明家的位置吗？

生：是的。因为它到学校的距离一定是2厘米。

师：其实在这个圆里，小明家到学校的距离就叫作圆的半径。

师：那你会再画一条半径吗？

生：能，我能画好多条。

师：为什么？

生：只要从圆心到圆上任意一点的线段都是半径。圆上有无数个点，就有无数种画法。

师：我们来比一比谁画得快。

师：（展示学生作品）你画得那么快，有什么窍门吗？

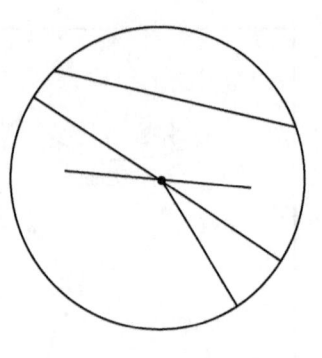

图 4-39　学生答案示例

生：我像这样从这一边画到另外圆边，就一下子画出了两条了。

师：你画的这个叫直径。你能说说什么叫直径吗？（根据学生回答用红笔一一画出反例。）

生1：两条半径组成的线段。

生2：要形成一条直线。

生3：线段。

生4：要穿过圆心的线段。

生5：穿过圆心，两头画到圆上的线段。

【点评】借助上一个片段的场景，继续揭示半径和直径的定义，其实在上一片段的基础上，学生并不难理解半径和直径的定义，而且在学生充分理解圆上任意一点的"任意"一词后，会很容易理解"无数条"，但是学生往往不会系统地描述定义，所以根据学生描述故意画错，看似与学生"逗乐"，实则也是给接受较慢的学生多一次辨析的机会。

(三) 教学片段三：画圆

驱动问题3：你会画圆吗？

锚基任务3：不限制道具，让学生画圆，并结合圆的特征说说为什么自己画出的是圆。

师：你会画一个圆吗？

生1：我用透明胶带画了两个圆。

生2：我学具盒里有这种小棒，我用两支铅笔戳在这个孔里，一支定住，另一支转动画圆。

生3：我把绳子的一端按在桌子上，另一端系在铅笔上，画了一个圆。

生4：我用圆规画了一个圆。

……

师：都画得很好。这些做法中，你最喜欢哪一种呢？

生1：我喜欢找一个圆形的物体照着画。

生2：你这样不好，如果要你画个大一点的，你怎么办？

生1：我再换个大一点的圆片不就行了。

生2：那你以后要背一大包圆形物体来上学了。

师：看来要想随意调节圆形的大小，还是绳子和圆规不错。你更喜欢哪一种画法？

生：圆规。

师：那就请你用圆规画一个半径2厘米的圆吧。

【点评】学生选择不同的画圆方式，其根本原因并非方便携带，而是学生对于圆这个图形本质的理解。利用圆形物体描圆，只是对圆最浅层次的认知，并没有触及圆的真正意义，而懂得利用尺子或塑料小棒上的两个孔，又或者懂得利用绳子来画圆，甚至是懂得通过调节绳子长短来改变圆的大小，才是真正理解了圆的意义。在此基础上学会用圆规画圆，联系刚才调节圆大小的方法来调节圆规，从而体会针尖到笔尖的距离就是半径，通过讨论和分析，发现知识殊途同归。

（四）教学片段四：应用圆

驱动任务4：为什么生活中和自然界有这么多东西都是圆形的？

锚基任务4：让学生用圆心以及半径等知识点来解释身边的现象（图4-40）。

图 4-40 教学设计内容

师：我们身边有哪些圆形的东西呢？

生：……

师：它们有些是自己长成圆形的，有些是人为做成圆形的，为什么它们都要长成或做成圆形呢？

生1：因为同一个圆的半径都相等，所以滑冰运动员只能甩出圆形的圈。

生2：电扇转起来距离中间的距离一样，也就是半径一样。

生3：睡莲长成圆形，是距离中间一样，我想可能是为了便于养分传输。

师：说得太好了。

生4：轮胎做成圆形，是为了轴离胎的距离一样，这样离地面的距离就一样了。

师：（出示方胎搞笑动图。）

【点评】运用所学的知识来解释生活中的现象，是对于前面学习的检验。对于圆心和半径的理解帮助学生发现轴的存在，体会轴距离地面要相同。用所学的知识来解释生活中的现象，更是提升学生数学学习兴趣的重要手段。对大自然的好奇是人类的本能，用数学的知识来解释常见的物体或现象，学生无法乐此不疲。

六、教师反思

以往圆的认识的教学，大多从圆形的物体导入，让学生说说生活中有哪些物体是圆形的，在观察和对比中发现圆不同于其他学过的平面图形，它是个曲线图形；而圆心、半径、直径的教学大多是教师结合图形的讲授或学生自学后的阐述，加上一些纠错的练习，就认为是完成了教学任务，然而学生并没有太深刻的体会。

本课设计了有针对性的感知活动，从新课导入时小明家可能在多个位置，而这些具有共同特征的点最终形成一个圆，就已经为"一中同长"埋下伏笔，进而学习半径的定义和数量，已是顺理成章的事情，无论成圆、看圆、说圆、画圆、分析圆、运用圆，始终紧扣"一中同长"，帮助学生建立图形表象，同时使学生深入地感悟图形的本质。

七、点评

本节课在对教材分析与学生已有知识的基础上教学，关注学生的已有活动经验，有针对性地设计活动的起点，使学习过程能够更加贴合学生的学习路径，通过感知圆、画圆、分析圆、用圆来解释生活等一系列环节，引导学生借助操作、讨论、观察来感知，建立正确的图形表象，把握圆的本质。

（一）学习路径

活动中，学生自发地说出小明家的位置有无数种可能，这无数个点会形成圆形，而这些可能中任意一个点到圆心的距离都叫作半径，所以同一个圆内半径都是相等的，又根据半径相等的原理来画圆和解释身边的圆形物体与现象。学生在四个驱动问题的引领下，层层递进地达成锚基任务，学习路径清晰可见。

（二）从学习者视角出发设计问题

学生是学习的主体，然而教师在学习过程中的串联和调度也不容忽视，自发地围绕锚基任务提到研究的方向，并在讨论、交流、实践操作中证实自己的想法与观点，这些想法很发散，但往往是不全面的，于是本节课设计了提示深度层层推进的问题，充分尊重学生在认知水平上的差异。

（三）操作与讨论

本节课从课题揭示到圆的特征、圆各部分名称直至画圆，都是学生在小组或独自的绘制、操作中汇报结论，学生自发地提出问题、解决或解释问题，而教师掌控全局，适时点拨、提示，从而实现对于学生空间能力的培养。

学习者视角下的学习路径
——"图形的旋转"案例分析
南京市芳草园小学　高丛林

一、教材分析

小学低年级是学生空间观念发展的重要阶段。学生在小学阶段学习图形与几何的初步知识，逐步形成空间观念。

人教版小学数学教材在二年级下册安排学生通过观察和操作等活动，

直观认识生活中的平移、旋转和轴对称现象。四年级下册是学生第二次学习图形运动的知识，主要是对平移和轴对称图形的再认识。五年级下册则是在此基础上进一步认识图形的旋转，体会图形运动的基本方式，积累图形变换的经验，发展初步的空间观念。本节课作为学生学习图形运动的起点，要能够帮助学生理解、把握和描述图形旋转的特点，使学生能够在方格纸上画出简单图形旋转 90°后的位置，为发展和建立学生的空间观念以及后续的学习提供了实践与探索的空间。

二、学情分析

建构主义理论提出：学习是一个意义建构的过程，需要学生将新知识与原有的知识经验联系起来，并把它纳入已有的认知结构中。学生在第一学段已经初步认识了生活中的平移、旋转和轴对称现象，并有对空间旋转运动的生活经验。因此，创设的生活情境应能够激发学生知识学习的已有经验，从而能积极主动地建构旋转的特征，使认识向纵深处发展。通过学习，学生对旋转主题的思考、理解从简单到复杂，从低水平走向高水平，丰富和完善了原有的知识结构。

图形的平移、旋转和轴对称都属于全等变换，运动前后图形的形状、大小都没有变化，只是图形的位置发生了改变。但是，对于小学生而言，理解和探索起来有一定的难度。教学中要尊重学生已有知识经验的基础，充分考虑学生可能遇到的困难，合理设置学习起点，通过动手操作引发思考，设计不同层次的学习活动，让学习逐次走向深处，让学生的思维进阶。教师引导学生通过自主探究与合作交流，探索旋转的特征，进而准确把握旋转运动的本质特征，并通过特征探索图形旋转后的位置。特征清晰、本质属性明显的图片和案例便于学生理解与概括旋转的特征，利于学生通过观察激发经验，形成表象。基于学习进阶的课堂教学遵循了学生认知发展的规律，而且教师通过操作、讨论、思辨等学习活动分析确定学生对知识的理解和掌握到了哪一个层次、可能存在的学习障碍与误区，让教学更具有针对性，有的放矢，让教学环节更有层次、更有深度。

三、教学目标

第一，学生通过观察、操作等活动，探索旋转的特点，会用数学语言简单描述旋转运动的过程，能在方格纸上画出简单图形旋转 90°后的样子。

第二，学生在操作和体验中感悟简单图形在方格纸上旋转后的位置，进一步发展学生的空间观念和思维能力。

第三，学生在认识旋转变换的过程中，对图形与变换产生兴趣，感受旋转变换的数学美，增强学好数学的信心。

四、学习历程简案

驱动问题	锚基任务	诊断性评价
生活中有哪些旋转现象？	说出生活中常见的旋转现象 2~3 例，想一想，有什么共同的地方？	能准确描述旋转现象。
从数学的角度把旋转分一分类。	指导学生概括旋转三要素：围绕中心、旋转方向、旋转角度。	科学引导，指导概括，达成共识。
小三角形旋转时，要注意什么？你有什么发现？	图形的形状和大小不变，位置发生改变。	学会画关键线条，先画局部，再到整体。
画出一个简单图形旋转三次后的图形。	设计一个简单图形，画出旋转后的图案，交流欣赏。	图案画得是否正确。

五、教学实录

（一）教学片段一：旋转出发

驱动问题 1：生活中有哪些旋转现象？

锚基任务 1：说出生活中常见的旋转现象 2~3 例，想一想，有什么共同的地方？

基于学习进阶理念的教学从学生生活中熟悉的旋转现象出发，学习路径的起点是绝大多数学生能够理解和掌握的知识，是大多数学生耳熟能详的经验。熟悉的生活场景让学生处于安全和探究的氛围中，激发了学生学习的兴趣和信心。

师：同学们，我们在二年级初步认识了旋转。想一想，生活中有哪些旋转现象？

生1：公园摩天轮的转动、钟面上指针的转动……

生2：汽车行驶中，车轮在旋转；地球的自转，绕着太阳公转……

小结：同学们善于思考，用数学的眼光发现了生活中这么多的旋转现象，旋转随处可见。

【点评】学习进阶起步应尽可能激发每一个孩子的学习热情，进阶起点越低，学生学习越有信心，进阶起步越有趣，越能调动学生学习积极性。教师从学生已有知识经验出发，顺应学生认知规律，让每一个学生都能积极参与到学习中来。教学伊始，教师让学生充分回顾生活中的旋转现象，并将生活中的立体形体抽象为数学中的平面图形，为学生进一步对旋转现象进行深入分类，进而为探索出旋转的特征做了很好的铺垫。

（二）教学片段二：探索旋转特征

驱动问题2：从数学的角度把这些旋转图形分一分类。

锚基任务2：指导学生概括旋转三要素：围绕中心、旋转方向、旋转角度。

数学教学是一个教师与学生动态的建构过程。学习与理解数学的过程在课堂上，也会在教师的引导下相应地转变为一种"再发现或再创造"的过程。本课的旋转的数学学习是一个意义赋予的过程，把生活中的旋转现象进行分类，体现了学生积极主动地与学习对象认知交互的过程，分类环节让学生充分参与，将旋转的本质揭示了出来。

1. 探索旋转特征

师：老师也带来了生活中的一些旋转现象（逐一出示），我们把这些旋转现象画下来，就成了下面的旋转图形（图4-41）。

师：你能从数学的角度把这些旋转图形分一分类吗？请大家四人一组，把这些图形分类，说一说分类的依据是什么。

师：（巡视、追问）还有不同的分法吗？

师：（指名展示）哪个小组愿意到黑板上展示，请小组推选代表上来。

生1：我们组把①、④、⑥号图形分为一类，②、③、⑤分为一类。前者都是旋转一周后不断重复，后者旋转的角度不到一周就开始重复。

师：（引导）旋转都有角度，我们要看清角度。（板书：看清角度）

生2：也可以把①、②、⑥分为一类，③、④、⑤分为一类。第一类

图 4-41 教学辅助图

按顺时针方向，第二类按逆时针方向。

师：（引导）：旋转都有方向。这个小组提醒我们研究旋转要辨认方向。（板书：辨认方向）与时针方向相同叫作顺时针方向，与时针方向相反叫作逆时针方向。

师：这些旋转现象还有什么共同的地方？

生：所有的旋转都围绕着一个点。

（请人分别指一指旋转中心的位置。）

师：（引导）对！这些点也叫旋转中心。（板书：围绕中心）

逐步引导，形成板书（图 4-42）：

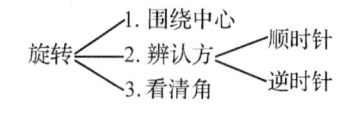

图 4-42 教学辅助图

师：（小结）通过刚才的操作和思考，我们知道图形旋转时都围绕着旋转中心，研究旋转还要辨认方向、看清角度。你能应用旋转的特征分析生活中的旋转现象吗？

2. 应用旋转的特征，分析生活中的旋转现象

师：汽车来到收费站，转杆打开是怎么旋转的呢？转杆关闭呢？你能画出转杆旋转后的位置吗？请完成学习单上的 1、2 两题（图 4-43）。

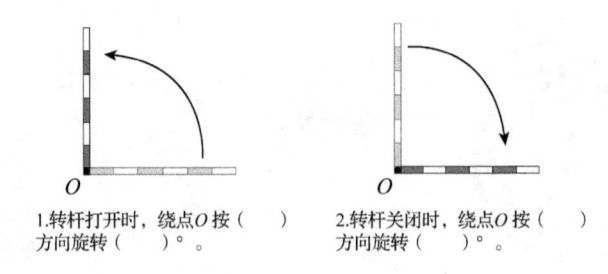

1. 转杆打开时，绕点O按（　　）方向旋转（　　）°。

2. 转杆关闭时，绕点O按（　　）方向旋转（　　）°。

图 4-43　教学辅助图

【点评】这一环节是本节课的核心。学生在分类中自然产生了按角度和方向分类的结果，师生顺其自然地概括出旋转的三个基本要素：一是围绕中心；二是辨认方向；三是弄清角度。虽然图形的平移、旋转和轴对称都是全等变换的，图形运动前后的形状、大小都没有变化，但由于运动方式不同，构成不同运动方式的要素不同，学生认识和理解的难度也不同。教学中尊重学生已有的知识和经验，调动学生回想在日常生活中经常遇到的旋转现象，充分给予学生操作和思考的时间，虽然是同样的旋转运动，但可以从不同的角度进行分类，进而准确把握旋转运动的本质特征。

（三）教学片段三：应用旋转特征探索旋转规律

驱动问题3：小三角形旋转时，要注意什么？你有什么发现？

锚基任务3：图形的形状和大小不变，位置发生改变。

在图形旋转的学习中，借助具体操作帮助学生掌握画出图形旋转后位置的方法。既总结了前一段的学习内容，又深化了学习的过程。通过操作三角形学具，调动学习者个人的内在探究欲望，在操作中感悟方法，在小组讨论中提升认识。

师：你会把方格纸上的三角形（图 4-44）绕点O逆时针旋转90°吗？这道题旋转的三要素分别是什么？

师：请大家拿出小直角三角形在学习单上按要求操作。请大家边操作边思考：小三角形旋转时，要注意什么？你有什么发现？

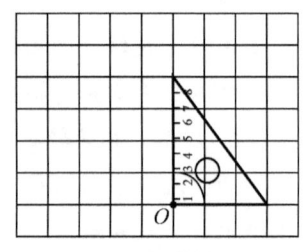

图 4-44　教学辅助图

生1：旋转时，点O固定不动。

师：对，因为它是旋转中心，旋转时，它总是固定不动的。

生2：直角三角形的每条边都旋转了90°。

生3：旋转前后，图形的形状不变、大小不变，只是图形的位置发生了改变。

师：（追问）图形的位置发生了怎样的改变呢？三角形原来的边分别旋转到了哪里？谁愿意用教具来说明。

生4：（操作教具）每条边的位置都按逆时针方向旋转了90°。

师：如果不借助操作，你能把旋转后的图形画出来吗？想一想，先确定哪条边的位置比较简便？

生4：与旋转中心相连的直角边位置更容易确定。

师：（优化画法）这个直角三角形有三条边，哪条边旋转后的位置更容易确定？

师：（小结）因为与旋转中心相连的边，它的位置更容易确定，因此，我们通常先画出来，直角三角形中有两条边的位置确定了，这个三角形的位置也就确定了。

师：画完后，怎么验证画得是否正确呢？

师：（小结）用三角尺验证旋转后每条边和原来的对应边是否呈90°并且大小不变。请大家运用我们总结的方法，把长方形绕旋转中心顺时针旋转90°。

【点评】本阶段的进阶学习重视操作活动的作用，教学中紧扣图形运动的本质特征，探索图形旋转后的位置。与图形的平移相比，图形的旋转对学生的空间想象能力的要求更高一些。同年龄层次的学生在旋转变换方面的空间观念水平要低于平移变换和轴对称变换。教材借助方格图，引导学生在方格图中探索图形旋转后的位置。教学中通过小三角形学具的操作，让学生感知图形运动特征。图形旋转前后，图形的位置发生了变化，图形的大小和形状不变。学生进一步感受到，可以根据图形运动前后的关键点或线段的对应关系，帮助确定运动后图形的位置。这种方法可以简化图形旋转后的画图方法。方格图上一条条水平和竖直的线，为学生建立方位感、感受距离提供了有力的参照。借助方格图，尊重了学生的认知基础，顺应了学生的认知需求，有效帮助学生建立了方位感和距离感。操作让学生思维发展可见，让学习进阶层级清楚。

（四）教学片段四：利用旋转图形设计图案

驱动问题 4：画出一个简单图形旋转三次后的图形。

锚基任务 4：设计一个简单图形，画出旋转后的图案，交流欣赏。

师：我们还可以运用图形的旋转，设计出美丽的图案。像这样，把一个简单的图形绕点 A 顺时针或逆时针旋转 $90°$（图 4-45），连续操作三次，就成了一个风车图案，大家想试试吗？在学习单上尝试，展示学生作品。

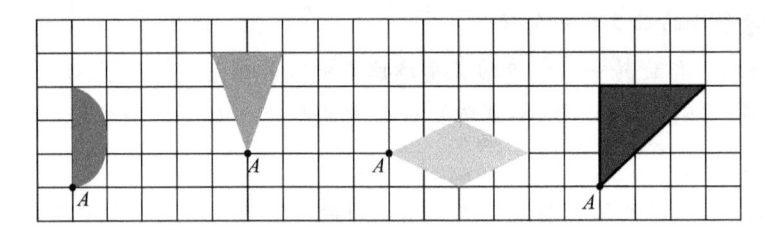

图 4-45　教学辅助图

【点评】这个教学环节让学生从数学文化的高度升华对本节课学习知识的理解。学生通过运用本节课学到的图形旋转的知识设计出精美的图案，既掌握了知识，又关照了生活。首尾呼应，让整节课的教学从生活出发，又回到生活，关照了生活。

六、教师反思

本节课的教学内容对于学生比较有挑战性，对学生思维要求较高。《义务教育数学课程标准（2011 年版）》对旋转变换的教学要求是通过观察、操作等，在方格纸上认识图形的旋转，会在方格纸上将简单图形旋转 $90°$。因此，教学中不仅让学生观察、操作和讨论，还通过分类、比较、辨析等思维活动，让学生真正、充分地进行探索和思考，指导学生在方格纸上摆一摆、画一画，从画一条线段到画简单图形，教学中不急于让学生概括旋转的特征和旋转后图形的位置，而是让学生经历操作和思考，通过诸如"把这些旋转现象分类""先画哪条边更简便"等核心问题，引导学生不断思考，不断提升对图形旋转的认识，通过让学生经历丰富的学习过程，发展学生的思维能力，这一学习路径整体上体现了学生的认知逐步向纵深发展。在学习活动中学生的认知和思维不断进阶，学生对旋转这一主题的学习由浅入深、由简单到复杂，并在这一过程中培养学生的空间观念和高阶思维能力。

七、点评

美国教育家奈尔·诺丁斯提出，一切教育效果的评判标准取决于学生究竟学了多少、学得如何以及继续学习的潜力与愿望。基于学习路径理念，教师的驱动问题的设计更加有方向感，让学与教的空间更广阔，避免了用琐碎的问题让教学支离破碎，让学生的思维发展更富有挑战性。

基于学习者的视角，学习路径的起点非常重要，起点要足够低，让每一个学生都有学习的信心，学习起点还要有趣，能充分调动学生主动学习的积极性。学习路径的探索和研究，其核心就是让教学回归学生、回归学习本身，把学生看作一个活的、有生命力的"学习者"，借助于学习路径的研究，促进学生的思维不断进阶，在一个更大的时间跨度上和更高的思维层次上对某一学习主题的认识，经历从简单到复杂、从低水平到高水平的发展过程。

学习路径的研究和实践也就建立了一种新型的课堂与教学的文化，关注学生在学习表现上的发展性和阶段性特点，诊断学生的层级水平和错误类型，教师有的放矢地设计和实施教学任务、开展教学活动，让学生的认知向更高层次进阶，真正的理性教育也就随之发生了。正如郑毓信教授指出的，有关数学学习的大量研究已经表明，数学不应简单地等同于数学知识的汇集，而主要应被看成人类的一种创造性活动。这意味着数学活动的最终结果扩展到了数学学习的全过程研究，真正的学习历程不是教师课前预设的，而是在学习活动过程中被不断建构出来的，随着学习历程不断建构、不断完善，学生的思维逐步进阶，对数学知识的认识和理解从低水平逐步提升到高水平。

基于学习进阶理论的教与学，教师应创造出一种真正意义上的尊重人的主体性，激发人的创造性的教法，真正将教师的教转向学生如何学、学到了哪一个层级，将教学从结果转向过程，让学生的思维可视，让学生获得真正的发展。

第五章 学习进阶

【每章主旨】

"阶"字左边是左耳旁，右边是介。将古体字左边的偏旁旋转了以后是一座高坡，右边有两个人，底下是一张嘴，表示两个人异口同声。左边的高坡是用高度相近的石块垒成的高度差不多的台阶，用来上坡，后来引申为台阶。台阶的每一阶用的是相同的高度，在教育中也启示我们，进阶就是要为学生搭建合适的发展高度，让每个孩子都能够攀上自己的高峰。

【理论基础】

学习进阶刻画了"随着时间的不断增加，学生对某一学习主题的思考和认识不断丰富、精致和深入的一种过程"。学习进阶不仅要解决学习者认知发展路径的问题，还要突破学习者认知发展过程中的关键台阶（关键节点）。本章的理论基础将介绍学习进阶的节点，并阐明影响节点的因素有哪些，"分数的意义"案例分析将呈现教师如何处理关键节点。为了更清楚地说明教学中如何利用学习进阶，话题讨论将介绍学习进阶应用的一般策略和具体方法，"小数的意义""图形的放大与缩小""用数对确定位置"则呈现具体的实施效果。

把握节点：构建学习进阶的关键环节
——以小学数学教学为例

南京晓庄学院附属小学 鲁照斌 顾新佳

学习进阶刻画的是学生思维发展的过程。"构建学习进阶有一个很关键的要素就是进阶假设,进阶假设一般由进阶起点、进阶目标和中间节点构成,由进阶变量将三者串联。"把握学习进阶节点,是学生正确理解知识的关键环节。那么,弄清楚学习进阶节点是什么,有什么特征,受什么因素影响,将有利于教师设计相应的学习内容和路径。

一、学习进阶的节点是什么

节点是学习进阶的重要组成部分,它连接了进阶的起点和进阶目标。可以说,学习进阶主要体现在各个节点的不同,反映不同学生或学生在不同时间点上的数学理解差异。对各个节点的认识,不能简单地看成知识量之间的差异,"学习进阶的节点代表了学生不同的思考方式,而不是简单地指知识获得的多少"。处于更高层级"阶"上的学生,并非比更低层级"阶"上的学生"知道的更多",而是他们对学习内容的理解不一样。与学习路径不同的是,学习进阶不仅可以描绘思维的发展轨迹,还可以清晰地呈现思维的转折。"学习进阶并不只是解决学习者认知发展路径的问题,还是学习者认知发展过程中用以'踏脚'的具体的'脚踏点。"这些脚踏点就是学习进阶的节点,达到这些节点后,学习将踏上另一个台阶。

二、学习进阶节点的特征

当学习进展到学习进阶的节点附近领域时,就会出现知识建构的方向转折点,或者说是知识建构的层次结构节。在这个阶段,应该会出现三种特征。

(一)认知模糊

由于前期认知的不断强化,学生对数学概念、原理、公式等有着清晰的理解与掌握,但随着认知的迁移与新知的建立,新旧知识之间的边界不再像过去那样清晰,导致新知识体系不能很快地系统地建立。例如,在学习异分母分数加减法时,许多学生刚开始习惯应用同分母分数加减法的方法来计算,由于认知模糊,导致计算结果错误。

(二)认知交融

新知是通过旧知长期量变而得到的,对于刚跨过节点而新生的知识而言,其基础是建立在旧知上的,这导致新旧知识之间存在着许多交融。

例如，在教学正比例的意义后，许多学生有一段时间经常混淆正比例和比例的概念。

（三）认知片面

当学习历程至学习进阶的节点，因为具有旧知的积累，学生能经过迁移、感悟以及教师和同伴的点拨来突破节点，形成新认知。但是，此时的新认知是不全面的，因此需要通过大量的变式训练，才能全面地理解与掌握新知。

三、学习进阶节点的影响因素

（一）数学知识的抽象性

数学是一门描述自然规律的科学。它产生于现实经验，但又在经验的基础上不断向前延伸，形成定理、公式等，发展成为抽象的科学。抽象的数学往往令儿童难以马上理解，于是产生了认知的节点。

1. 数学定义中的学习进阶节点

受认知能力局限性的影响，学生往往在数学概念的内涵与外延的把握上存在一定困难。例如，在"分数的意义"学习中，学习进阶的节点之一是对于单位"1"的理解。一般来说，把一个物体、一个整体看作单位"1"，学生比较容易理解。而对于把"1米""1千克"这样的计量单位看作单位"1"，学生就难以理解了，这也就构成了分数概念建构的节点。而此节点如果不能得以顺利解决，学生在以后的学习过程中，就很难建立起实际数量与分率之间的对应关系。

2. 数学运算中的学习进阶节点

数学运算的规则与方法是数学家在大量的观察、猜想、演算、推理过程中研究出来的。学生要在短期内能够理解和运用复杂的运算，就存在一定困难。例如，学生在计算"除数是小数的除法"时，能依据商不变的规律，将除数是小数的除法转化为除数是整数的除法，再按除数是整数的除法法则进行计算。但是，在运算过程中，如果出现了余数，余数该如何表示？这就构成了学习进阶的节点。

3. 空间概念中的学习进阶节点

运用数学公式进行空间图形计算，看似简单，其实有许多知识点令学生难以理解。例如，平行四边形的面积计算公式里含有新概念"底"

和"高",且不同的放置方式对应不同的"底"和"高",也就是说平行四边形有两组对应的"底"和"高"。面积大小如何与"底"和"高"发生关联,"底"和"高"的变化如何影响平行四边形面积的变化?这些都是学生难以发现或难以理解的节点。

(二)学习经验的层次性

学习经验包括生活经验与原有认知基础。在认识新知的初始阶段,学生会自动将生活经验与原有认知两种信息源进行整合,形成对新知的初步认识,我们称之为学习经验。不同的学生会构成不同的学习经验,自然也构成了学习进阶的不同节点。例如,在学习"用方向和距离确定位置"前,学生的方向认知基础是"东""南""西""北",以及"东南""东北""西南""西北"的表述方式。而学习本知识点时运用的是类似"北偏东30°"这样更精确的数学语言,这与学生的旧知"东北"这种表述不一样。由于学生在学习过程中需要重新学习测量方向和距离的方法,运用更精确的数学语言表示方位,这就要求教师一定要立足于学生的学习经验去把握学习进阶的节点。

(三)学习品质的多样性

学生数学知识与能力的发展,会经历认识、练习、迁移、发展等环节,迁移能力、思维发散能力、学习积极性等学习品质将会影响学习的进程。在小学数学学习过程中,学生的学习品质影响学习进阶的节点主要表现在以下三个方面。第一,不同知识之间的联结。例如,在学习"转化的策略"时,很多学生不能回忆出在以往的问题解决中哪些运用了转化策略。第二,操作策略。例如,一年级学生拼七巧板,其中学习进阶的节点就是将平行四边形小木块"翻"一下。但许多学生的发散性思维不够强,就只根据平面图形的形状去观察、尝试,这使得学生认知就不能向更高层次去发展。第三,解决问题。在解决数学问题时,许多学生常常只接受自己认可的一种方法,对于其他方法基本不接受,甚至抵制。这样的心理可能会影响学生数学认知能力的多维发展和深层优化发展。作为教师,我们在学习进阶节点的把握上,一定要关注学生的学习品质。我们要充分调动学生的学习积极性,提升学生的学习能力,帮助他们顺利地突破节点,迈向更高层级的进阶。

节点是学习进阶的一个重要组成部分，代表了学生的思维发展。学生在节点处，容易表现出认知模糊、认知交融、认知片面三种特征，通过节点后则表现为思维的转折或更深层次的知识建构。进阶节点并不是完全一致的，它受数学本身和学生个体差异的影响。具体来说，抽象的数学知识、学生已有的学习经验和学习者的学习品质等都会影响进阶节点什么时候产生、节点如何表现、节点如何突破。进阶节点对教学具有重大的意义，在理解进阶节点的基础上把握好节点，有助于教师准确把握学习的历程，促进学生的思维发展。

【典型案例分析】

"分数的意义"案例分析

南京市金陵汇文学校（小学部）　雍建皖

一、教材分析

理解分数的意义是学生学习分数的四则运算，以及应用分数的意义解决实际问题的重要基础，苏教版数学教材五年级下册第四单元将分数的有关知识按照如下顺序编排：分数的意义—分数与除法的关系—求一个数是另一个数的几分之几—真分数、假分数、带分数含义的理解—分数的基本性质。

那么，到底什么是分数呢？教师耳熟能详的是这样一段话：把单位"1"平均分成若干份，表示这样的一份或者几份的数就叫作分数。这也是众多版本教材里比较统一的定义，只不过细节略有不同。人教版数学教材安排了两幅情境图让学生体会分数的产生，分别是测量和分物体，在这之后归纳出"在进行测量、分物体或者计算时，往往不能正好得到整数的结果，这时常用分数表示"。在介绍了分数的产生后，教材继续引导学生理解分数的意义：一个物体、一个计量单位或是一些物体等都可以看成一个整体，把这些整体平均分成若干份，这样的一份或者几份都可以用分数来表示。苏教版数学教材则是先给出一块饼的 $\frac{1}{4}$、一个图形的 $\frac{5}{8}$、一个计量单位的 $\frac{3}{5}$、一些物体组成的整体的 $\frac{1}{3}$，让学生说出这些分数表示的意义，然后揭示分数的概念。而北师大版数学教材把分的意义分成了两部分来教学：第一部分是分物体，得到分数意义的概念；第二部分是借助测量过程中得到整数的结果，来完善分数的概念并揭示分数单位。从这些教材的定义可以看出，分数既可以表示部分与整体的关系，又可以表示一个具体的数，这个具体的数是由除法运算得来的。

史宁中教授在《基本概念与运算法则》时指出，虽然可以把分数看成除法运算的一种表示，但分数本身是数而不是运算。分数的本质在于真分数，即分数的分子小于分母。这样的分数有两个现实背景：一个是表达整体与等分的关系，另一个是表达两个数量之间整数的比例关系（整比例关系）。[①] 全面深入地了解各版本教材对分数的定义，以及专家对分数意义的定位，有利于教师站在更高的层次明确这一课的学习目标。我们认为，在小学阶段，分数的本质就是两个数量之间的比例关系，分数与除法之间的关系是对分数意义的一种拓展和丰富。

二、学情分析

从三年级开始，学生已经通过分苹果、分饼等活动初步认识了分数，知道把一个物体或一些物体组成的整体平均分成若干份，表示其中的一份或几份的数就是分数。对学生而言，脑海中深深印下的就是"份数"的定义，总认为分数一定是分子比分母小的。但到了五年级，需要从测量、除法、集合等角度对分数加以理解，还要对分数表示的"量"和"关系"加以辨识，这对学生来说难度就相当大了。特别是"把5米长的绳子平均分成6段，每段是全长的几分之几？每段是几分之几米？"这样的问题，学生特别容易陷入困境。

归根结底，学生对"分数的意义"的认识还是处于一种表面的、模棱两可的状态。为了更好地了解学生处于哪种水平，我们构建了"分数的意义"学习进阶（表5-1）。

---

① 史宁中：《基本概念与运算法则——小学数学教学中的核心问题》，13～14页，北京，高等教育出版社，2013。

表 5-1 分数的意义学习进阶

发展层级	水平层次	预设的学习进阶之学习表现
5级	认识分数的意义，感受知识之间的联系	・能说出各类分数表示的意义 ・知道分数与除法的关系，会用分数表示除法的商 ・会将假分数转化成整数或带分数，能进行分数与小数的改写
4级	认识真分数和假分数	・通过涂色引出新的分数 $\frac{4}{4}$ 和 $\frac{5}{4}$，并能说出与以前的分数有什么不同，从而进行真分数和假分数的分类 ・通过认识假分数，知道分数不局限于部分与整体关系的范畴，还经常用来表示两个同类数量之间的关系 ・结合分饼和数轴图，会将假分数化成整数或带分数 主要错误类型：受认知经验的影响，受理解能力的局限，很容易把上图说成是 $\frac{7}{8}$
3级	建立单位"1"的概念	・知道被平均分的一个物体、一个计量单位或一个整体都可以用自然数1来表示，通常把它叫作单位1 ・认识各个分数的单位"1"是什么 ・能在认识单位"1"的基础上说出分数的意义以及分数单位的含义 主要错误类型：分子分母各自表示的含义混淆不清。如上图所示，如果用 $\frac{1}{4}$ 表示，分子的1指的是其中的一份，而不是指单位"1"的一块

续表

发展层级	水平层次	预设的学习进阶之学习表现
2级	认识一个整体的几分之几	• 认识由原来一个物体或一个图形的几分之一扩展到若干物体组成的一个整体的几分之一 • 知道把一个整体平均分成几份,其中的一份或几份可以用几分之一或几分之几来表示 • 能解决一些基本的求一个整体的几分之几是多少的实际问题 主要错误类型:难以区分个数与份数,如把8个苹果平均分成4份,每份是几分之几。很多学生会说成 $\frac{2}{8}$
1级	认识几分之一	• 通过分苹果、矿泉水、蛋糕,知道有的物品分得的结果无法用整数来表示,要用一种新的数(分数)来表示 • 能联系实物图认识蛋糕的 $\frac{1}{2}$,能在长方形纸上折出涂出 $\frac{1}{2}$,并理解其他分数,如 $\frac{5}{6}$、$\frac{6}{10}$、$\frac{4}{7}$ 等 • 会进行两个简单的分子相同或分母相同的分数大小比较 主要错误类型:没有平均分的也用几分之一来表示。如上图所示。
0级	没有概念	还没有建立对分数意义的理解

学习进阶是对学生在一个时间跨度内学习和探究某一主题时依次进阶、逐级产生的思维方式的描述,刻画的是学生思维的发展轨迹。基于学习进阶的课堂教学,遵循学生的数学认知发展规律,有助于教师开展针对性的教学。教师可以通过作业、课堂表现等分析、确定学生的理解达到了哪一个层级,还可能存在哪些学习障碍和误区。在实际的学习中,学生在五年级下册学习"分数的意义"时,错误主要有以下几个方面。

第一，难以区分"个数"与"份数"。例如，用分数表示图 5-1 中的涂色部分，很多学生会混淆 2 个与 1 份的含义，错误地填写成 $\frac{2}{8}$。第二，难以区分分子与分母表示的意义。比如，图 5-1 中的涂色部分可以用 $\frac{1}{4}$ 表示，这里的分子 1 究竟是表示单位"1"，还是 1 份。第三，能用分数表示部分与整体的关系，但不能用分数表示部分与部分之间的关系。比如，大部分学生都能在图 5-1 中发现 $\frac{1}{4}$、$\frac{3}{4}$，但极少有学生能想到 $\frac{1}{3}$。需要指出的是，学生发现 $\frac{1}{4}$ 或 $\frac{3}{4}$ 符合他们已有的经验和认知发展水平，但如果在五年级下册的教学中仍局限于此，那么将对分数意义的完整理解、对分数与除法关系的深入认识，尤其是两个独立部分之比的关系的认识造成一定的束缚[1]。

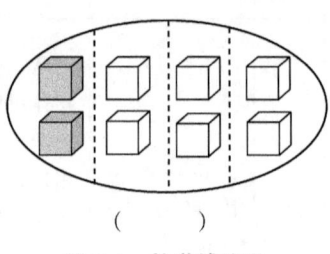

图 5-1 教学辅助图

三、教学设计

学习进阶如何对课堂教学发生作用呢？图 5-2 揭示了学习进阶对教师课堂教学的作用机制。在正式的课堂教学前，教师要了解学生的思维过程，设计相应的学习内容，并选取相关的教学资料和教学工具，从而让学生在"分数的意义"这个内容的学习中实现学习进阶。

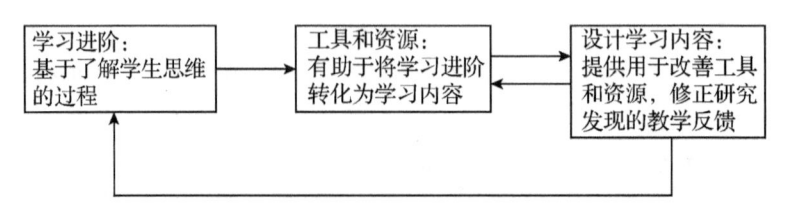

图 5-2 学习进阶对数学课堂的作用

基于以上对学习进阶的理解，我们重新设计了"分数的意义"的教学过程。几个关键环节的处理如下。

---

[1] 李国良，《"分数的意义"前概念调查及其分析与思考》，载《小学数学教师》，2017（3）。

（一）在比较、沟通中，初构对单位"1"的认知进阶

课前，我对学校五年级的两个班（共计 91 名学生）进行了一个前测，并对前测卷进行了整理、统计和分析。

问题 1：请你用至少两种方法表示出 $\frac{1}{4}$，并说明为什么可以这样表示。学生的答案大致可以分成以下几类（表 5-2）。

表 5-2 课前调查结果

类型	人数（人）	百分比（%）	与单位"1"概念的理解趋近程度
回答错误	3	3.2	已经遗忘分数的概念
将一个图形或 4 个物体作为单位"1"	79	86.8	将"一个物体"或"四个物体"作为单位"1"
用 0.25 表示	22	24.2	只考虑了分数的结果，没有想过单位"1"
将一些物体作为单位"1"	4	4.4	理解只要平均分即可，对象可以是"一个物体"，也可以是"一些物体"，单位"1"的概念比较完整

调查发现，不少学生对单位"1"的理解仍停留在"一个物体"上，

虽然在除法意义的学习中学生尝试过把一些物体平均分成 4 份，不少学生也知道 $\frac{1}{4}$ 可以用 1 除以 4 得到 0.25，但这都没有表达出 $\frac{1}{4}$ 的本质含义，也就是"1 份"是"4 份"的四分之一。根据前测中学生各种不同的表示方法，我们请这些学生用语言描述自己的思维过程，然后再给这些不同的表示方法进行分类。最后，归纳得出两类，一类是"一个物体"，另一类是"一些物体"，这两类都可以看作单位"1"。但无论怎样分类，它们的相同之处是都平均分成了 4 份，其中的一份是 4 份的 $\frac{1}{4}$，也就是单位"1"的 $\frac{1}{4}$。在这个过程中，淡化了"一个物体"和"一些物体"，强化了分数意义中的核心词——单位"1"和平均分。这样的设计有助于学生深度理解分数的本质，有助于学生在教师的引导下完成对单位"1"的认知进阶。

（二）在转化视角、丰富内涵中，形成对分子、分母关系的认知进阶

张奠宙教授在《小学数学研究》一书中，就人们认识发展的顺序，指出分数定义一般有四种情况。第一，份数定义：分数是把一个单位平均分成若干份之后表示其中的一份或几份的数，也就是我们小学教材所给出的定义。第二，商的定义：分数是两个整数相除（除数不为 0）的商。第三，比的定义：分数是整数 q 与整数 p（$p\neq 0$）之比。第四，公理化定义：有序的整数对（p，q），其中 $p\neq 0$。为此，在设计教学时，应该基于分数原本的意义——人们的认识发展的顺序设计教学。学生对于分数的认识来源于对整体的平均分，我们应当重视分数的"份数"定义。但如果过分强调对整体的平均分，则不利于学生对分数的完整理解。

在分饼的图中，除了看出阴影部分是整体的 $\frac{1}{4}$、空白部分是整体的 $\frac{3}{4}$，学生还应看出阴影部分是空白部分的 $\frac{1}{3}$。另外，还应能看出阴影部分是 $\frac{1}{4}$ 块，这里的 $\frac{1}{4}$ 块就是一个数量，分子的"1"指的就是一块饼，分母中的"4"指的是平均分成 4 块，$\frac{1}{4}$ 块是由 1 除以 4 所得到的结果。在这样的转化视角中，学生们完善了对分数的认识，加深了对分子分母含

义的理解，也完成了对认识分子分母的进阶。

（三）在前勾后连、知识迁移中，促进分数意义的认知进阶

教材安排学生在三年级初步认识分数，在五年级"分数意义"一课中认识分数的本质。学生脑海中根深蒂固的是分数应该表示部分量与总量之间的关系，所以对假分数的认识就显得特别困难。另外，对于分数还能表示除法运算中得不到整数的结果，学生更是模棱两可。对此，我们仍然可以从分饼入手：8 块饼，平均分给 4 个小朋友，每人分几块？4 块饼平均分给 4 个小朋友，每人分几块？1 块饼，平均分给 4 个小朋友，每人分几块？3 块饼，平均分给 4 个小朋友，每人分几块？引导学生把 3 块饼叠在一起，看成一个整体，先像 1 块饼那样分，每人得到 $\frac{1}{4}$ 块，然后摊开，每人可以得到 3 个 $\frac{1}{4}$ 块，即 $\frac{3}{4}$ 块。这里的思维方式就开始从分率向数量转变，较好地区分了分数作为分率和数量的各自意义。

如文章开头所说，学习进阶描述的是学生的思维过程，遵循的是学生的认知发展规律。在教学中，教师研究学生的学习进阶，可以很清楚地了解学生处在锚定起点和要达到的锚定终点之间的位置。在其基础上，追踪学生核心概念的发展水平，可以更有效地改善我们的教学。

【话题讨论】

学习进阶刻画的是学生思维发展的过程，它可以搭建起一座学习研究和课堂教学实践的桥梁。在课堂教学的学习进阶中，"进"描述学生的认知发展方向，"阶"则要指出发展过程中的关键点。为了更深层次了解学习进阶的意义，本章话题讨论选择了四篇相关文章，先后讨论了在学习进阶理论在数学课堂中的使用，以及如何运用学习进阶理论完成评价，最后是有关于基于学习进阶理论培养学生空间观念的实际教学案例。

浅谈在小学阶段如何促进学生学习进阶

南京市秦淮区第一中心小学　杨蓉

在新课改的背景下，学习进阶是在课程教学中提高学生学习力的一个重要变革。将学习进阶渗透在数学课堂中，是当前小学教育工作者需要着重考虑的问题，也是改进课堂教学的一个重要支点。

一、学习进阶的特点

　　了解学习进阶必须先清楚学习进阶的特点，这样才能让学生在新颖的学习过程中提升自己的学习能力。学习进阶可以理解为学习进程。它具有阶段性的特点。学校根据学生的年龄特点，依照学生的认知程度，设置适合不同阶段学生的学习课程。教师在教学设计过程中，常常以主题和相关事实为教学方式的中心，但经常造成学生对零散事实的记忆、认知和学习只停留于浅层次。教学的关键点不单单在于对学科中事实的把握，更在于帮助学生理解核心概念，搭建一个能把基本概念和原理联系起来的桥梁，把握好学生在各个学习阶段对核心概念的理解程度，促进学生对不同学习阶段同一学习概念的领悟，挖掘出不同深度的联系，从而能激发出对学习的核心概念的独特见解，并能灵活运用。研究学习进阶的目的在于促进教师在教学过程中的思考，提升每个学习阶段教学的发展性，从而使教学真正是在学生已有的理解上建立，同时还可以对下一阶段核心概念的学习提供有效的保障。

　　例如，学生在一年级学习确定位置前，已经能用简单的上、下、左、右、前、后这些带有方位的词表示物体的位置。进入二年级的时候，我们开始用"第几排第几个"等方式或是用东、南、西、北四个方向表示位置。到了三年级，教材中加入了认识东北、西北、东南、西南以及会看简单的平面图等内容。五年级的"确定位置"则用数对表示位置，即在方格纸上用数对确定位置。五年级的内容与七年级的认识位置相结合，再次用有序数对表示位置，即引入横纵坐标的表示。此时，学生学习能力从直观到抽象，从立体到平面，从具体的事物表示到抽象的平面二维展示。这些过程的变化就是学生认知能力的进阶。综上所述，数学核心概念的学习具有阶段性，也具有连贯性。学习进阶无疑是我们学习概念指导的一把关键钥匙。

二、学习进阶的策略和方法

　　之前的论述是为提升学生学习能力所做的前期准备。我们研究学习的进阶不单单是为了把理论照样搬到课堂上，更是为了提升学生的实践性和有效性。因此，有效的教学策略才是保证学习进阶的基石。

（一）构建学习共同体

在实际的课堂教学中很多教师仍然持有传统的知识观，认为知识是对客观事物的正确反映，知识具有普遍性，不因客观时间或空间的不同而产生变化。持有传统知识观的教师在课堂教学中会对知识形成垄断的现象，学生丧失主体地位，师生间形成鲜明的等级差异。学生在这样的教学环境中，思维无法得到成长，认知水平会受到限制。

所以在学生学习进阶的课堂教学过程中，要改变教师在教学中的角色，建构学习共同体。一方面，教师要切实树立生本观。在教学过程中，教师要特别关注每个学生的发展，将每个学生都看成一个独立的个体。教师要平等地对待学生，与学生进行友好的沟通交流，而不是将学生作为被动接受知识的人。另一方面，若想让学生取得较好的学习成果，教师还需深入学生内部，倾听学生的学习需求和各种情绪，以发现美的眼光去展开教学，自然会收获相应的美的回报。

（二）设计完整的教学活动体验进阶过程

在教学中采用"提出问题—建立模型—解决应用"的模式，目的在于让学生经历知识的产生和发展的过程，继而理解数学意义，巩固双基，扩展学生应用数学知识的能力与意识。例如，教学解决问题策略（转化）的时候，教师可以改变一问一答的教学模式，充分利用学习单的形式，让学生通过合作交流的方式，把以往学习中有关转化的知识点进行罗列，让每个学生都参与到数学研究的活动中来，帮助他们获得数学活动经验。

（三）设计有层次的教学任务完成学习进阶

传统的课堂教学只关注知识点的接受，一对一的教学方式让学生被动地学习，轻视了课堂教学设计中学生思考切入点的多元性。我认为学习中的"阶"，不仅仅是教法中的难点，更是让学生能从思维认知中跨过这个"阶"，进而促进学生学习力的提升。例如，"认识分数（几分之一）"是苏教版数学教材三年级下册的教学内容，但是在这节课中我却遇到了一个问题：如何让学生真正体会到分数的含义——平均分。学生可以利用学具画出几分之一，但是在说的时候却很少说出"平均分"，这点让我觉得学生还是没有真正理解什么是分数中分子和分母之间的关系。基于这个困惑，我决定在教学设计上进行突破——改变教具。将原先的纸片变成了魔方、圆片、布条。教师利用魔方，用立体的图形让学生感悟二分之一的意义，从而潜移默化地感受到平均分的意义，之后再次利用圆片让学生指出前后两个同学的不同（一个说随手画出二分之一，另一个说需要对折一下）。从立体到平面，学生再次直观地通过折一折认识了平均分，突破了原来课堂上的"阶"这个难点。

（四）以评促教

评价是课堂教学的导向，也是验收教学目标是否达成的手段之一。传统教学的评价往往根据教师的授课经验和逻辑结构主观性进行评价，这样的评价往往缺乏科学性。在基于学习进阶的课堂教学中，我们的评价也要依据学习进阶来评价教学活动之间是否有联系，教师是否在关键知识点之间搭建支架，进而形成一个有效的教学评价，课堂的资源也将变得更加丰富多彩。

如何评价学生的学习进阶

南京市小行小学　谷叶红　孙懿

《义务教育数学课程标准（2011年版）》指出："评价的主要目的是全面了解学生数学学习的过程和结果，激励学生学习和改进教师教学。"通过评价获得信息并将学生的学习表现与学习进展中的高级水平进行比较，可以清楚地了解学生在学习起点和最终目标之间的位置，使我们的关注点从结果转移到学习历程。这样的评价不仅能帮助学生对知识进行更深刻的反思，也能促进教师在实践中理解学生，改进自己的教学，提升自己的教学能力。下面是我们的一些思考与研究。

一、设置明确合理的教学目标

要想准确评价学生的学习是否进阶与进阶的程度，首先要确定好教学目标。教学目标制定的准确性和清晰度不仅会影响教学过程的发展，还有可能阻碍终极学习的效果。教学目标的功能主要有三个方面。

第一，指导。根据教学内容，确定教学重点和难点。基于学生原有的基础，引导学生参与教学过程。

第二，教师。根据教学目标，确定教师将采取的教学步骤、教学课程以及每个步骤或步骤将采取的教学活动。教师将系统地完成教学计划或任务。

第三,指导性测试。根据学习情况,进行分层评估,明确每个学生应该达到的学习要求或水平,并为教师提供测试的标准和基础。

表 5-3 是我针对苏教版数学教材四年级上册"升和毫升"设置的教学目标。

表 5-3 苏教版数学教材四年级上册"升和毫升"的单元目标

水平		知识与技能	数学思考与问题解决	情感与态度
水平 1		通过在实物的观察、操作中感受并认识容量以及容量单位升和毫升	初步了解测量容量的方法	联系日常生活应用中的实际感觉和毫升
水平 2		能准确判断出升和毫升的大小	能估计一些常见的容器的容量	可以积极参与操作、实验等学习生活,并可以积极与他人沟通
水平 3		进行单位的换算,并灵活应用	能联系生活实际选择合适的容量单位并进行顺利的表达和交流	在合作交流中获得积极的情感体验,总结自我感言
我的目标	水平			
	达成			
自我感言				

制定知识和技能目标可以让教师能在不偏离教学重难点的基础上对学生进行学习进阶评价,做到心里有底;也可以帮助学生进行自我评价,了解整个单元的知识结构、能力层次,以便更好地进行自我评价,查漏补缺。

二、设置关键性驱动任务

《义务教育数学课程标准(2011 年版)》指出:数学思维和解决问题的评估必须特别重视和平时期教学和具体问题的评估。教师通过关注学生学习过程的方向、路径和阶段以及每个学习阶段的预期水平来评估学生的学习情况。以下是教师在教学苏教版数学教材二年级下册"认识角"新授课时的课堂实录。

教师通过设置锚基任务——指一指五角星上的角,找一找教室中的角，画一画脑海中的角，画一画规范的角，使学生充分地认识了角的特征。教师接着进行了课堂学习评价：辨角（图5-3）。

下面的图形，哪些是角，哪些不是角？
是的打"√"，不是的打"×"

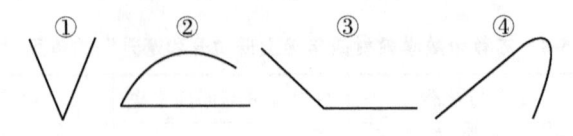

① ② ③ ④

图5-3 题目

全班同学都能很快辨别出哪些是角，哪些不是角，由此可见学生明确了角的特征，建立角的表象，完成了学习进阶。接着教师又通过锚基任务——做一个固定角，比一比角的大小，拉一拉活动角，感受角的大小变化，帮助学生掌握角是有大有小的，而角的大小与张开的角度相关。在这里教师出示一个可拉伸的角，将两边拉长一点点。

师：角的张口不变，两边拉长后，角变大了吗？

生1：变大了，因为它的边变长了。（有不少同学摇头、举手。）

生2：没有变，因为它的边虽然变长了，但是它的张口还是这么大，所以不变。（大部分同学点头。）

师：听明白他说的了吗？（拿出之前的角和它比一比。）

生3：虽然边变长了，但是两个角的大小一样。（出示角对比一下。）

师：那你觉得角的大小和什么有关呢？

生1：和两边打开的大小有关。

生2：和边的长度没有关系。

师：小朋友们真厉害啊，有了了不起的发现，把掌声送给自己吧！

在上述教学过程中，教师通过展示的变化角度引发学生的认知冲突，进一步探讨角度的大小，并充分遵循学生的认知发展规律，在适当的时间和教学情境下引导学生学习，在最佳的时机教授适当的知识。教师通过这一环节的设计快速评价学生对于角的大小的学习是否完成进阶，从而确定学生的理解达到了哪个层次、可能存在的学习障碍和误区，以及能否进行下一环节的教学。

三、设计合理的书面测评

学生的学习进阶评价不仅在课堂中体现。课后的书面测评也有利于教师把握、了解学生学习的进阶情况。书面评估是检验学生课程目标成就状况的重要途径，目的是提高学生对核心概念和科学操作技能的理解，使其能够达到支持教育所需的水平。测评试卷来源于建构学习进阶时所用的测试题。这是因为学习进阶在不断地假设、验证中前进，辅助考题也不断发展和完善。这样具有一定的信度和效度。比如，三年级学习完"认识小数"后，为了评价学生的学习进阶情况，教师进行了当堂课的课后 5 分钟小检测。题目如图 5-4 所示。

1. 7 分米是 1 米的 $\frac{(\ )}{(\ )}$，是 $\frac{(\ )}{(\ )}$ 米，用小数表示可以写成（ ）米，读作（ ）。

   4.5 的整数部分是（ ），小数部分是（ ）。
2. 一本笔记本的价钱是 2 元 6 角，2 元 6 角用小数表示是（ ）元，读作：（ ）。
3. 一块面包 2.4 元，2.4 元是（ ）元（ ）角。
4. 一根绳子长 1.8 米，1.8 米是（ ）米（ ）分米。

图 5-4　课后检测题

本课的主要内容是初步理解小数点的含义以及其在测量物体长度和文具价格中的作用。这四道题主要来自教师在实践中的自我反思与平时的积累，设计有层次、有梯度，目的是评价学生本节课的学习情况。除此以外，教师还可以以单元为目标进行学生学习的测量评价。但是课后的测评也存在不够全面、过于绝对的局限性。

学习进阶评价是一种新型的概念，学生学习的进阶依赖于评价。教师通过合理划分不同的"成就水平"，清晰地界定学生的"学习表现"[1]。因此，学习评价与学习进阶之间存在着必然的联系。教师采用多种评价方法，合理呈现和运用评价结果，充分描述学生在某一学习领域的成绩。教师可通过关注学生的知识与技能、数学思考与问题解决、情感与态度，更好地衡量学生已有的知识储备、目前的学习阶段、可能的学习障碍、

---

[1] 黄甫倩：《基于学习进阶的教师 PCK 测评工具的开发研究》，载《外国教育研究》，2015（4）。

现有知识体系的缺陷。它有助于教师更好地达到教学目标,优化和改进教学过程,促进每个学生的学习进阶。

学习进阶帮助学生建立空间观念
——以"圆柱的认识"为例
北京市东城区前门小学　杨阳

一、空间观念与学习进阶

在数学教学中,培养学生的空间观念一直被认为是培养实践能力和创新精神的最好桥梁。《义务教育数学课程标准(2011年版)》描述了空间观念的主要表现,主要包括"根据物体特征抽象出几何图形,根据几何图形想象出所描述的实际物体;想象出物体的方位和相互之间的位置关系;描述图形的运动和变化;依据语言的描述画出图形等"。从上面的叙述,我们可以看出空间想象力就是空间观念的本质。二维图形和三维图形的相互转换是小学生空间观念的最基本的表现。而实现三维图形和二维图形转化的一个非常有效的方式,就是几何体及其侧面展开图。

范希尔理论符合学生的身心发展规律,对于小学数学教学中"图形与几何"的教学有着重要的意义。范希尔理论是荷兰的范希尔夫妇根据皮亚杰的认知理论,结合自身在几何教学中所面临的问题研究得到的,用来刻画学生的几何思维水平的理论。范希尔理论的核心内容有两个,一是几何思维的五个水平,二是与之对应的五个教学阶段。几何思维的五个水平分别是:直观化、描述/分析、抽象/关联、形式推理、严密性/元数学。范希尔夫妇更加关注教学的问题。他们提出了关于教学阶段的划分:信息、定向指导、解释、自由定位、整合。他们认为,学生在教师的引导下通过五个阶段才能达到各个新的水平。在教学中,教师通过把握节点引导学生完成五个阶段的进阶。

二、基于学习进阶设置教学目标

下面以"圆柱的认识"一课为例,谈一谈如何培养学生的空间观念。教学内容是人教版数学教材六年级下册第三单元第一课时的课程。内容主要是让学生结合实物探索圆柱的特征,然后引导学生通过观察、比较、交流等活动,进一步探索圆柱的特征;在此基础上结合圆柱的直观图,介绍圆柱的各部分名称;通过剪开圆柱形罐头盒的商标纸的方式帮助学生认识圆柱的展开图。我制定了如下的教学目标。

第一,使学生认识圆柱,掌握圆柱的基本特征,认识圆柱的底面、侧面和高。

第二,通过观察、设计和制作圆柱的模型等活动,使学生了解平面图形和立体图形之间的联系,发展学生的空间观念。

第三,在活动中帮助学生积累数学活动经验,提高学生分析和推理的能力。

三、基于学习进阶设计教学活动

范希尔理论为学习进阶中的层级递进设计了几何教学与评估阶段,提供了分析框架,我以这个分析框架为指导,设计了教学活动。

(一) 从生活实物中抽象出圆柱,初步抽象出圆柱的表象

1. 学习进阶第一层:信息(范希尔理论教学阶段1)

了解学生熟悉内容的范围。教师对教学内容做出必要的说明,并使学生接触生活中相关的内容——圆柱。在这一阶段,教师应通过师生交流,了解学生是如何理解这些概念的,并通过提供信息引导学生从事有目的的教学活动以获得圆柱相关的认知。

2. 教学活动设计及设计意图

(1) 教学活动设计

教师提出问题:这些物体的形状都可以近似地看成圆柱(图 5-5),同学们的桌面上有一些圆柱模型,你们能说说圆柱有哪些特征吗?

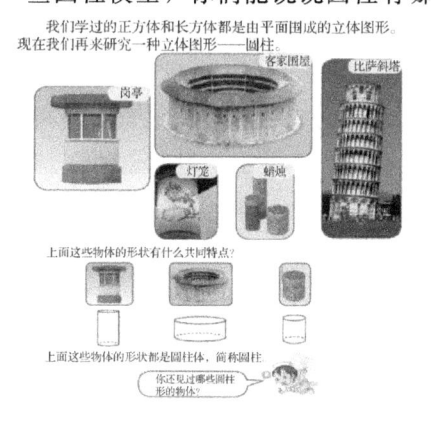

图 5-5 圆柱的认识

(2) 设计意图

引导学生根据物体特征抽象出几何图形，帮助学生建立圆柱的表象，使学生对圆柱的认识经历由具体到表象的抽象过程。

（二）搭建圆柱模型，初步认识圆柱特征

1. 学习进阶第二层：定向指导（范希尔理论教学阶段2）

这一阶段的教学目标是让学生主动地进行探索，如在折纸搭建模型的过程，学生能接触到所希望得到目标概念的主要联系；教师在此的作用则是通过有效地安排，引导学生进行适当的探索，这时学生所进行的是实际操作，而教师则应选取那些目标概念和方法在其中较为明显的材料与任务。

2. 教学活动设计及设计意图

(1) 教学活动设计

小组学习任务：设计和制作圆柱，做一个 $d=4$ cm，$h=12$ cm 的圆柱。

(2) 设计意图

在活动中，通过平面图形的折叠实现二维和三维的转化。通过搭建模型，构建出圆柱的表象，抽象出圆柱面与面之间的关系，进一步认识圆柱特征，形成理性思考。

（三）认识圆柱各部分名称，探究圆柱的特征

1. 学习进阶第三层：解释（范希尔理论教学阶段3）

在这一阶段，学生开始清楚地认识到所要学习的内容，并用自己的语言对其做出描述。教师则应通过引导学生用自己的语言对此进行讨论，使学生获得清晰的认识。例如，学生说出圆柱的高，但是说不清楚圆柱高的定义。一旦学生表现出了对于学习对象的清楚认识并用自己的语言对此进行了讨论，教师就要介绍相关的数学专门术语。

2. 教学活动设计及设计意图

(1) 教学活动设计

①认识圆柱的面（图5-6）

教师介绍：上、下两个面叫作底面，它们是完全相同的两个圆。圆柱的曲面叫侧面。

教师提问：你怎么证明上、下底面是两个大小一样的圆？
（学生用自己的方法动手操作并介绍）

②认识圆柱的高

教师：什么叫圆柱的高？（板书：圆柱两个底面之间的距离叫作高）

讨论交流：圆柱的高的特点。

（学生用自己的方法动手操作并介绍。）

归纳小结并板书：圆柱的高有无数条，高的长度都相等。

图 5-6　圆柱的认识

（2）设计意图

让学生通过操作和观察，深入对圆柱各个部分的探究，不断加深对圆柱特征的理解和把握。

（四）再次搭建圆柱，平面和曲面转化

1. 学习进阶第四层：自由定位（范希尔理论教学阶段4）

现在学生遇到了需要综合应用早先阐明的概念和关系来求解的问题。教师的任务在于选择合适的题材或几何问题，提供允许不同解法的教学，鼓励学生对所做的问题和自己的解法做出反思和说明，以及按照需要介绍相关的术语、概念或解题方法。

2. 教学活动设计及设计意图

（1）教学活动设计

布置学生个人学习任务：一张长方形的纸片（长 18.84 cm、宽 12.56 cm）。如果把这张纸当作圆柱的侧面，你能搭建出圆柱吗？

要求：首先，请你先想象一下，长方形的长、宽与圆柱的什么有关？然后，动手操作。学生可能把长方形纸片的长（18.84 cm）作为底面周长，把长方形的纸片的宽（12.56 cm）作为高。学生还可以把长方形纸片的宽（12.56 cm）作为底面周长，把长方形纸片的长（18.84 cm）作为高。

(2) 设计意图

利用平面图形折叠搭建出圆柱模型，使学生认识到同一个长方形可以卷出形状不同的圆柱，对比用两种方式得到的圆柱的底面周长和高与长方形的长、宽之间的对应关系，体会转化过程中形式的"变"与长度的"不变"，实现平面和曲面的转换。

(五) 通过想象，从数学模型回到实物

1. 学习进阶第五层：整合（范希尔理论教学阶段5）

学生对所学到的所有知识做出总结，并将新知识整合到一个易于描述的网络之中，数学的语言和概念被用于对这一网络做出描述，教师则应鼓励学生对所学到的知识进行反思和巩固，并应突出强调作为巩固基础的数学结构，即应当通过将所学到的知识纳入形式数学的结构组织中去，做出适当的总结。

2. 教学活动设计及设计意图

(1) 教学活动设计

师：你能根据圆柱的数据，判断出它是生活中的什么物体吗？

底面直径 10.4 cm、高 10.4 cm 的圆柱。

底面半径 4.3 cm、高 15 cm 的圆柱。

底面直径 6.5 cm、高 11 cm 的圆柱。

生：第一个是卫生卷纸，第二个是茶叶筒，第三个是听装饮料。

师：（追问）你是通过哪些特征判断出它们是圆柱的？

(2) 设计意图

把握立体图形和实物的相互转化，从抽象的数学模型回到实物，这种重现能使几何基于直观的表象、联想和特征得到实实在在的表示。

在上述教学过程中，本人基于范希尔夫妇的几何理论，在课堂教学中通过搭建圆柱模型，以二维和三维的转化为突破口，从不同的路径抽象上升，总结出圆柱特征，帮助学生探究圆柱的特征，建立空间观念。教学过程中的每一步都是发展空间观念的关键，要抓住进阶的关键点完成进阶。学生在此过程中，把握学习进阶的节点，发展空间观念，完成思维的进阶。

学习路径和学习进阶有何区别

南京市溧水区实验小学　吴存明

学习路径是指学习活动的路线与序列。学习者在一定学习策略的指导下根据学习的目标、内容、基础与环境条件，对所需完成的系列学习活动（含活动中的各环节）进行排序，就会形成学习路径。就像一场周游世界的旅行一样，我们通常要为了旅行了解许多的知识，并且计划行程，设计旅途路线就是我们的游玩中一项非常重要的工作。学习路径的设计同样重要，其意义主要表现在为学习者提供明晰的学习路线，可避免迷航，减少失误，提高学习效率，同时也为学习过程管理和学习评价提供依据。

许多学者在大量测量数据的基础上还提出学生的认知思维发展过程具有"进阶"的特点，而这种进阶过程的描述将有利于把握学生认知中的关键问题，从而促进学生的认知构建及教学实践活动。梳理目前关于学习进阶的研究文献，到目前为止，学习进阶还未存在一个明确的定义。学习进阶已在多项研究中被提到，涉及课程内容、概念、教学策略等。通俗地说，进阶通常指层次或等级的提高，指在原来的基础上有较大程度的提高，但在层次上低于和没有达到质变境界。完整的学习进阶研究包括以下四方面内容。第一，选择"大概念"并给予相关的解释；第二，构建基于学习者视角的、清晰的"阶"；第三，用以区分学生水平层级的测量工具；第四，以促进学习者进阶的教学元素，如典型的教学现象、教学任务等。其中，前三个内容回答的是构建学习进阶的本质问题，最后一个问题则涉及学习进阶的实践价值问题。

综上所述，学习路径就是学习过程，学习进阶是建立在学习路径基础上的，刻画学生的思维发展过程和认知发展的模型。学习进阶的路径不是唯一的，但学习进阶的所在不仅指明了路径在哪里，更重要的是指明了如何实现进阶。那么，学习路径和学习进阶有何区别？

一、关注的对象不同：学习路径关注"线"，学习进阶关注"点"

学习进阶的对象应该是学科中的大概念学习，围绕大概念的认知发展过程构建基于学生认知发展的学习进阶。要构建学习进阶,首先要明确什么是阶。学习进阶并不只是解决学习者认知发展路径的问题,它解决的是学习者认知发展过程中用以"踏脚"的具体的"脚踏点",如图 5-7 所示。

仅有了路径,并不足以提供学习者认知发展的支撑,只有找到学习者每一次进步的"脚踏点",才能帮助学习者发展和完善原有的认知结构,顺利建构有意义的认知。所以,阶是建立在进阶变量基础上的、学生认知发展的"脚踏点"。一言以蔽之,如果基于学习路径的教学设计的主要任务是探索连接进阶始端到终端的路径并设计好学习路线图,那么基于学习进阶的教学设计的主要任务是探索连接进阶始端到终端的路径中进阶的"脚踏点"。

图 5-7 教学辅助图

以苏教版数学教材六年级下册的"图形的放大与缩小"一课为例。一位教师在执教时安排了以下四个教学活动。

活动一:(出示图 5-8)你能在方格纸上画出这个长方形放大后的图形吗?

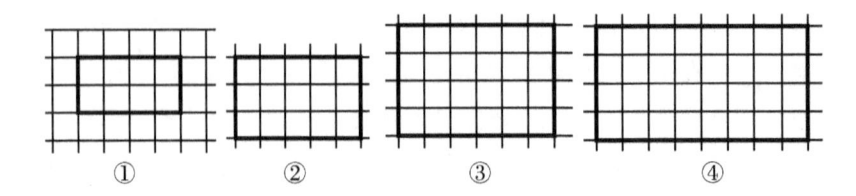

图 5-8 教学辅助图

师:都是放大,但图形的放大有两种意义上的放大,一是普通意义的放大,就是面积变大,二是按比例放大。哪种是数学意义上的放大呢?

活动二:自学课本,了解什么是把图形放大。

活动三:按 3∶1 的比画出长方形放大后的图形,再按 1∶2 的比画出长方形缩小后的图形。

师:比较放大和缩小前后的图形(图 5-9),你有什么发现?

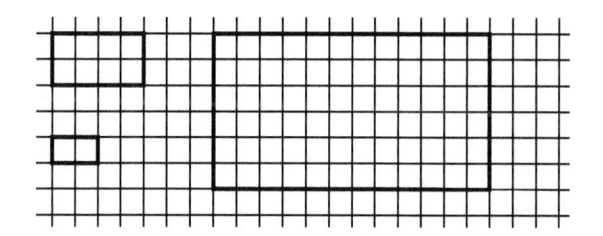

图 5-9　教学辅助图

活动四：你能把一个平行四边形按照 2∶1 的比放大吗？（图 5-10）

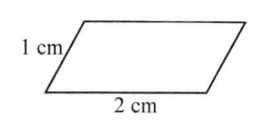

学生独立思考操作，全班汇报交流。

图 5-10　教学辅助图

这四个教学活动就是学生学习路径，而建立在四个活动基础上的只有三个认知发展的阶。第一阶，理解和认识图形的放大与缩小，通过两个活动来帮助进阶（活动一和活动二），先依据学生的已有知识经验来自我尝试，巧妙制造认知冲突，调动学习兴趣。然后，学生自学课本并通过教师给定的图形辨别哪种是真正的图形的放大。最后，再根据正确的放大前后图形的分析比较来认识图形的放大与缩小。后两项活动正好匹配了后两个认知发展的阶。当然，基于"图形的放大与缩小"的三个阶的教学设计也可以有不同的学习路径，但最终应找出最适合学生进阶发展的路径，以利于学生在最短时间内完成从认知起点到终点的演进。

二、任务的指向不同：学习路径关注"向前"，学习进阶关注"向上"

传统的教学设计更注重知识的内在逻辑结构，把教学过程设计为基于碎片化知识的"演变"过程，教学过程间缺乏一致的主线。基于学习路径或学习进阶的教学设计很好地改善了这样的状态。但这两者在设计时，任务的指向略有区别。学习路径更多地关注"向前"，学习进阶更多地关注"向上"。

比如，在"乘法分配律"的教学中，有的教师只是通过（65＋45）×5＝65×5＋45×5，使学生认识到：等式左边的算式是 65 和 45 相加，再用它们的和乘 5；等式右边的算式是 65 和 45 分别乘 5，把乘得的积相加。再进一步告知，如果用字母 a、b、c 表示 3 个乘数，这个规律应写作 (a＋b)×c＝a×c＋b×c。如此设计学习路径，学生也能学会，但我们认为这样的学习只是"向前",充其量只能说是"进步"。

同样是教学这一课,有的教师则设计了如下任务。

比一比:比较 $(65+45)\times5=65\times5+45\times5$ 这个等式的左边和右边,你有什么发现?照样子,再写一组或几组这样的等式。

这一类等式很有规律,把这个规律用你喜欢的方式表示出来(争取让大家都能看得懂)。

有人说乘法分配律比前面学的乘法交换律、乘法结合律要复杂一些,你觉得复杂在哪里?

既然有"乘法对于加法的分配律",那有没有"乘法对于减法的分配律"呢?

显然,基于学习进阶的教学设计更重视知识教学过程的整体性和连贯性,从教学演进的视角推进围绕核心概念的教学,学生的思维有增长,我们称之为进阶。

阶是制约学生认知发展的台阶,同时也是学生认知发展的"脚踏点"。学生迈过这个阶,意味着他的认知发生了变化,思维得到了提升;而如果没有迈过这个阶,则意味着他的认知被阶束缚。

三、设计的主体不同:学习路径呈现多元化,学习进阶体现建构性

基于学习路径的教学设计的任务是探索连接进阶始端到终端的路径并设计好学习路线图。但这个路线图中的路线并不唯一。学习如登山,有的人登山(学习)采取 A 路线,理由是好走、速度快;有的人登山(学习)喜欢 B 路线,理由是风景好;还有的人登山(学习)喜欢 C 路线,理由是"我"今天就是来打发时间的,但是最终目的都能达到。正所谓"条条大路通罗马"。

学习进阶更多的是在教学的重难点上做文章,一直在思考如何让更多的学习进入"真学习""深学习"中去。因为学习需要学生亲力亲为,"教"的路线并不一定是"学"的路线,我们要依据"学"的路线来确定"教"的路线。正如张春莉教授指出的:教师在课堂中,不管采用什么教学方式,都是在帮助学生进行个人建构和社会建构。学生的个人建构不仅是为了完成自身知识的建构,同时也是为全班的社会建构提供丰富的材料和奠基石。这就是学生的学习路径能够转化为教师教学路径的依据

和原理。虽说学习路径和学习进阶有诸多区别，但也有共通之处：都是在研究学生如何学习。季苹指出："学生研究是落实学生主体地位和促进教师专业发展的基本方式之一。"只要教师的教学始终基于学生的认知起点，遵循学生思维的规律和知识形成发展的过程，就能激发起学生学习的激情，点燃学生头脑中智慧的火焰。

【教师行动研究】

小数的意义

南京市五老村小学 杨梅芳

一、教材分析

"小数的意义"是苏教版数学教材五年级上册第三单元的起始课。学生在第一学段已经初步认识了一位小数，本单元在此基础上继续结合具体的例子理解小数的意义。《义务教育数学课程标准（2011年版）》课程内容第二学段指出"结合具体情境，理解小数的意义"，小数的意义是一个抽象的数概念，需要大量的感性材料作为学习的支撑，这就需要让学生经历多次操作，借助直观，培养学生的数感。本节课是学生系统学习小数的开始，学生将经历从认识整数到认识小数的认数范围的扩展，也是以后学习小数四则运算的重要基础。

二、学情分析

本节课请学生先观察"平均分成10份的正方形（2份涂了红色）"，唤醒学生对分数和一位小数的认识。接着在0.2涂色部分右边再给一小块涂色，这时学生想到可能是0.21或0.22，但对于为什么用这个小数表示没有很清晰的认识，没有认识到小数也是在不断细分的过程中体现精确度的。因此，教师要借助直观图降低学习难度，让学生自己在细分的过程中利用正方形图的直观成分，把抽象的数学知识与直观的图形联系起来。

本节课的学习路径如下。第一，借助正方形和1米线段体会一位小数的特征；第二，借助正方形和米尺认识两位小数与三位小数，借助几何直观逐步完成对小数概念的初步抽象；第三，细分数轴，贯通整数、小数、分数的关系。

三、教学目标

第一，学生借助正方形纸片、米尺、正方体模型认识小数，初步理解小数的意义。

第二，学生通过操作、观察和比较理解小数的意义，培养学生的抽象概括能力，渗透极限思想。

第三，结合具体实例让学生感受小数的出现源于人们对精确度的要求，小数的发展是不断细分、不断追求更高精确度的必然结果。

四、学习历程简案

驱动问题	锚基任务	诊断性评价
你能在正方形和1米的线段上找到一位小数吗？	观察正方形图中的0.2和在1米线段上找到的0.2，有什么相同的地方？	提问与追问：你能画图表示出一个一位小数吗？为什么这样画？ 反馈：一位小数是把正方形平均分成10份，表示这样的几份。
为什么用两位小数表示？	想办法再次分正方形图表示两位小数。	提问与追问：你能想到哪个两位小数？为什么可以表示这个小数？ 反馈：分母是100的分数可以用两位小数表示。
你能在米尺上找到一个三位小数吗？	找到的那个点用分数和小数表示各表示多少米？	提问和追问：你能在米尺上找到0.260吗？你是怎么找到的？ 反馈：三位小数表示千分之几。
再继续分下去，可能还有什么小数？	想象把0~1这一段继续平均分成10000份、100000份……表示1份的数会怎样？	提问：0.0001是把整数"1"平均分成（ ）份，表示这样的（ ）份。 追问：你有什么感受？ 反馈：把0~1这一段继续平均分，平均分的份数越多，表示1份的数会越来越接近0。

五、教学实录

（一）教学片段一：唤起已有知识，感受一位小数

驱动问题1：你能在正方形和1米的线段上找到一位小数吗？

（教师出示一张正方形纸片，平均分成10竖条，涂色2份。）

师：看了这个图，你想到了哪些数？

生1：十分之二。

生2：0.2。

师：你能结合图说说0.2的意义吗？

师：这条线段表示1米，你能在这条线段上找到0.1米吗？

师：请你找到0.2米，说说为什么找的是这个点。

锚基任务1：观察正方形图中的0.2和在1米线段上找到的0.2有什么相同的地方？

生1：都是平均分成10份，表示有2份。

生2：都可以用 $\frac{2}{10}$ 表示。

【点评】三年级时，学生已经建立了分数和一位小数的概念，这里通过平均分正方形图唤起学生已有的知识经验，感受一位小数表示十分之几。通过正方形图中的0.2和1米线段上的0.2的对比，把握住学习进阶的节点，为后面学生逐步过渡到用更为抽象的数轴表示小数做准备。

（二）教学片段二：经历数学过程，认识两位小数

驱动问题2：为什么用两位小数表示？

（教师在正方形纸0.2的两竖条右边涂色一个小格。）

师：这时可以用什么数表示？为什么不用一位小数表示了？

生1：0.21。

生2：0.22。

生3：这一格不是刚才的一竖条了（1份），不能用0.3表示。

锚基任务2：想办法再次分正方形图表示两位小数。

师：你有什么办法让人看明白到底是多少吗？

（学生在正方形图里再横着平均分成10份，成为平均分成100份的网格图。）

师：你能在这条 1 米的线段上找到 0.01 吗？

师：2 厘米用什么小数表示？再数几个 0.01 就到 0.10 了呢？

驱动问题 3：你能在米尺上找到一个三位小数吗？

师：怎么得到一个三位小数？

锚基任务 3：找到的那个点用分数和小数各表示多少米？

师：老师也找了一个小数，是 0.260，你知道在哪里吗？

【点评】完成学习进阶的重要途径之一是让学生自己经历数学过程。当把正方形平均分成 100 份，这样的 1 份或者几份可以用分母是 100 的分数表达，也可以用两位小数表示，让学生经历两位小数的形成过程，完成学习进阶。

（三）教学片段三：建构小数意义，完成学习进阶

驱动问题 4：再继续分下去，可能还有什么小数？

生：四位小数、五位小数、六位小数……

（教师介绍《九章算术注》中的微数。结合学生解释出示课件，见图 5-11。）

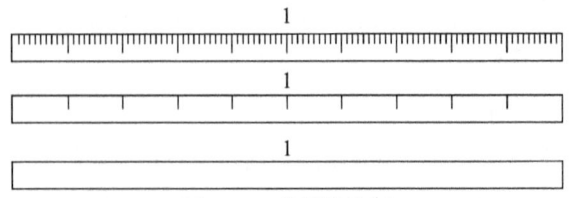

图 5-11 教学辅助图

师：仔细看图，10 个 0.001 是多少？0.01 够了 10 个是多少？0.1 够了 10 个呢？你想到了什么？

生：和整数一样是十进制。

锚基任务 4：想象把 0～1 这一段继续平均分成 10000 份、100000 份……表示 1 份的数会怎样？

师：把 1 米长的线段延长成数轴，越往右边数越大，可能有哪些数？

生：2、3、4、5 等。

师：（指着数轴上 1 往右的区域）如果从 1 开始往左发展呢？想象把 0～1 这一段继续平均分成 10000 份、100000 份……表示 1 份的这个数会怎样？

生：越来越接近 0。

【点评】结合刘徽在《九章算术注》中的说明，体会微数是在不断细分的过程中产生的。结合数轴体会小数就是十进分数，和整数一样也是满十进一，有无数个小数，随着平均分的份数增加，它的 1 份会越来越接近 0，渗透极限思想。

六、教师反思

如何让学生经历小数意义的建构过程呢？我尝试让学生经历用正方形表示两位小数的过程，再通过在 1 米的线段上找 0.01，再次体会表示小数的模型可以不同，但本质都是一样的。接着放手让学生借助米尺去找三位小数，通过展示不同学生的作品体会到三位小数写出来的数可能不同，但都表示千分之几。学生在不断地操作和对比中逐步加深对小数意义的理解，借助直观降低理解的难度，不断促进对小数意义的建构。

七、点评

让学生借助面积模型、集合模型来认识小数，在数轴上建立点与相应小数、分数的对应，积累对有理数的稠密性的体验，帮助学生建立正确的数概念系统。

（一）把握学生学习起点，分析学生原有认知基础

将学生在分数和小数方面的已有经验作为学习起点进行合情推理，借助平均分正方形纸片和平均分 1 米线段来理解小数意义，引导学生建立有关小数的模型。

（二）借助直观进阶抽象，完成学习进阶

借助几何图形，逐步直观地完成对小数概念的初步抽象。小数本质上属于一类特殊的分数，而分数的本质就是将自然数的基本单位不断均分的结果。把抽象的数概念与直观的图形结合起来，让学生借助几何的直观认识，获得更多有价值的体验。

（三）打通数学定义中的学习进阶的节点

细分数轴，让学生在直线上用点表示相应的小数，可以巩固对小数意义的理解，也可以将纯小数拓展至带小数。不断细分的过程会让学生体会到，当每一份表示的单位变小，度量的结果就会变精确。经历细分数轴的过程，可以帮助学生理解相邻计数单位之间的十进制关系，进一步贯通整数、小数、分数的关系，促进学生突破进阶的节点。

"图形的放大与缩小"案例分析

南京市溧水区实验小学　李朝品

一、教材分析

图形的运动有两种基本形式：一是形状大小不变，仅仅位置发生变化（含同运动）；二是形状不变，而大小变化（相似运动）。苏教版数学教材六年级下册第四单元"图形的放大与缩小"这一知识是对图形相似运动的直接感知，将为第三学段研究图形的相似运动和位似运动奠定基础。另外，考虑到图形的相似变换更能直观、形象地揭示比例、比例尺的含义，且比例、比例尺等有关知识又广泛应用于图形的相似变换，因此，认识图形的放大与缩小是必不可少的重要知识。

二、学情分析

随着电脑、手机的普及，人们经常把照片进行放大或缩小的处理，但会出现两种情况：一种是随意的放大或缩小，另一种是按一定比例的放大或缩小。另外，即使有学生感觉图形的放大与缩小要按一定的规律，也不一定知晓科学规范的说法，甚至会认为按1∶2的比是放大。掌握按一定比例放大或缩小前后两个图形之间的关系以及学会其他平面图形放大与缩小的画法都是学习内容中必不可少的。教师在学生认识比的意义和比的基本性质以及相关平面图形特征的基础上，结合学生已有的知识经验设计了本节课，学习路径设计如下。第一，自主绘图，初步感知图形的放大；第二，观察交流，正确理解和认识图形的放大与缩小；第三，操作交流，认识变化前后图形的变化的特征。第四，拓展应用，绘制复杂的平面图形的放大与缩小后的图形。

三、教学目标

第一，理解图形的放大与缩小的含义，会画简单的平面图形放大与缩小后的图形。

第二，认识放大或缩小前后两个图形变化的本质特点，初步感知比例的意义。

第三，感受数学知识间的联系，促进学生形象思维与抽象思维的协调发展。

四、学习历程简案

驱动问题	锚基任务	诊断性评价
你会把图形放大吗？	（出示画在方格纸上的图形）你能画出长方形放大后的图形吗？	提问：哪种是普通意义上的放大呢？
什么是图形的放大与缩小？	自学课本回答问题。哪种是普通意义上的放大？ 结合图像判断，哪种是数学意义上的放大？ 观察放大后的长方形和原来的长方形，你发现了什么？	提问：什么才是数学意义上的放大呢？
放大和缩小前后，两个图形有什么关系？	按3：1的比画出长方形放大后的图形，再按1：2的比画出长方形缩小后的图形。 比较图上放大和缩小前后的图形，你有什么发现？	提问：按一定比放大和缩小前后两种图形有什么样的关系？
你会画三角形、平行四边形等放大后的图形吗？	把直角三角形按2：1的比放大，对应斜边有什么关系？ 你能把一个平行四边形按照2：1的比放大吗？	提问：其他平面图形按一定比放大后，所有对应边的比都是固定不变的吗？平行四边形按一定比放大该怎样画呢？

五、教学实录

（一）教学片段一：自我感知

驱动问题1：你会把图形放大吗？

锚基任务1：（出示画在方格纸上的图形）你能画出长方形放大后的图形吗？

师：（出示图 5-12①）你能在方格纸上画出这个长方形放大后的图形吗？

（学生独立画图，如图 5-12 中的②、③、④，全班交流。）

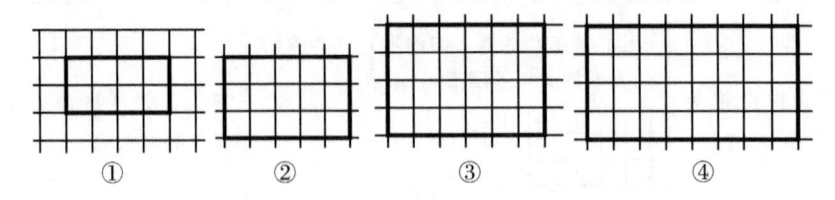

图 5-12 教学辅助图

师：都是放大，但图形的放大有两种意义上的放大，一是普通意义的放大就是面积变大，二是按比例放大。哪种是数学意义上的放大呢？

【点评】依据学生已有知识经验来自我尝试，任务驱动既调动兴趣又巧妙引发认知冲突，吸引继续探索。

（二）教学片段二：自主探索

驱动问题 2：什么是图形的放大与缩小？

锚基任务 2：自学课本回答问题。哪种是普通意义上的放大？结合图像判断，哪种是数学意义上的放大？观察放大后的长方形和原来的长方形，你发现了什么？

（教师出示图片，见图 5-13。）

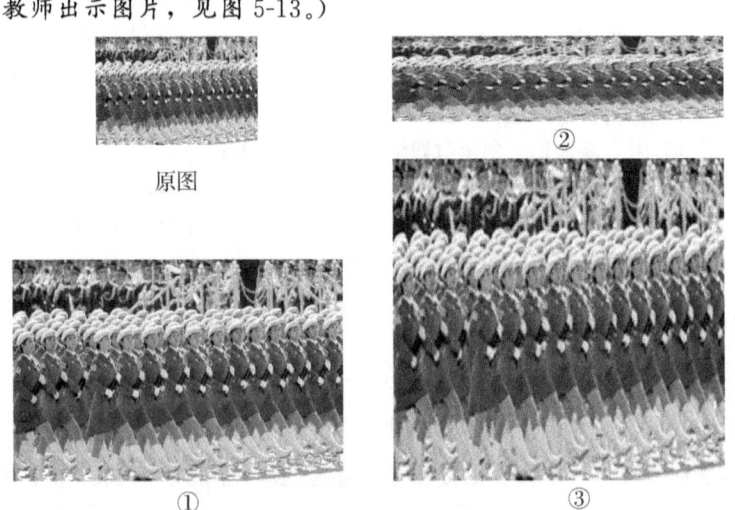

图 5-13 教学辅助图

师：哪幅图是原图放大后的图形？

生：第1幅。

师：现在有长度了（出示图5-14），现在你能发现放大后的图片与原来的图片有什么关系吗？

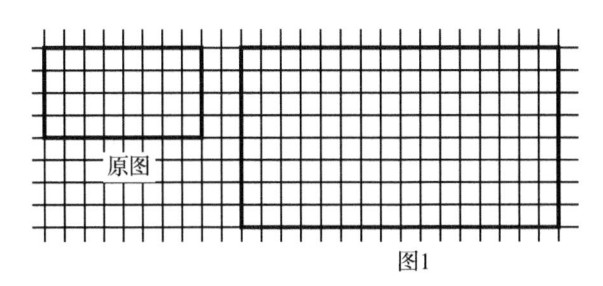

图1

图 5-14　教学辅助图

生1：原来长方形长8厘米、宽4厘米，现在长方形长16厘米，宽8厘米。长方形每条边都扩大了2倍。

生2：放大后的长方形和原来长方形的对应边长的比是2∶1。

师：我们就说把长方形按2∶1的比放大。[板书：2（之后）∶1（之前）]

师：图1是原图按2∶1的比放大的。若反过来由图1到原图，那么原来的长和宽和图1有什么关系呢？

生：图1的长和宽都是原图的2倍。

生：$8 \div 16 = \frac{1}{2}$，原图的长是图1的$\frac{1}{2}$。$4 \div 8 = \frac{1}{2}$，原图的长是图1的$\frac{1}{2}$。

师：我们就说原图是图1按1∶2的比缩小的。[板书：1（之后）∶2（之前）]

【点评】 先请学生自学课本初步感知，培养学生数学阅读。再呈现生活中的照片，让学生判断哪两幅图才是真正数学意义上的放大图形，进行感知。然后呈现在方格纸上，帮助学生获得图形放大的定量认识，从而得到理性认识。最后再反过来认识图形的缩小的含义。通过这样立足于学生经验的考察，来把握学习进阶的节点。

(三)教学片段三：理解本质

驱动问题3：放大和缩小前后，两个图形有什么关系？

锚基任务3：按3∶1的比画出长方形放大后的图形，再按1∶2的比画出长方形缩小后的图形。

比较图上放大和缩小前后的图形，你有什么发现？

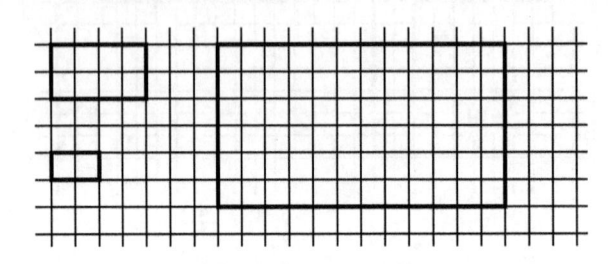

图 5-15　教学辅助图

师：比较上面放大和缩小前后的图形，你有什么发现？

生1：放大前后，两个长方形的长的比是12∶4，即3∶1，宽的比是6∶2，即3∶1，对应边的比值是一样的。

生2：缩小前后，两个长方形的长的比是2∶4，即1∶2，宽的比也是1∶2，对应边的比值是一样的。

生3：放大和缩小的两个长方形的长的比是12∶2，即6∶1，宽的比也是6∶1，对应边的比值是一样的。

师：能用一句话概括一下吗？

生：形状不变，面积变化。

【点评】一方面，通过操作巩固方法，丰富体验；另一方面，通过比较认识放大或缩小前后的图形的本质和内涵——形状不变，大小变化，初步感知比例的意义。

(四)教学片段四：拓展应用

驱动问题4：你会画三角形、平行四边形等放大后的图形吗？

锚基任务4：把直角三角形按2∶1的比放大，对应斜边有什么关系？你能把一个平行四边形按照2∶1的比放大吗？

试一试：按2∶1的比画出直角三角形放大后的图形。

(学生操作，全班交流是怎样画的。)

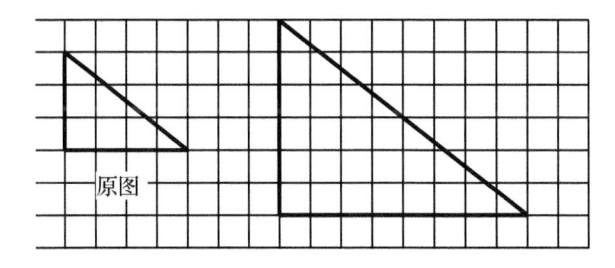

图 5-16　教学辅助图

生：把直角边放大 2 倍。

师：为什么没有画斜边？量一量放大后的直角三角形斜边的长和放大前斜边的长，有什么发现？

生：放大后斜边的长仍是原来斜边的 2 倍。

师：你还学过哪些平面图形，会进行放大和缩小吗？

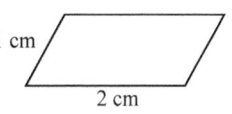

生：正方形、平行四边形等。

师：你能把一个平行四边形按照 2∶1 的比放大吗？（图 5-17）

图 5-17　教学辅助图

（学生独立思考操作，全班汇报交流，学生作业见图 5-18。）

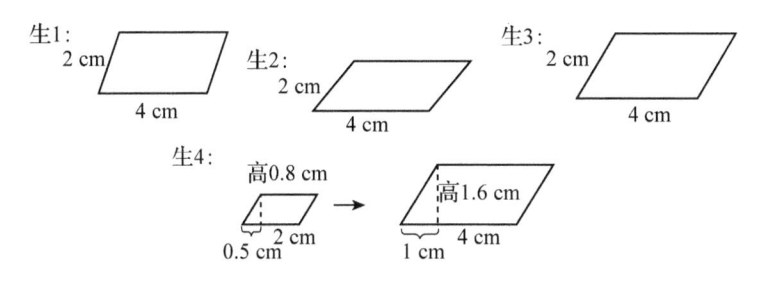

生1：   生2：   生3：

生4：

图 5-18　学生作品

师：哪种方法是正确的放大图形？

生：第 3 种、第 4 种。

【点评】通过画三角形、平行四边形放大后的图形，一方面，巩固画法，加深对图形的放大和按一定比放大前后两图形变化的特点的理解；另一方面，拓展思维，提高综合应用能力，进一步积累图形的运动经验发展空间观念。通过突破放大的特点这一节点，完成学习进阶。

六、教后反思

学生学习活动的实质是一种"尝试错误""解决认知冲突"的知识建构的过程,而教师的教学活动则是带领学生"由表及里""去伪存真"的过程。基于此,本节课以任务驱动方式引领,让学生深入课堂,以活动为主导,通过动手操作、合作交流等方式达到对图形的放大与缩小的由表及里、去伪存真的深刻认识,并初步体会图形相似变换的特点,为学生积累了图形运动的经验发展空间观念,为后面学习比例等有关知识奠定基础。

七、点评

基于对教材的分析和学生情况的调研,教师以"认知冲突—图形感知—量化认识—本质认识—拓展应用"为线索,以"做中学"为思想,注重操作、感受体验,让学生经历知识的产生发展过程,建构意义,发展空间观念。本节课的主要特色如下。

(一)定位核心知识、寻找连接纽带

学习进阶的对象应该是学科中的大概念学习,围绕大概念的认知发展过程构建基于学生认知发展的学习进阶。运动是一种基本的数学思想,是一个大概念,包括合同运动和相似运动。第一、第二学段的平移、旋转、轴对称图形等属于合同运动,第三学段学习图形的相似运动和位似运动,这就构成了图形运动的不同水平。认识图形的放大与缩小是对图形的相似运动的直接感知,就是图形运动知识的一个重要核心知识,是一个学习进阶的节点。另外,认识图形的放大与缩小,初步体会图形相似变换的特点,又是理解认识比例、比例的基本性质以及比例尺的基础,实现了"图形与几何"与"数与代数"不同内容的有机融合,起到了连接纽带的作用。

(二)学习起点尊重知识经验,学习进阶基于自主建构

先利用经验,巧设认知冲突。教学以"你能画出长方形放大后的图形吗?"这一问题引导学生进行活动。然后分三个层次进行。首先,根据具体的数量来认识图形的放大与缩小的含义。其次,让学生画出长方形放大和缩小后的图形,认识放大、缩小前后图形的关系,感受和发现放大、缩小前后两图形对应边的比的比值一定,即形状不变、大小变化。

最后，拓展应用，绘制稍复杂的平面图形放大后的图形。这样层层递进，学生在动手的操作活动中自主建构，完成学习进阶。

（三）注重操作、感受体验

从"画出长方形放大后的图形"到"在方格纸上把一个长方形按3∶1的比放大，再按1∶2的比缩小，然后让学生观察比较三幅图有什么关系"最后到"会画复杂平面图形的放大与缩小后的图形"，每一步都是通过操作，由表及里、由浅入深、去伪存真地逐步理解和认识图形的放大与缩小的意义及相关知识，学生学得生动、有效、深刻，情感态度与价值观得到充分体验。

用数对确定位置

南京市芳草园小学　张缅

一、教材分析

"用数对确定位置"是苏教版数学教材四年级下册第八单元的起始课，重点是初步理解数对的含义，学会用数对表示物体所在位置。在一年级上册已学过"用直线上的点描述数的顺序和大小关系"，这是对一维空间中点的描述。在六年级下册还将学习"用方向和距离确定位置"。本课的学习是第一学段内容的发展，同时也是学生第三学段学习直角坐标系的基础。

本课核心是让学生感知"列"与"行"是确定位置时的两个重要元素，能用"列"和"行"来描述平面中的某个物体的具体位置。教材从生活场景入手，激发学生从自身经验出发完成数学知识的建构。但这样的学习素材会导致学习过程更多的是基于事实的描述，落在模型的归纳和模仿上。这对激发学生的创新思维，发展学生的探究能力，略显不足。基于这样的思考，我在教学中会对原例题做了改编，力求创设一个富有挑战的综合性问题情境，实现从一维空间中点的位置描述向二维空间中点的位置确定的自然突破，引发学生真探究，让学习真发生。

二、学情分析

学生已经学过了前、后、上、下、左、右及东、南、西、北等表示物体位置的知识，在日常生活中又积累了用类似"第几排第几个"的方式描述物体所在位置的经验。他们对本课的学习是将生活经验上升到用抽象的数对来表示位置。但学生对于先列后行的规定缺乏生动体会，往往用机械记忆来学习先列后行。因此，在学习"用数对确定位置"起始课时，学生应该主动尝试"创造"平面直角坐标系（第一象限雏形），感悟数对中列数、行数与坐标中横轴纵轴数据的对应关系，通过数形结合形成表象。这样做，他们对数对的记忆就不会那么空洞和机械了。

因此，本节课的学习路径如下。第一，用数轴上的点描述一维空间中的任意位置；第二，自主建构直角坐标系中的点描述二维空间的位置；第三，明晰二维描述的核心要素，建立有序数对与平面上任意点的对应关系。

三、教学目标

基于上述对本课教材的认真研读以及对学生学情的客观分析，本节课教学目标设定如下。

第一，体会用两个数确定物体在平面中的位置的必要性，探索确定平面中物体位置的方法。

第二，理解数对的含义，能用数对表示物体的位置，体验用数对确定位置的必要性和简洁性，渗透坐标思想，发展空间观念。

第三，使学生体验用数对确定位置在生活中的应用，培养用数学眼光观察生活的意识。

四、学习历程简案

驱动问题	锚基任务	诊断性评价
怎样确定光头强在森林小道上的位置？	森林小道 ↓ 0　1　2　3　4　5　6　7 根据提示，在学历案上用你喜欢的方式画出光头强的位置。	提问：你能借助森林中的物体准确描述光头强的位置吗？ 小结：只要他沿着森林小道跑，就能用一个数来表示他的位置。

驱动问题	锚基任务	诊断性评价
怎样确定光头强在密林深处的位置？	![数轴 0-7，3处有点] 小组合作，研究光头强在密林深处的准确位置。想办法确定光头强准确的位置。（可以量一量、画一画、标一标。）用有序数对表示平面上点的位置。	交流：分别说说你们是怎么想的。 小结：一个数无法表示此时位置，要两个数。 提问：观察（3，2）、（2，3）这两个数对，你有什么想说的？ 追问：规定数对的次序有道理吗？
平面上的任意点都能用数对表示吗？	①感悟确定二维空间中点的位置和一维空间中点的位置的不同。 ②体会在现有网格图外部和单位小格内部的点也能用数对表示。	提问：你认为确定光头强在密林深处中的位置和森林小道上的位置有什么不同。 提问：他要跑到（8，3）的位置，你能找到吗？ 追问：要是跑到网格内部了呢？

五、教学实录

（一）教学片段一：情境导入，激活创造思维

驱动问题1：怎样确定光头强在森林小道上的位置？

师：（视频）在一片大森林里，可恶的光头强又开始乱砍滥伐了，大家来一起找到光头强在哪里吧。

锚基任务1：根据提示，在学历案上用你喜欢的方式画出光头强的位置。

师：这次大家怎么找的地方不一样呢？

生：因为描述得不清楚。

师：那你能清楚地说出光头强的位置吗？可借助森林里的物体。

生1：最左边（图5-19）。

生2：在第二根电线杆旁。

生3：在第六根电线杆旁。要明确方向。

师：两人说的都可以，在一条线上按习惯从左往右数。光头强现在的位置我们用6来表示。(板书：6)

(光头强分别出现在森林小道最左边、4和5之间、3的位置，师生互动。)

(板书：0、4.5、3)

师：(小结)光头强只要沿着森林小道跑，就能用一个数来表示他的位置。

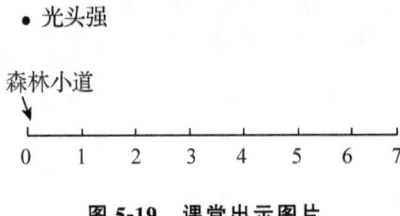

图 5-19　课堂出示图片

【点评】创设游戏情境，设置挑战性元素，激发学生的参与欲。回顾了一维空间中的点可以用数轴描述位置的方法表示，明确直线上的任意一点都有唯一的一个数与它对应，为描述二维空间中点的位置打下基础。

师：狡猾的光头强在森林小道无路可逃，他一头扎进了密林深处。

师：看，光头强出现了。他现在的位置谁能确定（图 5-20）?

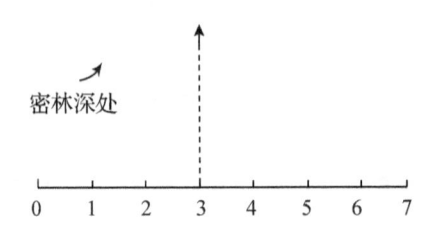

图 5-20　课堂出示图片

生1：3 的前面。

生2：3 的正前方。

师：警察凭这样的线索能准确地找到光头强吗?

生：不行。3 的正前方有一条线（图 5-20）。

师：(小结)同学们的答案不一致，这说明信息不全面，确定的位置不准确。

【点评】从确定直线上的点的位置到确定平面上点的位置，学生发现用原有方法描述的信息是模糊的，于是形成认知冲突，推动他们去寻求新的方法。他们的思维水平参差不齐，有的停留在一维水平，有的已经在二维空间考虑这个问题，但都在不同程度地提高自己原先对位置表示的理解，优化自身的知识结构。

(二) **教学片段二：尝试自主建构数学知识**

驱动问题 2：怎样确定光头强在密林深处的位置？

锚基任务 2：小组合作，研究光头强在密林深处的准确位置。想办法确定光头强准确的位置。（可以量一量、画一画、标一标。）用有序的数对表示平面上点的位置。

师：光头强在密林深处的位置怎样准确地描述呢？

（小组合作，展示交流。）

生 1：我量了圆点到森林小道的距离是 2 cm。

生 2：我在森林的左边标上了数字。从光头强现在的位置对着横轴和竖轴上相应的数字画横线与竖线，这样看得更清楚（图 5-21）。要是光头强跑到很多地方，用这样的方法都能很快找到，在图上会形成格子。

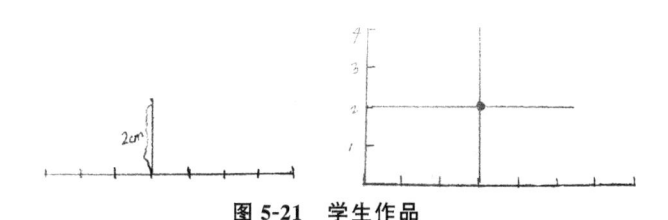

图 5-21　学生作品

生 3：我不仅画了竖的线，还画了横的线，标上刻度（图 5-21）。这样看起来就更方便了。

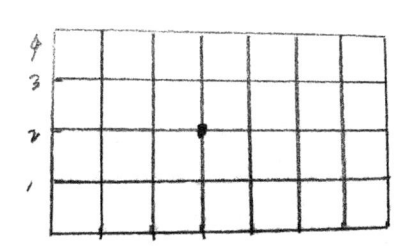

图 5-22　学生作品

师：（小结）大家的方法各不相同，但都找到了光头强的准确位置。

［揭示数对（3，2）含义，并出现数对（2，3）与之对比，明确数学有序的意义。］

【点评】创设一个开放性问题，学生自主探索，想办法确定二维空间中点的位置。有序组织学生阐述自己的想法，在争辩中反思、优化方案，在有层次的展示交流中，逐步生成平面直角坐标系（第一象限雏形）。

（三）教学片段三：建立有序数对与平面上任意点的对应关系

驱动问题 3：平面上的任意点都能用数对表示吗？

锚基任务 3：①感悟确定二维空间中点的位置和一维空间中点的位置的不同。

师：（回顾刚才的研究过程）确定光头强在密林深处的位置和森林小道上的位置有什么不同？

生：森林小道在一条线上，用一个数确定位置；密林深处是一个面，要用两个数确定位置。

锚基任务 3：②体会在现有网格图外部和单位小格内部的点也能用数对表示。

师：（出示图 5-23）那要是他跑到（8，3）呢？

师：要是在格线的中间，怎么确定位置？

生 1：把格子画得再密一点。

生 2：用两个小数也能表示位置。

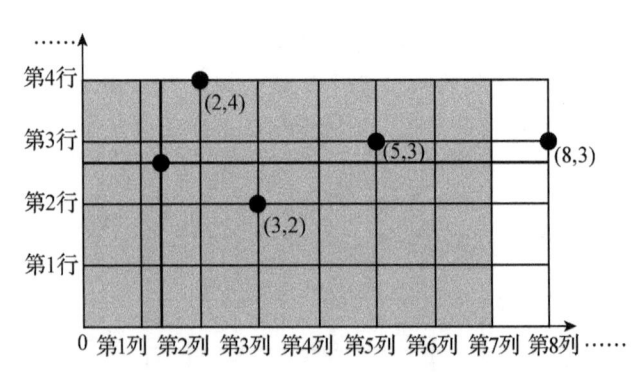

图 5-23　课堂出示图

【点评】通过活动厘清在一维空间与二维空间确定点的位置的本质。

进一步明确确定二维空间中点的位置的核心要素是"列"和"行"两个信息的有序组合。请学生探究网格外部和网线内部点的位置，感悟平面内任意一点的位置都能用有序数对来确定，使其创造性思维得到发展。

六、教师反思

"用数对确定位置"这节课的设计不应偏重知识的模仿训练，而要有学生的体验、感悟和主动创造。教学中先创设了学生喜爱的抓捕光头强的情境，光头强逃跑的区域主要有两处：森林小道（一维空间）和密林深处（二维空间）。从森林小道上点的位置到密林深处点的位置，原有的方法显然不能解决问题，需要实现由一维空间到二维空间的突破，创造出新的方法。这对学生而言是一个触及数学知识本质的真问题，这正是本课学习进阶的节点。这时再创设一个探索性的大问题，让学生自主探究确定二维空间中点的位置的方法。由于学生认知起点、思维水平有差异，他们会形成不同层次的思考过程。学生在交流和理解的过程中不断碰撞，逐步形成直角坐标系的雏形，从而实现学习的进阶。

七、点评

（一）鲜活的游戏情境，激活学生的思考状态

以游戏活动为载体，创设抓捕光头强游戏情境。森林小道（一维）和密林深处（二维）是主要活动场景。一维空间中听语音播报画出光头强位置，二维空间中自主探究设计方法寻找光头强位置。游戏本身就是学生喜欢的学习活动，其间又不失挑战性元素，巧妙地引导学生积极投入数学思考，使学生主动从原有知识经验中生长新的知识经验，在轻松的游戏中不断进阶，让学生的数学学习化于无痕。

（二）制造认知冲突，自主建构直角坐标系

密林深处（二维）的点的位置如何确定？学生凭森林小道（一维）的点的位置的描述经验展开描述，发现不准确，这时因势利导让学生自主设计方案，想办法确定平面上点的位置。这是本课最精彩的环节，抓准了进阶的节点。制造认知冲突，让不同学习水平的学生都自主经历探索，他们的作品代表着不同层次的思考过程，记录了他们真实的探究过程。学生互相学习、评价，有争论、有完善，在思维碰撞中通过集体智慧实现确定位置从一维到二维的飞跃，逐步创造出平面直角坐标系（第一象限雏形）。学

生突破节点，从而完成思维的转折以及更深层的知识建构。

（三）从"数"到"数对"到"有序数对"，学生思维不断进阶

第一层，学生在用数轴上的数来确定一维空间中点的位置时，产生给电线杆编号的需求，明确用一个数确定位置；第二层，密林深处（二维）的点的位置用刚才的经验无法准确描述，刺激他们创造新办法；第三层，学生理解数对（3，2）后巧妙呈现数对（2，3），在对比中明确数对中两个数的含义，体会数对有序性的价值。三阶段层层递进，不断促进学生思考，逐步完成学习的进阶和思维的发展。

"算 24 点"案例分析

南京晓庄学院附属小学　孙婷婷

一、教材分析

"算 24 点"编排在苏教版小学数学教材三年级下册中。实际上这一内容早先出现在二年级上册第六单元"表内乘法和表内除法"，是供学生在学完 1～9 的乘法口诀后巩固拓展口算能力的一种数学活动。本节课能培养学生的规则意识和策略意识，同时提高学生的口算能力，那教学重点应落在哪里呢？我认为重点应放在设计多层次的数学活动中，鼓励学生在算 24 点的过程中交流、活动、表达、总结。

《义务教育数学课程标准（2011 年版）》在"综合与实践"领域部分指出："'综合与实践'是以一类问题为载体，学生主动参与的学习活动，是帮助学生积累数学活动经验的重要途径"。这就决定了"算 24 点"是课非课、非课即课的属性。因此，想要上好"算 24 点"，教师首先要提高自己的教学认识。教师是活动的引导者，每个环节的教学设计都要贴合学生的认知进阶。

"算 24 点"的游戏规则可以概括为以下两点。第一，选择一定的牌数，通过运算得到结果为 24，且每个数只能用一次；第二，学生理解游戏规则，在"不犯规"的情况下尽可能去算 24 点。

二、学情分析

我认为学生的学习是将原有的经验或加工或改造或升华，最终内化为学生自己的经验并储存的过程。根据二年级学生的年龄特点，创设符合学生认知的进阶，这跟引领学生一层一层地爬楼梯是一个道理。每一层都在为向上一层打基础，每一层都顺其自然，这个过程是我理解的"学习的进阶"。每次进阶都是为学生满怀愉悦地向上"爬楼梯"服务的。因此，在本节课的教学中，我引入了"学历案"这一帮手，帮助学生实现算 24 点的进阶。如何设计出符合学生已有认知经验，并能顺其自然地"丰富"学生的认知，以完善学生自我认知进阶，成为我的学历案的重点。

因此，本节课的学习路径如下。一是两张牌算 24 点，初步感知算 24 点的经验；二是三张牌算 24 点，探索感受经验转化，完成知识的迁移；三是四张牌算 24 点，学生多种路径算 24 点，形成策略意识。

三、教学目标

第一，掌握算 24 点的基本方法，并在游戏中巩固表内乘除法的相关运算。

第二，在探索算 24 点的过程中，感知技巧，逐步运用，最后形成策略意识，初步完成学习进阶。

第三，初步培养合作精神和创新意识，激发学生竞赛兴趣。

四、学习历程简案

驱动问题	锚基任务	诊断性评价
你能用两张牌凑出 24 吗？	①你能拿出一张牌和我凑成 24 吗？（出示 4、8） ②为什么是 6（3）？（四六二十四、三八二十四）	同桌互相选一张牌凑出 24，全班展示交流算 24 的技巧。
三张牌怎样算 24 点？	出示"2、3、4"，讨论：你可以怎样算出 24？	学生自主抽三张牌，并列式计算。
再多一张牌算 24 点，你敢挑战吗？	同样的游戏规则，你敢挑战四张牌吗？（出示 1、2、8、5）	自己选择一组，在学历案上算算看。（教师巡视课堂，寻找学生板演）
冠军大比拼	四人一组，每个人从自己的扑克牌中任意拿出一张，谁第一个算出 24，谁就获胜。	学生活动，教师参与，奖励每组游戏获胜者。

五、教学实录

（一）教学片段一：了解游戏规则，创设两张牌算 24 点游戏情境

驱动问题 1：你能用两张牌凑出 24 吗？

活动开始前，学生把"J、K、Q、王"去除掉。第一进阶环节设计为：两张牌凑 24，放手让学生自己去选择牌，在选牌的过程中学生会逐渐感受到哪两张牌在一起可以得到 24，为挑战三张牌铺垫。

锚基任务 1：①你能拿出一张牌和我凑成 24 吗？（出示 4、8）

师：你们想用扑克牌跟孙老师做游戏吗？

（出示课件"幸运对对碰——碰出 24"）

师：你能拿出一张牌和我凑成 24 吗？（出示 4、8）

锚基任务 1：②为什么是 6（3）？（四六二十四、三八二十四）

（同桌合作，每人选择一张牌互相凑出 24，然后上台展示交流。）

师：你会算"24 点"吗？谁能来给我们介绍下游戏规则？（结合学生的介绍，教师出示课件游戏规则介绍。）

师：这个游戏规则你有什么需要提醒大家要注意的？

生：每张牌只能算一次。

（二）教学片段二：搭建支架，完成学生算法策略的初进阶

驱动问题 2：三张牌怎样算 24 点？

教师示范抽三张牌（7、6、3）（板书）。

师：谁能算出 24？（怎么想到的？）

（学生说，教师板书算式。）

锚基任务 2：出示"2、3、4"，讨论：你可以怎样算出 24？

教师出示其他两组扑克牌，学生自主完成算 24 点。指名学生投影展示不同算法。

学生自主抽三张牌，并列式计算。

指名学生汇报。

师：任意 3 张牌都可以算出 24 吗？在计算三张牌算 24 的过程中，你有什么技巧想要跟大家分享？

师（总结）：我们在算 24 点时可以根据乘法口诀找；当一种方法行不通时，可以换其他加减乘除混合计算。

(三)教学片段三：四张牌算一算，内化算 24 点的策略意识

驱动问题 3：再多一张牌算 24 点，你敢挑战吗？

出示 A、2、8 三张牌。指名学生口答计算过程。

锚基任务 3：同样的游戏规则，你敢挑战四张牌吗？（出示 1、2、8、5）

师：再增加一张牌（四张牌：A、2、8、5），你敢挑战吗？

师：先自己在学历案上算一算，同桌交流。

（教师巡视，寻找代表性学生板演）

师：你是怎么想的？分几步计算出来的？比较这几种算法，你发现它们有什么相同的地方吗？

（学生练一练。）

师：你能用这三组扑克牌上的数算得 24 吗？自己选择一组，在学历案上算算看。（教师巡视课堂，寻找学生板演）

教师鼓励学生用多种想法算 24 点。

(四)教学片段四：激发学生热情，自主完成策略意识进阶

驱动问题 4：冠军大比拼。

锚基任务 4：四人一组，每个人从自己的扑克牌中任意拿出一张，谁第一个算出 24，谁就获胜。

竞赛游戏：学生小组活动，教师参与，奖励每组游戏获胜者。

（教师板书"获胜思路图"—算 24 点）

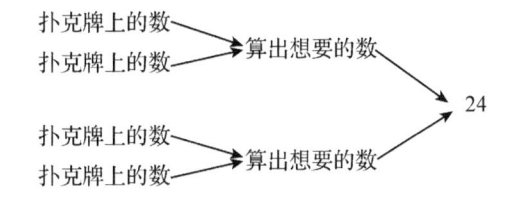

图 5-24　算 24 点

六、教师反思

在二年级上学期玩算 24 点可以说是一个挑战，学生虽然有乘法口诀和运算基础，但在活动中直接拿牌算 24，学生是混乱的，需要多次尝试。而多次尝试不成功的学生，学习积极性会被打压。因此，运用学历案，以学生视角设计完成学习的进阶路径就显得难能可贵。通过学历案，学生实现自我的进阶，在这一次次的进阶中，学生得到了自我发展，能力也得到了提高。整个进阶过程极大地调动了学生的积极性，学生将获得的新认知策略加以运用，感受到学习的价值，对后续的学习有着较大的内在驱动作用。

七、点评

基于对教材的分析和学生情况调研，本着巩固表内乘除法口诀的宗旨，在游戏中形成策略意识，达到进阶。回顾整个进阶过程，有以下几点值得总结。

首先，把握学生起点，在原有认知基础上展开教学。学生在已经完成表内乘除法的基础上运用运算规则，开展算 24 点的活动，用两张牌算 24 点正是学生算 24 点的原有认知基础。

其次，自主探索三张牌算 24 点和四张牌算 24 点，在探索交流展示中，学生自主完成策略意识的进阶。

最后，本节课以学历案为抓手，以学生自主学习为主，充分发动学生的主体性，学生自主探索，自主总结经验，层层进阶，自主完成知识迁移进阶，长此以往，学生的能力将得到极大的提升。

第六章　教学对话

【每章主旨】

"对"是应答、回答的意思。考察甲骨文的字形，对字的右边是手拿着树苗，本义与封字意思一致，就是在封地的边界上植树以示标志，有疆土分界的意味，包括了区别、对立等意思。结合对话在西方哲学中的作用，对话最初更接近"辩论"，即相互对立的思想在语言上的交锋。但是进入现代，对话的意义已经不再是语言的交锋，而是意义的交换与自我主体的建构过程，对话已经从对立与冲突转向倾听与悦纳。在教学中我们也倡导表达、倾听和悦纳，在对话中建构自己的意义。

【理论基础】

杜威认为，"学习的经验不仅是主体与环境的相互作用，而且是同客体对话、同他人对话、同自身对话的沟通的重叠性交互作用的经验"。在杜威看来，没有对话沟通，就没有真正意义上的教育。在课堂教学中，教师利用好教学对话可以有效促成教学目标的实现。那么，什么是教学对话？教学对话具体有什么作用？教师应如何开展教学对话？这些问题将在本章的理论基础、典型案例分析、话题讨论和教师行动研究中做出回答。

教学对话：发展思维的有效途径

北京市通州区潞河中学附属学校　　黎英杰　宋秋红　田志华

《义务教育数学课程标准（2011年版）》明确指出，数学教学是数学活动的教学，是师生之间交往互动与共同发展的过程。有效的数学学习不能只靠教师或学生唱独角戏，它需要借助教学对话来发展思维，帮助学生会用数学的思维发现问题、提出问题、分析问题和解决问题。教师要引导学生参与教学对话，鼓励学生在提问、质疑、肯定、批判中实现心灵的碰撞。

一、什么是教学对话

日本东京大学教授、日本教育学会前会长佐藤学认为，学习是相遇与对话，是与客观世界对话（文化性实践）、与他人对话（社会性实践）、与自我对话（反思性实践）的三位一体的活动。我们可以将其理解为人与物的对话（学习知识），人与他人的对话（师生对话、生生对话），人与自己的对话（自我反思）。

教学对话强调倾听。儿童本身是爱表达的，但他们的心灵又是敏感的、脆弱的，保护他们的心灵首先需要倾听他们内心的声音。倾听意味着用开放的心去包容、去接受、去尊重，这无疑会营造出一种温暖的、平静的、和美的氛围，让每一个人在其中感到安心与幸福。在佐藤学看来，越会倾听的学生，越会学习。

同时教学对话强调互动。世界上没有相同的两片树叶，教室里没有相同的两个脑袋。正是由于这种差异的存在，所以个体与个体之间的生活经验、知识基础、思维方式、个性特征有所不同，从而产生了互动的需要，学习也因此而发生。这也与维果茨基的观点不谋而合，他认为：一切高级的思维方式，都是通过社会互动形成的。教学对话正是利用了个体之间的差异性，通过互动来促进学生知识、技能和情感学习的。

值得一提的是，教学对话并不等同于日常生活中的对话。日常对话或许是随意的、无目的的，但教学对话一定是有意的、有目的的。教学中，只有真正触碰心灵需要的、使对话双方都有所收益的对话才是"教学对话"。

二、教学对话何以发展思维

教学对话包括学生和数学知识的对话、学生和自己对话的过程、学生和他人的对话三个方面。这三个方面都对发展学生的数学思维发挥着重要作用。

学生学习和应用数学概念的过程,以及观察、实验和操作等行为,都可以看作学生和数学知识的对话。建构主义认为:"数学知识并非绝对真理,即不是对现实世界的纯粹客观的反映,它不过是对客观世界的一种解释,一种较为可靠的假设,并将随着人们认识程度的深入而不断地变革、升华和改写,直至出现新的解释和假设。"数学知识是人脑思维的产物,人与知识对话的过程其实就是思维发展的过程。在这过程中学生不断地获得、丰富和建构自己的数学知识体系,同时也从具体形象思维,逐步过渡到抽象逻辑思维。

反思自己习得的数学知识和技能、数学思想方法、学习策略、学习态度等,是学生在数学学习中和自己对话的过程。经过多次的反复思考和自我调整,学生能够获得更牢固的数学记忆、更深刻的数学理解、更精确的数学语言、更恰当的数学方法和更持久的数学学习动力,同时,数学思维也会变得更加深刻和灵活。小学生不容易自己养成自我反思的习惯,所以需要教师的引导,在教师的提问和追问中,重新审视自己的观念和做法,发现其中的问题并自行改正。

学生和他人的对话包括学生和同伴对话以及学生和教师的对话,这也是我们在课堂中常见的。学生和他人的对话十分重要。一方面,它可以发掘个体间不同的思维水平,为思维的碰撞提供机会。正所谓"理越辩越明",不同思维水平之间的对话可以让学生更深入地思考,挖掘数学知识背后的意义。另一方面,它可以发展学生的交流与表达能力,提高学生的论证推理能力。

三、教学对话如何发展思维

(一)创设情境,激发思维

情境越有趣味性、探索性,就越能激发学生的思维。教师需要结合学生的生活经验,设置具有趣味性、探索性的问题情境,实现师生间的互动对话。

在"解决连续比较的实际问题"教学中,教师创设了"猜老师手里的扑克牌张数"的问题情境。教师手里拿着一把扑克牌说道:"今天我们先做个游戏,猜猜老师手里拿了多少张黑桃?"学生猜测一段时间后,教师问:"这样能确定老师手里黑桃的张数吗?"学生回答不能。教师继续引导,"现在老师给你条件,红桃有 6 张,你能猜黑桃的张数吗?"学生答道:"还不能,因为黑桃和红桃的张数还是没关系。"这时,教师敏锐地捕捉到了学生的思维,并利用学生的想法提问"你能给出一个条件让大家算出黑桃的张数吗?""黑桃比红桃多 6 张"。在上述对话中,教师创设了有趣的"猜一猜"情境吸引学生参与讨论,激发了学生的积极思考,让学生建立了条件和信息之间的联系。

(二)层层深入,延续思维

思维的闸门一旦打开,会有很多精彩的生成喷薄而出。一节精彩的数学课,应该允许学生的思维得到延续,这就需要教师在对话中层层深入,引导学生持续思考。

在学生利用红桃数量算出黑桃的数量后,教师又提出新的问题,"还是求黑桃的张数,红桃有 6 张,黑桃比方片少 5 张,能求出黑桃有多少张吗?"学生回答:"不能,因为不知道方片的张数。红桃的张数和黑桃的张数没关系,不能求出方片的张数。"这说明学生能在多个条件中辨析有效条件和无效条件。在此基础上,教师继续提问,以引出学生更复杂的思维。"老师再给一个条件。方片比红桃多 7 张。能求黑桃的张数吗?"学生思考了一阵后,由方片比红桃多 7 张,算出了方片有 13 张,再根据黑桃比方片少 5 张,算出黑桃有 8 张。之后,学生在教师引导下总结此问题中最关键的量:"方片的张数最重要,因为红桃的张数和方片的张数有关系,黑桃的张数也和方片的张数有关系。它就像一座桥,把红桃和黑桃的张数联系了起来。"如果教师一开始直接引入方片,可能会超出学生的能力,但利用这种层层深入的提问方式,由浅入深,让学生得以在思维的延续中解决问题。

(三)多向对话,拓展思维

集体思维能克服个体思维的局限性,利用多向对话,可以拓展学生的思维。在多向对话中,每个学生都可看作一个"对话源",全班同学形成"对话流"。首先让学生独立思考，然后再小组合作，形成组内一致的意见，最后展示小组合作成果、全班分享。小组汇报时，其他同学先认真倾听，再提出自己的观点，或质疑，或补充，或评价。在这样的活动中，教师既参与小组的对话，又参与全班的对话。学生既和自己对话，又和教师、同伴进行了多重对话，在倾听、思考、交流中解决问题，拓展了思维。

在解决认识分数的核心问题"平均分"时，教师让学生辨析："把一块月饼分成两份，每份是二分之一。"学生自己动手折一折后，有人同意，有人反对。教师让赞成的站一队，不赞成的站另一队。赞成的学生把纸片平均分成了两份，然后举给另一队看，"我们这样分的，你们有问题吗？"另一队则没有将纸片平均分，说"你看看，按照题意这样分也成，这一小半哪里是二分之一呀？"于是，原先赞成的一队深刻认识到了平均分对于分数的重要性，平均分这个前提在他们心里扎根了。

四、总结

学生学习的本质不是靠教师的教，而是靠自己的学。教学对话调动了学生的主动性，为学生学习的主体性地位提供了保障。思维的发展是数学学习的核心目标，教学对话为学生的思维发展提供了一种途径：在问题情境中激发，在对话深入中延续，在多向对话中拓展，由浅入深，由点及面，最终实现"立体式"发展。教师要发挥教学的主导作用，为学生创设良好的对话机会，让学生在与知识对话、与自己对话、与他人对话中不断积累经验，发展能力，养成品格。

【典型案例分析】

认识平均数案例分析

北京市海淀区中关村第三小学　刘建昕

从数感发展而言，平均数是学生对虚拟数的第一次理解。因此，如何让小学生理解平均数这一概念十分值得研究。教学中容易出现以下误区：误把平均数问题当作典型应用题；误把平均数当作平均分的结果；误把公平性当作平均数的意义。

一、教材分析

"统计与概率"是小学数学重要的学习内容。随着对"统计与概率"教学的不断探索和实践，教师逐渐认识到对于这个领域而言，单纯学习画统计图、求平均数等技能是远远不够的。《义务教育数学课程标准（2011年版）》将"数据分析观念"作为核心词，可见培养学生的数据分析观念将成为"统计与概率"领域的重要目标。

北师大版数学教材把平均数放在了统计与概率的领域，强调平均数作为统计量的意义，而非简单的计算，这种编排体现了平均数在统计学中的意义。平均数回归到统计与概率的领域后，教材的呈现方式也发生了变化，以下是两版教材中平均数这一课的安排。

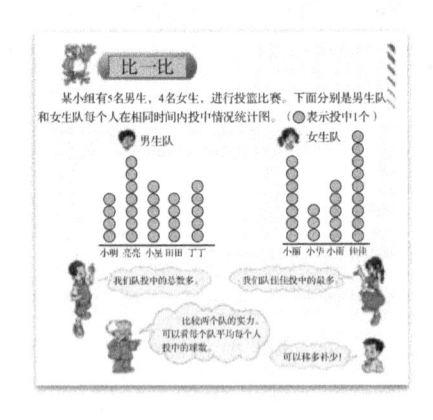

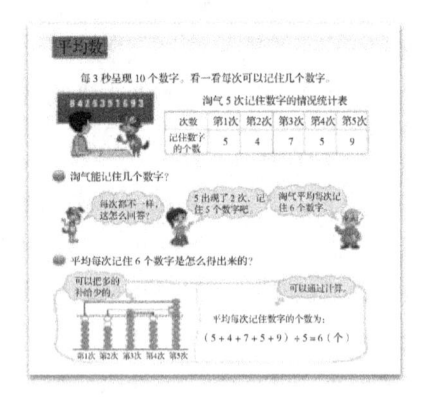

图 6-1　北师大第三版数学教材　　图 6-2　北师大第四版数学教材

相较于北师大第三版数学教材，北师大第四版数学教材关于平均数的内容有两点突出的变化。一是突出平均数的统计意义。北师大第三版数学教材中，有"男生队投中数量"和"女生队投中数量"两组数据，由于两组人数不同，所以不能通过简单比较投球总数来判断男生和女生的投篮成绩，这就需要用平均数来解决。而北师大第四版数学教材中只有"淘气记住数字情况"这一组数据，这种情况同样需要一个量来表示数据的整体水平，于是有了平均数。也就是说，对同一件事情收集一组数据，每次收集到的数据可能不同，但依旧可以找到一个数代表这组数据的整体水平，这就突出了平均数的统计意义而非计算结果。历史上，最早用平均数思想的，就是用一根树枝的树叶和果实数目代表一棵树其他树枝的树叶和果实数目，这也是利用了平均数的统计属性。二是从突出平均数的统计意义，到允许多种统计量并存。在北师大第三版数学教材的情境中，强调用平均数来解决问题。北师大第四版数学教材则不一样，在这个情境中，学生可以充分讨论，比较极大值、极小值、众数、平均数哪个更合适。把平均数放到众多统计量中去比较，更利于学生理解平均数相较于其他统计量而言，其自身的特点是什么。以往我们的教学中关注平均数的算法和移多补少的操作，忽略了平均数的实质。而现在，平均数属于"统计与概率"领域的重要概念，我们要让学生感受到：平均数表示一组数据的整体水平，具有代表性，同时它受每个数据的影响，大小位于一组数据的极大值和极小值之间；平均数比其他统计量更能表示一组数据的集中情况；在教学中还需要帮助学生理解平均数是我们为了解决问题创造出来的，不一定是真实存在的某个数据，它具有虚拟性，这对学生来说也是一个困难点。

二、学情分析

在上课前，我设置了三个问题来调查学生的数据分析观念。

问题1：学校要举办魔方大赛，并奖励表现优秀的学生。每个学生喜欢的奖品可能不一样，老师应该买什么呢？这个问题怎么解决？

调研目的：学生对生活中的实际问题是否具有先调查收集数据，再进行数据分析解决问题的意识。

调研结果：学生的选择可以分为三类（表6-1）。

表6-1　学生作品

维度	学生作品代表	百分比
无统计意识，依据自己的喜好选择购买的奖品种类	答：可以买学习用品，魔方。	67.7%
具有初步统计意识，考虑到别人的需求但无统计方案	答：我觉得应该问问同学，想买什么的数量多就买什么。	27.3%

续表

维度	学生作品代表	百分比
较有统计意识,并意识到统计的必要性	问选手们喜欢什么,统计出数量比较哪种奖品喜欢的多就选那种可以发纸调查一下	5.0%

《义务教育数学课程标准(2011年版)》中的核心词汇"数据分析观念"指出:在现实生活中有许多问题应当先做调查研究,收集数据,通过分析做出判断,体会数据中蕴含着的信息。从数据中我们可以发现,有67.7%的学生没有统计意识,27.3%的学生具有初步的统计意识,只有5.0%的学生较有较好的统计意识。学生虽然在一、二年级初步接触过统计知识,但是学生在利用统计解决生活中的实际问题这方面还较为欠缺。

问题2:篮球比赛中,甲乙两个人在小组赛中的得分情况统计表如表6-2所示。如果你是教练,决赛中你会派谁上场?说明你的理由。

表6-2 得分情况

	第一场	第二场	第三场	第四场
甲	7	13	12	12
乙	9	11	13	7

调研目的:在两组数据中个数相同的情况下,学生进行比较的策略情况。

调研结果:在场次数量相同,即两组数据的个数相同的情况下,93%的学生有对数据进行分析的意识,其中70.7%的学生能够选择正确的策略解决问题。7%的学生不能根据数据进行分析和判断,只是从情感的角度进行分析和比较。从测试结果中我们还看出,虽然有些学生已经掌握了平均数的算法,但是在解决实际问题的时候,未能应用平均数来解决问题,原因是学生对平均数的理解只停留在算法层面,没有理解平均数的统计意义。

问题3:丙运动员的得分情况如表6-3所示。如果你是教练,从甲、乙、丙三个运动员中选择，你会派谁上场呢？说明你的理由。

表 6-3　得分情况

	第一场	第二场	第三场	第四场
丙	—	11	12	13

调研目的：在两组数据个数不相同的情况下，学生进行比较的策略情况。

调研结果：学生的答题统计如表 6-4 所示。

表 6-4　"派谁上场"调研结果

维度	理由	百分比
策略正确	丙的平均成绩高于甲、乙	10.1%
策略有价值，但不适用于本题	丙三次的总成绩比甲、乙三次的成绩都高	5.0%
	丙的成绩相对稳定	17.2%
策略错误	总计总分决定选甲：44＞40＞36	45.4%
	其他（丙不重视比赛、无理由、锻炼丙）	21.2%
	无想法	1.1%

在各组数据数量不相同的情况下，有 10.1% 的学生能够依据平均数进行判断，但是也有 22.2% 的学生选用策略有价值，但不适用于题目的方法分析。《义务教育数学课程标准（2011 年版）》中的核心素养"数据分析观念"指出：对于数据可以有多种分析方法的情况，需要根据问题的背景选择合适的方法。因此，教师应肯定学生这样的方法，并适时鼓励。多数学生不能够采用正确的策略解决问题，因此在教学过程中应注重对统计方法的渗透。

从三个问题的调研结果来看，大部分学生已经具有初步的统计知识和分析数据的能力，但是只停留在用一种统计量或两种统计量（极大值、极小值或差）来描述和分析，缺乏对一组数据整体状况进行分析与描述的能力。大部分学生并不理解平均数是"一组数据整体水平的代表"，因此也就不理解可以用虚拟数代表一组数据。

因此，我把正确理解平均数的意义作为本节课的难点。

三、教学设计

(一) 重设情境，培养调查意识

师：老师遇到一个问题，我采取了很多节水措施，可是还是不了解我家的用水量在小区里是偏低还是偏高。有什么好办法能帮助我解决这个问题吗？

生1：我觉得是偏低的，因为您使用了节水的马桶，冲一次厕所就能节约很多水。

师：感谢你肯定了老师的节水办法，但是只有我一家用节水马桶吗？

生2：可以看水表，能了解自己家的用水量。

师：了解自己家的用水量很重要，可是我家用水量在小区里是偏低还是偏高呢？

生3：我认为您应该统计一下，统计一下邻居的用水量是多少，然后找标准，看和用水少的人家比，还是和用水多的人家比。

师：小姑娘真了不得，刚才的发言有两点特别值得肯定。第一，她具有统计意识，生活中有些问题是需要我们调查一下才能解决的。第二，她还知道要找标准，这很了不起。

关于数据分析观念，《义务教育数学课程标准（2011年版）》指出：要让学生了解在现实生活中有许多问题应当先进行调查，收集数据，通过分析做出判断，体会数据中蕴含着的信息。

好的教学对话有利于教学目标的实现，还可以带来意料之外的教学效果。这一环节的师生教学对话开始于这样一个问题："我采取了很多节水措施，可是还是不了解我家的用水量在小区里是偏低还是偏高。有什么好办法能帮助我解决这个问题吗？"教师注意到了提问的情境性。这个情境带入式提问，把学生带入生活，让学生感受到我们在解决的是一个生活中的问题。正因为有了这样真实的情境带入感，学生的真实问题才暴露了出来。从课堂的教学对话内容可以看出，学生经历了从"主观臆断"到"用统计方法"解决问题的过程。在寻找解决这一情境问题的方法的过程中，学生体会到：要想解决这个问题，就必须要对"我"的邻居家的用水量进行调查，只有调查出邻居家的数据，才能解决这一问题。教师很好地利用了情境性提问，和学生展开了有效的课堂教学对话。至此我们发现,课标的要求在课堂上得到了落实。

(二) 制定标准,从统计角度理解平均数

师:我在小区调查了几个三口之家的用水量,现在这里有六组数据(图 6-3),我到底该怎么比,和几号比呢?

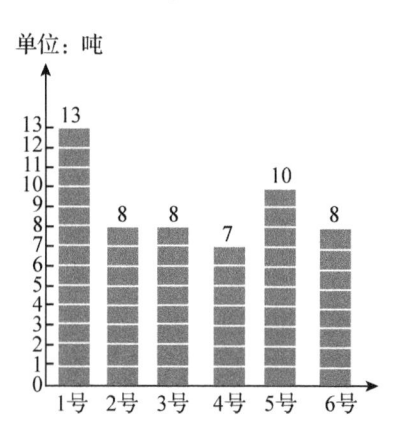

图 6-3　五号楼三月份用水量

学生对这六组数据进行分析,进而确定标准。

生 1:我觉得应该和 4 号家庭比,和 7 比。

生 2:我认为和 1 号家庭的 13 比。

生 3:我觉得应该和 8 比。

生 4:我觉得应该和 9 比较。

学生把自己的标准呈现出来后,接着又解读了其标准。解读标准的过程,也是学生换角度分析数据的过程,学生在这一过程中体会到对于同样的数据可以有多种分析的方法:可以选择最多的数或是最少的数(极值)作为一组数据的代表,还可以选择出现次数最多的数(众数)作为这组数据的代表,也可以选择平均数作为这组数据的代表。从而使学生体会到众多统计量都是有用的,平均数只是众多统计量中的一个。这正与《义务教育数学课程标准(2011 年版)》中对于数据分析观念的阐述相契合:对于同样的数据可以有多种分析方法,需要根据问题的背景选择合适的方法。

课堂对话的有效性体现在教师的提问和学生的回答都能促进课堂的发展。在这一环节中,教师注意到了提问的开放性。"我到底该怎么比,和几号比呢？"这个提问具有一定的开放性。学生可根据自己对数据的分析选择自己的标准。正是因为教师设计了一个具有一定开放性的问题，才出现了学生各抒己见的教学对话局面。随着对话的进行，出现了"7、13、8、9"四个不同的标准。这样的教学对话延伸了教学的广度，加大了教学的深度，使教学对话内容的数学味儿更浓，数据分析味儿更重。随着教学对话的深入，《义务教育数学课程标准（2011年版）》中印在纸上的这句话"对于同样的数据可以有多种分析方法，需要根据问题的背景选择合适的方法"也印在了学生的心里。

（三）联系算法，理解平均数概念

师：原始数据中并没有9，这个9是怎么来的呢？

生1：(13+8+8+8+7+10)÷6=9

生2：13是1号家庭的用水量，3个8分别是2号、3号和6号家庭的用水量，7是4号家庭的用水量，10是5号家庭的用水量。把它们加在一起算的是6个家庭总共的用水量，再除以6，就是平均的了。

师：刚才是有高有低的，经过这个算式处理以后，每家的用水量就一样多了。除了用算式可以算成一样多，在图上能否做成一样多？（可以采用移多补少的办法。）

……

师：平均数9代表的是什么呢？

生3：9是平均分以后的数。

生4：平均分，是真的把1号家庭的4吨水分给了2号和3号家庭吗？那1号家庭交水费只需要交9吨的就可以了吗？

生5：不可以，因为不是真的给了他们。

生6：因为9和每家都有关系，所以9代表的是这6户家庭的整体水平。

"追问"也是形成有效教学对话的一种方式。追问能使学生保持注意的稳定性，有利于全面掌握知识的内在联系。追问能使学生保持思维的连贯性，有利于学生掌握知识的层次性。在上面这段教学对话中，在学生已经回答了"平均数9是怎么来的"这个问题后，教师适时加以追问，引导学生深入思考：从关注平均数的算法，到理解平均数的意义，从而达成在统计的大背景下认识平均数的目的。

四、做出判断，体验随机观念

师：我家的用水量是中等偏低水平，相对还算是节约的。那依据这个结论，我们小区要是评节水之家的话，那我家是不是一定能评上了？

生1：不是，因为7比您家的少。

生2：我觉你说得很有道理。但是我觉得还有可能有更少的用水量。

生3：我同意刚才那位同学的发言。我觉得您调查6个家庭有点少，可以再多调查一些家庭。

生生对话，也是教学对话的一种重要组成部分。良好的互动对话不仅能提高课堂的参与度，而且能够促进教学对话的深层次发展。层层深入的教学对话，使学生体会到每次调查收集到的数据可能不同，当数据足够多的时候才能得出规律。这正是对随机观念很好的培养和渗透，而这一目标的达成正是生生对话促成的。

回顾本课，学生经历了发现问题、调查收集数据、分析数据、做出判断得出结论、合理质疑的统计全过程，他们是在统计的大背景下学习的。学生在良好的教学对话中，整体感知统计量，在适时的追问中体会平均数的意义和价值，学生的数据分析观念得到了有效地增强。

【话题讨论】

教学对话是在课堂教学中引发学生思考，提升学生思维层次，建构学科知识的重要手段，提问与回答是教学对话的核心环节，也是推进课堂交流的着力点。为了帮助深层次了解教学对话的本质和作用，本文依据课堂提问的具体案例来分析教学对话如何帮助激发课堂的活力。

巧用提问艺术，发展学生思维

北京市大兴区采育镇第一中心小学　常佳佳

一堂精彩的课少不了教师巧妙地提问。提问的设计恰到好处，会给整堂课添彩不少，独到的问法不仅让学生感到新颖，吸引学生的注意力，还能让他们独到地思考和表达自己的观点。在课堂提问中，教师应该注意时机的掌握，幽默、适时地设置问题，激发学生学习的兴趣，使学生产生疑惑及时抓住学生生成的内容自然地推进教学进程。这个过程中不仅激发了学生对数学知识的好奇心，锻炼了学生的思维能力，还能使学生自发地去地探究问题，提高学生学习的效率，让学习真正发生。

一、情境导入式的提问

近期在观看名家课例赏析时，我发现优秀教师的课堂离不开情境的创设，而情境的创设大多是用能够激发学生兴趣的事情来提问，进而引导学生对问题做深入思考。正如刘老师在讲授的"2、5倍数的特征"这节课时，首先刘老师带领学生回顾学过的小数、分数、整数、自然数，再聚焦到本课所要研究的非0自然数上，并出示5人一组跳圆圈舞、2人一组跳交谊舞的图片，设问："派一部分人去参加交谊舞的比赛，我们可以派几人去参加？"学生在已有经验知识的基础上回答："只要是2的倍数即可。"同理又问："派人去参加圆圈舞比赛，我们可以派几人去参加？"学生回答："只需要派的人是5的倍数即可。"在一种易于学生欣赏的场景下设问，使得学生对研究关键问题的兴趣更加浓烈。

二、铺垫式的提问

在教学过程中，新、旧知识是不可分割的。教师在设计问题的时候可以根据学生已有的知识基础来设问，将学生的知识经验从旧知识转移到新知识上来，提升认知水平。这就应用到了铺垫式的提问方法。教师应将问题设置成问题串的形式，帮助学生一步一步探究问题。

我讲解"植树问题"时，在黑板上呈现例题并设问：20米长的马路，5米分一段，共分几段？为什么用除法算？20米长的马路，5米种一棵树，共种几棵？通过连续的设问，把种树问题与平均分的知识联系到一起，步步引领，让学生在已有知识的基础上学习新知，易于学生理解及进行深入引导。这样用小问题做铺垫引导学生，能够使学生更深刻地领会知识，获得体验与感悟，并能够对新知识有更深刻的认知。

三、递进式的提问

在教学中，针对一个问题点，教师的递进式提问可以使学生的思考更加深入、清晰，使学生的回答更具体、更完善。《义务教育数学课程标准（2011年版）》要求，课堂中要体现学生的主体地位，所以教师在创设提问点时要考虑为学生提供一种自主探究的氛围，帮助学生能更加清晰地对问题进行思考。

"数字与编码"是很有意思的一堂课，在授课时教师模仿了专家的授课方式，首先让学生了解二维码的优点，感受到二维码的简洁性；随后出示三张不同的二维码进行对比分析，学生发现问题并找出每一个二维码都是唯一的这一特点。步步引领，通过设问生活中哪里见过一维编码并呈现各种一维编码的图片，把学生引入数字编码的学习中。此环节学习的重点聚焦在解读身份证编码问题上，对此我进行了五次提问：身份证编码的数字各表示什么及含义？为什么20020225不写成2002225？身份证最后一位X表示什么？双胞胎的身份证编码有什么区别？一代身份证（15位）和二代身份证（18位）的编码之间有什么区别？经过层层递进的提问，学生意识到编码的必要性以及每一个符号代表什么意义，并且能够利用编码进行标识。通过这样的递进式互动，学生在相互交流中体会到了学习数学的乐趣，可谓一举两得。

课堂提问是课上必不可少的环节，也是教学中的重要手段，富有精妙的艺术色彩。如何优化提问的内容，把握提问的时机与方法；如何有效创设课堂中的追问点，提高追问的能力，并在这个过程中培养学生提出问题与发现问题的能力，是我们作为新教师思考与研究的方向。相信通过教师不断的学习与探索，朝着优化课堂教学的目标不懈努力，优化提问的能力，就一定能够在教学中得到稳步的提升，不断激发学生思维的活跃性，从而保证高效的课堂教学质量。要使自己的提问具有艺术性，必须要对教材有深刻的把握，熟练掌握每一个知识点，基于教材并高于教材来对教材进行整体的把握。只有这样，教师在提问时选取的切入角度才不会偏离，也才会以全新的角度去提问。数学的抽象性和系统性比较强，因此教师必须要站在高处，对知识有一种宏观的把握，这样才可以找到那些难点和重点，在提问中重点切入，做到主次分明，突出重点，提高自己提问的针对性，提升学生对知识点的掌握能力和区分能力，这样也就避免了全面重点化的问题，给学生的学习减轻了不少的负担，让学生轻松愉快地学习，激发了学生学习的兴趣，提高了学生学习的积极性、主动性和创造性。

对话构建灵动生成性课堂　提升学生数学核心素养

云南省文山实验小学　刘永兴　杨艳红
文山学院　马锦

随着基础教育课程教学改革的深入，为了让学生始终在愉悦的状态下积极地学习，自由、灵活的数学课堂教学氛围是关键。而数学对话作为教学的关键环节，对创造这种学习氛围十分有益。在教学对话中，教师要善于激发学生的学习兴趣，并充分利用好数学课堂即时生成性资源，将课堂创设成充满活力、魅力无穷的空间，从而激活学生的思维，使学生感受数学交流之美，提升数学核心素养。

一、设置贴近生活的教学情境利于数学对话的生成

课堂中的教学对话应来源于学生的现实生活。在小学数学教学中，教学对话要基于小学生的认知特点，并将教学对话与"学生熟悉的生活现实"有机结合起来，消除学生对数学知识的陌生感，让学生在教学对话中学习、感知，激发学生学习数学的积极性，实现"生活化"的数学教学。学生在对话中进行积极讨论，反复探索、推敲，在教师言语的指导下，设计出最佳方案。学生自主地参与实践活动，可以充分调动学习的积极性。

二、巧用错误资源，把对话作为教学生成的支点

课堂应该以教学对话作为切入点进行引导。由于课堂教学具有极强的现场性，学生难免会出现各种各样的问题与错误，教师应及时捕捉这些"弹性灵活的成分、始料未及的信息"，形成生成性资源，以对话为一个灵动生成的"支点"，从而让课堂教学呈现出灵动的生机和跳跃的活力。

以人教版数学教材二年级下册"找规律—解决问题"为例。

教师出示图6-4。

图6-4　教师问题

学生观察得出黄红红为一组重复出现的规律。

教师顺势追问：按这样的规律排下去第16个会是什么颜色？

生1：画一画（图6-5）。

图6-5　学生作品

生2：写一写（图6-6）。

图6-6　学生作品

生3：画写结合（图6-7）。

图6-7　学生作品

学生作品出现这样的错误，原因在于学生没有观察到第10个是黄色，只是利用思维惯性发现规律。教师在教学时采用追问的方式让学生重新审视这个问题。

师（追问）：前面10个排了几组"黄红红"，余几个？

生：3组余1个。

师：余下的这一个该排第几组第几个？

生：第4组第1个黄色。

学生在陈述中，反思自己的思考，明白接下来画的第11个应该是第4组第2个红色，以后往前移动一个，第16个该为黄色。

在教师的追问与引导下，学生在自我陈述的过程中"顿悟"，发现差错，促进了知识的理解和构建。

三、引导质疑讨论有助于课堂生成

质疑讨论是教学对话的重要形式之一。学生主动地质疑和讨论是课堂教学中的精彩环节，小学生好奇、好动、好问、喜欢表现自己，所以课堂上给予学生机会让他们发表看法，会为课堂提供更多发展的可能性。

例如，2014年春季学期我校六年级模拟测试卷中碰到这样一道题

(图 6-8)。

4. 如图,有一个无盖的正方体纸盒,下底标有字母"M",沿图中粗线将其剪开展成平面图形,想想会是(　　)。

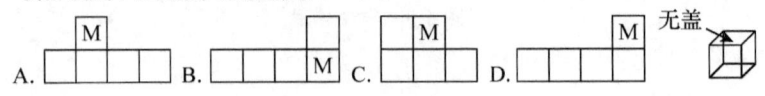

A.　　B. 　　C. 　　D. 　　无盖

图 6-8　题目

当教师统一这一标准答案是 A 时,一个质疑的声音出现了。学生 1 说"选择 A 不对",并一直坚信自己是正确的,指出此题出错了,无正确答案。

其他同学立刻反驳说:"展开图 A 动手围一围不就知道了吗?"

通过动手操作,结果也都认为选择 A 是正确的,为了更好地证明,教师还请了两名同学利用实物投影演示整个围的过程,得到了同学们的一致认可。

此时,教师并没有结束讨论,而是进一步引导学生 1 进行质疑,让他阐述自己的观点。

学生 1 用自己刚做好的一个无盖的正方体纸盒示范,沿粗线剪开成的平面图形应该是如图 6-9 所示的图形,他随手用粉笔画在黑板上,因此,此题所给的 3 个答案无一正确。

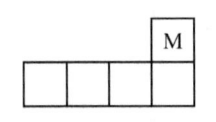

图 6-9　平面展开图

这道题老师出错了,如果要选择,就应补充一个正确答案。在学生 1 边示范边讲述的过程中,师生对此题重新思考后,顿悟了,原来大家都忽略了题中"沿图中粗线展开"这个条件。

总之,课堂是师生互动心灵对话的舞台,是能力提升的阶梯。培养学生的核心素养包括提高学生的抽象、推理能力,这些能力的培养需要在对话中不断渗透,将数学语言内化为数学思维。教师应在课堂中引导学生不断质疑、讨论、推理,让学生感受数学思维的演绎,这种数学的精神和思想在学生的生活学习中将随时随地发生作用,使他们终身受益。

【教师行动研究】

万以内数的大小比较

北京市通州区潞河中学附属学校　薛雪

一、教材分析

"万以内数的大小比较"是北京版数学教材二年级下册第四单元第四小节的内容。对教材进行纵向梳理，学生在此之前学习了万以内数的读写以及千以内数的大小比较，本课内容是对千以内数的大小比较知识的延伸，将学生原有的"比较方法"的知识经验迁移到新的万以内数比较上来，也为之后学生学习更大的数的比较奠定基础。数的比较属于"数与代数"的领域，关于这一部分，课标中是怎样说的呢？

《义务教育数学课程标准（2011年版）》指出："在'数与代数'的教学中，应帮助学生建立数感和符号意识，发展运算能力，培养模型思想。数感主要是指关于数与数量表示、数量大小比较、数量和运算结果的估计等方面的直观感觉。建立'数感'有助于学生理解现实生活中数的意义，理解或表述具体情景中的数量关系。"本教学内容的短期目标是让学生理解并学会万以内数的比较方法，能够正确比较万以内数的大小，长期目标是培养学生良好的数感。两个目标相辅相成，这就要求教师不能急于教给学生比较方法，需要学生自己去探索，经历整个过程，完善自己的数感。

二、学情分析

"万以内数的大小比较"这一内容安排在"百以内数的大小比较""万以内数的读法和写法"之后。本节课的目的是使学生更清楚地了解万以内数的顺序，并掌握比较数的大小的方法，用以解决一些简单的实际数学问题。对于二年级的学生来说，知识本身并没有很大难度，因为学生在一年级学习过千以内数的大小比较，在生活、学习中也经常接触到比较数的大小的问题。那么学生对比较的认识到什么程度呢？为了了解学生真实的学习情况，我对本班学生进行了前测。参与本次前测人数共46人，具体结果如表6-5所示。

表 6-5　前测结果

题目	错例展示	正确率
第一题	1. 在 ○ 里填上 ">" "<" 或 "="。 4876 ◁ 4867　　6003 ◁ 6030 10000 ▷ 9999　　7100 ▷ 710	89%
第二题	2. 按顺序填数。 1001　1010　1100　1009 (1001) > (1009) > (1010) > (1100)	71%
第三题	3. 用 5 4 0 3 四张卡片摆数。 摆出一个最大的四位数是 5430　； 摆出一个最小的四位数是 3405。	42%

依据前测结果，两个数之间进行比较对学生来说没有挑战性，因此本课的学习活动将设置 4 个数的大小排列。通过对学生进行抽样访谈，发现 10 人中仅有 3 人能说清比较过程，无人能准确说出比较方法，因此方法的总结应为难点。第三题的正确率最低，说明学生还没有将大小比较与数位建立好关系，没有深刻理解位值制。

依据学情分析，本节课的学习路径如下。一是在对百以内数的大小比较的回顾；二是合作探究万以内数的大小比较；三是尝试总结出万以内数的比较方法。

三、教学目标

第一，借助生活中的素材，让学生经历万以内数的大小比较方法的探索过程，掌握万以内数大小比较的方法，并能用符号表示万以内数的大小。

第二，在比较万以内数大小的过程中，发展学生的抽象能力、类比迁移能力和归纳总结能力。

第三，通过创设生生互动的情境，逐步培养学生的质疑能力和合作能力。

四、学习历程简案

驱动问题	锚基任务	诊断性评价
四个小家电都认为自己是最便宜的，怎么办？	请学生将 81、9、89、20 按照从小到大的顺序排列。	你是怎样排列的？ 反馈：9＜20＜81＜89。
找一找学习任务里的关键词，你怎么理解？	学生独立思考，将 2340、987、2310、3020 进行排列，并互相交流排列方法。	提问与追问：从大到小排列，大的数在哪边？你是怎样比较的？ 反馈：3020＞2340＞2310＞987。
刚才你们做的这些比较有没有共同点？	小组讨论、总结比较方法。	提问与追问：为什么三位数比四位数小？为什么千位上的数小这个数就小？ 反馈：先看位数，位数少数就小；位数相同看高位，高位上的数大，数就大。

五、教学实录

（一）教学片段一：复习一百以内数的大小比较

驱动问题1：四个小家电都认为自己是最便宜的，怎么办？

师：按照什么顺序？

生：商品价格的顺序。

师：听你们的，我们把 81、9、89、20 这四个数按照从小到大的顺序进行排列（图6-10）。

81元　　9元　　89元　　20元
（9）＜（20）＜（81）＜（89）

图6-10　四种家电

锚基任务1：请学生将 81、9、89、20 按照从小到大的顺序排列。

师：请你按照从小到大的顺序将下面四个数进行排列。

81　　　9　　　89　　　20
（　）＜（　）＜（　）＜（　）

生：9＜20＜81＜89。

师：排列正确，你是怎么想的？

生：只有9是一位数，其他的都是两位数，所以9最小。20的十位是2，89和81的十位是8，2比8小，所以第二小的是20。81的个位是1，89的个位是9，1比9小，所以81小于89。

【点评】本环节的主要目的是复习百以内数的大小比较，调动学生已有的学习经验，回顾比较两个数时应该先看数位，数位相同，从高位依次向低位比较，为后面的新知识学习做铺垫，同时以简单的题目恢复学生的数感。

（二）教学片段二：探究万以内数的大小比较

驱动问题2：找一找学习任务里的关键词，你怎么理解（出示图6-11）？

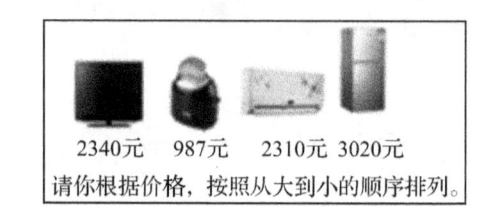

图6-11 比较大小题目

师：你觉得任务里哪个词特别关键？

生：从大到小。

师：那左边应该放哪种数？右边呢？

生：大数放在左边，小数放在右边。

师：分析正确，请注意排列顺序。

锚基任务2：学生独立思考，将2340、987、2310、3020进行排列，并互相交流排列方法。

师：请你按照从大到小的顺序将下面四个数进行排列。

2340　　　　987　　　　2310　　　　3020
（　　）＞（　　）＞（　　）＞（　　）

生1：我代表我们组为大家汇报，987最小，因为只有它是三位数，其他都是四位数。3020最大，因为与剩下的四位数比较千位时，其他是2，只有它是3。再看2340和2310，千位和百位相同，比较十位，4比1大，所以2340比2310大。我们组的汇报结束了，谁有疑问或者补充吗？

生2：为什么三位数比四位数小呢？

生1：因为三位数最高位到百位，而四位数最高位到千位，几百肯定比几千要小。

生3：我觉得2310和2340比较的时候特别容易混淆，刚才我第一遍就排错了。后来我在它们每个数位下面都画了相同的符号，提示自己避免错误。

【点评】情境引入，引发学生的思考，提升学生的兴趣。通过小组合作的形式，归纳总结万以内数的大小的比较方法，培养学生知识迁移的能力，也可以培养学生合作交流解决问题的能力，在活动的过程中逐渐完善学生的数感。

（三）教学片段三：学生尝试总结万以内数的比较方法

驱动问题3：刚才你们做的这些比较有没有共同点？

生1：都是从千位进行比较。

生2：不对，有的没有千位。

生3：应该先看是几位数。

师：没错，简便的方法是先看数位。接下来呢，数位相同怎么办？

生4：比千位。

生5：如果没有千位呢？

生4：那就比百位呗。

师：也就是数位相同，就从高位开始进行比较。

生6：如果高位数字相同呢？

生7：那就接着比较下一位，哪一位数字大，那一个数就更大。直到比较出来大小为止。

生8：如果每个数位上的数都相同呢？

生7：那两个数就一样大呀。

师：同学们，不知不觉中，你们已经梳理出了数的比较方法。

锚基任务3：小组讨论、总结比较方法。

生：首先看位数，位数多，数就大；位数少，数就小。数位相同，看高位，高位大，数就大。高位相同，依次向低位比较。

【点评】学生通过一步一步地讨论和对话，在教师给出寻找问题共同点的提示下，总结出万以内数大小比较的规律。接着在抽卡片比大小游戏后对"位值制"又有了进一步的理解，在这个环节中教师要注重引导学生自己说出解决思路，培养学生的逻辑思维及归纳总结能力。

六、教师反思

在整个教学过程中，将几个数进行排序是易错点。学生容易将从大到小的顺序排成从小到大，这是审题不清造成的。因此在任务开始时，教师需要带领学生找题目中的关键词，即从大到小，提示"最大的数排在最左边，最小的数排在最右边"，引导学生正确完成任务。在玩抽数字游戏时，通过采访的形式帮助学生建立分析思路，渗透大数放高位、小数放低位的思想，培养学生的数感。在总结比较方法的时候学生容易遇到困难，教师引导学生应用已有学习经验总结比较的顺序，从而引出比较方法。

七、点评

第一，结合学生已有知识经验进行教学设计。课堂教学中师生通过探究万以内数大小比较的活动，经历"合作探究"及"抽数字游戏"两个活动，从生活中的数字比较抽象到数位表中的数字比较，最后抽象出数的比较方法。在教学过程中，教师注重对学生的引导，设计了有意义的合作探究，在生生活动中答疑解惑，帮助学生理解知识。整节课创设了利于学生学习的课堂氛围，以师生互动、生生互动的方式经历提出问题、解决问题、梳理问题的过程，最终概括出比较方法。

第二，师生共建有效的教学对话。好的课堂一定不是教师一味地讲、学生一味地听。而是师生和生生思维不断碰撞产生的生疑及答疑的过程。本节课注重教学对话，教师对重点问题有提问，学生回答后有追问。学生的表现更是精彩，小组汇报之后，部分学生会有提问和补充，其他学生会先思考他们提出的问题，再进行回答。这是真实的学习过程。这种教学对话营造了轻松的教学气氛，学生的表达能力、思维能力得到了极大的提高。

行动研究："长方形和正方形的周长"

北京小学通州分校　利丹丹　指导教师　高占华　郎红艳

一、教材分析

"长方形和正方形的周长"是北京版小学数学教材三年级上册的内容，隶属于图形与几何领域中图形的测量这一部分。本课时内容是在学生已经认识了长方形和正方形的基本特征、初步理解周长含义的基础上进行学习的。

这部分内容，要让学生经历长方形、正方形的周长计算方法的探索过程，关键是引导学生交流隐藏在每种计算方法后的思考过程，不必限定学生必须用哪种方法解决问题，而是让学生在解决问题的过程中感受不同方法的优越性，灵活运用知识解决实际问题。

二、学情分析

在以往的周长教学过程中，教师们不难发现学生在做以下类型的题目时出错率较高。一是"一面靠墙"问题，二是利用转化思想求特殊图形周长的问题。我认为导致这两类题出错的根本原因在于学生不理解周长的计算方法，不能灵活运用。

因此本节课的学习路径如下。第一，通过具体实物，回顾图形特征，找一找、摸一摸周长在哪儿；第二，通过小组合作，在动手探究中寻找长方形周长的计算方法，并在教师的引导下有效地完成知识建构，体验初步的推理和建模过程；第三，利用探究长方形周长计算方法的有效经验，自主探究正方形周长的计算方法，并灵活运用知识解决实际问题。

三、教学目标

第一，在观察、测量等学习活动中，理解长方形和正方形周长的计算方法，能正确计算长方形和正方形的周长。

第二，经历观察、测量、计算、思考和交流等活动过程，逐步建立空间观念，渗透推理和建模的数学思想，积累图形测量与计算的数学活动经验。

第三，感受数学知识间以及数学与实际生活的联系，并渗透"相互联系、相互转化"的辩证唯物主义观点，体验数学学习的乐趣。

四、学习历程简案

驱动问题	锚基任务	教学反馈
哪儿是这张长方形照片的周长？	拿出手里的长方形照片，指一指、说一说哪儿是它的周长？	提问：哪儿是它的周长？
你们有办法计算它的周长吗？	借助手里的工具测量出长方形照片的周长。	提问：你测量了几个数据？长方形的周长和什么有关？
你能计算出这个正方形的周长吗？	自主探究正方形周长计算方法。	提问：哪种方法更简便？

五、教学实录

（一）教学片段一：通过观察具体实物，回顾长方形的特征，明确它的周长

驱动问题1：哪儿是这张长方形照片的周长？

锚基任务1：拿出手里的长方形照片，指一指、说一说哪儿是它的周长？

在"长方形和正方形的周长"这节课中，教师有意设计了几个关键性的提问，并没有像以往的教学一样直接出示长方形，而是创设了一个符合生活实际并和学生密切相关的情境：帮班级做纪念相册（图6-12）。将教学对话融入生活情境中，让学生体会到教学对话要基于生活经验。

图6-12 纪念册

师：同学们，老师最近在给大家做一本纪念相册，快看，这些照片是什么形状的啊？

师：请你们拿出手里的长方形照片，指一指、说一说长方形有哪些特征？

师：为了美观，我想在每一张照片的周围贴上花边纸作为装饰。如果我想知道每张照片需要多长的花边纸，就需要知道什么呢？

生：周长。

师：那请你们找一找、摸一摸哪儿是它的周长？

（二）教学片段二：自主探究长方形周长的计算方法

驱动问题2：你们有办法计算它的周长吗？

锚基任务2：借助手里的工具测量出长方形照片的周长。

在本节课中，教师没有直接给出长和宽的数据，而是给学生提供了需要的学具并给出了具体的活动要求，用提问推进课堂环节。几个问题看似简单，却帮助学生多了一层思考。学生需要动手去量取数据。在测量的过程中学生可以更深刻地意识到，利用图形的特征可以减少测量的次数，进而找到解决长方形周长的方便的计算方法，为学生积累了必要的数学活动经验。

1. 自主探究

师：你们有办法计算它的周长吗？请你们看以下活动要求。

第一，请同学们借助手里的工具（毛线、直尺）测量出长方形照片的周长。

第二，用直尺测量时注意保留整厘米数，并将计算周长的过程记录在学习单上。

2. 汇报交流

（1）用线围

师：这种方法利用了周长的定义可不可以？那同学们思考一下，这种方法有什么缺点？

生：操作麻烦，数据不准确（有误差）。

（2）用直尺量

方法一：$9+6+9+6=30$（cm）

方法二：$9×2+6×2=30$（cm）

方法三：$(9+6)×2=30$（cm）

师：（追问）测量了几次？得到了什么数据？怎样求出周长？利用了什么特征？

师：刚才同学们用不同的方法计算出了长方形的周长。但无论用哪一种方法，你们都先测量出了什么数据（长方形的长和宽）？看来长方形的周长和它的长与宽密切相关。

【点评】在整个动手操作的过程中，教师一直在中间指导学生，通过适当的言语指导，让学生感受用线围—用尺量四条边—用尺量两条边的自主优化过程，并逐渐感悟到了长方形的周长和它的长与宽密切相关。

（三）教学片段三：自主探究正方形周长的计算方法

驱动问题 3：你能计算出这个正方形的周长吗？

锚基任务 3：借助手里的工具测量出正方形照片的周长。

师：你们看，这张照片变成什么形状了？

生：正方形。

师：那你们能计算出这个正方形的周长吗？

（学生出现的算法可能有 6＋6＋6＋6，6×2＋6×2，(6＋6)×2，6×4 这几种。）

师：仔细观察这四种方法，它们表达的意思一样吗？哪种最简便？

师：要计算正方形的周长必须要知道什么条件？

六、教师反思

在这节课中的交流汇报中，学生 1 是这样表述的："我量出来这个长方形的长是 9 cm，宽是 6 cm，因为我之前了解过，长方形的周长等于长加宽的和再乘 2，所以这个长方形的周长就是 6 加 9 再乘 2，等于 30 cm。"可见这个学生是存在已有经验的，但是她的经验还没有被班里的其他学生所接受，于是她就受到了其他学生的质疑。学生 2 说："你能解释一下为什么是长加宽的和再乘 2 吗？"学生 1 思考了一会紧接着答道："你们看长方形这边有一个长和一个宽，这边也有一个长和一个宽，有两个，所以是长加宽的和再乘 2。"好多同学点头表示理解，但是还有部分学生非常疑惑，教师紧接着立马补充道："你们看她把一个长和一个宽看成了什么？（学生：一组）长方形里有几组这样的？（学生：两组）所以我们可以先求出长加宽的和，然后再乘 2，对吗？"在教师的讲解补充下，学生都明白了这种方法，在生生对话与教师引导中顺利地完成了一次建构。可见，让学生在合作交流中充分地表达、争辩，在体验中"说数学"能更好地锻炼创新思维能力，激发学生间思维的碰撞。

七、点评

首先，学生通过自主探究，达成知识目标。课堂始于帮班级设计纪念册的情境。从长方形、正方形的特征、周长的概念引入，再根据教师提供的丰富材料进行自主探究，发现并模型化长方形、正方形周长的计算方法，完成课堂的初始目标，也做到了以学生为中心，将课堂还给学生。

其次，教师把握学习路径，明晰了学习目标与锚基任务。教师在课堂中通过多次活动让学生经历了"做数学""说数学""用数学""再创造"几个过程。提升学生的思维能力，打通了课堂中教与学的关系。

最后，从教学对话入手，推进教学进程。课堂中教师针对学习进阶中不同的教学节点，设计了不同的教学问题。针对问题点，通过递进式的提问，教师帮助学生更加深入、清晰地思考，得出正确答案，建构知识脉络。在这样的教学对话中，梳理学生思维，完成学生的学习路径。

"平均数"案例分析

南京市溧水区实验小学　吴存明

一、教材分析

"平均数"这节课，大多数版本的数学教材安排在三年级下册或者四年级上册。苏教版小学数学教材四年级上册"平均数"一节，提供了男生和女生的套圈成绩统计图（图 6-13），判断"男生套得准还是女生套得准一些？你想怎样比？"

图 6-13　教材中的套圈成绩统计图

在解决问题的过程中，理解平均数的意义，掌握求平均数的方法。这个教材强调的是从统计学的角度理解平均数，即平均数常用于表示统计对象的一般水平，它是数据的代表，是描述数据集中程度的一个统计量。

二、学情分析

在解决问题的过程中，学生初步体会到"比总数"不公平，然后自然地过渡到"先求出平均每人的数量，再作比较"的思路上来。这是比较成熟的教学思路。不过，教学实践经验表明，在解决问题的过程中，学生会困在"去掉一个"还是"加上一个"这个问题上。因此，我将书上男生、女生套圈成绩统计图变成了几位同学的一分钟套圈成绩统计图。这样的素材改动摆脱了传统的"公平不公平""求总数不行，要求平均数"以及"去掉一个、加上一个"的"烦恼"，将学生的思维焦点从分析"几个人的成绩"转到"一个人多次的成绩"上，更容易引发学生对平均数的"数据代表"本质的理解，更容易感受到平均数的"一般水平"的内涵。

三、教学目标

第一，在尝试描述一组数据特点的活动中，根据不同的情况选择合适的数据，理解平均数常用于表示统计对象的一般水平，学会计算简单数据的平均数。

第二，使学生感受极端数据对于平均数的影响，发展分析和解决问题的能力，增强数据的分析观念。

第三，使学生在参与学习活动中，进一步增强与他人交流的意识，感受平均数的应用价值。

四、学习历程简案

驱动问题	锚基任务	诊断性评价
用哪个数来代表比较合适？	①呈现小明1分钟套圈成绩，选一个数来代表他的套圈水平。	提问与追问：用哪个数比较合适？为什么？ 反馈：因为每次都套中5个，用5最合适。

续表

驱动问题	锚基任务	诊断性评价
用哪个数来代表比较合适？	②呈现小华1分钟套圈成绩，选一个数来代表他的套圈水平。	提问与追问：用哪个数比较合适？谁套得准？ 反馈：移多补少后，小华每分钟看起来都套中了4个。小明套得准。
	③呈现小刚1分钟套圈成绩，选一个数来代表他的套圈水平。	提问与追问：用哪个数来代表比较合适？那这里的平均数7究竟代表的是哪一次的个数呢？ 反馈：7代表的不是哪一次的个数，是小刚1分钟套圈的一般水平。
谁套得准一些？	呈现小力1分钟套圈成绩，判断谁套得准。	提问与追问：谁套得准一些？为什么？ 反馈：小刚套圈的平均成绩是7个，而小力的平均成绩是6个，所以是小刚套得准一些。
平均成绩可能是几？	分层呈现教师套圈成绩，猜测教师的平均成绩。	提问与追问：试想一下，大概估计一下，教师最后的平均成绩可能是几？如果教师最后一次套中5个，甚至更多，比如9个，平均成绩又会如何？ 反馈：平均数具有敏感性，任何一个数据的变化，都会使平均数发生变化。

五、教学实录

（一）教学片段一：在每次都一样的特殊情况下求平均数，感受平均数的代表性

驱动问题1：用哪个数来代表比较合适？

师：首先出场的是小明（图6-14）。

锚基任务1：①呈现小明1分钟套圈成绩，选一个数来代表他的套圈水平。

师：还真巧，小明三次都套中了5个。要表示小明1分钟套中的个数，用哪个数比较合适？为什么？

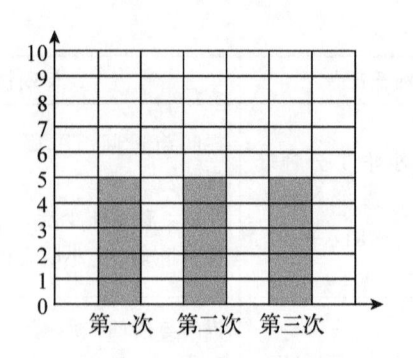

图 6-14　小明套圈成绩统计图

生：5。因为他每次都套中 5 个，他的成绩很稳定，用 5 最合适。

师：有道理！

【点评】创设套圈的情境，动态地呈现小明每次的套圈成绩，并且都是相同的成绩，低门槛，重点让学生从特殊例子中初步体会到可以选一个数据来代表多个数据，感受平均数的代表性。

（二）教学片段二：在几次不一样的情况下求平均数，感受移多补少求平均数

师：接着该小华出场了（图 6-15）。

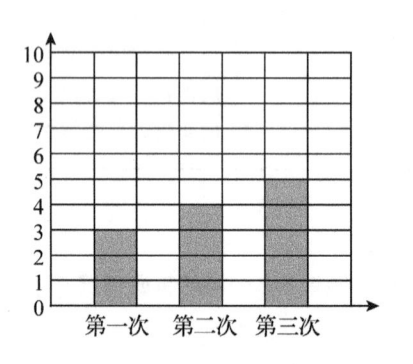

图 6-15　小华套圈成绩统计图

锚基任务 2：②呈现小华 1 分钟套圈成绩，选一个数来代表他的套圈水平。

师：这一回，又该用哪个数来表示小华 1 分钟套圈的一般水平呢？

生 1：我觉得可以用"4"来表示。

生2：我不同意！小华另外两次只套中了3个和5个，怎么能用4来表示呢？

生1：因为3、4、5三个数，4正好在当中，最能代表他的成绩。

（教师结合学生的建议，课件呈现"移多补少"的过程，如图6-16所示。）

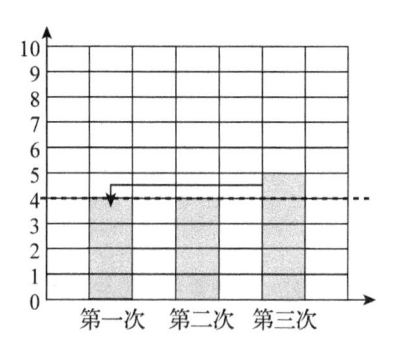

图6-16　小华套圈成绩统计图

师：数学上，像这样从多的里面移一些给少的，使得每个数都一样多的过程叫作"移多补少"。移完后，小华每分钟看起来都套中了几个？

生：4个。

师：是小明套得准一些还是小华套得准一些呢？说说你的理由。

生：我认为是小明套得准一些，他每次都套了5个，而把小华的成绩移多补少，每次都只套了4个。

【点评】继续创设套圈的情境，动态地呈现小华每次的套圈成绩，不过三次成绩各不相同，好在是连续的自然数，数据也比较小，让学生跳出特殊例子，挑战面对不同的数时如何选一个数据来代表多个数据，产生求平均数的方法雏形，如移多补少或者先合再分等。

（三）教学片段三：在次数更多的情况下求平均数，感受先合再分求平均数

师：小刚和小力也来玩套圈比赛，小刚对自己套圈的水平不够自信，于是他提出投4次的要求。这一回，又该用几来代表小刚1分钟套圈的一般水平呢？先独立思考，再和同桌交流一下自己的想法。

锚基任务3：③呈现小刚1分钟套圈成绩，选一个数来代表他的套圈

水平（图6-17）。

生1：他第二次套中了9个，最多，可以移1个给第一次，再移1个给第四次，这样看起来都是套中了7个。所以用7来代表比较合适。

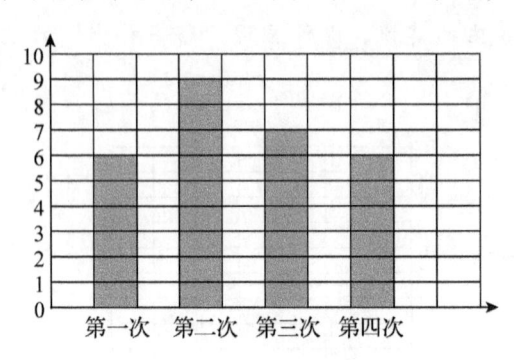

图6-17 小刚套圈成绩统计图

师：还有别的方法吗？

生：我们先把小刚4次的成绩都加起来是28，再除以4，等于7个。所以，我们也觉得可以用7来代表他1分钟的套圈水平。

[教师板书算式：6＋9＋7＋6＝28（个），28÷4＝7（个）]

师：其实，无论通过操作"移多补少"，还是通过计算"先求和再均分"，目的只有一个，那就是——（课件出示虚线）。

生：将原来几个不一样多的数变得同样多。

师：在数学上，我们把变成同样多的这个数，就叫作原来这几个数的——平均数（板书课题：平均数）。在这里，我们说7是6、9、7、6四个数的平均数。7表示的是小刚第一次套中的个数吗？是第二次套中的个数吗？第三次？第四次？

生：不是！

师：那这里的平均数7究竟表示的是哪一次的个数呢？

生1：这里的7代表的是小刚四次套圈的平均水平。

生2：是小刚1分钟套圈的一般水平。

（教师板书：一般水平）

【点评】继续创设套圈的情境，动态地呈现小刚每次的套圈成绩，不过这次的成绩次数增加了,数据也不再特殊,让学生挑战面对更多数目不同的数时如何选一个数据来代表多个数据,并顺势追问,平均数的意义和特点浮出水面。

(四)教学片段四:更复杂的情况下求平均数,感受平均数的比较作用

驱动问题 2:谁套得准一些?

师:小力表示要套 5 次。(课件呈现图 6-18。)如果你们是裁判,你们认为谁套得准一些?为什么?请大家先在小组里交流一下。

锚基任务 2:呈现小力 1 分钟套圈成绩,判断谁套得准(图 6-18)。

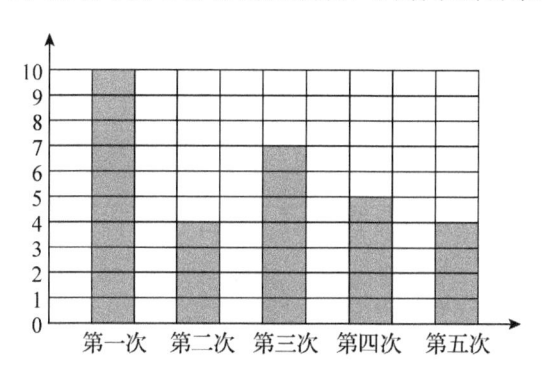

图 6-18　小力套圈成绩统计图

生 1:我认为是小力套得准一些。因为小刚一共套中了 28 个,而小力一共套中了 30 个。

生 2:我不同意。我们认为应该比平均数。小刚套圈的平均成绩是 7 个,而小力的平均成绩是 6 个(10+4+7+5+4=30,30÷5=6),所以是小刚套得准一些。

师:同意谁的意见?

(大家都同意学生 2 的意见。)

【点评】继续创设套圈的情境,动态地呈现小力每次的套圈成绩后,教师提问:"小刚和小力都说自己套得准一些?如果你们是裁判,你们认为谁套得准一些?为什么?"问题的挑战性在于,两位同学,一位投了 4 次,一位投了 5 次,如何比较?平均数的必要性和作用完全展现。

(五)教学片段五:在动态的情况下猜平均数,感受平均数的范围

驱动问题 3:平均成绩可能是几?

师：看几位同学套得这么开心，吴老师也玩了玩套圈。前三次套圈已经结束，想不想看看老师的成绩？

生：想！

（教师呈现前三次成绩：8个、10个、9个。）

锚基任务3：分层呈现教师套圈成绩，猜测教师的平均成绩（图6-19）。

师：猜猜看，其他几位同学看到我前三次的成绩，可能会怎么想？

生1：老师套圈的水平很高。平均数是9个。

生2：我觉得不一定。万一吴老师后面一次发挥失常，一个也没套中，或只套中了一两个。

师：情况究竟是怎样的呢？赶紧看看吧！

（课件呈现图片——1个，学生笑了。）

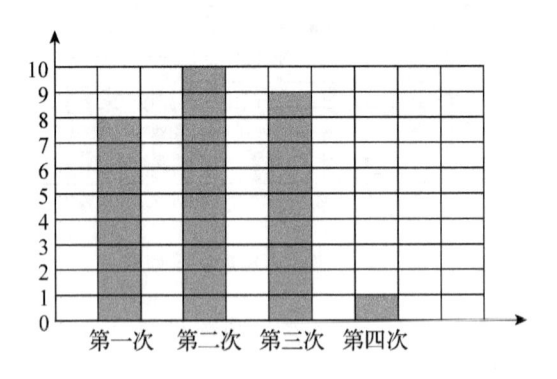

图6-19 吴老师套圈成绩统计图

师：怎么笑了？不计算，你能大概估计一下，老师最后的平均成绩可能是几个吗？

生1：大约是8个。

师：（装作纳闷）怎么没人估计我的平均成绩是10呢？

生：第二次的成绩虽然最多，但得分给其他几次，这样平均成绩就少了。

师：怎么不估计平均数是1呢？

生：这不可能，多的给了少的，少的就变多了，所以平均成绩肯定比1大。

师：尽管还没求出平均数，但我们可以肯定，最后的平均成绩应该要比最大的数——小，要比最小的数——大，应该在最大的数和最小的数——之间。是不是这样的呢？请大家赶快动笔算一算吧。

［学生计算，并汇报列式：28÷4＝7（个），猜想得到验证。］

师：试想一下，如果吴老师最后一次套中5个，甚至更多，比如9个，平均成绩又会如何？

……

师：任何一个数据的变化，都会使平均数发生变化，这是平均数的一个重要特点。还有别的发现吗？

……

【点评】继续创设套圈的情境，动态地呈现教师每次的套圈成绩，且在每次呈现前，让学生进行"猜想"和"估计"，将平均数的范围、极端数据对平均数的影响等知识点融入，一方面加深了学生对平均数的理解，另一方面训练了学生的数学思维，发展了学生的数感。

六、教后反思

在上面的教学实践中，教师改造了教材，设计几次认知冲突，形成几个"阶"：一是在每次都一样的特殊情况下求平均数，感受平均数的代表性，这是进阶的起点；二是在几次不一样的情况下求平均数，感受移多补少求平均数，这是第一次进阶；三是在次数更多的情况下求平均数，感受先合再分求平均数，这是第二次进阶；四是在更复杂的情况下求平均数，感受平均数的比较作用，这是第三次进阶；五是在动态的情况下猜平均数，感受平均数的范围，这是第四次进阶。

七、点评

反思上述"平均数"的教学活动，学生感受是丰富的，教学效果是显著的。

第一，踏"阶"而"进"。教师能够从学习者的心理出发，设计的几个层次的教学活动让学生循序渐进，踏"阶"而"进"。教师通过精心设计一个个"阶"，让学生的数学学习踏"阶"而"进"，给"冷冰冰"的数据加上一些"温度"，经历一点"过程"，多上一些"思辨"，孩子们对平均数意义的理解水到渠成。

第二，深度"追问"。在学生基本回答教师首发的问题后，正确的要追因，不对的要追错，肤浅的要追根，上述课例中教师有针对性地对问题进行"二度开发"，如"那这里的平均数 7 究竟代表的是哪一次的个数呢？""试想一下，如果吴老师最后一次套中 5 个，甚至更多，比如 9 个，平均成绩又会如何？"……再次激活学生思维，促进他们深入探究。

真心希望，所有的一线数学教师都能尽可能地通过"有过程的驱动问题"促进学生不断踏"阶"而"进"！

第七章　用数学的眼光观察

【每章主旨】

"象"指大象，是具体的意思。抽象就是抛弃具象的东西，进入人建立的理性思辨的空间。所谓数学抽象，是指舍去事物的一切物理属性，得到数学研究对象的思维过程，主要包括从数量与数量关系、图形与图形关系中抽象出数学概念及概念之间的关系，从事物的具体背景中抽象出一般规律和结构，并且用数学符号或者术语予以表征。在教学中教师需要借助具象的事物帮助学生理解抽象，然后从具体中淡出，逐渐走向深度的学习。

【理论基础】

如何培养学生用数学的眼光去观察

北京市史家小学通州分校　王海娇　曹新爽　高立春

一、何为用数学的眼光观察

抽象是数学这门学科的基本特征，无论概念、运算律还是定理等，都是高度概括的结果，而用数学的眼光看世界就是用抽象的眼光理解世界。那到底什么是数学抽象？史宁中教授将数学抽象解释为"舍去事物的一切物理属性，得到数学研究对象的思维过程"[1]。也就是说，学生能够用数学的语言、数学的符号表征出数学的概念、一般规律和结构等，

---

[1] 史宁中：《学科核心素养的培养与教学——以数学学科核心素养的培养为例》，载《中小学管理》，2017（1）。

从而利用抽象由现实世界进入数学内部，学会用数学的眼光进行观察。比如，看到 10 幢楼房能抽象出数字"10"，看到魔方能抽象出正方体，通过解决实际问题能抽象出乘法分配律等，都是通过数学的眼光观察显示世界，进而抽象成数学对象进入数学世界的过程。

根据抽象的深度史宁中教授将其分为简约阶段、符号阶段和普适阶段。[①] 其中简约阶段是指在理解、掌握事物本质的基础上，将复杂的问题简单化、条理化，并用数学语言清晰地表达出来。也就是说，学生面对较为复杂的文字或图片时，能够从中提取出关键信息，并转化为数学问题进行解决。符号阶段是指去掉对象的具体内容，能够利用概念、图形、符号、关系等表示其数学本质。例如，学生在学习乘法分配律时，在大量具体实例的基础上，能够用字母表示乘法分配律。普适阶段是指运用假设和推理将研究对象抽象成相应的模型后，利用模型在一般意义上解释其他的对象。例如，学生在学习加法模型后，能够应用其解决"求两个部分的和""谁比谁多""谁比谁少"等类型的数学问题。

二、用数学眼光观察的教育意义

用数学的眼光观察和发现生活中的数学，不仅能激发学生学习数学的兴趣，还能积累用数学眼光观察生活的经验，提高将生活与数学联系的意识，在经历中感悟数学的价值。只有学会用数学的眼光观察生活，才能利用数学知识创新出更先进的技术服务于生活，让数学达到"源于生活，高于生活"的效果。

学生用数学的眼光发现规律，不仅体会到数学存在于生活中，还能感受到数学知识能让生活更加简捷、便利，这也大大激发了学生学习数学和探索生活的热情。生活中的很多事物都有一定的规律和必要的联系，而这些规律往往和数学知识有着密切的联系。例如，生活中常常遇到一些表示相反意义的量，如温度、海拔等，这些量可以用数学中的正数和负数表示。学会用数学的眼光观察生活，可以帮助学生提升数学化的能力。

用数学的眼光观察，培养学生的数学思维。数学知识是对现实生活

[①] 史宁中、孔凡哲：《"数学教师的素养"对话录》，载《人民教育》，2008（21）。

进行抽象的结果，这个抽象过程需要学生用数学的眼光将客观事物的信息进行加工。比如，在学习"植树问题"时，学生需要在头脑中将一棵棵树抽象成一个个点，将两棵树之间的距离抽象成线段。在这个过程中，学生的数学思维就得到了极大的锻炼和提升，使数学知识应用于生活成为可能。

三、用数学眼光观察的教学策略

（一）在动手操作中探索数学规律

动手操作是一种能够充分激发学生主动性的学习活动，它具体化的特性有利于帮助学生建立表象，理解学习对象及其背后的知识本质。动手操作需要学生同时调动多种感官参与学习活动。由于学生的知识基础有限、观察能力较弱，观测的结果容易出现不真实、不完整、不具体等问题，这就要求教师在学生学习过程中进行有效的指导。在指导过程中，教师要帮助学生排除头脑中的错误经验，引导学生经历结构化的学习过程，在动手操作中观察、归纳事物的数学规律和知识本质。例如，在"小数的性质"这一课的教学中，教师可以利用大小相同的两张正方形纸板，引导学生思考"如何用 0.3 和 0.30 分别来表示它们相同的一部分"。学生通过对正方形纸板进行分割、涂色，发现涂色的部分是相等的，进一步理解 0.30 是 30 个 0.01，即 3 个 0.1，0.3 也是 3 个 0.1，所以 0.3 等于 0.30。

由此可见，在直观学具的引导下探索问题，并用数学的眼光观察数学现象，有助于学生积极地动手实践、动脑思考，让学生在观察、操作、猜想、推理与交流中，由感性认识上升到理性认识，同时也掌握了有效的学习策略。

（二）在数学表达中聚焦数学知识本质

有意义的观察必须以明确的观察目的为前提。只有目标清晰，观察才有针对性，才能发现问题、得到收获。在这个过程中，教师要加强指导，引导学生通过观察提出有价值的数学问题，并在表达中不断对数学现象进行抽象，逐渐发现数学知识的本质。

抽象的方法主要有两种：对应和内涵。[①] 低年级的教学主要以对应的方法为主，重在让学生感悟，用自己的语言为研究对象命名。随着学生思维发展的成熟，逐渐采用内涵的方法，重在让学生理解研究对象的本质，并能够用下定义的方式表达数学内涵。比如，在一年级学习"数的认识"时，教师引导学生从三只兔子、三支铅笔等对应到三根小棒，然后再让三根小棒对应成数字"3"。在这一过程中，教师试图让学生感知数是一种符号的表达，即对数量的抽象，换言之，数字"3"就是学生数学抽象的结果。随着思维的发展，学生对"3"的理解在不断地加深，知道数字"3"在不同场合的使用，比如，3厘米可能是一块橡皮的长度，却不可能是一条小路的长度。而这时学生的数感同时得到发展，抽象的核心是舍去现实背景，而数感的核心则是回归现实背景。

（三）在问题解决中实现数学化

数学化是学生重要的数学能力之一，而学会用数学的眼光观察生活则是数学化的首要条件。观察生活是激发求知欲望的重要来源，教师要让学生接近现实，启发学生从观察中求知，挖掘观察对象的重要特征，深入了解观察对象和数学知识之间的联系。例如，在"十几减九"的教学中，可以让学生先观察情境，提取数学信息，排除与数学无关的干扰信息，进而提出数学问题，引出"15－9＝?"这一问题。接下来组织学生进行小组学习，利用小圆片，通过摆一摆、想一想、说一说等活动，让学生在生活情境中用数学的眼光观察事物，探究数学本质，理解抽象的数学知识，再回到实际生活中运用并解决问题。

【典型案例分析】

从猜想到验证，用数学的眼光去观察
——"圆柱体积"案例分析
北京市丰台区东高地第二小学　石莹

一、教材分析

"圆柱的体积"为北京版数学教材六年级下册第一单元的内容，属于

[①] 史宁中：《学科核心素养的培养与教学——以数学学科核心素养的培养为例》，载《中小学管理》，2017（1）。

"图形与几何"领域。关于该领域，《义务教育数学课程标准（2011年版）》强调，数学学习要促进学生建立空间观念，初步形成几何直观和运算能力，发展形象思维和抽象思维。在此之前，学生已经掌握了圆面积公式的推导，并能熟练计算圆的面积和长方体、正方体的体积。因此，教师在设计教学过程时，要以学生的认知发展水平和已有经验为基础，借助动手操作活动，引导学生用数学的眼光去观察，帮助学生在直观形象和抽象表征之间建立密切联系。

爱因斯坦曾经说过："若无某种大胆放肆的猜想，一般是不可能有知识的进展的。"本课充分利用学生的已有知识经验，鼓励学生动手操作、发现联系、大胆假设、小心求证，并通过圆柱体积的计算方法，整合长（正）方体体积与圆柱体积的计算方法，从而拓展延伸归纳出直柱体的体积计算公式。力求以"圆柱体积"一课为载体，整理小学阶段与此有关联的知识，培养学生的归纳推理能力。

二、学情分析

通过对学生进行课前调查发现，已有近50%的学生知道圆柱的体积公式，其中有近10%的学生对圆柱体积公式的含义理解为"与长方体同理"，5%的学生能用文字或画图的方式将圆柱转化为长方体，进而推导圆柱的体积。由此可见，许多学生在正式学习该内容之前已经获得圆柱体积的相关知识，但是大多数学生仍"知其然而不知其所以然"。同时关于圆柱表面积和体积的关系，部分学生存在认识误区，认为"圆柱的侧面积越大，体积就会越大"。

在合理推理中猜想，从验证操作中归纳。基于学生的认识基础，本着把课堂还给学生的教育理念，教师在组织教学时放手让学生探索，力求让学生在数学活动中发现规律，在动手操作中探究知识的本质。通过这节课，学生不仅要掌握求圆柱体积的方法，还要将体积的相关知识串联成体系，形成整体认识。

三、教学设计

（一）活动一：试试你能围成什么立体图形

从平面图形到立体图形是从二维到三维的改变，对学生的抽象思维水平有了更高的要求。动手操作是学生融入课堂的重要途径，学生只有亲自参与、真正体验，才能有切身的体会。从制作立体图形开始，感受从面到体的转化；以同样的侧面围成不同的立体图形，感受侧面和体积的关系；以同样高度的立体图形为一组进行分组比较，感受底面积与高的关系。从操作中获取经验，在经验中比较、整合、归纳、抽象底面积和高与直柱体体积的关系。

在这个活动中，教师以旁观者的角度适时为学生指引方向，引领学生用数学的眼光发现问题、解决问题。学生在教师的引领下渐渐地从最初的"手工制作"过渡为模型的建立。

1. 活动过程

（1）用 A4 纸做侧面，围成一个立体图形

要求：纸的边沿完全重合，不出现重叠；小组内制作的立体图形不重复。

观察并思考：A4 纸的长和宽分别相当于围成的立体图形的哪个部分？

设计意图及分析：活动之初，强调制作立体图形时纸不能出现重合。只有这样才能保证围成的立体图形有相同的侧面积。有的学生能用 A4 纸围出三棱柱、长方体、八棱柱、圆柱等立体图形，有的学生能围出底面是不规则图形的直柱体。学生的思路一开始可能会受到限制，较多出现学生较为熟悉的圆柱和长方体，这时教师及时展示学生的其他作品，可以激发学生的思维，创造出更多的直柱体。

（2）选取学生的作品，在黑板上按"高"进行分类展示（如图 7-1）。

图 7-1　学生课堂展示

设计意图及分析：学生在往黑板上贴立体图形时，引导学生按照高的不同进行分类摆放。以 A4 纸的长为高的分为一组，以宽为高的分为一组，这样的分类就使得每一组的立体图形除了侧面积相等外，还具有相

同的高和底面周长。

（3）选取其中一组，观察以宽为高的一组立体图形

师：说一说以宽为高的一组立体图形的特点。

生：高相等，侧面积相等，底面周长相等。

师（追问）：体积也相等吗？

（此时学生会迟疑、思考，进而给出"体积不等"的结论。）

师（追问）：你觉得谁的体积最大？

（此时学生会思考哪一个立体图形的体积最大。有的学生会通过观察，感觉圆柱的体积最大，但未必能说清楚原因。有的学生会觉得圆柱体积最大，因为圆柱底面圆的面积最大。）

设计意图及分析：观察等高的一组立体图形，学生会发现这些图形的相同点，即侧面积相等、高相等、底面周长相等。此时抛出"体积是否相等"这个问题，学生的直觉是相等，但马上会结合自己制作的过程发现，好像体积并不相等。因此，学生此时必然会去思考到底相等不相等，并会主动地去一探究竟。学生通过观察、推理发现，这些立体图形的高都一样，底面越大的体积就越大。学生还可以通过"周长相等时，圆的面积最大"来推测出这些立体图形中底面积最大的是圆柱，因此体积最大的也是圆柱。

（4）探究这些立体图形的体积与什么有关

师：你觉得这些立体图形的体积与什么有关？

生：底面积和高。

师：（追问）立体图形的体积和底面积、高有什么样的关系？

生：当高一定时，底面积越（大），体积越（大）。

师：（追问）当底面积一定时呢？

生：底面积一定，高越（大），体积越（大）。

师：（追问）与侧面积有直接的联系吗？与底面周长呢？

生：没有。这些立体的侧面积、底面周长都相等，可体积却不相等。

设计意图及分析：通过动手操作，在观察和分析的过程中，学生不难发现圆柱的体积与底面积和高有关。不仅如此，学生也能感受到侧面积和底面周长都不能直接决定圆柱的体积大小。

2. 活动分析

(1) 学生以 A4 纸为侧面围成立体图形

在这个活动中，学生可以围成圆柱、三棱柱、长方体、五棱柱等直柱体。这些立体图形共同的特点是具有相同的侧面积，不同之处是有两组不同的高，即以 A4 纸的长为高或以 A4 纸的宽为高。以动手操作的活动导入，不仅能激发学生的学习兴趣，让学生"乐学"，还能让学生在制作立体的过程中感受直柱体侧面积、底面积、底面周长、高和体积之间微妙的关系，让学生用数学的眼光去观察，培养学生"善学"的能力。

(2) 观察立体图形，发现体积与高和底面积有关

把学生制作的这些立体图形按高的不同进行分类摆放，方便学生在等高的条件下比较立体图形的体积大小。当学生面对"这些立体的体积是否相等"这一问题时，部分学生最初的想法是"一样的 A4 纸围成的，体积肯定相等"。但学生会尝试结合制作的过程，转为思考"好像不太一样，到底怎么不一样了？怎么可能会不一样呢？"等平时较少思考的问题，刺激学生重新用数学的眼光去观察、审视产生的认知冲突。

(3) 在探究中解决底面积、高和体积的关系

通过操作、观察和讨论，学生能总结出这类立体图形的体积与底面积、高的关系，即"当高一定时，底面积越大，体积越大"和"底面积一定时，高越大，体积越大"。同时，活动还能帮助学生初步感受到"侧面积相等的立体图形，体积不一定相等"，而这个认识误区也往往是学生错误率较高的地方。

（二）活动二：猜想、验证圆柱体积

很多定理的获得都是从猜想开始的，合理的猜想是科学进步的推动力。学生在学习过程中欠缺的就是猜想和验证的过程。提出问题比解决问题更重要。我们的学生如果只是习惯于"认同"和"遵守"，那会是一件很可怕的事情。因此，在教学中，教师要鼓励学生大胆猜想，小心求证，培养学生用数学的眼光去观察、发现，从数学的角度去思考、验证。

1. 活动过程

(1) 尝试计算立体图形的体积

师：这些立体图形中，你会计算哪个立体图形的体积？

生：老师，我会计算长方体的体积，长方体的体积＝长×宽×高（或底面积×高）。

（2）出示圆柱学具

师：请你猜一下它的体积怎么求？

生：圆柱体积＝底面积×高。

（3）以小组为单位讨论如何验证：圆柱体积＝底面积×高

第一步：把圆柱等分转化为长方体（教具操作，课件演示，如图7-2）。

学生操作学具展示转化过程，课件辅助演示，发现长方体与圆柱的关系：长方体的底面积相当于圆柱底的面积、长方体的高相当于圆柱的高。

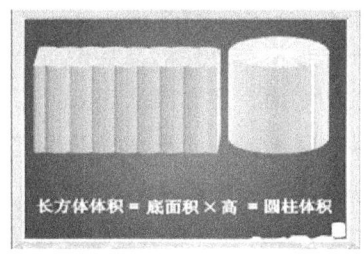

图7-2　学生小组讨论

第二步：叠加无数个圆（图7-3）。

以一个圆为底面进行叠加，当无数个同样的圆叠加在一起的时候，就会出现一个高度，更多的圆叠加在一起的时候，就形成了一个圆柱。这个圆柱的体积就是无数个"底面"的体积和，所以实际上底面积乘高就是以"高"为倍数的"底面积"。

图7-3　教师PPT展示问题解决方法

设计意图及分析：从熟悉的长方体体积入手，学生更容易在长方体和圆柱之间建立联系，或者是将圆柱转化为长方体，或者是采用叠加的方法，学生都能找到联系，进行合理的推理验证。

2. 活动分析

圆柱体积公式的推理过程是学生的理解难点。该学习活动的目的是让学生以较为熟悉的长方体体积公式为基础，猜想圆柱的体积公式，再让学生通过动手操作和推理验证对圆柱体积公式进行猜想，最后通过应用圆柱体积公式，发现侧面积相等、高和底面积不相等的圆柱的体积不一定相等。

学习过程中，学生可以结合圆面积公式的推导方法，把圆柱的底面圆平均分成若干小的扇形，接下来沿着高把圆柱平均分成若干份后，拼插成一个近似长方体的立体图形，从而发现新的"长方体"的底面、高与圆柱的底面、高之间的联系，最终推导出圆柱的体积公式。教师可以给学生提供相应的学具辅助学生完成验证过程，并通过课件演示帮助学生更加直观地探究圆柱与转化后的"长方体"之间的联系。

(三) 活动三：归纳直柱体体积

从特殊到一般的归纳整理，是知识的再一次升华，是学生用数学的眼光进行观察和经验比较获得的。通过将两个侧面积相等，但底面积和高都不等的圆柱进行对比，先让学生猜想体积的大小关系，但是这些生活经验和目测的感觉并不能准确确定圆柱的体积大小。学生在无法获得准确答案的情况下，必然会产生用数学的眼光去观察的需要，必然会选择通过推理的方式确定大小关系。

1. 活动过程

(1) 取出分别以 A4 纸的长和宽为高围成的两个圆柱

师：两个侧面积相等，但高和底面积都不等的圆柱，谁的体积更大？还是一样大？

学生的答案出现了分歧（一样大、以长为高的大、以宽为高的大）。学生会自发表示需要计算验证一下。

（2）给出 A4 纸相关数据，学生分小组分别计算两个圆柱的体积，验证猜想

结论：侧面积一定的圆柱，因为它的底面积和高不等，所以体积未必相等。

（3）说说其他立体图形的体积怎么求

师：你还能说出其他立体图形的体积怎么求吗？

生：直柱体体积公式是底面积乘高。

2. 活动分析

以圆柱体积公式的构建为基础，归纳直柱体体积公式。学生还可以以"若干个半径相等的圆形纸片进行叠加"的方法，推导并验证圆柱的体积。在推导过程中，教师要让学生明白，圆形纸片虽然薄，但还是具有一定厚度的，既然有厚度，就应为一个圆柱，所以叠加的是一个一个高很小的圆柱，而不是圆形。叠加的方法还可以帮助学生对直柱体体积的公式进行猜想、验证。

板书设计见图 7-4。

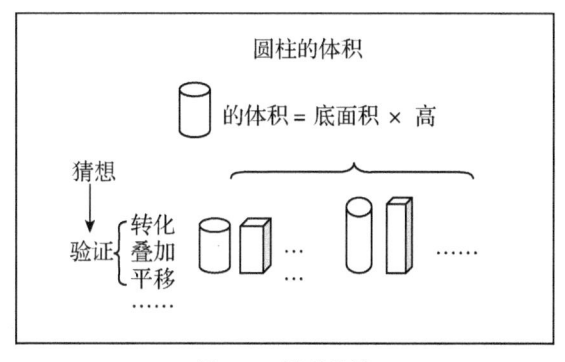

图 7-4　板书设计

教学流程图见图 7-5。

高斯说："数学中的一些美丽定理具有这样的特性——它们极易从事实中归纳出来，但证明却隐藏得极深。"圆柱体积计算公式的推理与验证就需要学生首先用数学的眼光去观察，进而培养学生较高的抽象能力。教师在设计本课活动的时候，以圆柱的体积为载体，从一个知识点出发，整合一个学段的知识，把小学阶段学习的立体图形体积进行梳理及拓展，引导学生观察提出数学问题，在动手操作中探索规律并验证猜想，在数

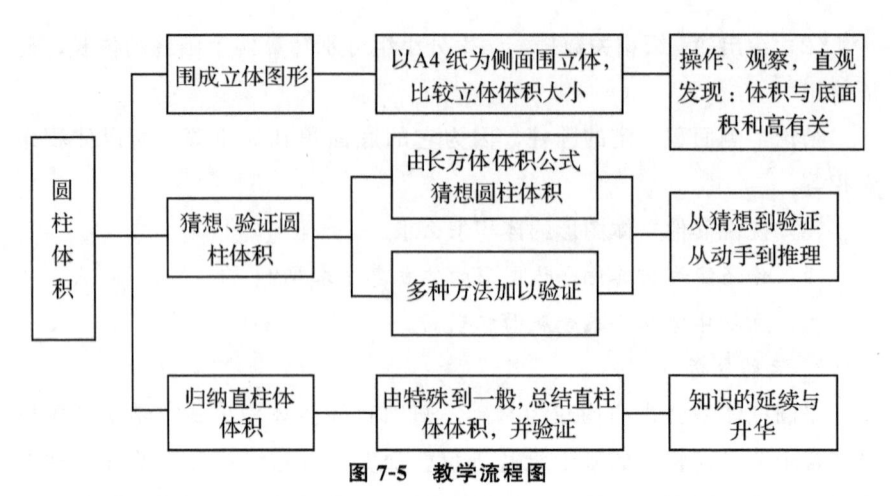

```
                    ┌─────────────────┐    ┌─────────────────┐    ┌─────────────────┐
                    │                 │    │ 以A4纸为侧面围立体,│    │ 操作、观察,直观 │
                    │  围成立体图形   │────│ 比较立体体积大小 │────│ 发现:体积与底面 │
                    │                 │    │                 │    │ 积和高有关      │
        ┌─────┐     └─────────────────┘    └─────────────────┘    └─────────────────┘
        │圆柱 │                            ┌─────────────────┐
        │     │     ┌─────────────────┐    │ 由长方体体积公式│
        │体积 │─────│  猜想、验证圆   │────│ 猜想圆柱体积    │    ┌─────────────────┐
        │     │     │   柱体积        │    └─────────────────┘    │ 从猜想到验证    │
        └─────┘     │                 │    ┌─────────────────┐────│ 从动手到推理    │
                    └─────────────────┘    │ 多种方法加以验证│    └─────────────────┘
                                           └─────────────────┘
                    ┌─────────────────┐    ┌─────────────────┐    ┌─────────────────┐
                    │  归纳直柱体     │    │ 由特殊到一般,总结直柱│ │ 知识的延续与   │
                    │    体积         │────│ 体体积,并验证    │────│ 升华           │
                    └─────────────────┘    └─────────────────┘    └─────────────────┘
```

图 7-5　教学流程图

学对话中聚焦数学知识本质，最终通过推导、验证的方法解决问题，逐步实现数学化。

【话题讨论】

借助想象策略，培养低年级学生空间观念

北京市海淀区中关村第三小学　聂晋文

空间观念是创新精神的基本要素之一，发明和创造大多离不开空间观念和空间想象力，因此培养学生的空间观念是我们教学的重要任务之一。《义务教育数学课程标准（2011年版）》也将发展空间观念作为核心概念和目标，并在三个学段都设置了发展学生空间观念的内容。

那么，到底什么是空间观念呢？《义务教育数学课程标准（2011年版）》从如下四个方面对空间观念进行了刻画。第一，根据物体特征抽象出几何图形，根据几何图形想象出所描述的实际物体；第二，想象出物体的方位和相互之间的位置关系；第三，描述图形的运动和变化；第四，依据语言的描述画出图形。

对于直观操作思维占优势的小学生而言，操作活动是其认识的基础，智慧的生长是从动手操作开始的。因此，低年级的教学活动大多都以直观形象为主，让学生亲自观察和体验，缩短现实事物与学生认识之间的距离。但这并不意味着抽象的空间想象在低年级就不重要了。空间想象力本身就是通过学生空间感知经验的积累，逐步发展起来的，这一能力

的形成，需要从低年级就开始一点一滴地渗透。

通过查阅文献、访谈教师、实践探索等方法，我总结了一些有效的想象策略，可以用来培养低年级学生的空间观念。

一、指导学生想象

指导学生想象即指导学生根据物体特征抽象出几何图形，根据几何图形想象出所描述的实际物体。具体而言，可以通过如图 7-6 所示的四步完成。

有指导的想象 → 操作验证 → 方法的总结 → 再次想象

图 7-6　有指导的想象流程图

（一）引导指导

借助言语的引导，引领学生思路，帮学生分析、综合、抽象、概括，使空间观念的形成更加清晰。

（二）操作验证

由教师或学生进行操作，并提出问题，以此验证。

（三）总结方法

结合学生回答，教师总结提炼想象的方法。

（四）再次想象

学生运用之前学习过程中总结出的方法再次想象。

以北师大版数学教材二年级上册"折一折，做一做"的内容为例，有如下的环节设置。

师：这个图（图 7-7）能不能用对折—画—剪的方法得到呢？

图 7-7　学习材料

师：现在先独立思考，在脑子里将这些图形折一折。

师：请拿出老师发的小纸片。如果你觉得可以得到，请将这个图形的一半涂上颜色。

（学生操作）

（教师呈现涂了左半部分的音符）

师：你们和他一样吗？

生：一样/不一样。

师：我们先请觉得这样涂正确的同学来给大家讲一讲吧。

生1：刚才我们说这两边的图形应该是大小、形状一样的，所以我在中间画了一条线，这条线两边的图形是一样的，所以我觉得可以这样做。

师：有没有同学有不同意见？

生2：老师，我觉得不能涂。我是这样做的（将音符对折，变成半个）。你看，这边是这样的形状，你想一下，那边应该是这样的（用手画出来），然后我打开，两个不一样。

师：有谁听明白了？咱们一起来试试吧。同学们，现在可是发挥你们想象力的时候了，睁大眼睛啊。现在想象，我手中有一把剪刀，把图形沿着这一半剪下来，会是什么样？好，在你们的脑子里想想，先不要说话，使劲在脑子里想，剪出来是什么样的？想到了吗？那我可打开了，和你们想象的一样吗？

生：一样。

师：有些同学用眼神告诉我，他想到了，有些同学好像还有一点困惑。没关系，还有谁有不同的方法吗？

生3：我把音符这样折（将音符左右对折，留下图形的一半），然后这是我刚才剪的衣服的小样（将衣服的小样左右对折，留下图形的一半）。你们看，现在音符的符头是朝左的，衣服的袖子也是朝左的。然后我打开衣服，它另外一边袖子是朝右的。如果音符也能涂，它的另一个符头应该也是朝右的。但是它是朝左的，所以不能涂。

师：太棒了，借助之前咱们剪的图案，用对比的方法证明了音符不能涂。那除了这种方法，还有别的方法吗？

生4：老师，我又剪了一个。你们看，我先对折，按照这个音符的一半画了图形，然后剪出来。发现剪出来的两个符头一个朝左一个朝右，而小纸片上的符头都是朝左的，所以音符不能涂。

师：他的图形有点小，老师这里有一个更大的，咱们再看一次。（将音符左右对折，留下一半。再将剪好的音符对折，暂不打开。）你们看，这两个图形是一样的吧？符头都朝左。请你们再跟着我想象一次，如果把这边这个剪好的打开，符头应该是怎样的呢？想想，用你们的手指一指打开这边的符头的方向，现在我打开啦，真的是朝右的。再看看咱们的音符，另一边的符头是朝哪边的？

生：朝左。

师：所以它能涂色吗？

生：不能。

在教学过程中，教师进行了有层次的处理：先让通过想象解决问题的学生分享其方法，并通过言语的指导带领所有学生在头脑中进行空间想象；随后借助其他轴对称图形，再带领学生进行想象；最后通过"剪"这种直观的操作方法，带领学生进行想象。整个过程由难到易，同时对想象结果进行了细致的指导。学生在这样的多次想象中，对轴对称图形沿对称轴展开应该是何形状有了更深的体会。

二、借助表象"说"未知

在实际教学中，受到各种条件的限制，部分概念无法让学生看到或直接感受到。这时候，可以充分发挥言语的作用，借助学生已经有的几何概念，先进行想象，然后把看不到的空间形式"说"出来。这样的过程有利于学生感知并想象出某些具体的和空间观念有关的概念，也就是培养空间观念的第二点。

例如，在学习"1千米有多长"时，学生首次接触到"千米"这一单位，它和已经学过的"米""分米""厘米""毫米"等长度单位不同，是唯一一个不能直接感知的单位。要让学生理解1千米有多长，可以让学生以已经认识的米为单位，先感受10米有多长，再想象10个10米有多长，再想象10个100米有多长。学生想象完后，请他们自己再次想象1千米有多长并用自己的话描述出来。此时，学生经过想象后，能说出"家里的沙发长2米，500张沙发首尾相连就是1千米"，这样就是用已经学过的单位来帮助认识千米。

三、通过分层设计来提升不同水平学生的想象能力

分层设计，顾名思义，就是将需要学生想象的内容根据想象的难易程度分成两层，先呈现难度较大的设计，给学生一定时间想象，而对于那些无法想象出来的学生，则进一步呈现难度较小的设计，通过呈现点子图、网格线等辅助性的工具来帮助想象。这对于全面培养学生的空间观念有着重要的意义。

例如，在讲授"长方形与正方形"一课时，学生了解并验证了长方形和正方形的特点后，教师出示图 7-8 中的左图，并提问："请你们想象，如果要把这个图形变成长方形，应该怎么办？在脑中试着移动这个图形的边。"接着对不能想象出来的学生，出示图 7-8 中的右图，请学生再次想象。有了网格线的提示后，学生更容易将平行四边形的四个角变为直角，从而更容易将它的边进行移动，变成长方形。

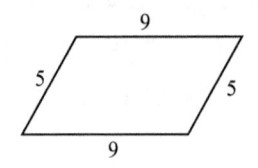

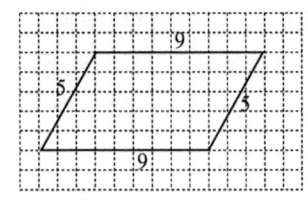

图 7-8　学习材料

四、借助多媒体外化想象过程

数学规律的发现过程，往往要经历猜想—验证—修正的过程。可见猜想对于发现规律来说至关重要，而猜想总以联想为起点。因此，在教学中应该借助多媒体呈现直观生动的表象，诱发学生展开联想，由联想再进行猜想，从而让学生经历从问题产生到问题解决的全过程。这样的过程，有利于学生形成从头到尾解决问题的思考方式，同时也发展了他们的空间观念。

例如，在"长方形与正方形"一课中，请学生将平行四边形变成长方形。在移动平行四边形时，先让他们自行在脑中进行想象，随后给学生提供平板电脑，借助 Quick Graph 软件，让他们通过动手操作移动平行四边形的边来得到长方形，最终验证他们的想象。而在平板电脑上操作的过程也是将他们脑中所想外化的有效手段。

综上所述，这四种具体的想象策略，在发展和培养低年级学生空间观念中能起到一定的作用。

"图形与几何"领域是小学数学的重要组成部分，其核心价值是发展学生的空间观念。空间观念的培养不是一蹴而就的，需要一个长期培养、逐步形成的过程。想象就是其中一个合理有效的培养策略，能让学生在丰富的空间感知的基础上，借助各种想象方法来积累经验，逐步形成空间想象力，进一步发展学生的空间观念。

亲历活动过程　积累数学活动经验
——以"线段、直线、射线"为例
重庆市北碚区中山路小学　胡蓉
重庆市北碚区朝阳小学　郭勇

基本活动经验是指学生直接或间接经历了活动过程而获得的经验。数学基本活动经验是一种缄默知识，包含对数学的情感、态度、价值观以及对数学美的体验，也包含渗透于活动行为中的数学思考、数学观念、数学精神等，还包含处理数学对象的成功思维方法、方式等，获得数学活动经验是我国义务教育阶段数学教育教学的目标之一。

数学活动经验是教师没有办法"教"给学生的，必须由学生通过参加大量的数学活动逐步获得，在"经历"中明白，在"经历"中领悟，在"经历"中收获。这个过程不可能一蹴而就，也不会一帆风顺，需要学生在这个过程中不断磨砺、慢慢积淀、逐步积累、渐渐深化。接下来，本文就以"线段、直线和射线"一课为例，浅谈如何让学生亲历活动过程，积累数学活动经验。

一、用感知材料，唤醒经验

感知是认识的初级阶段，为其他的心理活动提供了丰富的感性材料。从具体到抽象，从感性认识到理性认识，这是认识论的基本规律。数学学习也不例外，感知是数学学习的初始环节。建构主义学习观认为，生活情境或现实情境只有建立在学生已有的经验基础之上，学生才可能主动去感受并用已有经验去理解它。在数学学习中，适宜的情境使经验有新异感，贴近生活的选材使经验有亲切感。下面是创设情境导入的教学片段，利用毛线和主题图，让学生体会"直"。

师：我这有一根毛线，把它轻轻一拉，这根毛线就变——

（学生观察教师手中毛线的变化。）

生：变直了。

师：生活中有许多直直的线，瞧！（出示主题图）

师：明明和爷爷住在一个风景优美的山村里，夏天的傍晚，他们正在屋外乘凉。在图中你找到了哪些直直的线？

生1：电线杆、电线。

生2：房顶的边。

生3：鱼竿的线。

……

师：生活中的线有很多很多，这些线把我们的世界装扮得如此漂亮。今天就一起来研究这些直直的线。

通过"拉毛线，体会'直'"的情境呈现，以及"从主题图中找直直的线"，带领学生用数学的眼光来体会这些线共同的特征。学生通过有目的、有计划的观察活动，能切实地、生动地获得大量的感性材料，发展丰富的感性经验。

二、在操作活动中，获取经验

数学活动经验必须由学生通过经历大量的数学活动，在对学习材料的第一手直观观察、体验中逐步获得，是在"操作"中积累的。看、画、量、摸、数等数学活动，可以让学生的多种感官参与知识的探究与发现过程，让学生在动手操作中获取知识、理解知识。

（一）多种方式的操作

1. 老师画线段

师：仔细看我是怎么画的。

2. 学生画

师：你能像我这样画一条线段吗？

3. 观察并找出线段特征

师：刚才我们画了线段，仔细观察这些线段，你觉得线段有哪些特征？

4. 测量长度

师：想知道你刚才画的线段有多长吗？请测量一下。

师：看来线段有的长、有的短。线段可以测量出长度，这说明线段是有限长的。线段的长度为什么是有限的？

5. 找生活中的线段

师：生活中你还看到过哪些线段？你可以和小组的同学交流一下。

(二) 多次操作（画）

1. 两点间画线段

师：先在纸上确定两点，再以这两点为端点画一条线段。这一次画的线段有多长？请测量一下。刚才测量出来自己画的这条线段的长度就是这两点间的距离。你画的两点间的距离是多少？

2. 画直线

师：刚才我们画了线段，还知道了线段的长度就是两点间的距离，想不想再来画直线？请完成如下练习，思考问题并回答。

经过一点画一条直线。

经过一点在 30 秒内画直线，能画几条？不限时可以画几条呢？

你觉得这一点为端点，可以画多少条射线？

通过让同学观察教师画线段，经历独立画线段、观察线段、量线段、找到线段特征的过程，再回顾生活中的线段，发展了学生的数学眼光，激发了学生的数学学习兴趣，帮助学生获得了丰富的操作经验。

三、从梳理提炼中形成经验

"学而不思则罔，思而不学则殆"是古训，也是学习的亘古不变的信条。学生通过观察，获得原初经验，并进行学习、交流和尝试，在实践、评价、反思中不断内化这些经验，形成数学眼光。优化数学活动经验，使之系统化、科学化，并逐渐发展成为学生的数学素养，使学生保持持久的学习动力。

(一) 回顾过程，总结方法，实践尝试

1. 用学习线段的方法自主学习直线和射线

师：回顾刚才学习线段的方法，你能自主学习直线和射线吗？

（引导学生归纳：先画、再观察、然后举例。）

师：咱们是先画，然后观察端点和长度的特征，再在生活中举例来认识直线和射线。你能用这样的方法，和小组的同学一起进一步地了解直线和射线吗？

2. 学生合作学习

小组合作学习，并交流。

3. 全班反馈

小组为单位带上自己的作品进行展示。在全班交流自己学习时的方法和过程。对全班学生进行点评。

学生并不能完全主动地获得充足的数学活动经验，这个过程需要教师的积极参与。教师要努力成为学生梳理经验、形成经验、整合经验、优化经验的指导者、帮助者。教师要及时组织学生对参与的数学活动进行讨论与总结，引导学生检查自己的思维活动，形成、提升和丰富数学活动经验。

数学学习应当是一个生动活泼的、主动的和富有个性的过程。在这个过程中，通过培养学生的数学眼光，给他们足够的时间和空间去经历观察、实验、猜测、验证等活动，帮助学生积累丰富的数学活动经验，为学生学好数学、提高数学素养奠定基础。

找准教学起点　设计教学活动

北京师范大学大兴附属小学　刘平

《义务教育数学课程标准（2011年版）》指出，教师教学应该以学生的认知发展水平和已有经验为基础，面向全体学生，注重启发式和因材施教。教师要发挥主导作用，处理好讲授与学生自主学习的关系，引导学生独立思考、主动探索、合作交流，使学生理解和掌握基本的数学知识与技能，体会和运用数学思想方法，获得基本的数学活动经验。由此可见，教师只有找准了学生学习的现实起点，才能顺着学生的思路设计教学过程，才能让学生更好、更深刻地理解所学知识。

一、面对学生的"会"，合理设计教学活动，深入理解

随着时代的发展，现在的学生可以接触到方方面面的信息，这使得他们的认知基础不再局限于学校学习的认知层面。对于一些学生来说，教材中的某些知识点并不陌生。教师凭主观认识设计教学，就满足不了学生学习数学的真正需求。教师应该了解学生的真正基础，找准学生的"学"与教师的"教"的对接点，使课堂教学满足学生的学习需求，教给他们需要的知识。但也有一些知识学生虽然见过，但真正体会过的却很少。如"吨"，这是一个质量单位。前面学生在学习克和千克的时候

可以掂一掂、称一称，教师也为学生准备了看得见、摸得着的物体，一节课下来，学生有了很多感知。而在学习吨的时候，学生对吨虽然见得多，但真正的体会和感知甚少。吨是一个比较抽象的概念，教师在课堂中呈现不了1吨的物体，学生不能亲自体验，平时接触得也不是很多，怎么办？看不到，掂不了，如何让学生学习？面对学生这样的起点，我从多角度让学生不断地感知、体验，让学生对吨的认识逐渐全面、具体。

（一）从质量上感知轻重

在感知1吨的质量上，教师是这样安排的："老师给每个人提供一次机会，抱一抱25千克一袋的大米，然后回去和周围人说一说你的感受。""一袋25千克，两袋大米多重？请两人把两袋大米抬到一袋大米的上面摞起来，再请三人抱抱这三袋大米，大家看看同学的表情谈感受。""然后再添上一袋大米，算算质量，100千克有多重？请大家抬一抬，并谈感受。"最后，在学生抱一袋大米的基础上让学生自己用手势演示出自己抱两袋、三袋、四袋的感受，再演示出自己抱200千克、300千克到1000千克的姿势，从学生的姿势——跪在地上、趴下、搂不过来等，使学生感受到自己抱不了1吨大米，1吨太重了！

（二）从声音上感知轻重

经过大家抱大米的活动，学生累了，教师让大家休息一下。学生闭眼休息时，教师把1克和1千克的大米从桌子上掉下去让学生说说感觉。接着让学生想象，并谈谈1吨的大米掉下来可能有什么感觉？使学生增加生活经验。

（三）从数量上感知轻重

教师告诉学生："据统计，一名三年级的学生大约33千克，请估一估班里有多少人合起来大约重1吨？"接下来，教师请33名学生走上台，对于这些数量再让学生谈谈感受。同时，教师还把40袋大米摆在教室的后面，让学生看看1吨大米的数量有多少。最后，教师让学生完成"凑1吨"的练习（图7-9）。

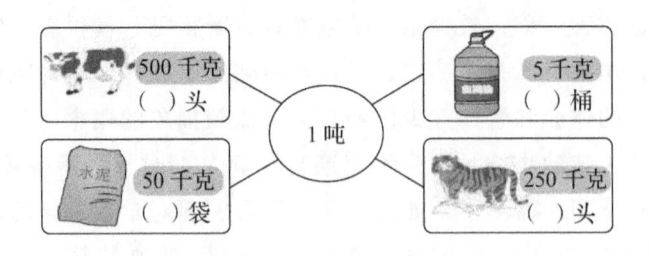

图 7-9　课堂学习问题

（四）对比中感知轻重

最后教师把克、千克和吨联系起来，出示图 7-10，让学生在观察和比较中感知吨的大小。

图 7-10　PPT 图片展示

二、面对学生的"会"，合理设计探究问题，高效实用

新知学完后，教师都要让学生进行练习，有的教师说学生都会做了，怎样练习呢？怎样让学生的知识有所提升呢？为了让学生既有趣地练习，又把知识不断强化，还又有新的收获，我经常把操作和练习相结合。

例如，五年级的学生在学习完长方体和正方体的知识后，我设计了"喝了多少水"这节课。

课前让学生准备一个下半部分是长方体的饮料瓶，并让学生先喝一部分。一上课教师就让学生提问，"看到这个瓶子，你有什么问题吗？"学生的问题很多："喝了多少水？""剩下多少水？""瓶子里可以装多少水？"最后一个问题对于他们来说比较简单，瓶子上写着呢。但当我要学生求出喝了多少水时，面对喝了的那部分体积不规则的水，学生一下愣住了。原来这个普通的瓶子不简单！学生就此展开讨论，认识到水的体积是不规则的,所以把瓶子倒置后利用体积不变的原理,转化成求长方体的体积,就可以算出喝了的水的体积。随即学生根据长方体的体积计算公式直接求出了剩下的水的体积。

讲到这里学生好像还是觉得这就是个普通的瓶子呀!接下来我又问学生,"只要是喝了一部分水,就可以应用转化的原理算出喝了的水的体积吗?"学生点点头。我开始把水向外倒,学生立刻反应过来,瓶子里剩下的水不能太少,因为太少的话,把瓶子倒置过来之后,空余部分还是不规则的,没法求出喝了多少水。这时学生开始觉得这个瓶子还是有点意思的!

最后,教师通过梳理把转化思想做了一个总结,让学生感悟到小学阶段转化思想的应用价值。这节课,学生不仅收获了方法,学到了知识,还积累了经验。他们体验到,在自己平时的生活中,可以转化角度想问题。

三、面对学生的"似会非会",给予学生话语权,突破难点

学生不是一张白纸,在学习新知前,大部分学生都有了一些知识储备,但这些知识储备是否深刻、是否掌握就要看教师如何挖掘,如何通过交流发现问题,解决学生的困惑。例如,在学习"长方形的面积"时做如下的设计。

师:我们这节课要学习长方形的面积,你们对它有了解吗?

话音刚落,学生就抢着举手回答:"老师我知道""老师用长乘宽""我也知道"……

师:看来大家都知道长方形的面积怎样算,那谁能说说为什么这样算呢?

生:老师它不是有长和宽吗?

师:那为什么不是长加宽呢?

生:书上写的,没错。

课堂上教师给予学生足够的时间和机会表达了自己的意见、想法后,学生的兴趣一下被调动起来了,自己进入了反思状态,也让教师准确地找到了学生的认知起点,即学生只知道结果,不知道原因。在此基础上,教师才能有效地组织课堂教学,使学生由怀疑而探究,由缺憾而追寻。

学习过程是学生从不知到知，从知之不多到知之较多，最后形成较强的自我学习能力的过程。任何教学活动都要以满足学习者的学习需要为出发点和落脚点，为学习者服务；教学必须把学习者和学习起点作为焦点，以帮助每一个学习者有效地学习。课堂教学必须密切关注学生的学习需求。只有满足了学生的学习需求，课堂教学才是有生命的、有实效的。

儿童学习路径：基于学习者视角的数学教学新探索

江苏省南京市芳草园小学　高丛林

教育的目的是为了促进人的发展。如何促进学生主动学习和自主发展，是当前教育改革中的重点和热点问题之一。为了更好地将学习价值从工具性转移到人的发展性上来，教学中就要不断改变传统的教学方式和学习方式。其中，关注学生学习路径的研究尤为必要。其意义则在于"帮助教师基于学生学习路径找到相应的教学路径，从而实施有效的教学"[1]。

学习路径是对学生在某个特定教学领域的思维、学习的过程性描述，通过一系列相关联的学习任务，促进学生心理和思维水平的发展。学习路径不仅指学生学习达到既定目标的轨迹，也指在实现目标过程中教师的一系列教学活动，即学习路径是学生学和教师教融为一体的师生相互作用活动。

一、以学习路径明晰学生学习历程的具体表现

（一）学生的学习路径反映在教学的一般过程之中

学习路径体现在教学的一般过程之中，考察学习路径需要认识教学的一般过程。在教学中，某个阶段的教学行为活动大致可以分为以下几个阶段。首先，教师根据教学内容制定相应的教学目标，并根据目标设计驱动问题，把知识点转变为探索性、挑战性的问题，引导学生主动地展开探究思考。其次，教师围绕驱动问题设计逐层的锚基任务。这些任务有一定的层次性，又相互关联，体现学习的历程与进阶。学生会在完

---

[1] 张春莉、刘怡：《基于学生学习路径分析的教学路径研究》，载《中小学教师培训》，2015（9）。

成多项任务中获得体验,实现认知和技能的提升。同时,这种教学活动中安排的锚基任务间并不完全都是严格递进的。最后,教学中教师用好诊断性、形成性评价,让学生通过评价完善认知,促进自身发展。这就体现了教学评价促进学生发展的一致性要求。

(二) 思维和表征方式决定各自学习目标的达成

实现不同层次的学习目标,应有相应的、有效的学习路径,而学习路径将左右教学方法的选择。通常,教师根据教学目标设计的学习内容如果不能达到预期效果,其中重要的原因就是忽视了学生的学习路径。张春莉教授认为,学生已有的知识经验、思维过程和对知识的表征方式,是构成学习路径的三个要素。对学生已有知识经验加以分析和研究,是一切教学活动的基础,它能够帮助教师明确教学重难点,使教学更有针对性。根据学生个体学习思维水平之间的相互关系,可以归纳出不同的思维模式。教师的教学任务和教学策略,应该根据学生思维模式的不同而进行调整。学生不同的表征方式往往反映出他们对问题理解的不同水平,教师应该鼓励学生采用不同的表征方式,并加强彼此的理解。[①]

(三) 学习路径离不开学生在学习共同体中的互动

建构主义的学习理论指出,学习是个人通过同其他社会成员(教师、同学、家庭成员、朋友等)相互作用获得关于世界的全面解释。学习不仅是学生个人的建构活动,也是学习共同体合作建构的过程。何谓路径,《辞海》中的解释是到达目的地的路线。本研究探索的学习路径,是指研究学习者个体通过与其学习共同体,如教师、同学、家庭成员、朋友等相互作用,获得知识与技能、过程与方法以及情感、态度与价值观而达到目标的学习活动路线。教师的教学路径应该根据学生主动学习的路径而不断调整,鼓励学生采用个性化的表征方式,并加强不同表征方式之间的比较与理解。

二、学习路径能丰富学习者视角的课堂感受,提高教学认知的精细化程度

考察学习路径,从学习者视角描绘课堂教学的细节,帮助我们科学、

[①] 张春莉、刘怡:《基于学生学习路径分析的教学路径研究》,载《中小学教师培训》,2015(9)。

全面地分析学习者的学习心理，思考教学活动的意义。学习路径的设计让研究不局限在教师身上，转向研究学习者与学习过程及相互关系。教师的教应该根据学生学的进程和方式而不断调整。教学目标也不应只定位于知识传授，而应在于培养学生获取知识和更新、发现知识的能力，以及不断学习探索知识的兴趣和素养。

　　研究表明，教师拥有的知识量与教学行为之间没有太大关联。它在本质上是理论性知识拥有的量，而真正对教学行为产生作用的是情境性知识。达到学习目标的路径不是唯一的，虽然"条条大路通罗马"，但学习路径的达成有以下两种方式。一是直接通达，即理论知识对教学行为有直接作用，但这条路径的"信息流量"不大；二是间接通达，即理论性知识通过情境性知识对教学行为产生作用，虽然不是直接走向学习目标，可能学生在认识过程中的交流互动会花费时间和学习资源，但这条路径获取的"信息流量"往往更加丰富。

（一）数学教学案例的学习路径步骤分析

　　学习路径的研究，尝试多角度重构和解释数学课堂，以探究"教"与"学"之间的关系。通常教学研究关注教师的教是否有效，而进行学习路径的设计则研究学生对教师教的行为的理解，以及通过对教师与学生的课后访谈，试图对教学环节中数学活动事件做出合乎逻辑的解释。"角的初步认识"一课教学，运用学习路径设计，概括主要步骤如下。

　　1. 驱动问题

　　（1）思考

　　图形王国里的众多图形，是根据什么站成了两队的呢？（有角、无角）

　　（2）讨论

　　角无论躲在物品中，还是藏在图形里，有哪些共同的地方？（一个顶点、两条边）

　　2. 锚基任务

　　（1）找角

　　找一找生活中实物上的角，指一指角的顶点和边。

（2）做角

可以用教师准备的一些材料，也可以用自己身边的材料做出不同的角。

（3）画角

画出一个角，同桌间比一比角的大小。

3. 诊断性评价

（1）区分数学上的角和犀牛角的不同

（2）谈谈对角的认识

今天我们认识了新朋友——角，你回家能向爸爸妈妈介绍一下吗？

（二）把握数学学习路径、促进学生认知自然生成

我国古代思想家孟子信奉"深造自得"，认为知识的学习并非从外得来的，而是自然自得的，必须经过自己主动自觉地努力钻研，才能彻底领悟。与通常教学"认识角"相比，基于学习路径设计而创编的绘本版"爱心公主找朋友"的教学，通过驱动问题—锚基任务—诊断性评价，自然地引发学生活动和思考，学生的学就这样围绕着"认识角"不着痕迹地发生了。张春莉教授认为，教师在设计教学路径前，必须要明确学生已有的知识经验，教学过程应展现学生的思维形成过程，用学生在教学过程中表现出的个性化表征方式，检验教学目标的达成情况。因此，教师要关注教学目标的分解和具体化，教学中根据学生学习进程和学习探究方式的不同搭配、不断调适，使得学习目标的达成可以有不同的路径，而不同的学习路径体现不同的教学信念和教育发展的价值。

（三）数学教师教学要设计学习路径、为学生发展提供全程支架

从学习者的视角出发，在教学活动中教师不管采用什么教学方式，都是在帮助学生进行个人建构和社会建构。学习路径就是贯串整个学习活动的支架，基于学生的认知起点，遵循学生思维的规律和知识形成发展过程，形成以学生全面发展为核心的"绿色评价"体系。核心素养时代的学习应该是学生个体发生的、真实的深度学习。研究学习路径是为了引领学生经历有挑战、高投入、高认知的学习过程，获得有意义的学习结果，展现学生如何学会学习，并为之提供思路和逻辑结构。

数学教师在教学中应让学生有发表自己言论的自由和机会，鼓励学生动手操作，给予学生充分交流互动的时间和空间。从学习者的视角进行的教学活动，有助于深入展示和促进学生的数学学习过程，从而有助于发现学生是如何达到既定目标，如何通过教师引导在数学活动中实现自己进阶成长的。学习进阶的始端就是认知的起点，而终端则是认知的终点。数学教学目标的确立既要考虑进阶终端，又要考虑进阶始端。

学习路径不但体现在认知上，而且触及学生的全面发展。数学教学关注学习路径设计，其实是从学习者的视角研究教与学，更关注学习者学习进程中知识的内化进阶；更丰富了学生数学认知冲突发生和发展的过程，从知识进阶走向思维的进阶。关注学习者视角，有利于学习过程中升华学习者数学学习的情感体验。

【教师行动研究】

"有几瓶牛奶"案例分析

北京市海淀区中关村第三小学　肖蕾

一、教材分析

本课属于北师大版数学教材一年级上册第七单元"加与减（二）"的内容。"9加几"是进位加法的起始课，也是后续学习的基础。在这之前，学生学习了20以内不进位加法和不退位减法。后续学习中，学生将继续学习8加几，7、6、5加几的20以内进位加法。

在本节内容中，教材安排了比较多的篇幅，引导学生通过直观模型，从不同角度探索出计算的方法和"凑十"的策略，为形成必要的计算技能打下基础。

二、学情分析

（一）知识基础

前测题：9＋3＝　　9＋5＝　　9＋7＝

学生作答情况：100%回答正确。

（二）对"凑十法"的认识

前测题：请你画一画，写一写你是怎么想的？

学生作答情况：共测试86位学生，其中只有22人使用了"凑十"的方法，占比25.6%，剩余的大部分学生都使用接着数的方法（图7-11）。

第七章　用数学的眼光观察 | 417

图 7-11　学生解题方法

(三) 思考

学生已经知道 9 加几的结果，但是大部分并不了解算理，因此要引导学生"知其然知其所以然"。教师应利用几何直观，构建模型，进而帮助学生理解算理。最后，结合教材分析和学生分析。本节课的学习路径如图 7-12 所示。

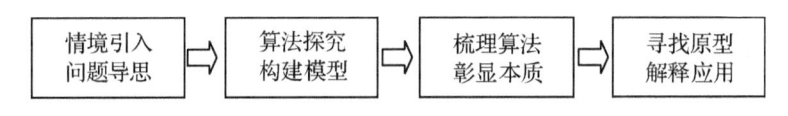

情境引入 问题导思 ⇒ 算法探究 构建模型 ⇒ 梳理算法 彰显本质 ⇒ 寻找原型 解释应用

图 7-12　"有几瓶牛奶"学习路径

三、教学目标

第一，结合具体情境，经历探索 9 加几的进位加法的计算方法的过程，能正确计算 9 加几。

第二，借助计数器、画图、小棒等直观操作活动，初步感知计算方法的多样性，借助几何直观，帮助学生把握运算本质；结合分享交流的互动，理解"凑十"的计算策略和进位的计算道理，最终发展学生的数感和运算能力。

第三，培养学生逐步形成独立思考、大胆表达、认真倾听的好习惯。

四、学习历程简案

驱动问题	锚基任务	诊断性评价
小兔队、小鸭队分别应该租哪种车？	小兔队有白兔 3 只，灰兔 9 只，小鸭队有黄鸭 7 只，白鸭 9 只。小车坐 16 只以下的小动物，大车坐 16 只以上（包含 16 只）的小动物，小兔队该租哪种车呢？小鸭队呢？	提问与追问：小兔队有多少只？小鸭队有多少只？反馈：12 只，16 只。

续表

驱动问题	锚基任务	诊断性评价
探索9加3的结果，体会如何"凑十"。	解释清楚给9凑十的原因。	提问与追问：为什么要圈这个圈？ 反馈：给9凑十，凑十后方便计算。
三种不同方法的共同点是什么？	观察黑板上的画图、摆小棒、列算式这三种不同方法，寻找共同点。	提问与追问：现实生活中如何运用凑十法？

五、教学实录

(一) 教学片段一：情境引入，问题导思

驱动问题1：小兔队、小鸭队分别应该租哪种车？

启思：9＋3＝？，9＋7＝？，回顾10以内加减法的计算方法。

锚基任务1：小兔队有白兔3只，灰兔9只，小鸭队有黄鸭7只，白鸭9只。小车坐16只以下的小动物，大车坐16只以上（包含16只）的小动物。小兔队该租哪种车呢？小鸭队呢？

师：请你们猜一猜小兔队和小鸭队分别应该坐什么车呢？

生：小兔队坐小车，小鸭队坐大车。

师：这是他的想法，谁还有？

生：小鸭队长，小兔队短，所以小鸭队应该坐大车。

师：是这样吗？我们听听小兔小鸭的介绍。

小兔：我们队有灰兔9只，白兔3只。

小鸭：我们队有白鸭9只，黄鸭7只。

师：现在你们知道两队应该租哪种车吗？

师：别着急，自己独立思考，有什么办法能知道两队的小动物应该租哪种车呢？

（走下台，听学生的想法。）

师：谁想说说你是怎么想的？

生：我觉得小兔队应该租小车，小鸭队应该租大车。

师：要想知道到底租哪种车，谁会列式？

生1：9＋3＝12（只）。

生2：9＋7＝16（只）。

师：刚才他用两个算式去比较，谁听到是哪两个算式？

生3：9＋3＝12，9＋7＝16。

师：你是通过这两个算式去比较的，对吗？

生3：对！

师：谁看懂这两个算式了？接下来我们就研究研究这两个算式的得数，以前我们是用什么方法来研究的？

生：数的方法，画的方法，写的方法。

师：这个写的方法是不是写的是计算的过程？还有别的方法吗？

生：摆。

师：对，我们经常用小棒摆。接下来，你们可以用画一画、摆一摆、写一写的方法来验证得数。

【点评】通过创设情境，培养学生提取信息和提出问题的能力，通过层层深入的分析，让学生明晰可以通过列算式来精确地解决应该租哪辆车的问题。在探讨方法的过程中，鼓励算法多样化，学生可以通过画一画、摆一摆、写一写等不同的方式来研究探讨此问题。

（二）教学片段二：算法探究，构建模型

驱动问题2：探索9加3的结果，体会如何"凑十"。

锚基任务2：解释清楚给9凑十的原因。

师：让我们一起来看一看大家的算法，有的同学是这样做的，你看懂了吗（如图7-13）？

（圈圈，一个接一个地数。）

○○○○○○○○○　　○○　○
1 2 3 4 5 6 7 8 9　　10 11 12

图7-13 数学辅助图

生1：看懂了，他是一个接一个数的，结果是12。

师：除了一个一个地数，有的同学是这样做的，请仔细观察，他做了什么（如图7-14）？

（画圆，将小圆圈起来。）

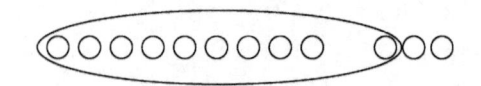

图 7-14　数学辅助图

生2：他画了一个圈。

师：你们想问这位同学什么问题吗？

生3：为什么要圈一个圈？

生4：圈这个圈，是为了给9凑十，然后10加几，好算。

师：你们都听懂了吗？谁能再重复一遍刚才他的回答。

生5：他圈这个圈，是给9凑十，然后10加几，好算。

师：请你用小棒摆一摆，把刚才的过程记录下来。

……

【点评】数学教学应该鼓励学生利用算法的多样性，鼓励学生借助画图、摆小棒来探索直观算法，从不同角度、不同层面唤醒学生对这一问题的思考和理解，多角度、多层面地理解"凑十"策略，凸显运算本质。

师：请你顺着刚才"凑十"画圈和摆小棒的方法，用算式记录这个过程。

生：$9 + 3 = 12$
　　　　　1　2

【点评】学生经历直观运算后，在脑海中已初步建立模型，能够利用摆小棒、画图的模型，来抽象出算式，这是学生深刻理解算理的体现。

（三）教学片段三：梳理算法，彰显本质

驱动问题：三种不同方法的共同点是什么？

锚基任务：观察黑板上的画图、摆小棒、列算式三种不同方法，寻找共同点（图7-15）。

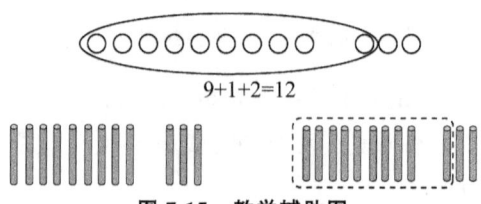

$9+1+2=12$

图 7-15　教学辅助图

师：三种方法有什么共同点？

生：这些方法都用了"凑十"的方法。都是先给9凑十，这样就更好算了。

【点评】低年级学生的计算不能越过直观运算水平，经历直观运算有助于学生深刻理解算理，但教师不能停留在直观层次的教学上，最终须摆脱直观运算，向抽象水平迈进。故此环节安排小结性整理，从"形"到"数"，从直观到抽象，突出运算本质，促进学生思维发展。

六、教师反思

（一）学习目标达成情况

根据后测，学生已了解"凑十法"的含义，并能用"凑十法"解决计算问题。

（二）教学中重要现象和问题的深度分析

在教学过程中，有摆小棒这个环节。个别学生在摆小棒的过程中，嘴里能够说出使用"凑十法"，但是在操作的过程中，能够意识到先把一根给九根，接下来却接着把两根也放到了刚刚凑好的十根里。学生的摆和说不一致。这可能是由于学生并没有把直观模型和算式建立起联系，在脑海中印象不深刻。

（三）改进

在本次教学的探究过程中，学生可以选择自己喜欢的一种方法去探究，所以有的选择了画，有的选择了摆。在教学过程中，学生应该多多经历摆画的过程，如可以在汇报摆小棒后全班学生再摆一摆，让学生都经历这个过程，有利于几何直观的深刻建构。

七、点评

本节内容的教学对象是刚入学不久的儿童，他们的认识和思维方式仍处于直观形象的阶段，为了处理好运算的抽象性与学生思维的形象性之间的矛盾，在内容的呈现形式上，我设计按照"创设问题情境—直观体验和探究—建立模型—解释和应用"的思路来呈现教学内容，在相对丰富的具体情境中完成运算的抽象过程。在本节课的教学中，教师能很好地引导学生带着问题进行直观操作，通过手脑并用，带动思维走向深刻。在算法探究的教学环节，结合问题设计了两个层次的活动——画图、摆小棒，为算法多样化创造了探索的空间。学生可能用数数法，也可能用"凑十法"。学生可在直观操作中轻松理解"凑十"的原理，融"理"入"法"，搭建起本课算法探究的整体教学结构。而这一看似简单的"凑十"，是未来学习8、7、6、5加几的进位加法，甚至是后续学习大数加减的基础。这样的经验积累多了，学生的运算能力自然就能得到发展。教师巧妙地借助几何直观培养学生的数学眼光，学生从观察中能更好地把握数学本质，这正是这节课的精华所在。

"平行四边形的面积"案例分析

北京市朝阳区呼家楼中心小学　张海燕

指导教师　王晶　点评教师　王建萍

一、教材分析

"平行四边形的面积"是人教版数学教材五年级上册第六单元"多边形的面积"的起始课。学生在三年级时学习了长、正方形面积公式，掌握了其计算方法，本单元是在此基础上进行学习探究的。平行四边形作为第一个登场的图形，必然起到承接长、正方形面积的作用，又为后面学习三角形、梯形，乃至圆的面积夯实基础。

面积就是图形的大小，就要用单位面积去测量。学习长、正方形面积时，学生已经建立了面积测量与面积公式之间的联系，因而研究平行四边形面积时，依然要遵循测量的本质。

在平行四边形面积的推导过程中，"转化"作为面积公式推导的重要手段首次亮相，这第一次的"见面"，必须要根植于学生头脑中。本课的转化为后面学习三角形、梯形、圆的面积甚至体积的学习，提供了最基本的数学思想方法与策略。

因此，本课重点落在通过数格子建立测量的本质，借助转化思想，刻画面积与高、周长的联系，体会底和高的对应关系，形成空间观念。

二、学情分析

三年级学生在学习长、正方形面积应用的过程中，我发现学生并未真正理解公式中长和宽的含义，只把它们看作空洞的符号，在解决"铺地砖"的习题时只知道死记公式。

五年级上学期的"平行四边形的面积"，要以"长、正方形的面积"

为起点，进行探究学习。通过调查，大部分学生已经通过其他途径知道了平行四边形面积的公式，但不理解为什么是底乘高，面积与周长之间的区别不是很清晰，只知其然而不知其所以然的模糊表象是本节课需要突破的关键点。

因此本节课的学习路径确定如下。一是借助数格子和平行四边形框架，刻画平行四边形周长与面积的区别的空间表象；二是借助素材，通过转化，证明平行四边形的面积是底乘高；三是在交流辩论的过程中，理解底和高的一一对应关系。

三、教学目标

第一，让学生借助格子和平行四边形的框架，刻画平行四边形周长与面积的区别的空间表象，能用公式求面积。

第二，借助学具，通过转化操作，证明平行四边形的面积是底乘高；在交流辩论的过程中，使学生理解底和高的一一对应关系。

第三，通过学生探究面积公式推导的过程，在操作与比较中，渗透转化的思想方法，发展其空间观念，建立图形之间的联系与区别。

四、学习历程简案

驱动问题	锚基任务	诊断性评价
这两个平行四边形的周长相等吗？面积呢？为什么？	计算与验证两个不同形状的平行四边形的周长和面积。	提问与追问：它们的周长相等吗？面积呢？ 反馈：周长相等，面积不等。面积与高有关系。
既然平行四边形的面积不是邻边乘邻边，你能证明平行四边形的面积为什么是底乘高吗？	证明平行四边形的面积公式。	提问与追问：你是怎么证明的？对于他的证明，你有什么想法吗？为什么沿高剪？ 反馈：① 数格子：每行有几个（底），行数（高），验证 S＝底×高。 ② 转化：割补成长方形或正方形，找图形间的对应关系。

续表

驱动问题	锚基任务	诊断性评价
面积是多少？如果非要用 3 cm 的高计算它的面积，该怎么办？	计算平行四边形的面积。 （图：平行四边形，上边 6 cm，右边 4 cm，高 3 cm）	提问与追问：如果就要用 3 cm 的高计算它的面积，该怎么办？ 反馈：$6×4=24$ cm^2。 量出与"3 cm"这条高对应的底的长度，$8×3=24$ (cm^2)。 发现：高和底是对应的；同一平行四边形内，每组对应的底乘高的面积相等。

五、教学实录

(一) 教学片段一：借助学具突破认知

驱动问题 1：这两个平行四边形的周长相等吗？面积呢？为什么？（出示图 7-16）。

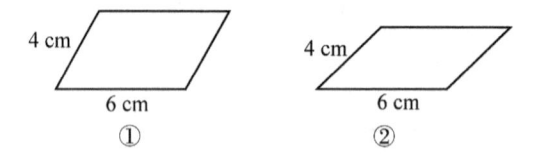

图 7-16 教学辅助图

锚基任务 1：计算与验证两个不同形状的平行四边形的周长和面积。

师：平行四边形的面积公式是什么？你是怎么知道的？

生 1：我是在课外学习的。

生 2：我是家长告诉的。

师：那图中的两个平行四边形的周长和面积相等吗？

生：周长相等，$(4+6)×2=20$（cm）；面积不等，一眼就能看出①比②的面积大。

师：为什么周长相等，面积不等呢？用学具证明。

（学生独立验证，反馈。）

生 1：（长方体框）拉动两个对角，周长没有变，面积变小，底不变，高越来越短，面积越来越小；反之，面积就越来越大。所以①的面积大。

生 2：（数格子）平行四边形①每行 6 个单位面积，有 3 行，就是 18 cm²；平行四边形②每行是 6 个单位面积，有 2 行，就是 12 cm²。所以①的面积大。

小结：平行四边形的周长与四条边有关系，面积与高有关系；周长相等的平行四边形，面积不等。

【点评】在学生的认知中，把长方形拉成平行四边形，在周长不变的情况下，面积也不会发生变化。教师抓住了学生的认知难点，借助学具，让学生证明什么没变，什么变了，尤其证明面积变小了。在证明的过程中，学生能从多种途径（长方形拉成平行四边形、铺上格子纸数），运用多种方法（直观图形、格子计算）来证明。在拉的过程中，学生就会发现，面积的大小并不是由邻边决定的，而是由底和高决定的，这样难点也就得以突破了。

（二）教学片段二：利用转化推出新知

驱动问题 2：既然平行四边形的面积不是邻边乘邻边，你能证明平行四边形的面积为什么是底乘高吗？

锚基任务 2：证明平行四边形的面积公式。

学生独立验证，完成后前后交流。

师：谁能证明平行四边形的面积公式？

生 1：（数格子）转化成长方形，每行有 6 个小正方形，共有 3 行，每行的个数相当于底，行数相当于高，面积等于每行的个数乘行数，所以面积等于底乘高。

师：对于他的证明，你有什么想法？

生 1：底相当于每行的单位面积的个数，高相当于行数。

生 2：割补成长方形，它与平行四边形的面积相等，平行四边形的底相当于长方形的长，高相当于宽，面积等于长乘宽，所以面积等于底乘高。

生 3：沿着另外两条平行边的高剪拼。

师：为什么沿着高剪？只能沿着这一条高吗？

生 4：沿着高剪，才能把平行四边形变成学过的长方形。平行四边形有很多条高，只要沿着高就行。（教学反馈）

师：转化真是个好方法！

【点评】"转化思想"是几何图形中常用的方法，而这节课是学生第一次接触到把平行四边形转化成长方形来研究，然后借助旧知识推出新知识。在这个过程中学生掌握了基本的研究方法，而教师在教学实施过程中，抓住了测量的核心概念，每行摆几个面积单位就是长，摆了这样的几行就是高，这是学生学习图形测量的基本路径，突破了重点，为后面的继续学习打下了基础。

（三）教学片段三

驱动问题3：面积是多少？如果非要用 3 cm 的高计算它的面积，该怎么办（图 7-17）？

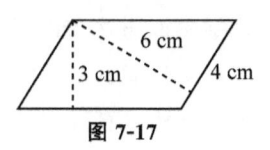

锚基任务3：计算平行四边形的面积。

师：你能根据已知条件计算出平行四边形的面积吗？

生1：$4 \times 6 = 24$（cm^2）。

师：为什么要 4 乘 6？乘 3 不行吗？

生1：4、6 是相对应的底和高。

师：如果就要用 3 cm 的高求它的面积，该怎么办？

生1：量出 3 cm 对应的底。

生2：$4 \times 6 = 24$（cm^2），$24 \div 3 = 8$（cm），8 cm 就是 3 cm 这条高对应的底。

师：对于他们的方法，你有什么想法？

生3：计算面积时，高和底是对应的。

生4：同一平行四边形内，每组对应的底乘高的面积相等。（教学反馈）

师：把新知识转化成旧知识，有利于解决新问题。其他图形的面积公式能不能用今天的方法解决呢？（引发思考）

【点评】在求平行四边形的面积时，学生往往找不准相对应的底和高，总是认为只要是底和高就可以求出面积，教师抓住了学生这个易错点，产生认知冲突，而学生正是在这个认知冲突中形成强记忆。

六、教学反思

第一，学生在学习新知识的同时，总会产生新旧知识之间的冲突，比如，长正方形的面积是相邻的边相乘得到的，到了平行四边形就必须是底乘高。对于这个疑惑，在课堂中，我就借助拉动长方体框架和格子图，充分让学生动手验证面积与高的关系，反复感知周长与面积、面积与高的联系。在操作中，使学生在头脑中建立空间表象。

第二，在求面积时，学生往往找不准相对应的底和高，对于这个易错点，设计了一道习题（一组对应的底和高，一条单独的高），使学生产生认知冲突，从而形成强记忆。

第三，在教学新课时，要全面了解学情，对于所教内容的前后知识要有整体的分析，然后再进行教学设计，这样对于每堂课的实施是非常有好处的。

七、点评

通过本节课的学习，学生对平行四边形的面积有了更加深入的认识，教师取得了很好的教学效果。本节课中，教师首先用直观的策略帮助学生抽象出问题本质，学生学会了用数学的眼光观察几何图形，借助长方形拉成平行四边形，在拉的过程中学生体会到面积跟斜边没有关系，而跟高有关系，在底边不变的情况下，高逐渐变小了，所以面积也就跟着变小了，突出了面积与高和底的关系。同时，教师紧扣核心概念，突出转化思想。利用方格纸，把平行四边形转化成了长方形，强调"每行有几个面积单位，共有几行"的核心问题，为提炼公式做好准备，为后续的学习奠定了过程与方法的基础，顺应了学生探究学习的路径。在练习时，教师在一个图上给了两条高、一条底，让学生求面积，利用学生的错误资源和认知冲突，突出要找准相对应的、互相垂直的一组底和高，突破了难点，学生的认知也有了一定的提升，通过对比辨析强化，凸显了概念本质。

在学习平行四边形的面积的过程中，学生在教师的帮助下，多角度观察图形，培养了敏锐的数学眼光，对于今后的学习有着重要的意义。

"圆的认识"行动研究案例

北京教育科学研究院通州区第一实验小学　林蕊馨

一、教材分析

"圆"是北京版数学教材六年级上册第五单元中的内容，安排在长方形、正方形、平行四边形、三角形以及梯形的教学之后，是学生在小学阶段认识的最后一个平面图形；在后续学习中，学生还要继续学习圆的周长与面积、扇形统计图以及圆柱、圆锥等立体图形的相关知识。学生之前学过的平面图形都是由线段围成的图形，它们的特征主要体现在边和角上，具有非常显性的特征，而圆是由曲线围成的图形，它的内部本质特征主要体现在隐形的线段（半径）和隐形的点（圆心）上。从认识线段围成的图形，到认识由曲线围成的图形，无论是研究的内容，还是研究的方法，都有所变化、发展。这节课的学习不仅要认识圆的本质特征，更重要的是要让学生获得对圆的丰富的体验与感受，拓宽对圆的认识视角，为学生后续继续深入认识圆提供知识、方法的支撑与铺垫。

二、学情分析

为了充分了解学生的知识起点，我对六年级一个班的 41 名学生进行了课前调研。

（一）调查题目

你认识圆吗？生活中哪些物体的表面是圆形的？

你会画圆吗？具体说说方法。

你还知道圆的哪些知识？

生活中的车轮为什么都做成圆形的？

（二）调查结果

第一题，100%的学生都回答认识圆，68.3%的学生能够列举出生活中的圆，只是表述不够准确；第二题，100%的学生认为自己会用圆规画圆，但对画圆的方法描述不清；第三题，有 24.4%学生知道半径、直径、圆心的名称；第四题，63.4%的学生认为车轮做成圆形比较光滑，能滚动，摩擦力小，只能从其表象获得认知，还不能从圆的特征（半径和圆心）的角度思考，说明学生对圆的本质特征并不清晰。

对上述结果进行分析之后，我认为，学生之前学过的图形的特征就外显于其外表之中，通过观察、测量很容易发现。而圆的特征是隐性的，通过观察学生是难以发现的。那么如何变隐性为显性呢？

基于这样的思考，我们设计了本节课的学习路径：圆规画圆（观察特征），创造方法画圆（外显特征，拓展认识）。

三、教学目标

第一，通过画圆活动，经历从感知圆到深入认识圆的过程，认识圆心、半径、直径，感悟圆的特征，丰富对圆的认识。

第二，在自主操作、探究的过程中积淀学习方法，发展空间观念。

第三，体验探究问题、发现问题的乐趣，提升学习兴趣。

四、学习历程简案

驱动问题	锚基任务	诊断性评价
你知道可以怎样画圆吗？	①尝试用圆规画一个圆，边画边思考画圆方法。 ②尝试用圆规再画一个圆，思考在画圆的过程中发现了什么？	提问与追问：①什么原因导致圆画不好？②为什么针尖动、两脚动，圆就画不好了呢？在画圆的过程中你还发现了什么？③怎样验证从中心点到圆上的距离相等？
创造方法画圆，你发现了什么？	自主选择需要的学具创造方法画圆。	提问与追问：每种方法有什么优势与不足，如何改进？ 反馈：①用绳画的方法。 ②画半径的方法。 ③画直径的方法。 ④切正方形的方法。

五、教学实录

（一）教学片段一：在圆规画圆中感悟圆的特征

驱动问题1：你知道可以怎样画圆吗？

师：今天我们一起来认识一个新图形——圆，在你心中圆是什么样子的？

生1：圆是一个没有棱角的图形。

生2：圆可以滚动。

师：你知道画圆可以怎样画吗？

生1：可以用圆规画圆。

生2：可以找一个圆的东西描着画一圈。

师：我也经常用这种方法，既然能借用现有的圆形物体来画，为什么还用圆规来画圆呢？

生1：我认为圆规可以调整圆的大小。

师：圆规能够调整大小，画出我们想要的大小的圆。

锚基任务1：①尝试用圆规画一个圆，边画边思考画圆方法。

师：尝试用圆规画一个圆，一边画一边想，你是怎么画的？在画的过程中你又有了什么发现？

（学生利用圆规画圆，然后交流画法。）

生1：先把圆规打开，调整到想要的大小。将这个针扎住，然后来回转动圆规画，一个圆就画好了。

师：（投影展示学生作品），你们觉得这两位同学圆的画怎么样？

生：不圆。

师：感觉都有点问题？是什么原因导致他们的圆都没画好呢？

生2：如果握着圆规的两个脚，这样圆会越画越小。

生3：还可能在画圆的时候，圆规的针尖动了位置，导致他画的圆画到一半的时候接不上。

师：我们在画圆的时候一定要保证圆规的针尖不能动，还要保证圆规的两个脚也不能动，这样才能画好圆。

锚基任务1：②尝试用圆规再画一个圆，思考在画圆的过程中发现了什么？

师：尝试用圆规再画一个圆。

师：再次画圆，什么感觉？

生：感觉画圆轻松了。

师：为什么针尖动和两脚动圆就画不好了呢？你在画圆的过程中还发现了什么？

生1：我发现圆心点到圆边的线段的长度都是一样的。如果长度不一样，这个圆就不圆了。

师：怎么证明它们的长度都是一样的？

生1：这个针尖就是圆心，另一点就是画出的印记，画圆的时候这两个脚一直保持这个距离没变，因此是相等的。

生2：我认为可以用尺子量。从这个圆的边到圆心的距离是3 cm，从这边量也是3 cm，从圆心到圆上的长度都是一样的，都是3 cm。

师：通过量，或者操作圆规观察，我们都发现了一个什么事儿？

生：半径相等。

（板书：半径相等）

【点评】对于圆，学生并不陌生，在他们的认知经历中，有过借助现有圆形和圆规画圆的经历。本课教学从学生已有认知经验出发，让学生经历用圆规画圆的过程，在画圆中逐步体验、感悟圆的本质特征，揭示圆心、半径的概念，发展学生的空间观念。

（二）教学片段二：创造方法画圆

驱动问题2：创造方法画圆，你发现了什么？

锚基任务2：自主选择需要的学具创造方法画圆。

师：在生活中，我们经常遇到这样的情况，想要画一个圆，可手边没有工具，也没有找到现成的圆形物体来画圆，这个时候我们可以怎么画圆呢？

（学生讨论，画圆，集体交流。）

生1：我们1组用大头钉和丝带画圆，用大头钉定住丝带的一端，当作圆心，铅笔拴在丝带的另一端，然后固定住大头钉，用铅笔在旁边画一个圆。

生2：我们2组的方法是先画一个点表示圆心，然后从圆心这个点往外画半径，多画几条线，最后将这些半径都连起来，就可以画成一个圆。

生3：这个方法有一个缺点，就是如果半径不够多，连起来就是一个很明显的多边形，不太像一个圆。

生2：我们组觉得如果时间够用，可以画足够多的半径，就会更圆。

（借助课件体会。）

生3：我们3组的方法是先画一条线段，找到这条线段的中点，然后再画一条和它垂直的，画两条圆的直径，再这样斜着画更多的直径，最后用弧线连上。

生4：我们4组先画一个正方形，然后将这个正方形切成一个八边形，再通过八边形切成一个圆形。

生5：我觉得可以在八边形上再切出一个16边形，然后再切，再切，不停地切，就会越来越接近圆。

（借助课件感受，切得边越多，越接近圆。）

【点评】在学生对圆的本质特征有了初步的感知后，让学生不用圆规自己创造方法画圆，进一步深化对圆的特征的认识，扩宽对圆的认识视角，丰富对圆的理解，发展学生的空间观念，培养创新能力。

六、教师反思

圆这个图形的特殊性，决定了圆的特征具有隐性，因此，教学时，要想办法让学生在建立表象的基础上，认识圆的特征。很多教师在授课时，都设计让学生在圆内画半径、直径这样的教学活动，让学生体会半径或直径的长度相等、它们都有无数条的特征。然而这些活动都是在教师的安排下的被动操作，缺少了学生的发现与思考，如何让学生在活动中学会观察，自主发现特征呢？基于此，本节课我设计了让学生两次自主画圆的活动，意在让学生在画圆的过程中，运用数学的眼光观察，发现并丰富对特征的认知。第一次用圆规画圆，通过观察对比分析学生作品，使学生体会针尖不动、圆规两脚不动都是为了保证中心点到圆上的距离不动，从而发现圆的本质特征——到定点的距离等于定长的点的集合。第二次自己创造方法画圆，学生利用特征并将其显性化来画圆，这个过程丰富并深化了其对圆的特征的认识。课后反思，学生在第一次用圆规画圆时由于受到工具的限制，圆的本质特征不是很突出，造成学生发现圆的本质特征有些困难。如何更好地凸显这条隐形线段，让学生能够在直观表象与抽象思考的双重作用中更加清晰地认识圆的特征，是本节课需要思考与改进的地方。

七、点评

与其他平面图形相比，圆具有隐性的特征，通过直接观察难于发现。在本课教学中，教师注重设计有效活动，变隐性为显性，引领学生学会用数学的眼光观察。例如，第一次画圆安排了对比分析画的不好的同学的作品这一环节，启发学生在观察中发现画不好的原因，进而将视线聚焦到圆的本质特征上；第二次画圆让学生运用特征创造画圆方法，培养了学生运用知识解决问题的能力，发展了学生的创造力，并进一步让学生体会圆的本质特征，在不同的情境中巩固核心知识。在用不同方法画圆时，引领学生观察发现画法与特征之间的关系，进一步巩固对特征的认识。用数学的眼光观察，让学生能够透过现象看本质，提升学生的数学素养。

第八章 用数学的思维思考

【每章主旨】

"推"字左边看作手,本意是手向外用力使物体顺着用力的方向移动,引申为进一步想,由已知想到其他的意思。思维由概念、判断、推理组成。概念是事物本质属性的集合,两个概念构成一个判断,两个判断构成一个推理,表示从已知到未知的一种探索。数学推理是指从一些事实和命题出发,依据规则推出其他命题的思维过程。教师要在引导学生推理的过程中,逐渐帮助他们建立数学的思维模式,从而会用数学的思维来思考。

【理论基础】

如何培养学生的数学思维

北京教育科学研究院通州区第一实验小学 刘岩晶

一、什么是数学思维

《义务教育数学课程标准(2011年版)》指出:教师教学要使学生真正理解和掌握基本的数学知识与技能、数学思想和方法,得到必要的数学思维,获得广泛的数学活动经验。那么究竟什么是数学思维呢?史宁中教授认为数学思维就是逻辑推理,数学的发展依赖于逻辑推理,并使数学具备严谨性的基本特征[1]。《义务教育数学课程标准(2011年版)》

---

[1] 史宁中、林玉慈、陶剑等:《关于高中数学教育中的数学核心素养——史宁中教授访谈之七》,载《课程·教材·教法》,2017(4)。

中也同样提到"推理是数学的基本思维方式，也是人们学习和生活中经常使用的思维方式"。史宁中认为："所谓逻辑推理，就是从一些前提或者事实出发，依据一定的规则得到或者验证命题的思维过程。"①

数学思维广泛应用在数学教学中，学生依据数学素材展开数学活动，教师引导学生将具体问题抽象、提炼成数学问题，进而借助分析、推理、比较、综合等一系列的数学思维方法解决数学问题，感知数学本质和数学规律，最终解决生活中的问题。

二、为什么要培养学生的数学思维

一个人思维水平的高低，主要看思维的个性特征，包括深刻性、灵活性、独创性、批判性、敏捷性和系统性六个方面，而这对于学生数学素养的发展具有重要意义。

数学思维的深刻性使学生在不同的对象之间产生联系，对数学知识的理解更加深入。数学思维的灵活性让学生机敏睿智，更加多元地理解、应用数学知识。数学思维的独创性助力学生创新意识的培养，通过深入理解知识，在不同知识之间产生关联，将知识重新进行合理的组合，使创新成为可能。数学思维的批判性可以提升学生的探究能力，通过独立思考，对于知识提出自己的独特建议，也是创造的前提。数学思维的敏捷性能帮助学生迅速把握不同知识之间的区别、联系，能够在不同知识之间进行迁移。数学思维的系统性使学生对知识的掌握更加完善，例如，在图形与几何领域的学习中，学生逐渐完成点、线、面、体等不同维度逐渐提升的变化以及平面图形之间的横向比较，建立图形与几何领域的数学大厦。

三、如何培养学生用数学的思维思考

（一）"生活味"与"数学味"的有机转化

"生活化"是"数学化"的必然途径，同时数学源于生活，又高于生活，数学学习是用"数学味"不断淡化"生活味"的过程。教师可以引导学生对生活中的数学素材进行加工，用数学的眼光解读，用数学的思

---

① 史宁中、林玉慈、陶剑等：《关于高中数学教育中的数学核心素养——史宁中教授访谈之七》，载《课程·教材·教法》，2017（4）。

维分析，最终完成现实生活的数学化。具体来说，教师需要引导学生从生活情境中发现数学问题，运用数学的思维思考问题，应用数学策略解决问题，最终实现数学素养的提升。

（二）运用多元化的教学策略

1. 数形结合，强化思维深度

小学生年龄小，抽象思维水平较低，对问题中数量关系的理解存在困难。学生容易得到信息，进而解决问题，因此，教师可以借助画图帮助学生在抽象和具体之间灵活转换，从而令学生发现知识内在的本质和规律，并且在提出问题、解决问题、反思问题中掌握思维方法。例如，在北京版数学教材六年级上册第四单元的"和倍问题""差倍问题"的学习过程中，学生对于两个数量之间的关系，"谁是谁的几倍多""谁比谁多"等问题容易产生混淆。而画图则是帮助学生理解数量关系的重要手段，通过画图将抽象问题具体化，具体问题生活化，能帮助学生更好地理解问题、解决问题。

2. 列举实例，提升思维高度

小学阶段的学生（7~12岁）处于具体运算阶段，学生逻辑思维能力有所提高，但抽象思维水平依然较低，概念的获得大多依赖于熟悉的生活场景。在生活场景中，学生才能够全身心地投入问题探究中，慢慢训练自己的思维，从而由感性的生活问题上升到理性的数学问题，发现数学本质。例如，在图形的学习中，教师可以从大量的生活物品中抽象出所学图形，这是第一次抽象；然后，学生借助具体图形量一量、做一做、画一画再次抽象图形的特点，这是第二次抽象；最后利用图形特点解决生活中的问题，实现数学源于生活又高于生活的学科特征。

3. 沟通联系，拓宽思维广度

在知识点之间进行关联，可以帮助学生明白知识之间的关联性和连续性，将学过的知识点连成线、线拉成面、面再成体、体拔地而起，建立一座数学大厦。因此教师在进行教学时，要根据学生认知程度的不同，将同一知识分层教学，相关知识螺旋上升，使学生能够在学习新知识时联系前后知识，把问题放在有联系的知识链中解决，而不是孤立地看待问题。学生可以将相似的知识加以区别、联系，加深思维的深刻性，将相关的知识关联、归类，加深思维的系统性。例如，在学习"圆"这一课时，学生可以思考：以前是按照怎样的顺序学习平面图形的？每一块知识是按照什么思路展开的？进而总结出平面图形的一般学习规律和学习方法，并且能够预测后续平面图形的学习路径。

（三）利用学具进行直观教学

数学是抽象性、逻辑性很强的一门学科。在小学数学教学中，利用学具动手实践是一种重要的学习方式。教师在教学中，要重视学具的使用，以提高课堂学习效率。

首先，学具能够激发学生学习兴趣。小学生正处于爱玩、好动的阶段，为学生创设合理、适时的动手操作活动，能够使学习变得轻松、自然、高效。

其次，学具可以使抽象的数学问题具体化。对知识的理解离不开感性的认识，学生对新知识的理解必须建立在感性认识的基础之上，借助表象，抽象出事物的本质特征，概括出发展规律。学具可以帮助学生架起形象思维与抽象思维之间的桥梁，使学生在学习情境中，积极主动地学习。

最后，使用学具有助于学生理解算理。在研究数学问题时，把数形知识结合起来，引导学生从数的方面研究数学问题，从形的方面验证数学算理。学具的使用可以使数形合二为一，将动手操作活动和竖式相对照，使学生由算法上升为对算理的理解，过渡自然，接受起来更加容易，记忆也更加深刻。

【典型案例分析】

"用字母表示数"案例分析

北京教育科学研究院通州区第一实验小学　林蕊馨　王佳维

一、教材分析

"用字母表示数"为北师大版数学教材四年级下册的内容，属于"数与代数"领域。它是在学生初步学习了一定的算术知识（整数、小数的意义以及相关运算）和代数知识（用字母表示运算定律、用符号表示特定的数）的基础上进行学习的。学生掌握这部分内容，也有利于后续学习方程、比例等其他代数知识。用字母表示数是数学表达和数学思考的重要形式。学生在小学阶段接触一定的代数思想，能够帮助学生摆脱算术思维方法的局限性，为初中进一步学习代数知识做好准备和铺垫。

通过学生认识数的阶段可以看出，学生是从具体的量开始认识数的。由具体的量抽象出数，是认识上的一次飞跃；从具体的数再到用字母表示数，是认识上的再次飞跃。用字母表示的数具有不确定性，有时是特定的数，有时是任意数，有时所表示的数又具有一定的范围，这种不确定性决定了用字母表示数的抽象性。学生学习用字母表示数、数量关系和数学规律的过程，既是提升抽象概括能力的过程，又是发展数学语言与符号系统的过程。因此，学生初步学习"用字母表示数"时会感到有些困难。

学生在学习"用字母表示数"时，需要经历由具体到抽象的认识过程。对比几个版本的教材发现，教材编排都是从生活中具体的情境入手，让学生经历、体验由具体数过渡到用字母表示数的过程，感受用字母表示数的不确定性，并在逻辑推理的过程中明确用字母表示数的多重内涵，即含有字母的式子既可以表示数，又可以表示数量关系，在操作与推理中帮助学生建立数感和符号意识。而如何创设情境帮助学生经历逻辑推理的过程，由具体的数过渡到抽象的数，体验用字母表示数的意义与价值，实现认识上的飞跃，是教师在设计本课时需要思考的问题。

二、学情分析

为充分了解学生的认识基础，教师对学生进行了课前调研。调研结果显示，学生在学习"用字母表示数"之前，已经对字母有了一定的认知基础，如字母可以表示特定的内涵（M 表示麦当劳），字母可以表示特定的数（扑克牌中的 J、Q、K 分别代表 11、12、13 三个数），字母可以表示运算定律和图形计算公式等。另外，针对"用一对具体的数来表示教师与学生的年龄"这一问题，学生能够用一对具体的数来表示教师与学生的年龄，在学生的心目中，这些年龄都是具体的，是一对具有对应关系的具体数量，没有认识到这些具体的数量可以通过简洁的方式用一个式子全部表达出来。于是，教师又对个别学生进行了追踪访谈，询问学生"当学生 a 岁时，教师比学生大 20 岁，教师的年龄是多少岁"这一问题，结果仍有 43.6% 的学生用具体的数来表示，12.8% 的学生用一个区别于 a 的字母表示，在学生的认知中，年龄就应该是一个具体的数值。由此可见，学生在学习"用字母表示数"之前，他们的思维是具体的，数与量的关系一一对应，在学生的学习经验中，列出算式就一定要算出确定的结果。他们不能接受将一个代数式作为最终的结果，认为"这还没有算完"。

五年级学生的思维水平处于具象思维向抽象思维过渡的阶段，第一次接触用非具象的含有字母的式子表示具体的数量和数量关系，对他们仍然是一种挑战，需要一个适应过程。由此，我们需要建立这样的认识：学生经历从用数字表示数到用字母表示数的过程是漫长的，需要经历大量运用字母表示具体情境中数量关系的活动，在具体情境中反复体会、推理用字母表示数的意义，逐步理解用字母表示数的多重含义，最终实现抽象思维的形成与发展。

那么，如何在学生已有认知经验的基础上创设情境，让学生经历由"算术"到"代数"的思维变化过程，实现学生认识上的飞跃，是教师设计教学时需要思考的问题。基于此确定该课的学习路径：用数字表示确定的数—用字母表示不确定的数—用含有字母的式子表示数和数量关系—《青蛙歌》（综合理解、提升认识）。

三、教学设计

由具体的数过渡到用字母表示数，对学生来说是认识上的一次飞跃。用字母表示数对小学生来说相对抽象，同时用字母表示数的部分知识和规则与小学生的认识和习惯不同，因此，认识字母表示数需要教师逐步引导，使学生经历数学化的抽象与推理过程。

（一）创设教学情境，打破思维定式

在学生的已有认知经验中，具体事物的数量和抽象的数都是确定的，都能够一一对应。教学中，我们应该依据学生已有的认知起点，创设有效的教学情境，组织有效的教学活动，帮助学生打破固有的思维定式，使学生的认识逐步由具体的、确定的数过渡到不确定的广义的数，实现思维的飞跃。

课堂伊始，创设游戏情境，在游戏中让学生体会看到的、明确知道

的数量可以用一个确定的数来表示，而看不到的、不确定的数也可以用一定的方式表达出来，由此引出用字母表示数。游戏情境的创设，抓住了学生的已有认知起点，并使学生在已有认知起点上实现了知识的生长，使学生体会到知识的产生源于需要：当一个具体的、确定的数不能解决实际问题时，就产生了用字母表示数的需要。

【教学片段一】

（教师出示一个空的红盒子。）

师：你能用一个数字来表示吗？

生：0。

师：你确定吗？

生：确定。

师：为什么确定？

生：因为盒子里面什么都没有，0可以表示没有。

师：我们真切地看到了。

（板书：0）

师：往盒子里放进一个磁力扣，你能用一个数字来表示吗？

……

师：再往盒子里放进一个磁力扣，你能用一个数字来表示吗？

……

师：刚才这三种情况，我们都能用一个具体的数来表示，为什么？

生：因为我们都看到了。

师：因为看到了，我们知道里面有这样的数量，所以能用一个确定数来表示。

（板书：确定的数）

（教师遮挡住动作，继续往盒子里放磁力扣。）

师：现在你能说一说盒子里有多少个磁力扣吗？

生1：我认为磁力扣的数量大于2。

师：能用一个确定的数说吗？

生1：不能。

生2：可以用 x 来表示。

师：为什么用 x 来表示？
生 2：因为我不知道盒子里面有多少个磁力扣。
生 3：用 n 来表示。
生 4：可以用一个字母来表示。
……
师：a 大概可以表示多少呢？
生：7 个、3 个、5 个等。
师：他们说的这些数有没有可能？
生：有可能。
师：但是，你觉得盒子里磁力扣的数量不可能是多少？
生 1：不可能是 0 个。
生 2：不可能是 1000 个。
师：为什么？
生 2：1000 个放不下。
师：你们根据盒子的大小和磁力扣的大小，感觉到盒子里装的磁力扣的数量是有限的。
师：你觉得最多能装多少个？
生：10 个、15 个、20 个等。
师：你是怎么想的？
……
师：老师课前进行了实验，最多能装 70 个。盒子能装磁力扣的个数是有范围的，它是一个什么范围呢？
生：0～70 个。
师：我们虽然不知道盒子里具体装了多少个磁扣，但是我们知道所能装的范围是 0～70 个。在这个范围内，具体是哪个数你知道吗？
生：不知道。
师：因此，现在盒子里面装的磁力扣的数量是一个不确定的数，这个不确定的数可以用一个字母表示。

（板书：不确定的数）

(二) 搭建学习支架，促进思维生长

维果茨基提出"最近发展区"理论，认为学生的发展有两种水平，

一种是学生的现有水平，另一种是学生可能的发展水平，两者之间的距离就是最近发展区。教学应着眼于学生的最近发展区，在学生的现有起点和可能的发展水平之间搭建起学习支架，从而帮助学生更好地建构知识，实现思维的生长。

含有字母的式子既可以表示数，又可以表示数量关系，是学生的认识难点。为了帮助学生突破这一难点，在学生学习可以用字母表示一个不确定的数后，继续创设游戏情境：在绿盒子中也放入一些磁力扣，使学生感受到在相同的情境中，同一字母表示相同的数，不同的字母表示不同的数。

【教学片段二】

（师出示一个绿盒子，并在遮挡的情况下放入磁力扣。）

师：绿盒子里装进了多少个磁力扣？

生1：a个。

师：为什么？

生2：我不知道绿盒子里有多少个磁力扣，所以用a来表示。

生3：不可以，因为红盒子已经用a来表示，绿盒子要用a以外的字母表示。

师：为什么？

生4：如果还用a来表示，就分不清哪个是红盒子，哪个是绿盒子了。

生5：如果都用a来表示，说明红盒子和绿盒子里的磁力扣数量是相等的。现在我们不能保证两个盒子里磁力扣的数量是相等的。

师：在相同的情境下，同一个字母代表相同的数，因此不同的事物就要用不同的字母来表示。

此情境在学生学习利用含有字母的式子表示数和数量关系之间铺设了一个台阶，它作为中间桥梁，沟通起用字母表示数和用含有字母的式子表示数之间的关系，是学生继续学习的支架。新的邻近发展区的建立，使学习的难点问题被分解，最终在学生的自我认知与师生、生生的交流碰撞中完成建构，思维在这个过程中也逐渐生长。

【教学片段三】

（教师操作演示，在红盒子里放入 1 个磁力扣，在绿盒子里放入 6 个磁力扣。）

（课件出示两个盒子中磁力扣数量表格，见表 8-1。）

表 8-1　磁力扣数量表

红盒子	1	2	3	4	…
绿盒子	6	7	8	9	…

师：观察表格中的信息，谁来说一说两个盒子中磁力扣的数量是怎样的？

（学生描述表格内的信息。）

师：如果按照这样的规律继续放下去的话，红盒子和绿盒子中的磁力扣分别是多少呢？

生 1：红盒子里有 13 个磁力扣，绿盒子里有 18 个磁力扣。

生 2：你怎么能确定红盒子里有 13 个磁力扣，绿盒子里有 18 个磁力扣？

生 3：红盒子里有 x 个磁力扣，绿盒子里有 a 个磁力扣。因为我不知道盒子里有多少个磁力扣，所以我用 x 和 a 表示。

生 4：红盒子里 x 个，绿盒子里有 a 个。你没有表示出两个盒子磁力扣数之间的规律。

生 5：为什么要表示出它们之间的规律，只需要表示出它们的个数就行了。

生 6：我同意学生 4 的意见。虽然没有明确的数，但是要表示出红盒子和绿盒子之间的数量关系，这样更具体、更准确。

生 5：题目中没有要求表示出数量关系，我得出了红盒子里有多少个磁力扣，绿盒子里有多少个磁力扣，不可以吗？

生 7：我觉得不行，如果别人没有看过这个问题，只看这张学习单，他会认为红盒子里有 1 个磁力扣，绿盒子里有 2 个磁力扣，那就不对了。

生 4：你怎么知道红盒子里 1 个磁力扣，绿盒子里有 2 个磁力扣？

生 9：x 和 a 可以代表任何一个数。

生10：红盒子里有 n 个磁力扣，绿盒子里有 $n+5$ 个磁力扣。因为红盒子里有1个，绿盒子里有6个；红盒子里有2个，绿盒子里有7个；红盒子里有3个，绿盒子里有8个……绿盒子一直比红盒子多5个，在两个盒子都不知道的情况下，红盒子用 n 表示，绿盒子就用 $n+5$ 表示。

师：$n+5$ 是一个含有字母的式子，它既能表示绿盒子里面有多少个磁力扣，还可以表示红盒子与绿盒子之间的关系。

由用数字表示确定的数，到用字母表示不确定的数，再到用含有字母的式子表示数和数量关系，学习支架的搭建，为学生的思维由具体到抽象的生长提供了支撑。

（三）综合运用知识，实现思维飞跃

用字母表示数的过程，不是字母替代文字的过程，而是将具体数量符号化的过程。从具体的数到抽象的字母，表达形式的变化意味着思维方式的质的飞跃。"算术"关注的是计算结果，"代数"既关注结果，又关注数量关系。为了易于发现数量关系，代数中可以将两个量之间的关系式看作最后的结果。而从算术的角度看，这还只是个算式，并没有得出最后结果。由此可见，引导学生实现这种思维方式的转变，将含有字母的式子既看作一个过程，又看作一个对象，是抽象性的关系和确定性的结果的统一体，这也是深化学生对用字母表示数的认识的关键。

《青蛙歌》是一首学生幼时就会唱的儿歌，他们耳熟能详，这首儿歌包含着丰富的数学信息。首先它是一首唱不完的儿歌，更重要的是这首儿歌中蕴含着很多数量关系，青蛙嘴的数量、眼睛的数量、腿的数量与青蛙只数之间都存在着倍数关系。如何用一句话将这首唱不完的儿歌唱出来，学生需要理解并综合运用刚刚学到的一系列用字母表示数的知识来解决这个问题，它既巩固了学生刚刚学到的知识，又进一步深化了学生对用字母表示数的认识，促进了学生思维的发展。

【教学片段四】

（师出示青蛙歌：一只青蛙一张嘴，两只眼睛四条腿；两只青蛙两张嘴，四只眼睛八条腿；三只青蛙三张嘴，六只眼睛十二条腿……）

师：你能用一句话把这首歌唱完吗？

［出示学习单：（　）只青蛙（　）张嘴，（　）只眼睛（　）条腿。］

生 1：20 只青蛙，20 张嘴，40 只眼睛，80 条腿。

生 2：x 只青蛙，x 张嘴，a 只眼睛，b 条腿。

生 3：n 只青蛙，n 张嘴，$n+2$ 只眼睛，$n+3$ 条腿。

生 4：x 只青蛙，x 张嘴，$x+3$ 只眼睛，$x+9$ 条腿。

生 5：x 只青蛙，x 张嘴，$x\times2$ 只眼睛，$x\times4$ 条腿。

  这首儿歌包含着用字母表示数的所有知识点，是知识综合运用的训练。唱不完的儿歌对学生产生认知冲击：如何用简洁的语言唱完？当具体的数据不再满足学生解决问题的需求，需要抽象概括时，发展抽象思维在这一刻变得十分必要。但是学生的理解水平各不相同，面对学生不同的作品，教师引导学生进行筛选评价，在师生、生生的互动交流、思维碰撞中，相互沟通、相互启发、相互补充，学生的认识逐渐深刻，思维不断发展、提升，最终实现了由具体到抽象的飞跃。

  整节课的教学流程如图 8-1 所示。

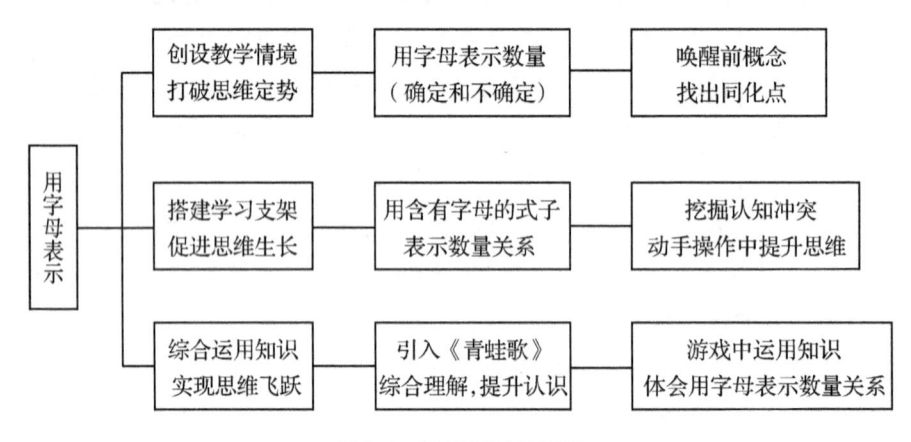

图 8-1　教学流程示意图

  数学思维是一种"过程"向"对象"的凝聚，从"算术"到"代数"，学生要经历思维质的变化。"用字母表示数"要求思维从具体层面向抽象概括层面转变，因此在实际教学中，教师应通过创设教学情境、搭建学习支架，引领学生经历具体数量—个性化表达—数学表达这一数学化过程，使学生在数学活动中不断推理、归纳、总结，初步体会用字母表示数是解决问题的需要，也是解决问题的方式，从而发展符号意识，提升学生的抽象思维水平。

【话题讨论】

让高阶思维在数学发现中生成

北京市东城区灯市口小学　韩雪　霍晓蓓

高阶思维主要指发生在较高认知水平层次上的心智活动或认知能力。作为高阶能力的核心，高阶思维主要反映在问题解决和批判性思维等方面。培养小学生数学高阶思维能力，呼唤教师的教学行为要切切实实地变"牵"为"导"，从而杜绝授课中低效重复的"满堂灌"和"满堂问"。

一般说来，凡是在数学上创立新概念、证明新定理、提出新方法、建立新理论等，都可称为数学领域中的发现，或简称为"数学发现"。学生的数学发现通常是从具体素材或问题入手的，通过观察与实验，结合运用分析、综合、抽象、概括、类比、归纳等逻辑方法和包括直觉、灵感等在内的非逻辑思维，提炼有待探索的数学问题，提出需要证明的数学猜想。教师引导学生在数学发现过程中进行逻辑思维和非逻辑思维的相互渗透、交互为用，不仅可以使得数学学习实现质的飞跃与突破，还可以使得对学生的思维培养进入更高的阶层。为了更加清晰地阐释实施可持续发展教育所带来的，基于证据的小学数学课堂的教学改进，教师将结合本节数学练习课堂教学片段做具体的剖析和说明。

一、数学化的教学情境是触动数学发现的关键基础

近来听了一节优秀的小学数学练习课，与师生一同经历了可持续发展教育理念下教与学实践创新的过程。

教师在数学练习课中用实物投影出示了一道练习题："甲、乙两车同时从两地相向而行，甲车每小时行 80 千米，乙车每小时行 65 千米，3 小时后两车相遇，两地相距多少千米？"通过读题，学生娴熟地将刚刚学过的公式"速度和×相遇时间＝路程"加以运用，列式计算得出结果：(80＋65)×3＝435（千米）。

本节数学练习课的教学目标就是要通过创设情境，形成并巩固两个物体运动的空间观念，经历解决实际问题的过程，明确数量关系，发展数学思维能力。很明显，"两车相遇"是本题的一个重要的已知条件，同时也是相遇问题应用题的解题核心。教师遮挡关键性已知条件的教学行为，从课堂教学实效上来看，无疑成为启动学生数学发现的"按钮"，将数学课堂带入了一个新的境界。

二、高认知水平问题串是高阶思维培养的有力依托

教师把题干中的"两车相遇"四个字遮挡住，神秘地说："谁又能够为我们解答这道题呢？"面对教师突如其来的举动，同学们的兴致也被调动起来，有些同学迫不及待地举手回答："老师，我会！（80＋65）×3＝435（千米）。"面对脱口而出的答案，一些同学随声附和，部分同学窃窃私语。教师顺势提问："大家都同意他的意见吗？"经过短暂的思考后，有些同学出现了不同的意见。同学们针对 3 小时后两车是否相遇展开了激烈的讨论，最终达成了一致：要想解决这个问题，必须先把题目补充完整。对于如何补充题目，同学们又有了自己不同的见解。

补充情况最终为以下三种：①3 小时后两车相遇；②3 小时后两车还相距 100 千米；③3 小时后两车擦肩而过 100 千米。前两种情况比较简单，学生们可以独立解决，对于第三种情况，有些学生不太明白"擦肩而过"是什么意思，班里的同学又自主地运用画图的形式说明了这一情况，最终解决了这一问题（图 8-2）。

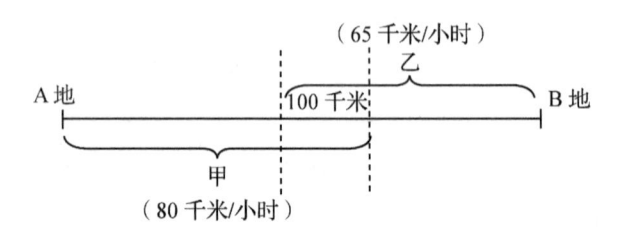

图 8-2　用画图策略解决问题

在这一部分的练习中，教师通过教学情境的创设，为学生搭建探究发现的平台，放手让学生抓住"两车相遇"这一核心，自主补充已知条件，由"3 小时后两车相遇"，到"3 小时后两车还相距 100 千米"，再到"3 小时后两车擦肩而过 100 千米"，伴随着学生所补充的条件的变化，应用题的解题难度逐渐增加，学生的数学学习也走向了深入。

问题是数学学习的催化剂，数学发现无不源于未解决的数学问题。

学生在开放性的数学练习中发散思维，接连提出高认知水平的问题，形成了有数学价值的问题串、问题流，在学生彼此"质疑"与"释疑"、相互启发引导的过程中，教师教的痕迹弱化，"学大于教"的特质凸显，高阶思维的有效培养和实质训练真切地包蕴在学生自主与合作探究的全过程之中。

回想起这节小学数学练习课的教学片段，教师内心澎湃依旧。相遇问题应用题是存在于我们每一个人头脑深处、在小学数学学习中的集体记忆。解答此类应用题，主要是明辨两个物体在运动中的速度、时间和路程的数量关系，进而为后续学习较复杂的行程问题打下基础。长期以来，教与学的重难点都集中于对"路程＝速度×时间"数量关系公式的掌握和相向、相背、同时、相距、速度和等概念的理解，教师更乐于进行给定条件的教学，学生也更惯于进行规定边界的学习，不仅缺少了举一反三的变式，也忽略了触类旁通的迁移。然而，这堂小学数学练习课体现出了清新的改变气息，是因为教师使学生在学习数学中亲历数学发现，高阶思维在这一过程中得到累积和培养。

上述授课中，教师致力于培养和激发学生的数学高阶思维，把外部感知活动转化为内部的思维活动，帮助学生的认知水平发展到意义建构的较高层次。该教师在实践中创新地以高认知水平的问题为探究主线，进行纵深点拨，同步设计并动态生成教与学，引导学生自主探究、自主发现，使课堂教学基本面得到了优化改善。学生通过这一堂数学练习课，不但巩固拓展了知识，训练提升了能力，而且实现了自身综合素质的可持续发展。

数学活动经验在图形与几何教学中的运用初探
——以"长方形和正方形的认识"一课教学实践为例

重庆市北碚区状元小学　郑雪莲
重庆市北碚区天府小学　刘明凤

一、数学活动中操作性思维的概念和意义

人类的任何一项操作实践活动，都包含了操作实践和思维活动两个要素。缺少思维活动的操作，是简单机械的操作劳动；缺少操作实践的思维，不容易发展成为高阶思维。操作性思维，是在操作过程中产生的思维活动，借助操作的对象与工具，并伴随操作活动全过程。它使学生把外显的动作过程和内隐的思维活动紧密结合起来，使之成为"思维的动作"和"动作的思维"。为此，教师要精心设计数学操作实践活动，使学生获得一定的活动经验，在对比反思中完善认识，发展操作性思维，培养学生的数学素养。

二、数学活动中操作性思维在几何图形学习中的作用

以"长方形和正方形的认识"一课为例。如果课前仅用准备好的长方形、正方形等实物，在课堂上让学生摸一摸、看一看。看似学生在动手操作，认识物体，但是这两种平面图形的不同之处，以及长方形和正方形的不同之处和相同之处等相关问题，却未能引起学生的思考。因为这是一种缺少思维活动的操作。如果在操作中让学生摸一摸、比一比、说一说这几种平面图形有哪些不同之处，启发学生思考长方形和正方形有哪些不同之处……那么数学课的效果就会大不一样。

几何图形的学习，不仅要立体地运用视觉、听觉、触觉等多种感官，引导学生进行操作实践活动，而且要让他们在操作实践活动中不断积累经验，更进一步总结思考相同点、不同点，使学生从具体形象思维顺利地过渡到抽象思维，促进学生在知识、能力和情感方面的和谐发展。这就要求课堂教学要以促进学生操作性思维为核心目标，有意识地进行操作性思维的教学设计。

三、浅谈数学活动中发展操作性思维的策略

（一）引导学生手脑结合，培养学生操作性思维的习惯

教师在学生的操作实践活动中，通过创设教学情境，引发问题意识，引导学生把动手与动脑结合起来，促进学生对数学概念、法则、公式、定理的理解，从而激发学生的数学思维。

在西师大版数学教材二年级下册"长方形和正方形的认识"的教学中，教师首先出示图8-3。

设计三个教学环节，逐步将图形进行分类，让学生的思维逐步"逼近"四边形。第一个环节，让学生从实物中找出不同的平面图形，能够说明它的与众不同；第二个环节，学生能抽象出各类图形，说明学生"模模糊糊"地既有对角的认识，也有对边的数量和长度的认识；第三个

图 8-3　课堂学习材料

环节，对抽象出的图形进行分类，让学生聚焦问题，逐渐逼近认识长方形、正方形的过程，隐含感觉"像"——有联系，"不像"——有区别。在"你想从哪个角度猜想长方形、正方形边角的特征？"问题的引导下，学生有了从边、角观察与猜想的经验。接着教师提供长方形、正方形让学生动手验证。带着思考去操作这一环节能使学生的操作目标明确，把教学内容物化成有结构的材料。学生把动手和动脑有机结合，经历从形象到表象、由表象到认识这个逐步内化的过程，能够建立新的知识生长点。

（二）精选学习材料，拓展操作性思维发展空间

操作性思维的视角比较新颖，在操作活动中容易触动新思维，发现新问题，并在选择学习材料中，使思维活动向未涉猎领域或层次深入发展。

在探究长方形和正方形的特征这一重点环节，教师设计了一系列的操作活动，让学生充分经历探究的过程，在操作活动中主动认识长方形和正方形的特征，学会通过边的长短辨认长方形和正方形。

首先是通过用眼观察（看）这种方式，发现长方形看起来是长长扁扁的，正方形看起来是方方正正的，让学生首先建立起长方形和正方形的表象。再通过摸的方式，感受到两种图形摸起来都很舒服，因为它们都是一个平平的面，边都是直直的，并通过用手比画图形，进一步强调长方形和正方形的边是直直的；通过数的方式发现长方形和正方形都有四条边；通过折、量等方式发现长方形的对边相等、正方形的四边都相等；通过用钉子板围、在方格纸上涂、用小棒摆等方式巩固对长方形、正方形的认识，强化它们的特征，并进一步激发学生的学习兴趣，发展学生的思维能力。通过操作、交流、观察、思考等活动，把抽象的知识化为具体的、可操作的知识，给学生创造活动的机会，增加学生的基本活动经验，在获取经验的基础上再引导学生总结经验，将已有的经验升华成对长方形、正方形特征的感悟，进而发现长方形、正方形的异同，其实就是与所摆数图形小棒的根数有关。在探索过程中，既发现了新知，又掌握了一些基本的研究问题的方法，让学生学会了学习。小组活动的设计，让学生经历知识的形成过程，发展了学生观察、发现、归纳能力，初步感受到研究图形与几何问题的一种数学模型：唤醒—融入—再生—应用。

综上所述，操作性思维在数学教学中具有广泛的应用空间。在数学教学中运用操作探究的方法，分析数学活动过程中操作和思维的关系，厘清其发生、发展、作用、交互的过程，尝试建构数学活动经验的基本要素及框架，是引导学生愉快、主动地学习数学的最佳方法。

丰富学生的活动经验，提升数学素养

北京市大兴区第五小学　郭新玲

数学是一门思维性较强的学科。因此，在教学过程中，教师需要从学生的年龄特点和思维特点出发，在引导学生形成抽象思维之前，重视直观教学，以活动为内容，通过实际观察与动手操作让学生掌握知识。这样，使学生比较容易地理解所学的知识，并且在观察与操作中发展学生的思维，让低年级学生在学习数学"做"和"思考"的过程中积淀数学活动经验，培养学生的数学思维。

以"统计与概率"的学习为例，在义务教育阶段，所涉及的随机现象都是基于简单随机事件。面对这样简单的内容，大多数教师都可能有这样的经历，知识很容易，学生就算课上不学，凭借生活经验，也能答出谁的可能性大，谁的可能性小。但对于"小明在玩掷硬币的游戏，第一次是正面朝上，第二次是反面朝上，第三次是正面朝上，第四次是（　　）"这道题，即使教师在课堂上苦口婆心地讲解并让学生反复地练习，学生仍然不可避免地在练习中出现错误。究其根本原因，是在学习看似简单的知识的过程中，学生缺少了亲自经历、亲自感悟、亲自积累的机会，导致出现对于简单知识掌握得一知半解或认知错误等现象。数学的知识，如果只是单纯地看书、听讲、看别人演示，自己不亲身体验、经历，是不可能学会的。

史宁中教授说过："我们必须清楚，世界上有很多东西是不可传递的，只能靠亲身经历。智慧并不完全依赖知识的含量，还依赖知识的运用，这就需要让学生在实际操作中磨炼。"以教师执教的北京版数学教材五年级上册第四单元的"可能性"一课为例，课程设计意图是让学生在具体的实验活动中，经历完整的统计过程，从数据分析的角度，体验随机性，在不确定的基础上，体会规律性，为今后的数学思考积累活动经验。

这节课的开始，教师拿着一个盒子，告诉学生盒子里装着大小相同、质量相等的红色和黄色小球，让学生借助以往的学习经验猜一猜本节课研究什么，学生自然知道要研究可能性并且能很快答出可能性大小的相关问题。

在探究学习的环节，教师抛出一个问题："不知道盒子里什么颜色的球多，也不能看，你有什么办法推测出盒子里哪种颜色的球多？"学生自然想到摸球，根据摸球的结果推测。教师此时引导："怎么摸？摸几次？"学生们讨论出如何进行摸球实验。经过学生和教师的交流讨论，最终定下了实验的要求：第一，4人为一组，每人摸球5次，不许偷看；第二，每次摸出1个球，记录颜色后，放回盒子里摇匀，再摸下一次；第三，4人都实验结束后，填好记录单，并推测哪种颜色的球多。

也许有的教师认为这里可以直接让学生按照课本上的要求进行实验，根据实验结果就可以进行推测。教师这样设计，主要考虑到义务教育阶段统计的重要性大于概率，发展数据分析观念是这部分的核心，即便是对随机的学习，《义务教育数学课程标准（2011年版）》也提出运用数据分析来体会随机。因此，让学生在这样的问题下思考，目的在于让学生积累统计的数学经验：在生活中有许多问题应当先做调查研究，收集数据，通过分析做出判断，体会数据中蕴含的信息。

接下来的实验活动环节，教师为了帮助学生切实积累数学活动经验，精心准备了实验的学具：1个纸盒，装有18个黄球和6个红球。学生以小组为单位，经历这次看似简单的摸球实验，在实验中学生获得了不简单的体验。例如，有的学生能体验到每一次摸球的结果都是随机的，第一次摸到的是黄球，第二次摸到的可能是黄球，还可能是红球；有的学生体验到几次摸球结果的数据与他人都不同，在5次摸球中，有人5次都摸到黄球，有人摸到4次黄球、1次红球；甚至有的学生会体验到自己的摸球结果和大多数人的数据相反，有人摸到3次红球、2次黄球，有人摸到4次红球、1次黄球……在这实实在在的实验中，学生切实经历了收集数据、整理数据、分析数据的过程，他们的感觉、知觉经验都在不断丰富，这是任何精彩的演示、示范和讲解所替代不了的，是学生的亲身实践，更是学生自己的经验建构。

积累了相应的数学活动经验后，教师要及时引导学生交流讨论，以便更为深刻地认识和理解"随机"的意义。在小组汇报环节，教师把各组的数据填到黑板上事先画好的表格里，让学生先自己进行发现和反思。学生能发现有的组的数据不一样，有的组的数据和大多数组是相反的。此时，教师提出疑问："每组实验的学具是一样的，为什么会出现不一样的结果？"凭借经验，学生能回答出是因为每次摸出的球的颜色可能不一样，事先无法确定，也就是事件结果的随机性。

学生有了这样的认知，教师再一次将问题抛出："各组的小数据不足以进行较为准确的推测，应该怎么办？"促使学生主动想到要用全班的大数据进行分析，这样的推断更准确。于是教师与学生共同合计全班的摸球数据，这一次学生不难发现：随着摸球次数的增加、数据的累积，摸球数据呈现出了规律，即摸到黄球的次数远远多于摸到红球的次数。有了这样的认知，推测出盒子里黄球多就很容易了。此时教师又提出疑问："规律是那样的，是不是每个人的摸球结果都会像规律那样摸到黄球的次数多？"因为有了相关的经验和认知，学生此时能够认识到从总的数据看有一定的规律，也要承认例外。

如果说前面的摸球实验为学生积累了经验和思维的依据，那么教师的问题就顺势给了学生运用经验的机会，使学生的数学活动经验不断被运用、积累并加以创造，原有的活动经验又能得到深化。

经历了完整的实验、交流、推测活动后，教师最后引领学生回顾、反思学习过程：为了解决"盒子里装的什么颜色的球多"这个问题，大家一起设计活动方案并实施，经历了收集数据、整理数据、分析数据的

第八章　用数学的思维思考 | 453

全过程，从实验的数据上发现了规律，做出了合理的判断。

数学教学如果只停留在经历过程上，那么学生的认知依然只是感性的。要想切实帮助学生将这种感性认知转化成理性的数学活动经验，还需要教师精心设计练习，让学生学以致用。

接下来，教师精心设计练习，意在让学生应用所积累的数学活动经验，站在数学角度思考、解决问题。能正确地完成下面两个练习，学生也就真正理解了"随机"的意义（图 8-4）。

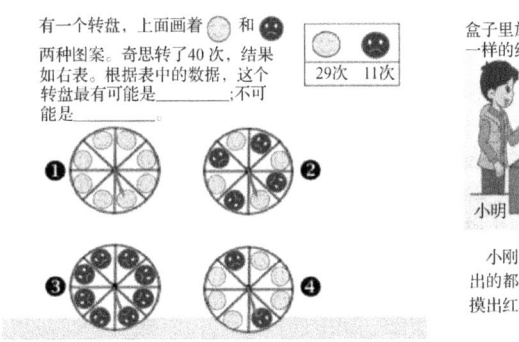

图 8-4　课堂练习题

促使学生自觉运用课内活动经验进行思考，是提升学生数学素养的一个重要任务。要提升学生的数学活动经验为数学思维，就要重视数学教学内容之后的知识延伸，从课内走向课外，使学生获得的活动经验与生活实际的联系更加紧密。教师精心设计了生活中网购的练习，见图 8-5。

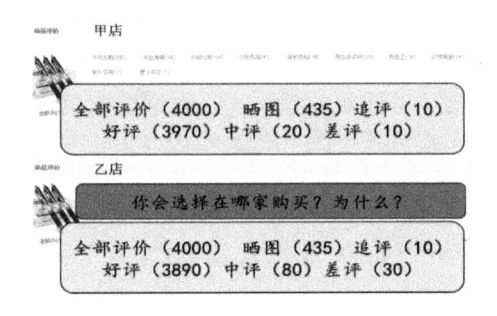

图 8-5　课堂练习题

伴随着大部分学生会选择在甲店买笔，教师又抛出疑问："在甲店买到的笔一定是质量好的？"学生辩论说："不一定，因为甲店的评论中也有中评和差评，从数据上我们只能说甲店里的笔很大一部分质量都很好，但你买到的笔也有可能质量不好。"学生的积极思考，使其在这节课的真实体验、感悟上升为有思维含量的数学思考，直观地、合情地获得一些较为合理的推断结果。

通过本文的案例可以看出，学生通过亲历数学活动的过程，能够获得具有个性特征的数学活动经验。它不仅仅是实践的经验，也不仅仅是解题的经验，更是思维的经验，学生在理解和分析现实生活时，会不自觉地将数学经验进行思考与运用，也就是用数学的思维进行思考。

【教师行动研究】

"简单推理"案例分析

北京市东城区灯市口小学　寇京丽

指导教师　滕亚杰　　点评教师　李继东

一、教材分析

"简单推理"是人教版数学教材二年级下册"数学广角"的教学内容，这是一节有趣的逻辑思维训练课，逻辑推理是进一步学习数学的基础，同时也是发展学生思维能力的良好素材。

本节课主要要求学生能根据提供的信息，进行判断、分析、得出结论，使学生初步接触和运用排除法。本节课在问题设计的难度上不是很大，一般都有一个可以直接判断的条件，学生只要找准关系句，就能较为轻松地推理出其他的相关结论。学生通过对生动有趣的简单事例的判断过程，初步获得一些简单推理的经验。教师如此设计，意在初步培养学生有序地、全面地思考问题的意识，从而锻炼学生的逻辑思维能力。

二、学情分析

学生在以往的学习和生活中已经积累了一些合情推理的经验（一年级下册教材中图形和数的简单排列规律等），只不过没有意识到是在推理，这为本节课奠定了很好的基础。在前期调研中发现，对于两个条件的推理题目学生能快速梳理条件之间的联系。但面对三个条件的推理问题时，多数学生存在如下困难。第一，用简洁的语言有条理地表达推理过程有一定难度；第二，面对多个条件找不到信息之间的关系，没有推理方法，还存在猜测的因素。

因此，本节课的学习路径如下。首先，重视学生已有的经验，设计有趣的数学活动进行教学；其次，梳理推理顺序，引导学生厘清思考过程中每一个判断的理由和依据，使得思考过程变得清晰而有条理；最后，借助数学语言表达有效地培养学生思维的逻辑性。

三、教学目标

第一，通过观察、猜测等活动，使学生感受简单推理的过程，初步理解逻辑推理的含义，初步获得一些简单推理的经验。

第二，能借助连线、列表等方式整理信息，并按一定的方法进行推理。

第三，在简单推理的过程中，培养学生初步的观察、分析、推理和有条理地进行数学表达的能力及有序、全面思考问题的意识，体会数学思想方法在生活中的广泛应用。

四、学习历程简案

驱动问题	锚基任务	诊断性评价
你能准确地说出小刚和小丽分别拿的是什么书吗？	猜书活动——三个人、三本书，每人各拿一本，小红、小刚、小丽分别拿的是什么书？	反馈：解决问题需要有足够的信息才行。
你先确定了什么？为什么都从"小红拿的是语文书"开始分析？	完成学习单。把解决问题的过程用自己喜欢的方式记录下来。	反馈：从能直接确定一个结论的关键信息开始思考，有序、全面地分析，从而得出结论的过程就是推理。
谁能结合今天学的知识说说这个魔术里到底藏着什么秘密？	揭秘魔术："会说话的扑克牌"。	反馈：根据每次出现的牌面，我能确定……排除……从而推理出最初抽中的牌面是……

五、教学实录

(一) 教学片段一：初步感知，推理中条件与结果的密切联系

驱动问题1：你能准确地说出小刚和小丽分别拿的是什么书吗？

锚基任务1：猜书活动——三个人、三本书，每人各拿一本，小红、小刚、小丽分别拿的是什么书？

师：（出示PPT）有语文、数学和英语三本书，三人各拿一本。小刚拿的是什么书？小丽呢？（图8-6）

图8-6　课堂问题情境

师：你知道了什么？问题是什么？

生1：知道了有语文、数学和英语三本书，小红、小丽和小刚三人各拿一本。

生2：还知道小红拿的是语文书，问小刚拿的是什么书，小丽拿的是什么书？

师：你认为小刚、小丽分别拿的是什么书呢？

生1：小刚拿的是数学书，小丽拿的是英语书。

生2：小刚拿的是英语书，小丽拿的是数学书。

师：为什么大家猜测的结果不一样？

生：信息不够。

师：看来解决这一问题需要有足够的信息才行！

（学生补充信息，小丽说："我拿的不是数学书"。）

【点评】有效利用多媒体动态呈现信息，给出小红的话，隐藏小丽的话，让学生在对比中快速聚焦领悟"确定结论"需要根据充足的提示信息去推理，初步感知简单推理中条件与结果的密切联系。

(二) 教学片段二：体验探究，抽丝剥茧中有序分析推理

1. 独立尝试，初步体验

师：到底他们三人分别拿的是什么书呢？请同学们独立思考，把解决问题的过程用自己喜欢的方式记录下来。

2. 展示交流，感受过程

生：（边摆边说）小红拿的是语文书。小丽拿的不是数学书就是英语书。最后剩下数学书了，所以小刚只能拿数学书了。

师：（追问）他先确定的什么？

生：小红拿的是语文书。

师：怎么确定的？

生：题目直接告诉我们小红拿的是语文书。

师：这句话可以直接确定一个结论，同学们能够抓住最关键的信息开始思考，非常棒！

师：从"小丽说'我拿的不是数学书'"这句话中知道了什么？

生1：小丽拿的不是数学书，所以她拿的是英语书。

生2：小丽拿的不是数学书，那么小刚拿的就是数学书。

师：可以在两本书之中进行排除，也可以在两个人之中进行排除，同学们还能从不同的角度来思考问题。真会分析问题！还有不同的方法吗？

生：我用的是连线的方法。把人名和书名写成两行，再根据每一个条件分别连线（图8-7）。

师：（追问）谁知道他第一条线连的哪儿？

生：先连的小红拿语文书。

图 8-7　教学辅助图

师：这位同学只用几个词、几条线就让我们清晰地看出了思考的过程。

师：（展示表格法）还有一个同学是这样想的（图8-8）。你能读懂他的想法吗？

	红	丽	刚
语	√	×	×
数	×	×	√
英	×	√	×

图 8-8　数学辅助图

师：猜一猜，他第一个"√"画在了哪儿？

生：小红拿的是语文书。

师：用表格把所有情况都列出来，再逐条根据关键信息进行确定和排除，也是个好方法。

师：同学们想出这么多不同的方式来解决问题，它们之间有什么相同的地方？

生：都是先确定了小红拿的是语文书。

师：（追问）为什么都从"小红拿的是语文书"开始分析？

生：因为这句话直接告诉了我们结论。

师：（小结）推理时抓住关键信息，有序地、全面地分析，从而得出结论的过程，在数学上叫作推理。

【点评】汇报交流时注重对理解题意和推理过程的引导。教师用一串提问"先确定了什么？为什么可以肯定小丽拿了英语书？……"帮助学生厘清思考过程中每一个判断的理由和依据，使思考过程变得清晰而有条理，感受有序、全面思考的分析过程，并在不同思考形式的对比中掌握方法，体验推理的含义，从而突破教学重难点。

（三）教学片段三：解释应用，内化方法中积累推理经验

（教师请学生回忆课前表演的魔术：从 1～5 中抽取一张牌，通过提问推理出抽出的是哪张牌。）

师：谁能结合今天学的知识说说这个魔术里到底藏着什么秘密？

生1：第一次，我们看着"5、1、3"回答没有（抽取的）那张牌，就能从 1～5 中排除掉 1、3、5；第二次，看着"4、2、5"回答有，就能确定抽出的牌可能是 2 或 4；第三次，看着"3、5、4"又说没有，就能排除掉 4，就从推理出刚才抽出的牌是"2"。

生2：扑克牌不是真的会说话，而是老师在一次次确定和排除中推理出来的。

【点评】此环节呼应课前数学魔术的学习情境，学生表现出浓厚的研究兴趣和高昂的学习热情。这一多重条件的推理，推进了练习的逐渐深入和拓展。在活动过程中，学生在猜想并叙述简单逻辑推理的来龙去脉、前因后果时，能更深刻地体会和扎实地掌握简单推理的思维方法。

六、教学反思

（一）创设情境，激发探究热情

首先，引入环节创设了数学魔术的情境，通过"猜牌点"将推理以不同于常规的形式呈现，引发学生的参与感；随后设计了一系列的闯关游戏，充分调动了学生的学习积极性，鼓励学生从对从魔术破解的追求到对数学概念的探索。

（二）关注学生思考过程，有序分析推理

放手让学生经历思考过程，鼓励他们用自己喜欢的方式解决问题。课中留出充足的时间让学生交流，注重呈现学生推理时采用的多种辅助方法——摆实物、连线、列表，并勾连不同方法的思考顺序，明确虽然方法不同，但都是先从确定的信息入手，体会推理抓住关键的信息，层层深入，最终推导出结论。

（三）抓生成，内化方法积累经验

在巩固练习环节，交流"三只小狗称体重"一题时，一学生说先看"笑笑是最轻的"这句话，另一学生质疑"这明明是第二条信息，你为什么不按顺序读"。抓住这一契机，教师引导学生推理时要对条件进行有序排列，找到思考的切入点，使学生在随后猜图形、找密码、魔术揭秘等一系列练习中始终自主运用方法，感悟调整策略，提升推理能力。

七、点评

推理是数学的基本思维方式，也是人们学习和生活中经常使用的思维方式。指导学生从正确的角度，有章法地进行推理，有着重要的现实价值，这节课的设计充分体现了这一理念。

课堂中一连串的游戏环节，符合学生的认知规律，并充分调动了学生的学习积极性。"会说话的扑克牌"小游戏，紧贴教学内容又不失趣味性；通过简单的游戏，直接揭示了什么是简单推理，以及简单推理的用处；既揭示了课题，又调动了学生的兴趣，体现了推理的作用，引发了学生思考。

整个探究体验环节尊重教材，层次清晰。这部分内容要让学生用语言有序地、全面地表述推理过程是比较难的。在这个环节，教师通过一系列"问题串"，帮助学生将自己思考的过程清晰化，从而会说、善说。

语言是思维的外壳,注重数学语言表达的条理性,就能有效培养学生数学思维的逻辑性。

<h2 style="text-align:center">"密铺"行动研究</h2>

北京市史家小学通州分校　许博　武海深

一、教材分析

"密铺"是北京版数学教材第九册第六单元"数学百花园"的内容,是在学生认识了简单平面图形的特征和三角形内角和是180°等的基础上进行教学的,并为接下来的镶嵌问题做铺垫。该部分内容揭示了无空隙、无重叠的密铺含义,同时包含动手实践不同图形是否可以密铺以及图形欣赏等。密铺的知识中蕴含的思想方法为今后学习积累了经验,有着承上启下和联系数学与生活实际的作用。本课的教学能激发学生动手探究的欲望,帮助学生建立空间观念,感受如何用数学思维来看待问题。

二、学情分析

五年级学生的思维处于具体运算思维阶段,此时学生从表象性思维中解脱出来,认知结构中已经具有了抽象概念,因而能够进行逻辑推理。同时学生学习了图形的旋转、平移和对称等知识,对图形的运动有了一定的学习经验。

（一）调研题目

题目1：以下哪两个完全一样的图形可以拼成一个平行四边形？在下面画"√"。（多选）

　　A. 三角形　　　B. 梯形　　　C. 正五边形　　　D. 平行四边形

题目2：请你将下面的图形位置关系与其文字描述相连（图8-9）。

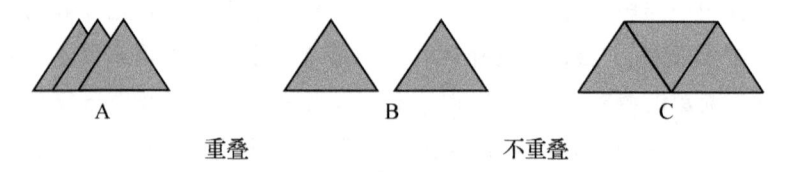

图 8-9　课前测试题目

题目3：请你仿照题目2中C的位置关系，尝试举一举这样的例子。（方式不限）

（二）调研结果

第一题的正确率很高，选三角形、梯形、平行四边形的学生分别占 94.9%、92.3%和76.9%，这是由于学习这些图形时已经涉及过这个知识点，因此可以设置动手环节，用实际操作激发学生的抽象思维。

第二题正确率较高，有79.4%的学生可以判断图形的重叠与不重叠两种位置关系，只有8个同学出现了错误。由此可见，学生对重叠有一定的知识基础。

第三题是一道开放性题目，有97.4%的学生都可以画出或描述出类似的图形，通过调研题目，教师了解到多数学生可以理解密铺这种位置关系的情况，这为本课揭示密铺的概念的教学方式提供了有力支撑。

基于前测，本节课的学习路径如下。一是认识，通过联系生活理解密铺概念；二是操作，通过动手操作探究密铺问题；三是欣赏，欣赏感悟绘制密铺图案。

三、教学目标

第一，通过观察动画，理解密铺的含义，能说出类似的生活现象。

第二，经历提出问题、分析猜测、动手验证、得出结论的合作探究过程，感受转化、极限等数学思想，发展空间观念，提升逻辑推理能力和直观想象能力。

第三，通过欣赏生活中的艺术作品和密铺图案，感受密铺之美，培养创新能力。

四、学习历程简案

驱动问题	锚基任务	诊断性评价
什么是密铺？	通过观察对比，体会三幅动态的图的区别，感受密铺无空隙、不重叠的概念本质。	提问与追问：观察过程中，你发现铺地砖的动态过程和石子铺路、落叶有什么不同？ 反馈：铺地砖时做到了无空隙，不重叠。

续表

驱动问题	锚基任务	诊断性评价
在我们认识的基本图形中,哪些可以密铺,哪些不可以密铺?	通过观察、联系生活讨论、动手实践、转化的方式,探究基本图形的密铺。	提问与追问:三角形和梯形是否可以密铺? 反馈:它们都可以转化为平行四边形,因为平行四边形可以密铺,所以它们都可以密铺。
为什么在埃舍尔的作品中,许多不规则图形可以密铺?	在观察中,感受埃舍尔作品和同学作品中的密铺,体会它们都是由基本图形变化得来的。	提问与追问:你能绘制美丽的密铺图案吗? 反馈:学生绘制密铺的图案作品。

五、教学实录

(一)教学片段一:通过观察对比,体会密铺无空隙、不重叠的基本属性

驱动问题1:什么是密铺?

锚基任务1:通过观察对比,体会三幅动态的图的区别,感受密铺无空隙、不重叠的概念本质。

学生通过观察课题,会对密铺有自己的认识和理解,也能从字面意思分析出一些密铺的概念,教师通过初试动态图帮助学生对比、认识数学中的密铺概念(图8-10)。

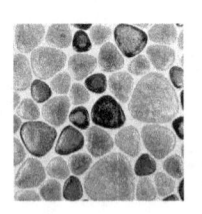

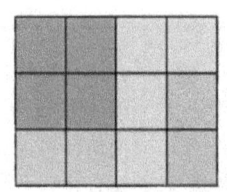

图8-10 课堂问题情境

师:通过观察课题,你觉得什么是密铺?

生:就是紧密地铺在一起。

师:咱们一起来看三幅图,你觉得哪一幅才是我们今天学的密铺?

生1:第2幅图。

生2：第3幅图。

师：能说说你们的理由吗？

生2：它们之间很紧凑，没有空隙。

生1：但是第3幅图有重叠部分，第2幅图就没有重叠……

师：第2幅图就属于我们今天说的密铺的概念，现在你们能总结出密铺的基本特征了吗？

生：无空隙、不重叠。

【点评】密铺现象在生活中很常见，以谈话引入，唤起生活和学习经验，再利用具体图片进行观察、比较与思考，结合直观模型从数学的视角进行分析与观点概括，进而对密铺的概念有初步认识。

（二）教学片段二：探究学生认识的基本图形中哪些可以密铺，哪些不可以密铺

驱动问题2：在我们认识的基本图形中，哪些可以密铺，哪些不可以密铺？

锚基任务2：通过观察、联系生活讨论、动手实践、转化的方式，探究基本图形的密铺。

师：你觉得这些图形中，哪个可以密铺，哪个不能密铺（图8-11）？

生1：我觉得正六边形也可以密铺，因为蜂巢就是正六边形的。

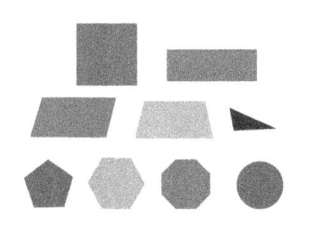

图 8-11　课堂问题情况　　　图 8-12　教学辅助图

师：大家见过吗？我们一起来看看（图8-12）。

生1：啊，果然是这样……

师：你观察得真细致，其他图形呢？

（学生大胆发言。）

师：那我们先来处理平行四边形，要探究它是不是可以密铺，你有什么好方法？

生2：我想动手试一试。（学生动手拼摆实验。）

师：看到大家拼得差不多了，谁给大家展示一下？

生2：（举手，利用投影展示）我们觉得平行四边形可以密铺（图8-13）。

图8-13　教学辅助图

师：我想大家都知道了平行四边形可以密铺，那三角形呢？

生3：三角形也可以密铺，因为两个完全一样的三角形可以拼成一个平行四边形。

师：真好，在我们数学中这种方法叫作转化。

生4：老师，那梯形也可以密铺，因为两个完全一样的梯形也可以拼成一个平行四边形。

师：真是个善于思考的孩子。

【点评】以学生的兴趣点为任务驱动，在独立思考、交流讨论中，唤起学生的元认知，产生问题需求和探究需求。联系生活实际进行说理，进一步对密铺概念进行建构，渗透转化、极限等数学思想方法。课堂是思维涌动的课堂，潜移默化之中将思考引向深入。

(三) 教学片段三：欣赏埃舍尔和同学的作品，感受密铺之美

驱动问题3：为什么在埃舍尔的作品中，许多不规则图形可以密铺？

锚基任务3：在观察中，感受埃舍尔作品和同学作品中的密铺，体会它们都是由基本图形变化得来的。

师：下面我们来认识一位伟大的美术大师。请你们读一读他的资料。

（学生看白板读一读。）

师：想看看他的作品吗？

生：想。

师：你们能从中看到密铺图案吗（图8-14）？

生：白色部分和空余部分组成了密铺图案（到前面指一指）。

师：发现了什么？

生：它就是通过这幅图（图8-15）变化得到的。

师：真是个善于观察的好孩子。

图 8-14　课堂问题情境　　　　图 8-15　教学辅助图

【点评】 在学生积极思考探究的基础上，引入埃舍尔的作品，学生惊叹着艺术作品的巧夺天工的同时，主动发现本节课所学的密铺元素，实现了思维的碰撞和情感的交融。课接近尾声时，学生的兴趣更浓了，引发了更多的思考，本节课遵循了学生的认知路径，体现出促使学生运用数学思维进行思考的课程设计意图。

六、教师反思

本课教授密铺概念的过程，完成了从生活到数学概念的抽象，突出了生活思维过渡到数学思维的思考方式。

在第二个探究环节中，教师充分调动学生认知进行说理验证和口头验证，帮助学生用数学的思维进行思考。学生在这个环节中可以充分体会到数学的严谨性。

在密铺图案欣赏这个环节，学生在观察埃舍尔作品的同时，也在用数学的思维进行思考，探究其作品中的数学元素、密铺元素。在设计作业时，教师也会用数学的思维方式去设计，达到了本环节的要求。

七、点评

本节课着力体现"数学即生活"的思想，关注学生原有的生活经验，设置学生乐于参与的数学活动。首先，教师关注到学生的原有知识经验，询问学生觉得怎样是密铺；其次，通过学生自主探索来丰富和完善怎样的图形才是密铺；最后，通过一些著名的作品来拓宽学生的思维，让学生认识到不仅是规则图形能够密铺，不规则的图形也可以，而且这种不规则渗透了数学之美。通过本课的学习，学生的空间观念和数学思维都得到了发展，用数学的思维进行思考的习惯逐渐形成。

"长方体体积"案例分析

陕西省西安市雁塔区明德门小学　王苇

点评教师　吴文红

一、教材分析

"长方体的体积"是北师大版数学教材五年级下册第四单元的教学内容。本单元内容是学生第一次研究立体图形的体积计算公式。长方体和正方体是最基本的立体图形，学生是在之前认识了一些平面图形的基础上，从一维到二维再到三维的一次大飞跃。长方体体积的学习的重点是引导学生探索长方体体积的计算方法，让学生经历猜想、操作、实验、验证的思考过程，提高动手能力，进一步发展空间观念。长方体的体积计算公式的本质是数体积单位的个数。这一"最原始"的数数方法比较麻烦，但本源的方法往往是最有教育价值的方法，其他一切问题都是在这一方法基础上的概括和抽象。

二、学情分析

由学习平面图形扩展到学习立体图形，是学生空间观念发展的一次飞跃。在学习本节课之前，我找来了班里的一些学生，主要目的是想了解他们对于长方体体积已知哪些知识，我问："长方体的体积怎么计算呢？"学生的回答是："长方体的体积等于长乘宽乘高。"我追问："为什么是这样计算？"学生就不是太清楚了。通过这个谈话，我发现学生对长方体体积公式已经有所了解，但仅停留在公式的记忆上，但至于为什么这样却表述不清，所以我的教学活动就不是探索长方体体积公式，而是验证猜想长方体的体积为什么等于长乘宽乘高。

因此本节课的学习路径如下。首先，从已有经验入手，体会出长方体体积与它的长、宽、高有关；其次，在操作中验证长方体体积与长、宽、高的关系，从中感受一维、二维、三维的联系。

三、教学目标

第一，结合具体情境和实践活动，探索并掌握长方体、正方体体积的计算方法，能正确计算长方体、正方体的体积，解决一些简单的实际问题。

第二，学生在探索长方体、正方体体积计算公式的过程中提高动手操作能力，进一步发展空间观念，积累探索数学知识的经验。

第三，学生在参与数学活动的过程中逐步养成善于思考、勤于实践的学习品质，培养与他人合作的意识，激发对数学学习的兴趣。

四、学习历程简历

驱动问题	锚基任务	诊断性评价
长方体体积与什么有关？	研究由若干小正方体组成的物体，寻找方法求其体积。	反馈：与长宽高有关。
长方体体积如何计算？	学生通过小组合作，用 1 cm³ 的小正方体拼成形状不同的长方体，每拼成一种就记录下相关数据，验证猜想是否正确。	反馈：长方体体积公式的意义。

五、教学实录

（一）教学片段一：从生活出发，培养学生的空间观念

驱动问题 1：长方体体积与什么有关？

锚基任务 1：研究由若干小正方体组成的物体，寻找方法求其体积。

课前对学生进行问卷调查，经过问卷结果统计，发现 80% 的学生都觉得长方体体积与长方体的长、宽、高有关。说明学生是有一定的知识经验和认知基础的。因此设计如下三个问题展开教学。

师：字典是我们学习的工具书，聪聪需要带一本字典，现在有两本内容一样的字典，他选择其中的哪一本带在书包里比较方便呢？为什么？

生：小本的字典，体积小。

师：聪聪家买了电冰箱和微波炉，谁的体积大呢？大多少？

（学生讨论回答。）

师：你知道它们的体积吗（图 8-16）？怎么知道的？

生：数小正方体的个数就可以了。

师：哪个立体图形最好数？

生：长方体。

师：怎么数呢？这个立体图形的体积呢（出示另一个立体图形）？

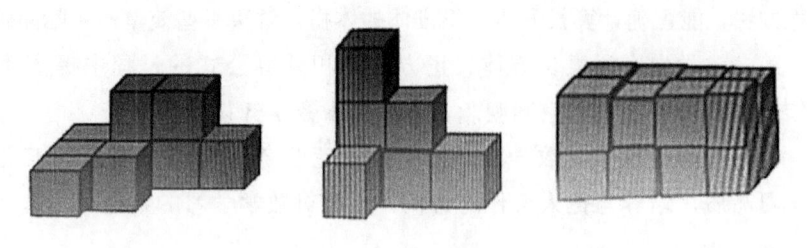

图 8-16 课堂练习题

生：只需要数出一行有几个，有几行有几层就行。

师：这几个数据和长方体的什么有关？

生：长、宽、高。

师：如果将这个长方体的体积变大或缩小，你有什么办法？

生：可以把长方体的长增加……

师：长方体体积与什么有关？

生：长方体的长、宽、高的变化会引起体积的大小变化。

【点评】让学生从生活实际需要中体会长方体的体积在生活中的应用，从而产生研究长方体体积计算的需求。这样教学，符合学生的认知规律，也紧扣了体积的本质，同时讲解了用数小正方体的个数来计算长方体体积的方法，有助于培养学生的空间观念。

(二) 教学片段二

驱动问题 2：长方体体积如何计算？

锚基任务 2：学生通过小组合作，用 1 cm³ 的小正方体拼成形状不同的长方体，每拼成一种就记录下相关数据，验证猜想是否正确。

师：长方体体积与它的长、宽、高之间到底有什么样的联系呢？

生：用长、宽、高相乘就是体积。

师：长、宽、高分别代表一个顶点处三条棱的长度，为什么三者相乘却能表示长方体体积？

师：如何证明你们的想法？

生：用小正方体摆一摆吧。

(学生以小组为单位，验证长方体体积的计算公式。)

1. 提出小组合作要求

请同学们小组合作，用 1 cm³ 的小正方体拼成形状不同的长方体，每拼成一种就记录下相关数据，验证猜想是否正确。

2. 小组合作

合作过程中记录下相关数据（表 8-2），然后进行汇报。

表 8-2　小组合作记录表

	每排小正方体数	每层排数	层数	小正方体个数	体积/cm³
	长/cm	宽/cm	高/cm		
第一个长方体					
第二个长方体					

生：我们有以下两个发现。第一，小正方体的个数和长方体体积的得数一样；第二，用长、宽、高相乘得到长方体体积。

师：说一说你们发现的过程。

生1：第一个发现在表格里直接就可以看出来。

生2：第二个发现是根据表格里的数据，比如……（学生指着表格中填写的数据来解释。）

师：求出的是小正方体的个数，怎么就成了长方体的体积？

生：每个小正方体的体积都是 1 cm³，有多少个小正方体，体积就是多少立方厘米。

师：如果一个长方体长 4 cm，宽 3 cm，高 2 cm，你能计算它的体积吗？怎么验证？

生：$4\times 3\times 2=24$（cm³）。

生：4 个摆一行，摆 3 行，摆 2 层，一共 24 个小正方体，所以长方体体积是 24 cm³。

师：我们验证出长方体体积确实可以用长、宽、高相乘得到。

我们虽然在计算公式中看到的是长、宽、高三个表示长度的数相乘，但长、宽、高表示的却是同一顶点处三个方向的小正方体的个数，三者相乘就可以求出长方体含有的小正方体的个数，即体积。

【点评】教师和学生利用这些实验的结果来分析、探讨教学内容。由于这些内容是经过实验证实的，学生不仅感到亲切、真实、可信，同时，也可从中体会到要获得科学知识和真理必须采用科学的途径和方法。

六、教师反思

本课的教学设计是让学生从生活实际需要中体会长方体的体积在生活中的应用，从而产生计算长方体体积的需求，发现长方体的体积与长、宽、高都有关系，提出猜想，确定研究的方向。学生以小组为单位，动手操作探究，来验证猜想的正确。由"猜想—验证"，让学生经历思维活动的"三步曲"，在头脑中实现必要的认识结构的重组。从认知的层面看，通过这样的教学，学生的确获得了长方体体积的计算方法，但是，学生是如何想到操作验证的？验证时对于个数与体积的关系是否能进行转化？对于这些问题，我在教学时还存在不敢放手的问题，导致学生把操作活动、自主探究当作一种简单的数值发现，学习始终停留在实际操作的层面，导致学生在验证长方体体积的操作中，在摆放小正方体时就出现了只摆出长宽高的情况，所以本节课的操作探究活动对于真正发展学生的思维还有一定的差距。对于学生思维的真正发展，我还需继续努力。

七、点评

古人云："学起于思，思源于疑。"本案例教师创设有效的问题情境，用"长方体体积与什么有关？""长方体体积与它的长、宽、高之间到底有什么样的联系？"等几个既相互关联，又逐步深入长方体体积计算公式本质的问题，引发学生积极思考，激发学生自主探究的欲望。

让学生"做"数学，比简单地教给学生数学知识更重要。本案例中教师给学生提供了充足的学习材料和充分的探究时间、空间，引导学生通过猜测、观察、操作、验证、归纳、推理等活动，从具体到抽象，使学生真正理解为什么长方体体积计算公式是"长×宽×高"。这里，验证的过程是一个不断尝试的再创造过程，更是一个开放的探索性活动过程，在这个活动中，教师没有过多地指导学生，而是让学生通过动手实践、独立思考、合作交流，不断地尝试解决问题、自我建构，从观察到的实例中进行概括，进行合理的数学猜想与数学验证，思维在操作中得到同步发展。

"可能性"案例分析

北京市通州区贡院小学　郑苏

指导教师　刘东旭

一、教材分析

本节课是北京版数学教材五年级下册第二单元的内容。学生已经能在具体情境中判断哪些事情发生的结果是确定的或是随机的，并能列出简单随机现象可能发生的结果，能通过实验游戏等活动判断随机现象发生的可能性是有大有小的，这些都是本节课认识随机现象发生的可能性与游戏规则公平性的基础。通过本单元"可能性"的再学习，学生将进一步认识随机现象的特点，能根据数据分析随机现象发生的可能性判断游戏规则是否公平，并能设计公平的游戏规则。《义务教育数学课程标准（2011年版）》中描述的数据的随机性主要有两层含义：一是对于同样的事情每次收集到的数据可能会是不同的；二是只要有足够的数据就可能从中发现规律。教材以学生熟悉的、有趣的游戏活动为主，使学生感受游戏规则的公平性，凸显统计的两个核心特征：通过数据分析提取信息，通过数据体会随机。最重要的是通过数据提升学生的数学思考，培养学生用数学的思维去判断的推理能力，这些都将为学生在第三学段后续学习随机现象发生的概率奠定基础。

二、学情分析

五年级学生的推理判断能力还有待发展，很大程度上还需要依赖具体形象的经验材料来理解抽象逻辑关系，而学生在生活中已亲历过许多可能性事件，也形成了一些相关的经验，并能得出一般结论。教师要有效地组织有趣的数学学习活动，积极地唤起学生已有的知识和经验，主动将这些经验数学化，逐步丰富对不确定现象及可能性大小的体验，实验的次数多了，就能帮助学生做出一些判断和思考，并把学生的思维逐渐引向演绎推理，让推理的过程更加严密，从而培养学生用数学的思维去判断的推理能力，同时感受数据中蕴含的信息，发展随机观念。

因此，本节课的学习路径如下。第一，激趣设疑，引发学生对游戏规则公平性的分析与思考，感受公平；第二，检验游戏规则是否公平，在活动中感悟随机事件；第三，修改规则，理解只有事件发生的结果可能性相同时才是公平的;第四,合理设计公平的游戏规则,运用等可能性的知识解决生活中的实际问题。

三、教学目标

第一,让学生在猜想、质疑、验证的过程中,体验等可能性和游戏规则的公平性,进一步体会随机现象的特点。

第二,在游戏中,能根据生活经验和实验数据,分析并判断游戏的公平性,初步学会设计简单游戏的公平规则。

第三,发展学生的数据分析观念,使学生能够运用所学知识解决实际问题。

四、学习历程简案

驱动问题	锚基任务	诊断性评价
你们认为这个大臣抽"生死签"会出现什么结果?	创设一个大臣抽"生死签"的故事,激趣设疑,感受公平。	提问与追问:大臣抽"生死签"会出现什么结果?公平吗? 反馈:大臣只能摸到死,不公平。
根据小亮的游戏规则(点数大于3时小林先走,小于3时则小王先走),判断谁先走的可能性大。你们觉得应如何验证?	引发学生对两人游戏规则公平性的分析与思考,并产生进一步验证的需要,从活动中感受随机。	提问与追问:谁走的可能性大?怎么验证呢? 反馈:①小林先走的可能性大;②做实验掷骰子来验证。
你们能帮小亮修改游戏规则,使它变得对双方都公平吗?	理解只有事件发生的结果可能性相同时才是公平的。	提问与追问:修改游戏规则各不相同,为什么都是公平的呢? 反馈:因为双方输赢的可能性是相同的,所以公平。
你们会为"三人玩跳棋"制定公平的游戏规则吗?	用等可能性的知识,解决生活中的实际问题。	提问与追问:三人玩跳棋谁先走?请你合理制定一个公平的游戏规则。 反馈:①设计平均分成3份的转盘;②掷骰子;③抓阄。

五、教学实录

(一) 教学片段一：创设故事情境，激趣设疑，感受公平

驱动问题 1：你们认为这个大臣抽"生死签"会出现什么结果？

锚基任务 1：创设一个大臣抽"生死签"的故事，激趣设疑，感受公平。

师：古代有一个大臣冒犯了国王。国王决定将大臣处死，大臣抽"生死签"时会出现什么结果呢？

生：可能抽到生，也可能抽到死。

师：可是国王一心想处死大臣，暗中让执行官把"生死签"都写成"死"。现在大臣的命运会怎样呢？

生：一定死，不可能生。

师：有一个好心人把这件事告诉了大臣，你知道聪明的大臣是怎么做的吗？

生：聪明的大臣迅速抽出一张纸条塞进嘴里，剩下的当然写着"死"字，不知真相的人们以为他吞下的是生，那么他就一定生。

【点评】问题驱动导入新课，激发兴趣，不仅使学生对公平有了分析与思考，而且还初步建立了公平、公正的规则意识。

(二) 教学片段二：检验游戏规则是否公平，在活动中感悟随机事件

驱动问题 2：根据小亮的游戏规则（点数大于 3 时小林先走，点数小于 3 时则小王先走），判断两人谁先走的可能性大。你们觉得应如何验证？

锚基任务 2：引发学生对两人游戏规则公平性的分析与思考，并产生进一步验证的需要，从生活中感受随机。

师：小亮为掷骰子游戏制定了规则，即点数大于 3 时小林先走，小于 3 时则小王先走，小林和小王谁先走的可能性大呢？

生：点数大于 3 的有 4、5、6 点三种情况，点数小于 3 的只有 1、2 点两种情况，所以小林先走的可能性大。

师：这只是猜想，如何验证呢？

生：掷骰子验证一下。

第一，大屏幕出示实验要求，学生阅读并明确要求：首先，小组合作,掷20次骰子,并记录结果(掷到点数3需重掷);其次,将实验信息整理后填入学习单(表8-3)。

表8-3 课堂学习单

	点数大于3	点数小于3
次数		

第二,学生分组实验完成学习单。

第三,板书实验数据汇报:谁先走的可能性大。

师:大家都猜小林先走的可能性大。可是现在两组整理的数据是点数大于3的有9次、点数小于3的有11次。怎么和我们猜想的不一样的呢?

生:实验次数比较少,收集的数据具有偶然性、随机性,所以推测的结果也会有所不同。

生:次数越多,越能看出小林比小王先走的可能性大。

师:怎样来证明我们刚才的猜想呢?

生:继续做实验。

师:(出示全班汇总数据)请大家认真观察,随着实验次数的增加,你们有什么发现?

【点评】通过动手实践验证猜想,在活动中使学生感悟随机事件每种结果都是有可能发生,随着实验次数的不断增加,实验发生的结果与可能性分析的结果趋于一致。

(三)教学片段三:修改规则,理解只有事件发生的结果可能性相同时才是公平的

驱动问题3:你们能帮小亮修改游戏规则,使它变得对双方都公平吗?

锚基任务3:理解只有事件发生的结果可能性相同时才是公平的。

师:你们能帮小亮修改游戏规则,使它变得对双方都公平吗?

生1:单数小林先走,双数小王先走。

生2:1~3小林先走,4~6时小王先走。

生3:每人掷一次,比点数大小。

生 4：抛硬币。

生 5：猜拳……

师：以上几种游戏规则公平吗？修改的规则各不相同，可为什么都是公平的呢？

生：公平，因为双方输赢的可能性都相等。

【点评】通过修改游戏规则这一环节，使学生进一步理解只有事件发生的结果可能性相同时才是公平的，反之则是不公平的，进一步感受随机现象的特点。

（四）教学片段四：合理设计公平的游戏规则，运用等可能性的知识解决生活中的实际问题

驱动问题 4：你们会为"三人玩跳棋"制定公平的游戏规则吗？

锚基任务 4：用等可能性的知识，解决生活中的实际问题。

师：三人下跳棋，谁先走呢？请你合理制定一个公平的游戏规则。

生 1：抓阄。

生 2：设计转盘。

生 3：掷骰子。

师：他们制定的游戏规则公平吗？为什么？

生：公平。因为三人获胜的可能性都是三种情况中的一种，机会相等，所以公平。

【点评】运用等可能性的知识，解决生活中的实际问题，发展学生的应用意识，提高分析解决问题的能力。

六、教师反思

《义务教育数学课程标准（2011 年版）》指出：数学教学，要注重体验，并认识到数据中蕴含着信息，发展数据分析观念。而少部分学生感受数据随机时，稍显牵强。比如，掷骰子实验，某些学生就是凑巧了，每次都出现了"偶然"，即点数小于 3 的次数大于或等于点数大于 3 的次数，即使把全班实验数据呈现出来，也难以说服他去接受。因为毕竟学生对于实验次数的增加会提高推断的可能性的认识还是比较缺乏的，学生自己并没有经历多次实验的过程，反而这 20 次掷骰子实验中出现的偶然性给他留下了深刻的印象。由此产生的困惑纠结，使学生体会不到大数据的作用。因此，今后我们还要注重对于实验的合理设计，设计有效的学习活动促使学生感悟数据是随机的，当数据较多时就具有了某种稳定性，便可以从中得到很多信息，从而使他们真正感受到数据分析的价值。

七、点评

本节课围绕"统计与概率"中的核心理念展开教学，让学生在实验中感受数据分析的价值。教师设计了有效的问题情境，启发学生思考。由大臣抽取"生死签"激趣设疑，"趣中学，疑中问"，引发学生对游戏规则公平性的分析与思考，学生在活动中积累了丰富的活动经验，初步感受公平，符合小学生的认知特点。同时，学生在体验中感悟到一种思考问题的方法。五年级学生已经具备了一定的生活经验和简单的分析判断能力，所以学生在"掷骰子"活动游戏中，逐步丰富对不确定现象及可能性大小的体验，感受数据中蕴含的信息，发展随机观念。

在本节课中，学生自己并没有亲身经历多次实验的过程，所以最终得到的是不完全归纳的结果。在这个过程中，学生通过对数据的分析和处理，发展了自身的数学思维能力，其思维也逐渐转向演绎推理，推理的过程也更加严密。在理性的课堂中，学生学会了用数学的思维去思考。

第九章 用数学的语言表达

【每章主旨】

"模"乃法也,也就是框框、规范、规则。数学模型是对现实问题进行数学抽象,用数学语言表达问题,用数学知识与方法建构模型、解决问题的过程。学生通过表象进入形式化阶段,这个过程中体现出数学的高度简洁美。模型引发的数学特征就是数学应用的广泛性,也就是说数学模型是沟通数学与现实世界的桥梁,使数学真正回到生活当中解决生活中的问题。

【理论基础】

培养小学生"用数学的语言表达"的实验研究

北京师范大学大兴附属小学　史丽静

一、何为数学语言

伽利略说:"世界是一本以数学语言写成的书。数学语言是数学思维的载体,是储存、传承和加工数学思想信息的工具。"数学语言作为一种表达科学思想的通用语言和数学思维的最佳载体,是一种以符号表达为主、高度抽象的专业语言,其中较为突出的是符号语言、文字语言和图表语言,具有抽象性、准确性、简约性和形式化等特征。同时,数学语言又可分为抽象性数学语言和直观性数学语言,不同形态的数学语言各有其优越性。例如,概念定义严密,揭示本质属性;符号指意简明,书写方便,且集中表达数学内容;计算将关系融于形式之中,有助运算,便于思考；图形表现直观，有助记忆，有助思维，有益于问题的解决。

数学语言在数学学习中的主要表现形式是什么呢？史宁中教授认为就是数学模型，数学模型使得数学回归于外部世界，使得学生能够体会和理解数学与外部世界的联系，通过建立数学模型能够更好地刻画研究对象的性质、关系和规律。《义务教育数学课程标准（2011年版）》明确指出，学生在建立和求解模型时，需要经历从现实生活或具体情境中抽象出数学问题、用数学符号表示数学问题中的数量关系和变化规律、求出结果并讨论结果意义的完整过程。在这个过程中，学生不断地运用各种类型的数学语言解决问题，而学生的数学语言水平也随之得到提升。

二、培养小学生用数学语言表达的意义

现代心理学、教育学认为，语言的正确性体现着思维的周密性，语言的层次连贯性体现着思维的逻辑性，语言的多样性体现着思维的丰富性。《义务教育数学课程标准（2011年版）》同样指出"动手实践、自主探索、合作交流等，都是学习数学的重要方式"。学习数学的过程就是学生的数学语言不断内化、不断形成、不断运用的过程，学生掌握了数学语言，就等于掌握了进行数学思维、数学表达和交流的工具，有利于实现数学化。[①] 由此可见，提升学生用数学语言表达的能力，有助于学生数学思维能力的提升，这在数学学习中至关重要。

小学生的数学学习是基础性的，要借助教科书、学具、现代信息技术等媒体，通过自主探究、小组合作等形式和同学一起交流完成学习过程，实现对数学概念、术语、符号、式子、图形等的理解和掌握，从而发展思维和数学语言表达能力。同时，小学生的数学语言是在学习数学知识和应用数学知识解决实际问题的过程中，逐步培养形成的。在这个过程中，在教师的指导下，通过师生、生生交流，产生思维的碰撞，将生活的口头语言逐步提炼成简单易懂的数学语言。

三、培养小学生用数学语言表达的教学策略

数学语言作为一种人工符号系统，常常成为数学教学中的一大难点。教师要根据学生课堂中的学习过程和数学语言的特点，挖掘"用数学的语言表

---

① 邵光华、刘明海：《数学语言及其教学研究》，载《课程·教材·教法》，2005（2）。

达"的训练点，恰到好处地培养学生"用数学的语言表达"的能力。

（一）借助学具培养学生用数学语言表达的能力

教师在组织教学时，可以通过让学生摆一摆、想一想、说一说，帮助学生经历由具体到抽象的过程，发展学生的数学思维和数学语言表达能力。例如，在北京版数学教材二年级上册第五单元"认识倍"的教学中，教师通过农家小院养鸡的生活情境引入，把"倍"的概念与学生已有的认识基础"几个几"联系起来，通过让学生摆学具、说想法的方式，令其真正理解"倍"的概念。此外，教师还可以根据学生已有的生活经验，应用多媒体课件直观演示教材上的主题情境图，使学生体验到生活中处处有数学，并为学生提供动手实践、自主探究、观察与思考、比较与发现、归纳与总结的机会。在北京版数学教材一年级上册"学看钟表"一课中，教师根据学生的已有认知水平，将本课的主要学习目标设定为用生活语言表达"几点"，用数学语言表达是"几时"，使学生亲历把生活语言提炼成数学语言的过程。需要注意的是，教师要给学生留下思考和语言表达的时间与空间，既培养学生动手操作的能力，又提升学生用数学语言表达的能力。

（二）借助体验式学习培养学生用数学语言表达的能力

教师应给予学生亲自操作的机会，使学生面对有趣的现象和数据，体会到有逻辑的数学表达的重要性和数学语言的准确、严谨、简明之美。例如，在北京版数学教材五年级上册第四单元的"可能性"一课中，教师在导入环节通过石头、剪刀、布的小游戏回顾旧知，建立知识间的联系。课上创设学生喜欢的摸球活动，再根据小组实验结果和全班实验结果正确推测出盒子里哪种颜色球的数量多。在学生叙述说明时，教师引导学生说完整的话："我根据哪些数据，推测出什么？"进一步体会随机现象结果发生的可能性有大小，同时感受数据分析的价值。

（三）借助评价表培养学生用数学语言表达的能力

教师在教学中要注意引导学生用数学语言说算理或者解题思路，并用过程性评价表对学生的数学语言表达能力进行评价，帮助学生进一步明确目标，促使学生有意识地、自觉地进行训练。

例如，教师在进行六年级"多（少）百分之几的应用题"教学时，可以安排学生以小组为单位进行"说思路"展示活动，并利用评价表进行评价（表 9-1），使学生在解决问题的过程中，逐渐达成评价表中的每一项标准，让学生在不断体验中感悟数学思想方法带来的惊喜，在对数学思想方法进行梳理与总结的同时，又有意识地训练和提升了学生用数学语言表达的能力。当然，教师可以根据学生能力水平的不同，适当调整评价表中各项的分值，以达到预期的学习目的。

表 9-1　学生数学语言能力评价表

项目	声音洪亮口齿清楚语速正常	准确提取数学信息并提出数学问题	能够准确、清晰、有条理地表达想法并与他人对话	能够用数学语言（文字、符号、图表等）解决问题	总分
分值	1	3	3	3	10

如何培养学生用数学语言表达的能力，是一项值得深入研究的课题，更是一项长期的、有计划的、有步骤的、需要坚持不懈的工作。教师在教学中要有意识地指导学生使用数学语言表达，既要提高表达的准确性和完整性，又要善于观察、发现相关信息，并能在具体情境中理解各种数学语言所描述的条件，灵活地进行相互转化，以加深对数学概念的理解和应用。

【典型案例分析】

"密铺"案例分析

北京市大兴区第五小学　段晓炜

指导教师　张京娴

本文以段晓炜老师的"密铺"一课为例，从学习者的视角出发，研究教师如何在分析学习路径的基础上帮助学生深度学习"密铺"的有关知识，让学生在动手操作中感悟数学的美，用数学语言表达数学美。

一、教材分析

《义务教育数学课程标准（2011 年版）》提出："数学综合实践活动的教学目的是培养学生的创新精神和实践能力。""密铺"被安排在北京版数学教材第九册"数学百花园"中，属于综合与实践领域的内容。在学习"密铺"之前，学生已经学习了平行四边形、三角形、梯形的认识以及面积等相关知识，积累了一定的研究图形的经验。教材的第一板块，主要是让学生通过猜测、动手操作验证等活动认识单一图形的密铺，积累研究图形的经验和思维表达的经验，用数学的语言来描述密铺；第二板块主要是欣赏和设计，学生能够综合应用平移、旋转、密铺等来创造美丽的密铺图案，感悟数学的美，用数学的语言来表达美。

关于本节课的价值，很多教师把"密铺"一课上成了拼图活动课、美术欣赏课，使密铺仅停留于生活中的装修、图案等现象中，失去了其数学的味道。密铺背后的原因是什么？如何用数学的语言表达其本质？如何用数学的语言表达思维？如何在表达中深化学生的思维水平和实践能力？以上这些问题是这节课我所思考的。

二、学情分析

（一）换位思考

密铺作为无空隙、不重叠的一种铺法，学生在生活中经常见到，理解起来相对简单。但是如何帮助学生将头脑中的表象上升为理性的数学思维，如何把感知升华为数学理解，如何引导学生用数学的语言进行表达是本节课的重要目标。通过换位思考不难发现，给出密铺图案让学生用数学语言表述什么是密铺有一定的困难，但如果换一种思路用不密铺的图案来说明什么不是密铺，事情就变得简单许多了。

（二）课前调研

课前调研是了解学生的重要手段。关于本课，调研结果显示，学生对于无空隙、不重叠的铺法已经有了较多的生活经验，他们能够明确地指出长、正方形可以单独密铺平面。同时调研结果也显示，学生头脑中的密铺和生活紧密相连，所以，当给定一个待探索的方格纸或磁板时，学生会认为平行四边形等图形不能密铺，因为它不能铺出长、正方形的平面。因此，在课堂上要让学生体会数学意义上的密铺含义，想象平面的无限性。另外，学生直观感觉正多边形都可以密铺，尤其是正五边形，学生表述的理由是"这些图形的每条边都可以凑在一起。另外，这个图形很像正方形，正方形能够密铺，所以这些图形也可以"。通过学生的表述我们了解到，学生对于图形能否密铺的关注点主要集中在图形的边。

（三）教学经验

根据以往的教学经验，五年级的学生在拼摆图形时，着眼点主要集中在一个平面或者各条边上。他们在拼摆图形时倾向于把图形相等的边往一起凑，而密铺需要引导学生关注拼接点，让学生体会到只要能围绕着一个拼接点就能够"铺满"，图形就能够密铺平面的事实。将学生的着眼点从面拉向点，是这堂课需要让学生积累的数学活动经验。

三、教学设计

具体来说，需要从以下几个方面将学习路径与教学路径进行融合。

（一）情境搭桥，用数学的语言表达

学生在观察密铺图形的特点时，很难用语言描述出密铺"无空隙、不重叠"的特征，处于"只可意会不可言传"的理解水平。本课试图从事件的另一个角度为切入点，从不密铺图形入手来揭示密铺的特点，因此教师创设了如下情境。

师：老师家有一个三岁的宝宝，她用一套街道设计师的玩具铺成了两片地面，请你对这两片地面发表一下意见和建议（图 9-1）。

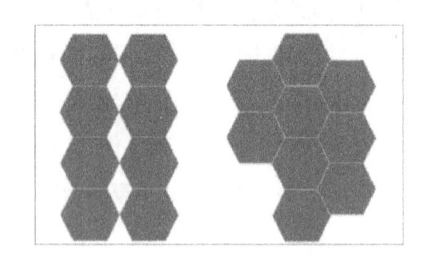

图 9-1　课堂学习材料

生 1：第一片地面不能这么铺，因为这样有空隙，走路时脚会陷进去进而崴到脚。

师：哦！有道理，小宝宝也发现了这个问题，赶紧调整（图 9-2）。

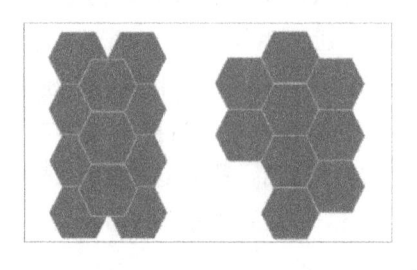

图 9-2　课堂学习材料

生2：这样调整不可以，这样地砖重叠在一起，不平整，会绊倒人。

师：同学们一下子就看到了问题的本质，那么第二片地砖的铺法是你们认可的，它和第一片比起来，哪里比较合理？

生3：第二片地面的地砖没有空隙而且还不重叠，不会崴到脚也不会绊倒人。

师：数学上，我们把这种无空隙、不重叠可以铺成一个平面的铺法叫作密铺。

(二) 经历过程，为数学的表达提供过程性经验

密铺属于综合实践活动领域，是学生积累数学活动经验的重要载体。

学具准备：每组四人，每组有平行四边形、正五边形、正六边形、正八边形磁片各8个，磁板2块，方格纸1张。

1. 提出问题

师：通过观察生活我们知道，长方形、正方形可以单独密铺平面，同学们关于密铺还想研究一些什么问题呢？

生1：哪些图形还可以单独密铺？哪些图形不能？为什么呢？

生2：图形的密铺到底与什么有关系呢？

师：我们带着这些问题来研究一下。我们先找一些图形试一试。（出示图9-3。）

图9-3 课堂学习材料

2. 猜想

师：猜一猜哪些图形能够单独密铺呢？

生3：平行四边形、正五边形和正六边形能够单独密铺。

生4：正五边形和正六边形可以单独密铺。

3. 动手验证

师：到底哪些图形可以单独密铺呢？我们该怎么做？对，可以动手试一试。动手摆一摆或者画一画，想一想哪些图形能够单独密铺？为什么？

（学生动手操作，在活动中积累操作的经验。）

4. 合作交流

师：通过小组的验证和交流，你们得到了哪些结论？为什么？

5. 得到结论

提出问题—猜想—动手验证—合作交流—得到结论是我们学习数学的重要方式，在学生得到结论后，教师带领学生完整地回顾研究过程，帮助学生积累过程性经验。

（三）动手操作，为学生的思维搭桥，为数学语言表达做好准备

小学的几何不是论证几何，更多属于直观几何。学生获得几何知识并形成空间观念，更多的是依靠他们的动手操作，即"做中学"。《义务教育数学课程标准（2011年版）》也指出数学活动经验需要在"做"的过程中积淀。学生思维在活动中提升，经验在活动中积累，一系列活动为学生理解密铺并进行数学表达做好准备。

1. 单独图形的密铺——平行四边形、正五边形、正六边形、正八边形

师：我们的猜测是否正确呢？接下来我们该怎么做？

生1：动手验证一下。

师：学具袋中有我为大家准备的每种图形的磁片，你们可以用这些磁片摆一摆来验证你们的猜想，想一想哪些图形能够单独密铺？为什么？

动手操作是激发学生主动思考的必由之路，学生在动手铺的过程中才会主动弥补那个"空隙"，在弥补的过程中才有可能把关注点从边拉向角，为数学的思考和表达提供可能。

2. 单独图形的密铺——任意凸四边形

师：刚才提出的任意四边形能够单独密铺吗？比如我手中的这个四边形（出示不规则四边形）。

生3：能吧！因为平行四边形、长方形、正方形都是四边形，都能够密铺，我猜任意四边形都可以密铺。

生4：我觉得不能，因为它不规则，不规则的图形不能够密铺。

师：看来这次依据推理又很难找到结论了，我们还得进行动手验证，我为你们准备了8个这样的磁片，你们可以动手试一试，边动手边观察，看看自己发现了什么，又有了哪些新的思考。

教师精心设计学具，为学生的数学语言表达搭建脚手架。每组学生手中都有 8 个任意四边形，这 8 个任意四边形都对四个角进行了标注。学具深化了学生的思维，为数学语言的表达提供了支撑，使学生初步感知到围绕着中心点拼合的角的度数和是 360°，同时还感受到一个图形能否密铺与图形的角度有关。

以上两个"做"的环节都为学生创造了充分的动手操作机会，在猜想与数学表达之间为学生的思维搭了一座桥。只有让学生自己亲自动手去做，学生才会对密铺的本质有最直观的感悟，从而积累实践性的经验。因此，动手操作为学生将生活感悟上升为数学表达提供了可能。

（四）交流中提升，用数学的语言表达，积累思维经验

史宁中教授在《应对核心素养，校长和教师该做些什么》一文中指出，基于核心素养培养的课堂教学不仅是传授知识、培养技能，而且要启发学生独立思考，帮助学生积累经验。关于经验，史宁中教授特意强调它既包括思维的经验，又包括实践的经验。学生"做"的过程就是数学活动经验不断积累的过程，学生获得的只是实践经验，数学活动经验并不仅仅是实践的经验，更重要的是思维的经验，是在数学活动中思考的经验。因此，深层次的交流是不可或缺的。当学生有强烈交流欲望的时候，教师便要把课堂交给学生，让学生将隐藏的想法用数学的语言表达出来并内化为思维经验。"平行四边形可以密铺，那三角形和梯形呢？""不动手铺一铺，你能得到结论吗？"这时候学生就会调出已有的数学活动经验，利用转化，经过推理，得出结论。

1. 平行四边形、正五边形、正六边形、正八边形

生 1：（展示）平行四边形和正六边形可以单独密铺，因为它们都可以无空隙、不重叠地铺满一个平面（图 9-4）。

（个别组认为平行四边形不能密铺，因为磁板的边际总会有缝隙，这时教师要让学生关注图形之间的特点，同时要让学生想象平面无限性的特点。）

生 2：正五边形和正八边形都不能单独密铺，因为它们都有空隙。

师：（此时大部分组的研究结论仅仅停留在这里）为什么这两个图形拼摆时会有空隙呢？

生3：因为这里剩的角比较小，再放一个正五边形就放不进去了。（此时学生已经开始把关注点从边拉向角了。）

图9-4　学生展示

有些孩子有更深的领悟。在汇报结果时提出，正五边形的内角和是540°，一个内角就是108°，3个108°是324°，与360°还差36°，所以正五边形铺的时候会有空隙。正八边形一个内角的度数是135°，也不能拼成360°，所以也不能单独密铺。还有学生发现，正多边形的内角度数会随着边数增多而增大，比120°再大一些的度数想要被360°整除，就是180°。所以正多边形在正六边形之后不会再有单独密铺的图形。学生在动手操作的基础上，拥有了用数学语言表达的可能。

2. 任意四边形

学生在动手操作和交流对话中得到了结论，但此时学生眼里的密铺关注的是图形的边或者一个平面，在动手过程中隐隐感受到"不密铺图形那里多出一个角度"这个事实，但是很难升华成理性的数学思考。那以什么为媒介可以让学生更好地把潜在的感知升华成理性的思考呢？任意四边形的研究在这里成了点睛之笔（如图9-5）。

生1：我们发现任意四边形是可以密铺的。因为我们把它们拼成了这样的无空隙、不重叠的一个平面。

生2：我们还发现只要围绕着一个点，分别拼四个三角形的不同内角就正好可以铺满。

师：我们可以把这个点叫作拼接点，同学们一起来看看所有的拼接点，你们同意学生2的发现吗？大家还有什么思考和发现吗？

生3：我们发现这四个角放在一起注定是360°，360°就没有空隙了。

师：你为什么说"注定"？

生3：因为这四个角分别都是一个任意四边形的四个内角，四边形的内角和等于360°，所以用这四个内角密铺一定可以无空隙、不重叠。

师：有道理，至此同学们对于密铺又有了什么新想法？

生4：密铺可能与图形的内角有关系，还可能与内角和有关系，肯定和角的度数有关系。

师：说得真好，那就带着这样的思考，下课后继续去验证你的猜想。

图 9-5　学生展示

通过动手实践让学生真的动起来是学生积累实践经验的重要方式，学生在实践中拥有了用数学语言表达的可能。同时，创新是培养学生核心素养的终极目标，创新依赖于思考，这就需要教师不断进行追问，让师生、生生发生真正的交流，帮助学生积累更多的思维经验，将数学活动经验、生活经验用数学语言来表达。

（五）用数学的语言感悟思想

在本堂课中，教师让学生经历了从探索简单图形到复杂图形、从特殊图形到一般图形的学习过程。在这个过程中，学生逐渐感悟到归纳的数学思想方法，积累了思考的经验。同时，在猜想和验证环节，教师没有盲目地全部提供学具支撑，在对三角形和梯形进行密铺时，引导学生依据以往的研究经验推理出结论，培养学生的推理能力，在数学语言表达中感悟数学思想。

（六）用数学的语言表达美

师：除了利用相同几何图形平移、旋转、对称设计出一幅漂亮的密铺图案外，你还能设计出其他漂亮的密铺图案吗（图 9-6）？事实证明，这样的课堂留白留给了学生更大的学习空间。上课之余，学生主动利用网络等资源学习，设计出了非常漂亮的密铺图案，真正实现用数学的眼光欣赏作品，用数学的语言表达美（图 9-7）。

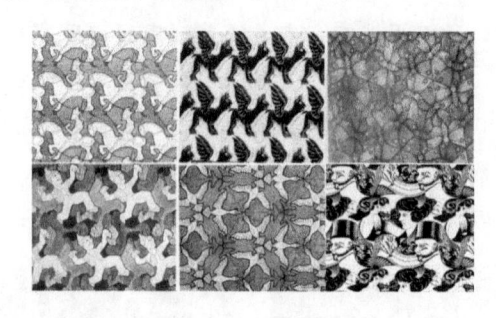

图 9-6　课堂学习材料

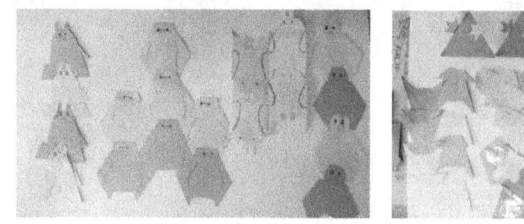

图 9-7　学生作品

段老师整节课的教学流程如图 9-8 所示。

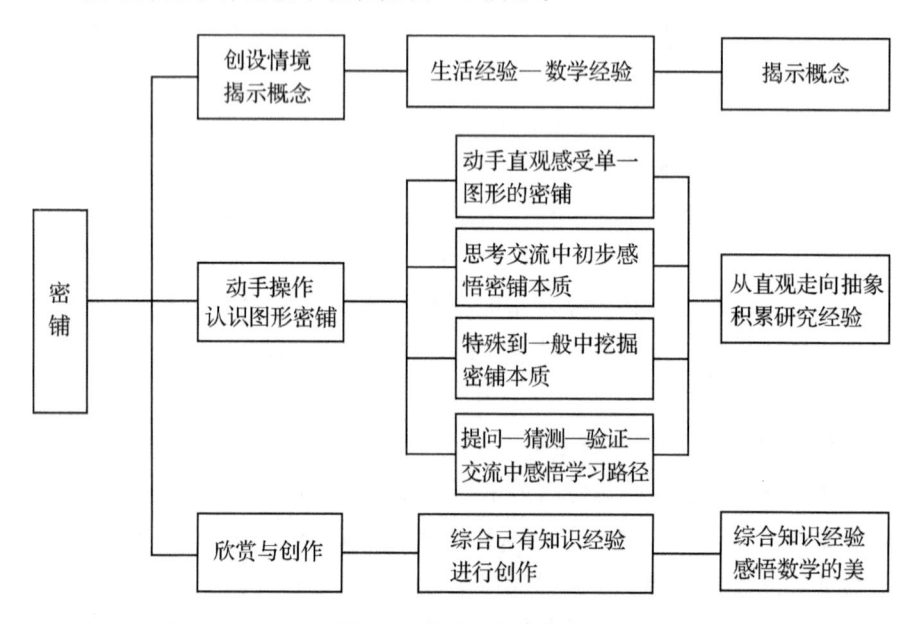

图 9-8　教学流程示意图

这节课以密铺为载体，让学生综合所学习的数学思想、方法等研究问题，将知识与生活、美术创意等有机地结合在一起，学生在学习知识的同时，还能感悟数学的美。综合与实践活动是发展学生实践能力和创新能力的重要载体，要特别突出"做"和体现"过程"，因此段晓炜老师注意将环节完整化，凸显"做中学"，让学生全程参与实践活动，为学生交流表达铺路。在整个教学过程中，段老师不仅关注到了学生实践经验的获得，同时她还在师生、生生交流等活动中关注到了学生数学语言的表达和思维经验的获得，发展学生的核心素养。

【话题讨论】

构建数学模型 提升数学素养

北京市建华实验学校 孟苓莉

《义务教育数学课程标准（2011年版）》指出，学生的数学学习是理解和掌握基本的数学思想和方法，获得基本的数学活动经验。数学思想方法是学生认识事物、学习数学的基本依据，是学生数学素养的核心，学生经过一段时间后或许会忘记某些数学概念以及计算公式，但掌握的数学方法和在学习中建构的数学模型却可以永远留在脑海，为己所用。

模型思想是学生体会和理解数学与外部世界关系的重要途径，建立模型思想对学生的思维影响深远。引导与帮助学生建构数学模型，可以培养学生用数学眼光观察事物，用数学思维思考问题，用数学表达阐释事物发展规律等能力。那么小学阶段有哪些内容可以帮助学生建构模型思想呢？又该如何引导学生建构数学模型呢？其实在教材中相关素材比比皆是，很多看似简单或者无趣的教学内容，都可以通过精心设计的活动，完成实物模型—半抽象模型—抽象的数学概念或知识点的过渡，帮助学生建构数学模型。只要教师能恰当挖掘、巧妙渗透，就会让数学课堂显得更有数学味，会让课堂充满思维的张力，从而激发学生深度思考，提升学生的数学素养。

以计算教学为例，计算教学很容易被认为是枯燥无趣的教学内容，虽然学生通过反复练习能够达到熟能生巧的程度，但是问其算理，却又一脸茫然。而《义务教育数学课程标准（2011年版）》又明确提到数学课程应遵循学生学习数学的心理规律,强调从学生已有的生活经验出发,提倡让学生经历计算方法的探究过程,体验解决实际问题的数学思想,从而培养学生的创新能力。也就是说,学生对算法的探究过程、对算理的理解是非常重要和必要的。以我执教的北师大版数学教材五年级上册第一单元的"小数除以整数的小数除法"一课为例,我就意图通过设计具体的操作活动,完成从实物到模型的过渡,进而构建数学模型,帮助学生理解小数除法笔算的算理。

一、选择恰当的实物模型帮助学生理解知识本质

教学伊始,通过创设学生身边的情境——"跳蚤市场中四个小伙伴合作收获了 45.4 元,现在要平均分给四个小伙伴",引导学生思考怎么分,从而将问题转化为将 45.4 元平均分成四份的数学问题,在这里为学生提供学具——实物模型"人民币",进行"分钱"的探究活动,旨在通过具体的探究活动,借助"人民币"了解"分"的过程。也许有教师会认为四年级的学生没有必要经历和感受实际分钱的过程,直接对竖式进行讲解就可以了。但通过学生前测结果我了解到,50%的学生可能都已经对竖式有所了解了,但只有不足 10%的学生能够讲清楚竖式中每一步所代表的含义。这说明"会做"不一定"能懂"。怎么让学生"懂"?只有让学生切身体会到分的过程,并能用竖式将分的过程表达出来,学生才能真的懂。所以,在经历分的过程时教师一定要向学生强调将每个人所得的钱放到相应的位置后立刻记录分的过程,即边分边用竖式记录。我在本节课教学中,为帮助学生建构数学模型,在为学生提供实物学具时,也精心设计了人民币样币的面值——4 张 10 元、5 张 1 元、4 张 1 角(图 9-9),旨在制造矛盾冲突——学生在动手分的过程中,分 10 元的过程非常迅速,但分 1 元时遇到问题了,5 元钱平均分给 4 个人,每人 1 元,还剩一张 1 元,怎么继续分呢?竖式到这里也没法再进行记录了,怎么办?这时候有的学生找教师帮忙了。"老师您能给我们换零钱吗?"当在教师处换到了 10 个 1 角的硬币时,学生切身体会到"一元换 10 角""10 角与剩下的 4 角合为 14 角"的过程。学生将这个过程记录到竖式中(图 9-10),对竖式这部分也了然于胸。换完钱之后继续分,每人 3 角,还剩下 2 角。学生又把 2 角换成 20 分,每人分得 5 分后,最后每人分到

11.35元。由于整个分的过程都按照要求记录在竖式中，所以学生对于竖式的算理也有了初步理解。

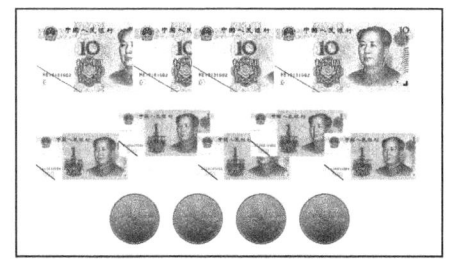

图 9-9　课堂学习材料

图 9-10　学生学习过程记录

二、建构实物模型与抽象知识之间的联系

教师在学生初步理解笔算算理的基础上，再通过追问，让学生领悟并掌握其内涵。当学生以小组形式到黑板前面演示时，把分钱的过程和竖式的每一步一一对应起来，教师就可以通过一步步的追问直指问题本质，启发学生理解算理（图 9-11）。例如，当学生分钱剩下 1 元时，教师追问："剩下 1 元怎么分？"学生答："把 1 元换成 10 角。"教师追问："为什么要换成 10 角？""因为剩下的 1 元不够每人再分 1 元了，只能换成 10 角和剩下的 4 角合起来继续分，每人分 3 角。"教师再追问："我们在竖式中怎么记录每人分到的这 3 角钱？"这个问题旨在突破该课的重点问题——小数点应该点在什么位置。通过整个分钱的过程和除法竖式的完美结合，学生对算理的理解就十分清晰了。此时继续请其他学生到前面指着竖式再次回忆分钱的过程，所有学生又进行了回顾、加深理解的过程。正是因为学生经历了分钱、换钱的过程，并且边分边记录、边换边记录，所以才会对算理有更清晰的认识，对算法的掌握也才会更熟练，

同时也在心里埋下了建模的种子。

图 9-11　课堂记录

三、由实物模型过渡到半抽象模型，进而感悟抽象算理，领悟知识本质

接下来，从实物模型过渡到半抽象模型时，教师在要求学生应用新学到的知识解决生活中的问题时，不仅为学生提供实物模型，还为学生提供半抽象模型，让学生结合数学模型与竖式，领悟竖式的算理与算法。这样从实物模型过渡到半抽象模型，再到竖式的算法与算理的过渡，也符合学生的心理特点，让学生经历了一个循序渐进的学习过程（图 9-12）。

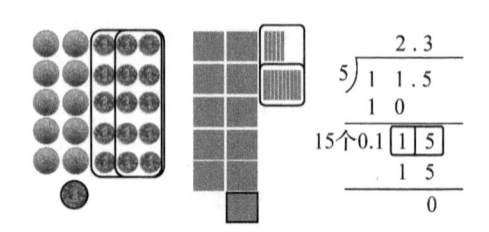

图 9-12　课堂学习材料

通过以上案例我们可以看到，学生在学习进阶的过程中，经历了实物直观、动手操作、质疑解惑、构建数学模型、完成实物模型到半抽象模型的过渡、了解和掌握知识本质的过程。而教师在整个教学过程中应做的有如下几点。一是为学生创设熟悉的生活情境，促使学生提高学习兴趣，产生解决问题的欲望；二是精心设计探究活动，引发矛盾冲突，促使学生深入思考解决矛盾冲突；三是为学生提供有价值的学具，帮助学生建构数学模型，进而领悟数学知识本质与内涵。

"模型思想"是《义务教育数学课程标准（2011 年版）》新增的核心概念之一，"作为中小学课程中的模型思想应该实质意义上给学生以感悟，以形成正确的数学态度"。数学建模是指采用形式化的数学语言对数量关系或空间形式进行抽象概括后的简约表达。小学生数学建模的过程实则就是"学生通常在对实际问题进行抽象的基础上，使用数学概念与符号建立模型，再通过数学处理，如数学演算，求得数学模型的解最后解决实际问题"这样的一般模式。在大力提倡培养学生数学核心素养的今天，探索其课堂教学策略已然成为广大一线教师的追求与使命。关注模型思想，突出数学思考力培养的课堂教学，恰恰体现了数学核心素养的内涵要求——用数学的思维想、用数学的眼光看、用数学的语言说。学生在不同的数学建模中所获得的思维方法以及活动经验，必将成为日后更高数学能力的营养成分，最终促进学生数学素养的长足发展与提升。

在表达中感悟　在感悟中建模

北京师范大学大兴附属小学　马超　杨爱艺

数学建模作为数学学习者的重要核心素养之一，是学好数学的关键思想方法和能力。数学建模的过程就是对现实生活问题的一种数学抽象过程，就是要求学习者能够用数学的语言表达问题，从而掌握用数学的知识和方法建构模型来解决问题，让学生借助现实生活情境，用数学的语言来表达发现的问题，进而分析问题、构建模型、求解结论、验证结果并改进模型，最终形成解决实际问题的能力。

下面就以北京版数学教材四年级下册第八单元的"和差问题"一课为例，谈谈如何帮助学生用数学的语言表达生活中的数学问题并建构数学模型，从而达到有效学习目的。

一、用数学的语言表达生活中的数学现象

在数学教学中，创设学生现实的生活情境，有助于增强学生学习数学的信心，同时更加有利于学生自信地用数学的语言表达生活中的现象。学生对于矿泉水都不陌生，可就是大家习以为常的事物却蕴藏着有意思的数学问题。

师：课间的时候，我发现两名同学都喝了矿泉水，于是老师把他们剩下的矿泉水进行了测量，第一瓶还剩了 10 cm 高的水，第二瓶还剩下 6 cm 高的水。那么你们能根据这两个数学信息提出一个数学问题吗？（图 9-13）

生1：第一瓶水比第二瓶水高多少厘米？

生2：两瓶水一共高多少厘米？

师：同学们提的问题都很好，谁能再提一个用除法解答的问题？

生3：第一瓶水的高度是第二瓶水高度的几倍？

师：很好，怎样列算式呢？

生4：10÷6。

图9-13　课堂学习材料

师：很好，还可以提出用除法计算的问题吗？

生5：两瓶水平均有多高？

师：谁会解答这个问题？

生6：用10加6的和再除以2就是两瓶水的平均高度了，计算结果是8 cm。

在这一活动中，教师让学生通过现实生活中常见的喝矿泉水的情境，以数学的眼光进行思考并通过数学的语言表达提出问题，不仅仅回顾了所学的知识，更重要的是为下一个环节探究新问题找到了知识的生长点，建立了攀登知识高峰的路径。

二、用数学的语言表达数学中的本质特性

根据所给出的矿泉水的高度，理解其中的数学问题，找到解决问题的方法，并通过严谨的数学语言把感悟到的数学本质表达出来。

（教师继续拿出两瓶喝过的矿泉水。）

师：同学们刚才提的问题都很好，回答得也很正确。老师这里还有两瓶矿泉水，如果告诉你两瓶水高之和是18 cm，还告诉你两瓶相差2 cm，你们知道两瓶水分别高多少厘米吗（图9-14）？自己思考，你会想到什么方法来解决这个问题呢？

生1：我知道第一瓶水比第二瓶水高2 cm，如果把第一瓶倒掉2 cm，就和第二瓶水同样高了，还剩下16 cm，再除以2就可以得到水少的水瓶中水高8 cm，水多的水瓶中水高10 cm。

师：同学们你们听明白了吗？这名同学是怎样做的，把不是等高的

两瓶矿泉水一下子变成一样高的了呢？

生2：他把水多的那瓶水倒掉了2厘米。

师：真是一个智慧的做法，那你还有不一样的做法吗？

（学生们一下子就想到了，跃跃欲试。）

生3：我知道第一瓶水比第二瓶水高2 cm，如果往第二瓶水中再倒入2 cm的水，就和第一瓶水同样高了，它们的和就变成了20 cm，再除以2就可以得到水多的水瓶高是10 cm，水少的矿泉水瓶是8 cm。

图9-14　课堂学习材料

师：你们听明白了吗？和你的想法一样吗？

生：（齐答）一样的。

师：同学们，我们再回过头来想一想，两种方法不论倒掉水还是倒入水，都是多少厘米？之后我们都得到了什么呢？

生4：都是2 cm，倒掉水后变成了两个水少的，倒入水后变成了两个水多的。

师：谁能够用简洁的话给大家概括一下？

生5：用两瓶的水高之和18 cm，减去相差的2 cm后就是两瓶水少的，再除以2就是一瓶水少的高度。如果用两瓶的水高之和18 cm，加上相差的2 cm后就是两瓶水多的，再除以2就是一瓶水多的高度。

（全班热烈鼓掌。）

教师在学生的数学表达过程中适时评价其对于理解数学知识的掌握程度，能及时帮助学生理解知识，掌握分析问题和解决问题的方法。另外，学生在表达数学知识的过程中，还可以积累解决实际问题的经验。学生还能够在实际情境中发现和提出问题，能够针对问题用数学语言表达，最终建立数学模型，提升应用能力。

三、用数学的语言理解数学知识的建模过程

数学建模是应用数学解决实际问题的基本手段，是数学应用的重要形式，也是推动数学发展的动力。教师可以创设不同的生活情境，通过学生的表达检验学生对于"和差问题"的知识的理解，从而帮助学生实

现对知识的建模。

（教师邀请一名同学站到前面。）

师：同学们，如果老师告诉大家，我和这名同学身高之和是 300 cm，还知道我们身高相差 50 cm，你们知道我们两个人的身高分别是多少厘米吗？

（学生思考，全班交流想法。）

生 1：我知道老师比学生高 50 cm，如果把老师的身高减去 50 cm，就和学生的身高一样了，还剩下 250 cm，再除以 2 就可以得到学生的身高是 125 cm，老师的身高是 175 cm。

生 2：我是这样想的，老师和学生的身高和是 300 cm，老师比学生高 50 cm，如果学生加上 50 cm，就是两个老师的身高是 350 cm，再除以 2 是 175 cm，学生的身高是 125 cm。

运用数学的语言，让学生经历抽象的过程，体会和经历解决实际问题的方法，深化学生的数学思维。学生在数学表达中不仅加深了对知识的理解，还形成了一种解决问题的思维方式，最终建立模型，形成解决问题的能力。由此可见，良好的数学语言的表达能力是学生更好地感悟数学建模的前提，也是建模过程中的关键能力。

经历建模过程，解决实际问题

北京市朝阳区呼家楼中心小学　李艳萍

数学思想的形成需要经历一个从感性认识到理性认识、从理解掌握到解决实际问题的长期发展过程，即在每一个知识领域、每一个知识点的教学中通过抽象、概括、总结、理解、应用等循环往复的过程逐步形成。学生应在这样一个过程中感悟、经历，"悟"出数学知识、技能中蕴含的数学思想。《义务教育数学课程标准（2011 年版）》指出：模型思想的建立是学生体会和理解数学与外部世界联系的基本途径。建模的过程是一个数学过程，模型思维有助于学生学习数学，有利于数学思维的发展，教师在教学中应多维度地重视模型思维的培养。

一、在具体情境中，渗透模型思想

数学从生活中来，还要服务于生活。教师应在教学中给学生创设具体的情境，让他们在一个个熟悉的情境中展开学习，有针对性地渗透模型思想。例如，教师在设计人教版数学教材五年级下册"打电话"这节课时，给学生创设了学校活动需要打字、教师需要纸张、学生需要帮忙剪纸、教师有重要通知需要给学生打电话等多个情境，学生在教师精心设置的情境中亲历了一次次的数学活动。比如，教师引导学生亲历电脑复制、剪纸、打电话三次数学活动，让学生直观感受、亲身参与，探究怎么样才能做到速度最快，思考三者的共同点，等等。教师在这些真实的活动情境中，引导学生确立模型思想，同时让学生能够真切地体会到数学思想的作用，并且能够深刻理解数学思想的精髓。

二、在数学活动中，经历建模的过程

在数学活动中，动手操作实践、有意识地钻研探索与同伴交流合作是学生学习数学非常重要的方式。数学学习活动展现的形式是学生能够积极主动地反映不同个性的学习过程。所以，在教学时我们要逐步引导学生自主探索、交流合作，并且能够对学习内容、学习过程中的发现进行主动的总结、概括、归纳和提升，努力建构出每一个学生都能理解的数学模型。

例如，五年级下册探索"图形规律"正是让学生经历"设计情境—建立模型—求解验证"这样一个完整的数学活动过程。上课开始，教师抛出问题："请大家看这个正方体，它是由多少个小正方体组成的？如果我们给这个大正方体的表面涂上颜色，那么每个小正方体被涂色的面一样多吗？会有哪几种情况呢？"这样一个现实问题隐藏了关键的数学信息。接下来，让学生大胆猜测其中的数学信息，然后去验证，对这个现实问题进行数学的抽象。教师将学生建模的过程分为以下几个层次。第一层次是规定正方体棱长为4，初步抽象出模型；第二层次是让学生用棱长是5的正方体验证规律；第三层次是研究规律的普遍性，即自己设定正方体的棱长，从而提炼出三面涂色有 $12(n-2)$ 种、两面涂色有 $6(n-2)^2$ 种和不涂色有 $(n-2)^3$ 种的规律。

三、在解决问题中，建立数学模型

数学的学习，伴随着一个个问题的解决。那么，在解决问题时，可以通过建立数学模型来解决生活中同类的一系列问题，这样就可以让学生利用简单的办法高效地解决问题。比如，在人教版数学教材五年级上册"数学广角"里的植树问题，学生在解决问题中一步步抽象出数学模型，从而以一端有点、一端没有点为模型基础，解决几个点和线的问题。下面是一段课堂实录。

师：（出示情境）同学们在全长 40 m 的小路的一边植树，每隔 5 m 栽一棵。一共需要多少棵树苗？这个问题能用点和线来解决吗？那么谁相当于点，谁相当于线？

（学生思考，给出答案。）

师：再请一个同学读题，大家思考，在一条长 40 m 的小路上种树，可以有几种情况？

师：同学们说了这么多，好像不是很清楚。这样吧，请你们把想到的几种情况用点和线的形式画出来，并列出相应的算式。

（学生积极举手参与。）

师：你能到前面来说说你想到的几种情况吗？

（学生边说边板书，见图 9-15。）

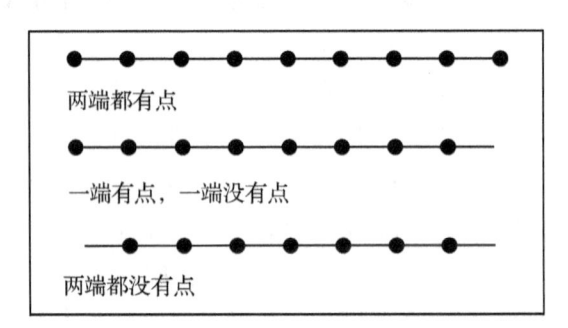

图 9-15　学生板书

师：我看到这三种情况的列式，都有"40÷5"这个算式，表示什么意思啊？

（学生各抒己见。）

师：也就是，40 表示全长，5 是一段的长度，8 表示段数，那它们之间有什么关系呢？

生：全长÷每段长＝段数。

师：我们看一端有点、一端没点的这种情况，8 不是表示 8 段吗？你们怎么说是 8 棵啊？你有什么办法让大家一眼就看出是 8 棵吗？

生：建组。

师：刚才同学们说得很清楚，那把一个点和一段建为一组，能建几组啊？你能到前面来摆一摆吗？

（学生摆出以下两种情况，见图 9-16。）

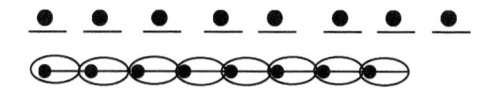

图 9-16　学生摆出的两种情况

师：同学们用这样的两种方式把一个点和一段建成一组，你能一眼就看出种了 8 棵树吗？怎么看出来的？

生：看段数、看组数。

师：对，有几段就能建成几组，有几组就有几棵树，看来同学们通过建组一下子就知道了可以种几棵树。

师：（指着"全长÷每段长＝段数"的关系式提问）这里面的全长实际上就相当于总数，每段的长度就可以看出……（每份数），段数也就是……（份数），有几份就是几组，也就是几棵（图 9-17）。

$$全长 \div 每段长 = 段数$$
$$\downarrow \quad\quad \downarrow \quad\quad \downarrow$$
$$总数 \div 每份数 = 份数（棵数）$$

图 9-17　教学辅助图

在给学生建立模型的同时，通过份数和一一对应的关系突破难点，让学生掌握在三种模型下如何解决相应的问题（图 9-18）。

植树问题其本质是点和线的问题，除此以外还有桥墩、锯木头、爬楼梯等问题，它们的本质是一样的，这一类可以归为"植树模型"，桥墩、锯木头的次数、楼层等可以抽象看成"点"，"各种间隔"可以看成"线"，因此植树问题的本质就是"点与线之间的一一对应关系"。学生需要把生活中的树和间隔，根据生活中不同事物之间固有的内在联系和规律，找到一些必要的简化设定抽象出点和线。它虽然不等同于事物本身，但是具有共同的特征，这就是建模的过程。

渗透模型思想与方法，提高学生解决问题的能力，关键就是利用建

每份的概念　　　　　　　总长÷每段长=份数（棵树）

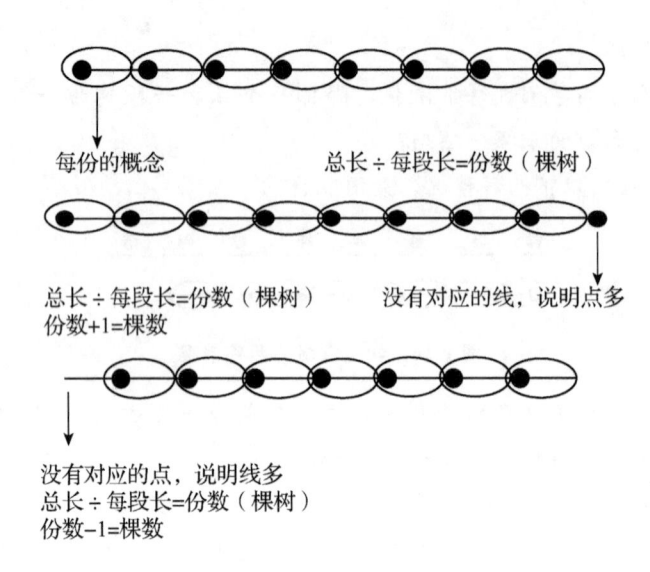

总长÷每段长=份数（棵树）　　没有对应的线，说明点多
份数+1=棵数

没有对应的点，说明线多
总长÷每段长=份数（棵树）
份数−1=棵数

图 9-18　教学辅助图

立的数学模型，能够有效地运用模型解决生活中具有同样特点的实际问题。模型思想的建立，重在通过创设情境给学生提供机会和保障，通过开展数学活动让学生探究和发现，通过解决实际问题使学生理解和运用。教师要引导学生在体验和经历数学知识的获取过程中感悟模型思想，积累在不同的数学活动中获取模型的经验，获得数学学习的方法，从而自主地解决实际问题。

【教师行动研究】

"分物游戏"案例分析

北京市海淀区中关村第四小学　杜海静
指导教师　曹京宾　李宏春　刘伟　点评教师　王卫　侯雪静

一、教材分析

"分一分与除法"是北师大版数学教材二年级上册的内容，这个单元是在学生了解了乘法的意义、会用2~5的乘法口诀解决问题的基础上进行学习的。该部分主要学习内容：除法的意义、认识除法算式、用2~5的乘法口诀求商、"倍"的含义等。后续还有乘法口诀、表内除法、有余数除法等内容。

在这一系列知识中，理解除法的意义为根本。学生第一次接触除法，而除法的概念本身比较抽象，教材找到了适合学生的切入点：平均分。平均分是除法的本质，也是学生生活中的原型。平均分是为除法积累感性活动经验。把平均分的操作过程及结果用算式和得数表示出来就能解决除法算式意义和计算的问题。

二、学情分析

初步调查后得知，绝大部分学生的生活经验里有着对平均分初步的感知，因此设置前测题如下。

每个笔筒放的一样多，每个笔筒放（　　　）支，在图上做一做（图9-19）。

图 9-19　课堂前测题

结果表明，17.2%的人能完整呈现平均分过程，60%的人选用画图法只看到结果，看不出平均分过程，14.2%的人做错（图9-20）。

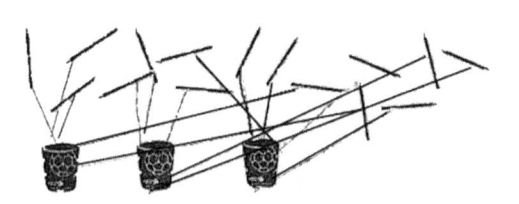

图 9-20　学生前测结果

为了更好地了解学生平均分的策略，对他们进行访谈，结果如表9-2所示。

表 9-2　学生访谈结果

结果	人数	百分比
不会分	6人	17.1%
几次分完，呈现平均分过程	15人	42.9%
仍然选用加法算式解决，一次分完呈现结果	3人	8.6%

经过前测，可以看出学生的认知水平起点是不一样的。有些学生没有平均分物的经验；有些已经具有了初步经验，具有一定的操作能力；还有些已经掌握了多种分法，并能在这节课的三次分中更加深刻地理解平均分。因此，要通过小组合作与讨论等方法，帮助学生在符号化的过程中初步感知平均分与减法和除法的关系，在不断分的过程中积累更为丰富的经验，深入平均分的根源，理解其与除法的本质联系。

因此，本节课的学习路径如下。第一，在分桃子的过程中体会随意分与平均分；第二，在分萝卜的活动中掌握平均分的方法；第三，在分骨头有剩余的情况下，再次深入体会平均分的含义。

三、教学目标

第一，在具体问题情境中，体会平均分的意义，感受平均分与现实生活的联系。

第二，经历把小数目实物进行平均分的操作过程，同时经历与同学进行讨论、交流的过程，积累平均分物的经验。

第三，在操作和交流的过程中积累平均分物的经验，感受成功解决问题的快乐。

四、学习历程简案

驱动问题	锚基任务	诊断性评价
猴妈妈上山摘了4个桃子，装在了两个盒子里，哪种分法能让两只小猴子都高兴？	给每人4个圆片代替桃子分一分。	提问与追问：①猴妈妈上山摘了4个桃子，装在了两个盒子里，猜猜每个盒子里可能放几个桃子？②你们觉得4个桃怎么分让两只小猴子都高兴？ 反馈：两只小猴子都很高兴，因为它们分到的同样多。
小猴子请小兔吃萝卜。为了使每位客人满意，每只小兔要分到的萝卜同样多，怎么分呢？	用3个圆片代替3只小兔，用12根小棒代替12根萝卜分一分。	提问与追问：大家分的过程不同，但是有两个共同特点，你发现了吗？ 反馈：学生发现结果是一样多。

续表

驱动问题	锚基任务	诊断性评价
把 14 根骨头平均分给 5 只小狗，每只小狗能分到几根？	用 5 个圆片代替 5 只小狗，用 14 根小棒代替 14 根骨头分一分。	提问与追问：到底这 4 根小棒怎么分才是平均分呢？ 反馈：经过争论，只有把这 4 根骨头剩下来才是平均分。

五、教学实录

（一）教学片段一：随意分物中感知平均分

驱动问题 1：猴妈妈上山摘了 4 个桃子，装在了两个盒子里，哪种分法能让两只小猴子都高兴？

锚基任务 1：给每人 4 个圆片代替桃子分一分。

师：猜猜每个盒子里可能放几个桃子？用 4 个圆片代替分一分，看看有几种分法（图 9-21）。

> 分桃子。每只猴子能分到几个桃子？分一分，说一说。

图 9-21 课堂教学情境

（学生动手分后教师随时板书。）

分法如图 9-22 所示。

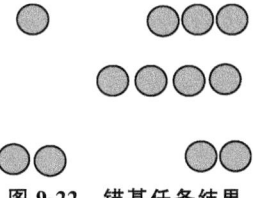

图 9-22 锚基任务结果

（学生选择一种说出理由。）

师：这是猴妈妈给两只猴宝宝准备的生日礼物，你们觉得 4 个桃怎么分能让两只小猴都高兴？说说你的想法。

生：分成一样多。

(展示课件,两只小猴子都很高兴,表示都分到了2个,分到的同样多。)

【点评】 由随意分到平均分,由生活经验分东西引入,找到与数学的联系,从结果一样多中初步感知平均分的特点。

(二) 教学片段二:具体操作中体验平均分

驱动问题2:小猴子请小兔吃萝卜。为了使每位客人满意,每只小兔要分到的萝卜同样多,怎么分呢?

锚基任务2:用3个圆片代替3只小兔,用12根小棒代替12根萝卜分一分。

有了平均分物的经验,这个环节的操作重在体会平均分的过程,便于交流。

师:朋友们都来庆祝小猴子的生日,小兔来了,小猴子请小兔吃萝卜。为了每位客人满意,每只小兔要分到的萝卜同样多,怎么分呢?每只小兔分到几根?(图9-23)

图9-23 课堂问题情境

生:4根。

师:你们是怎么想的?

生1:共分4次,每次每只小兔都得到了1根萝卜(图9-24)。

生2:共分3次,其中有两次每只小兔得到了1根萝卜,有一次每只小兔得到了2根萝卜(图9-25)。

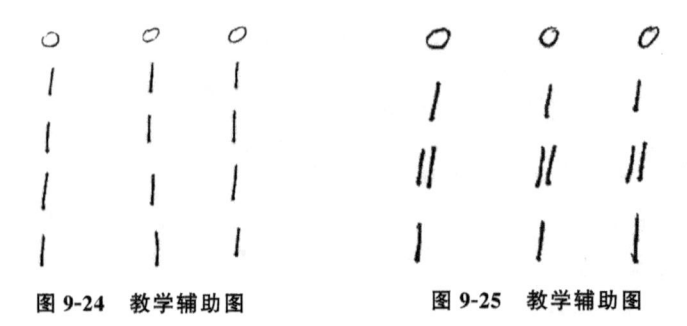

图9-24 教学辅助图　　图9-25 教学辅助图

生3：共分2次，第一次每只小兔得到了3根萝卜，第二次各分得1根萝卜（图9-26）。

师：请你给大家讲讲你是怎么分的？

生3：第一次每只小兔得到3根萝卜，这样就分走了9根，还剩下3根，第二次每只小兔分到1根萝卜，还剩0根萝卜，都分完了。

(教师在分的方法旁边进行板书，如图9-27所示。)

图 9-26　教学辅助图　　　图 9-27　教学辅助图

师：你为什么第一次就一下给每只小兔子分3根，而第二次又变成每只小兔1根了。你是怎么想的，能说说吗？

生：因为开始分的时候我发现萝卜特别多，所以就一下给每只小兔分3根，分完后发现萝卜就剩3根了，所以就每只小兔分1根就分完了。

师：还有别的分法吗？

生4：分一次，每只小兔得到了4根萝卜（图9-28）。

生5：每次拿3根萝卜，每只小兔分1个，分4次正好分完（图9-29）。

图 9-28　教学辅助图　　　图 9-29　教学辅助图

（教师引导学生每次拿出3根萝卜，每只小兔1根讲清楚，并在旁边板书这个过程的算式，为学习除法做准备，板书如图9-30所示。）

师：为什么每次要拿出3根萝卜？

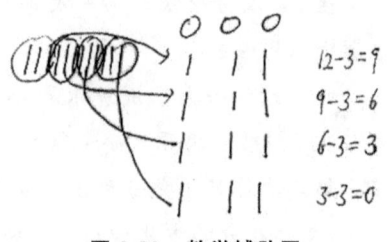

图 9-30　教学辅助图

生：因为有3只小兔，为了保证一只小兔1根，所以每次都要拿出3根萝卜，每一次的一样多确保了结果的一样多。

师：大家分的过程不同，有的4次分完，有的3次分完，有的2次分完，还有的1次分完，但是这些方法有两个共同特点，你发现了吗？

学生经过观察、思考、交流，发现第一个共同点是结果都是一样多，这个发现比较容易找到，可以不做过多引导；第二个共同点是每一次小兔分的萝卜都一样多。这个共同点学生有些可意会但不好言传的感觉，所以让学生能够表达出来需要教师的引导。教师可以边指边跟学生回忆刚才分的时候每只小兔都分到1根，每只小兔都分到2根，每只小兔都分到3根，等等，慢慢引导。让学生体会不管怎么分，都要保证每次每只小兔都分到一样多的萝卜。

【点评】学生在逐步地分类中体会到了平均分的特点，每一步都一样多，才保证了结果的一样多。

（三）教学片段三：在有剩余中再次认识平均分

驱动问题3：把14根骨头平均分给5只小狗，每只小狗能分到几根？

锚基任务3：用5个圆片代替5只小狗，用14根小棒代替14根骨头分一分。

学生体会到了什么是平均分，但是之前的平均分都是没有剩余的情况，为了深刻体会平均分，让孩子们再体会有剩余的平均分。

师：招待完了小兔子，它们又拿出14根骨头招待5只小狗（图9-31）。你能把这些骨头平均分给这些小狗吗？请你分一分，把分的过程让别人看清楚。

图 9-31　课堂学习材料

生1：前四只每只得到 3 根，第五只得到 2 根（图 9-32）。

生2：每只小狗分到 2 根，剩下 4 根（图 9-33）。

生3：应该多数孩子会在分到最后一步的时候产生疑问（图 9-34）。

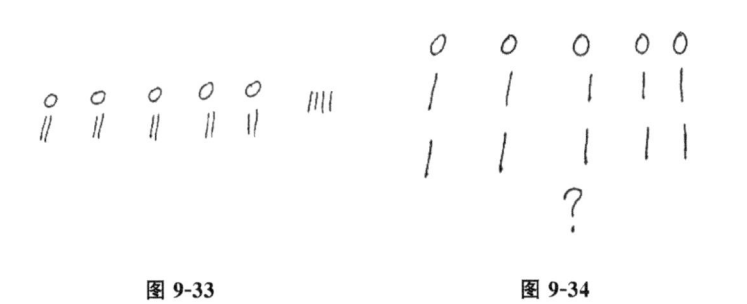

图 9-32

图 9-33　　　　　　　图 9-34

教师让提出这三种情况的学生把自己分的过程摆到黑板上，并请他们说出自己的想法，让孩子们体会到最后那 4 根骨头怎么处理是大家争论的焦点。

教师提问："你遇到什么困难了吗？到底哪个是平均分呢？"引发学生进行辩论，体会哪种分法是平均分。

【点评】在交流与讨论中，鼓励学生运用数学的语言表达自己的想法，加深对平均分的理解。

六、教师反思

本案例重在引导学生用数学的语言表达出自己的思想，即说出自己的想法，描述出平均分的过程，能准确表达自己的思考过程并在教师的引导下规范语言。"先给每只小兔分三根，再给每只小兔分一根"是学生的分的动作，怎么去记录，转化成数学符号，用连线法记录分物过程并能描述清楚是重点。把自己的记录分享给同学，让人能一眼看懂，并能给别人讲明白，对学生来说是个挑战。

在课堂中学生容易欲言又止，不能清楚表达自己分的过程，于是引导学生重点理解"每只小兔分到的一样多才叫平均分"和"分到不能再分为止"，讨论记录方案是否为平均分，再在小狗分骨头有没有剩余的比较中再次感悟平均分的意义，最后精炼自己的书面和口头语言表达。

七、点评

基于对教材的分析和对学生情况调研，本着让学生在三次分的过程中，充分体会平均分的真正含义，本节课通过教学实践，收到了较好的效果，学生在分桃子、分萝卜和分骨头的三个过程中，真正体会到了平均分的深刻含义。

本节课最大的亮点是促进了不同层次水平的学生有了不同的提高：前测中没有平均分物经验的学生通过小组交流和全班交流，学会了平均分的方法；已经具有初步经验和操作水平的学生，在与同学交流的过程中提高了自己书面和数学语言的表达能力，并从别人的分法中获取了智慧，丰富了自己平均分的方法；已经具备多种分法的学生，在这节课的三次分中更加深刻地理解了平均分，并在符号化的过程中初步感知到平均分与减法和除法的关系，并在不断的分中积累了更为丰富的经验；已经会用数学符号表达并初步了解除法的学生能够退到原点操作积累经验，深入平均分的根源，与除法建立了本质的联系。

教师通过不同要求的活动，给学生提供支撑，使学生积累经验，理解平均分。学生可以借助实物表达平均分的过程，也可以借助画图，或利用数学的符号语言来表示平均分的过程，可以用圆圈表示兔子，用竖线表示萝卜，用数学语言表达数学事实，简洁明了。通过这节课，教师深刻地认识到，教学要满足不同起点学生的学习需求，使每个学生都能学会用数学语言表达自己的见解。

"分数的初步认识"案例分析

北京市建华实验学校 陈雪坤

一、教材分析

"分数的初步认识"是北师大版数学教材三年级下册分数单元的起始课的内容,学生由此第一次认识分数。该部分内容的重点是理解分数是如何表示量以及表示关系的,并且认识分数单位。分数单位不断累加形成所有的真分数、1和假分数。同时,比较分数的大小、进行分数的加减法、对分数单位和分数单位累加的理解也很重要。分数有和"比"相同的意义,即能够把事物的许多不可比的状态变成可比的状态。

二、学情分析

结合学生知识水平的起点,我对学生进行了访谈:"你知道什么是分数吗?请你表示一个分数。"学生有下面的答案:半个(生活语言,表示量);0.5个(小数);1÷2(除法);一半(生活语言,表示关系)。这能够看出学生对分数有一定的生活和认知经验。

同时,我对五年级学生进行提问:"请你比较 $\frac{4}{5}$、$\frac{5}{6}$、$\frac{6}{7}$ 的大小,写出比较过程或理由。"60%的学生选择通分比较大小,这说明他们还不能从分数单位及其意义去考虑比较方法,没有真正认识分数的性质。

因此,本节课的学习路径如下。一是从经验出发,以"$\frac{1}{2}$"为载体,沟通小数、生活语言"一半""半个"、除法之间的联系,建立对分数能表示"量""率"的认识,重点落在"率"上;二是认识分数单位,感受分数单位的大小同份数(分母)之间的关系。

三、教学目标

第一,结合具体生活情境,体会分数产生的过程和学习的必要性,感受数学与生活的联系。

第二,结合"分比萨"理解分数的意义。知道分数各部分的名称、含义,会读、写简单的分数。

第三,通过观察、操作等活动,帮助学生建立丰富的直观表象,加深对几分之一分数意义的理解。

四、学习历程简案

驱动问题	锚基任务	诊断性评价
一张比萨，平均分给两个人，每人分到了多少？	这样分的话，每人分到了多少？请你写在小纸条上。	提问与追问：请你说一说你对这些表达方式的理解。 交流与反馈：沟通"半张""0.5张""一半""二分之一"的联系。
你能表示出正方形纸的四分之一吗？	表示出正方形的四分之一。	提问与追问：同学们是这样表示$\frac{1}{4}$的，同意吗？说说你的理由。 反馈：只要平均分成四份，其中的一份，就可以用四分之一表示。
我们得到了圆形的$\frac{1}{2}$、$\frac{1}{3}$、$\frac{1}{4}$。像这样一直分下去，会得到圆形的几分之一？想想有多大？	说出更多的分数单位，并对比感受它们的大小。	提问与追问：对这样几分之一的分数你有什么感受？ 反馈：分数越来越小了，分的份数越多，每份越小（这样的分数分母越大，分数越小）。

五、教学实录

（一）教学片段一：联系原有经验理解分数

经历将一张比萨平均分成两份的过程，并表示出分到多少。通过有序交流，沟通原有知识经验与分数的联系，从而更好地理解分数。

驱动问题1：一张比萨，平均分给两个人，每人分到了多少？

锚基任务1：这样分的话，每人分到了多少？请你写在小纸条上。

师：比萨只有一张，怎么分他们两个都满意？

生：应该先对折一下，再切开，一人一份！

生：半张、0.5、一半、$\frac{1}{2}$、1÷2、二分之一。

师：（同时出示"半张""0.5""二分之一"）看懂同学们表达的方法了吗？

生1：每人分到的不够一张，就用小数来表示。两个0.5是1，所以

0.5也是半张。

生2：一张比萨用1表示，半张就是把比萨平均分成两份，一份就是0.5张。

师：看来你们很有生活经验，在生活中我们就用"半张""半个"这样的语言。每人分到了半张，即0.5张，也可以说每人分到了二分之一张比萨。像二分之一这样的数就叫分数。

师：（出示"一半"）说说对它的理解。

生1：把一张比萨平均分成两份，一份就是一半。

生2：一半就是一张比萨的一半。

师：这张比萨的一半就是这张比萨的二分之一，把这个圆形看作一比萨，谁能说说哪儿是它的二分之一？

（贴出课堂学习材料，见图9-35。）

生：黄色和橙色部分都是它的二分之一。

师：嗯，两部分都是它的二分之一，我们就说每份都是它的 $\frac{1}{2}$。

师：（出示课件）把一比萨平均分成两份，每份是这张比萨的二分之一（图9-36）。

图 9-35 课堂学习材料　　**图 9-36** 课堂学习材料

（学生结合分比萨这件事写" $\frac{1}{2}$ "，理解" $\frac{1}{2}$ "及其各部分的含义。）

【点评】学生结合生活情境，根据自己的生活、知识经验表示每人分到了多少，并沟通各种表示方法之间的联系，从而将原有生活知识经验和分数建立联系，从而更好地理解分数的含义。

(二) **教学片段二：联系几种表示方法深入理解分数**

通过动手表示四分之一，沟通几种表示方法之间的联系，从而感受到分数表示关系。

驱动问题 2：你能表示出正方形纸的四分之一吗？

锚基任务 2：表示正方形纸的四分之一。

师：你能表示出正方形纸的四分之一吗？

……

师：（出示方法）同学们是这样表示四分之一的（图9-37），说一说你的想法。

图 9-37　课堂学习材料

生1：我觉得他们表示的都对，都是把正方形平均分成了四份，涂了一份。

生2：只要平均分成四份，涂其中的一份，都是正方形的四分之一。

师：是呀，只要有这样的关系都可以用四分之一表示。

【点评】学生通过动手操作表示四分之一，并观察各种表示方法之间的联系，从而把握分数的本质，表示部分与整体之间的关系。

（三）教学片段三：借助分比萨的情境，丰富对"几分之一"的认识

驱动问题 3：我们得到了圆形的 $\frac{1}{2}$、$\frac{1}{3}$、$\frac{1}{4}$。像这样一直分下去，会得到圆形的几分之一？想想有多大？

锚基任务 3：说出更多的分数单位，并对比感受它们的大小。

师：刚才我们用这个圆形表示一张比萨，找到了它的 $\frac{1}{2}$。我们还可以表示出它的 $\frac{1}{4}$，同样是这个圆形，第三幅图的绿色部分是圆形的多少（图 9-38）？

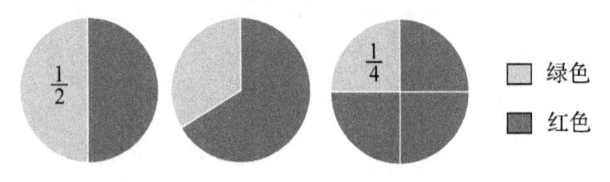

图 9-38　课堂学习材料

生：$\frac{1}{3}$。

师：（出示课件）我们得到了圆形的$\frac{1}{2}$、$\frac{1}{3}$、$\frac{1}{4}$。像这样一直分下去，会得到圆形的几分之一？想想有多大？

生1：我能得到$\frac{1}{10}$，不是很大。

生2：我能得到$\frac{1}{1000}$，很小很小了。

师：是呀！分到现在，对这样几分之一的分数，你有什么感受？

生1：每人分到的比萨都成渣了！

生2：分数越来越小了，分的份数越多，每份越小。

生3：越来越接近0。

生4：像这样几分之一的分数永远也找不完！

生5：不可能只有几分之一这样的分数吧，如果把圆形平均分成100份，涂其中的3份不就是$\frac{3}{100}$了吗？

师：你真了不起，对几分之一的分数有了这样深刻的理解，还发现了分数世界里更多的秘密。

【点评】 分数单位对于比较分数大小、分数运算有重要的作用，因此全面深刻地认识分数单位很有必要。在这一环节，学生通过分比萨的情境全面认识分数单位，体会分母越大，分数越小，感受到这样的分数有无限多个。

六、教师反思

本节课将一张比萨平均分成两份，表示其中的一份。"$\frac{1}{2}$张比萨"和"一张比萨的$\frac{1}{2}$"表示的量相同，学生对分数既能表示"量"，又能表示"率"体会不深。如果平均分的是多个物体，分数表示量和率就有了明显的区分，学生更容易感受到。所以，本节课还可以通过表示出"多个物体的$\frac{1}{2}$"，进行量和率的认识。

七、点评

首先，把握学生起点，在原有认知基础上展开教学。设计贴近学生的生活情境——"分比萨"，学生运用认知、生活经验表示出"每人分到了多少"。课堂上将学生的表示方法进行比较和联系，从而能够理解分数的意义。

其次，通过表示正方形的四分之一，观察比较不同的表示方法。学生在观察比较中抓住分数的本质——表示关系，教师引导学生强调"只要平均分成四份"这个关键点，深化了学生对分数的理解。学生经历了一个从具体到抽象的过程，从众多的表示方法中抽象出分数的本质。

最后，结合分比萨的情境，通过观察和想象得出更多几分之一的分数，并感受到分母越大表示的分数越小。学生这部分的发言既形象又深刻，可以说已经基本具备了用数学语言表达数学问题的能力。

"正比例的意义"案例分析

北京市建华实验学校　曾力

一、教材分析

"正比例的意义"是北师大版数学教材六年级下册的内容，是在"比和比例""变化的量"的基础上展开教学的。这部分内容在学生学习"关系"时起着举足轻重的作用，是学生学习数学的重要转折点。学生在之前学习四则混合运算、字母表示数、分数和比的过程中，具备了较丰富的关于两个相关联数量之间关系的认识，初步感悟了常量和变量的区别，继学习方程之后，又更深入地认识了两个量之间的数量关系。这种初步的代数思维扩展了学生的思维方式，促使学生思维实现跨越。本节课是引导学生从具体的量走向变化的量、从单个具体数据的静态数量关系走向一组多个数据的动态数量关系的关键一课。

二、学情分析

六年级的学生积累了大量常见的数量关系，初步具备了探究学习的意识和能力，此前他们学习了变化的量，知道什么是变化的相关联的两个量，这些都为探究学习"正比例的意义"奠定了一定程度的知识和能力基础。但学生习惯于面对具体的两个数量，用具体的数据描述两个量之间的关系，对于两种变化的量往往会关注变化，而并不关注不变。因此，我认为有必要让学生经历数学化的过程，通过提供丰富的数量关系的生活情境实例，自主建构正比例的意义。

本节课的学习路径如下。第一，引导学生经历从具体情境中抽象出正比例的过程；第二，在充分体验的基础上，引导学生体会正比例的意义；第三，引导学生观察思考成正比例的量有什么特征；第四，引导学生运用字母表示在两个具体情境中成正比例的量之间的关系；第五，鼓励学生利用关系图进行一些估计，解决一些实际问题；第六，引导学生发现当两个变量成正比例关系时，所描绘的关系图是一条直线。

三、教学目标

第一，结合具体的数学情境，经历正比例意义的建构过程，从变化中看到不变，认识正比例，并能举出生活中成正比例的实例，体会数学与生活的联系，提高应用意识。

第二，经历探索判断两个相关联的量是不是成正比例的学习过程，深刻理解正比例的意义，体会变量思想。

第三，经历比较、分析、归纳等数学活动，提高分析比较、归纳概括能力。

四、学习历程简案

驱动问题	锚基任务	诊断性评价
请你认真思考题单上出示的我们经常遇到的几种情境，观察每张表格和对应的图像中的数据，你能发现什么？	提供学习资料，学生自主发现规律，引导学生经历从具体情境中抽象出正比例的过程，在充分体验的基础上，引导学生体会"正比例"的意义。	提问与追问：①它们是怎么变化的？②你发现了什么相同点和不同点？ 反馈：都是一个量的变化（增加）引起另一个量的变化（增加），有的比值一定。

续表

驱动问题	锚基任务	诊断性评价
成正比例的量有什么特征呢？用自己的话总结一下。 你能用字母表示出表格中成正比例的量之间的关系吗？	引导学生观察思考成正比例的量有什么特征。 引导学生运用字母表示在两个具体情境中成正比例的量之间的关系。	提问与追问：谁随谁的变化而变化，是如何变化的，变化过程中什么不变？ 反馈：满足正比例的关系时，两个量的比值不变。
像这样我们在生活中常见的情境，你觉得其中的量成正比例关系吗？ 你能举一个生活中成正比例关系的例子吗？ 你能试着描绘出这两个量之间的关系图像吗？	抽象概括，揭示规律，判断生活中一些常见的变化的量是否是正比例，举例说明。 鼓励学生利用关系图进行一些估计，解决一些实际问题。 引导学生发现当两个变量成正比例关系时，所描绘的关系图是一条直线。	提问与追问：为什么这两个量不是正比例关系？能说一下你的理由吗？你能举一个例子吗？你认为它们是正比例关系的理由是什么？ 反馈：因为它们的比值一定。

五、教学实录

（一）教学片段一：提供学习资料，自主找寻规律

驱动问题1：请你认真思考题单上出示的我们经常遇到的几种情境，观察每张表格和对应图像中的数据，你能发现什么？

锚基任务1：提供学习资料，学生自主发现规律，引导学生经历从具体情境中抽象出正比例的过程，在充分体验的基础上，引导学生体会"正比例"的意义。

师：请你认真思考题单上出示的我们经常遇到的几种情境，观察每张表格中的数据，你能发现什么？把你的发现记录下来。你还可以试着把右侧的图像描绘出来。

（出示学习材料为学生提供表9-3中六组学生熟悉的情境。）

表 9-3 六组学习情境

笑笑同学 2016 年零花钱的记录表
魔方兴趣小组购买魔方情况记录表
长方形的长和宽记录表
玻璃杯中倒水情况记录表
正方形的边长和周长记录表
正方形边长和面积记录表

每一个情境的呈现都配有数据统计表以及相应的图像，以其中三个情境为例（图 9-39）。

1. 下表是笑笑同学 2016 年零花钱的记录表。

花的钱（元）	200	400	800	1200	1400
剩下的钱（元）	1600	1400	1000	600	400

2. 下表是魔方兴趣小组购买魔方情况记录表。

数量（个）	2	3	4	5	6
总价（元）	10	15	20	25	30

3. 下表是一组长方形的长和宽记录表。

长（cm）	24	12	8	4
宽（cm）	1	2	3	6

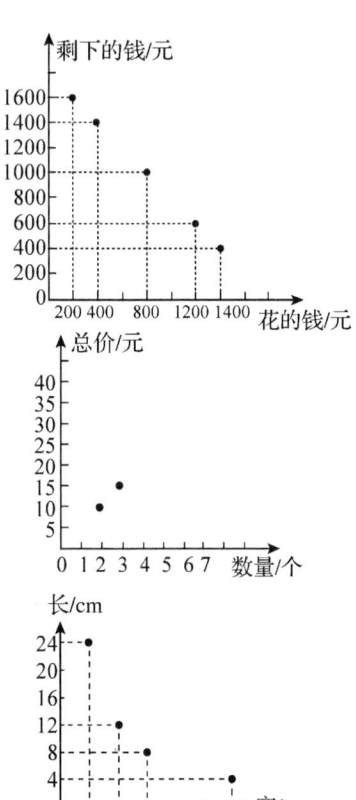

图 9-39 各情境的数据统计表及图像

师：谁来说一说你的发现？

生：都是一个量的变化引起另一个量的变化。

师：那么它们是如何变化的呢？

生：情境1是总的钱数相同时，剩下的钱随着花的钱变多而逐渐变少；情境2是总价随着购买数量的增多而升高；情境3是长方形面积一定的情况下，宽随着长的减小反而增大；情境4是向同一个水杯倒水时，水的体积随着谁的高度的增加而增加；情境5是正方形的周长随着边长的增加而增加；情境6是正方形的面积随着边长的增大而增大。

师：你们发现它们有什么相同点和不同点了吗？

生1：相同点是它们都是一个量的变化引起另一个量的变化。

生2：虽然都是一个量随着另一个量的增加而增加，但增加的不一样，有的好像没什么规律，但是有的两个量在变化的过程中比值是一定的，如情境5。

师：那我们今天就来研究一下同学们说的这种情况。

【点评】上述环节为学生提供自主学习材料，出示六组常见的生活情境中变化的量，有的和一定，有的积一定，有的商一定，让学生在一组组变化的量中找寻相同和不同，感受变化与不变。这种提供自主学习单的方式可以很好地引导学生进行充分的思考，学生通过对比观察在看似相同的变化中找寻不变的规律。

(二) 教学片段二：建立模型，理解正比例的意义

驱动问题2：成正比例的量有什么特征呢？用自己的话总结一下。你能用字母表示出表格中成正比例的量之间的关系吗？

锚基任务2：引导学生观察思考成正比例的量有什么特征。引导学生运用字母表示在两个具体情境中成正比例的量之间的关系。

师：你能给这些情况分分类吗？

生1：情境1是一个量增加另一个量减少，它们的和不变；情境3是一个量增加另一个量减少，它们的积不变；情境6是一个量随另一个量的增加而增加，但是比值是变化的。

生2：情境2、情境4和情境5是一类，商不变。

师：像情境2、情境4、情境5成正比例的量有什么特征呢？用自己的话总结一下。

生：都是一个量随另一个量的增加而增加，并且比值不变。

师：像这样比值不变的两个量我们称为它们成正比例关系，你能用字母表示出表格中成正比例的量之间的关系吗？

生1：情境2数量增加总价也增加，而且总价和数量的比值（单价）一定，我们就说总价和数量成正比例。如果用t表示总价，用n表示数量，那么$n=5$，即$t=5n$。

生2：情境4水面高度增加水的总体积也增加，而且总水量和水面高度的比值（底面积）一定，我们就说体积和高度成正比例。如果用v表示体积，用h表示水面高度，那么$v:h=25$，也就是$v=25h$。

生3：情境5中正方形的边长增加，周长也增加，而且周长与边长的比值永远是4。可以用l表示周长，a表示边长，那么$l:a=4$，即$l=4a$。

【点评】在这个教学环节中，学生能够将自己的思考进行完整、清晰的表达，生生间的交流与分享的过程，也是他们思想碰撞的过程。学生的思维力有了极大提升，课堂教学效率也大大提升。这部分的学习与交流不仅能够渗透函数思想，也能发展学生的思辨能力和数学表达能力。

（三）教学片段三：描绘图像，感悟生活，提高应用意识

驱动问题3：像这样我们在生活中常见的情境，你觉得其中的量成正比例关系吗？你能举一个生活中成正比例关系的例子吗？你能试着描绘出这两个量之间的关系图像吗？

锚基任务3：抽象概括，揭示规律，判断生活中一些常见的变化的量是否是正比例，举例说明。鼓励学生利用关系图进行一些估计，解决一些实际问题。引导学生发现当两个变量成正比例关系时，所描绘的关系图是一条直线。

师：请你补充完善每组表格对应的图像，再比较图像有什么相同的和不同的（图9-40）。

（先独立思考，再小组合作交流。）

生：成正比例关系的两个量描绘出的图像是一条过原点的直线。

师：你能举个生活中存在正比例关系的例子吗？

生1：我爸爸加油的时候，加油的价格与加油量就是正比例关系，它们的比值就是油的单价。

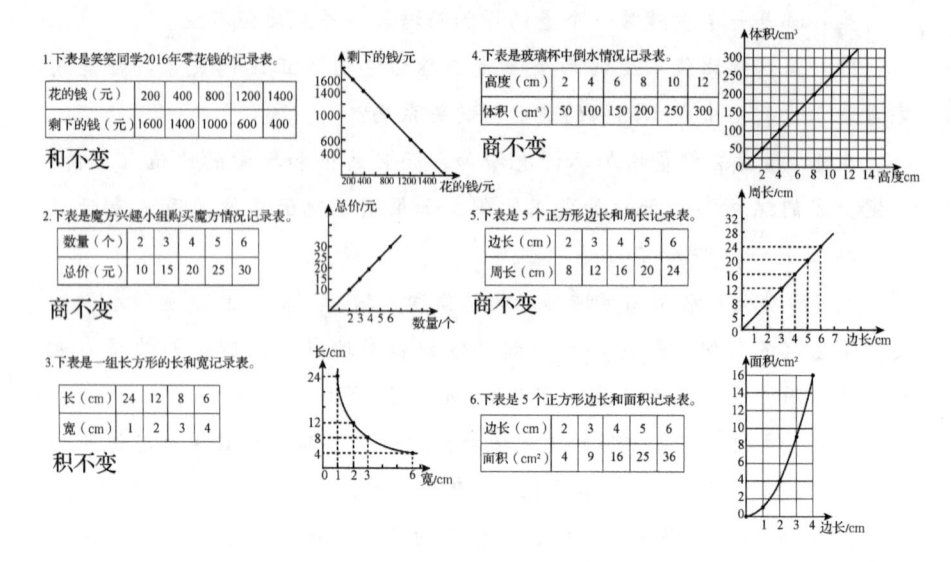

图 9-40 各情境的数据统计表及图像

生2：咱们学校给我们买的校服，总价与数量也是成正比例的关系，比值就是单价。

……

师：你们可以试着描绘出你们自己举的例子的图像。

【点评】教师为学生提供各类数形结合的图像，促进学生在充分、深入的分享交流中体会和感悟函数思想。学生将自己的体会和感悟通过数学表达阐释出来时，其思维力又提升到了一个新的高度。同时，让学生根据正比例的意义举出生活中的实例，有效地提高了他们的应用意识。

六、教学反思

(一) 从"形式"到"规律"，对比建构，深入认识

由相对抽象的数量关系转向具体时，学生发现同样是路程与时间两种量，却有不同的存在形式，理解起来会有一定困难。因此，在学生体会变量与不变量、成正比例意义的两种量必须是变量的过程中，教师引导学生进一步探究两种变量之间的本质差异，突出成正比例关系的两种量之间是有规律的变化，经历建构的过程是非常必要的。

(二) 在联想中深化认识，提高学生的应用意识

本节课借助生活素材让学生展开联想，打开学生思维的世界，实现教学的开放性，以此来提高学生思维的抽象性。学生的思维对象首先是图表与文字相结合，借助已有学习经验以及图文的直观呈现，比较容易发现相关联的量在变化过程中的规律，而后为学生呈现实物——汽车油表显示仪，没有任何文字说明和图表辅助，这对学生来说有一定难度，自己整理数据、分析数据并找到量与量之间的关系是个挑战，但同时也能够提升学生的思维水平，促进学生逐步深入思考，探寻究竟哪两个量存在正比例关系。

七、点评

本节课旨在让学生在充分体验的基础上，经历正比例意义的建构过程。通过为学生提供学习材料——生活中常见的情境，如零花钱记录表、购买魔方的数量和花费记录、倒水的时间和倒水量的情况、长方形的长和宽的变化等学生熟悉的情境，引导学生观察、分析、探究学习材料中变化的量。学生对变量关系的规律进行探究，丰富了两个相关联变量的过程体验，加深了对正比例的理解。教学中适时加入对正比例关系的正例和反例的学习，在辨析中为学生打通理解正比例意义的思维阻隔点，让反例充分起到促进学生更清晰理解正比例意义的价值与效用。通过本节课的教学，学生能够体会、感悟函数思想，能从变化中看到不变，认识正比例，加深对比例的理解，渗透函数思想，能通过教师的追问与引导，进行较有深度的思辨与交流，发展表达能力、思维能力和应用意识。

第十章　让课堂成为精彩观念诞生的地方

【每章主旨】

"易"在甲骨文中的字形是一条虫子，也作变色龙，表示可以根据情况的变化做出相应的改变；在篆书中的字形是日月，指代日月运行的规律，表示以不变应万变。在教学中，课堂多姿多彩，千变万化，评价一堂好课的标准是可以变通变异的，需要根据具体情况做出相应改变。但其本质都是不变的，就是让学习真正发生。

【理论基础】

以学论教——让学生站在课堂的正中央

北京中学　王来田　胡园燕

2017年9月，教育部部长陈宝生同志在《人民日报》撰文，对"努力办好人民满意的教育"进行了具体阐释，特别提出"坚持内涵发展，加快教育由量的增长向质的提升转变。把质量作为教育的生命线，坚持回归常识、回归本分、回归初心、回归梦想。深化基础教育人才培养模式改革，掀起课堂革命"。

每个学生是不同的，他们每一个都是活生生的人，每个人具有丰富的情感和不同的个性。作为教师，我们要尊重、理解、善待他们，让每一个学生都能在课堂上成为主人翁。爱莉诺·达克沃斯（Eleanor Duckworth）在《精彩观念的诞生》一书中说："我把智力发展的实质理解为精彩观念的诞生，而这一点在很大程度上依赖于拥有精彩观念的机会。"

由此可见，要想掀起课堂革命，我们必须从现实课堂的问题出发，牢牢抓住课堂教学这一改革的核心，树立"以学论教"的教学理念，把"要研究的问题""要探讨的话题""要完成的任务"和"要进行的评说"交给学生，让学生在操作、合作、探究的过程中对知识进行更加透彻的领悟，真正让每个孩子站在课堂的正中央，让课堂成为精彩观念诞生的地方。

一、创设好玩而有意义的情境

学生的生活有多大，课程就有多大。"以学论教"就应该从那些学生生活中的素材出发，以具体、好玩并富有挑战性的生活素材带领学生投入数学活动中。

例如，在人教版数学教材五年级下册中"打电话"这一内容的教学中，教师以雾霾天气紧急放假这一真情境引入，启发学生从生活中提出值得研究的数学问题，开启本节课的数学之旅。具体教学片段如下。

师：2015年的12月7日晚，针对重度雾霾，北京发布了红色预警，预警期间中小学停课。我们来看看当时媒体的报道。（观看视频）

师：当时这个停课通知发下来后，有个小细节，不知道你们注意到了没有——发布这个通知的时间，已经是晚上六点半了。凭借你们的生活经验，你们想想，我们学校要把这个通知发给每一个同学的话，都可以采用哪些方式？

生1：可以发微信。

生2：可以发通知。

师：是纸质的吗？

生2：是那种电子通知、微信之类的。

师：哦，是电子邮件类型的，电脑上的，可以。

生3：还可以打电话。

师：同学们提到了各种方式，像电子邮件、微信，还有打电话，通过这些方式都可以把消息告诉各位同学。这节课我们不说别的，单说打电话。

二、把握学科本质，发现数学奥秘

数学是什么，数学可以给学生带来什么？每个人的观点都不相同。

但我们的数学课堂和数学学习，应该把握数学的学科本质，让学生经历一种好玩且有意义的探索活动，从而引导学生学会以数学方式思考，学会理性地看待问题、理解社会和他人。要想理解数学学习的本质，教师就要准确把握每个教学点的知识本质。例如，"确定位置"一课的教学目标是初步建立对坐标系的直观认识，为初中学习平面直角坐标系奠定良好的基础，而不仅仅是用"数对"找位置。因此，教师在进行教学设计的时候，不能只停留在寻找第几排、第几座的简单操作层面，而需要对数对产生的必然性、规定数对的顺序、揭示其数形结合的价值进行更多的关注。以下是教师针对数对提出的一连串问题。

师：老师说数对，请相应同学起立，$(1,1)$ $(1,2)$ $(1,3)$ $(1,4)$ $(1,5)$。

（第一列的五位同学起立。）

师：你有办法也让一列同学都站起来吗？你能只说一个数对，就能让一列同学全站起来吗？

生：$(3,x)$。

师：能用一个数对让全班都站起来吗？

生：(x,x)，(x,y)。

这样的设计，首先强化了这节课的难点，即先列后行；同时，通过"问题串"的研究讨论，使得数对的知识本质逐渐"浮出水面"，即"任意两个有序的数都可以表示平面上的任意一点"，学生在数学对话中把握知识本质和数学思想，诞生出数学的精彩观念。

三、关注学生的情感需求，"贴"着学生走

"以学论教"的课堂学习，不仅是学习知识、习得能力的过程，同时也是师生在交往互动中建立情感、树立自信的过程，它应该能激发兴趣、启迪智慧、完善人格。教师在与学生的交往过程中，一定要充分信任学生，给予学生探索的时间与空间，做好学生学习的支持者、引导者和促进者。课堂学习中，教学要"贴"着学生走，而不是按部就班地按照教案开展。例如在"利率"一课中，教师完全站在学生的认知基础上，实时关注学生情绪感受，在"呵呵"中读懂学生，及时调整自己的教学进程，为学生的学习提供支持和引领，帮学生实现对"利率"这一内容的深入理解的目标。

生1：利率是1.8%，存进去的是100元，所以我们可以算出一年的利率是1.8%。

师：1.8%啊，那最后能多给多少钱啊？

生1：一块八。

师：哦，好。

生：呵呵呵呵……

师："呵呵"是什么意思啊？

生：太少了！

师：怎么这么少啊？这个问题挺好的。来，让我们研究一下为什么这么少啊？

生2：因为老师您只存了100元。存的钱越多的话，总数越多，它的利率也是一样的，但是它的利息是更多的。

师：到时候我多募集点，我让底数变大，OK？

生3：老师您存钱的时间太短了，才一年。

生4：像存个10年、50年那种的，利率就不是1.8%了。

师：哦，也就是说你们觉得最终多给的这个钱数，都跟谁有关系啊？

生：与存数总数、存款时间还有存款利率有关。

"让课堂成为精彩观念诞生的地方"是我们的理想和追求。要实现这一目标，教师就要切实从学生的学习出发，以学促教，尊重每一个学生的个性，让每一个学生的精彩观念在课堂上得到绽放。

【典型案例分析】

"比多少——用'多一些''多得多''少一些''少得多'描述数量关系"案例分析

北京市朝阳区呼家楼中心小学　张璋

指导教师　张春杰　点评教师　李艳萍　熊亚超

一、教材分析

良好的数学教育是师生积极参与、交往互动、共同发展的过程。教师为学生精心设计活动、提供学习素材，从引领到逐步放手，使学生从逐步"学会"到自己"会学"，真正成为数学学习的主人。

《义务教育数学课程标准（2011年版）》指出："数感主要是指关于数与数量、数量关系、运算结果估计等方面的感悟。建立数感有助于学生理解现实生活中的数的意义，理解或表述具体情境中的数量关系。"人教版数学教材一年级下册第四单元的"比多少——用'多一些''多得多''少一些''少得多'描述数量关系"这节课是在学习完 100 以内数的认识和数的顺序、比较大小的基础上进行的。学习这部分内容，可以让学生感知对数的多少（大小）还有不一样的表达方式。在之前学习的比较数量关系中，学生只是比较出事物（数量）的多或少两种结果，学习这节课之后，学生可以对数量之间的多少（大小）关系进行更贴切的描述，能够用"多一些""多得多""少一些""少得多"这样的语言来表达，在比较的过程中切实、有效地培养学生的数感。

通过分析教材发现，该部分内容分别以黄球、红球、蓝球为标准，让学生明确比的标准，感受多或少在程度上的不一样，描述的语言也不一样，理解多一些、多得多、少一些、少得多的区别。一年级学生的估算意识刚刚开始，教师通过让学生先观察四种瓶中球，直观感受小球的多与少，再通过简单推理将小球数量抽象化，让学生体会估算，培养学生的数感及推理能力。教材也通过小精灵的问题留给学生很大的学习空间，教师通过给学生增加一个颜色的珠子，让学生能够用精确、完整的语言表达比的结果，逆推绿球的位置，推理出各个小球的数量，培养学生的估算、分析、比较、表达的能力。

二、学情分析

一年级学生首次接触估算，大部分学生对估算没有客观的认知，但是对于描述事物多少的语言，已经有一定的生活经验，能够用自己的语言描述事物之间的关系。但是一年级的学生仍处于具体运算阶段，对于"多一些""多得多""少一些""少得多"这样不确定数量的描述，把握起来有一定的困难。因此，教师通过图片让学生更加直观地感受到数之间的多少关系，再以标准为核心，让学生反复感受不同数量之间的大小、多少关系，进而用数学的语言对数量关系进行准确、简洁的描述，由浅入深地引导学生感受、理解、深化、运用核心概念，提升学生的数感，感受数学学习的魅力和价值。

三、教学设计

(一) 变换标准，在比较中理解核心概念

学生的实际发展水平与潜在发展水平间存在着一定的差距。教学需要借助一定的问题情境，在教师的帮助下，让学生发现知识的关键性问题。通过教师的不断追问，让学生发现自己的学习困难，启发学生不断思考，提出自己的疑问，为学生认知的不断发展搭建支架。我在教学中通过不断变化比较的标准，让学生感受多或少的程度不同，描述的语言也不一样。下面是教学的过程。

1. 以黄球为标准，用"多得多""多一些"描述数量关系

教师预设标准，设计真实情境向学生展示实物。

师：黄球有 10 个，我们现在以它为标准（图 10-1）。蓝球和黄球比，哪种多，哪种少？

生：蓝的多，黄的少。

图 10-1　课堂学具

师：还是以黄球为标准，红球和黄球比，哪种多，哪种少呢（图 10-2）？

生：红的多，黄的少。

师：咦？蓝球比黄球多，红球也比黄球多。（手势）那这两种都多，给你们的感觉一样吗？

生：不一样，蓝的比黄的多一点儿，红的比黄的多好多……

师：孩子们，你们说的都很对。

在数学王国里，我们表示蓝球比黄球多一点儿，就用"蓝球比黄球多一些"这样的数学语言来表述。

图 10-2　课堂学具

（规范语言，指名2~3个学生复述。）

红球比黄球多好多、多好些、多的太多……我们就用"红球比黄球多得多"这样的数学语言来表述。

（指名2~3个学生复述。）

生：刚才我们以黄球为标准，都和黄球进行比较，它们都比黄球多，可多的程度不一样，我们就可以用"多一些"表示多，但只多一点，用"多得多"表示多，但是多很多。

2. 以红球为标准，自主探究，用"少得多""少一些"描述数量关系

教师变换标准，引导学生用语言描述多与少。

师：那我们现在变换标准，要以红球为标准。以红球为标准，也就是蓝球和黄球都与红球进行比较。比的结果怎么样？（图10-3）

图 10-3　课堂学具

生1：黄的少，红的多。

生2：蓝的少，红的多。

师：一目了然，能看出哪种多哪种少。那能不能用语言描述出少的程度不一样？

生3：黄球比红球少得多，蓝球比红球少得不多。

生4：黄球比红球少一些，蓝球比红球少得多。

师：说得太标准了。数学中，我们就用"少一些"来表示少，但少得不多；用"少得多"表示少，但少得很多。

3. 以蓝球为标准，以变应不变

师：我们刚刚以黄球和红球为标准进行了比较，还可以以哪种球为标准？（图10-4）

标准

红球　　　蓝球　　　黄球

图10-4　课堂学具

生：以蓝球为标准。

师：现在同学们都与蓝球进行比较，大家能说说这两种球和它的关系吗？

生：红球比蓝球多得多，黄球比蓝球少一些，红球比蓝球多一些。

师：老师向蓝杯杯里装进一些蓝球，和红球（黄球）比的结果怎么样？

师：（追问）再向蓝球杯里装一些蓝球，现在比的结果怎么样呢？

师：刚刚我们通过比较小球的多少（揭示课题：比多少），知道了比较标准不一样，比较的结果也不同。根据多的程度、少的程度不同，可以用"多得多""多一些""少一些""少得多"来进行表达。

【点评】整堂课，学生始终抓住比较的标准，潜移默化地建立数感。课堂伊始，教师就调动学生已有的认知与生活经验，通过观察两个杯里小球的数量，学生能够用准确的语言——多与少来描述两个小球间的关系。此时教师又增加了一种颜色的小球，仅用多与少这样的词语已经不能准确描述不同颜色小球的关系了。这时学生就产生了认知冲突，需要想办法调动自己的生活经验来解决问题，顺其自然地出现了"多一点""多很多"这样的词语来进行描述，从而通过感受多与少程度的不同来建立数感。

　　（二）量化标准，操作中深化核心概念

　　在学习过程中，学生通过推理加深了对"多一些""多得多""少一些""少得多"等表达方式的理解，学会了用数学语言来描述具体事物。在上一个学习活动中，学生已经习得找"标准"的能力，能够用较规范的数学语言表述不同数量之间的关系。接下来，继续通过动手操作活动，帮助学生经历从形象到抽象的过程，建立数感。

　　1. 根据语言描述，摆一摆，判断绿球的具体位置

　　教师引入另一种颜色的小球，设置问题，引导学生思考。

　　师：老师这儿还有一瓶绿球。大家认真听老师的描述，帮它找到对的位置。

　　师：它比黄球多得多，比红球少一些。谁能来摆一摆？

　　（学生摆在红球和蓝球中间。）

　　师：为什么要摆在这儿呢？

　　2. 通过分析推理，摆一摆，量化小球的关系

　　将实物与数字结合，将小球的数量关系抽象化

　　师：我们知道黄球是10个。你能根据关于小球数量关系的描述，推理一下36（拿出写有36的纸片）是哪种小球的数量吗？

　　生：绿球。

　　生1：绿球比黄球多得多。

　　生2：可红球也比黄球多得多啊！

　　师：看来只给两个数，我们还不能进行判断。那老师现在再提供一个数——58。现在能推理出来了吗？如何推理的？

生3：绿球是36，红球是58。

生4：因为绿球比黄球多得多，比红球少一些，所以绿球36个，红球58个。

师：那这个蓝球是多少个呢？大家能不能试着推理一下？

生5：我认为蓝球有13个，因为黄球有10个，蓝球比它多一些……

师：你推理的结果已经很接近正确答案了，但还是少一点点。

师：真厉害，你们的推理能力越来越强了。那我们能不能用"多得多""多一些""少一些""少得多"来描述这些数的关系吗？

生6：10比15少一些，10比58少得多，58比36多一些，58比15多得多，36比10多得多，36比15多一些（图10-5）。

师：今天我们知道描述数量关系，可以用"多得多""多一些""少一些""少得多"来表达。

图10-5 课堂学具

【点评】从两个数的比较到三个数的比较，再到四个数的比较，教师通过巧妙的活动设计，使学生在比较、观察、分析、归纳的数学活动中，感悟数与数之间比较的关系。在这个过程中，鼓励学生在活动中发现问题、提出问题，并主动思考解决问题，自然悟出核心概念。此外，学习过程中教师尊重学生的已有认知基础，从学生具有的比较大小的经验入手，悟出"多一些""少一些""多得多""少得多"的联系。在量变的过程中达到质变，是这堂课的精彩之处。

（三）寻找标准，辨析中运用核心概念

学生在学习新的知识后，要对知识进行巩固和提升。课堂练习是小学数学教学的一个重要组成部分，是学生学习过程中不可缺少的重要环节，是学生增长知识、形成技能、发展智力、挖掘创新潜力的重要手段，是教师了解学生知识掌握情况的重要途径。新授课后的巩固练习如下所示。

师：在生活中，我们也常常用到这些知识，如体育课上的跳绳。张老师跟体育老师了解了一下你们半分钟跳绳的情况（图10-6），快来看看，并说一说你是怎么想的。

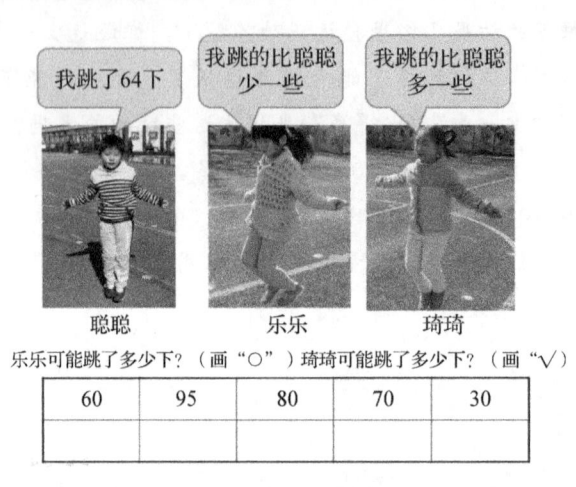

乐乐可能跳了多少下？（画"○"）琦琦可能跳了多少下？（画"√"）

60	95	80	70	30

图10-6　课堂练习题

师：农场里的小鸭和小鸡也想让大家帮帮忙，快看看它们说了什么（图10-7）。

师：标准是谁？（小鸡）谁和谁进行比较？

生：小鸭比小鸡少一些。

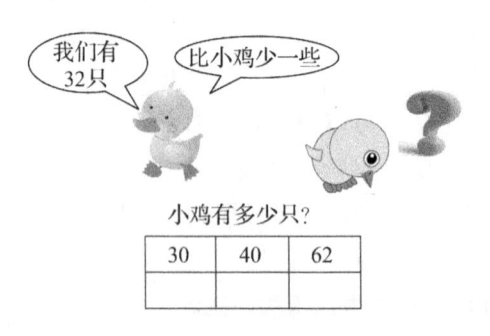

小鸡有多少只？

30	40	62

图10-7　课堂练习题

【点评】从学生身边收集他们常遇到的素材，使学生感受到数学就在身边，数学与生活有着密切的联系，对数量关系的描述有更真切的体会。再通过逆向推理标准等变式训练，考查学生能否根据"用语言描述的数与数之间的大小关系"及给出的数据来确定相应的数据。当学生产生认知困难时，教师进行数学语言的干预，学生就乐于接受，也有利于其生活语言向数学语言的过渡，使学生认识到数学源于生活。教学流程示意图见图 10-8。

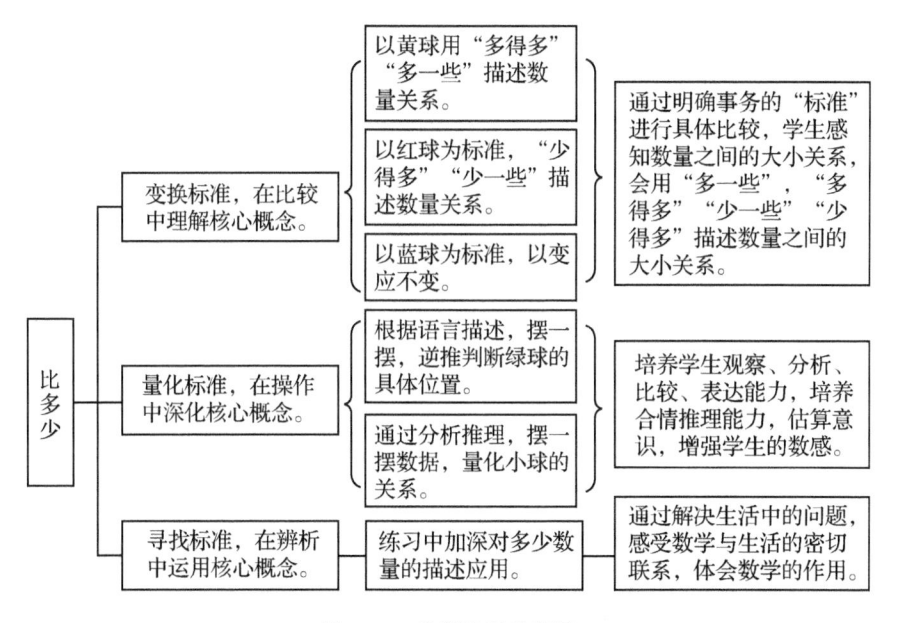

```
比多少
├── 变换标准，在比较中理解核心概念。
│   ├── 以黄球用"多得多""多一些"描述数量关系。
│   ├── 以红球为标准，"少得多""少一些"描述数量关系。
│   └── 以蓝球为标准，以变应不变。
│   → 通过明确事务的"标准"进行具体比较，学生感知数量之间的大小关系，会用"多一些"，"多得多""多一些""少得多"描述数量之间的大小关系。
├── 量化标准，在操作中深化核心概念。
│   ├── 根据语言描述，摆一摆，逆推判断绿球的具体位置。
│   └── 通过分析推理，摆一摆数据，量化小球的关系。
│   → 培养学生观察、分析、比较、表达能力，培养合情推理能力，估算意识，增强学生的数感。
└── 寻找标准，在辨析中运用核心概念。
    └── 练习中加深对多少数量的描述应用。
    → 通过解决生活中的问题，感受数学与生活的密切联系，体会数学的作用。
```

图 10-8　教学流程示意图

教的本质不仅仅在于"教"，还在于导。引导的特点是含而不露、指而不明、引而不发。在本节课中，一方面，教师给予学生自由描述小球多少的机会，让学生用自己的语言描述小球之间的多少关系，让学生经历思考的学习过程。另一方面，教师抓住学生的认知冲突，充分激发学生的求知欲望，促使学生生成学习的内驱力。在学生通过教师的描述逆推小球位置，通过分析、推理解决问题的时候，学生真正开始产生数学对话，充分表达自己的想法，在与同学、教师进行对话的过程中，人人参与课程成为现实，课程真正成为精彩观念诞生的地方。

【话题讨论】

读懂学生学习需求，在探究大空间活动设计中提升教学执行力

北京市海淀区七一小学　　王真

　　现代教育理念认为，数学教学是培养学生数学思维和数学意识的学习。数学课程改革的目的就是培养学生的思维能力和思维品质。要想让学生在数学学习中思维活跃，必须要培养学生学习数学的兴趣。因此，"学生"成为我第一个要研究的对象。自新课程改革推行至今，学习方式的不断演变，对专业教师的要求也越来越高，如课堂的组织和驾驭能力、数学学科采用实践法进行教学的能力、相关学科进行渗透学习的能力等。大空间学习活动的特征就是让学生成为学习的主体，把"要研究的问题""要探讨的话题""要完成的任务"和"要进行的评说"交给学生，他们在操作、合作、探究的过程中对知识有了更加透彻的领悟。这种学习方式一方面培养了学生学会从不同角度、不同层面理解数学，自主建构数学体系，另一方面也培养了学生多动脑筋、多思考的习惯，提高了学习数学的能力，锻炼了学生的综合素质。在大空间学习活动设计中，教师必须以新的教育理念来指导教学，改变教师中心地位，在新的学习方式指导中突破和提高自我的水平，从而调动学生参与课堂的热情，逐步完善适合自己的教学方式和适合学生的学习方式。这对教师的教学执行力既是一次有力的提升，也是一个重大的考验。本研究以读懂学生活动需求为前提，以"游戏学习""自主学习""合作学习"为形式依托，在探究大空间活动设计中提升教师的教学执行力，最终达到培养学生的思维能力和思维品质的目的。

一、读懂学生游戏学习需求，大胆调整教材安排设计活动

　　游戏学习的显著特点是它的趣味性、竞争性和交流性，它不仅注重学生的实验、探究，还强调师生的互动和生生的互动，强调师生交流和生生交流，强调学生的情感体验。在这种体验中，他们可以很好地掌握数学知识，理解数学原理。

　　在北师大版数学教材一年级上册的安排中，第四单元是"分类"。面对刚入学的小学生，我们不仅要关注他们对学习内容的掌握，还要关注他们学习习惯的养成，除此之外还有非常重要的一点，就是关注学生

的学习兴趣。第四单元"分类"是学生非常感兴趣的一个单元，而且与学生的生活联系密切。从德育的角度来说，正是培养学生分类有序地摆放物品，自己整理房间和书包的大好时机；从数学学习角度来说，学习了分类，学生有了按照标准进行分类的基本活动经验和数学思想，对于接下来学习一些知识都能够起到帮助作用，更有利于知识体系的形成。因此，我们决定把第四单元的内容提到第三单元之前来进行。

首先引导学生观察笑笑的房间，因为物品是分类摆放而有序的；再引导学生观察淘气的房间，让学生感受到淘气的房间之所以杂乱无章，是因为物品没有分类摆放在一起（图10-9）。

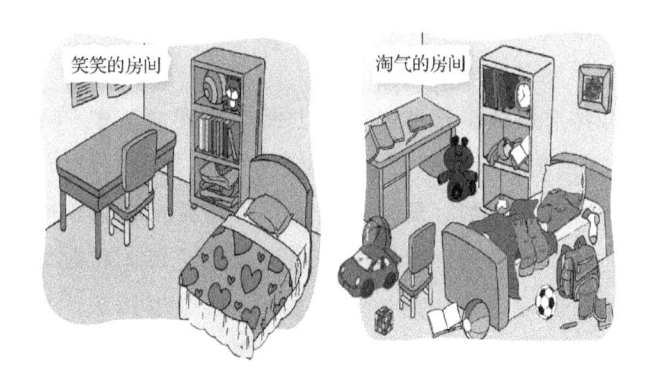

图10-9　课堂学习材料

在进行将打印剪裁出来的物品（图10-10）放在学具筐中这一教学环节时，教师没有直接放手让学生去操作，而是引导学生先讨论可以如何分类，再进行操作。教师请学生两人一组去完成，把学具筐中的物品按照分类，贴在淘气的房间图上，比比哪组又快又安静地为淘气整理出干净整齐的房间。

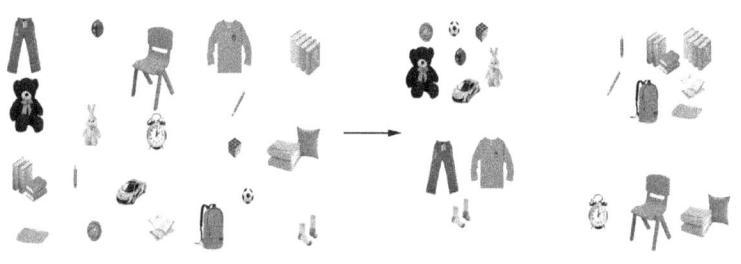

图10-10　课堂学习材料

学生在"分类"数学思想和方法的指导下，本着游戏学习的精神，开始了合作操作。互相加油打气，紧张得眉头紧蹙，都想尽快完成漂亮的作品。在这节课中，学生既积累了数学活动经验，又接受了数学方法和思想的渗透，可谓受益匪浅。

二、读懂学生合作学习需求，将"静态"学习转化为"动态"学习设计活动

"合作学习"是相对于"个体学习"而言的，它是指学生在教师的引导下，以学习小组为单位，以合作交流为基本特征，一起追求共同的学习目标，具有明确的个体责任的互助学习。这种学习方式具有互助性、互动性和互补性等特点，学生的学习过程不仅仅是认知发展的过程，更是学生个性、情意发展的过程。

例如，北师大版数学教材一年级上册"整理加法表"一课，不仅是要复习 10 以内的加法计算，更重要的是让学生体验、经历归纳的过程，培养学生发现规律、归纳、概括的能力。因此在设计教学时，组织了五个核心活动，让学生在同伴合作学习中得到数学知识和数学能力的双重发展。第一个核心活动是按照一定标准给加法宝宝排队。当学生看到多且杂乱的加法算式卡片时，会不由自主地产生分类摆放的诉求。第二个核心活动是引导学生以四人为小组，确定小组的排队标准。这就使得学生在动手操作之前必须通过对话和讨论，进一步明确本组要采用的排队标准，最终在小组内部形成共识。第三个核心活动是让每个小组按照各自的标准将所有加法宝宝贴在表格上。该活动既培养了学生的创新意识和动手操作能力，又培养了学生的合作意识。第四个核心活动是全班一起交流排队的标准，培养学生语言表达、倾听和接纳建议的意识与能力，不断优化解决问题的策略。第五个核心活动是让学生观察加法算式表，培养观察能力。

（一）课前活动

1. 课前活动一

10 以内加法开火车。

2. 课前活动二

把黑板上的加法算式分分类。通过两个课前热身小游戏，借助孩子

们喜欢的游戏学习，在分类过程中体验可以按照结果把加法算式进行分类和排队，还可以按照加数的形式把加法算式进行分类和排队，渗透接下来要进行整个加法算式表的设计所用到的方法经验。

（二）核心活动

1. 核心活动一

按照什么标准给这些加法宝宝排队呢？学生看到如此多并且杂乱摆放的加法算式卡片（图10-11），不由自主地就会想到要分类去摆放。

2. 核心活动二

四人一组，确定好排队的标准。在动手操作之前，四人达成共识，进一步明确本组要采用的排队标准。"整理房间"一课更加侧重于操作与游戏，合作只是操作，而探究的"味道"较淡，因此在这节侧重合作学习培养的活动设计中，我更加注重把活动要求细化，目标明确。

图 10-11　课堂学习材料

3. 核心活动三

四人合作把所有加法宝宝贴在表格上。在明确了排队标准后，四人一组，通过合作，把所有加法算式摆放在表格中（图10-12）。既培养了学生的创新意识、动手操作能力，又培养了学生的合作意识，有了统一的标准四人一起贴是最快的。有问题要及时讨论、调整。

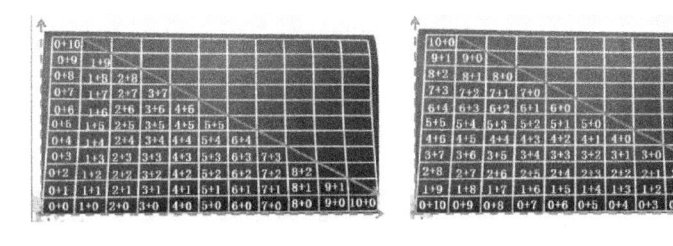

图 10-12　课堂学习材料

4. 核心活动四

一起来交流"我们是这样来排队的……"培养学生的语言表达、交流和倾听、提建议和接纳建议的意识与能力。

5. 核心活动五

教师提问："你发现了什么？"培养学生的观察能力，能够有规律、有顺序地观察和思考，同时渗透函数思想。

最后仍然以学生喜欢的游戏结束本节课的学习。猜一猜：我拿走了哪个算式？灵活运用本节课探究的知识解决问题，进一步巩固所掌握知识。（课堂学习材料见图 10-13。）

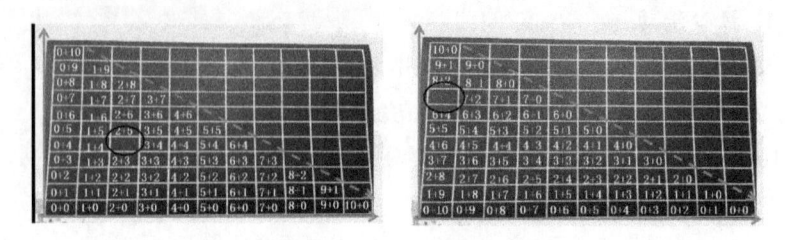

图 10-13　课堂学习材料

三、读懂学生自主学习需求，改变角色意识设计活动

"自主学习"是相对于"被动学习"而言的，它是指学生作为学习的主体，教师作为引导者，在统一规定的教学目标的规范下，学生根据自身情况，自主规定学习目标、内容以及方法，并通过自我监控和反省完成具体学习任务的一种学习方式。这种学习方式具有三个显著的特点：主动性、独立性和异步性。这种学习方式能够帮助个体更好地适应社会的发展，帮助学习者学会学习，学会思考，实现自我的发展。

在北师大版数学教材一年级下册"分扣子"一课的授课中，我精心为学生准备了素材，设计好了环环相扣的活动，一步步引导学生发现规律。我还在兴致高涨地想继续引导学生观察为什么会有这样的规律时，却发现学生的兴致并不高。问题就在于我没有读懂学生的自主学习需求。学生已经积累了相对丰富的活动经验，掌握了一定的学习思想与方法，渴望自主探究，而作为教师我没有跟上他们的成长，还在过多地牵着他们走。因此我决定，教师退位至"主导"，还学生以"主体"，重新进行活动设计，改变了的是我们的角色意识和我们的活动设计。

（一）核心活动一：想一想，分一分

活动要求：第一，将散乱的扣子（如图 10-14）分类前，自己先想一想按什么标准分？第二，两人一组分一分，互相帮助。第三，分完后，同桌两人说说你们是怎样分的。

图 10-14　课堂学习材料

因为放手给学生去探究，学生可能出现多种学习路径，因此对教师的教学执行力和课堂掌控能力也提出了更高的要求。虽然教师的要求看上去更"少"了，教师的话少了，做的事儿少了，可并不代表更轻松了，相反，要求更高，任务更重了。但是放手的结果是学生探究的愿望更强烈，方法更多样，学习热情也更高涨了。

(二) 核心活动二

想一想，说说按不同标准分下面的扣子，一直分下去，结果一样吗？(图 10-15)

图 10-15　课堂学习材料

活动要求：第一，自己先想一想，可以按什么标准和顺序分？第二，两人一组分一分，边分类边说说你们的标准和过程。

把活动放手交给学生，鼓励学生探索不同方法，体验不同的分类过程与感受。修改之后的活动设计，学生进行到核心活动二依然兴趣很高。

在研究中我们发现，读懂学生的学习需求，站在学生的角度设计大空间活动，真正给学生思考的大空间，让学生成为精彩绽放的主体，课堂也成了精彩观念诞生的地方。

明算理巧估算　发展学生数感
——以"笔算乘法"一课为例

北京市东城区前门小学　李静

计算技能是人们在日常生活中应用最多的数学技能，计算在数学中占有很大的比重，数学知识的学习几乎都离不开计算，它历来是小学数学教学的基本内容，培养小学生的计算能力也一直是小学数学教学的主要目标之一。计算教学不但要关注计算能力，还要关注学生自主探究的创新精神，更要关注与人合作的意识、学生的情感体验，等等。那么，计算教学应该如何做才能扎实而不失灵活？作为一线教师我们又应该如何克服计算教学"重结果、轻过程"的弊端，从而提高计算教学的有效性呢？下面用案例来说明。

人教版数学教材三年级上册第六单元的有进位的"笔算乘法"一课是在口算乘法、和不进位的笔算乘法的基础上进行教学的。由于笔算乘法，如12乘3，在计算时要算2乘3和10乘3，这就要用到整十数乘一位数，所以教学笔算乘法时需要有口算的基础。笔算乘法与笔算加、减法有很大差异，在计算过程中，多位数乘一位数不是相同数位上的数相乘，而是要用一位数分别去乘另一个因数的每一位，再把所得的积相加。其中计算步骤较多，涉及的问题也很多，学生在计算过程中容易出错，所以，我想一定要让学生明白算理。

乘法实际上是相同加数加法的简便运算，在教学时通过实物图来展示计算的过程，这样更能让学生接受和理解，明确算理算法。因为学生刚刚三年级，年龄并不大，以具体形象思维为主，所以从具体的实物过渡到抽象的算式是让学生理解算理的主要方法。

一、从错例中探索学生的思维，有效指导计算教学

在学习此课之前，学生已经有一些相关的知识储备，本节课是在学生学习了表内乘法、口算乘法和笔算乘法不进位的基础上教学的，新增加的知识点只有"进位"这一点。那么我想，这节课是不是没什么难度，学生是不是很好理解，很容易学会呢？我对三年级的29名学生做了前测，前测题是"15×3=？"，前测结果的典型错例如下。（图10-16）

图10-16①三五十五的进位"1"写在十位后，一三得三的"3"不知

道写在哪，干脆写在了百位上，可是这个"3"是十位的三，所以结果不正确。

图 10-16②虽然计算正确，但是竖式书写上没有写进位，属于心算，自己知道但是没写出来。

图 10-16③以之前的知识为基础计算，没有进位。

图 10-16④虽然知道个位计算出现进位了，数变大了，但是不知道十位应该怎么计算，怎么加。

图 10-16⑤个位计算出现进位了，知道写上有进位，但是到十位时，他是减去了进位"1"，算理不明确。

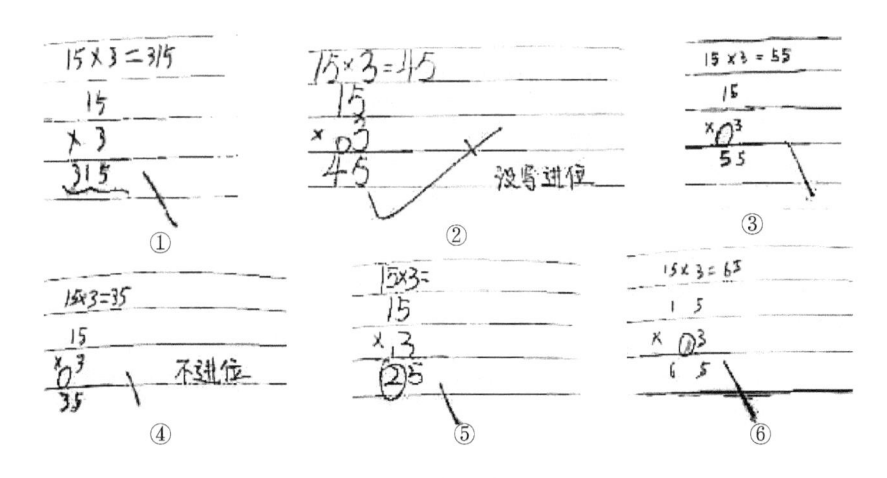

图 10-16　学生错例记录

在前测分析中我统计了 29 名同学的计算结果（表 10-1）。

表 10-1　前测结果

	算对了写进位	算对了没写进位	不会算（35、55、65、25）	不会写（315）
人数（人）	10	5	13	1
百分比（％）	34.5	17.2	44.8	3.5

通过分析学生情况，让我没想到的是没写进位、不会算和不会写有进位的笔算乘法的学生竟然超过了 60％。看来进位是本节课的重点和难点。学生在进位这里需要教师指导。

《义务教育数学课程标准（2011 年版）》指出，学生是课堂的主体，应该以学生为主，所以在课前我先让学生尝试计算有进位的乘法，找到错例，并且暴露问题，接着让学生们自己发现问题，讲明算法，把课堂还给学生，但这时算理还不明确，教师要适时地指导，用具体实物图再让学生讲解，这样更能得到良好的教学效果。

通过上面的思考，我设计了一个贯串全课的情境，来激发学生学习的兴趣和热情。探索新知中，我先让学生自己写一写 18 乘 3（图 10-17），从学生的答案中就地取材，发现错例展示给学生，让学生自己发现问题，然后讲一讲。通过生生的讲解，学生大部分能够记住算法，但是算理并不明确。这时我第二次讲解 18 乘 3，还是以学生讲解为主，教师同步配合用实物图说明算理，通过这两次的讲解让学生明确算理算法。

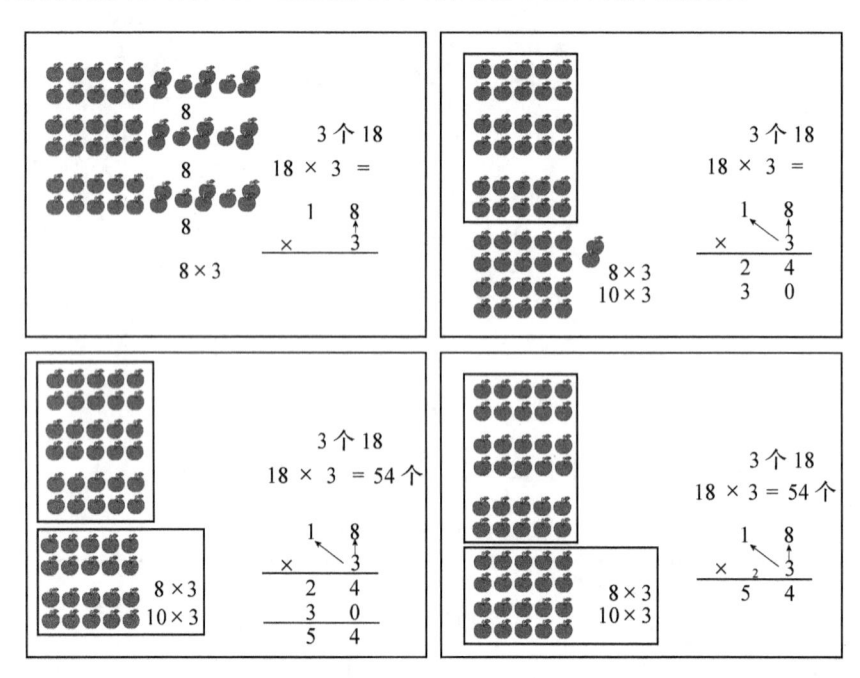

图 10-17　学生作品

二、以估算为依托，从碰撞中探索学生的思维

估算虽然是一种估计，但不是凭空猜想，它是解决实际问题的一种策略。估算的方法灵活多样，结果也不是唯一的，所以估算方法的运用

有两个要求：一是计算要简便，很快就可以计算出大概结果；二是估算的结果要尽可能接近实际结果。教师需要引导学生在比较中感悟和体验，在比较中理解估算方法的深刻内涵。

在计算教学中，学生一般都擅长精确计算，对估算的作用与价值没有真实的体验和感受，所以他们在认识和行为上都感到"不习惯"。像教师提出本课中的"18乘3，谁能说出大约有多少"这一问题时。学生有的说是60，有的说是54。一些同学能够正确运用先估后算的方法，让计算简便；而有些学生为了估算而估算，为求估算结果却用精确计算再估计得数，这样计算不仅不简便反而更麻烦。因此，如何让学生体验到估算的价值与作用，弄清精算与估算的区别与联系，逐步培养学生的估算意识，在学习和生活中自觉运用估算，逐步培养学生的数感，是我们培养学生估算意识的目的。

如何有效地发展学生的估算意识？我在课中做了这样的尝试。我设计了问题："一盒水果礼盒能装19个苹果，4盒大约能装多少呢？"学生马上说80。为什么这么快就知道了答案？学生说："我把19看成20，20乘4等于80，要比19乘4好算多了。"而精算的同学还没想出，估算的同学就已经脱口而出了。先估数再计算，能把复杂的笔算乘法变成简单的口算乘法，学生在课中慢慢地有所体会，接受估算。

判断够不够的问题也是如此，例如，"5个果篮，每个能装12个苹果，这5个果篮能将50个苹果装下吗？"学生马上回答："能装下。"我问："你怎么知道的？"学生回答："5个果篮，每个装10个就是50个，每个能装12个呢，所以肯定比50个装的多。"还有一个同学说："12乘5等于60，我算得快，所以我知道够装。"

在解决以上题目的过程中，学生的知识基础不同。解题方法自然也不同。在思考交流中他们不仅掌握了新知，还能从他人身上学到与自己不同的方法。交流是学习数学的一种有效的方式，使学生碰撞出思维的火花，成为学习的主人，从而得到更好的发展。

不管是在笔算中还是在估算中，学生都有自己的思考方式。了解学生的思维方式有助于教师更好地设计有效问题，通过问题引领学生寻找解题方法，在探究过程中逐步掌握新知，发展数感。

学生不是空着脑袋进课堂的，他们有着自身的认知结构和思维潜能作为学习新知的基础。教师要相信学生，给学生更多独立思考的机会，尽可能自己找出解决问题的方法。当计算遇阻时，再让学生互议互启，教师作为引导者参与学生的探讨交流，真正实现扎实有效、尊重学生个性发展的计算教学，推动学生精彩观念的诞生。

如何让精彩观念诞生

西安市雁塔区明德门小学　梁梅

《义务教育数学课程标准（2011年版）》指出，积累数学活动经验、培养学生应用意识和创新意识是数学课程的重要目标。数学源于现实，扎根于现实，并服务于现实。小学数学课本中的综合实践活动是要我们把生活中的数学和课堂中的数学联系起来，逐渐发展学生的应用意识。教师在教学过程中应当做个有心人，留心发现学生身边的数学问题，为他们提供真实的生活情境，让学生充分利用这些问题和资源，发展应用意识。

一、在情境创设中，体验应用意识

通过创设学生身边的情境，让学生逐步感知数学与生活的紧密联系，发展他们的应用意识。在课堂上，教师呈现如下的情境。

前不久，家住幸福小区的李奶奶接到了一个陌生电话。对方自称是某银行的客服人员，通知李奶奶，说她的银行信息泄露了，存折上的资金有被冒领的危险，要李奶奶根据提示，把存折里的钱转到指定的账户上。如果你是李奶奶，你会相信吗？

学生分析情境后发表自己的见解，认为这是骗子利用打电话的方式诈骗，李奶奶不能相信；也有细心的学生发现李奶奶家的来电显示并非自己了解的某银行的客服电话，提醒李奶奶不要被骗子蒙蔽。这样设计，可以让学生感受到数学就在身边，初步感知数不仅可以表示数量，还可以传递信息。在初步感知的基础上，教师出示进一步的情境，与学生进行讨论。

师：警察在现场发现了嫌疑人破损的身份证和银行卡。假如你是探长，准备怎么查找犯罪嫌疑人？

生1：老师，可以通过身份证找到犯罪嫌疑人。

生2：老师，身份证号码不完整，我是不是可以通过银行卡上的数字找到他？因为我发现爸爸每次去银行的时候，都要出示身份证。

师：你们想知道身份证号码18位数字所表达的信息吗？请大家看看自己抄写的身份证号码，圈出你们家庭成员的出生日期。为什么6月出生要用06表示？

生3：我知道出生月、出生日都要用两位数表示，只有一位数的用0占位。

师：想一想，这张身份证号码的前6位数字可能表示什么？

学生通过教师提供的某市身份证号码前6位表示地区对照表，从中读出这张身份证号的地址码。在交流中，对于顺序码和校验码学生能完整地说出表达的信息，教师作以补充。

二、留意学生问题，促进精彩观念诞生

接下来，教师通过视频，让学生了解两代身份证号码的发展史，感受随着时代的发展，身份证号码也在不断完善，所表达的信息也更加科学。"老师，我和妹妹是双胞胎，虽然我俩的出生日期一样，可是我发现我俩的身份证号码并不是完全相同的。"大部分学生用诧异的目光看着她，我追问"哪一部分有区别？""顺序码和校验码。"教师随即指出："一个身份证号码只代表了一个人的信息，即使是同一天出生的双胞胎，顺序码和校验码也不同，这也就是说身份证号码对于每一个人来说是唯一的。"

教师通过对身份证号码的学习，回答学生的问题，培养了学生编码的思想和能力后，将其迁移到"编学号"的活动中。学号对于学生来说并不陌生，可编出合理的学号，对于学生来说确实是一个难点。在这个环节中，教师帮助学生收集所需要的信息，让学生自己创编学号，然后选择个别同学进行展示，并讨论交流他们的结果中合理的和不合理的地方，让学生真正感受到运用新知识解决实际问题所带来的喜悦，促进他们脑海中新观念的诞生，使他们将课堂所学的知识真正运用于生活之中，感受数学与现实生活的密切联系，从而增强应用意识。

"纸上得来终觉浅，绝知此事要躬行。"教师通过综合实践活动课，创设现实的情境，带领学生经历了收集信息、观察、交流、操作以及将

抽象的数字具体化的过程。在新知识迁移到现实问题的过程中激发学生思维，从生活入手调动学生的学习兴趣，重视学生的疑惑，引出认知冲突，促进学生生成精彩的新观念，在交流和互动中生成精彩的课堂。

提高数学课堂学生参与度　让课堂成为精彩观念诞生的地方

北京市丰台区东高地第二小学　陈禹希

《义务教育数学课程标准（2011年版）》指出，数学教学必须鼓励学生积极参与数学教学活动，包括情感参与、思维参与和行为参与。学生参与课堂教学是新课程改革中"以人为本"理念的最基本体现。提高学生的课堂参与度，就是提高学生参与课堂教学的意识，使学生参与思考、参与体验、参与实践、参与发展。怎样去衡量"学生参与"呢？它包含两层意思：第一，是指学生参与课堂的人数；第二，是指学生在课堂上的主动性，即了解学生参与课堂学习的频率和时间。在参与度高的课堂中，学生的思维能碰撞出更多的火花，更容易诞生精彩的学习观念。从目前全面实施素质教育的要求出发，激发学生积极参与课堂教学就是为了提高课堂教学的有效性，让课堂成为精彩观念诞生的地方。

一、创设良好的问题情境，提高数学课堂学生的参与度

在课堂教学中，教师要创设问题情境，不能让学生简单地运用已有的知识和习惯来解决问题，要积极创设一个问题来提高学生在数学课堂中的参与度，突出学生在数学课堂中的主体地位，这样才能有效地让学生积极、主动地投入课堂学习。而"提高学生的参与度"就是让每一位学生都参与到数学课堂中，并且渗透到数学课堂的每一个教学环节。

以"正方体的展开图"为例，教师展示了几种不同的展开图，让学生观察、判断哪个是正方体的展开图。思维敏捷的学生可以快速做出判断，但是大部分学生在判断时出现错误，这是我在课前没有预设到的，而且仅靠语言来描述怎样围成几何图形，对于学生来说是非常困难的。就在这时，有个学生提议："老师，可以让我们在课下先做几个正方体，然后各个小组再以不同形式展开，去观察共有几种不同的结果。"他的主动参与，让我在他的脸上看到了自信，我立即采纳了这位同学的建议。课下，学生完成了正方体的制作，在第二天的课堂上分组展示了正方体不同的展开图，学生积极踊跃地在黑板上张贴，最终得到了正方体的11

种展开图（图 10-18、图 10-19、图 10-20）。

四连方共有 6 种（图 10-18）。

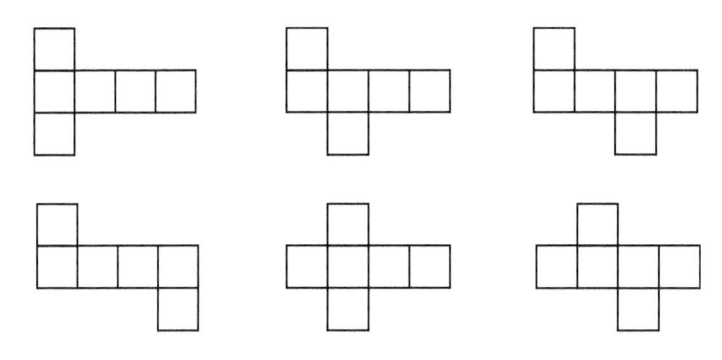

图 10-18　学 生 作 品

三连方共有 4 种（图 10-19）。

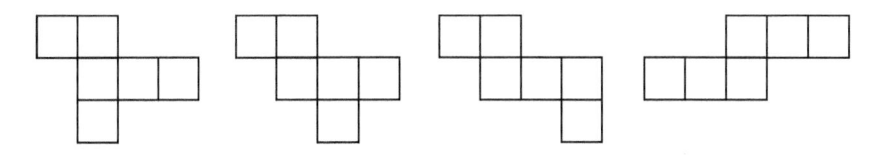

图 10-19　学 生 作 品

二连方共有 1 种（图 10-20）。

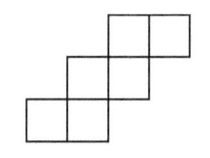

图 10-20　学 生 作 品

当学生学习遇到困难时，教师要尝试给学生创造良好的学习氛围，让学生主动参与课堂，自由、大胆地展示自己不同的思想，碰撞出思维的火花。

二、联系实际生活，提高数学课堂学生参与度

作为教师，我们应该多尝试选择与生活实践密切相关的学习素材，让学生感受将实际问题抽象为数学模型并加以解释和应用的过程。因为真正能够引起学生共鸣的是他们在生活中遇到的实际问题，所以，教师

在课堂教学中应该为学生创造和提供培养自主实践能力的条件与机会。

以"植树问题"为例,在研究植树问题时,可以选择学生在生活中熟悉又常见的灯、座位、栅栏、声音、时间来引入间隔,为后续抽象成数学问题做好准备。再借助多媒体设备让学生通过拖拽小树和建筑物来模拟植树的过程,从而感受植树问题的三种情况,即两端都种、只种一端、两端都不种。

(一)两端都种(图10-21)

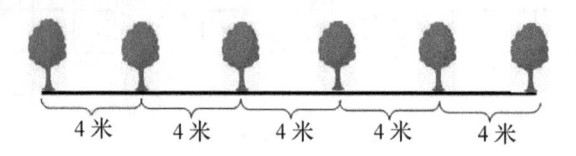

图10-21　课堂学习材料

列式:　间隔数　　　棵数

$20 \div 4 = 5$　　　$5 + 1 = 6$(棵)

(二)只种一端(图10-22)

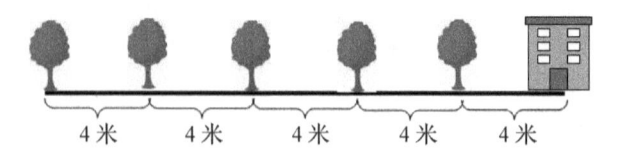

图10-22　课堂学习材料

列式:　间隔数　　　棵数

$20 \div 4 = 5$　　　5(棵)

(三)两端都不种(图10-23)

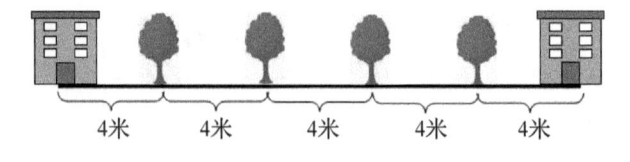

图10-23　课堂学习材料

列式:　间隔数　　　棵数

$20 \div 4 = 5$　　　$5 - 1 = 4$(棵)

由于不知道植树方式，学生自然而然地得出了不同答案。教师可以把这些不同的答案分散给学生，让他们通过拖拽小树和建筑物来模拟植树的过程。这种动手实践与互动交流相结合的方式，能让学生体会描述的重要性，体会到在不同的种树方案下，树的棵数自然就不同的道理。

这种用模拟实践操作来种植小树的方法，让学生学习热情高涨，能够很快地以主人翁的姿态投入讨论解决问题中来。正是在这样充分的动手实践中，学生体验整个实践活动过程，感受成功的喜悦。这样不仅提升了学生的参与热情，而且达到了事半功倍的效果。

数学学习是一个重新创造和重新发现的过程，让学生参与这一过程是很有必要的。在参与度高的课堂中，学生的思维能碰撞出更多的火花，更容易诞生精彩的学习观念。

积累数学活动经验四部曲
—— 以"分一分"为例浅谈积累数学活动经验

重庆市北碚区人民路小学蔡家校区　张中梅　杨德富

数学活动经验是学生个体在经历数学活动的基础上悟出的行为与结果之间的联系，是学生经历数学活动的过程与结果的有机统一体。《义务教育数学课程标准（2011年版）》的课程目标由"双基"转向"四基"，在总体目标中明确提出：帮助学生积累基本的数学活动经验，强调处理好过程与结果、直观与抽象、直接经验与间接经验的关系。这一系列概念的提出引发了教育者的关注与思考。学生在数学学习中或多或少拥有一些日常生活的经验、动手操作的经验等，但这些经验往往不系统，因此，教师要有意识地组织观察、操作、反思等数学活动，帮助学生产生精彩的数学观念，积累数学基本活动经验。

下面以西师大版数学教材一年级上册第三单元的"分一分"为例，谈一谈如何通过"看—做—思—用"四步来帮助学生积累数学活动经验。

一、看——仔细观察，唤醒经验

科学研究表明，人们首先通过"眼耳鼻舌身"从外界获取相关信息，并经过中枢系统加以处理，从而形成对客观事物的认识。而眼睛居于五官之首，可见观察对学生的学习至关重要。

教学中，创设与学生认识相符的情境，让学生用数学的眼光进行观察，并与原有认知或生活实际相关联，这就是在唤醒原初经验。教师因势利导地让学生把这种感受（经验）迁移到学习之中，可以达到事半功倍的效果。

以"分一分"为例，谈"唤醒学生原初经验"。开课时，教师出示一张生活情境图，"孩子们，昨天张老师到一个同学家里面去家访了，这是他的书房，请看（出示图片）。说说你的感受。你给这个同学提点什么建议呢？你打算怎么来收拾呢？"通过提问，引导学生用数学的眼光观察，启发学生思考后，教师再用描述性语言总结出分类的含义。

在设计环节时，教师首先利用凌乱的生活场景带给学生一种乱糟糟的视觉冲击，让学生感觉到不美观、不方便、不舒服，其目的就是将直观感知与内心感受相联系。教师抓住学生的这一感受，追问："可以怎么办？"以此激发学生对散乱物品进行分类整理的内在意识。而怎么分呢？这就需要调动学生的原有生活经验。通过观察，学生不难发现在教师创设的情境中主要有三类物品，生活经验告诉他们书对应书架、笔对应笔筒、玩具对应篮子，这一环节就是在唤醒学生的原初经验。

观察是积累数学活动经验的第一步，但仅仅是眼睛还不足以唤醒学生的原初经验，学生必须将视觉冲击与内心的感受相联系，与原有认知相联系，悟出其中共通的地方，才能调动原初经验，运用原初经验进行后续学习。

二、做——经历活动，探索经验

活动是经验的源泉，如果没有亲历实践活动，积累经验就犹如纸上谈兵。学生经历摆一摆、量一量、比一比、剪一剪、拼一拼、画一画、摸一摸、数一数等数学活动，多种感官参与其中，对学习材料的感受直观，体验深刻，从而从"做"中探索经验，获取知识。

在接下来"分一分"的教学中，教师设计了两次操作活动：一是将 5 个大小相同，颜色不同的圆片分为两类；二是将 10 个大小不同，颜色不同的圆片分为两类。第一次，学生只能按颜色分；第二次，既可以按颜色分，也可以按大小分。教师考虑到学生已具备将生活中物品进行简单分类的经验，首先让学生经历按唯一标准分，用直观经验告诉学生，此时颜色是最大的区别。紧接着，教师增加图形，此时的分类标准不再单一，学生根据自己对形状或颜色的敏感程度以及生活经验，自主选择分类标准，要么按颜色分，要么按大小分。仅仅有这样的认识还不够，操作是积累数学活动经验的一个重要途径，学生必须把头脑中模糊的认识在实践中去检验，如果用想象代替操作活动，会不利于积累分类经验，不利于分类方法的掌握。所以教师在这里安排每一个学生都动手分一分，目的在于通过直观操作，建立标准与结果之间的联系，探索分类活动经验。

三、思——对比归纳，悟出经验

学生经历或参与了数学活动，并不代表获得了数学活动经验。只有通过对比、抽象、概括、总结等数学化、逻辑化的提升，才能将经历的数学活动与理性思考联系起来，才能形成数学活动经验，才能内化为学生自身的活动经验。

在"分一分"一课中，操作前，教师都会留给学生思考的空间："你打算怎样分？"操作活动之后，教师又会追问："你是怎样分的？为什么这样分？"所有的问题，都聚焦于学生的思维。学生在独立操作的基础上，反思自己的行为，交流自己的想法，操作活动背后的依据越来越清晰。慢慢地，学生的活动不再是盲目的，他们会将自己的一些经验和思考相结合。教师再引导学生通过对比、归纳、总结等数学思考，明确分类首先需要确定标准，即把具有相同特点的分在一起，在标准不同的情况下，其结果也随之发生变化。只有操作与思考相结合的活动，才能帮助学生由"经历"过程走向"经验"获得，思维认识才得以提升。

四、用——学以致用，积累经验

《义务教育数学课程标准（2011年版）》的十大核心概念之一就是应用意识，它强调教师要有意识地利用数学解释现实世界中的现象，解决实际生活中的问题，就是从生活中抽象出数学。

小学数学与学生学习有着密切联系。他们在上小学之前，已经遇到许多数学问题，积累了一些初步的经验。例如，他们玩过各种形状的积木，比过物体长短、大小、轻重、宽窄，他们知道几点起床几点睡觉等。所有活动都使他们获得了数量和几何形体最初步的观念，尽管这些往往是非正规的、不系统的，甚至是模糊的，或许还有错误隐藏其中，但数学就是要对他们的生活经验进行提升，以生成新的经验，同时将新经验应用于生活实际，促进学生的活动经验从一个水平上升到另一个高水平，积累更加丰富的活动经验。

在"分一分"一课中，教师设计了分圆片、整理书包、收拾鞋柜等大量操作活动，因为实践是检验真理的唯一方法，活动亦是积累经验的载体。只有把探索获得的经验运用于生活，才能将分类标准内化于心，此时的活动不再是原始的操作，而是有依有据的，学生才能从经历走向经验。

综上所述，"眼耳鼻舌身"是学生从外界获取信息的最为直接的身体感官，或者说直接经验的获取主要靠我们的身体感官。教师切忌因怕麻烦而将学生的操作活动用现代化的技术手段代替，切忌让经验的传授停留在"口口相授"，切忌让经验的积累停留在纸笔上。如此长期训练，可以帮助学生积累丰富的数学活动经验，从而激发精彩观念的诞生。

【教师行动研究】

"打电话"案例分析

北京中学　王来田　谭雪

一、教材分析

"打电话"这节课是人教版数学教材五年级下册的综合运用。是继"烙饼问题""沏茶问题""等候时间"之后又一次向学生渗透运用思想解决实际问题的内容。

教材中的素材是学生在生活中所熟悉的，让学生帮助教师设计一个打电话的方案，并从中寻找最优的方案。这个实践与综合应用，旨在让学生进一步体会数学与生活的密切联系以及优化思想在生活中的应用，培养学生应用数学知识解决实际问题的能力，同时通过画图的方式发现事物隐含的规律，培养学生归纳推理的思维能力。因此，我认为本节课的教学目标应定位于"打电话"这一学生熟悉的素材的数学化，因问题与学生的生活经验密切结合，他们对这一问题的研究很有兴趣。在分析问题、解决问题中，学生尝试寻找答案时，无法简单地应用已知的信息，也没有可直接利用的方法、公式，因此也为学生提供了充分的探究空间。

二、学情分析

在此之前，学生通过烙饼、烧水等简单事例，已经初步尝试了用优化思想方法解决现实生活中的问题。他们已经具有了一定的知识储备和社会经验，具备了自主探究、学习新知的一般能力。本课，我将教材中的情境换成了学校的事件，再化繁为简，带领学生建模，共同寻找打电话最省时的方案。这一改动既提高了教学材料的挑战性，又增加了课堂研究的可操作性，可使学生更加深刻地体会到数学的魅力。

因此本课学习路径如下。第一，借助雾霾情境，学生自己发现问题、提出问题；第二，经历数学化过程，由"真现实"转为"拟现实"；第三，利用多种表征，在自主合作中分析问题、解决问题；第四，引导学生自主反思，沉淀数学思想。

三、教学目标

第一，利用学生熟悉的生活经验创设问题情境，通过画图等方式，使学生找到打电话的最优方法。

第二，体现化繁为简、符号化、优化等思想。

第三，进一步体会数学与生活的密切联系以及优化思想在生活中的应用。

四、学习历程简案

驱动问题	锚基任务	诊断性评价
面对雾霾放假的情况，学校要用打电话的方式去通知每一个同学，从数学角度考虑，你可以提出什么问题？	王老师逐个通知学校的5005人，每人需要1分钟，请计算共需多长时间。	如果把这些人的电话都打完，需要多少分钟？
以这5005人为研究对象，用什么方法能更有效率地通知到每个人？	王老师先通知7个人，再让这7个人分别去通知剩下的人，算出通知完共需多久。	7个人怎样来通知剩下的人呢？总共要用多长时间？
最后只需要13分钟，为什么？	找出最后只需13分钟的原因。	最后只需要13分钟，为什么？

五、教学实录

(一) 教学片段一：创设情境，导入新课

驱动问题1：面对雾霾放假的情况，学校要用打电话的方式去通知每一个同学，从数学角度考虑，你可以提出什么问题？

锚基任务1：王老师逐个通知学校的5005人，每人需要1分钟，请计算共需多长时间。

在人教版数学教材五年级下册"打电话"这一内容的教学中，教师以雾霾放假这一真情境引入，启发学生结合雾霾放假这件事，从数学的角度考虑，提出值得研究的数学问题，开启本节课的数学之旅。

师：2015年的12月7日，北京发布了空气重污染红色预警，并发布了预警期间中小学停课的通知。这个因雾霾而放假通知发下来后，有个小细节，不知道你们注意到了没有——发布这个通知的时间已经是晚上六点半了。凭借你的生活经验，你想想，我们学校要把这个通知发给每一个同学的话，都可以采用哪些方式？

生1：可以发微信。

生2：还可以发通知。

生3：还可以用广播通知。

生4：也可以打电话。

师：我们看到了各种方式，像电子邮件、微信还有打电话，通过这些方式都可以把消息告诉各位同学。这节课我们不说别的，单说打电话。面对雾霾放假要用打电话的方式去通知每一个同学这样一个实际的问题，从数学角度考虑，你可以提出什么问题吗？

生1：如果把这些人的电话都打完，需要多少分钟？

生2：有这么多的人要通知，打电话有多少种排列方式？

师：好了，我们同学刚才提的都是怎么打电话、用多长时间的问题。那么这里是通知多少人呢？

生：(齐) 5005人。

【点评】教师创设贴近学生生活的问题情境，学生结合真实的生活情境，根据自己的生活经验发现问题、提出问题。

(二) 教学片段二：提出问题，化繁为简

驱动问题2：以这5005人为研究对象，用什么方法能更有效率地通

知到每个人？

锚基任务2：王老师先通知7个人，再让这7个人分别去通知剩下的人，算出通知完共需多久。

师：那我们今天就来研究一下，打电话通知5005人要多长时间。假设有一天，真的发生了一件事，校长把这件事情交给了王老师，让王老师去通知全校5005名同学。假设王老师通知一名同学需要1分钟的话，挨个通知需要多长时间？

生1：5005分钟。

师：那5005分钟是多长时间呢？我们来一起算一算。

生2：大概是4天（5760分钟）。

师：打完了都第四天了，到时候假期已经过了。你们有什么更好的建议给我吗？

生3：可以让王老师打给5000多人中的其中几十个人，然后再让这几十个同学再去通知其他同学。

师：那先通知多少合适呀？

生：大约10个人吧。

师：那我们先研究出7个人，行吗？

生：（齐）行。

师：好，王老师通知7个人，每个人要用1分钟，那怎么样来通知，用多长时间呢？我们接下来就研究这件事。

【点评】从雾霾放假打电话发通知这一生活情境开始数学探究之旅，教师通过设问，引导课堂从"真现实"转为"拟现实"，使学生经历化繁为简的过程，为接下来的分析问题、解决问题奠定基础。学生要调动自己之前学到的知识和经验，用到这个全新的情境中，从而经历发现问题、提出问题的过程，在这个过程中学生的问题意识以及化繁为简等数学素养得到培养。

(三) 教学片段三：引导升华，沉淀思维

驱动问题3：最后只需要13分钟，为什么？

锚基任务3：找出最后只需13分钟的原因。

师：一共才用了13分钟，太快了！还记得我们最初的猜想吗？半天是最短的。结果最后只需要13分钟，为什么？

生1：因为没有人闲着。

......

生2：我知道了再复杂的事，只要找到规律，就可以变得简单许多。

师：听明白了吗？怎么找规律？我们从小数开始研究，以小博大，从小入手，不着急，非常棒。你再说。

生3：我们要多多利用有效的资源去做有效的工作。

师：我们也要多多去发现生活中可以用这种方法解决的事情。下课！

【点评】打电话这样的素材，它的教育价值在哪呢？通知5005人到底用多长时间的问题探究完成后，教师抓住学生现场的反应，引导升华，沉淀思维，突出化繁为简、符号化、优化等数学思想方法。教师通过设问，引导学生自我反思，沉淀化繁为简、优化、模型、符号意识等数学思想，并激发学生对数学的兴趣和好奇心。

六、教学反思

本课围绕"打电话通知5005人"的任务，带领学生经历了发现问题、提出问题、分析问题、解决问题的"问题解决"的全过程，从逐个通知到先通知一部分人，并让这部分人继续通知剩下的人，形成一个高效的通知网络。这种方法的转变不仅代表着学生将其新旧知识相结合，也标志着学生精彩观念的诞生。

七、点评

在"打电话"问题解决的教学中，教师以学生观念的诞生与合作创造知识为核心，不断地创造和生成，在合作中解决问题。每个学生都不是空着脑袋进入课堂的，他们在日常生活中已经有了相关的经验和知识储备，因此本课中，教师并不是仅仅在向学生传递知识，而是引导他们自发地分析、研究，将新旧知识和经验结合起来，帮助学生诞生更精彩的观念。这种教学过程值得每位教师去学习。

"较复杂的平均数"案例分析

北京市大兴区第五小学　张京娴

点评教师　郭新玲

一、教材分析

"较复杂的平均数"一课，是北京版数学教材五年级上册第四单元"统计图表与可能性"中第二小节的教学内容。义务教育阶段关于平均数的教学共安排了三次：第一次，三年级上册，通过丰富的实例，了解算术平均数的意义，懂得"移多补少"的道理，会求简单数据的平均数；第二次，五年级上册，通过丰富的实例，理解加权平均数的意义，认识"权重"，会求所给数据的平均数；第三次，七年级下册，在具体情境中理解并会计算加权平均数。由此可见，本课学习的较复杂的平均数是在学生学习了统计表、会求算术平均数的基础上进行的，并且为后续的学习打基础。

二、学情分析

平均数是一个较为抽象的数学概念，对于小学生来说较难理解和接受，往往会把求出的平均数与通常意义实际生活中的数量相混淆。我对执教的五年级学生进行了课前检测，题目如下。

五年级一班同学参加植树活动的情况如表10-2所示，请问该班平均每个同学植树多少棵？

表10-2　五年级一班植树情况统计表

	人数（人）	平均每人植树（棵）
合计		
男	20	5
女	18	3

全班共40名学生，有14人解题正确，其他人的答案都存在错误，其中，13人的方法为（3+5）÷2=4（棵），4人用（20+18）÷（5+3），其他9人解题毫无道理。通过访谈发现，学生不清楚所给数据的意义，对于数据的感悟较低。

根据以上分析，本节课的学习路径如下：首先选取踢毽活动为主要情景作为情境串；其次引领学生经历猜测—验证—辨析的过程，感悟"权重"，形成较复杂平均数的认知体系；最后应用统计的思想，解决实际问题。

三、教学目标

第一，理解统计中的平均数的意义和作用，能根据所给数据求加权平均数，并能解释结果的实际意义。

第二，经历主动思考、交流辨析的过程，感受数据的力量，发展统计观念。

第三，培养学生思考的习惯，体验数学和生活的联系，建立学好数学的信心。

四、学习历程简案

驱动问题	锚基任务	诊断性评价
你会求平均数吗？	踢毽队共有10名队员，男生平均每人踢72个，女生平均每人踢78个。全队平均每人踢多少个？	借助以往学习经验确定平均数范围。
踢毽队平均每人踢毽的个数与谁有关？	每个小组按照男女生人数的不同情况设计三种方案，并把数据填入表中。 方案一：男生人数多女生人数少。 方案二：男女生人数相等。 方案三：男生人数少女生人数多。	体会人数与平均数的关系，建立复杂平均数的模型。
学习平均数有用吗？	体育老师该怎样派遣队员？	体会统计在生活中的应用。

五、教学实录

（一）教学片段一：借助实际情境引入平均数

驱动问题1：你会求平均数吗？

锚基任务1：踢毽队共有10名队员，男生平均每人踢72个，女生平均每人踢 78 个。全队平均每人踢多少个？

师：如果让你求花毽队平均每人踢毽的个数，你要收集哪些数据？

生：要知道全队一共踢了多少个，还要知道有多少人。

师：踢毽队共有 10 名队员，男生平均每人踢 72 个，女生平均每人踢 78 个。你会求全队平均每人踢多少个吗？

生 1：(72＋78)÷10＝15（个）

生 2：(72＋78)÷2＝75（个）

师：请同学们观察一下这两种方法，你有什么想法？

生 3：第一种方法肯定不对，因为不管怎样平均数都不会是 15。

师：为什么平均数肯定不是 15。

生 3：这个数太小了，踢毽队的平均成绩应该比 72 大，比 78 小。

师：第二种方法结果得到 75，在你们说的范围内，这个结果就是对的吧？

【点评】此环节教学，用学生熟悉的活动作为教学情境拉近了学生与数学的距离。锚基任务从学生学习本课的知识生长点设置，借助以往经验确定了平均数的区间，给后续研究做了铺垫。

（二）教学片段二：深入情境探究理解加权平均数

驱动问题 2：踢毽队平均每人踢毽的个数与谁有关？

锚基任务 2：每个小组按照男女人数的不同情况设计三种方案，并把数据填入表中。

方案一：男生人数多女生人数少。

方案二：男女生人数相等。

方案三：男生人数少女生人数多。

统计表如表 10-3。

师：你们都认为踢毽队的平均水平在 72～75 个，那到底偏向哪一个数呢？

生 1：要是男生人数多就偏向 72。

生 2：要是女生人多就会偏向 78。

表 10-3　大兴五小花毽队比赛成绩统计表

方案		人数（人）	平均每人的个数（个）
方案一	合计	10	
	男		72
	女		78
方案二	合计	10	
	男		72
	女		78
方案三	合计	10	
	男		72
	女		78

师：汇报你们的研究成果，形成汇总表。（汇总表在课上依据学生的回答随机产生。）

师：观察表格，你发现规律了吗？

生1：当男生人数比女生人数多时，平均数比72大而比75小。

生2：当男生人数比女生人数少时，平均数比75大而比78小。

生3：当男生人数和女生人数同样多时，平均数正好是75。

师：看来，踢毽队平均每人踢毽的个数与男女生的人数有密切的关系。男生人数多，平均数就向男生的平均数趋近；女生人数多，平均数就向女生的平均数趋近。

【点评】这一环节的教学，是本课教学的重点，也是难点。通过锚基任务，让学生自主探索，充分利用生成的资源，学生从表格中不难发现平均数与男女生人数的关系，让学生在体验中感悟"一组数据"的力量，体会"权重"。

（三）教学片段三：联系实际应用知识

驱动问题3：学习平均数有用吗？

锚基问题3：体育老师该怎样派遣队员？

师：刚才我们研究了踢毽队平均每人踢毽的个数与男女生人数有密切的关系，研究这个问题有什么用处吗？

生1：我们会求平均数了。

生2：知道平均数与人数有关系。

师：组委会有明确规定，"每支代表队10名队员，男生人数不得少于2人"。如果你是体育老师，会怎样派遣队员？

生：只派2名男生，派8名女生。

师：为什么这样安排？

生：因为女生的水平高，所以尽可能派女生参赛。

师：是不是所有的参赛队都是2男8女的阵容？

生：不是，在遵守规定的同时，谁的水平高就派谁参赛。

【点评】这个环节的设计，体现了统计对决策的作用。把计算平均数落实到统计的情境中，让学生有了对数据的感悟，逐渐培养学生统计的意识。

六、教师反思

(一) 本节课的成功之处

1. 课前调研

课前梳理教材，了解本课教学在知识体系中的作用；做学生问卷，把握学生的学习起点。这样的做法让我在确定驱动问题与锚基任务的时候有据可依。

2. 活动的连续性

本课的三个活动都在一个主题情境中，学生从始至终都在参与一个研究，感受了统计的过程：收集数据、分析数据、应用数据解决问题。

3. 开放的活动

体会"权"的作用，是本节课的重点及难点。我让学生自主确定男女生人数计算平均数，然后观察全班的总数据理解并体会，可以比较有效地培养学生的数据分析观念。

(二) 有待改进的地方

第一，第二个环节的处理不够深入。理解人数对平均数的影响处理得还是有些粗糙，学生理解得不够深入。

第二，任务单一。"平均数"这个模型还可以让学生通过画图来理解，本节课都用列表理解，形式过于单一。

七、点评

本节课设置了一以贯之的情境，整个教学过程具有整体性和层次性。在联系实际的决策问题中，教师抛出的情境是更加特殊的。在这种情况下，学生根据探索的结果能够得出这样的结论——"在遵守规定的同时，谁的水平高就派谁参赛"，这就体现出学生已经能够利用统计观念做出决策，真正将数学与生活联系在一起，为学生诞生精彩观念打下了坚实的基础。

"长方形和正方形的面积计算"案例分析

南京市芳草园小学　张缅

一、教材分析

苏教版数学教材三年级下册第六单元的"长方形和正方形的面积计算"是"图形与几何"领域的一节新授课。它是以理解面积、面积单位的含义为基础的。其中，长方形面积公式的推导是教学的重点，它既是学习正方形面积公式的前提，又为今后探索平行四边形、三角形、梯形等多边形和圆面积公式打下了基础。长方形面积公式的探索过程，体现了面积的直接计量向间接计量的过渡，这个过程对于学生理解平面图形面积计算方法、形成解决有关面积计算问题的一般策略计算有着十分重要的影响。

本节课公式的结构简单易记，但长乘宽的道理学生并不明白。面积的本质是什么？是表示平面中二维图形的程度的数量，它是可度量的，度量结果用一个数来表示。而表示长方形面积大小的这个数指的是该长方形里含有的相应面积单位的个数。因此，本课应从面积的本质入手，有层次地创设问题情境，厘清面积和面积单位的关系以及长宽与行列上单位正方形个数的对应关系。在动手实践的基础上深度思考，进而抽象出模型，注重感悟长方形面积公式的由来。

二、学情分析

教师通过课前访谈学生了解到：很多学生都知道长方形面积等于长

乘宽，但他们并不知道为什么这样算，他们很有兴趣研究一下其中的道理。正如毕达哥拉斯所说："在数学的天地里，重要的不是知道什么，而是我们怎么知道什么。"主动探索公式的由来以及算理是学生潜在的学习需求。

学生在三年级上学期学过长方形和正方形的特征以及周长的计算方法，本单元前两课时学习了面积的含义、用有关面积单位直接计量或估计简单平面图形或物体表面面积。因此，学生探索长方形和正方形的面积公式是有丰富的知识和活动经验储备的。然而学生对图形的度量还局限在一维空间里，原有空间想象式思考不能解决面临的问题，需要把他们的思维引入另外一个领域，即实践领域，引领学生在动手实践中去"做数学"。

因此，本节课的学习路径如下。一是通过操作初步感受长方形行列上所摆正方形块数就是长宽的长度；二是通过操作和想象体会长方形的长宽与行列摆满的正方形块数的对应关系；三是通过回顾反思感悟长方形面积计算方法，从而建立模型。

三、教学目标

基于上述对本课教材的认真研读以及对学生学情的客观分析，本节课教学目标设定如下。

第一，通过拼摆、测量和简单推理等活动，自主探索长方形的面积公式，并由此类推出正方形的面积公式；能应用公式正确计算长、正方形的面积，并解决相关实际问题。

第二，经历探索长方形面积计算公式的推导过程，培养初步的比较、分析、抽象、概括和简单推理的能力，进一步积累学习图形与几何的经验。

第三，弄清公式的由来，体会动手实践、自主探索、合作交流的价值，激发学习数学的兴趣，增强学好数学的自信心。

四、学习历程简案

驱动问题	锚基任务	诊断性评价
行和列上小正方形的块数与长方形的长和宽的长度有什么关系?	任选几个边长为 1 dm 的正方形摆出一个长方形。观察长方形并思考问题。 每排摆了几个正方形 摆了几排 用了几个正方形 长方形面积是几平方分米 长几分米 宽几分米	提问:观察黑板上这三个长方形和相应的数据,你有什么感受? 追问:为什么用了几个正方形,面积就是几平方分米?
怎么量出长方形的面积?	①想办法测量出给定的长方形的面积(觉得材料不够可以申请补充)。 (长方形 4 dm × 2 dm) ②给你一个长方形,想象摆的样子,说出它的面积。	追问:为什么一排正好摆 4 个?正好摆 2 排? 提问:如果摆,用什么样的小正方形摆,你能不能想象一下摆的样子,它的面积是多少?
怎么算出长方形的面积?	回顾研究过程,思考长方形面积和什么有关。怎么算?为什么? 认真思考: 1.长方形的面积和什么有关系? 2.可以怎样计算? 3.为什么这样算? 先独立思考,再在小组交流。	提问:图 10-31 中图形的面积是多少?第三个图形是什么图形?正方形的面积怎么计算?

五、教学实录

(一)教学片段一:在操作和交流中感受"模型"

驱动问题 1:行和列上小正方形的块数与长方形的长和宽的长度有什

么关系？

锚基任务1：任选几个边长为1 dm的正方形摆出一个长方形。观察长方形并思考问题。

师：小组合作，任选几个小正方形（每人5个，边长1 dm²）在桌上摆一个长方形。摆完后观察长方形，思考老师给出的几个问题（图10-24）。

用了几个正方形	每排摆了几个正方形	摆了几排
长方形面积是几平方分米	长几分米	宽几分米

图10-24　课堂问题设置

[学生活动，展示三组作品（图10-25）。]

师：观察这三个长方形和相应的数据，你有什么感受？

生：用了几个小正方形，长方形的面积就是几平方分米；每排摆了几个正方形，长就是几分米，摆了几排，宽就是几分米。

师：（追问）为什么用了几个正方形，面积就是几平方分米？

生：每个小正方形面积是1 dm²，用了几个正方形面积就是几平方分米。

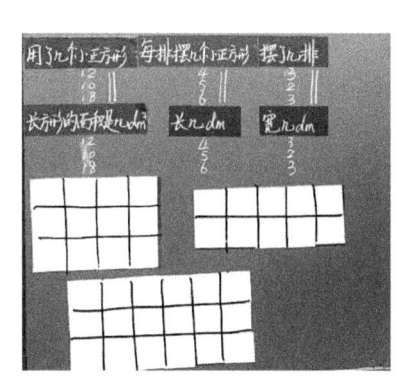

图10-25　学生作品

【点评】学生在摆、填、说的过程中自己"创造"出长方形，感悟面积与面积单位的关系，以及行和列上小正方形块数与长宽的对应关系，为建模积累充分感性材料。

（二）教学片段二：在操作和想象中感悟"模型"

驱动问题2：怎么量出长方形的面积？

锚基任务2：①想办法测量出给定的长方形的面积（觉得材料不够可以申请补充）。

师：（估）给你一个长方形（图10-26），也用小正方形摆，请你猜一猜一排摆几个，能摆几排？

师：（摆）自己摆一摆。尽量用老师给你的材料想办法测量出长方形的面积。

师：（展示）介绍这两幅作品（图10-27）。

图 10-26　课堂问题设置

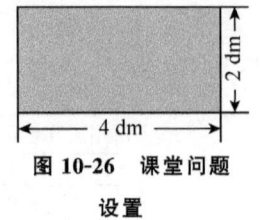

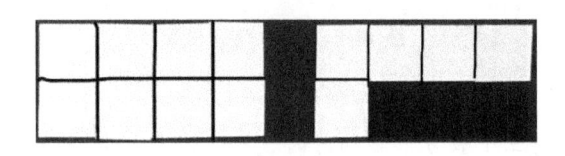

图 10-27　学生作品

生1：一排4个，摆了2排，摆了8个正方形，面积8 dm²。

师：都没摆完，怎么就有两排了？

生1：（指着第二行的一个）这一块代表能再摆一排，虽然没摆完，但能想象出摆满的样子。和左边一样。

师：（小结）两幅作品中，我们都能看出一排摆4个，能摆2排，可以摆8块，面积是8 dm²。

师：（追问）为什么一排正好摆4个？

生1：长4 dm就是4个1 dm。

锚基任务2：②给你一个长方形，想象摆的样子，说出它的面积。

① 一个长方形的长7 dm，宽3 dm。
② 一个长方形的长20 cm，宽16 cm。
③ 一个长方形的长30 m，宽15 m。

师：用什么样的正方形摆？你能不能想象一下摆的样子，它的面积是多少？（图10-28）

图 10-28　课堂问题设置

师：（小结）通过刚才的想象我们进一步知道，长是几每排就有几个，宽是几就能摆几排。（在黑板上画箭头）有多少正方形，面积就是多少（图10-29）。

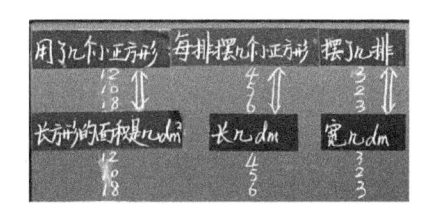

图 10-29　学生作品

【点评】有了第一次的操作，学生感受到面积是可以用小正方形（面积单位）来测量的，创设大操作空间，让不同的学生选择不同的材料自主测量。方式不同，结论相同，反向说明长宽和行列上小正方形块数的对应关系。从量到想象量，从形象到表象渐渐走向抽象，初步构建出数学模型。

(三) 教学片段三：回顾模型，推导长方形面积计算公式

驱动问题 3：怎么算出长方形的面积？

锚基任务 3：回顾研究过程，思考长方形面积和什么有关。怎么算？为什么？

1. 回顾探索过程，建立模型

师生对话中明确长方形面积计算公式以及字母表达式（图 10-30）。

师：要求长方形面积，必须知道什么？

生：长和宽。

认真思考：
1. 长方形的面积和什么有关系？
2. 可以怎样计算？
3. 为什么这样算？
先独立思考，再在小组交流。

图 10-30　课堂问题设置

2. 在运用中完善"模型"

教师设置问题（图 10-31），请学生同桌之间合作，通过操作、交流、思考解决问题。

师：下图中的图形的面积各是多少？你能推导出正方形面积计算公式以及字母表达式吗？

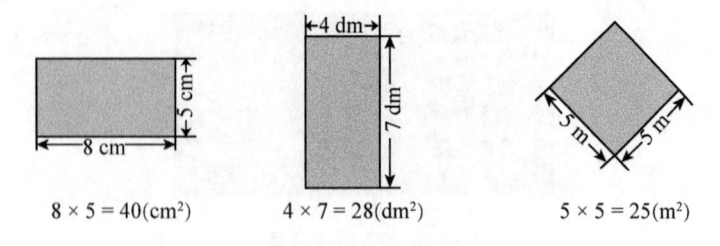

$8 \times 5 = 40 (cm^2)$ $4 \times 7 = 28 (dm^2)$ $5 \times 5 = 25 (m^2)$

图 10-31 课堂问题设置

一半人用 12 个小正方形在桌面上摆成一个长方形，另一半人在点子图中画出这个长方形（图 10-32）。

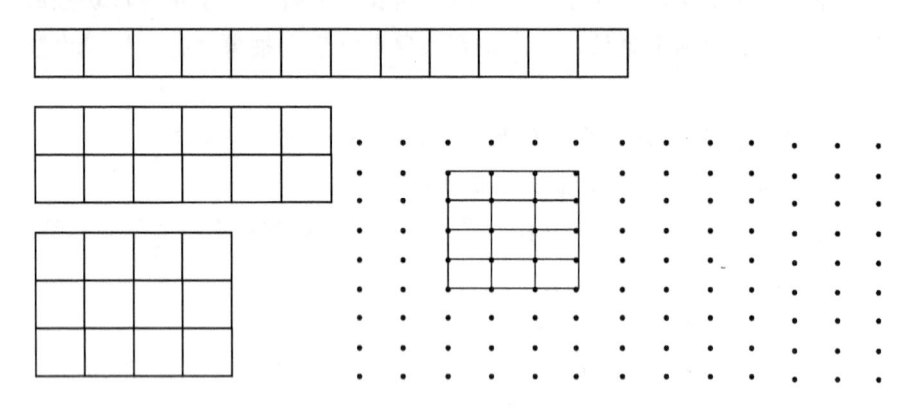

图 10-32 课堂问题设置

师：这些长方形什么相同？什么不同？

生：面积相同，周长不同。

师：想想为什么。

【点评】从用面积单位测量面积到根据公式计算面积，是由想象到抽象质的飞跃。而这飞跃完全是学生通过推理得到的。学生真正经历了学习，自主建立模型。

六、教学反思

长方形和正方形的面积计算公式对大部分学生而言早已熟知，但公式怎么来的？长和宽是两条边，它们相乘怎么就得到了面积呢？这让很多学生摸不着头脑。本节课一开始，给了每个人 5 块面积为 $1\ dm^2$ 的小正方形，小组合作用 $1\ dm^2$ 的小正方形摆各种长方形，并设计了几个操作性问题，让学生带着问题自主学习、合作探究。在这个过程中，学生能充分感受面积和面积单位之间的关系。

在量长方形面积的操作环节中，有些学生用 5 块甚至更少的正方形就能完成测量，可也有学生认为非要摆满才能量。我提出，如果觉得材料不够可以申请补足。这样给不同水平的学生提供不同层次的学习材料，也得到了不同的测量方式，让所有人都有能力完成操作，得到不同发展。其实有的学生用 2 块量甚至用 1 块量，当时怕出乱子没有展示，现在觉得还是应该让学生说说他们的想法。这不仅能呈现不同思维水平的学生的不同思考过程，也能体现从完全凭借材料操作到通过想象来测量的思维发展过程。

七、点评

（一）学习历程倡导以儿童发展为本

关注每一个学生的数学学习和发展，把学生放在数学课堂的正中央。创设了三个层次的动手操作环节，引导学生层层递进，自主探究，最终建立"数学模型"。第一次操作，用 $1\ dm^2$ 的小正方形摆各种长方形，让学生在操作和交流中初步感受模型。第二次操作，反过来给出一个固定的长方形，让学生用自己的方法测量出它的面积，给学生有层次的学习材料，促使他们采用多种测量方法达成唯一的测量结果，基于明白算理，体会数学模型。第三次操作，要求学生用 12 个小正方形拼长方形，在巩固模型意识的同时培养学生逆向思考的能力，以体会周长和面积变与不变的联系，明晰数学模型的本质属性。

（二）学习进阶应以激发学生深度思维为旨归

史宁中教授说："智慧并不表现在经验的结果上，也不表现在思考的结果上，而表现在经验的过程中，表现在思考的过程中。"[1] 可见，教师积极创设基于核心概念及其本质且贴近学生学习活动的情境，确立适合的起点，才能让学习中的思维真正发生、展开并提升。在第一次操作后，如果让学生观察表格后直接来谈感受，那么回答只能是零碎甚至盲目的，

---

[1] 史宁中：《教育与数学教育：史宁中教授研究录》，17 页，长春，东北师范大学出版社，2006。

他们只看出了数据之间的联系罢了,并不会深入思考块数和长度之间的对应关系。本课设计了一组问题串指导,让学生有明确的观察和思考的方向,避免了盲目探索。学生将图形和数据呼应着对比,逐步建立小正方形块数和长方形边的长度之间的逻辑关系,为后面的"实际量"和"想象量"长方形的面积提供具体且形象的方式支撑。本课教学的最后一个活动"让学生用12个小正方形去拼一个长方形",给了学生几个教学中的"小意外"。拼完后全班呈现出三种不同的长方形,其结果与原有认知产生了冲突。长方形的长和宽确定时,面积一定;反过来,面积一定时,长和宽却不确定;接着透过面积"不变"发现周长"变"了,而周长的变化存在着规律。我们欣喜地看到:学生经历多层次的测量之后,水到渠成地展开对算法的研究,自我重建模型,在经验和思考的过程中,思维深度及创造性得到极大提升,从而实现学习的进阶。

结　语

　　本书以学习者为视角，研究学生的思维过程。通过研究学生的语言、起点和思维，基于数学知识的本质，以学习者的视角观察课堂，研究学生思维的轨迹。通过大量课堂案例我们可以看出，学生是具有差异的个体，各种精彩观念在课堂中不断形成。那么，培养学生数学能力、引导学生产生精彩观念是不是就是数学教育的最终目标呢？对此，我们陷入了思考。我们认为，还应从教育学的立场思考数学知识的教育价值，关注知识学习对于学生成长的作用。只有这样，学习者才能真正受到人们重视，课堂才有可能真正具有活力。

　　知识是工具价值和精神价值的结合体，教育是为了促进学生的发展，数学课堂是学生成长的重要场所。数学知识对学生未来的发展、人生的建构都具有教育价值。然而，实际上有不少人将数学知识当作一堆没有温度的数学符号、公式，当作一个个产品而非活动来学习，很少重视数学知识的产生发展过程。各种解题术、解题策略占据了课堂的大部分时间，学生没有时间思考数学学习的价值、意义，学生主要任务在于"复制"，学生数学学习没有涉及意义，只有简单的教学活动。教师在评价时还会忽视学生的感受。虽然教师也意识到情感目标与认知目标同等重要，评价时应考虑学生的情感体验，但事实却是随着教学过程的推进，很快就把情感目标忽略掉了，到了期末评定时，几乎完全没有考虑到学生的情感因素。基于此，如何通过数学教学发展学生的能力、提升学生的素养，在数学教学中协调好知识传授与素养提升两者间的关系，值得我们深入思考。

一、数学教学追求意义的必要性

知识与人的命运、幸福密切相关，知识教学直接指向人的生活与创造。马克斯·舍勒（Max Scheler）在题为《知识形式与教育》的演讲中表示，教育传授给学生的知识应是"深入个体内心的，纯粹个人性质的知识，这种知识关涉个体的幸福、希望、安康等生存意义，是对个体生存意义的解答"[①]。这意味着数学知识也与人的生活、幸福等精神上的意义有联系。通过数学学习，学生的知识水平、能力和精神境界都将达到新高度。只有追求意义，数学教学才能远离表层的符号，走向知识内部；才能远离机械的推演，走向深入的思考。

（一）意义是数学知识结构的内核

结合数学的组成要素、数学思想和数学的教育价值等要素之间的关系，可将数学知识视为一个与学生成长、发展密切关联的意义系统（图1）。

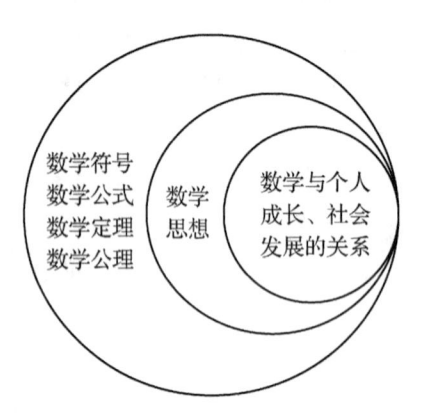

图 1　数学知识的意义系统

数学是以客观世界的空间形式和数量关系为研究对象的。掌握数学符号公式、定理和公理等，既是数学学习的基础，又是培养学生关键能力的重要学科基础。数学符号是"人们进行数学的表示、运算、推理和

[①]　[德] 马克斯·舍勒：《知识形式与教育》，见《舍勒选集（下）》，1326～1362 页，上海，上海三联书店，1999。

解决问题的工具"①，是一个具有丰富内涵的信息组块，可形象地展示数学规律，呈现数学本质。数学公式表征了自然界不同事物间、事物内部各要素之间的数量关系。定理是经过受逻辑限制的证明为真的陈述，是在既有命题的基础上证明出来的命题。公理是大家共同遵从的道理、不言而明的真理，是获得任何知识都必须把握的前提。只有熟悉数学符号、掌握数学公式、理解数学定理与公理，才有可能拥有扎实的数学文化基础，构建数学知识意义系统的第一层级。

数学思想是从数学学科中提炼出来的，关于数学知识和数学活动的本质认识。史宁中教授认为，从数学知识的产生、发展过程来看，数学先由具体知识上升到抽象的符号表达，再由抽象的符号表达到严谨的数学论证，形成相应的数学定理、公理，最后将这些定理、公理应用于日常生活。② 抽象性、严谨性和应用的广泛性是数学知识的三个显著特征。数学活动是指教学中教师与学生、学生与学生的交往互动，是体现数学特色的思维活动。抽象、推理和模型是数学基本思想的三个核心要素，也是数学核心素养的本质。数学思想是数学的灵魂，它对学生的影响更为久远、深刻。由于它彰显了学生的文化水平与思维品质，是学生自主发展的保障，所以构成了数学意义系统的第二层级。

教育通过知识促进个体素质的提升，进而由个体改造社会，带动整个社会的发展。数学作为基础性学科，能使学生具有数学式思维品质，形成数学式思维分析能力。数学化地解决问题，能为社会的不断进步提供保障。例如，康德将数学的严谨性特征应用到哲学，理性成为康德哲学思想的基础；人们将数学进位规律应用于计算机二进制，促进了计算机编码系统和程序设计的发展。数学思想只有与人的成长和社会发展发生联系，才能真正影响个体。基于此，笔者将数学促进个体与社会发展当作数学知识意义系统的最高层级。数学知识意义系统的这三个层级相互联系，具有层级递进的关系。

---

① 史宁中：《教育与数学教育（史宁中教授教育研究录）》，12 页，长春，东北师范大学出版社，2006。
② 史宁中：《漫谈数学的基本思想》，载《数学教育学报》，2011（8）。

(二) 意义是数学深度教学的必然要求

课程论专家费尼克斯（Phenix）说："教学的正当目的就是要促进意义的生长。"[①] 也就是教学应能够丰富人的精神生活，促进人精神世界的成长。鲁洁教授也曾说过："德育课堂是迷人的。它之所以迷人，首先因为它建立在充满人性的意义世界中。"[②] 由此可知，教学以意义获得为重要目标。一些学者认为语文、历史、政治等学科应追求意义，但对于数学这种具有科学性、逻辑性的学科，教学目标是否需要重视意义还值得商榷。在他们看来，数学学习是为了掌握相应的数学知识与技能，建立相应的数感、符号意识和空间观念等，学会用数学的眼光去发现、思考和解决现实生活中的问题。问题解决应是数学教育的最终目标，意义看起来并不那么重要。其实不然，数学教学如果只是教会学生认识数学符号、学会运用数学公式去解题、形成相应的数学思想，还不能算是好的教学。因为好的教学"乃是教师在准确把握学科本质和知识内核的基础上，旨在触动学生情感和思维的深处，引导学生自主发现和真正理解的一种教学样态"[③]。它是深度的教学，需要教师引导学生深入数学知识的内核，调动学生已有的知识与活动经验，重新组织数学知识，思考数学对学生的成长、发展的意义，促进学生的精神成长，引发学生情感的共鸣。否则即使教师教会了学生各种数学知识，学生掌握了各种解题技巧，数学教学可能也还没有走入学生的心灵，没有触动学生的情感，没有凝聚为学生个体生命的智慧，学生还是不会学习、迁移。史宁中教授认为，"数学教育不应当让教师和学生都沉迷于符号的世界：概念靠记忆、计算靠程式、证明靠形式。为了改变这种现状，一个好的数学教学，教师要理解数学的本质，创设出合适的教学情境，让学生在情境中理解数学概念和运算法则，感悟数学命题的建构过程，感悟问题的本原和数学表达

---

① 瞿葆奎：《教育学文集·智育》，施良方、唐晓杰译，148 页，北京，人民教育出版社，1993。

② 鲁洁：《行走在意义世界中——小学德育课堂巡视》，载《课程·教材·教法》，2016（10）。

③ 李松林：《深度教学的四个实践着力点——兼论推进课堂教学纵深改革的实质与方向》，载《教育理论与实践》，2014（31）。

的意义。"①

(三) 意义是评价学生数学学习的重要尺度

费尼克斯认为,知识的意义表现在以下两个方面:假定性意义和可能性意义。假定性意义是指知识生产者表达的,期待对后人的思维方式和价值观念等方面影响的价值,即知识生产者希望它产生的意义。可能性意义是指学生根据自己的生活经验和思维方式,在学习过程中形成新的理解、新的思维方式和新的价值观念,即知识对于学生的思维、情感和能力等方面的价值。安德烈·焦尔当说:"学习既是对个体所有的丰富,也是对社会存在的丰富。对于不同的人来说,它可能是一种乐趣、一种热情、一种愿望、一种冒险、一种承认,或是它们的不同组合。"②这表明,真正的学习需要让学生体会到知识的教育价值。斯普朗格(E. Spranger)指出,与人的生活和个体精神没有关联的知识是无生命的知识,知识必须转向人的内在精神才有意义。③任何知识,无论多么有趣,多么高深,如果不能触动人的心灵,不能引发人的共鸣,就没有生命活力,没有学习的必要。虽然数学知识主要以数学符号、数学定理等形式呈现,但正如斯普朗格所倡导的,数学知识绝不仅仅是一堆冷冰冰、硬邦邦的数学符号,而是具有温度的,它凝结了人们在数学实践中的智慧。

数学学习已有多种评价维度。例如,《义务教育数学课程标准(2011年版)》明确提出,数学学习评价"既要关注学生数学学习的结果,也要重视学习的过程;既要关注学生数学学习的水平,也要重视学生在数学活动中所表现出来的情感与态度,帮助学生认识自我、建立信心"。这表明,评价的指标不再单一,而是数学知识、数学能力和情感三者的结合。又如,美国国家教育进步评价管理委员会 2000 年制定的数学评价标准主要包括三个维度——数学内容、数学能力和数学素质;2013 年颁布的数学评价标准包括数学内容和数学复杂性。其中,数学复杂性就是数学能

---

① 史宁中:《教育与数学教育(史宁中教授教育研究录)》,10 页,长春,东北师范大学出版社,2006。
② [法]安德烈·焦尔当:《学习的本质》,杭零译,56 页,上海,华东师范大学出版社,2015。
③ 邹进:《现代德国文化教育学》,70 页,太原,山西教育出版社,1992。

力和数学素质的结合,强调在数学学习过程中,学生推理、联系和交流等能力的发展。这些都表明,数学知识不再是数学评价指标的唯一来源,认知、情感、能力和素质都是数学评价的重要内容。既要检验学生解题的正确率,又要观察学生是否愿学、乐学、好学,在数学学习中是否思想得到启迪、情感得到熏陶、能力得到提高。由此可见,数学学习应以意义作为评价的重要尺度。"建立学生对学习内容、学习活动和学习过程的意义感,引导学生发生真正的学习,体验学习的价值与意义,正是学生学习评价的重要内容。"[1] 关照意义,可以使学生从认知数学符号走向意义共生,重新认知自己、认知生命。

二、数学教学实现意义的策略

让学生过上一种有意义的生活,应该是每一位教育者奋斗的目标。教育的作用在于帮助学生更好地体验生活、理解生活,建构个体的知识意义系统。"数学上的证明并不是要显示其真实性,而是通过运用符号系统来建构意义。"[2] 数学教育者应思考如何让学生在学习数学知识、数学能力的同时,形成相应的素养,实现数学教学的价值。

(一)发挥理解的价值,深入数学知识的内核

"为理解而教"是教育的永恒追求。英国杜伦大学道格拉斯(Douglas P. Newton)教授在《为理解而教——是什么和如何做》一书的卷首语中明确表明,"在信息化的今天,知道一些事实和规律是有用的,但仅仅增加信息容量并不代表知道一切。收集信息很简单,但在教育中理解信息才是最重要的。理解可以转变我们的思想,使我们不容易上当受骗,让我们能够鉴别出其他人的观点"[3]。不同于一般认识论上的"理解",教育中的"理解"有它独特的内涵与意蕴。"理解"不是一般意义上的具体的认识活动或认知活动的一个阶段,而是人存在的方式,更是人基于对所接受的符号或信息通过意义重构,建立生存方式的过程。理

---

[1] 容翠、伍远岳:《学习的意义感:价值、内涵与达成》,教育发展研究,2016 (18)。
[2] [美] 弗利纳:《课程动态学:再造心灵》,吕联芳译,134 页,北京,教育科学出版社,2013。
[3] Douglas P. Newton, *Teaching for Understanding—What it is and how to do it*, Routledge Famer, 11 New Fetter Lane, London EC4P 4EE, 2000, 1.

解与人的存在、生存和意义密切联系。教师要帮助学生进入数学知识产生、发展的情境，重演知识发现的过程，评判知识的价值。好的教师，"就不只是讲推理，更要讲道理，把印在书上的数学知识转化为学生容易接受的教育形态。教育形态的数学知识，散发着数学的巨大魅力。教师通过展示数学的美感，体现数学的价值，揭示数学的本质，感染学生，激励学生，这才是美好的数学教育"[1]。数学学习的内容多样，除了要理解数学概念、符号、命题等数学知识，更需要深入体会这些数学知识背后隐藏的数学规律、数学模式，并将它应用于生活。

对于如何在肩负重要教育任务的数学课堂通过数学知识的传授，促使学生感悟到数学学习的价值，成为具有素养的人这个问题，荷兰著名数学家弗赖登塔尔（H. Freudenthal）给出了建议，他认为，"与其说让学生学习公理体系，不如说让学生学习公理化；与其说让学生学习形式体系，不如说让学生学习形式化。一句话，与其说让学生学习数学，不如让学生学习数学化"[2]。数学知识是学生认识客观世界的基本材料、桥梁和纽带，它"蕴含着人的思想、观念，反映了认识主体的信念、意向、行为准则和思维方式"[3]。所谓深入数学知识内核，是指教师要引导学生探索数学知识的内涵、追寻数学的文化根源，还原数学知识的形成过程，领会数学知识蕴含的规律、思想和价值。

例如，小学数学"确定位置"一课，我们需要思考教师应该让学生经历怎样的一个知识形成过程，应该渗透什么样的数学思想。我们知道学生之前已经学习了方位词前、后、左、右、上、下和东、南、西、北等，但这些方位词都无法准确地表达物体的具体位置。如何在平面上准确地描述出一个物体的位置呢？教师通过班级座位这一生活模型，让学生体会到确定平面中一个物体的位置至少需要两个数据，进而在讨论（3，2）和（2，3）表示哪个物体位置的过程中，让学生认识到这两个数据必须规定好顺序和方向，从而理解数对的有序性、对应性。由此，数

---

[1] 张奠宙：《关于数学知识的教育形态》，载《数学通报》，2001（4）。
[2] 叶澜：《中国教师新百科·中学教育卷》，401页，北京，中国大百科全书出版社，2002。
[3] 曹才翰、章建跃：《数学教育心理学》，120页，北京，北京师范大学出版社，2000。

形结合的思想、数学符号的意识被一步步渗透到学生的脑海中，这样的教学设计才能让学生借助班级座位这一生活模型，体会数形结合思想，从而帮助学生深入走进数学知识的内核，领悟数学知识与人的生活具有紧密的联系。

（二）契合学生的生活经验，建构立体的数学知识结构

直接经验是学生学习的基础。直接经验是人生的基本经验，有了这一步经验，才能产生记忆、想象和思想的种种的心理作用。如果直接经验不正确，那么一切的心理作用自然不能正确。"数学是一门抽象学科，只有将直接经验与数学知识建立起联系，才有可能深入领悟数学的本质。在我们获得对现实的数学认识，得到一个真理、一种数学规律以后，我们必须回到数学的现实源泉中去，在某种程度上把它重新对应到经验概念中去，这既是一个检验真理、规律的可靠性的过程，也是一个数学应用的过程，这是保持数学的生机勃勃和有效性的必要条件。"[①] 教师应当借助学生已有经验，促进学生领悟数学思想，提高学生的问题解决能力。《义务教育数学课程标准（2011年版）》指出："在呈现作为知识与技能的数学结果的同时，重视学生的已有经验，使学生体验从实际背景中抽象出数学问题、构建数学模型、寻求结果、解决问题的过程。"

如果把零散的数学知识比作一大堆砖头，那么立体的数学知识就是用砖头砌成的房子。房子以砖头为根基，并根据人的需求以某种结构来构造它，从而建设出形态各异的房子。强调意义生成的数学教学，并不主张让学生直接获取孤立的数学知识，而是希望结合学生的生活经验，让意义从学生心里逐渐生长出来。这样，学生将形成一个具有良好认知结构的数学知识网络图，形成一个立体的数学思维。

例如，小学数学广角有"集合"这一课，要求学生解决这样一个问题：某班组织学生参加竞赛，要求每个学生至少参加一种竞赛，统计发现有18人参加数学竞赛，有12人参加语文竞赛，有5人同时参加了这两种竞赛，请问这个班总共有多少人？学生之前并没有学过韦恩图，但学习过统计表，在探究的过程中不少学生用表格表示参加语文组、数学组

---

① 曹才翰、章建跃：《数学教育心理学》，25页，北京，北京师范大学出版社，2000。

竞赛的人数，有的学生进而发现由于有 5 人同时参加了两种竞赛，所以可以合并这个表格，如表 1 所示。

表 1　人数统计表

语文竞赛组	张乐	李然	何伟	王仁	杜丽	贾佳	高冬	闫雪	赵鹏	付笛	袁丽	夏雨						
数学竞赛组						胡为	钱亮	孙静	刘欣	马波	杨飞	李立	王兴	曾霞	陈云	卢涛	周逸	黄莹

其实这就是韦恩图的雏形。当教师让学生分别用表格画出数学参赛组和语文参赛组的人数，学生就能发现两个表格出现了交叉，交叉的部分就是既参加语文组又参加数学组的学生。基于这种探究活动，教师给学生两个椭圆，一个椭圆表示参加语文竞赛的集合，另一个椭圆表示参加数学竞赛的集合，让学生思考同时参加竞赛的人应放入哪个椭圆。受前面探究活动的启发，学生就能想出将同时参加比赛的学生放在两个椭圆的交叉处，如图 2 所示。

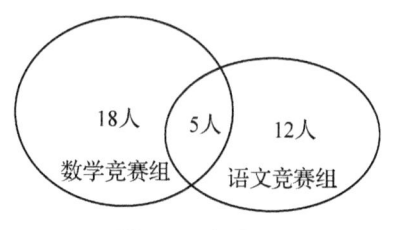

图 2　示意图

最后教师让学生基于图 11-3 列出算式，有些学生列出"13＋7＋5＝25"，有些学生列出"18＋12－5＝25"。教师让学生说明这两个算式的理由，以便学生充分理解集合中各部分之间的关系。第一个算式是把参赛学生分成三组，其中 13 是只参加数学竞赛的人数，7 是只参加语文竞赛的人数，5 是同时参加两种竞赛的人数。而第二个算式是考虑在 18 加 12 的过程中有 5 人被重复计算了两次，所以要在 18 加 12 的基础上减去 5。在两组算式的比较中，学生认识到参赛人数表面上分成了两组，但这两组有交叉，其实质是应该有三组参赛学生，而韦恩图就是为了解决这一类问题。

这样的教学设计旨在帮助学生建立起良好的知识结构和立体思维，通过让学生经历基于"原有知识经验的探究—集合思想的形成—数学模型的建立"这样一个知识形成的过程，学生的数学思维就能得到很好的培养。

(三) 增强教师的反思意识，发现数学知识的育人价值

如图 11-1 所示，数学知识是一个嵌套圆式、与学生成长密切联系的意义系统，它具有层级性。这就需要教师具备一定的反思能力，不断思考数学知识的本质，反思数学符号、公式的意义，通过丰富的数学活动，反思数学思想与数学知识间的联系，找出数学知识与生活的有机联系。教师的反思能力直接影响教师解读知识的深度、广度和贯通度。弗赖登塔尔认为，反思是数学思维活动的核心和动力，是数学创造的动力，是联系两个水平间的纽带。通过反思，教师对数学课程有了新的认识和理解，能够在高观点视角下审视当前数学教学，思考数学知识的教育学立场，能够将数学例子按照水平划分层次，促使较低水平组织的方法成为较高水平的学科内容，努力帮助学生提高到更高的层次。

在《作为教育任务的数学》一书中，弗赖登塔尔明确强调，数学教育的目的并不是仅仅为了培养数学家，还是为社会发展培养各类各样的人才，为学生从事各种工作打下基础，这就需要以再创造作为数学教学的重要原则。

(四) 注重学生的差异性，提倡鉴赏性评价

正如前文所述，知识学习存在着假定性意义和可能性意义，因此必然需要多种评价维度来评定学生学习。由于遗传素质、后天环境等因素的不同，每个学生的起点、发展速度都不同。真正的教育，是有差异的教育。追求意义，即追求知识对每个学生成长、发展的价值。对于每个个体来说，数学学习的体验和收获并不一样。作为教师，我们应尊重学生的差异，这也是新评价理念的要求。"新评价理念走出了甄别的误区，评价尊重学生的个别差异和个性特点，问题要求具有相当的开放性，允许学生依据自己的兴趣和特长做出不同形式和内容的解答。"[1]

鉴赏性评价可以帮助教师尊重学生的差异，这种评价理念源自美学。它不以唯一、固定的框架评价所有学生，而是主张以鉴赏的眼光看待学生的学习，根据每个学生已有的素质、能力，并结合学生发展的潜能来评价。史宁中教授认为，数学教学的最终目标是"让学习者会用数学的

---

[1] 李雁冰：《课程评价论》，63 页，上海，上海教育出版社，2002。

眼光观察现实世界，会用数学的思维思考现实世界，会用数学的语言表达现实世界"①。数学教育不仅仅是掌握数学知识，还应具备把现实世界中与数学有关的东西抽象到数学内部的能力，能够用抽象的术语、符号描述数学研究对象间的因果关系，用数学概念、方法去构造数学与现实世界间的联系，要培养这些能力需要教师采取鉴赏性评价方式。例如，有些学生虽然数学学习一般，但他们领悟到了数学的用途，能够在日常生活中运用数学，他们也就获得了数学学习的价值、意义。再如，有些学生虽然不能解出高难度数学题，但在数学定理的论证过程中，他们感受到了数学的严谨性，形成了推理的思维模式，那么他们就获得了数学学习对他们的生活和学习的价值与意义。只要教师坚持不懈地用鉴赏性评价方式去激励学生，让学生体会到数学学习的意义，就能为学生的后续发展积蓄力量。

北京师范大学　余瑶

---

① 刘祖希：《访史宁中教授：谈数学基本思想、数学核心素养等问题》，载《数学通报》，2017（5）。

图书在版编目(CIP)数据

学习者视角下的学习历程分析/张春莉,陈薇,张泽庆著. —北京:北京师范大学出版社,2020.1(2022.1重印)
(中国教育研究丛书)
ISBN 978-7-303-25314-2

Ⅰ.①学… Ⅱ.①张… Ⅲ.①课堂教学-教学研究 Ⅳ.①G424.21

中国版本图书馆 CIP 数据核字(2019)第 273012 号

营 销 中 心 电 话　010-58802135　010-58802786
北师大出版社教师教育分社微信公众号　　京师教师教育

出版发行:北京师范大学出版社　www.bnup.com
　　　　　北京市西城区新街口外大街 12-3 号
　　　　　邮政编码:100088

印　　刷:北京虎彩文化传播有限公司
经　　销:全国新华书店
开　　本:730 mm×980 mm　1/16
印　　张:37.25
字　　数:512 千字
版　　次:2020 年 1 月第 1 版
印　　次:2022 年 1 月第 2 次印刷
定　　价:88.00 元

策划编辑:鲍红玉　　　　　责任编辑:李云虎　冯　倩
美术编辑:李向昕　　　　　装帧设计:李向昕
责任校对:康　悦　　　　　责任印制:马　洁

版权所有　侵权必究
反盗版、侵权举报电话:010-58800697
北京读者服务部电话:010-58808104
外埠邮购电话:010-58808083
本书如有印装质量问题,请与印制管理部联系调换。
印制管理部电话:010-58805079

N